Anonymous

Urtext und Übersetzungen der Bibel

in übersichtlicher Darstellungen

Anonymous

Urtext und Übersetzungen der Bibel
in übersichtlicher Darstellungen

ISBN/EAN: 9783743663237

Hergestellt in Europa, USA, Kanada, Australien, Japan

Cover: Foto ©Lupo / pixelio.de

Weitere Bücher finden Sie auf **www.hansebooks.com**

Urtext

und

Übersetzungen der Bibel

in übersichtlicher Darstellung

Sonderabdruck der Artikel

Bibeltext und Bibelübersetzungen

aus der dritten Auflage der

Realencyklopädie für protestantische Theologie und Kirche

Leipzig
J. C. Hinrichs'sche Buchhandlung
1897

K. b. Hof- u. Univ.-Buchdruckerei von Fr. Junge (Junge & Sohn), Erlangen.

Die wissenschaftliche Forschung der letzten Jahrzehnte hat sich mit Vorliebe der Frage nach der Überlieferung und Gestaltung des Textes der heiligen Schrift und nach der Entstehung und dem Wert der alten Bibelübersetzungen zugewandt. Doch fehlt es in der deutschen Litteratur an einem Werke, das die gesicherten Ergebnisse der neueren Untersuchungen zusammenfassend darstellte. Wir glauben deshalb den Dank vieler zu erwerben, indem wir die von hervorragenden Fachmännern bearbeiteten Artikel über den Bibeltext und die Bibelübersetzungen aus der dritten Auflage der Realencyklopädie für protestantische Theologie und Kirche gesondert veröffentlichen und dadurch weiteren Kreisen zugänglich machen.

Es hatten die Güte zu bearbeiten:

Herr Professor Buhl in Leipzig: Text des Alten Testaments (Dillmann).

„ „ v. Gebhardt in Leipzig: Text des Neuen Testaments (Tischendorf).

„ „ Balogh in Debreczin: die magyarischen Bibelübersetzungen.

„ Pfarrer Belsheim in Christiania: die finnischen, lappischen und skandinavischen,

„ Professor Berger in Paris: die romanischen Bibelübersetzungen (Reuß),

„ „ Dalman in Leipzig: die hebräischen Übersetzungen des Neuen Testaments.

„ „ Gregory in Leipzig: die englischen Bibelübersetzungen,

„ „ Lestien in Leipzig: die litauischen, lettischen und slavischen,

„ Kons.-Rat Meyer in Hannover: die neugriechischen,

„ Professor Nestle in Ulm: Vorbemerkung, die ägyptischen*, arabischen*, armenischen*, deutschen*, georgischen* (grusinischen, iberischen), griechischen*, jüdisch-aramäischen (Vold), lateinischen*, niederländischen, persischen*, samaritanischen, syrischen und die für die Heidenmission veranstalteten (*O. F. Fritzsche),

„ „ Prätorius in Halle: die äthiopischen,

„ „ Zimmer in Greifswald: die keltischen Bibelübersetzungen.

In Klammern sind die Namen der HH. Bearbeiter in der zweiten bezw. ersten Auflage der Realencyklopädie beigefügt, sofern deren Artikel den Neubearbeitungen zu Grunde liegen.

Käufern dieses Sonderdrucks, die sich zur Anschaffung der Realencyklopädie selbst (3. Aufl.) entschließen, werden bis Ende dieses Jahres bei Benutzung des vorn beigefügten Verlangzettels 2 Mark, bei Rücksendung des Heftes selbst der volle Betrag von 3 Mk. gutgebracht.

Leipzig, im Frühjahr 1897.

J. C. Hinrichs'sche Buchhandlung.

Inhalt.

Bibeltext des AT.; Geschichte desselben. Litteratur. Vgl. außer den alttestamentlichen Einleitungen (besonders Eichhorn, Einleitung 4. Aufl. 1823--25; de Wette-Schra-
der § 111—156; Cornill § 49—53; König § 3—30. 92): Morinus, Exercitationum bibli-
carum de Hebraei Graecique textus sinceritate libri duo, Par. 1669; Cappellus, Critica sacra,
Par. 1650, neue Ausgabe mit Noten von Vogel und Scharfenberg, Halle 1775—86; Hum-
fredi Hodii, De bibliorum textibus originalibus, versionibus Graecis et latina Vulgàta
libri IV, Oxf. 1705; H. Hupfeld, Kritische Beleuchtung einiger dunklen und mißverstandenen
Stellen der alttest. Textgeschichte, in d. ThStK 1830. 1837; A. Geiger, Urschrift und Übersetzungen der Bibel 1857; F. Buhl, Kanon und Text des Alt. Test., Leipzig 1891. — Über
die althebräische u. die Quadratschrift s. Driver, Notes on the Hebrew text of the Books of
Samuel 1890 (S. XI—XXXV); Vollers ZatW 1883, 229 ff.; Blau, Zur Einleitung in die
heilige Schrift, 1894, 48—80. — Über den Massoretischen Stoff im Talmud und in der
Midraschlitteratur s. Strack, Prolegomena critica in VT. 1873; Blau, Masoretische Unter-
suchungen, Straßb. 1891; Zur Einleitung in die heilige Schrift 100 ff. Sonst vgl. den A.
Massora. — Über die Vokalisations- und Accentuationszeichen (bes. über das superlineare
System): Stracks Ausgabe des babylonischen Prophetenkodex (St. Petersb. 1876) S. VII;
Derenbourg, Revue crit. 1879, 453 ff.; Strack im wissenschaftlichen Jahresberichte über die
Morgenländischen Studien im Jahre 1879. 124; Wickes, A Treatise on the accentuation
of the 3 poetical Books 1881; A Treatise on the Acc. of the twenty-one so called Prose-Books
1887 (bes. S. 142 ff.); Moore, Am. Or. Society Proceedings 1888; Margoliouth, Proceedings of the society of biblical Archiology, 1893, 164—205; Büchler in den SBA,
Hist. Phil. Cl. 1891. — Über die Einteilungen in Paraschen, Kapitel usw. Rev. des Etudes
Juives III, 282 ff., VI, 122 ff. 250 ff., VII, 146 ff.; Theodor in der Monatsschrift f. Gesch.
und Wissensch. des Judentums 1885. 1886. 1887; Schmid, Über verschiedene Einteilungen
der heil. Schrift, Graz 1891. — Die Kataloge der hebräischen Bibelhandschriften sind verzeichnet in Stracks Prolegomena S. 29—33. 119—121; vgl. weiter Buhl, Kanon und Text
S. 86 ff.

Der hebräische Text des AT., wie er jetzt in den Handschriften und Drucken vorliegt, gewöhnlich der massoretische genannt und unter diesem Namen sowohl dem Texte
der alten Übersetzungen, als auch dem hebräischen Texte früherer Zeitalter entgegengesetzt,
bietet uns die Schriften des AT. nicht mehr in derjenigen Gestalt dar, in welcher sie
aus der Hand der heiligen Schriftsteller kamen, sondern er hat, bis er seine jetzige
Gestalt erhielt, eine Reihe von Veränderungen durchlaufen und allerlei Zuthaten erhalten, und stellt im ganzen eine Textgestalt der alttestamentlichen Schriften dar, welche
innerhalb eines gewissen Zeitraums durch die jüdischen Gelehrten als die richtige und
allein giltige festgestellt worden ist. Über die Zeit, wann, und über die Grundlagen,
auf welchen diese amtliche Gestaltung des massoretischen Textes vorgenommen wurde,
gingen früher die Ansichten der Forscher, welche zuerst diese Fragen wissenschaftlich genauer erörtert haben (hauptsächlich im 17. Jahrhundert), sehr weit auseinander, — eine
Folge teils des großen Mangels an positiven Nachrichten, teils der zu starken Einmischung dogmatischer Gesichtspunkte in die Untersuchung. Die eine Reihe von Gelehrten, an deren Spitze die beiden Buxtorf (Vater und Sohn), glaubte im Interesse
der damaligen kirchlichen Lehre von der Inspiration und dem Worte Gottes die absolute Vollkommenheit und Unfehlbarkeit, sowie die ausschließliche Giltigkeit des mass.
Textes verteidigen zu können, und eignete sich somit im ganzen die Ansicht der späteren
Synagoge an, welche über diesen Text ebenso dachte; sie schrieben darum, wie die
Sammlung der heiligen Schriften zu einem Kanon, so auch die schließliche und endgiltige Feststellung und Gestaltung des massoretischen Textes dem Esra und den übrigen

Männern der „großen Synagoge" als ein in der Kraft des göttlichen Geistes unter-
nommenes und vollendetes Werk zu; sie leiteten von jenen Männern die Reinigung
des Textes von allen bis dahin etwa eingedrungenen (der Schrift den Charakter des
lauteren Wortes Gottes benehmenden) Fehlern, die Beisetzung der Vokale, Accente und
anderen Lesezeichen und die darin verkörperte authentische Lesung und Auffassung des
Textes, die richtige Einteilung desselben in Verse, Abschnitte, Bücher und außerdem die
Aufstellung einer Reihe von allerlei Bemerkungen über den Text ab, welche (durch
spätere Massoreten freilich noch vermehrt) jetzt unter dem Namen der Massora zusammengefaßt werden und dazu dienen sollten, jede Möglichkeit einer künftigen Verderbnis des
endgültig festgestellten Textes abzuschneiden, sofern, wenn auch in die späteren Handschriften wiederum Fehler eingedrungen seien, diese doch — Dank der göttlichen Vor-
sehung und der Sorgfalt der Juden! — nie allgemein in den sämtlichen Handschriften
sich verbreitet haben, und jedenfalls in jenen Bemerkungen der Massora ein sicheres
Korrektiv für alle Handschriftenfehler enthalten sei. Diese Ansicht vom Texte gelangte
während der Blütezeit der protestantischen Scholastik zu ziemlich allgemeiner Herrschaft,
und kann als die orthodox-protestantische bezeichnet werden (bei den einzelnen Gelehrten
wieder mannigfach modifiziert). Ihnen gegenüber stand eine andere Reihe von Männern
(voran Joh. Morinus und Lud. Cappellus), welche entweder in rein geschichtlichem
Interesse oder zu dem unlauteren antiprotestantischen Zweck, die Sicherheit und Autorität des hebräischen Bibeltextes wankend zu machen, fast alle die der kirchlichen Lehre
entgegenstehenden Schwierigkeiten mit Glück und Gelehrsamkeit herausfanden, und sowohl
das verhältnismäßig späte Alter der mass. Feststellung zu erweisen, als auch den alten
Übersetzungen und andern kritischen Hilfsmitteln Wert und Brauchbarkeit zu vindizieren
suchten. In Einzelnheiten der Textgeschichte mögen diese Männer, sowie ihre Nachfolger
am Ende des 18. Jahrhunderts, manche irrige Ansichten aufgestellt, namentlich in po-
lemischer Befangenheit das Alter der einzelnen Teile der mass. Textgestaltung zu sehr
unterschätzt und die Brauchbarkeit der außermassoretischen kritischen Hilfsmittel zu sehr
überschätzt haben; in ihrer Bekämpfung der kirchlichen Lehre von der Vollkommenheit
des mass. Textes behielten sie dennoch Recht. Der überzeugenden Kraft ihrer Gründe
ist es zuzuschreiben, daß eine besonnenere und richtigere Ansicht vom mass. Texte sich in
unserer Kirche allgemeine Geltung verschafft hat. Statt die letzte Gestaltung dieses Textes von einer Versammlung inspirierter Männer zur Zeit des Esra abzuleiten, ist man
jetzt darin einverstanden, daß noch viel spätere Männer und Zeiten an ihrer Hervor-
bringung gearbeitet haben, und statt der absoluten Vollkommenheit und ausschließlichen
Giltigkeit jenes Textes wird jetzt nur noch eine relative Vollkommenheit und ein hoher
Vorzug desselben vor andern Textgestaltungen gelehrt; nur freilich in Beziehung auf
das mehr oder weniger jener relativen Vorzüglichkeit und in Beziehung auf das höhere
oder jüngere Alter, das man den einzelnen Teilen der Textgestaltung beilegt, wiederholen sich auch heutzutage noch, wenn gleich feiner und minder schroff, die Gegensätze
der strengeren dogmatisch-kirchlichen und der freieren geschichtlich-kritischen Richtung. Daß
auch diese Abweichungen der Ansichten mehr und mehr ausgeglichen werden, hängt von
neuen Einzelforschungen auf diesem zwar schon durch manche schöne Untersuchung auf-
gehellten, aber immer noch vielfach dunkeln Gebiete der Textgeschichte ab. Ein kurzer Über-
blick über die Textgeschichte soll nun zeigen, was bis jetzt an sicheren Ergebnissen
darüber vorliegt, und zu einem allgemeinen Urteil über den massoretischen Text be-
fähigen.

I. Über die älteste oder vorkanonische Textgeschichte der Schriften
des AT. haben wir fast gar keine positiven Nachrichten und nur wenige indirekte Andeutungen. Die Bücher wurden wahrscheinlich auf Tierhäute, vielleicht auch Leinwand
(Papier, in Ägypten uralt, war möglicherweise auch in Palästina in Gebrauch; das
eigentliche Pergament scheint später zu sein) geschrieben, und zwar scheint bald das
Rollenformat das gewöhnliche geworden zu sein (Pf 40, 8; Jer 36, 14 ff.; Hez 2, 9;
Zach 5, 1). Man schrieb mit einem zugespitzten Schreibrohre, ‎עט‎ (Jer 8, 8; Pf 45,2),
mittels dessen die Tinte (‎דיו‎ Jer 36, 18, von Giesebrecht allerdings als Textfehler beseitigt; vgl. noch Ez 9, 2) aufgetragen wurde. Der Schriftcharakter, dessen man sich
ursprünglich und noch nach dem Exil bediente, war der althebräische (später ‎כתב רעץ‎
oder ‎כתב רעץ‎ „Münzschrift" benannt), ursprünglich wohl mit dem altphönizischen und
moabitischen (auf der Mescha-Stele) fast identisch, im Laufe der Zeit eigentümlich weiter
entwickelt; Proben davon liegen uns noch vor in der Siloahinschrift (c. 700 v. Chr.)
auf alten geschnittenen Steinen (aus dem 8. oder 7. Jahrhundert), auf den Münzen

der Hasmonäer und aus der Zeit der jüdisch-römischen Kriege, wieder etwas anderer Art in der samaritanischen Schrift. Die Veranschaulichung der Worttrennung durch einen Punkt oder Strich, die bei mehreren semitischen Völkern, darunter auch die Phönizier und Moabiter (Mescha-Stele), Sitte war, kannten auch die Hebräer, wie die Siloahinschrift und der aus einem solchen Punkte wahrscheinlich entstandene verstrennende Doppelpunkt Soph pasuk beweisen. Doch können diese sie nicht regelmäßig benutzt haben, da die LXX öfters die Wörter anders abteilen als der massoretische Text; ja die jüdische Texttradition selbst führt einzelne Stellen an, in welchen man die Worttrennung als unschön betrachtete. Ob man auch größere und kleinere Sinnabteilungen in der Schrift ausdrückte, darüber haben wir kein Zeugnis. Wahrscheinlich geschah es zerstreut und in einzelnen Fällen (auf dem Mescha-Stein vermittelst eines senkrechten Strichs), und in poetischen Texten scheint die Bezeichnung der Verse und Versglieder durch Zeilenabsätze eine alte Sitte gewesen zu sein, denn sie werden auch später immer so geschrieben, und andere Völker, z. B. die Araber, haben diese Schreibweise als uralte Sitte. Aber regelmäßig kann weder das eine noch das andere stattgefunden haben, da die LXX mehrmals, auch in den dichterischen Schriften, eine andere Satz- und Versabteilung hat als der massoretische Text. Der Hauptunterschied zwischen den damaligen und den jetzigen Texten bestand aber darin, daß in ohne Vokalpunkte und Accente geschrieben waren. Die hebräische Schrift war nämlich, wie ursprünglich alle semitische Schrift, wesentlich Konsonantenschrift; die meisten Vokale wurden, als am Konsonanten haftend gedacht, nicht geschrieben; nur für die langen Vokale ī und ū, ē und ō und für die Diphthonge wurden schon ziemlich frühe die Zeichen der ihnen verwandten Laute ' und ' vielfach angewendet, sowie auch ה für auslautendes ā, ē, è, ō, nur selten und mehr aramäisierend א für ā im Inlaut und Auslaut. Die aus dem Mangel an Vokalschrift für das Lesen der Schriften sich ergebenden Schwierigkeiten wurden während des Lebens der Sprache durch deren lebendiges Verständnis leicht beseitigt, obwohl nicht zu verkennen ist, daß ein solcher unvokalisierter Text schon damals für minder geübte Leser eine Quelle von Mißverständnissen war. Auch kann man, besonders durch eine Vergleichung mit den alten Übersetzungen, konstatieren, daß man im Laufe der nachexilischen Zeiten diese Schwierigkeiten immer stärker empfunden hat, weshalb man allmählich jene Halbvokale im wachsenden Umfange zur Verdeutlichung der Aussprache angewendet hat. — Über die Art und Weise der Fortpflanzung und Erhaltung des Textes in dieser Zeit fehlen zwar alle Nachrichten, wir können aber mit Grund vermuten, daß derselbe der Möglichkeit einer Verderbnis noch mehr ausgesetzt war, als später. Die Schriften waren dem Volke damals noch nicht heilig oder kanonisch im späteren Sinne des Worts, und wenn auch einzelne derselben durch den amtlichen Charakter ihrer Verfasser auf eine sorgfältigere Behandlung Anspruch hatten, so waren doch andere ursprünglich kaum über den Rang von Privatschriften erhaben. In den starken Abweichungen aller der vielen doppelt vorkommenden Stücke des AT. liegt uns ein faktischer Beweis dafür vor, mit welcher Freiheit spätere Autoren ältere Schriftstücke bearbeiteten, also auch dafür, daß man damals jene Schriftstücke noch nicht als einen heiligen, unantastbaren Buchstaben sich gegenüberzustellen gewohnt war, und wir schließen daraus mit Recht, daß man damals auch auf die Erhaltung jedes einzelnen Wortes und Buchstabens noch nicht jene ungemeine Sorgfalt verwandte, wie später. Bei dieser freieren Stellung des Bewußtseins der Leser und Schreiber zu den überlieferten Denkmalen der Schrift, mußte die Gefahr der Textesverderbnis, die überhaupt bei jeder Vervielfältigung eines Buchs durch Abschriften vorliegt, noch erhöht werden, wie denn auch in der größeren Unregelmäßigkeit der alten Schriftzüge ein neues Moment der Art liegt; wogegen, daß die Urexemplare von manchen Schriften vielleicht noch längere Zeit vorhanden waren, nicht viel in Betracht kommt, weil gewiß nicht alle Abschriften, welche gemacht wurden, auch darnach korrigiert wurden. Und so finden wir denn wirklich in den doppelt vorkommenden Stellen des AT. außer den Abweichungen, welche auf Rechnung absichtlicher Änderung durch die späteren Autoren zu setzen sind, auch noch viele solche, welche offenbar auf Texteskorruption beruhen; und wenn gleich manche dieser Fehler erst in späteren, nachkanonischen Zeiten allgemein eingedrungen sind, sofern alte Übersetzungen statt ihrer noch die richtige Lesart haben, so stammt doch die Mehrzahl derselben aus der vorkanonischen Zeit, und beweist somit sicher für unseren obigen Satz.

II. Eine neue Epoche für den Text der heiligen Schriften begann nach dem Exil von der Zeit an, als dieselben zu kanonischer Dignität erhoben und als heilige Schriften verehrt mit immer steigender Sorgfalt und Gewissenhaftigkeit behandelt wurden.

Dieſer Zeitpunkt trat zwar nicht für alle bibliſchen Schriften zugleich ein; ſofern aber doch für einen Teil des Kanons, des Geſetzes, jener Zeitpunkt mit Esra beginnt, müſſen wir gleichwohl dieſe Epoche von ihm an rechnen, und indem wir dieſelbe bis auf die Zeit des Schluſſes des Talmud (am Ende des 5. Jahrh.s) ausdehnen, ſetzen wir dieſe ganze Periode als die vormaſſoretiſche der im engern Sinne maſſoretiſchen entgegen. Es iſt die Periode, in welcher nicht bloß der Schriftcharakter und der Text ihre feſte Geſtaltung erhielten, ſondern auch die Leſung und Einteilung des Textes in der Hauptſache ſchon ganz ſo, wie ſie jetzt vorliegt, feſtgeſtellt und von dem ſpäter in der Maſſora zuſammengefaßten kritiſch-exegetiſchen und grammatiſchen Apparat ſchon ein guter Teil erzeugt wurde, ſo jedoch, daß dieſer Apparat und die richtige Leſung des Textes vorerſt meiſt nur mündlich überliefert wurde. a) Eine mehr nur die äußere Geſtalt des Textes betreffende Veränderung, welche in dieſer Periode mit demſelben vorging, iſt die Änderung der Schrift und die Ausbildung einer heiligen Kalligraphie. Die althebräiſche Schrift wurde unter dem Einfluſſe des aramäiſchen Schriftcharakters allmählich zur Quadratſchrift (כתב מרבע), auch „aſſyriſche" Schrift (כתב אשורי) ge-nannt, umgebildet. Die jüdiſche Sage ſchreibt die Einführung der Quadratſchrift dem Esra zu und bezeichnet ſie ausdrücklich als eine aramäiſche Schrift, welche die Juden ſtatt ihrer hebräiſchen angenommen haben, wogegen ſie dieſe ſelbſt den Samaritanern hinterlaſſen haben. Die neueren Unterſuchungen über die Entwicklung der ſemitiſchen Schrift haben nun zwar dieſe aramäiſche Abſtammung der Quadratſchrift beſtätigt. Man kann jetzt vermittelſt der Zendſchirliinſchriften, der Taimainſchrift, der aſſyriſchen, perſiſchen und ciliciſchen Siegel und Münzen, weiterhin auf den ſchon länger bekannten aramäiſchen Papyrus aus Ägypten vom 3. bis ins 1. Jahrhundert v. Chr. und auf den palmyreniſchen Inſchriften vom 1. bis 3. Jahrh. n. Chr. die allmähliche Ausbildung dieſes aramäiſchen Schriftcharakters bis ins 8. Jahrh. zurück, alſo faſt durch ein Jahr-tauſend hindurch, einigermaßen verfolgen und den Beweis führen, daß die Quadrat-ſchrift ſich eng an dieſe Entwicklungsreihe anſchließt, und mit der ägyptiſch-aram. und palmyreniſchen Schriftgeſtalt in engſter Verwandtſchaft ſteht. Aber eben ſo ſicher kann man behaupten, da die Vorſtellung von einer eigentlichen und plötzlichen Eintauſchung der einen Schrift für die andere und von einer förmlichen Umſchreibung der Bücher aus der alten in die neue Schrift als eine undenkbare zurückzuweiſen, und vielmehr ein längerer Umbildungsprozeß der Schrift anzunehmen. Die Zeit, innerhalb welcher, und die Stufen, durch welche hindurch dieſe Umbildung vor ſich ging, können wir aus Mangel an Nachrichten nicht mehr genau beſtimmen. Wie die aramäiſche Sprache nach dem Exil die hebräiſche Sprache allmählich zu verdrängen anfing, ſo wird von der gleichen Zeit an auch die aramäiſche Schrift dem althebr. Schriftcharakter nach und nach Terrain abgewonnen haben. Sehr wohl möglich iſt, daß das Beiſpiel und der Einfluß des Babyloniers Esra für die Einführung des aram. Schriftzugs in die hl. Bücher ent-ſcheidend wurde. Aber weder war das ſchon die ausgebildete Quadratſchrift, noch kann damals die aram. Schrift außerhalb der Kreiſe der Geſetzesgelehrten ſchon ausſchließlich in Gebrauch geweſen ſein. Nicht bloß die Samaritaner erhielten für ihren Pentateuch die alte Schrift noch fort, ſondern auch bei den Juden muß ſie noch lange verſtändlich geweſen ſein, da ſie ja auf Münzen der hasmonäiſchen und nachhasmonäiſchen Zeit bis auf Barkochba angewendet wurde. Selbſt Bibelhandſchriften mit althebräiſcher Schrift kamen, wie es ſcheint, noch zur Zeit der Miſchna vor. Aber ſchon in vorchriſt-licher Zeit drang die neue Schriftform aus den rein gelehrten Kreiſen in immer größe-rem Umfange in die breiteren Schichten des Volkes hinaus. So haben die Buchſtaben der kurzen, wahrſcheinlich aus den letzten Zeiten vor dem makkabäiſchen Freiheitskriege ſtammenden Inſchrift von ʿArâk-el-emîr ö. vom Jordan ſchon teilweiſe aramäiſche Form. Und rein aramäiſch ſind die Grabinſchrift der Benê ḥezir am Weſtabhange des Öl-berges, wahrſcheinlich aus der Zeit kurz vor Chriſtus, und die Synagogeninſchrift von Kefr-Birʿim in Galiläa, die wohl ungefähr 300 n. Chr. entſtanden iſt. Auch beweiſt wohl Mt 5, 18, daß damals die aramäiſche Schrift ganz vollstümlich geworden war, da das Jod in der althebräiſchen Schrift keineswegs zu den kleinſten Buchſtaben gehört. Demnach können wir alſo mit Sicherheit annehmen, daß die Anwendung der neuen Schrift in den Bibelhandſchriften in den letzten Jahrhunderten v. Chr. die allgemeine geweſen iſt, ein Reſultat, das auch durch eine genaue Prüfung der LXX in betreff der von den Überſetzern benutzten Handſchriften beſtätigt zu werden ſcheint (namentlich muß das in vielen Abſchriften der griechiſchen Überſetzung beibehaltene Tetragrammaton mit aramäiſcher Schrift geſchrieben worden ſein, da es von den Chriſten irrtümlich als ΠΙΠΙ gelesen wurde). In Anbetracht dieser Entwicklungsgeschichte muß es als möglich betrachtet werden, daß die jüngsten alttestamentlichen Schriften von den Verfassern selbst nicht mit althebräischer, sondern mit aramäischer Schrift geschrieben worden sind, ohne daß dies sich mit Sicherheit nachweisen läßt (Blau will im Gegenteil aus Esth 8, 9 schließen, daß die „jüdische Schrift" und folglich auch die von dem Verfasser der Bücher angewendete Schrift nicht das von vielen anderen benützte aramäische Alphabet gewesen sein kann). Nachdem die aramäische Schrift bei den Juden die herrschende geworden war, bekam sie bald die Form, in welcher wir sie jetzt vor uns haben. Die Beschreibungen, welche Hieronymus und der Talmud von den einzelnen Buchstaben geben, stimmen ganz zu derjenigen Form derselben, welche sie noch heute in den Handschriften haben. Die volle Ausbildung des ängstlichen und kleinlichen Buchstabenglaubens, welche bald nach Jerusalems Zerstörung bei den Juden eintrat, muß schnell auch jeder weiteren Entwicklung der Quadratschrift ein Ziel gesetzt haben; der Talmud macht, was früher nur Observanz gewesen war, zu einer gesetzlichen Vorschrift und giebt eingehende Regeln über Kalligraphie und Orthographie. Infolge dieser gesetzlichen Obhut der Talmudisten über die Schriftzüge der Bibel ist der damalige Typus der Quadratschrift bis auf den heutigen Tag fest und unveränderlich geblieben; kaum vermochten sich innerhalb dieses allgemeinen und immer gleichen Typus unbedeutende Spielarten und Variationen der Quadratschrift in den verschiedenen Ländern zu erzeugen (nämlich die etwas eckige sogenannte Tam-schrift bei den deutschen und polnischen, und die abgerundetere Welsch-schrift bei den spanischen Juden).

b) Aus der Verehrung, welche in dieser Periode den kanonischen Schriften in immer höherem Maße zu teil wurde, mußte sich für die Juden eine erhöhte Sorgfalt in Behandlung derselben und vor allem die Notwendigkeit einer kritischen Feststellung des Textes ergeben. Sobald man den alten Schriften kanonische Autorität zuzuschreiben, sie in den gottesdienstlichen Gebrauch einzuführen, als Quelle für das Recht, die Lehre und den Glauben der Gemeinde zu benützen anfing, mußte man auch auf die etwaigen Abweichungen der in Umlauf befindlichen Handschriften von einander aufmerksam werden, und das Bedürfnis eines festgestellten richtigen Textes mußte sich von selbst geltend machen. Die dadurch notwendig gewordene gelehrte Beschäftigung mit den Schriften fing nun nach allem, was wir wissen, bei dem „Gesetze" (dem am frühesten heilig gewordenen Teil der Bibel) an. Die andern beiden Teile des Kanons (Propheten und Hagiographen) gewannen erst im Laufe der Jahrhunderte ein höheres Ansehen, obgleich niemals ein so hohes wie das Gesetz, und ehe das geschah, kann man kaum denken, daß man von Amtswegen ihrer Texte sich werde besonders angenommen haben. Die textkritische Wirksamkeit dieser Periode darf man aber im allgemeinen nicht hoch anschlagen. Gewiß gab es von den Büchern, die man als heilige anerkannte, zumal von denen, die man öffentlich vorzulesen pflegte, am Tempel oder in bedeutenderen Synagogen besonders zuverlässige und sorgfältige Handschriften, aber das konnte nicht verhindern, daß nicht die gewöhnlichen kursierenden Exemplare oft ziemlich willkürlich behandelt wurden und allerlei sachliche und sprachliche Umgestaltungen erfuhren. Die skrupulöse Scheu, mit welcher nach Josephus (c. Ap. 1, 8) und Philo (Euseb. praep. ev. 8, 6. 7) die Juden ihrer Zeit die hl. Bücher zu behandeln pflegten, darf auf diese früheren Jahrhunderte nicht unmittelbar übertragen werden, und betrifft auch mehr den Inhalt als die sprachlichen Minutien des Textes. In den ältesten kritischen Beweisstücken, im samaritanisch-hebräischen Pentateuch und in den LXX haben wir noch Zeugnisse dafür, daß damals (vom Ende des fünften bis in das zweite Jahrhundert hinein) die Wortfeststellung in den am meisten verbreiteten und gebilligten Handschriften noch ziemlich schwankend war. Die ältere Meinung, daß der hebr. Text bei den paläst. Juden damals der Text schon fest normiert gewesen sei und die Abweichungen der griech. und samarit. Bücher nur durch Nachlässigkeit und Willkür der hellenistischen Juden und der Samaritaner erzeugt seien, ist längst als unhaltbar erkannt. Die ägyptischen Juden wollten in allem sich möglichst an die palästinischen anschließen. Wenn gleichwohl bei ihnen das Fortbestehen so bedeutender, noch aus vorkanonischer Zeit herrührender Textabweichungen (Rezensionen), wie sie die LXX in den Büchern Jer, Pr, Sa u. s. w. zeigen, möglich war, so beweist das zum mindesten, daß man damals auf genaue Uniformität der Texte noch nicht den Wert legte, wie später. Und wenn LXX und Sa so oft, nicht bloß dann und wann in guten, sondern auch, und noch öfter, in schlechten Lesarten, gegen den massoret. Text zusammenstimmen, so kann man daraus schließen, daß diese eben auch in vielen Handschriften der paläst. Juden noch verbreitet waren und noch keineswegs für anſtößig oder durchaus unzuläſſig galten. Auch andere alte Dokumente, wie das Buch der Jubiläen oder das NT. oder das jeruſal. Targum, führen gelegentlich auf denſelben Satz. Es mag ſein, daß die jüngeren Sopherim um die Zeit Chriſti, die ſog. Chalha= mim, in Bezug auf Korreltheit des Textes ſchon peinlicher und ſtrenger waren als die früheren, alſo auf eine genauere Feſtſtellung des Textes hinſteuerten, aber durchgedrungen ſind ſie damit noch nicht und noch weniger haben ſie ſchon die Arbeit am Text abge= ſchloſſen. Die abſchließende Arbeit fällt erſt in die Zeit nach Jeruſalems Zerſtörung, als das Judentum ſich geſetzlich neu aufbaute und die buchſtäbliche Genauigkeit eines R. Akiba herrſchend wurde. Nun, da das geſamte Judentum der ſtrammen Herrſchaft ſeiner rabbiniſchen Leiter unterworfen wurde, war die Möglichkeit gegeben, allen Textes= abweichungen ein Ende zu machen und einen ausſchließlich geltenden amtlichen Text herzuſtellen. Plötzlich geſchah auch das nicht; noch mehrere Generationen arbeiteten daran. Die griechiſchen Überſetzungen aus dem 2. Jahrh. n. Chr. haben ſchon viel weniger Abweichungen vom maſſ. Text. Noch mehr ſtimmt der hebräiſche Text des Origenes und Hieronymus mit dem maſſoretiſchen. Im Talmud erſcheint der konſonantiſche Text ſchon durchaus als ein feſter und als ein ſo unveränderlicher, daß man etwaige Varian= ten nur noch als ein Keré zum Ketib nachtrug; die Feſtſtellung des Textes ſamt den Reſten kritiſchen Apparats dazu (ſ. darüber unten) wird bereits als ein Werk des hohen Altertums angeſehen und auf eine סופרים מימות הלכה zurückgeführt (Nedar., f. 37, b; Buxtorf, Tiber. p. 40 sqq.). Auch die Varianten, welche ſich aus den Anführungen von Bibelſtellen im Talmud ergeben, ſind äußerſt unbedeutend oder gar keine. Die Bildung des konſonantiſchen Textes kann ſomit als eine vor dem talmudiſchen Zeitalter beendigte angeſehen werden. — Die Grundſätze, nach welchen bei dieſen Textarbeiten verfahren wurde, ſind nicht bekannt und laſſen ſich nur indirekt erkennen. In dem nach ihnen gebildeten Texte ſind die Eigentümlichkeiten der einzelnen Schriftſteller, Bücher und Zeitalter, Archaismen, Idiotismen, lokale Dialektfärbungen, ſogar eigentümliche Schreibweiſen oft mit bewundernswürdiger Treue bewahrt, und wir ſehen wenigſtens ſoviel, daß abſichtliche und willkürliche Textänderungen und uniformierende Verbeſſerungs= verſuche (ſei es auch nur in Beziehung auf die Schreibweiſe) dieſen Kritikern ferne lagen. Auch die Unterſuchung der vielen Parallelſtellen des AT. führt auf denſelben Satz; es lag hier, wenn irgendwo, für ſie nahe, die vielen Abweichungen dieſer Stellen von einander, und die offenbaren Widerſprüche und Textesfehler wegzuräumen und eine Stelle aus der andern zu verbeſſern (wie die LXX oft genug thaten); daß ſie das ſich nicht beigehen ließen, iſt uns ein Zeichen ihrer Gewiſſenhaftigkeit. Daß ſie gar aus dogmatiſchen, beſ. aus antichriſtlichen Gründen einzelne Stellen gefälſcht haben, wie da und dort in der alten Kirche behauptet wurde, iſt längſt als eine grundloſe Beſchuldi= gung erkannt. Die im AT. wirklich vorkommenden tendenziöſen Änderungen — wie z. B. die Änderung von Baʿal in Boſchet in den israelitiſchen Eigennamen (vgl. Nu 32, 38, wo שמות בהסב eine Gloſſe iſt, die die Unterdrückung des Namens Baʿal verlangt), oder die von der jüdiſchen Tradition ſelbſt aufgezählten und wenigſtens teilweiſe richtig überlieferten Tikkune ſoferim, d. h. Umbiegungen eines etwas verfänglichen Textes durch die Schriftgelehrten, wie z. B. Hi 7, 20, wo man עליך in עלי geändert hat — bewegen ſich nur auf dem Gebiete der dogmatiſchen Scheu und ſtammen gewiß aus einer früheren Periode (vgl. zu בשת für בעל Rö 11, 4, wo der Artikel in τῇ Βάαλ die Lesart αἰσχύνη vorausſetzt). Aus den oben angeführten Thatſachen ergiebt ſich zu= gleich, daß dieſe alten Kritiker nicht nach Konjektur, ſondern nach dem Zeugnis der Handſchriften den Text feſtſtellten, und die Befolgung dieſes Grundſatzes können wir ihnen nicht genug danken. Von der bei dieſer Gelegenheit benützten kritiſchen Methode darf man ſich freilich keinen hohen Begriff machen. Die Zahl der verglichenen Hand= ſchriften iſt gewiß nicht groß geweſen, und man war natürlich von den zufällig an Ort und Stelle vorhandenen ganz abhängig. Von einer Verwertung der Textzeugniſſe der Über= ſetzungen, wie ſie etwa das große hexaplariſche Werk des Origenes ermöglicht hätte, war ſelbſtverſtändlich keine Rede. Und wenn eine ohne Zweifel auf guter Grundlage ruhende jüdiſche Tradition mitteilt, daß man bei der Feſtſtellung des Pentateuchtextes einfach die Zeugen gezählt und darnach die Lesarten aufgenommen hat (jer. Thaanith IV Fol. 68 b), ſo ergiebt ſich daraus deutlich die ganze Naivität des kritiſchen Ver= fahrens. Auf dieſe Weiſe ſind thatſächlich eine Menge Textfehler und minderwertige Lesarten in den damals rezipierten Text aufgenommen, beſonders bei einigen Büchern, wie Samuel und Ezechiel. Aber trotzdem iſt es als ein Glück zu betrachten, daß man nach dieſem Prinzip arbeitete, da eine freiere und ſubjektivere Textkritik unter den da=

maligen Verhältnissen nur heillosen Schaden gestiftet hätte. Was sonst den Vorgang der Sache betrifft, so beweisen die Schnelligkeit, mit welcher in den ersten Jahrhunderten n. Chr. die bis dahin so bedeutenden Textverschiedenheiten verschwinden, und die rasche Annäherung der von nun an bezeugten Textformen an die uns jetzt vorliegende massoretische Textgestalt, daß eine ganz bestimmte Rezension autoritative Gültigkeit gewonnen hat, was nur dadurch geschehen sein kann, daß eine bestimmte Bibelhandschrift kanonisiert worden ist. Von einem solchen Mustertodex konnte man sich Abschriften verschaffen, oder man konnte jedenfalls in größerem oder geringerem Umfange seine eigenen Handschriften darnach korrigieren; und so konnte in kurzer Zeit die rezipierte Textform ihren Einfluß üben, soweit die Autorität der maßgebenden Schriftgelehrten sich geltend machte. So einleuchtend dies ist, so unsicher sind dagegen andere Vermutungen, die man in diesem Zusammenhange aufgestellt hat. Wenn z. B. behauptet worden ist, daß jener Mustertodex einfach dadurch zu stande gekommen ist, daß man ohne jegliche Textkritik für jedes biblische Buch eine willkürlich gewählte Handschrift zum Textus receptus ernannt habe, so spricht dagegen die oben angeführte jüdische Tradition, die unmöglich reine Erfindung sein kann. Ungleich verlockender ist die von Olshausen und später von de Lagarde u. a. aufgestellte Hypothese, wonach verschiedene im massoretischen Texte vorkommende und zum Teil schon im Talmud bezeugte Abnormitäten, wie z. B. einige zu große oder zu kleine Buchstaben, oder die über den Zeilen „schwebenden" Buchstaben, durch die Annahme eines solchen Archetypus ihre Erklärung finden sollen, indem man allerlei durch die zufällige Beschaffenheit des Pergamentes oder durch Korrekturen in jenen Mustertodex eingedrungene Unregelmäßigkeiten in den Abschriften sklavisch treu nachahmte. Absolut sicher ist dies jedoch nicht. Nur wenn es durchaus unmöglich wäre, jene Deformitäten auf andere Weise zu erklären, wäre dieser Erklärungsversuch zwingend; aber bei einigen jener Fälle (z. B. Jud 18, 30) trifft das nicht zu, und so muß wenigstens die Möglichkeit offen gehalten werden, daß diese Unregelmäßigkeiten sämtlich durch andere Ursachen (Reflexionen, Mißdeutungen u. dgl.) hervorgerufen sind. — Von dem bei jenen älteren Arbeiten gewonnenen kritischen Apparate sind uns leider nur sehr spärliche Reste aufbewahrt, namentlich sind die Varianten aus den älteren Zeiten, wenn je damals schon solche gesammelt wurden, fast ganz verloren gegangen. Manche Reste von diesem kritischen Apparate der älteren Zeit sind in der späteren Massora verborgen, können aber, weil sie hier mit jüngerem Stoffe vermischt sind, nicht mehr ausgeschieden werden. Andere solche Reste sind aber schon im Talmud und in der älteren Midraschlitteratur erwähnt, und diese Erwähnungen sind wichtig, weil sie uns in die kritischen Bemühungen dieser älteren Zeit einige Einsicht verschaffen. Hierher gehören 1. die oben erwähnten Tikkune soferim; 2. die recht unbedeutenden 'Itture soferim, wonach die Schriftgelehrten an 5 Stellen ein „und" beseitigt haben sollen; 3. die Puncta extraordinaria, durch welche ein Wort ohne Zweifel als kritisch verdächtig bezeichnet werden sollte; ein solcher Fall wird schon von der Mischna, ein anderer von Hieronymus erwähnt; 4. verwandt damit ist nach Blaus glücklicher Vermutung das doppelte Nûn inversa Nu 10, 35 f., Ps 107, 23—28. 40, das als Abkürzung von קודׄ „punktiert" betrachtet werden muß, und die kritische Unsicherheit der Stelle ergeben sollte; 5. die dreierlei Arten von Keré's, die schon den Talmudisten wohl bekannt sind und zum Teil von ihnen auf uralte Tradition zurückgeführt werden, da man nämlich entweder etwas las, was im Texte nicht geschrieben stand (קׄרֵי וׄלׄא כׄתׄיב), oder etwas nicht las, was im Texte geschrieben war (כׄתׄיב וׄלׄא קׄרֵי; oder das geschriebene Wort anders las, als es geschrieben war (קׄרֵי וׄכׄתׄיב). Diese dreierlei Keré's haben zum großen Teil nur exegetischen Wert (sollen z. B. statt der grammatisch oder orthographisch ungewöhnlichen Wortformen die gewöhnlichen angeben, zeigen, wo man zur Erleichterung des Verständnisses einiges hinzudenken oder weglassen muß, oder vom Leser die Ersetzung obscöner Wörter des Textes durch euphemistische verlangen) und sind insofern nur Scholien zum Text. Schwieriger ist die Frage, ob sie in anderen Fällen objektive textkritische Bedeutung haben. Daß sie nicht unmittelbar als Variantensammlungen aufgefaßt werden können, ist einleuchtend, weil man sich in diesem Fall nicht erklären könnte, warum neben dem Haupttexte immer nur eine einzige abweichende Lesart angegeben wird, und warum diese immer dem Texte selbst vorgezogen wird. Wenn sie aber, wie wahrscheinlich, die althergebrachte, mit dem rezipierten Texte nicht immer stimmende synagogale Vortragsweise ausdrücken, so ist es immerhin möglich, daß sie zum Teil von anderen, früher geltenden Lesarten Zeugnis ablegen. Mehr von diesem älteren kritischen Apparat wäre uns vielleicht erhalten, wenn

derselbe schon früher der Schrift anvertraut worden wäre, aber wie andere den Text be=
treffende Ergebnisse und Festsetzungen sind auch diese durch diese ganze Periode hindurch
meist nur mündlich überliefert worden. Indessen zeigt der Inhalt dieser Reste kritischer
Bemerkungen, daß schon in diesen Zeiten es sich nur noch um untergeordnete Einzeln=
heiten des Textes handelte, bedeutendere, oder den Gehalt der Bücher alterierende
Textesschwankungen aber nicht mehr vorkamen. c) Hand in Hand mit der Gestaltung des geschriebenen Textes ging die Feststellung
der Art, wie er zu lesen sei, oder die Ausbildung der Vokalisation und der Wort=,
Vers= und Abschnitt=Abteilung. a) Daß die alte Schrift keine Vokalpunkte hatte, ist
schon oben erwähnt; aber auch während dieser ganzen Periode bis zum Schlusse des
Talmud waren dem heiligen Texte noch keine Vokal= und andere Punkte beigeschrieben.
Sämtliche alte Übersetzungen, zumal die griechischen, und Josephus differieren gerade in
der Lesung und Vokalaussprache der biblischen Wörter so bedeutend vom massor. Texte,
daß sie unmöglich schon den jetzigen vokalisierten Text gehabt haben können. Die Aus=
kunft, die Abweichungen aus willkürlichen und absichtlichen Veränderungen der Über=
setzer zu erklären, scheitert schon daran, daß nicht etwa nur der eine oder andere, sondern
alle diese Übersetzer so sehr abweichen. Auch Origenes giebt seinen hebräischen Text in
der Hexapla in einer von der massor. verschiedenen Aussprache. Noch Hieronymus,
welcher in seinen Arbeiten über das AT. überall kritisch=philologische und orthographische
Bemerkungen einmischt, kennt selbstverständlich keine Vokalzeichen (nicht einmal das dia=
kritische Zeichen des ש) und Ausdrücke von ihm, um derentwillen man früher Bekannt=
schaft mit Vokalzeichen bei ihm glaubte voraussetzen zu müssen, sind anders zu erklären.
Und ebenso setzen die Talmudisten überall einen unpunktierten Text voraus und kennen
durchaus keinerlei Lesezeichen. Noch bis jetzt werden die öffentlichen oder heiligen
Handschriften der Juden unpunktiert und ohne alle Lesezeichen geschrieben, laut aus=
drücklicher Vorschrift, in welcher die Observanz der talmudischen Zeit zum Gesetz für die
spätere Zeit erhoben wurde. Nach alledem bleibt es dabei, daß das massor. Punktations=
system erst späteren Ursprungs sei, wie schon Elias Levita lehrte, und während
dieser ganzen Periode den hl. Texten noch keine Punkte beigeschrieben wurden. Allein
daraus folgt nun nicht, daß während dieser ganzen Zeit auch die Lesung des unpunk=
tierten Textes bei den Juden noch ganz freigegeben oder schwankend war; vielmehr
kann man gar nicht anders als annehmen, daß zugleich mit der amtlichen Feststel=
lung des Textes auch eine bestimmte Art, denselben zu verstehen und zu lesen, sich aus=
bildete. Sie bildete sich aber, wie der Text selbst, nicht auf einmal, sondern im Laufe
der Jahrhunderte und infolge der Studien vieler Generationen von Gelehrten. Die
alten griechischen Übersetzungen, vor allem die LXX, aber auch die späteren, haben
nicht nur ein sehr eigentümlich gestaltetes Vokalisationssystem (s. unten), sondern sie
weichen auch in Beziehung auf die Lesung und die dadurch bedingte Auffassung der
Wörter so bedeutend von der massor. Lesung ab, stimmen aber andererseits hier und da
in schweren und zweideutigen Fällen mit dieser wieder so auffallend überein, daß man
daraus erkennen kann, wie in Beziehung auf die Lesung schon eine exegetische Tradition
vorhanden war, diese aber noch nicht alles einzelne fest und sicher gestellt hatte, auch
diesen griechischen Übersetzern nicht vollständig bekannt geworden oder nicht durchaus
bindend erschienen war. Sodann hat Hieronymus in Beziehung auf die Lesung des
Textes eine durchaus sichere Überlieferung, beruft sich auf sie wie auf eine Autorität
gegenüber den griechischen Übersetzungen, und weicht im ganzen sehr wenig von der
massor. Lesung ab und das oft vielleicht nur aus Nachgiebigkeit gegen die griechischen
Übersetzungen. Im Talmud wird, trotz des Mangels an Lesezeichen im Texte, doch
die richtige Art, ihn zu lesen, als bekannt, fest, sicher und allgemein gebildet voraus=
gesetzt (man vergleiche auch die schon im Talmud erwähnten Keré's). Es scheint dem=
nach, daß schon lange vor dem Schlusse dieser Periode die Feststellung der Lesung des
Textes vollzogen war, und insoweit haben die älteren Gelehrten, welche den vormasso=
retischen Ursprung der Vokalisation behaupteten, Recht; aber in der Schrift fixiert
war diese Lesung noch nicht, sondern nur erst mündlich gelehrt und fortgepflanzt, ob=
wohl vielleicht schon damals einzelne Gelehrte in ihren Büchern sich eigentümliche Merk=
zeichen zur Unterstützung ihres Gedächtnisses gemacht hatten. β) Von der Lesung der
Wörter hängt auch die Wortabteilung ab und umgekehrt jene von dieser; die Fest=
stellung der Wortabteilung, soweit sie nicht schon in den älteren Handschriften vorlag,
muß darum ebenfalls schon in dieser Periode zu stande gekommen sein. Und zwar
scheint dieser Teil der Textarbeit schon frühe vollendet, und die Worttrennung auch in

der Schrift bald ziemlich regelmäßig durchgeführt worden zu sein. Das äußere Zeichen dafür war aber nur der kleine Zwischenraum zwischen den einzelnen Wörtern. Die Final= buchstaben (die inschriftlich schon in den ersten nachchristlichen Jahrhunderten vorkommen) können wegen ihrer begrenzten Zahl nicht als worttrennende Zeichen angesehen werden. Hieronymus hat einen Text mit Wortabteilung vor sich (s. z. B. zu Zach 11, 11) und kennt die Finalbuchstaben; Talmud Menach. f. 30 a schreibt vor, wie groß der Zwischenraum zwischen den einzelnen Wörtern sein müsse; die Synagogenrollen haben noch jetzt obwohl keine Vokalpunkte, so doch durchaus die Worttrennung durch Zwischen= räume infolge der Observanz der alten Handschriften aus der talmudischen Zeit; und der Umstand, daß eine Anzahl massoretischer Keré's die traditionelle Worttrennung ver= bessert, beweist wiederum für das hohe Alter der Wortabteilung in unseren jetzigen Texten. γ) Auch die Versabteilung ist keineswegs der jetzigen Accentuation gleichzeitig, sondern viel früheren Ursprungs. Die Versabteilung beruht in der Poesie auf dem Parallelismus, in der Prosa auf der Unterscheidung der Sätze und Sinnabschnitte. Daß diese letztern nicht schon in den ältesten und älteren Zeiten regelmäßig auch in der Schrift bezeichnet wurden, ist soviel als gewiß; nur in poetischen Texten scheint man die rhythmischen Glieder und Sätze ursprünglich oder doch gar bald durch Zwischen= räume oder Zeilenabsätze kenntlich gemacht zu haben. Diese Schreibweise poetischer Texte war früher allgemein (sogar in den lateinischen und griechischen Bibelhand= schriften), und findet sich noch in den älteren der uns erhaltenen hebräischen Hand= schriften, für die poetischen Texte Ex 15, Dt 32; Jud 5; 2 Sa 22 ist sie sogar gesetzlich vorgeschrieben (Talm. Schabb. f. 103 b; Sopherim c. 12) und daher jetzt noch üblich; erst infolge der massoretischen Accentuation ist jene Schreibweise poetischer Texte all= mählich außer Übung gekommen. Für die prosaischen Texte können wir etwas ähn= liches aus früheren Zeiten nicht nachweisen. Indessen muß teils das gelehrte exegetische Studium, teils die Sitte, gesetzliche und prophetische Texte in den Synagogen vor= zulesen, das Bedürfnis der Periodenfeststellung geweckt und eine gewisse Observanz der Praxis darin erzeugt haben. Im Talmud erscheint die Feststellung der Verse (פסוקים) der prosaischen und poetischen Texte als etwas Überliefertes; sie werden schon in der Mischna Megill. 4, 4 als bekannt vorausgesetzt; in der Gemara werden sie oft erwähnt (ba= neben auch andere Namen für dieselben oder für andere kleinere Sinn= und Satz= Abteilungen, wie פסוקי, פסקים, הבדיבים). Aber eine Bezeichnung der Verse durch die Schrift wird im Talmud nirgends erwähnt, auch keine Regel darüber gegeben, wie über die Wortabteilung, und so mangelt auch noch in den spätern Synagogalhand= schriften alle und jede Versbezeichnung. Vielmehr heißt es ausdrücklich, daß man die ursprüngliche Verseinteilung nicht genau kannte, weshalb auch die babylonischen Juden die Verse anders zählten als die palästinensischen (bab. Kidd. 30 b). Die „versiculi" oder „versus" des Hieronymus bezeichnen meistens die einzelnen Zeilen des Textes und haben also mit der Verseinteilung nichts zu thun. δ) Noch früher als die Verseinteilung vollendet wurde, scheint man sich über Zerfällung des Textes in größere oder kleinere Abschnitte (פרשיות) verständigt zu haben. Diese lag an sich viel näher und war auch für das Verständnis und für die gottesdienstliche Vorlesung notwendiger als die feste Verseinteilung; zum Teil mögen diese Abschnitte sogar auf uralten Abschnittsbezeichnungen in den handschriftlichen Texten beruhen. Die Paraschen sind zum mindesten vor= talmudisch; sie werden schon in der Mischna und häufig in der Gemara erwähnt und in dieser auf mosaische Tradition zurückgeführt; auch wird daselbst (Schabb. f. 103 b; Menach. f. 30 f.) geboten, beim Abschreiben des Gesetzes auf die Paraschen wohl zu halten, und darum kommen sie auch in den Synagogenrollen vor. Außerdem spricht für ihr vormassoretisches Alter auch noch das massoretische Piska im engeren Sinne (worüber unten). Bezeichnet wurden sie in der Schrift durch leere Zwischenräume (פסקא oder פריקא) und zwar wurden, was schon die Gemara kennt, durch die Art dieser Zwischenräume zweierlei Paraschen unterschieden, einmal die großen Sinnabschnitte, bei welchen die Darstellung auf einen neuen Gegenstand übergeht, einst durch Zeilen= absätze bezeichnet und darum „offene" (פתוחות פ) genannt, und dann die kleineren Sinn= abschnitte innerhalb jener größeren, einst durch Zwischenräume innerhalb der Zeile be= zeichnet und daher (סתומות פ oder סתימות פ) „geschlossene" oder „verbundene" ge= nannt. So war nicht nur das Gesetz, sondern auch die beiden anderen Teile des Kanon eingeteilt. ε) Über die Einteilung des ganzen Kanons und die Anordnung der Bücher innerhalb desselben s. d. Art. Kanon. — Aus dem Gesagten ergiebt sich, daß die ganze Lesung des Textes, die Vokalisation, Wort=, Vers= und Abschnitt=Einteilung auf allmählicher Festsetzung der Sopherim im weiteren Sinne beruht; es kommt darum dieser Lesung weder Unfehlbarkeit noch absolut bindende Kraft zu, und obwohl sie von sehr gründlicher Durcharbeitung und sehr richtigem Textverständnis ihrer Urheber zeugt, so kommen doch zerstreute Fälle vor, wo dem Exegeten die Notwendigkeit einer Ab= weichung von der traditionellen Feststellung mit Gewalt sich aufdrängt. — Über getreuer Fortpflanzung des so allseitig durchgearbeiteten und festgestellten Textes wurde mit großer Sorgfalt gewacht. Zeichen dieser Sorgfalt, z. B. die Gesetze über Kalligraphie, über Schreibung der außergewöhnlichen Punkte, Paraschen u. s. f. sind schon oben da und dort erwähnt. Die nachtalmudischen Traktate Masseket soferim und Masseket sefer tora geben ausführliche Vorschriften über die Art, wie die Handschriften ge= schrieben werden sollten. Gleichwohl kommen über Einzelnheiten noch in der mass. Zeit Schwankungen vor, und darum müssen wir annehmen, daß die gelehrte Arbeit noch nicht alle und jede Kleinigkeiten betroffen oder schon endgiltig erledigt hatte.

III. Die dritte Periode der Textgeschichte ist die massoretische, gewöhnlich vom 6. bis ins 11. Jahrhundert (von wo an die jüdische Gelehrsamkeit aus dem Osten nach Nordafrika und Spanien sich verlegte) gerechnet; sie umfaßt das Zeitalter der Massoreten im engeren Sinne des Worts, und hat für den Bibeltext dieselbe Bedeutung, wie die talmudische Periode für die Rechtslehre. Die Bemühungen der Gelehrten um Fest= stellung, Lesung und Verständnis des hl. Textes waren über der Bildung des Talmud etwas zurückgedrängt; ganz geruht haben sie wohl nie. Nach dem Abschluß des Tal= mud traten sie wieder in den Vordergrund und blühten nun teils in Babylonien, wo sie früher zu einem Abschluß oder Stillstand kamen, teils in Palästina (Tiberias), wo sie länger betrieben wurden. Beide Schulen bauten auf dem früher gelegten Grunde weiter; doch verfuhren die Palästiner gegenüber der talmudisch=babylonischen Richtung zum Teil selbständig, und ihre in allerlei Einzelnheiten abweichenden Ergebnisse trugen endlich den Sieg über die babylonische Schule davon. In beiden Schulen begnügte man sich nicht mehr, wie bisher, mit der bloß mündlichen Erlernung und Fortüber= lieferung der richtigen Lesung des Textes, sondern nahm jetzt die Schrift und schrift= liche Zeichen dafür zu Hilfe. Die immer peinlicher werdende Genauigkeit in diesen Dingen führte von selbst mit einer Art Notwendigkeit auf diese Neuerung; die Behand= lung heiliger Texte bei den Syrern und später bei den Arabern zeigt eine ähnliche Fortentwicklung. Zusammenhängende geschichtliche Nachrichten über die Männer der Massora und den Fortgang ihrer Studien hat man nicht mehr; in neuerer Zeit sind aber aus Randnoten alter Bibelmanuskripte und Fragmenten anderer Werke manche wertvolle Notizen darüber zu Tage gefördert, wonach man die ältesten Massoreten bis in das 8. Jahrhundert zurückverfolgen kann. Im übrigen siehe den Artikel Massora. — Das Hauptbestreben dieser massoretischen Periode ging also (wie auch der Name Mas= sora „Überlieferung" aussagt) darauf, den exegetisch=kritischen Stoff der älteren Zeit zu sammeln und aufzuzeichnen, und die eine Hälfte ihrer Leistungen ist damit hinlänglich bezeichnet. Aber die Massoreten haben auch neue Leistungen hinzugefügt: in den Fuß= tapfen der älteren Kritiker gehend, den überlieferten Text und sein Verständnis immer genauer bis ins einzelnste festzustellen oder zu „umzäunen", durch fortgesetzte neue und immer minutiösere Arbeiten Genüge zu thun gesucht, namentlich in sprachlicher oder grammatischer Hinsicht. Insofern ist ein großer Teil des Inhalts der Massora aller= dings neu. a) Am konsonantischen textus receptus haben die Massoreten freilich wenig mehr geändert. Allein daß doch in den kleinsten Kleinigkeiten er jetzt erst seine endgiltige Feststellung erhielt, das zeigen die zwischen den Babyloniern und Pa= lästinern kontrovers gebliebenen Lesarten, die sogenannten Chilluphin (Varianten) zwischen den Abendländern und Morgenländern, 216 an der Zahl, aus allen biblischen Büchern mit Ausnahme des Gesetzes, zum ersten Mal gedruckt von R. Jakob ben Chajim in der 2. Ausgabe der Bombergschen rabbinischen Bibel, fast alle auf Vokalbuchstaben sich beziehend. Und dieses Chilluphin=Verzeichnis ist, wie man jetzt weiß, nicht voll= ständig; abgesehen von den Varianten in der Vokalisation, die darin gar nicht berück= sichtigt sind, gab es auch in den Konsonanten noch viel mehrere, auch im Pentateuch einige; aus alten Handschriften, zumal aus denen mit babylonischer Punktation, kann man sie noch stark vermehren. Wie aber die Massoreten in der Rechtschreibung der Konsonanten noch manches näher bestimmten als die älteren Kritiker, so haben sie auch die von den älteren Gelehrten überlieferten Reste des kritischen Apparates vollständig zusammengestellt bezw. durch eigene Forschung und Vergleichung vermehrt. Es finden sich also in der Massora alle die verschiedenen Arten von kritischen Bemerkungen zum

Texte, welche wir als schon im Talmud erwähnt oben aufgezählt haben, wieder, nur reichhaltiger und vollständiger; auch sind als eine durch sie neuhinzugekommene Art von exegetisch=kritischen Bemerkungen zu nennen die „grammatischen Konjekturen" (סברין), welche zu einzelnen Stellen angemerkt lehren wollen, daß man zwar nach den Regeln der Grammatik und des Sprachgebrauchs eine andere Lesart erwarten sollte, daß aber dennoch an der Texteslesart festzuhalten sei; z. B. Ge 19, 25, wo man הֵאֵלֶּה für הָאֵל erwartet. Ob sie die Keré's selbständig vermehrt haben, läßt sich nicht sicher beweisen, ist aber sehr wahrscheinlich, da die Verschiedenheiten zwischen der babylonischen und der palästinischen Textüberlieferung sich öfters gerade auf diesen Punkt beziehen.

b) Die damals herkömmliche Lesung des Textes, durch welche zugleich die Auslegung desselben bedingt ist, sollte nach dem Bestreben dieser Zeit in der Schrift fixiert und so jeder Möglichkeit einer Abweichung entzogen werden. Dies führte auf die Punktation des Textes, eins der wichtigsten und hauptsächlichsten Werke der Massoreten. Es ist möglich, daß einzelne Anfänge der Punktation, der Beisetzung von einzelnen Lesezeichen (Punkten, Linien u. s. f., ähnlich der diakritischen Linie der Samaritaner) zur Erleichterung des Verständnisses in nichtöffentlichen Handschriften schon früher gemacht wurden; die eigentliche Ausbildung des jetzigen Punktationssystems fällt aber erst in die Zeit vom 6. bis ins 8. Jahrhundert. Von einfachen Grundlagen aus, wie sie beim syrischen Punktationssystem noch nachgewiesen werden können und anfänglich vielleicht selbst unter dem Einfluß dieser syrischen Punktationsanfänge bildete sich dieses System allmählich zu der Vollkommenheit aus, in welcher es durch eine Masse von Lesezeichen die Aussprache jedes einzelnen Buchstabens, jeder Silbe und jedes Wortes in seinem Zusammenhang mit den übrigen genau zu normieren und auch die feinsten Schattierungen des Lautes durch schriftliche Zeichen auszudrücken sucht. Ihrer Bedeutung nach zerfallen die Lesezeichen, mit welchen der konsonantische Text versehen wurde, in solche, durch welche die Aussprache der Konsonanten geregelt wird (Dagesch, Mappik, Raphe, diakritischer Punkt), in Vokalzeichen und in Accente. Was die sprachlich=grammatische Seite der durch diese Zeichen vorgeschriebenen Aussprache des Textes betrifft, so ist darin zuverlässig die jüdische Aussprache des Hebräischen in der reinsten Gestalt, welche sich bis dahin noch erhalten hatte, niedergelegt. Die ungemein starke Abweichung der Aussprache des Hebräischen bei den Griechen und in den griechischen Übersetzungen der älteren Zeit kann nicht als Beweis dafür gebraucht werden, daß diese massoretische Aussprache eine willkürlich gemachte, unverläßliche sei, sofern vielmehr jene außerpalästinische Aussprache eine unreine und stark zum Aramäischen hinneigende war und überhaupt einst je nach den Gegenden das Hebräische verschieden ausgesprochen wurde (Hieron. ep. 126 ad Euagr.); vielmehr ruht sie im ganzen auf der richtigsten und reinsten Überlieferung, und bewährt sich als solche durch die sprachwissenschaftliche Analyse; im einzelnen aber ergiebt sich freilich manches davon als nicht ursprünglich, sondern als nur aus der Konsequenz des Systems abgeleitet. Nach ihrer exegetischen Seite hin ruht die durch die Punktation festgestellte Lesung (Vokalisation und Distinktion) des Textes auf der älteren mündlich überlieferten Lesung; noch manche scheinbar ganz unregelmäßige Vokalisationen einzelner Wörter, zu welchen in der Konsequenz des Systems kein Grund vorlag, mögen ihren Grund in dieser Überlieferung haben. Aber schon wenn man den Ursprung der überlieferten Lesung selbst bedenkt, so wird man bei aller Hochachtung vor der massoretischen Vokalisation doch dazu sich nicht verleiten lassen, daß man jede einzelne Lesart für unfehlbar und unabänderlich richtig hielte; man wird aber um so weniger darauf kommen, wenn man noch weiter bedenkt, daß die Überlieferung selbst gewiß auch oft genug schwankend war und bei solchen Schwankungen auch manchmal die minder richtige Lesung in den Text gekommen sein kann. Das gleiche gilt auch von der Accentuation, soweit diese die Satz= und Sinnabteilung normiert und somit einen exegetischen Wert hat; soweit dieselbe aber bloß die Modulation der Stimme beim Vortrag des Textes vorschreibt, will sie zwar ebenfalls nur etwas damals schon Bestehendes, nämlich den gesangartigen Vortrag der Schriften in der Synagoge, in der Schrift fixieren, ist jedoch für christliche Leser ziemlich wertlos. — Zur Lösung der gestellten Aufgabe wurde das Punktationssystem erfunden und entwickelt, das jetzt allgemein bekannt ist. Neben diesem System, das in der weit überwiegenden Mehrzahl von Handschriften vorkommt, giebt es aber auch ein anderes, das erst in neuerer Zeit näher bekannt geworden ist, und das man am besten das „superlineare System" nennt, da die Vokalzeichen über den Buchstaben angebracht sind. Es findet sich in einigen babylonischen und südarabischen Handschriften. Wenn

man es aber das „babylonische" System im Gegensatz zum gewöhnlichen „tiberianischen"
genannt hat, so ist dies nicht richtig.   Die babylonischen Juden haben nämlich ebenso
das jetzt gewöhnliche System gekannt und benutzt wie die Juden des Westens.   Überhaupt kann man, so dunkel der Ursprung des superlinearen Systems noch ist, schon
jetzt mit Sicherheit konstatieren, daß es von Anfang an kein mit dem gewöhnlichen
rivalisierendes System gewesen, sondern daß das gewöhnliche immer das dominierende
war, wo es sich um die eigentlichen Bibelhandschriften handelte. Ob aber das superlineare
System ursprünglich eine sekundäre Modifikation des gewöhnlichen gewesen ist, oder ob
es, wie Margoliouth vermutet, für die Targumim erfunden wurde und von da aus erst
in einige Bibelhandschriften eingedrungen ist, ist eine noch unentschiedene Frage.
Übrigens liegt das superlineare System in verschiedenen Modifikationen vor und ist
namentlich im babylonischen Prophetenkodex viel entwickelter als in den anderen Handschriften.   Allen Modifikationen ist aber gemeinsam, daß ein einfaches und konstantes
Zeichen für das Segol fehlt. Neben den Vokalzeichen wurde auch ein Accentuations-
sytem erfunden. Auch dieses ist in den Handschriften mit superlinearem System eigentümlich gestaltet. Im gewöhnlichen System sind die dichterischen Bücher, Psalmen,
Sprüche und Hiob, anders accentuiert als die übrigen Schriften. c) Die Verseinteilung,
welche die Massoreten einführten, ist weder die babylonische noch die palästinische
(s. oben), sondern eine dritte, die die Massoreten, wie es scheint, selbst festgestellt haben.
Bezeichnet aber wurde das Ende des Verses im Anfang dieser Periode schon vor Einführung der Punktation durch den Soph Pasuk (:), später nach dieser Einführung auch
noch durch den Accent Silluk.   Die alten Paraschen sind von den Massoreten beibehalten, aber nicht durchaus als richtig anerkannt, indessen in diesem Falle doch
durch Beibehaltung des Paraschenzeichens, nämlich des Zwischenraums, oder durch das
Pista im engeren Sinn (das Ringelchen ○ in den gedruckten Texten) als alte Tradition respektiert (Hupfeld S. 835).   Die geschlossenen Paraschen werden in Handschriften
und Drucken mit einem ס, die offenen mit einem פ in dem leeren Zwischenraum vor
ihrem Anfangsworte bezeichnet. Außerdem führte man die auf den babylonischen Ritus
der Schriftverlesung zurückgehende babylonische Einteilung in Paraschen (im Gesetz) und
Haphtaren (in den Propheten) in den Text ein. Sie wird gewöhnlich, da der Anfang
und das Ende jedes liturgischen Abschnittes (mit der einzigen Ausnahme Gen 47, 28)
mit dem Anfange und dem Schlusse einer offenen oder geschlossenen Parasche zusammenfällt,
im Anschluß an jene Buchstabenbezeichnung durch ein dreifaches פ oder ס im leeren
Raum vor dem Anfange veranschaulicht.   Dagegen blieb die wahrscheinlich mit dem
palästinischen Ritus zusammenhängende Einteilung des Textes in Sedaren (ס ־ ־ ־ ס) ohne
graphische Angabe im Texte. d) Mit Einführung der Punktation in die geschriebenen
Texte war nun aber nicht sofort Übereinstimmung erzielt. Nicht bloß die beiden Haupt-
schulen (die östliche und die westliche) wichen ja oft genug von einander ab, sondern auch
innerhalb der beiden waren wieder Differenzen zwischen den einzelnen Lehrern und
Lehrerfamilien. Es gehörte Zeit dazu, bis nach derlei Schwankungen eine Schule oder
Familie das Übergewicht über die andern gewann. Auch Fehler schlichen sich leicht in
die Abschriften ein. Daraus ergab sich für die Gelehrten gegen das Ende unseres
Zeitraums hin die Aufgabe, entweder die richtige Punktation durch Handschriftenvergleichung und Zuratziehung der besten Autoritäten wieder herauszufinden und festzustellen, oder die wichtigsten Varianten in der Punktation aufzusuchen und anzumerken,
oder auffallend scheinende aber doch richtige Punktationen durch beigesetzte Kauteln zu
wahren. Eine Masse der massoretischen Bemerkungen zum Text bezieht sich hierauf.
Außer einigen anderen massoretischen Bibelhandschriften, welche in den massoretischen
Bemerkungen der Codices oder in den Schriften der Rabbinen als Autoritäten zitiert
werden, z. B. der Codex Hilleli, der Jerichopentateuch u. a., waren besonders berühmt
als die eigentlichen Musterhandschriften des AT. der Codex ben Naphtali (d. i. Mose
ben David ben Naphtali) und der Codex ben Ascher (d. i. Aharon ben Mose ben Ascher),
beide aus der ersten Hälfte des 10. Jahrhunderts; Aharon lebte in Tiberias, Mose
in Babylon; doch kann letzterer nicht als eigentlicher Vertreter der „babylonischen" Texttradition betrachtet werden. Sie wurden einst von den Gelehrten viel verglichen: viele Varianten
derselben sind in den massor. Bibelhandschriften angemerkt; ein Verzeichnis von 864
(besser 867) fast ausschließlich auf Vokale und Accente sich beziehenden Varianten ist
nach R. Jakob ben Chajim in der Bombergschen und den übrigen rabbinischen Bibeln, sowie
in der Londoner Polyglotte Bd 6 gedruckt, aber weder sind sie ganz korrekt noch vollständig.
Auf dem Codex ben Ascher beruht schließlich der ganze massor. Text der Occidentalen;

von den abweichenden Lesarten sind verhältnismäßig wenige in denselben aufgenommen. e) In ihrer außerordentlichen Sorgfalt für die Erhaltung des Textes und seiner richtigen Lesung waren schon die älteren Gelehrten (s. oben) soweit gegangen, daß sie die einzelnen Abschnitte, Verse, Wörter, Buchstaben des Textes sich zählten, nachsahen und ausrechneten, wo und wie oft einzelne Wörter, Buchstaben, Schreibweisen, Anomalien in der Bibel vorkommen, was der längste und kürzeste Vers sei u. s. f. In der massor. Zeit setzte sich selbstverständlich das alles fort, wurde aufgeschrieben und in den Handschriften angemerkt. — Die von den Massoreten ausgebildete Punktation des Textes erwies sich als etwas so Nützliches und einem so wesentlichen Bedürfnisse dieser späteren Zeiten Entsprechendes, daß dieselbe schnell in die Handschriften überging und außer den Synagogalhandschriften bald kaum mehr eine geschrieben wurde, in welcher nicht entweder bloß der punktierte oder doch der punktierte neben dem unpunktierten Text enthalten gewesen wäre. Der übrige massor. Stoff aber wurde teils neben und unter dem Text der biblischen Bücher auf dem Rande und am Ende derselben, teils in eigenen Massoraschriften aufgezeichnet. Doch s. hierüber den Art. Massora.

IV. Seit der Vollendung der massoretischen Textarbeiten und der Sammlung der darauf bezüglichen Bemerkungen ist keine neue irgend wesentliche Veränderung mehr mit dem Texte vorgegangen und es handelt sich in der vierten oder nachmassoretischen Periode nur noch um die getreue Erhaltung, Fortpflanzung und Verbreitung des massoretischen Textes. Eine wesentliche Neuerung war nur die Einführung der jetzt üblichen Kapiteleinteilung, die aber von den Juden selbst nicht erfunden worden ist. Nach verschiedenen früheren Versuchen wurde am Beginne des 13. Jahrhunderts der Text der Vulgata in Kapitel geteilt, welche allmählich allgemeine Anerkennung und Aufnahme fanden. Als eigentlicher Urheber dieser Teilung kann nach den neuen Untersuchungen Stephan Langton betrachtet werden. Sie wurde dann von Isaak Nathan in seine hebräische Konkordanz (1437—38, erschienen 1523) aufgenommen, bei welcher Gelegenheit auch die Verse nach den Kapiteln numeriert wurden. Im Bibeltexte selbst erschien sie erst in der zweiten Bombergbibel 1521, die Numerierung der Verse erst in der Sabbionetausgabe des Pentateuchs 1557 und in der Athiasausgabe der ganzen Bibel 1661. Sonst ist das Charakteristische in dieser Periode, daß wir jetzt durch die erhaltenen Handschriften den Text unmittelbar kennen lernen. Die hebräischen Bibelhandschriften zerfallen zunächst in 2 Klassen, die öffentlichen oder heiligen und die privaten oder gemeinen. Die Verfertigung der ersteren oder der Synagogenrollen wurde so sorgfältig überwacht und war durch detaillierte Vorschriften so genau geregelt, daß das Eindringen von Varianten und Fehlern in sie kaum möglich war. Sie umfassen aber nur den Pentateuch oder auch die fünf Megilloth und die Haphtaren, stellen die massoretische Textesrezension, aber ohne alle massoretischen Zugaben, dar, und sind meist verhältnismäßig jung, in ihrer äußeren Form aber altertümlich, auf Rollen von Pergament und Leder geschrieben. Die Privathandschriften, nicht bloß auf Pergament und Leder, sondern auch auf gemeinem Papier in Buchform verschiedenen Formates geschrieben, enthalten den punktierten massoretischen Apparat dazu bald in größerer, bald in geringerer Vollständigkeit (Keré's, Varianten, Scholien, Massora — ganz oder im Auszuge, kleine Massora genannt —); sie sind in der Regel durch mehrere Hände verfertigt, indem der eine den konsonantischen Text, ein anderer die Punkte, wieder andere die Korrekturen, den kritischen Apparat, die Massora, und die ihnen oft beigegebenen Übersetzungen und rabbinischen Kommentare schrieben. Ihr Alter und Vaterland ist, wenn ausdrückliche Bemerkungen darüber in der Handschrift selbst fehlen, nur schwer und oft gar nicht zu bestimmen. Von den uns erhaltenen reicht keine mehr in das vormassoretische Zeitalter zurück, weil die Juden vorschriftmäßig (Mass. Soferim 5, 14) ihre außer Gebrauch gesetzten Bibelhandschriften vergraben. Noch vor wenigen Dezennien kannte man keine Handschriften, welche mit Sicherheit vor das 11. und 12. Jahrhundert zurückdatiert werden konnten. Manche der von Kennicott und de Rossi verglichenen wurden zwar zum Teil als viel älter geschätzt, aber ohne zureichende Beweise oder auch erweislich falsch. Ebensowenig ist auf die Angaben J. Sapphirs und Heidenheims über sehr alte Handschriften in Kairo und Syrien irgend ein Verlaß, bevor dieselben wirklich untersucht sind. Die erweislich ältesten Handschriften sind bis jetzt der Prophetencodex mit babyl. Punktation vom J. 916 und die vollständige Bibelhandschrift vom J. 1009, beide zur Firkowitschischen Sammlung auf der k. Bibliothek zu St. Petersburg gehörig. Doch soll nach den neuesten Untersuchungen das Handschriftenfragment Brit. Museum, MS. Orient. 4445 (enthält Gen 25, 20 — Dt 1, 33) noch etwas älter sein.

In Beziehung auf ihre Güte hat man schon verschiedene aber meist ungenügende Ein=
teilungen versucht; sicher ist nur, daß die älteren in der Regel genauer sind, als die
neueren. Da die Verfertigung der Privathandschriften nicht ebenso amtlich überwacht
war, wie die der Synagogenrollen, so drangen hier auch leichter Fehler ein und zwar
nicht bloß in der Punktation und Textabteilung, sondern auch in Beziehung auf die
Buchstaben selbst, namentlich die scriptio plena et defectiva, oder durch Aufnahme
des Kĕrê in den Text statt des Ketîb; auch scheinen, trotzdem daß der von den
Massoreten festgestellte Text im ganzen der ausschließlich herrschende wurde, doch in
einzelnen Abschriften sich auch noch allerlei nichtmassoretische Lesarten zum Teil von
früherer Zeit her erhalten, zum Teil aufs neue eingeschlichen zu haben, welche so fort
bis auf die jetzige Zeit sich vererbt haben. Auch die Massoraschriften und massor. Rand=
bemerkungen wurden mit der Zeit durch Nachlässigleit, willkürliche Zusätze, Weglassungen,
Änderungen wieder zum Teil verderbt und verworren. So war man immer wieder für
die Reinigung des Textes von Fehlern auf die Vergleichung guter Massora=Hand=
schriften angewiesen, und wir wissen noch, daß man schon im Mittelalter dem Übelstande
der Handschriftenverderbnis durch Kollation abhelfen mußte (Kennic., Diss. gen.
§ 50 –56; Eichhorn § 136 b). Berühmt ist aus diesen älteren Zeiten das kritische
Werk des Meïr ha Levi aus Toledo († 1244) zum Pentateuch, ‌‌ ‌‌ ‌‌ ‌‌
gedruckt zu Florenz 1750, worin er denselben von allen durch jüngere Abschreiber
hineingekommenen Fehlern zu reinigen suchte. Indessen, ehe man in der Buchdrucker=
kunst das Mittel erfand, eine Schrift in sich völlig gleichen Exemplaren überallhin
leicht zu verbreiten, konnten solche Versuche der Textesreinigung doch nur vereinzelt und
ohne weiterreichende Wirkung bleiben, und wurden durch die immer wieder eindringenden
Abweichungen bei Verfertigung neuer Abschriften neutralisiert. Als man aber in der
Buchdruckerkunst ein sicheres Mittel der Verbreitung des Textes gewonnen hatte, ergab
sich die Aufgabe, nach Auswahl der besten Handschriften durch sorgfältige Vergleichung
dieser und unter fortwährender Zurateziehung der Massora den massoretischen Text
getreu und rein herzustellen, aber diese Aufgabe wurde nicht sogleich richtig erfaßt und
ist noch immer nicht vollständig gelöst. Die ersten Ausgaben flossen meist nur aus sehr
beschränkten handschriftlichen Quellen, im Laufe der Zeit wurden deren immer mehrere
verglichen, aber ohne gehörige Unterscheidung der korrekten von den inkorrekten; auch
sind die ersten Drucke in technischer Beziehung noch sehr unvollkommen. Nachdem
anfangs nur einzelne Bücher des AT. gedruckt worden waren, zuerst der Psalter im
J. 1477 (s. die Litteratur über diese älteren Drucke bei de Wette=Schrad. § 127),
erschien die erste vollständige Bibel im Druck zu Soncino 1488, zum Teil aus Hand=
schriften, zum Teil aus älteren Spezialausgaben einzelner Bücher geschöpft, die für
den einzelnen Büchern von verschiedenem Wert; sie gilt mit der sich an sie an=
schließenden Gersomschen Ausgabe, Brescia 1494 (aus welcher Luther übersetzte)
als die erste Hauptrezension, mit eigentümlichen Lesarten, aber massoretisch vielfach
ungenau, namentlich in Unterscheidung der Kĕrê's und Ketîb's. Denselben Text,
übrigens nach Handschriften im einzelnen modifiziert, geben die erste Ausgabe der
Bombergschen rabbinischen Bibel und die Bombergschen Handausgaben, sowie die von
R. Stephanus (1539 ff.) und Seb. Münster. — Die zweite unabhängige, aus Hand=
schriften geflossene Ausgabe ist die in den Biblia Polyglotta Complutensia (1514—17)
enthaltene. Der Text hat Vokale, aber keine Accente. — Die dritte wichtige Rezension
enthält die Biblia Rabbinica Bombergiana, ed. II., cura R. Jacob ben Chajim.
Venet. 1525—1526; sie ist nach der Massora redigiert, welche der Herausgeber erst
neu revidiert hatte, und enthält zugleich den ganzen massoretischen und rabbinischen
Apparat. Sie ist in vielen Drucken des 16. und am Anfang des 17. Jahrhunderts
teils unverändert, teils nur wenig verändert wieder enthalten. — Gegenüber diesen
drei Originalrezensionen enthalten alle folgenden Ausgaben gemischte Texte: aus dem
komplutensischen und Bombergschen gemischt ist der hebräische Text der Antwerpner
Polyglotte 1569—72, welchem die Plantinischen kleineren Ausgaben, die Pariser und
Londoner Polyglotten und die Reineccius'schen Ausgaben folgen; eigentümlich gemischte
Texte enthalten ferner die Ausgaben von Elias Hutter (zuerst 1587), die Handaus=
gabe und die große rabbinische Bibel von Buxtorf, welcher dabei so genau, als seine
Mittel und Kenntnisse erlaubten, sich nach der Massora richtete, und die allen folgenden
zu Grunde liegende Ausgabe von Jos. Athias, cum praef. Jo. Leusdenii 1661 u. f.,
für welche einige sehr alte Handschriften verglichen wurden. Unter den von diesen ab=
hängigen spätern Ausgaben sind teils wegen neuer Handschriftenkollation, teils wegen

umsichtiger Auswahl der Lesarten und fleißiger Berichtigung der Punktation berühmter geworden die von Jablonsty 1699, Jo. H. Michaelis 1720 (van der Hooght 1705, Opitius 1709, A. Hahn 1832 u. ö.; G. Theile 1849).

Die nächste Aufgabe, den massoretischen Text mit möglichster Genauigkeit wiederzugeben, haben alle diese und andere Ausgaben noch nicht gelöst, weil weder die Massora selbst in den bisherigen Ausgaben, nämlich in den rabbinischen Bibeln von Bomberg (I. u. II.) und Burtorf, genau genug bearbeitet, noch in jenen Textausgaben der kritische Grundsatz, ausschließlich den ältesten und besten massoretischen Zeugnissen zu folgen, konsequent durchgeführt ist. Die großen Variantensammlungen aber, welche B. Kennicott, Vetus testam. Hebr. cum var. lectionibus, 2 tom., Oxon. 1776—1780 (darin 615 Handschriften, 52 Ausgaben und der Talmud, freilich zum Teil sehr oberflächlich, verglichen sind) und weit gediegener de Rossi, Variae lectiones Vet. Test., 4 tom., Parm. 1784—1788 (darin noch 731 andere Mss. und 300 andere Ausgaben samt den alten Übersetzungen verglichen) und supplementa ad varias s. textus lectiones 1798, hergestellt haben, haben zwar auch ihren Nutzen, namentlich zur Erkenntnis vereinzelter außermassoretischer Lesarten, werfen aber für die Lösung der oben genannten Aufgabe wenig Frucht ab. Wichtiger für diesen Zweck sind außer dem oben genannten Werk Meïr ha Levis und Menahem de Lonzanos אור תורה Venet. 1618, vor allem des Salomo Minnorzi kritischer Kommentar zum AT., genannt מנחת שי (Mantua 1742/4, Wien 1813), ferner die Schriften von Wolf b. Simson Heidenheim u. a., und besonders die neue und gründliche Bearbeitung der Massora von S. Frensdorff (die Massora magna, 1. Teil, Hannover 1876; auch Ochlah W'ochlah 1864), außerdem die jetzt mehr und mehr ans Licht gezogenen Werke der ältesten nationaljüdischen Grammatiker und Lexikographen, und allerlei neuentdeckte oder doch neu verglichene alte Bibelcodices und Fragmente von solchen (namentlich der 1876 von Strack photogr. abgedruckte Petersburger Prophetencodex vom J. 916). Die Früchte dieser Vorarbeiten sind die in neuester Zeit erschienenen korrekten Ausgaben des massoretischen Textes durch Baer und Ginsburg. Von Baers unter Beihilfe von Frz. Delitzsch besorgten Separatausgaben fehlen jetzt nur noch Ex, Le, Nu und Dt. Die reichhaltige Ausgabe Ginsburgs (The new Massoreticocritical Text of the Hebrew Bible) erschien 1894.

So wertvoll solche korrekte Ausgaben des massoretischen Textes auch sind, so bezeichnen sie mit allen zu Grunde liegenden Handschriften und massoretischen Arbeiten doch nur eine einzige Rezension, deren Quelle der oben erwähnte textus receptus ist, welcher in den ersten christlichen Jahrhunderten festgestellt wurde. Bei dieser Rezension kann indessen die textkritisch-exegetische Bearbeitung des AT. nicht stehen bleiben. Der Kanonisierung des rezipierten Textes geht ein Zeitraum voraus, in welcher ziemlich abweichende Textformen vorhanden waren, die in mehreren Fällen dem Urtexte näher standen als der von den Juden sanktionierte Text. Der Hauptzeuge ist hier die LXX, deren korrekte Ausgabe deswegen eine unumgänglich notwendige, wenn auch äußerst schwierige Aufgabe ist. Aber selbst mit der Vergleichung dieser älteren Textform kann sich die alttestamentliche Textkritik nicht begnügen. In vielen Fällen ist die Verderbtheit des Textes so alt, daß nur eine vorsichtige Konjekturalkritik dem echten Texte näher kommen kann. Auch zur Lösung dieser Aufgaben sind in neuerer Zeit sehr bedeutende Arbeiten teils in den Auslegungen des ATs., teils in selbständigen Werken erschienen. Von diesen letzteren mögen hier zum Schluß jedenfalls einige der hervorragendsten genannt werden: Olshausen, Emendationen z. AT. 1826; Beiträge zur Kritik des überlieferten Textes im Buche Genesis 1870; Wellhausen, Text der Bücher Samuelis 1871; Baethgen zu den Psalmen in den Jahrb. für protestantische Theologie 1882; Cornill, Das Buch des Propheten Ezechiel 1886; verschiedene Arbeiten von Bickell, z. B. über die Proverbien, Wiener Zeitschr. f. Kunde des Morgenlandes Band 5; Driver, Notes on the Hebrew text of the Books of Samuel 1890; Klostermann, Die Bücher Samuelis und der Könige 1887 u. Deutero-Jesaia 1893; Beer, Der Text des Buches Hiob, Heft 1, 1895; The sacred books of the Old Testament, herausgegeben von P. Haupt (von dieser Ausgabe, der sogenannten „Regenbogenbibel" sind bis jetzt erschienen: Gen, Lev, Jos, Sam, Jer, Pf, Hi, Da, Esr, Neh, Chr.).

(A. Dillmann †) F. Buhl.

Bibeltext des NT. — Wie bei der erstmaligen, so war auch bei der zweiten Revision des Tischendorfschen Artikels das Bestreben darauf gerichtet, die Grenzen unumgänglicher Berichtigung und Ergänzung nicht zu überschreiten. Namentlich gilt dies von den Abschnitten über die inneren Erfahrungen des neutestamentl. Textes (S. 22—26), über die Geschichte des gedruckten Textes (S. 41—50) und über die Grundsätze der Textkritik (S. 58—61). Eine englische Bearbeitung dieses Artikels nach der 2. Aufl. der NE mit wertvollen Ergänzungen von Ezra Abbot erschien in Schaffs Religious encyclopaedia, Vol. I, New-York 1882, S. 268 ff. — Litteratur (die ältere bei Eb. Reuß, Die Geschichte der h. Schriften NT., 6. Aufl., Braunschw. 1887, § 351 ff.): C. Tischendorf, Zur Kritik des NT., in ThStK 1842 S. 496 ff.; Ders., Neuer Beitrag zur neutestamentl. Textkritik, ib. 1844, S. 471 ff.; Ders., Zur neutestamentl. Textkritik, in N. ev. KZ 1865, S. 665 ff. 678 ff. (Ein vollständiges Verzeichnis der Schriften Tischendorfs bei Gregory, Prolegom. S. 7 ff.); J. I. Doedes, Verhandeling over de tekstkritiek des Nieuwen Verbonds (Verhandel. rak. de natuurl. en geopenb. godsdienst, uitg. d. Teylers Godgel. Genootschap, D. XXXIV), Haarl. 1844; J. S. Porter, Principles of textual criticism, Lond. 1848; S. Davidson, A treatise on biblical criticism, Lond. 1852, New ed. P. II, Edinb. 1856; J. Berger de Xivrey, Mémoire sur le style du NT. et sur l'établissement du texte (Mémoires de l'Institut Impérial de France. Acad. des inscriptions et belles-lettres, T. 23 P. 2, Paris 1858, S. 1—144; separat u. d. T. Étude sur le texte et le style du NT. ib. 1856); S. P. Tregelles, An introduction to the textual criticism of the NT. (Neubearbeitung des 4. Bandes von Horne, Introd. to the crit. study a. knowledge of the H. Scriptures. 10. ed. Lond. 1856, 14. ed. ib. 1877); A. Kuenen, Critices et hermeneutices librorum N. Foederis lineamenta, Lugd.-Bat. 1858, Ed. II. ib. 1859; F. H. Scrivener, A plain introduction to the criticism of the NT., Lond. 1864, 4. ed., by Edw. Miller, Vol. 1. 2. ib. 1894; B. F. W[estcott], The NT., in W. Smith, A dictionary of the Bible, Vol. II, Lond. 1863, S. 506—534; C. E. Hammond, Outlines of textual criticism, applied to the NT., Oxf. 1872, 5. ed. ib. 1890; F. Gardiner, Principles of textual criticism, in Bibliotheca Sacra, Vol. XXXII, Andover 1875, S. 209—265 (auch als Appendix zu desselben Harmony of the four Gospels in Greek, Andover 1876 u. 1880, erschienen); B. F. Westcott and F. J. A. Hort, The NT. in the original Greek. Introduction, Cambr. a. Lond. 1881, Neudruck 1882 u. 1896; E. C. Mitchell, The critical handbook of the Greek NT., New-York 1880 (französ. Ausg. Paris 1882), New ed. ib. 1896; Hundhausen, Der (griechische) Text des NT., in Wetzer u. Weltes Kirchenlexikon, 2. Aufl. Bd 2, Freib. in Br. 1883, S. 698 ff.; H. V. Sthyr, Den nytestamentlige Texts Historie, Kjöbenh. 1884; J. P. P. Martin, Introduction à la critique textuelle du N. Testam. T. 1—5, Paris 1884—86; NT. Graece rec. C. Tischendorf, Ed. VIII. crit. maior. Vol. III. Prolegomena scr. C. R. Gregory, P. I—III, Lips. 1884—94; Edw. Miller, A guide to the textual criticism of the NT., Lond. 1886; B. B. Warfield, An introduction to the textual criticism of the NT., New-York 1887, 4. thous., Lond. 1893; F. G. Kenyon, Our Bible and the ancient manuscripts, Lond. 1895, 2. ed. ib. 1896, S. 93—150. Vgl. außerdem die Einleitungen ins NT., besonders J. L. Hug (4. Aufl., Stuttg. u. Tüb. 1847, Th. 1, S. 91 ff.); Eb. Reuß (f. o.); Ph. Schaff (A companion to the Greek Testament and the English version, New-York 1883, 4. ed. ib. 1896, S. 82 ff.); J. Brandscheid (Freib. i. Br. 1893, f. u. S. 770, 16); A. Jülicher (1. u. 2. Aufl., Freib. i. Br. u. Leipz. 1894, S. 358 ff.). — Litteratur über Konjekturalkritik f. unten S. 54 u. 55 ff.

I. Geschichte des geschriebenen Textes.

W. Wattenbach, Das Schriftwesen im MA., 3. Aufl., Leipzig 1896; Th. Birt, Das antike Buchwesen in f. Verhältnis zur Litteratur, Berlin 1882; Fr. Blaß, Paläographie, Buchwesen und Handschriftenkunde, in Iw. v. Müllers Handbuch der klass. Alterthumswiss., 2. Aufl. Bd 1, München 1892, S. 299 ff.; B. Schultze, Rolle u. Codex, in Theol. Abhandl. Herm. Cremer dargebracht, Gütersloh 1895, S. 147 ff.; B. de Montfaucon, Palaeographia Graeca, Paris 1708; B. Gardthausen, Griechische Paläographie, Leipzig 1879; E. M. Thompson, Handbook of Greek a. Latin Palaeography, Lond. 1893; W. Wattenbach, Anleitung zur griech. Paläographie, 3. Aufl. Leipzig 1895; C. R. Gregory, Les cahiers des manuscrits grecs, in Compte rendu des séances de l'acad. des inscript. et belles-lettres, Paris 1885, S. 261 ff.; Ders. Die Schreiber der griech. Handschriften, in ThLB 1887, S. 393 ff.; R. H. A. Lipsius, Grammat. Untersuchungen über die bibl. Gräcität, heraus. v. R. A. Lipsius: Über die Lesezeichen, Leipz. 1863; Ch. Graux, Nouvelles recherches sur la stichométrie, in Revue de philol. N. S. T. II, 1878, S. 97 ff.; Fr. Blaß, Zur Frage über die Stichometrie der Alten, in Rhein. Mus. N. F. Jahrgang 24, 1869, S. 524 ff.; Ders., Stichometrie und Kolometrie, ib. Bd 34, 1879, S. 214 ff.; C. Wachsmuth, Stichometrie und fein Ende, ib. S. 481 ff.; J. R. Harris, Stichometry (S.-A. aus The Amer. journal of philol. Vol. IV, 1883, S. 133 ff. 309 ff.), Lond. 1893; ders., New Testament autographs (Supplem. to the Amer. journal of philol. Vol. III), Baltimore 1882; C. v. Tischendorf, Haben wir den ächten Schrifttext der Evangelisten und Apostel? Leipzig 1873; F. H. Scrivener, Six lectures on the text of the NT. and the ancient manuscripts which contain it, Cambr. a. Lond. 1875; W. Sanday, The Greek text of the NT., in The Contemp. Review. Vol. XL, 1881, S. 985 ff.; J. P. P. Martin, Les plus anciens manuscrits grecs du NT., in Revue des questions histor. T. 36, 1884, S. 62 ff.; J. I. Doedes, Het gezag en de waarde der handschriften van den griekschen tekst des NT., in Theol. Studiën 1884, S. 44 ff.; J. R. Harris, Four lectures on the western text of the NT.,

Lond. 1894; A. S. Wilkins, The western text of the Greek Testament, in The Expositor. Ser. IV. Vol. X, 1894, S. 386 ff. 409 ff. Vgl. außerdem die unten S. 54 ff. angeführte Litteratur.

Von sämtlichen Originalhandschriften der neutestamentlichen Bücher hat sich schon im hohen Altertume jede Spur verloren. Ins Gebiet der Fabel gehört sowohl die von Philostorgius (VII, 14) und Nicephorus Callisti (X, 33) aus verschiedenen Zeiten berichtete Entdeckung der Urschrift des johanneischen Evangeliums als auch die Angabe des Chronicon Paschale (ed. Dindorf I, S. 11 u. 411), daß dasselbe johanneische Original in der Gemeinde zu Ephesus getreu verwahrt geblieben sei, sowie ähnliche Erzählungen aus viel späterer Zeit (vgl. auch L. Detroit, Ein Manustript des Apostels Petrus, in Prot. KZ 1880, S. 287 ff.). Wenn aber Tertullian, wie man vielleicht mit Recht angenommen hat, der Meinung war, daß die Urexemplare der paulinischen Briefe zu seiner Zeit noch in Rom, Korinth u. s. w. aufbewahrt wurden (de praescr. haer. c. 36. Die Beziehung der ipsae authenticae litterae auf den griechischen Text gegenüber dem lateinischen ist sicherlich unhaltbar. Eher könnte das Prädikat authenticus hier nach Analogie von adv. Valent. 4 zu interpretieren sein, vgl. Jülicher, Einleitung in das NT. S. 358), so muß es dahingestellt bleiben, ob in der That dieser allerdings naheliegenden Voraussetzung die Wirklichkeit entsprach oder nicht. Dies aber wäre, da die ἀρχεῖα des Ignatius (ad Philad. VIII, 2) jedenfalls nicht hierher gehören (vgl. Zahn z. d. St.), die einzige Erwähnung neutestamentlicher Autographen, welcher wir in den drei ersten Jahrhunderten der Kirche begegnen. Schon Irenäus sieht sich für die Lesart χξϛ´ Apt 13, 18 lediglich auf sorgfältige und alte Abschriften gewiesen (adv. haer. V, 30, 1, ed. Harvey II, S. 406: τούτων δὲ οὕτως ἐχόντων καὶ ἐν πᾶσι τοῖς σπουδαίοις καὶ ἀρχαίοις ἀντιγράφοις τοῦ ἀριθμοῦ τούτου κειμένου), und Origenes weiß für den Text des Johannesevangeliums dem Exemplare des Herakleon gegenüber an keine ältere Autorität zu appellieren (z. B. in Joh. T. XIII, 11).

Fragt es sich, wie der frühzeitige Verlust jener kostbaren Urkunden zu erklären sein möchte, so ist zuvörderst davon auszugehen, daß das Leben der ersten Gemeinden noch unter der unmittelbaren Einwirkung des apostolischen Geistes und deshalb in einem anderen Verhältnisse als spätere Zeiten zu dem geschriebenen Buchstaben stand. Wie es sodann unzweifelhaft ist, daß der Apostel Paulus seine Briefe nicht selbst zu schreiben pflegte (vgl. Rö 16, 22; 2 Th 3, 17; 1 Ko 16, 21; Kol 4, 18; vgl. auch Ga 6, 11), so ist dies auch bei den Verfassern der übrigen neutestamentlichen Schriften wenigstens nicht sehr wahrscheinlich. Vorzugsweise kommt aber das Material in Betracht, welches für diese Schriften zur Anwendung kam. Sie waren nach damaliger Gewohnheit höchst wahrscheinlich auf Papyrus (χάρτης 2 Jo 12) geschrieben und wo dies etwa nicht der Fall war, vertrat die Stelle des Papyrus das damalige sehr feine Pergament (μεμβράνα 2 Ti 4, 13). Daraus ergiebt sich nun, daß der oft wiederholte Gebrauch und die Mitteilung an andere in wenig Jahrzehnten, ja in wenig Jahren den mit mehr oder weniger Recht als apostolische Originale geltenden Handschriften verderblich werden mußte. Wie sehr man diese Gefahr zu fürchten hatte, bezeugt auch Hieronymus, indem er Epist. 34 (al. 141) erzählt, daß Acacius und Euzoius die Cäsareenser Bibliothek auf Pergament umgeschrieben haben (vgl. auch de vir. inl. c. 113). Man darf sich dem gegenüber nicht darauf berufen, daß wir heute noch weit über ein Jahrtausend alte Papyrusrollen und Pergamenthandschriften besitzen; denn die Erhaltung solcher Dokumente, wenn wir besonders von den späteren sehr dauerhaften pergamenenen absehen, hatte darin ihre Hauptstütze, daß sie nicht in häufigen Gebrauch kamen, oder, was namentlich von erhaltenen und größtenteils in Sarkophagen gefundenen Papyrus gilt, von Anfang an fast außer allem Gebrauch blieben.

Wie schon angedeutet, dürfen wir uns die neutestamentlichen Originale vorzugsweise als Papyrusrollen denken, und zwar vermittelst des Rohrstifts oder Calamus (3 Jo 13: διὰ μέλανος καὶ καλάμου) und mit Rußtinte (3 Jo 13; 2 Jo 12) in Kolumnen geschrieben. Die Schrift selbst wird, namentlich wo sie von der Hand des Schreibers niedergeschrieben war, in sogenannten Unzialen verfaßt gewesen sein, die jedoch auf Papyrus keineswegs so stattlich zu sein pflegten wie in unseren ältesten Pergamentmanuskripten. Sie lief ununterbrochen oder ohne Worttrennung fort, hatte keine Interpunktion, auch keine Initialbuchstaben, gewiß nur höchst selten Absätze; sie war ferner ohne Hauch- und Tonzeichen, ohne das iota subscriptum, wohl auch ganz ohne das iota adscriptum. Die Evangelisten könnten ihre Schriften wohl selbst, überschriftlich oder unterschriftlich, als Evangelien bezeichnet haben; doch ist, wie es scheint, Justins

regelmäßige Erwähnung der ἀπομνημονεύματα τῶν ἀποστόλων, einmal mit dem Zusatz
ἃ καλεῖται εὐαγγέλια (Apol. I, 66, vgl. Dial. c. Tr. 100: ἐν τῷ εὐαγγελίῳ), da=
gegen, sowie auch Lc 1, 1 und AG 1, 1 nicht dafür sprechen. Alle Zusätze, wie
κατὰ Ματθαῖον u. s. w., sind jedenfalls späteren Ursprungs und setzen schon eine
Sammlung von Evangelien voraus. Bei den Briefen ist wohl nur die Adresse als
Überschrift oder Unterschrift, wie πρὸς Ῥωμαίους, πρὸς Κορινθίους u. s. w., wovon
jedoch πρὸς Ἑβραίους auszunehmen sein möchte, der ersten Redaktion zuzuschreiben;
doch lassen die uns erhaltenen Nachrichten über die zur römischen Kaiserzeit übliche
strenge Briefform (vgl. u. a. Cyprian, ep. 9, ed. Vindob. S. 489) darauf schließen,
daß die Originale selbst mit noch anderen Merkmalen der Autorschaft u. s. w. (vgl.
auch 2 Th 3, 17) versehen waren, die, weil nicht wesentlich zum Inhalte der Briefe
gehörig, bei der Vervielfältigung derselben für den liturgischen Gebrauch übergangen
wurden. Die übliche Benennung der Apostelgeschichte (acta apostolorum = πράξεις
[τῶν] ἀποστόλων) findet sich, nur mit dem Zusatz omnium vor apostolorum, bereits
im sog. Muratorischen Fragment, und ebendaselbst wird die Offenbarung Johannis
apocalypsis genannt; ob aber diese Überschriften von den Verfassern selbst herrühren,
muß dahingestellt bleiben. Das Prädikat „katholisch" für Briefe aus der im Bibelkanon
so benannten Sammlung läßt sich zuerst aus dem Ende des 2. Jahrhunderts nach=
weisen (Apollonius bei Eusebius, hist. eccles. V, 18, 5, wo wahrscheinlich der erste Brief
des Johannes gemeint ist); viel später jedoch ist die Übertragung dieses Namens auf unsere
sämtlichen katholischen Briefe und lediglich auf diese, denn noch im 3. und 4. Jahr=
hundert war es üblich, Schreiben kirchlicher Männer überhaupt als katholische zu be=
zeichnen, wofern sie nicht an Einzelgemeinden allein gerichtet waren, wie z. B. den
Brief des Barnabas, die Briefe des Dionysius von Korinth u. s. w. (vgl. Origenes
c. Cels. I, 63 und sonst, Eusebius, hist. eccl. IV, 23, 1).

Was nun der neutestamentliche Text, so lange er abgeschrieben wurde, äußerlich
für Schicksale gehabt, das läßt sich vermöge der uns aus dem letzten Jahrtausend vor
Erfindung der Buchdruckerkunst gebliebenen handschriftlichen Denkmäler mit ziemlicher
Sicherheit beurteilen. Es liegt in der Natur der Sache, daß Handschriften, welche unser
ganzes Neues Testament enthielten, erst in verhältnismäßig später Zeit angefertigt
wurden; aber auch nach dem förmlichen Abschlusse des Kanons blieben dergleichen
Handschriften selten. Die aus dem 4. und 5. Jahrhundert uns erhaltenen Beispiele
dieser Art (אBAC) weisen zugleich eine Verbindung mit dem griechischen Alten Testa=
mente auf und bezeugen zum Teil den zu jener Zeit unanstößigen Gebrauch, dem Neuen
Testamente die eine oder die andere derjenigen Schriften anzuschließen, welche zwar
als kirchliche Vorlesebücher oder Leitfäden für den Katechumenenunterricht einer weiten
Verbreitung genossen, auf vollgiltiges kanonisches Ansehen aber keinen gegründeten An=
spruch zu erheben vermochten. So haben z. B. am Schlusse des Codex Sinaiticus
der Brief des Barnabas und der Hirt des Hermas, am Schlusse des Codex Alexan=
drinus die Briefe des Clemens von Rom (und das sog. Psalterium Salomonis)
eine Stelle gefunden. Am häufigsten schrieb man die vier Evangelien ab, ferner die
paulinischen Briefe öfter als die katholischen, welche letzteren man gern mit der Apostel=
geschichte verband; doch verband man oft auch die paulinischen und katholischen Briefe
zugleich mit der Apostelgeschichte. Am seltensten wurden Handschriften der Apokalypse
gefertigt. Die Ordnung der einzelnen Bücher war bei den Evangelien schon frühzeitig
die unsrige, die schon von Irenäus (adv. haer. III, 1, 1) und dem Verfasser des nach
Muratori genannten Bibelkanons (vgl. Hesse, Das Muratorische Fragment, S. 57 ff.)
bezeugt wird; nur unter den lateinischen Handschriften, mit Einschluß einer griechisch=
lateinischen, dem Codex Cantabrigiensis, haben mehrere unserer ältesten (der Vercell.,
Veron., Palat., Corbei., Brixianus, Monac.) nach dem Matthäus den Johannes,
darauf Lukas und Markus. Und ähnlicherweise ordnet auch die wohl dem 3. Jahr=
hundert angehörige Stichometrie des Codex Claromontanus, nämlich so: Matthäus,
Johannes, Markus, Lukas. Nach der Apostelgeschichte, welcher im Cod. Sin. und
einigen anderen die paulinischen Briefe vorausgehen, pflegte man die katholischen Briefe
zu stellen: so stehen sie, nach dem Vorgange des Cyrill von Jerusalem, in den meisten
unserer griechischen Handschriften. Eusebius hingegen läßt die paulinischen Briefe auf
sie folgen, worin er der lateinischen Kirche zum Vorbilde geworden ist. In der An=
ordnung der paulinischen Briefe herrschte mehrfache Verschiedenheit; besonders einig
gegen unsere Ordnung sind mit Athanasius und Epiphanius die vier ältesten griechischen
Handschriften darin, daß sie den Hebräerbrief nach dem zweiten Briefe an die Thessa=

lonicher setzen. Der griechisch-lateinische Codex Claromontanus hingegen bezeugt den schon frühzeitig allgemeinen Gebrauch der lateinischen Kirche, wonach der Hebräerbrief nach dem Briefe an Philemon zu stehen kommt. Die katholischen Briefe endlich hat man, sobald sie in den Kanon kamen, fast allgemein in die noch heute übliche Ordnung gebracht. Das bezeugen Athanasius, Cyrill von Jerusalem, Epiphanius, nebst dem laodicenischen Konzil; doch ordnen die apostol. Kanones so: Petrus, Johannes, Jakobus, Judas. Die Apokalypse findet bei voller Aufzählung der kanonischen Bücher zuerst bei Athanasius ihren Platz, und zwar, wie auch später immer, an der letzten Stelle des Kanons. Näheres bei Zahn, Geschichte des Ntl. Kanons, Bd 2, S. 343 ff.

Schon in den ersten christlichen Jahrhunderten trat nun an die Stelle des Papyrus das Pergament, das in der Regel um so feiner erscheint, je älter es ist. Vom 4. bis 11. Jahrhundert blieb es fast ausschließlich im Gebrauch; vom 13. Jahrhundert an wurde häufiger als Pergament das Linnenpapier angewendet (vgl. Wattenbach, Das Schriftwesen im Mittelalter, 3. Aufl., S. 139 ff.). Die größere Seltenheit des Pergaments veranlaßte auch, nach Vertilgung älterer Schriften durch Abschaben oder Abwaschen, einen neuen Gebrauch von alten Pergamentblättern zu machen; doch sind auf diesem Wege öfter Bibeltexte durch andere, namentlich patristische, überdeckt worden als daß die ersteren über vertilgte andere Schriften geschrieben wurden. (Der berühmteste neutestamentliche Palimpsest ist der Codex Ephraemi, dessen neuere Schrift aus dem 12. Jahrhundert stammt: Aber schon von Cicero ad Trebat., epp. VII, 18, und Catull carm. XXII, 4 sq. geschieht der Palimpseste Erwähnung, desgleichen von Plutarch, ed. Reiske IX, 117). Mit dem Papyrus schwand auch die Rollenform; anstatt derselben wurde die Buchform gebräuchlich. Die Bücher bestanden zumeist aus Quaternionen, d. h. aus Heften von vier Doppelblättern, seltener aus Quinternen; später wurden auch Sexternen sehr gebräuchlich. Daß auch (abgesehen vom vereinzelten Vorkommen) Ternionen üblich gewesen, hat man mit Unrecht aus Euseb. vita Const. IV, 37 geschlossen. Denn die hier mit Bezug auf die Ausstattung der im Auftrage des Kaisers für die Kirchen Konstantinopels hergestellten 50 Bibelexemplare gebrauchten Ausdrücke τρισσά und τετρασσά gehen zweifellos nicht auf die Blätterlagen, sondern auf die Zahl der Kolumnen (σελίδες). So urteilt richtig Wattenbach a. a. O. S. 181. Ein σελίσι τρισσαῖς und zwar eigenhändig geschriebenes Exemplar A. und NT. vermachte, nach dem Bericht der griechischen Menäen (Μηναῖον τοῦ Ὀκτωβρίον, S. 93 der Venetianer Ausgabe vom J. 1843), der antiochenische Presbyter Lucian der Kirche zu Nikomedien. Die Abteilung der Schrift in mehrere Kolumnen wurde anfangs noch beibehalten (der Cod. Sin. hat 4 Kolumnen, der Cod. Vat. 3, der Cod. Alex. und andere 2, der Cod. Ephraemi nur eine durchlaufende Kolumne), doch scheint man bald gleichgiltig dagegen geworden zu sein. Die Unzialschrift, womit der Text geschrieben wurde, blieb bis ins 7. Jahrhundert fast durchgängig ohne Accente, nur erscheinen schon früher in einzelnen Fällen Spiritus und Apostroph; vom 7. und 8. Jahrhundert an erscheint die Accentuation bald mehr bald weniger vollständig, öfters mehr willkürlich als regelmäßig. Nachdem die Unzialschrift in den letzten Jahrhunderten ihres Bestehens schon mehrfache Abweichungen von der früheren Quadrat- und Kreisform erfahren hatte, trat vom 10. Jahrhundert an fast allgemein an ihre Stelle die Kursivschrift.

Interpungiert wurde der Text, obschon zuerst nur durch leere Zwischenräume und den einfachen Punkt, nachweisbar vom 4. und 5. Jahrhundert an. Die durch Euthalius im 5. Jahrhundert für die paulinischen Briefe sowie für die Apostelgeschichte nebst den katholischen Briefen eingeführte Schreibweise in Stichen oder kleinen dem Sinne des Textes nachgebildeten Zeilen, war eine besonders dem Bedürfnisse des kirchlichen Vorlesung angepaßte großartige Interpunktionsmanier, wie sie für die Psalmen und einige andere poetische Bücher des AT., die deshalb βίβλοι στιχηρεῖς genannt wurden, vielleicht schon vorlag. Auch die Evangelien wurden wohl um dieselbe Zeit in dergleichen Stichen geschrieben, wie die griechisch-lateinische Handschrift zu Cambridge (D) vor Augen stellt. Doch nur wenige Jahrhunderte lang fand diese kostspielige Art neutestamentlicher Abschriften Beifall; dafür wurde es nun gewöhnlich, das Verständnis des fortlaufend geschriebenen Textes durch zahlreichere Interpunktion zu erleichtern. Die Sitte der Zählung der Stichen am Ende des Textes, die sich zuerst in den unten zu erwähnenden stichometrisch geschriebenen Fragmenten der paulinischen Briefe (H₃), etwa aus dem 6. Jahrhundert, und vom 9. Jahrhundert an öfter in den neutestamentlichen Handschriften beobachten läßt, geht nicht sowohl auf des Euthalius kolometrische Arbeit zurück, als vielmehr auf den alten, schon viel früher für die klassische Litteratur üblichen Gebrauch der Zählung der Raumzeilen. Schon Origenes bedient sich zur Bezeichnung des Umfangs neutestamentlicher Schriften des Ausdrucks στίχοι, indem er bemerkt, daß die einzelnen Briefe des Paulus und ingleichen der 1. Brief des Johannes nur wenige, der 2. und 3. des Johannes gar nicht einmal volle hundert Stichen umfaßten (Euseb. hist. eccl. VI, 25, 7. 10). Dazu kommt, daß im Cod. Sin., wenn nicht von gleichzeitiger, so doch von sehr alter Hand am Schluß der paulinischen Briefe (ausgenommen den Brief an die Römer, 1 Ko und 1 Th) die Stichenzahl angemerkt ist. Auch das stichometrische Verzeichnis der alt= und neutestamentlichen Bücher, unter Einfügung einiger Antilegomenen des Eusebius, das sich im Codex Claromontanus S. 468 f. befindet und offenbar viel älter ist als der wohl im 6. Jahrhundert geschriebene Codex selbst, beweist, daß solche Zählungen schon vor Euthalius vorhanden waren. Vgl. über Euthalius: A. Ehrhard, Der Codex H ad epistulas Pauli und „Euthalios diaconos", im Centralblatt für Bibliothekswesen Jahrg. 8, 1891, S. 385 ff.; E. v. Dobschütz, Ein Beitrag zur Euthaliusfrage, ib. Jahrg. 10, 1893, S. 49 ff.; J. A. Robinson, Euthaliana (Texts and Studies, Vol. III Nr. 3), Cambridge 1895; Th. Zahn, Euthaliana, in ThLB 1895, S. 593 ff. 601 ff.; F. C. Conybeare, On the Codex Pamphili and date of Euthalius, in Journal of Philol. Vol. XXIII, 1895, S. 241 ff.

Frühzeitig wurden aber auch schon andere Ab= oder Einteilungen des Textes vorgenommen. Die Evangelien teilte behufs leichterer Auffindung der Parallelstellen Eusebius in 1162 Sektionen (κεφάλαια) ab, wovon 355 auf Matthäus, 233 auf Markus, 342 auf Lukas, 232 auf Johannes kommen. Diese Sektionen verteilte er auf einer Tabelle in 10 Gruppen (κανόνες), je nachdem eine Stelle (1.) in allen vier Evangelisten, oder (2. 3. 4.) in dreien, oder (5.—9.) in zweien gleich oder ähnlich lautend angetroffen wird, oder endlich (10.) einem der vier Evangelisten eigentümlich ist. War nun, wie das seit dem 5. Jahrhundert in fast allen Handschriften geschehen, diese Einteilung, d. h. die Sektionszahl nebst der Ziffer des betreffenden Kanons, dem Texte am Rande beigeschrieben, so genügte ein Blick auf die Tabelle, um über das Vorhanden= oder Nichtvorhandensein von Parallelstellen Gewißheit zu verschaffen. Den Anstoß zur Aufstellung dieses ingeniösen Parallelisierungssystems gab dem Eusebius, wie er in dem Briefe an Karpianus (bei Gregory, Prolegom. zu Tischendorfs Ed. VIII. crit. maior, S. 145) bemerkt, die Evangelienharmonie des Ammonius von Alexandria (3. Jahrh.), welche darin bestanden zu haben scheint, daß dem fortlaufenden Texte des Matthäus die entsprechenden Stellen der übrigen Evangelisten in Parallelkolumnen beigeschrieben waren. Es liegt aber auf der Hand, daß die Sektionen des Eusebius nicht, wie man früher fast allgemein angenommen hat, einfach dem System des Ammonius entnommen sind; denn nur unter der Voraussetzung der von Eusebius ausdrücklich als eigene Erfindung bezeichneten κανόνες ist es erklärlich, daß z. B. Jo 21,12. 13 in drei, Vers 16 und 17 desselben Kapitels in je zwei Sektionen zerlegt erscheinen (vgl. Burgon, The last twelve verses of S. Mark, S. 295 ff.). Von den Sektionen des Eusebius verschieden und vielleicht älter als diese ist eine Einteilung der Evangelien in Kapitel (κεφάλαια, τίτλοι, in lateinischen Hss. breves), welche vom 5. Jahrh. an (Cod. Alexandr. und Cod. Ephraemi) in den meisten Hss. angetroffen wird. Von diesen Kapiteln entfallen auf Mt 68, auf Mc 48, auf Lc 83, auf Jo 18. Die Ziffern, mit welchen sie am Rande bezeichnet sind, beziehen sich auf Inhaltsangaben, die am oberen oder unteren Rande eingetragen und oft auch in einer dem Texte vorausgeschickten Liste zusammengestellt sind. Bei den Briefen und der Apostelgeschichte kommt die Kapiteleinteilung in Betracht, welche Euthalius bereits vorfand und bei den paulinischen Briefen beibehielt, während er sich bei den katholischen Briefen und der Apostelgeschichte nicht streng an seine Vorlage gehalten zu haben scheint. Ein Zeugnis von noch früherer Texteinteilung der Evangelien sowohl als der Briefe giebt der vatikanische Codex (B), welchem für die Evangelien der Cod. Zacynthius (Ξ) zur Seite tritt. Die evangelischen Textabschnitte sind hier ungleich kürzer als die sonst üblichen (Mt 170, Mc 62, Lc 152, Jo 80). In den Briefen hat dieselbe Handschrift neben einer älteren eine spätere Einteilung, welche jedoch gleich jener von der euthalianischen verschieden ist. Die ältere hat die Besonderheit, daß sie der Gesamtheit der paulinischen Briefe als einem Ganzen gilt. Von den beiden Einteilungen der Apostelgeschichte ist die ältere, welche sich auch am Rande des Cod. Sin. findet, vielleicht auf Euthalius zurückzuführen (vgl. Robinson S. 36 ff.). Das Buch der johanneischen Offenbarung scheint bis auf Andreas den Kappadocier (Ende des 5. Jahrh.) ohne Textabschnitte geblieben zu sein; von ihm wurde sie bei Gelegenheit seines Kommentars in 24 Kapitel (λόγοι) und jedes dieser Kapitel in 3 Sektionen (κεφάλαια) eingeteilt. Die jüngste, aber durch ihre Aufnahme in die gedruckten Textausgaben verbreitetste Kapiteleinteilung wird gewöhnlich auf den Kardinal Hugo von St. Caro († 1263) zurückgeführt, der sie bei Ausarbeitung einer lateinischen Konkordanz unternommen haben soll. Sie ist aber wohl älter und, wie Gregory (a. a. O. S. 164 ff.) wahrscheinlich gemacht hat, das Werk Stephan Langtons, Erzbischofs von Canterbury († 1228), vgl. auch O. Schmid, Über verschiedene Eintheilungen der h. Schrift, insbesondere über die Capitel=Eintheilung Stephan Langtons im XIII. Jahrhunderte. Graz 1892. Aus den lateinischen Bibelhss. ist diese Einteilung später in die griechischen übergegangen. Erasmus setzte sie in seinen Ausgaben nur der lateinischen Übersetzung auf dem Rande bei, doch hatte sie schon die Complutenser Polyglotte aufgenommen. Noch jünger als diese Kapiteleinteilung ist die Einteilung in Verse, wie sie in den gedruckten Ausgaben gewöhnlich ist (s. u. S. 755,1b ff.). Außerdem ist der Perikopen oder der zu den kirchlichen Vorlesungen be=stimmten Textabschnitte (ἀναγνώσματα, περικοπαί) zu gedenken. Wann und in welcher Weise sie zuerst in Anwendnng kamen, ist nicht zu bestimmen. Die ἀναγνώσεις, welche in einigen Handschriften mit dem Apparate des Euthalius für die epistolischen Bücher (10 in den katholischen und 31 in den paulinischen Briefen) und für die Apostel=geschichte (16) notiert sind, scheinen Zuthat einer späteren Bearbeitung des euthalianischen Werkes zu sein (s. Robinson a. a. O. S. 14 ff.; Zahn S. 601 f.). Das Vorhandensein evangelischer Perikopen im 4. Jahrhundert bezeugen für die lateinische Kirche Optatus und Augustin. Häufig wurden die Lektionsangaben in ältere Exemplare des fort=laufenden Textes später noch eingetragen, wie dies z. B. im Codex Ephraemi (aus dem 5. Jahrh.) von einer Hand des 9. Jahrhunderts geschah. Um aber Handschriften mit vollständigem oder fortlaufendem Texte bequem für den Kirchengebrauch zu nützen, verfertigte man Verzeichnisse der Leseabschnitte, mit Angabe der Anfangs= und Schluß=worte. Dergleichen Verzeichnisse nannte man συναξάρια und, wenn sie für die Heiligen=tage berechnet waren, μηνολόγια; die ältesten uns erhaltenen Exemplare dieser Art gehören dem 9. Jahrhundert an (K₁ u. M₁). Später kamen in Gebrauch besondere kirchliche Vorlesebücher, die eben nichts als den Text der für die gottesdienstliche Vorlesung be=stimmten Abschnitte, der sonntäglichen wie der festtäglichen, enthielten, und zwar in der Ordnung, in welcher sie das Kirchenjahr hindurch in Anwendung kamen. Von diesen kirchlichen Vorlesebüchern, als Evangelistarien (εὐαγγελιάρια od. εὐαγγελιστάρια) und Lektionarien (πραξαπόστολοι, Sammlungen der Perikopen aus der Apostelgeschichte und den Briefen) unterschieden, die seit der Zeit Karls des Großen nicht selten mit großer Pracht ausgeführt und, der Stattlichkeit und Deutlichkeit wegen, noch über das 10. Jahr=hundert hinaus mit Unzialschrift geschrieben wurden, sind mehrere sehr alte auf unsere Zeit gekommen, darunter einige Papyrusfragmente aus dem 6. Jahrh. in Wien (Evl. 348. 349) und Paris (Evl. 943) sowie mehrere Palimpsestfragmente zu London (Evl. 316), Benedig (Evl. 269) und Rom (Evl. 135), aus dem 7. u. 6. Jahrhundert. Eins der prachtvollsten verwahrt unter seinen Kirchenschätzen das Katharinenkloster auf dem Sinai (Evl. 300). Der ganze Text desselben ist mit Gold auf schönem weißem Perga=mente in 2 Foliokolumnen der Unzialschrift des 8. oder 9. Jahrhunderts (Greg.: saec. X vel XI) geschrieben. Ein Fragment eines andern, auf dunkelschwarzem Pergament in goldner Unzialschrift verfaßten, von kleinem Formate, besitzt die kaiserliche Bibliothek zu Wien (Evl. 45).

Zu den Äußerlichkeiten in der Geschichte des geschriebenen Textes gehören endlich noch die Über= und Unterschriften der einzelnen neutestamentlichen Bücher. Wie viel davon von der Hand der heiligen Verfasser selbst stammen möchte, ist bereits oben erwähnt worden. Auch sind unsere vier ältesten umfänglicheren Handschriften, besonders die sinaitische, die vatikanische (von erster Hand) und der Pariser Palimpsest, noch von der größten Einfachheit in diesem Betrachte. Überschriften wie ἐπιστολαὶ Παύλου, ἐπιστολαὶ καθολικαί, die sämtlich aufs 4. Jahrhundert zurückgehen, setzen den Begriff der kanonischen Sammlung voraus. Mit der Zeit wuchsen aber besonders die Unter=schriften dadurch, daß man traditionelle Vermutungen über Zeit und Ort der Ab=fassung, auch über den Verfasser selbst, über den Überbringer, über den Empfänger, über die Ursprache (z. B. bei Mt τῇ ἑβραϊδι διαλέκτῳ, bei Mc ῥωμαϊστί) und über anderes ähnliche darin ausdrückte. Dergleichen ausgeschmückte Unterschriften wurden be=sonders bei den paulinischen Briefen, bei denen sie bereits Euthalius vorfand und auch noch seinerseits bearbeitete, in den Handschriften gewöhnlich. Das älteste Beispiel davon besitzen wir in den schon erwähnten Pariser Fragmenten der paulinischen Briefe vom Berge Athos (H₃), wo die Unterschrift des Briefs an Titus zu lesen ist (vgl. Mont- faucon, Biblioth. Coislin. S. 262).

Indem wir nun zu den inneren Erfahrungen des neutestamentlichen Textes über- gehen, ergiebt sich aus allem, was wir vom frühesten Gebrauche desselben vor der Mitte, um die Mitte und aus der andern Hälfte des 2. Jahrhunderts wissen, daß schon damals die ursprüngliche Reinheit getrübt gewesen. Denn die Anführungen ver- schiedener Textstellen bei Polykarp, bei Hegesipp, bei Papias, bei den Senioren des Irenäus, bei Justin, bei Marcion, bei den Gnostikern Ptolemäus, Herakleon, Theodotus, aus dem Briefe der Viennenser und Lugdunenser, aus Tatian, um anderer nicht zu gedenken, die aus derselben Zeit in Betracht kommen, sind bereits der Art, daß sie vielfach mit den aus späterer Zeit überlieferten Varianten zusammenstimmen, ohne daß sie nach kritischen Grundsätzen einen besonderen Anspruch auf apostolische Ursprünglichkeit haben. Zum Beweise nur zwei Stellen, die eine von Polykarp, die andere von Ptolemäus. AG 2, 24 citiert Polykarp in der epist. ad Philipp. 1, 2 folgender- maßen: ὃν ἤγειρεν ὁ θεὸς λύσας τὰς ὠδῖνας τοῦ ᾅδου. Für die ersteren Worte hat aber der Text ὃν ὁ θεὸς ἀνέστησεν, sowie θανάτου für ᾅδου; doch findet sich das letztere auch in Cod. D, in der Vulg. und anderen Versionen, sowie bei mehreren späteren Vätern. Der Valentinianer Ptolemäus citiert in der epist. ad Floram (bei Epiph. I. S. 216ff.) fast vollständig Mt 15, 4—9. Da steht bei ihm εἶπεν (so auch Westcott und Hort) für ἐνετείλατο λέγων, was zwar die meisten Übersetzungen bieten, von den griechischen Handschriften aber nur sehr wenige (darunter Cod. Vat., Cod. Bezae und ein Korrektor des Cod. Sin.); ferner τίμα τὸν πατέρα σου καὶ τὴν μητέρα σου, in beiden Stellen ist aber das Pronomen nicht gering bezeugt; sodann setzt er zu διὰ τὴν παράδοσιν noch τῶν πρεσβυτέρων, zu δῶρον noch τῷ θεῷ hinzu; die Worte ἐξ ἐμοῦ ὠφεληθῇς stellt er in ὠφ. ἐξ ἐμοῦ um, sowie er nach τὴν μητέρα σου den Zusatz des Exodus, aber nicht des Evangeliums hat: ἵνα εὖ σοι γένηται, obgleich er vorher ausdrücklich sagt: δηλοῖ καὶ τοῦτο ὁ σωτήρ. Die übrigen in Betracht kommenden Varianten von der Rezepta: τὸν νόμον für τὴν ἐντολήν, Ὁ λαὸς οὗτος τοῖς χείλεσίν με τιμᾷ für Ἐγγίζει μοι u. s. w. verdienen ohne Zweifel den Vorzug. Gehen wir noch einige Jahrzehnte weiter, so finden wir bei Irenäus, der auch schon von der Ver- schiedenheit der Dokumente spricht (adv. haer. V, 30, 1, s. o. S. 17), bei dem alexandrinischen Clemens (z. B. Strom. IV. 6: Μακάριοι, φησίν, οἱ δεδιωγμένοι ἕνεκεν δικαιοσύνης, ὅτι αὐτοὶ υἱοὶ θεοῦ κληθήσονται· ἤ, ὥς τινες τῶν μετατιθέντων τὰ εὐαγγέλια, Μακάριοι, φησίν, οἱ δεδιωγμένοι ὑπὸ τῆς δικαιοσύνης, ὅτι αὐτοὶ ἔσονται τέλειοι· καί, Μακάριοι οἱ δεδιωγμένοι ἕνεκα ἐμοῦ, ὅτι ἕξουσι τόπον ὅπου οὐ διωχθήσονται) und anderen Zeitgenossen noch stärkere Belege für eine schon zu ihrer Zeit, d. h. ums Ende des 2. Jahrhunderts vorhandene Vielgestaltigkeit des neu- testamentlichen Textes; ein Zustand, der sich im Laufe der zwei nächsten Jahrhunderte nur noch verschlimmerte, wie schon Origenes ausdrücklich bezeugt (in Matth. T. XV, 14: νυνὶ δὲ δηλονότι πολλὴ γέγονεν ἡ τῶν ἀντιγράφων διαφορά, εἴτε ἀπὸ ῥαθυμίας τινῶν γραφέων, εἴτε ἀπὸ τόλμης τινων μοχθηρᾶς τῆς διορθώσεως τῶν γραφο- μένων, εἴτε καὶ ἀπὸ τῶν τὰ ἑαυτοῖς δοκοῦντα ἐν τῇ διορθώσει προστιθέντων ἢ ἀφαιρούντων. Vgl. dazu Loman in Theol. Tijdschrift. Leiden 1873, S. 233) und aus der Vergleichung der bei den Kirchenvätern des 3. und 4. Jahrhunderts citierten Textstellen ersichtlich ist. Von dieser Zeit an haben wir alle Jahrhunderte des hand- schriftlich fortgepflanzten Textes hindurch neben den Werken der Kirchenväter die griechischen Handschriften, sowie die verschiedenen orientalischen und occidentalischen Über- setzungen zu Zeugnissen für eine fast auf jeden Vers sich erstreckende Mannigfaltigkeit der Textgestalt, die sehr zahlreiche, bald mehr bald weniger wichtige Abirrungen vom ursprünglichen Bestande außer Zweifel stellt.

Woher stammt diese Mangelhaftigkeit der Texterhaltung? Man kannte zur Zeit der ersten Christengemeinden keineswegs das ängstliche Haften am Buchstaben, wie es die Strenge der Wissenschaft oder auch die Pietät späterer Zeitalter erheischt, denen das geschriebene Wort zum höchsten und unbedingten Träger der göttlichen Offenbarung geworden. Dazu kommt, daß die allerersten Abschriften wohl mehr eine Sache des persönlichen Wunsches, des Einzelbedürfnisses waren, als daß sie im offiziellen Auftrage oder zum Bedürfnisse der Gemeinden unternommen wurden. So geschah es leicht, daß, als die Abschriften in der christlichen Kirche sich zu vervielfältigen anfingen, die Vor- lagen für die Abschreiber schon nicht mehr getreu den Buchstaben des Originals ent-

hielten, das wahrscheinlich selbst, wie wir oben bemerkt haben, von der Hand des Ver=
fassers nur revidiert oder unterschrieben, nicht aber niedergeschrieben war. Sodann aber
stammt die Fehlerhaftigkeit der Abschriften von der schon zur Zeit Ciceros (vgl. ad
Quint. fratr. III, 5, fin.) laut gerügten Nachlässigkeit der Abschreiber, insofern diese
bald falsch sahen, bald falsch hörten, bald mißverstanden. Die zuerst genannten Irrungen
des Auges waren bei der ohne Unterbrechung fortlaufenden Unzialschrift doppelt leicht
möglich; daher wurden ähnliche Buchstaben verwechselt, Wörter teils ausgelassen, teils
wiederholt, teils versetzt, teils auch, was zugleich von ganzen Sätzen gilt, falsch abgeteilt
(z. B. Phi 1, 1 συνεπισκόποις für σὺν ἐπισκόποις, Ga 1, 9 προείρηκα μὲν für
προειρήκαμεν. Jo 1, 3 wurde ὃ γέγονεν bald mit dem Vorhergehenden, bald mit
dem Folgenden verbunden). Durch das Diktieren des Textes wurden besonders itacistische
Verwechslungen veranlaßt, wie σοί für σύ, εἰ δέ für ἴδε, ἡμεῖς für ὑμεῖς und um=
gekehrt, πρόσκλησιν für πρόσκλισιν (1 Ti 5, 21), oder Verwechslungen wie κενός
für καινός, ἑταῖροι für ἕτεροι, γένημα und γέννημα, γένεσις und γέννησις. Miß=
verständnis war es, wenn man ἐγενήθημεν νήπιοι (so Westcott und Hort im Text)
für ἐγεν. ἤπιοι (1 Th 2, 7) oder τὰ ἴδια τοῦ σώματος für τὰ διὰ τοῦ σώματος
(2 Ko 5, 10) schrieb; desgleichen wenn man, was besonders einer späteren Periode
angehört, Abkürzungen falsch auflöste. Auch dogmatische Willkür, und zwar mehr noch
die der Katholiker als die der Akatholiker, hat auf die Textentstellungen einigen Ein=
fluß geübt, z. B. wenn man Lc 2, 43 Ἰωσὴφ καὶ ἡ μήτηρ αὐτοῦ für οἱ γονεῖς
αὐτοῦ, Lc 2, 33 Ἰωσὴφ für ὁ πατὴρ αὐτοῦ setzte; oder wenn man Ga 2, 5 οἷς
οὐδὲ wegließ, wovon Tertullian (adv. Marc. V, 3) seltsamerweise behauptet, daß es
Marcion in den Text gebracht habe. Von den dynamistischen Monarchianern berichtet
uns allerdings Eusebius (hist. eccl. V, 28), und zwar aus älterer Quelle, ausführlich,
daß in ihrer Mitte der heilige Text aufs willkürlichste verfälscht worden sei (das Kapitel
ist überschrieben: Περὶ τῶν τὴν Ἀρτέμωνος αἵρεσιν ἐξαρχῆς προβεβλημένων οἷοί
τε τὸν τρόπον γεγόνασι καὶ ὅπως τὰς ἁγίας γραφὰς διαφθεῖραι τετολμήκασιν);
doch deuten die Worte des ungenannten Gewährsmannes, welchen er ausschreibt, viel=
mehr darauf hin, daß jene heterodoxen Katholiker sich vornehmlich mit kritischer Text=
vergleichung und Emendation sowie mit Untersuchungen grammatischer Art beschäftigt
haben. Die entscheidende Stelle lautet (V, 28, 15 sqq.): διὰ τοῦτο ταῖς θείαις γραφαῖς
ἀφόβως ἐπέβαλον τὰς χεῖρας, λέγοντες αὐτὰς διωρθωκέναι. καὶ ὅτι τοῦτο μὴ
καταψευδόμενος αὐτῶν λέγω, ὁ βουλόμενος δύναται μαθεῖν. εἰ γάρ τις θελήσει
συγκομίσας αὐτῶν ἑκάστου τὰ ἀντίγραφα ἐξετάζειν πρὸς ἄλληλα, κατὰ πολὺ ἂν
εὕροι διαφωνοῦντα. ἀσύμφωνα γοῦν ἔσται τὰ Ἀσκληπιάδου τοῖς Θεοδότου.
πολλῶν δέ ἐστιν εὐπορῆσαι, διὰ τὸ φιλοτίμως ἐγγεγράφθαι τοὺς μαθητὰς αὐτῶν
τὰ ὑφ᾽ ἑκάστου αὐτῶν, ὡς αὐτοὶ καλοῦσι, κατωρθωμένα, τουτέστιν ἠφανισμένα
κτλ. Man beachte, daß keinerlei Beispiele einer tendenziösen Textesänderung namhaft
gemacht werden. Nur wenn solche vorlägen, könnte man mit völliger Sicherheit urteilen.
Im Hinblick auf das Dargebotene liegt es nahe, jene Häretiker in ihrem Verhältnis
zur h. Schrift gewissermaßen als Vorläufer der Antiochener zu betrachten, mit denen
sie sich ja auch in ihrem theologischen Standpunkt berühren. Wenn aber wirklich häretisch
gefärbte Abschriften in Umlauf waren, so ist doch ein Einfluß derselben auf die in der
Kirche verbreiteten Exemplare weder an sich wahrscheinlich noch auch irgend nachweis=
bar. Viel mehr als das dogmatische machte sich jedenfalls das Sprachinteresse geltend,
indem man den Text bald grammatisch richtiger, bald deutlicher und vollständiger, bald
nachdrücklicher und schöner zu machen strebte (von Tatian berichtet Euseb. hist. eccl. IV,
29, 6 ausdrücklich: τοῦ δὲ ἀποστόλου φασὶ τολμῆσαί τινας αὐτὸν μεταφράσαι
φωνάς, ὡς ἐπιδιορθούμενον αὐτῶν τὴν τῆς φράσεως σύνταξιν). Bisweilen unter=
nahm man auch geschichtliche (vgl. Mt 27, 9; Mc 15, 25) und geographische (vgl.
Jo 1, 28; Mt 8, 28) Verbesserungen. Ferner war von den nachhaltigsten Folgen,
namentlich bei den Evangelien, das harmonistische Studium, das Hieronymus in seinem
Briefe an Damasus ausdrücklich bezeugt und richtig charakterisiert indem er schreibt:
Magnus siquidem hic in nostris codicibus error inolevit, dum quod in eadem
re alius evangelista plus dixit, in alio, quia minus putaverint, addiderunt;
vel dum eundem sensum alius aliter expressit, ille qui unum e quattuor
primum legerat, ad eius exemplum ceteros quoque aestimaverit emendandos.
Unde accidit ut apud nos mixta sint omnia, et in Marco plura Lucae atque
Matthaei, rursum in Matthaeo Iohannis et Marci, et in ceteris reliquorum quae
aliis propria sunt inveniantur. Einen sprechenden Beleg hierzu liefern uns die

Parallelstellen vom Vaterunser und von der Versuchungsgeschichte bei Matthäus und Lukas. In ähnlicher Weise verfuhr man bei den Anführungen aus dem Alten Testamente, wo man häufig den Text der Apostel mit dem der LXX in Einklang zu bringen suchte (vgl. z. B. Mt 15, 8). Und hieran knüpft sich auch die arglose Verbrämung der evangelischen Erzählungen mit den vielverbreiteten apokryphischen oder mit anderen frühzeitigen evangelischen Aufzeichnungen, die, ohne den Stempel der Apostolizität an sich zu tragen, zum Teil aus guter Quelle geflossen sein mochten. Daher stammen wahrscheinlich einige sehr alte Interpolationen des heiligen Textes, wie Jo 7, 53 – 8, 11; Mc 16, 9 ff. (einen Versuch, einzelne Lesarten der Evangelien aus dem Protevangelium Jakobi und dem Evangelium Nikodemi zu erklären, siehe in Tischendorfs holländischer Preisschrift: De evangeliorum apocryphorum origine et usu, Hagae Comit. 1851, S. 131 ff.). Endlich haben wir der Textentstellung durch eingebrachte Randglossen zu gedenken. Randbemerkungen verschiedener Art machten sich Gelehrte in ihren Handexemplaren; ein späterer Abschreiber nahm sie als vermeintliche Supplemente oder Verbesserungen in den Text auf.

Bei den Abschreibern selbst haben wir zwischen gelehrten und ungelehrten zu unterscheiden; die ersteren fanden sich wahrscheinlich eben deshalb, weil die Fehlerhaftigkeit der Abschriften so groß wurde. Wir wissen von Männern wie Pamphilus, der sich durch seine Bibelabschriften um die Kirche verdient gemacht (vgl. Euseb. hist. eccl. VI, 32, 3. Hieron. de viris inlustr. c. 75), daß sie abgeschrieben haben. Die vom Athos nach Paris gekommenen Fragmente der paulinischen Briefe (H₃) enthalten in der Unterschrift des Briefs an Titus die Worte: ἀντεβλήθη δὲ ἡ βίβλος πρὸς τὸ ἐν Καισαρία ἀντίγραφον τῆς βιβλιοθήκης τοῦ ἁγίου Παμφίλου, χειρὶ γεγραμμένον ⟨αὐτοῦ⟩. Auch die philoxenianische Übersetzung der paulinischen Briefe führt ihr auf ein von der Hand des Pamphilus geschriebenes Exemplar der Bibliothek zu Cäsarea zurück (vgl. Lightfoot, S. Clement of Rome. Appendix. London 1877, S. 234). Von der Thätigkeit der beiden Presbyter Acacius und Euzoius an der Bibliothek zu Cäsarea war schon oben (S. 17) die Rede; desgleichen von dem mit eigener Hand geschriebenen Bibelkodex, welchen Lucian der Kirche zu Nikomedien vermachte (S. 19). Auch das was Hieronymus (vgl. ad Matth. 24, 36; ad Gal. 3, 1) von Exemplaren des Adamantius und des Pierius sagt, bezieht sich entweder auf Abschriften von der Hand dieser Männer oder auf Exemplare, die sie eigenhändig revidiert haben. Es mögen nun die gelehrten wie die ungelehrten Abschreiber, zumal nachdem die Verderbnis des Textes einmal eingetreten war, durch ihre Arbeiten dem Texte nach unseren kritischen Begriffen geschadet haben, diese durch ihre Unwissenheit und Flüchtigkeit, jene durch ihren Verbesserungseifer. Gerade die berühmtesten Abschreiber, die alexandrinischen Kalligraphen, von denen die meisten unserer ältesten Unzialmanuskripte herzuleiten sein, besaßen oft nur unzureichende Sprachkenntnisse und ließen es an der nötigen Sorgfalt und Genauigkeit fehlen, weshalb ihre Arbeiten bei aller ihrer Regelmäßigkeit und Schönheit der Schriftzüge doch auch durch ihre Fehlerhaftigkeit sich auszeichneten. Schon Strabo klagt (XIII, 1, 54): καὶ βιβλιοπῶλαί τινες γραφεῦσι φαύλοις χρώμενοι καὶ οὐκ ἀντιβάλλοντες, ὅπερ καὶ ἐπὶ τῶν ἄλλων συμβαίνει τῶν εἰς πρᾶσιν γραφομένων βιβλίων καὶ ἐνθάδε καὶ ἐν Ἀλεξανδρείᾳ. Es bestand aber im Altertum die Sitte, jede gefertigte Handschrift einer Revision, dem Geschäfte eines διορθωτής zu unterwerfen, der allerdings auch seinerseits die Grenzen einer Berichtigung nach dem abgeschriebenen Exemplare häufig überschritt (vgl. die oben S. 22 angeführte Stelle des Origenes in Matth. tom. XV). Daher war das Geschäft der Nachvergleichung von dem der Nachbesserung noch verschieden, wie es eine aus dem 6. oder 7. Jahrhundert stammende Note des Codex Frid.-August. (ed. Tischendorf 1846) ausdrücklich darthut. In der genannten Handschrift (bekanntlich der zuerst aufgefundene alttestamentliche Teil des Codex Sinaiticus) wird nämlich am Schluß des Buches Esther (fol. 19ʳ) eine Note von der Hand des Pamphilus aus einem παλαιότατον λίαν ἀντίγραφον wörtlich wiederholt, und diese lautet: μετελήμφθη καὶ διορθώθη πρὸς τὰ ἑξαπλᾶ Ὠριγένους ἀπ᾽ αὐτοῦ διωρθωμένα. Ἀντωνῖνος ὁμολογητὴς ἀντέβαλεν. Πάμφιλος διώρθωσα τὸ τεῦχος ἐν τῇ φυλακῇ (eine z. T. wörtlich gleichlautende Unterschrift findet sich in derselben Handschrift fol. 13ʳ, am Schluß des Buches Esra. Ein Beispiel für ἀντιβάλλειν liefert außer dem oben angeführten Cod. H₃ auch der Cod. A mit der Unterschrift: ἐγράφη καὶ ἀντεβλήθη ἐκ τῶν ἐν Ἱεροσολύμοις παλαιῶν ἀντιγράφων τῶν ἐν τῷ ἁγίῳ ὄρει ἀποκειμένων, welche in mehreren jüngeren Hss. wiederkehrt, s. Gregory a. a. O. S. 339). Noch vor Pamphilus widmete dem Geschäfte des ἀντιβάλλειν sowohl als der διόρθωσις den größten Eifer Origenes, wie es aus einer von Cedrenus (hist. comp. ed. Bekker I, S. 444 f.) aufbewahrten Stelle hervorgeht, wo es heißt: οὔτε γὰρ δειπνῆσαι ἔστιν ἡμῖν ἀντιβάλλουσιν οὔτε δειπνήσασιν ἔξεστι προεριπατῆσαι καὶ διαναπαῦσαι τὰ σώματα, ἀλλὰ καὶ ἐν τοῖς καιροῖς ἐκείνοις φιλολογεῖν καὶ ἀκριβοῦν τὰ ἀντίγραφα ἀναγκαζόμεθα. Auch von Basilius d. Gr. wird bezeugt, daß er biblische Bücher ἀντιβαλὼν διωρθώσατο, vgl. Georg. Syncell. chronogr. S. 203.

Fragen wir nun, ob nicht von gelehrten Kirchenvätern bestimmte, durchgreifende, wenn auch immer in ihren Resultaten verfehlte Arbeiten unternommen worden seien zur Wiederherstellung des ursprünglichen oder doch zur Herstellung eines guten Textes, dergleichen für den griechischen des Alten Testaments unzweifelhaft von mehreren aus= geführt worden sind, so begegnen uns schon im 3. Jahrhundert drei Männer, denen der Ruf solcher Arbeiten geworden ist, nämlich Origenes, der ägyptische Bischof Hesychius und der antiochenische Presbyter Lucian. Daß die beiden letzteren eine Art Rezension fürs Neue Testament unternommen haben, kann nach dem Zeugnisse des Hieronymus nicht wohl bezweifelt werden. In der epist. ad Damasum heißt es vom NT.: Hoc certe cum in nostro sermone discordat et diversos rivulorum tramite ducit, uno de fonte quaerendum est. Praetermitto eos codices quos a Luciano et Hesychio nuncupatos paucorum hominum adserit perversa contentio, quibus utique nec in veteri instrumento post LXX interpretes emendare quid licuit nec in novo profuit emendasse, cum multarum gentium linguis scriptura ante translata doceat falsa esse quae addita sunt (vgl. auch de viris inlustr. c. 77; schwerlich mehr als ein Widerhall der Worte des Hieronymus ist die Stelle Decret. Gelas. c. IV: Evangelia quae falsavit Lucianus apocrypha. Evangelia quae falsavit Hesychius apocrypha). Allein das Verfahren dieser Männer ist uns, da der Ausdruck des Hieronymus bei der Charakterisierung desselben an Klarheit und Bestimmtheit viel zu wünschen übrig läßt, ebenso unbekannt geblieben wie der Einfluß ihrer Rezensionen auf die in der Kirche verbreiteten Textdokumente unwahrscheinlich ist. (Daß uns die Rezension des Hesychius in der alexandrinischen und die des Lucian in der byzantinischen Textesgestalt erhalten sei, hatten Hug und Eichhorn angenommen, s. u. S. 45. Neuerdings hat W. Bousset, Textkritische Studien zum NT. in TU Bd XI H. 4, S. 74—110, diese Hypothese hinsichtlich des Hesychius erneuert und nachzu= weisen gesucht, daß wenigstens für die Evangelien das Werk desselben in BℵLT 33. und anderen Handschriften mehr oder weniger rein vorliege, und für Lucian giebt Hort die Möglichkeit zu, daß er zwar nicht mit der byzantinischen, wohl aber mit der syrischen Rezension in Verbindung gestanden haben könne, vgl. Rüegg, Die Neutestamentliche Textkritik seit Lachmann, Zürich 1892, S. 77 f. 96 f.). Was aber Origenes anbetrifft, so hätte schon seine eigene Erklärung in Matth. T. XV, 14 (In exemplaribus autem Novi Testamenti hoc ipsum me posse facere sine periculo non putavi) davon abhalten sollen, ihm eine förmliche Rezension des neutestamentlichen Textes zuzuschreiben (so Hug); womit jedoch keineswegs geleugnet werden soll, daß die Werke des Origenes, eines durch seine kritische Genauigkeit hervorragenden Mannes, für die neutestamentliche Textkritik von hoher Wichtigkeit sind. Nichtsdestoweniger stellen sich bereits vom 4. und 5. Jahrhundert an, wie die Väter, die Übersetzungen und die griechischen Handschriften darthun, in der überraschend großen Verschiedenheit des neutestamentlichen Textes ge= wisse Verwandtschaften der Dokumente heraus, die sich wohl an die Länder anschließen, wo die letzteren gefertigt wurden, aber doch kaum ohne die Annahme von Tendenz= arbeiten erklärlich scheinen. Nach diesen Verwandtschaftsverhältnissen läßt sich mit einigem Rechte von einem orientalischen und=einem occidentalischen, oder vielmehr, um genauer zu scheiden und auch das näher Verwandte wieder zusammenzustellen, von einem alexandrinischen oder ägyptischen und einem lateinischen, sowie von einem asiatischen oder griechischen und einem byzantinischen oder konstantinopolitanischen Texte sprechen. Die erstgenannte Textklasse, die alexandrinische, möchte die im Gebrauche der Judenchristen des Orients befindliche gewesen sein, derjenigen Judenchristen, die sich auch des grie= chischen Textes des Alten Testaments bedienten. Vorzugsweise war es das christlich gelehrte Alexandrien und was damit zusammenhing, das diesen Text besaß und fort= pflanzte. Die lateinische Textklasse ist nicht nur in den lateinischen Exemplaren, sondern auch in denjenigen griechischen, deren sich die Lateiner bedienten, ausgeprägt worden. Die asiatischen Manuskripte ferner waren wohl besonders im Gebrauche geborener Griechen, sie mochten nun im eigenen Vaterlande oder in den asiatischen mit Griechen=

land lebhaft verkehrenden Provinzen leben. Die byzantinischen endlich sind diejenigen, die der byzantinischen Staatskirche angehörten. Diese letzteren sind es, die allein eine gewisse offizielle Gleichförmigkeit erhielten und die in den späteren Jahrhunderten des bestehenden byzantinischen Kaisertums fast ausschließlich Verbreitung fanden. Inwieweit hiervon die ausübende Kritik bereits Gebrauch gemacht hat, und inwieweit sie noch jetzt davon Kenntnis zu nehmen und Vorteil zu ziehen hat, werden wir später erörtern. Nur muß sofort bemerkt werden, daß uns nur die letztgenannte Klasse in den Dokumenten noch vollkommen vor Augen tritt, und zwar als diejenige, die aus der allmählichen Vermischung der früheren unter besonderer Geltendmachung der asiatischen oder grie= chischen hervorgegangen ist. Keine der drei älteren Klassen aber liegt uns ohne mehr= fache Entstellung und Vermischung vor, so daß es oft schwerer wird, die einer jeden Klasse eigentümliche Lesart festzustellen, als auf die ursprüngliche zurückzuschließen. Endlich ist zu erwähnen, daß die angedeuteten Unterschiede und Verwandtschaftsverhält= nisse weitaus am stärksten in den Evangelien ausgeprägt sind, am wenigsten in der Apokalypse, und wiederum in den paulinischen Briefen und der Apostelgeschichte deutlicher als in den katholischen Briefen (vgl. Tischendorfs N. T. Graece. Ed. academ. VIII. Lips. 1875, p. XXIV).

Endlich gehört hierher noch eine Hinweisung auf diejenigen Männer des Alter= tums, deren Studien verdienstlich um den neutestamentlichen Text gewesen, oder welche, was weit mehr in Betracht kommt, durch ihre fleißige Textbenutzung für den Gebrauch ihrer Zeit und ihres Vaterlandes zeugen. Aus der letzten Hälfte des 2. Jahrhunderts gilt in letzterer Beziehung am meisten Irenäus; aus den nächstfolgenden Jahrzehnten Clemens von Alexandrien. Höher als beide steht durch textkritische Gelehrsamkeit Origenes, der durch die ganze erste Hälfte des 3. Jahrhunderts wirkte. Der bedeutendste Text= kritiker nach ihm war Hieronymus; nur ließ er bei Benutzung der griechischen Hand= schriften für seine reformatorische Umgestaltung der lateinischen Version manche unkritische Rücksicht gelten. Aus dem 3. bis 5. Jahrhundert haben uns ein Bild des Textes ihrer Zeit und Heimat vorzugsweise hinterlassen, unter den Griechen: Eusebius, Athanasius, Epiphanius, die beiden Cyrille, Basilius, die beiden Gregore, Chrysostomus und Theodoret, wozu noch Ephräm der Syrer kommt, dessen Werke bald nach ihrer Ab= fassung ins Griechische übersetzt wurden; unter den Lateinern: Tertullian, Cyprian, Victorin von Pettau, Hilarius von Pictavium, Lucifer, Ambrosius, Rufin, Augustin, Fulgentius. Den zuerst unter den Lateinern genannten ist auch noch beizuzählen der Über= setzer des Irenäus, von dessen Arbeit weit mehr als von der ursprünglichen des Ver= fassers auf uns gekommen ist. Im 5. Jahrhundert diente dem Texte der Offenbarung Johannis durch seinen griechischen Kommentar Andreas der Kappadocier, im 6. durch seinen lateinischen Primasius. Beiden Männern schloß sich einige Jahrhunderte später an mit seinem griechischen Kommentare Arethas. Im 8. Jahrhundert ließ Beda sich die Textreinigung der Apostelgeschichte angelegen sein; Johannes Damascenus hat viel citiert; auf Karls des Großen Befehl wirkte Alcuin für den lateinischen Text. Im 9. Jahrh. nützte Photius seine Gelehrsamkeit fürs Neue Testament, desgleichen im 10. Suidas, doch beide nur in sehr beschränktem Maße. In den nächstfolgenden Jahrhunderten schrieben ihre gelehrten Kommentare zum Neuen Testament Theophylakt, Öktumenius, Euthymius Zigabenus. Die im 13. Jahrhundert hervortretenden Correctoria bibliae betrafen die Verbesserung der Vulgata zum Teil aus griechischen Zeugen, sowie im 15. Jahrh. Laurentius Valla, von der großen Verderbnis des üblichen lateinischen Textes über= zeugt, den Wert alter Dokumente erkannte und geltend zu machen suchte.

Zum Schluß dieses Versuchs über die Geschichte des geschriebenen Textes geben wir ein Verzeichnis der ältesten auf unsere Zeit gekommenen handschriftlichen Denk= mäler des Originaltextes.

Die Zahl der sämtlichen neutestamentlichen Unzialhandschriften, vom 4. bis zum 10. Jahrhundert verfaßt, beträgt, unter Übergehung von 8 Psalterien mit dem Texte der Hymnen bei Lukas (O $^{a-h}$), 114. Ihrem Alter nach, wie es sich aus paläo= graphischen Gründen bis zu einem gewissen Grade von Sicherheit bestimmen läßt, sind sie in folgende Ordnung zu bringen. Aus dem 4. Jahrhundert stammen 2: ℵ mit dem ganzen NT. und B mit Evv. Att. Kath. Paul.; aus dem 5. Jahrhundert 15: ACI$^{1.2.3}$I^{b}Q$_1$Q$_2$T^{ak}T^{woi}$_{2}$$^{7.10.14}$; aus dem 6. Jahrhundert 24: D₁D₂E₂H₃I$^{4.7}$N₁N₃O₂ O$^{b}_2$P₁R₁T^{bceh}Z Θ^{eefg}ΣΦr^{11}; aus dem 7. Jahrhundert 17: F^{a}G₂I$^{5.6}$R₂T^{dlmpq}W^{ilmn} Θ$^{ab r}$^{12}; aus dem 8. Jahrhundert 19: B₂E₁L₁S₂T^{inors}W^{abk}Y Θ^{d}ΞΨΩ$^{6.8}$; aus dem 9. Jahrhundert 31: E₃F₁F₂G₃G^{b}H₂K₁K₂L₂M₁M₂N₂O₁P₂T^{fk}VW^{cdefgho}X^{b}Γ Δ Θ^{h}ΛΠ^{7a};

aus dem 10. Jahrhundert 6: $G_1H_1S_1UX_{\supset1}$. Von allen diesen 114 umfaßt nur א das ganze NT. vollständig, und nur noch 4 andere enthalten den bei weitem größten Teil desselben: ABCΨ. Außer diesen 5 beziehen sich noch auf die Evangelien 81, darunter 12 mit vollständigem oder fast vollständigem Texte: DEKLMSUVΓΔΠΩ, 14 mit umfänglichen Fragmenten: FGHNPQRXZΛΞΣΦ$_\supset$, 55 mit geringeren, auf mehrere Kapitel oder auch nur auf eine Anzahl Verse beschränkten Fragmenten: F_aI$^{1.3.4.7}$I^{b}N$_\supset$OT^{a-f}h$-$rT^{wol}W$^a-$oX^{b}Θ^{a-b}7$^{6-12}$. Die Apostelgeschichte betreffen außer den genannten 5 noch 13, darunter 5: DELPS mit vollständigem oder doch fast vollständigem Texte, die übrigen mit größeren (H) oder geringeren Fragmenten (GG^{b}F^a I$^{2.5.6}_\supset$). Für die katholischen Briefe treten zu den 5 noch 4: KLPS, an deren Vollständigkeit nichts oder wenig fehlt, und ein Fragment: $\supset$; für die paulinischen Briefe, welche übrigens in Ψ bis auf den Brief an die Römer und den an Philemon (und den Hebräerbrief) fehlen, noch 20, von denen 7: DEFGKLP vollständig oder fast vollständig sind, 13: F^{a}HI^{2}MNOO^{b}QRST^{ga714} nur wenige oder mehrere Fragmente enthalten. Die Apokalypse bieten uns außer אAC noch B$_2$ und P, der erstere Codex vollständig, der zweite mit nur geringen Lücken.

Sehen wir von denjenigen Hss. ab, welche für die Kritik des Textes bisher noch nicht verwertet worden sind, so liegt die älteste und vorzugsweise alexandrinisch ge-färbte Textgestalt, wenn auch mit vielfachen Differenzen, für die Evangelien in folgen-den Manuskripten vor: אABCDII^{b}LPQRT^{abc}XZΛΘ^{c}Θ^{g}Ξ; ihnen am nächsten stehen F^{a}NOW^{abc}YΘ^{abef}. Eine zweite, jüngere Gestalt, in der sich die asiatische Färbung vor-zugsweise erkennen lassen möchte, bieten die Manuskripte: EFGHKMSUVΓΛΠΘ^h, unter denen am meisten zur ersteren Reihe hinneigen EKMΓΛΠΘ^h. Für die Apostel-geschichte und die katholischen Briefe geben den ältesten Text אABC, für die erstere auch noch DI, denen EG nahe treten, für die letzteren auch noch (mit Ausnahme von 1 Pt) P, während HLP für die Apostelgeschichte und KL für die katholischen Briefe der neueren Textfärbung am nächsten kommen. In den paulinischen Briefen repräsen-tieren den ältesten Text אABCHIOQ, sowie die griechisch-lateinischen DFG; desgleichen annähernd MP, wogegen dem jüngeren Texte am nächsten stehen KLN. Die Apokalypse liegt uns am altertümlichsten vor in אAC, denen P näher tritt als B (andere Gruppie-rungen der Hss. s. bei Gregory a. a. O. S. 185 ff.).

In Bezug auf die einzelnen Handschriften sei hier noch folgendes bemerkt.

א: Codex Sinaiticus, von Tischendorf 1844 und 1859 im Kloster der h. Katharina auf dem Sinai entdeckt und im letzteren Jahre, mit Ausnahme der schon früher als Codex Friderico-Augustanus der Leipziger Universitätsbibliothek überlassenen alt-testamentlichen Bestandteile, nach St. Petersburg gebracht. Außer 26 Büchern des Alten Testaments, von denen 5 den Cod. Frid.-Aug. bilden, enthält derselbe das ganze Neue Testament ohne die geringste Lücke, vermehrt aber noch durch den Brief des Barnabas und das erste Drittel des Hirten des Hermas. Der alexandrinische Ab-schreiber hat nicht selten durch fehlerhafte Abschrift seine mangelhafte Kenntnis des Griechischen sowie durch arge Versehen seine Flüchtigkeit bewiesen, worin dem Sinaiticus die Handschriften BAC nahe genug verwandt sind; auch tritt die in den drei ersten Jahrhunderten am neutestamentlichen Texte geübte Lizenz der Behandlung bisweilen noch stärker hervor als bei BAC (viel weniger hingegen als in D, dem Cambridger Codex). Nichtsdestoweniger wird durch zahlreiche Stellen, wo die sinaitische Lesart die älteste Bestätigung durch die Väter oder Übersetzer in überraschendster Weise für sich hat, der alle anderen Texteszeugen, mit alleiniger Ausnahme von B, überragende Wert dieser Handschrift außer Frage gestellt. Der ohne alle Initialen (wie nur noch B) und größtenteils mit sehr seltener Interpunktion geschriebene Text ist in 4 Kolumnen, wie der vatikanische in 3, abgeteilt: beide Handschriften lehnen sich damit an den Gebrauch der Papyrusrollen an, deren Anwendung, wie schon erwähnt, vorzugsweise seit dem An-fange des 4. Jahrhunderts durch das Pergament beschränkt und selten geworden war. Auf die 4 Evv. folgen die paulinischen Briefe, unter denen der Hebräerbrief nach dem 2. Thessalonicherbriefe zu stehen kommt. Erst nach den paulinischen Briefen hat die Apostelgeschichte mit den katholischen Briefen ihre Stelle. An die Apokalypse aber schließt sich unmittelbar der Brief des Barnabas an, und an diesen, nach einer Lücke von sechs Folioblättern (welche vielleicht die Acta Pauli oder die Apocalypsis Petri enthielten), der Hirte von Vis. I bis Mand. IV, 3, 6. Letzterer Umstand, daß nämlich die Apo-kalypse des Hermas im Anhange zum Neuen Testament Aufnahme gefunden, ist für die Bestimmung des Alters der Handschrift von nicht zu unterschätzender Bedeutung, sofern

die aus paläographischen Gründen mit Sicherheit nicht zu erweisende Abfassung im 4. Jahr=
hundert hierdurch in entscheidender Weise gefordert wird. Der Gebrauch des Hirten
im Morgenlande, sei es nun im Gottesdienste oder im Unterricht, ist seit dem Ende
des 4. Jahrhunderts (Athanasius) nicht mehr zu erweisen. Da nun der Cod. Sin.
jedenfalls nicht zum privaten, sondern zum öffentlichen Gebrauch in einer der Haupt=
kirchen des Reichs hergestellt worden ist, so darf man mit Sicherheit schließen, daß er
zu einer Zeit geschrieben ist, in welcher die Urteile des Eusebius und Athanasius noch
allgemein giltige waren, also nicht später als im Verlaufe des 4. Jahrhunderts. Dann
aber gewinnt auch die Vermutung sehr an Wahrscheinlichkeit, daß wir im Codex Si=
naiticus wirklich eine jener 50 Bibelhandschriften besitzen, welche einst Eusebius im
Auftrage des Kaisers Konstantin mit besonderem Aufwand für die Kirchen der neuen
Residenz herstellen ließ (vgl. darüber namentlich Scrivener, Collation of the Cod. Sin.
S. XXXVII f.). Ja, wenn unsere Auffassung der Stelle Euseb. vita Const. IV, 37
richtig ist (s. o. S. 19), so würde dort der dem Cod. Sin. eigentümlichen Anordnung
der Schrift in 4 Kolumnen (wie der des Cod. Vat. in 3) ausdrücklich gedacht. —
Nach Tischendorfs Beobachtung rühren die uns erhaltenen Teile der Handschrift von
vier verschiedenen Schreibern her, von denen jedoch nur zwei aufs Neue Testament
kommen. Genaue Beobachtung der Eigentümlichkeiten dieser Hände führte ferner zu
der Vermutung, daß eine derselben, von welcher im Cod. Sin. nur wenige Seiten her=
rühren, den ganzen neutestamentlichen Teil des Cod. Vat. geschrieben habe. Und es
ist allerdings nicht zu leugnen, daß die dafür angeführten Gründe geeignet sind, diese
Vermutung zu einem hohen Grade von Wahrscheinlichkeit zu erheben. Korrigiert, jedoch
nicht immer verbessert, wurde die Schrift erster Hand außer von dem διορθωτής nach
und nach von mehreren Händen, im 6., im 7. Jahrhundert und später (א^a, א^b, א^c u. s. w.).
Diese Korrektoren aber änderten, wie sich leicht erkennen läßt, nicht nach Gutdünken,
sondern bedienten sich dazu anderer Manuskripte, deren Lesarten sie in ihre Vorlage
eintrugen; und dies verleiht dem Cod. Sin. noch einen besonderen Wert, da er solcher=
gestalt für sich allein gewissermaßen eine Geschichte des neutestamentlichen Textes vor
Augen stellt (über א^c vgl. W. Bousset, Textkrit. Stud. S. 45 ff.). Ediert wurde das
NT. aus dem Cod. Sin. von Tischendorf dreimal. Nach vorangegangener Notitia
editionis codicis bibliorum Sinaitici auspiciis imperatoris Alexandri II. sus-
ceptae, womit der Catalogus codicum nuper ex oriente Petropolin perlatorum
und Origenis scholia in proverbia Salomonis verbunden sind (Lipsiae 1860), ging
im Herbste des Jahres 1862 aus der Leipziger Presse ein vierbändiges Foliowerk her=
vor, unter dem Titel: Bibliorum codex Sinaiticus Petropolitanus. Auspiciis
augustissimis imp. Alexandri II. ex tenebris protraxit, in Europam transtulit,
ad iuvandas atque illustrandas sacras litteras edidit C. T. Petropoli 1862. Es
ist darin durch eine in dieser Weise noch nie versuchte typographische Nachahmung der
alten Schrift nach allen ihren Eigentümlichkeiten die genaueste Wiedergabe des Originals
angestrebt worden. Der erste Band enthält die Prolegomena, den textkritischen Kom=
mentar über 15 000 größtenteils von den alten Korrektoren geänderten Stellen, und
21 Tafeln photolithographischer Faksimiles. Der zweite und dritte Band enthalten den
Text der alttestamentlichen Bücher, der vierte den des ganzen Neuen Testaments. Im
Jahre 1863 erschien darauf zu Leipzig eine diplomatisch=kritische Handausgabe des neu=
testamentlichen Teils der Sinaibibel unter dem Titel: Novum Testamentum Sinai-
ticum sive NT. cum epistula Barnabae et fragmentis Pastoris etc., auf welche,
da sie bald vergriffen war, 1865 folgte: NT. Graece ex Sinaitico codice omnium
antiquissimi, Vaticana itemque Elzeviriana lectione notata. Vgl. Tischendorf,
Die Sinaibibel. Ihre Entdeckung, Herausgabe und Erwerbung. Leipzig 1871 (kleinere
Publikationen des. über den Cod. Sin. s. bei Gregory, Prolegom. S. 16 f.); Scrivener,
A full collation of the Codex Sinaiticus with the received text of the NT.
2. ed. 1867 (mit ausführlicher Einleitung); Ezra Abbot, On the comparative anti-
quity of the Sinaitic and Vatican manuscripts of the Greek Bible, im Journal
of the American Oriental Society. Vol. X. Nr. I. 1872, S. 189 ff.

    A. Codex Alexandrinus, im Britischen Museum (Reg. I. D. V—VIII), von
Cyrillus Lukaris, Patriarchen von Konstantinopel, im Jahre 1628 an Karl I. von
England geschenkt. Er enthält, mit einigen Lücken, das A. und das NT. nebst den
Clemensbriefen (s. oben S. 18). Das NT. beginnt Mt 25, 6 und läuft bis zum
Ende der Apokalypse fort, nur unterbrochen im Evangelium Johannis von 6, 50 bis 8,
52 und 2 Ko 4, 13 bis 12, 7. Außerdem sind da und dort die Buchstaben des äußeren

Randes verloren gegangen. Seit der Mitte des 17. Jahrhunderts wiederholt verglichen (zuerst für Waltons Polyglotte, 1657), wurde das NT. mit fassimilierten Lettern herausgegeben von Woide (1786), mit gewöhnlichen von Cowper (1860), welcher manche Stellen der Woideschen Ausgabe berichtigte, und von Hansell (1864), dessen Genauigkeit zu wünschen übrig läßt; endlich, mit einer Einleitung von E. M. Thompson, in photographischem Faksimile (1879). Geschrieben ist der Cod. Alex. nach Tischendorf u. a. um die Mitte des 5. Jahrhunderts, nach Scrivener (Introduction. 4. ed. Vol. I, S. 101) vielleicht schon Ende des 4. Jahrhunderts, sicherlich aber nicht viel später. Vgl. C. G. Woidii Notitia codicis Alexandrini. Recud. cur. notasque adiecit G. L. Spohn, Leipzig 1788.

B_1: Codex Vaticanus, Nr. 1209 in der Vatikanischen Bibliothek. Außer dem alttestamentlichen Texte, der den römischen Herausgebern der LXX unter Sixtus V. zur Grundlage gedient, enthält er das ganze NT. bis Hbr 9, 14, so daß außer den letzten Kapiteln dieses Briefs 4 ganze Briefe (1. 2. Ti, Tit, Philem.) und die Offenbarung fehlen. Nachdem zuerst Sepulveda (um 1533) den hohen Wert dieser Handschrift erkannt und in einem Briefe an Erasmus die Aufmerksamkeit darauf gelenkt hatte, lieferten ungenügende Textvergleichungen Bartolocci (1669, handschriftlich in der Nationalbibliothek zu Paris, Mss. Gr. Supplém. 53) und Birch (erschienen 1788 bis 1801). Eine dritte erhielt Rich. Bentley von der Hand eines jungen Italieners Namens Mico (nach einer Abschrift Woides 1799 von Ford ediert). Diese mangelhafte Arbeit revidierte einige Jahre später Rulotta, jedoch mit nicht viel mehr Geschick; sein Manustript ward 1855 unter den Papieren Bentleys in der Bibliothek des Trinity College zu Cambridge gefunden und 1862 von Ellis ediert (Bentleii Critica Sacra, S. 121—154). Im Jahre 1810 schrieb Hug, nachdem er die damals zu Paris befindliche Handschrift untersucht hatte, eine gelehrte Commentatio de antiquitate cod. Vaticani. Nach Rom zurückgebracht war die Handschrift längere Zeit so gut wie unzugänglich. Tischendorf durfte sie 1843 nur sechs Stunden (vgl. s. Nachricht vom vaticanischen Bibelcodex, in ThStR 1847, S. 129ff.), Ed. von Muralt 1844 neun Stunden lang benutzen, und Tregelles, welcher 1845 lediglich zum Behuf einer Vergleichung des Cod. Vat. nach Rom kam, ward nur gestattet, sich an dem Anblick des Schatzes zu weiden (vgl. s. Lecture on the historic evidence of the authorship of the NT. London 1852, S. 84). Glücklicher war 1855 Dressel, welcher für Tischendorfs 7. Ausgabe des NT. über 200 Stellen vergleichen konnte. Eine vom Kardinal Mai schon unter Leo XII. (1823—29) vorbereitete, in den vierziger Jahren bereits im Druck vollendete, aber erst drei Jahre nach seinem Tode († 1854) erschienene Ausgabe des Cod. Vat. erwies sich als völlig ungenügend, und auch der durch ein Vorwort Vercellones eingeleitete Separatabdruck des NT. ließ, obwohl verbessert, doch noch viel zu wünschen übrig (Rom 1859; ein fehlerhafter Nachdruck London 1859. Andere Ausgaben „ad fidem codicis Vaticani", aber unter Geltendmachung eigener Prinzipien veröffentlichten 1860 Kuenen und Cobet zu Leiden, Phil. Buttmann 1862 zu Berlin und Loch in demselben Jahre zu Regensburg. Obwohl durch die folgenden Editionen des Cod. Vat. großenteils antiquiert, ist die Leidener Ausgabe durch ihre ausführlichen und gelehrten Prolegomena doch von bleibendem Wert. Muralts NT. ad fidem codicis principis Vaticani etc. 1846 verdiente diesen Titel um so weniger, als er nicht einmal die älteren Kollationen vollständig benutzt hatte). Eine ausführliche Beschreibung lieferte 1859 Vercellone u. b. T.: Dell' antichissimo codice Vaticano della Bibbia Greca (abgedruckt u. a. in des Verfassers Dissertazioni accademiche di vario argomento. Roma 1864, S. 115ff.). Nach vergeblichen Versuchen der Engländer Burgon (1860), Alford (1861) und Cure (1862), einen mehr als flüchtigen Einblick in die Handschrift zu erlangen, ward endlich im Jahre 1866 Tischendorf die Erlaubnis zu vierzehntägiger Benutzung, bei drei Stunden täglicher Arbeitszeit gewährt: eine Frist, welche zur Kollationierung des ganzen NT. zwar nicht ausreichte, doch aber genügte, um die drei ersten Evangelien vollständig und außerdem eine große Anzahl zweifelhafter Stellen zu vergleichen. Auf Grund dieses Materials veröffentlichte Tischendorf im Jahre 1867 sein Nov. Test. Vaticanum post Angeli Maii aliorumque imperfectos labores ex ipso codice editum. Wenn diese Ausgabe auch nicht leistet und unter den obwaltenden Umständen nicht leisten konnte, was der Titel verheißt, so bedeutete sie doch einen wesentlichen Fortschritt gegenüber dem bis dahin Erreichten. Sie wurde auch nicht antiquiert als im folgenden Jahre der das NT. umfassende Teil einer Faksimileausgabe des Cod. Vatic. erschien, zu deren Herstellung (mit nicht immer richtiger Anwendung) die für die Prachtausgabe des Cod. Sin. geschnittenen Typen gedient hatten. Denn so lange dieser Ausgabe (Bibliorum Sacrorum Graecus codex Vaticanus, auspice Pio IX. Pontifice Maximo, collatis studiis Caroli Vercellone et Josephi Cozza editus. Vol. V. Rom. 1868) der erläuternde Kommentar fehlte, war sie für kritische Zwecke unbrauchbar, und auch als letzterer endlich erschien (Vol. VI. auspice Leone XIII. Pontifice Maximo cum prolegomenis, commentariis et tabulis Henrici Fabiani et Josephi Cozza editus. Rom. 1881), hatte die Not kein Ende, da die Arbeit in vielen Stücken die erforderliche Genauigkeit vermissen ließ (vgl. E. Nestle in LCB 1882 S. 105 ff., ThLZ 1882 S. 121 ff.). Um so freudiger mußte der Entschluß Leos XIII. begrüßt werden, den neutestamentlichen Teil des Cod. Vatic. durch eine Photographie allgemein zugänglich zu machen (*Η νέα διαθήκη*. Novum Testamentum e codice Vaticano 1209 . . . phototypice repraesentatum auspice Leone XIII. Pont. Max. curante Josepho Cozza-Luzi. Rom. 1889). Das Original vermag zwar auch diese Ausgabe nicht zu ersetzen, da sie in der Regel nur die erneuerten Schriftzüge zur Anschauung bringt (s. unten). Sofern aber, wo die Restauration sich mit der ersten Hand nicht deckt, die Abweichungen mehr oder minder deutlich wahrnehmbar sind, liegt hierin kein ernstliches Hindernis, wenigstens in der Mehrzahl der Fälle, wo die Ausgaben von einander abweichen, Gewißheit zu erlangen (vgl. H. C. Hoskier in The Expositor. Ser. III. Vol. X. 1889, S. 457 ff. ThLZ 1890, S. 393 ff.). Der Versuch Burgons (The last twelve verses etc. S. 291 ff.), dem Cod. Vat. ein um 50—75—100 Jahre höheres Alter als dem Cod. Sin. zu vindizieren, darf als völlig mißlungen bezeichnet werden (vgl. die gründliche Widerlegung von Abbot a. a. O.). Beide Hff. stammen, wenn nicht teilweise von gleicher Hand (s. o. S. 28), so doch jedenfalls aus den gleichen Zeitalter. Korrekturen einer zweiten, gleichzeitigen Hand sind im Vat. ziemlich zahlreich; von einer dritten, späteren wurden Spiritus und Accente hinzugefügt und die im Laufe der Zeit verblichenen Schriftzüge erneuert.

B₂: als Handschrift der Apokalypse ist der ehemalige Basilianer Codex Nr. 105, jetzt in der Vatikana mit Nr. 2066 bezeichnet. Nachdem Wetstein eine äußerst mangelhafte und fehlerhafte Vergleichung durch die Vermittlung des Kardinals Quirini erhalten hatte, edierte Tischendorf zuerst 1846 (Monum. ss. inedita) und nach wiederholter Vergleichung noch einmal 1869 (Appendix Novi Test. Vaticani) den ganzen Text. Einige Berichtigungen zu der ersteren Ausgabe lieferte Tregelles (An account of the printed text etc. S. 156 f.), zu der letzteren Cozza (Ad editionem Apocalypseos S. Johannis iuxta vetustissimum codicem Basil. Vat. 2066 Lips. anno 1869 evulgatam animadversiones. Rom. 1869). Tregelles benannte diese nicht vor dem 8. Jahrhundert verfaßte Handschrift, um sie deutlich von dem berühmten Codex Vaticanus 1209 zu unterscheiden, nicht gleich jenem B, sondern zuerst L, später Q. Vgl. W. Bousset, Textkrit. Stud. S. 1 ff.

C: Codex Ephraemi, Nr. 9 in der Nationalbibliothek zu Paris. Die ursprüngliche Schrift ist wohl im 5. Jahrhundert (noch vor dem Codex A) verfaßt; später wurde sie zweimal, zuerst im 6. Jahrhundert, dann etwa im 9. Jahrhundert an vielen Stellen geändert. Im 12. Jahrhundert aber wurde die ganze Schrift weggewaschen und das Pergament von neuem benützt, indem man den griechischen Text mehrerer asketischer Abhandlungen Ephräms des Syrers darauf schrieb. Nachdem zuerst Pierre Allix Ende des 17. Jahrhunderts die vertilgten Schriftzüge wieder bemerkt und Küster für seine Ausgabe von Mills NT. (1710) eine Kollation Boivins benutzt hatte, unternahm Wetstein ums Jahr 1716 für Bentleys eine Vergleichung der neutestamentlichen Fragmente, soweit sie lesbar waren. In den Jahren 1834 und 1835 ließ der Vorstand der Manuskripte Karl Hase die Giobertische Tinktur zur Verdeutlichung der alten Schriftzüge anwenden, wonach F. F. Fleck auf einer kleinen Anzahl Blätter Versuche der Entzifferung anstellte, die höchst ungenügend ausfielen (vgl. ThStK. 1841, S. 126 ff.). In den Jahren 1840 bis 1842 gelang es Tischendorf, sämtliche Fragmente des NT., die 、、 den ganzen ausmachen, sowie auch die noch jetzt verlässigten Fragmente des AT., bis auf sehr wenige größtenteils durch die Schadhaftigkeit des Pergaments verloren gegangene oder ursprünglich rot geschriebene Stellen zu lesen, mit genauer Unterscheidung der drei verschiedenen Hände. Mit fassimilierten Lettern ediert 1843 (NT.) und 1845 (AT.).

D₁: Codex Bezae, 1581 als Geschenk Theodor Bezas nach Cambridge gelangt (Universitätsbibliothek, Nn. II. 41), vorher wie es scheint im Kloster des hl. Irenäus zu Lyon: eine rätselhafte Handschrift, über deren Wert die Meinungen weit auseinander gehen. Während die einen in ihr das einzigartige Denkmal einer zwar verwilderten, aber sicherlich manches Ursprüngliche enthaltenden Textesgestalt erblicken, wie sie vor der endlichen Konstituierung des Kanons verbreitet gewesen, gilt sie anderen als der Hauptrepräsentant des durch willkürliche Änderungen und Interpolationen entstellten sogen. occidentalischen (western) Textes, und dazwischen stehen eine Anzahl Sonderauffassungen, welche ihrerseits der Eigenart der unter allen Umständen hochbedeutsamen Urkunde Rechnung zu tragen suchen. Der wahrscheinlich um die Mitte des 6. Jahrhunderts im Occident, wahrscheinlich in Gallien geschriebene Codex enthält griechisch und lateinisch in stichometrischer Ausführung die Evangelien (Mt Jo Lc Mc) nebst der Apostelgeschichte mit einigen Lücken und auf der Vorderseite des Blatts, auf dessen Rückseite die Apostelgeschichte beginnt, den Schluß des dritten Johannesbriefs (V. 11—15) lateinisch. Ausgefallen sind (nach Scrivener) 67 Blätter, welche durch den fehlenden Schluß des (an vierter Stelle befindlichen) Marcusevangeliums und die katholischen Briefe nicht ausgefüllt werden, wohl aber (nach Bousset in ThLZ 1893, S. 376 Anm.) durch die Apokalypse und die Johannesbriefe. Seit dem 16. Jahrhundert wiederholt kollationiert (zuerst für Rob. Stephanus 1550), wurde der Cod. Bezae 1793 von Kipling mit faksimilierter Schrift, aber nicht ohne Fehler, genauer 1864 von Scrivener, mit wertvoller Einleitung und kritischen Noten, ediert. Vgl. David Schulz, Disputatio de codice D Cantabrigiensi. Vratisl. 1827. K. A. Credner, Beiträge zur Einleitung in die bibl. Schriften. Bd 1. Halle 1832, S. 452—518. Scrivener, Bezae Cod. Cantabr., Introd. J. R. Harris, Codex Bezae. A study of the so called western text of the New Testament (Texts and Studies, ed. by J. A. Robinson. Vol. II), Cambr. 1891. Ders., Credner and the Codex Bezae, in The Classical Review 1893, S. 237 ff. W. M. Ramsay, The church in the Roman empire before A. D. 170, London 1893, S. 151 ff. A. Resch, Außerkanonische Paralleltexte zu den Evangelien. Textkrit. und quellenkrit. Grundlegungen (TU X, 1), Leipzig 1893, S. 25 ff. F. H. Chase, The old Syriac element in the text of the Codex Bezae, London 1893. Ders., The reading of Cod. Bezae in Acts I. 2, in The Expositor. Ser. IV. Vol. IX. 1894, S. 314 ff. Ders., The Syro-Latin text of the Gospels. London 1895. E. Nestle, Some observations on the Cod. Bezae, in The Expositor. Ser. V. Vol. II. 1895, S .235 ff. H. Trabaud, Un curieux manuscrit du Nouveau Testament, in Revue de théologie et de philosophie (Lausanne) 1896, S. 378 ff.

D₂: Codex Claromontanus der paulinischen Briefe, einst ebenfalls in Bezas Besitz (der ihn nach dem Kloster Clermont bei Beauvais benannte), jetzt in der Nationalbibliothek zu Paris (Nr. 107). Er enthält die paulinischen Briefe, mit Einschluß des Hebräerbriefs, bis auf wenige Verse vollständig, griechisch und lateinisch in stichometrischer Anordnung. Zu verschiedenen Zeiten erfuhr er Überarbeitungen, so daß er besonders zwei Gestaltungen des Textes repräsentiert. In seinem lateinischen Texte liegt für uns die älteste Form der wohl schon im 2. Jahrhundert unternommenen lateinischen Übersetzung vor. Geschrieben ist die Handschrift etwa in der 2. Hälfte des 6. Jahrhunderts. Sie wurde 1849 und noch einmal 1850 von Tregelles genau verglichen, 1852 von Tischendorf mit faksimilierter Schrift ediert.

E₁: Codex Basileensis A. N. III. 12, mit dem bis auf wenige Lücken vollständigen Texte der vier Evangelien, wohl um die Mitte des 8. Jahrhunderts geschrieben. Von Mill, Bengel und Wetstein benutzt, wurde die Hs. genau von Tischendorf und J. G. Müller (1843) sowie von Tregelles (1846) verglichen. Vgl. G. A. Schmelzer, De antiquo Basil. biblioth. codice Graeco IV. evangeliorum in membr. scripto observationes quaedam criticae. Göttingen 1750. Tischendorf in ThStK 1844, S. 471 ff.

E₂: Codex Laudianus der Apostelgeschichte, durch eine Schenkung des Erzbischofs von Canterbury Laud 1636 an die Bodleianische Bibliothek zu Oxford gelangt (Laud. 35). Nachdem die Handschrift aus Sardinien nach England gekommen war, hat sie schon Beda benutzt. Sie enthält den griechisch-lateinischen Text der Apostelgeschichte fast vollständig und scheint um das Ende des 6. Jahrhunderts geschrieben zu sein. Ediert 1715 von Thom. Hearne, 1870 von Tischendorf (Monum ss. ined., nova coll., vol. IX).

E₃: Codex Sangermanensis der paulinischen Briefe, einst in der Abtei zu St. Germain, jetzt in der Kais. öffentl. Bibliothek zu St. Petersburg (Nr. XX). Es ist eine vom Cod. Clarom. etwa Ende des 9. (oder Anfang des 10.) Jahrhunderts ungeschickt gefertigte Abschrift. Der griechische Text ist für die Kritik ohne allen Wert; der lateinische ist zum größeren Teile gleichfalls aus dem Cod. Clarom. abgeschrieben, hat aber an einigen Stellen aus anderer Quelle geschöpft. Den letzteren veröffentlichte, doch nicht genau, Sabatier im 3. Teile seiner Bibl. sacr. Lat. vers. ant. (1749) unter Vergleichung des Claromontanus. Während seines Aufenthaltes in St. Peters= burg verglich Tischendorf mehrere zweifelhafte Stellen.

F_1 : Codex Boreeli, jetzt in der Universitätsbibliothek zu Utrecht (Nr. 1), enthält die vier Evangelien mit vielen Lücken, etwa aus dem 9. Jahrhundert. Wetstein er= hielt 1730 eine Vergleichung des größeren Teils der Handschrift, als sie einige Blätter mehr zählte als jetzt. Ausführlich beschrieben und verglichen in Jodoci Heringa Dis- putatio de cod. Borceliano, ed. H. E. Vinke, Traj. ad Rh. 1843. Vgl. J. I. Doedes, Jets over den cod. Rheno-Trajectinus, in Jaarboeken v. weten- schappel. Theol. II. 1845.

F_2 : Codex Augiensis der paulinischen Briefe, einst dem Kloster Reichenau (Augia Dives oder Maior) gehörig. Im Jahre 1718 von Rich. Bentley erworben, gelangte die Handschrift später in den Besitz seines Neffen gleichen Namens, welcher sie 1786 dem Trinity=College zu Cambridge vermachte, in dessen Bibliothek sie nebst einer Kollation Bentleys aufbewahrt wird (B. XVII. 1 u. 18). Sie enthält griechisch und lateinisch die paulinischen Briefe mit wenig Lücken, den Hebräerbrief aber nur lateinisch. Der lateinische Text ist eine alte Vulgata, keine genaue Übersetzung des gegenüberstehenden griechischen. Letzterer stammt, wenn nicht unmittelbar aus dem Cod. Boerner. (G_3), so doch aus der gleichen Vorlage, vgl. P. Corssen, Epistularum Paulin. codices graece et latine scriptos Augiensem, Boernerianum, Claromontanum examin. Specim. 1. 2. Jever 1887. 89. Fr. Zimmer in ZwTh 1887 S. 76 ff. u. in ThLZ 1890 S. 59 ff. Geschrieben ist der Codex ums Ende des 9. Jahrhunderts. Wet= stein verglich ihn sehr flüchtig; genauer Tischendorf und Tregelles. Den griechischen so= wohl als den lateinischen Text edierte 1859 Scrivener.

F^a : mit diesem Zeichen sind die auf dem Rande des Coislinschen Octateuchs (in der Nationalbibliothek zu Paris) aus den Evangelien, der Apostelgeschichte und den paulinischen Briefen angeführten Stellen bezeichnet, niedergeschrieben um den Anfang des 7. Jahrhunderts. Nachdem Wetstein nur eine Stelle der Apostelgeschichte bemerkt hatte, fand Tischendorf 1842 noch zwanzig andere auf. Ediert in den Monum. ss. ined. 1846.

G_1 : Codex Harleianus der Evangelien, von Andr. Seidel im 17. Jahrhundert (mit H_1) aus dem Orient gebracht, jetzt im Britischen Museum (Harlei. 5684). Er enthält die Evangelien mit mehreren Lücken, wohl erst im 10. Jahrhundert geschrieben. Nach Joh. Christ. Wolf (1723) und Griesbach von Tischendorf und Tregelles verglichen. Kleine Fragmente von G (aus Mt 5) und H (aus Lc 1) fand 1845 Tregelles unter den Papieren Bentleys in der Bibliothek des Trinity=College zu Cambridge, vgl. dessen Account of the printed text, S. 159 f.

G_2 : ein St. Petersburger Fragment der Apostelgeschichte (2, 45—3, 7), aus dem 7. Jahrhundert (Nr. XVII). Von Tischendorf 1859 aus dem Orient gebracht. S. a. unter L_2.

G^b : sechs Blätter einer Handschrift der Apostelgeschichte in der Vatikanischen Bi- bliothek (Nr. 2302), aus dem 9. Jahrhundert. Fünf Blätter veröffentlichte Cozza 1877 im 3. Teile s. Sacr. Bibl. vetustiss. fragm. S. CXXI ff., das sechste entdeckte Gregory 1886.

G_3 : Codex Boernerianus der paulinischen Briefe, jetzt in der Kgl. öffentlichen Bibliothek zu Dresden (A. 145ᵇ). Er enthält, mit wenigen Lücken, den griechischen und lateinischen Text sämtlicher Briefe, ausgenommen den an die Hebräer; wohl aus dem Ende des 9. Jahrhunderts. Der griechische Text stimmt mit dem des Cod. Augiensis (F_2) meist wörtlich überein (s. oben), der lateinische Text hingegen hat nichts mit der Vulgata gemein. Vgl. H. Rönsch, Die Doppelübersetzungen im lateinischen Texte des Cod. Boernerianus, in ZwTh 1882 S. 488 ff., 1883 S. 73 ff. 309 ff. Ediert 1791 von Matthäi, teilweise von Tregelles (1850) u. a. nachkollationiert. S. a. unter Δ.

H_1 : Codex Seidelii der Evangelien (s. unter G_1), aus dem 10. Jahrhundert, mit mehreren Lücken; jetzt in der Hamburger Stadtbibliothek (Nr. 91). Zuerst genau von Tregelles (1850), von Tischendorf nur stellenweise verglichen.

H₂ : Codex Mutinensis (II. G. 3, früher Nr. 196) der Apostelgeschichte, aus dem 9. Jahrhundert. Gegen 7 Kapitel fehlen. Nachdem Scholz die erste Nachricht von ihm gegeben, wurde er genau von Tischendorf (1843) und Tregelles (1845) verglichen.

H₃ : Fragmente einer aus dem 6. Jahrhundert stammenden Handschrift der paulinischen Briefe nach der Ausgabe des Euthalius (s. o. S. 19), von welcher bis jetzt 41 Blätter aufgefunden worden sind. Davon befinden sich 22 in der Nationalbibliothek zu Paris (Coisl. 202 u. Supplém. grec 1074), 8 im Kloster Lawra auf dem Athos, 2 in der Synodalbibliothek zu Moskau (Nr. 563), 1 im Rumjanzewschen Museum ebendaselbst, 3 in der Kaiserl. öffentlichen Bibliothek zu St. Petersburg (2 ehemals Coislinsche Blätter, 1 aus dem Nachlaß des Bischofs Porfiri), 3 in der Kirchl. Akademie zu Kiew und 2 in der Universitätsbibliothek zu Turin (B. I. 5). Erhalten ist darin etwa das 10. Teil des Corpus Paulinum mit zusammen 234 Versen (die nur teilweise erhaltenen mitgezählt), wovon 16 auf 1 Ko, 42 auf 2 Ko, 28 auf Ga, 29 auf Kol, 13 auf 1 Th, 44 auf Hbr, 40 auf 1 Ti, 9 auf 2 Ti, 13 auf Tit entfallen. Dazu kommen noch 17 Seiten verloren gegangener Blätter, deren Text auf den einst gegenüberbefindlichen so deutliche Spuren hinterlassen hat, daß er mehr oder weniger vollständig entziffert werden konnte. Am Schluß findet sich die Unterschrift: ἀντεβλήθη δὲ ἡ βίβλος πρὸς τὸ ἐν καισαρίᾳ ἀντίγραφον τῆς βιβλιοθήκης τοῦ ἁγίου παμφίλου, χειρὶ γεγραμμένον ⟨αὐτοῦ⟩. Veröffentlicht wurden die zuerst nach Paris gebrachten 14 Blätter (von denen 2 zu Anfang dieses Jahrhunderts nach St. Petersburg verschlagen wurden) von Montfaucon, Bibliotheca Coisliniana S. 251 ff., das Moskauer Fragment S. Syn. Nr. 563 von Sabas, Specimina palaeograph. S. 1, die auf dem Athos befindlichen (damals 9; eins ist inzwischen nach Paris verbracht worden) von Duchesne, Archives des missions scientif. ed littér. 3ᵉ série, t. III. Paris 1876, S. 420 ff., alle Fragmente zusammen von H. Omont, Notice sur un très ancien manuscrit grec en onciales des épîtres de S. Paul. Paris 1889. Hier wird auch (S. 58) der Text einer der im Abdruck lesbaren Seiten mitgeteilt (aus Kol 3); die übrigen 16 (aus 1 Ko, Kol, Hbr, 1 und 2 Ti) veröffentlichte Robinson, Euthaliana (s. o. S. 20) S. 48 ff., mit Ergänzungen zu Omonts Ausgabe der erhaltenen Blätter. Vgl. außer den oben (S. 20 ff.) angeführten Abhandlungen auch Bousset, Textkrit. Stud. S. 45 ff.

I¹⁻⁷ : Codex Tischendorfianus II, in der Kaiserl. öffentl. Bibliothek zu St. Petersburg (Nr. VI). Es sind 28 georgisch (zu S. Saba im 10. Jahrh.) überschriebene Blätter Palimpsest, aus dem 5., 6. und 7. Jahrhundert, dem Texte nach nahe verwandt mit אABC. 7 Blätter betreffen Matthäus, 2 Markus, 5 Lukas, 8 Johannes, 4 die Apostelgesch., 2 die paulinischen Briefe (1 Ko 15 und Tit 1). Diese Fragmente wurden 1853 von Tischendorf im Orient entdeckt und 1855 im 1. Bande der Monum. ss. ined., nova coll., mit faksimilierten Lettern ediert, vgl. auch dessen Anecdota ss. et prof. Tab. III, nr. 6, und Notitia S. 49.

Iᵇ (sonst Nᵇ): vier zweimal restribierte Blätter einer aus der nitrischen Wüste ins Britische Museum (Addit. 17136) gelangten Handschrift der (syrischen) Hymnen des Severus, welche von erster Hand (Anfang des 5. Jahrh.) 16 Verse des Evang. Joh. enthalten. Von Tischendorf und von Tregelles entziffert, von ersterem 1857 im 2. Bande der Monum. ss. ined., nova coll., ediert.

K₁: Codex Cyprius der Evangelien, aus Cypern 1673 nach Paris gebracht, jetzt in der Nationalbibliothek daselbst (Nr. 63). Er enthält die Evangelien ohne Lücken, um die Mitte oder gegen das Ende des 9. Jahrhunderts geschrieben. Nach den früheren sehr mangelhaften Vergleichungen, darunter die von Scholz, genau von Tischendorf (1842) und von Tregelles (1849 und 1850) kollationiert. Vgl. J. W. Bousset a. a. O. S. 111 ff.

K₂: Codex Mosquensis der katholischen und paulinischen Briefe, eine vom Berge Athos nach Moskau gekommene Handschrift (S. Synodi Nr. 93, früher 98), wohl aus dem 9. Jahrhundert, mit nur wenig Lücken im Römerbriefe und im 1. Korintherbriefe. Von Matthäi, der ihr das Zeichen g gab, beschrieben und verglichen.

L₁: Codex Regius der Evangelien, Nr. 62 in der Nationalbibliothek zu Paris, fast vollständig. Sein Text ist vor allen anderen Manuskripten mit dem des Vaticanus und des Sinaiticus sowie mit dem Origenianischen Texte verwandt. Geschrieben etwa im 8. Jahrhundert. Von Tischendorf 1846 in den Monum. ss. ined. mit faksimilierter Schrift ediert.

L₂: Codex Angelicus der Apostelgeschichte und der katholischen Briefe (vormals G) sowie der paulinischen (vormals I), früher im Besitz der Familie Sforza (vgl. ThLZ

1884, S. 623, und dazu Piccolomini in Studi italiani di filologia classica. Vol. 4, 1896, S. 11 ff.), dann in dem des Kard. Passionei, jetzt in der Angelica=Bibliothek der Augustiner=Mönche zu Rom (Nr. 39, früher A. 2. 15). Nur etwas zu Anfang der Apostelgeschichte (bis 8, 10) und am Ende des Hebräerbriefes (von 13, 10 an) fehlt. Verfaßt um das Ende des 9. Jahrh. Nach dem mangelhaften Vorgange von Birch und Scholz genau von Tischendorf (1843) und von Tregelles (1845) verglichen.

M₁: Codex Campianus, eine vollständige Handschrift der vier Evangelien in der Nationalbibliothek zu Paris (Nr. 48), vom Abbé des Camps 1707 Ludwig XIV. ge= schenkt. Wohl gegen das Ende des 9. Jahrh. verfaßt. Nach Wetstein und Scholz 1850 von Tregelles genau verglichen, schon vorher (1841) von Tischendorf abgeschrieben und darnach 1849 benutzt. Vgl. Bousset, wie zu K₁.

M₂: Codex Ruber der paulinischen Briefe, zwei zu Hamburg (Cod. Gr. 50, aus dem Hebräerbriefe) und London (Harl. 5613*, aus den Korintherbriefen) auf= bewahrte Fragmente aus dem 9. Jahrh. Ediert von Tischendorf in den Anecdota ss. et prof. 1855 und (an 4 Stellen verbessert) 1861.

N₁: Codex Purpureus, umfangreiche Fragmente einer auf Purpurpergament mit Gold und Silber etwa ums Ende des 6. Jahrhunderts geschriebenen Evangelienhand= schrift. Zu den bisher bekannten 45 Blättern, von denen 33 im Kloster des h. Jo= hannes auf Patmos, 6 im Vatikan (Nr. 3785, sonst I'), 4 im Brit. Museum (Cotton. Titus C. XV, sonst I), 2 in der Kaiserl. Bibliothek zu Wien (Lamb. 2) aufbewahrt werden, haben sich neuerdings in einem Dorfe bei Cäsarea in Kappadocien weitere 184 gefunden, welche vom russischen Botschafter in Konstantinopel v. Nelidow angekauft worden sind, vgl. Gregory in ThLZ 1896, S. 393 f. Die Wiener, Londoner und Rö= mischen Blätter (Fragmente der Evv. des Mt, Lc und Jo) wurden 1846 von Tischen= dorf (Monum. ss. ined.) ediert, die Römischen noch einmal von Cozza (Pergamene purpuree Vaticane, vgl. ThLZ 1891, S. 562 ff.), die Patmischen (aus Mc 6, 53 bis 15, 23) 1876 von Duchesne (Archives des missions scientifiques et littér. 3ᵉ série, t. III, S. 386 ff.), nachdem Tischendorf für die 8. Ausgabe seines NT. eine von Sakkelion besorgte Vergleichung derselben hatte benutzen können.

Nᵃ: zwei kleine Fragmente (aus Mc 9) einer dem Cod. Purpur. sehr ähnlichen Handschrift, welche Tischendorf in der Sammlung des Bischofs Porfiri sah. Sie stammen aus der Bibliothek der Alexandrinischen Patriarchen in Kairo, vgl. Porfiri Uspenski, Reise durch Ägypten u. s. w. (russ.), St. Petersburg 1856, S. 77, und dess. Der christ= liche Orient, ib. 1857, Taf. XIII u. XIV.

N₂: zwei von Tischendorf nach St. Petersburg (Nr. XXXII) gebrachte Blätter mit Fragmenten aus dem Galaterbrief (5, 12—6, 4) und dem Brief an die Hebräer (5, 8—6, 10), aus dem 9. Jahrhundert.

[Nᵇ: Die früher so bezeichnete Handschrift nannte Tischendorf in seiner 8. Aus= gabe Iᵇ, s. o.].

O₁: acht Blätter mit mehreren Versen aus dem Evangelium Johannis, etwa im 9. Jahrh. geschrieben. Sie befinden sich in Moskau (S. Synodi Nr. 29, früher 120) und sind einer vom Berge Athos stammenden Handschrift mit den Homilien des Chry= sostomus beigebunden. Ediert von Matthäi und Tregelles (mit Ξ, s. u.), von Tischen= dorf abgeschrieben.

OᵃOᵇOᶜOᵈOᵉOᶠOᵍOʰ: Fragmente der Hymnen aus dem Lukasevangelium (1, 46 ff. 68 ff. 2, 29 ff.) in Wolfenbüttel (ediert von Tischendorf, Anecd. ss. et prof.), Ox= ford, Verona (ediert von Bianchini 1740), Zürich (ediert von Tischendorf, Monum. ss. ined., nova coll., vol. IV), St. Gallen, Moskau (einst im Besitz Abr. Noroffs, jetzt im Rumjanzewschen Museum, von Tischendorf verglichen), Turin und Paris (Arsenal= bibl.) aus dem 6. (Oᵉ), 7. (Oᵈ), 8. (Oᵇ) und 9. (Oᵃᵇᵉᶠᵍ) Jahrhundert.

O₂: zwei Blätter einer Handschrift des 6. Jahrhunderts mit einem Bruchstück des 2. Korintherbriefes (1, 20—2, 12), 1859 von Tischendorf aus dem Orient nach St. Petersburg gebracht (Nr. IX).

Oᵇ in den paulinischen Briefen: ein ebenfalls aus dem 6. Jahrh. stammendes Blatt, welches Eph 4, 1—18 nicht ohne Lücken enthält. Von Tischendorf 1868 in Mos= kau (wo?) verglichen.

P₁: Codex Guelpherbytanus I der Evangelien, ein Palimpsest mit neuerer la= teinischer Schrift, zu Wolfenbüttel. Die alle vier Evangelien betreffenden Fragmente aus dem 6. Jahrh. wurden bereits 1762 von Knittel, 1869 vollständiger und genauer von Tischendorf entziffert und (Monum. ss. ined., nova coll., vol. VI) herausgegeben.

P₂: Codex Porfirianus der Apostelgeschichte, der katholischen und paulinischen Briefe sowie der Offenbarung Johannis, ein durch den russischen Bischof Porfiri aus dem Orient nach St. Petersburg gebrachter Palimpsest mit nur wenigen Lücken. Während der Text in der Apostelgeschichte und im 1. Petrusbriefe sich unseren jüngsten Unzialen anschließt, nähert er sich in allen übrigen Büchern, namentlich in der Apokalypse, unseren besten Zeugen (vgl. W. Bousset a. a. O. S. 1 ff.), obgleich die Handschrift schwerlich vor dem 9. Jahrhundert verfaßt ist. Ediert von Tischendorf im 5. (die kathol. und paul. Briefe) und 6. (die AG und die Apk) Bande der Monum. ss. ined., nova coll., 1865 und 1869.

Q₁: Codex Guelpherbytanus II der Evangelien, lateinisch restribierte Fragmente der Evangelien des Lukas und Johannes zu Wolfenbüttel, aus dem 5. Jahrhundert. Nach Knittel (s. unter P₁) beträchtlich erweitert und vielfach verbessert herausgegeben von Tischendorf im 3. Bande der Monum. ss. ined., nova coll., 1860.

Q₂: Fragmente einer Papyrushandschrift der paulinischen Briefe (1 Ko 1. 6. 7) in der Sammlung des Bischofs Porfiri, etwa aus dem 5. Jahrhundert. Von Tischendorf 1862 verglichen.

[Q₃: mit Q bezeichnen Tregelles u. a. den Cod. Vatic. 2066 der Apokalypse, s. o. zu B₂.]

R₁: Codex Nitriensis, ein aus einem koptischen Kloster der nitrischen Wüste stammender Palimpsest mit Fragmenten aus dem Lukasevangelium, im Britischen Museum (Addit. 17211), wohl aus dem 6. Jahrhundert. Zuerst von Cureton, alsdann von Tregelles (1854) und Tischendorf (1855) verglichen, von letzterem 1857 im 2. Bde der Monum. ss. ined., nova coll., ediert. (Mit R bezeichneten Griesbach und Scholz ein zu Tübingen befindliches Bruchstück aus dem 1. Kap. des Ev. Jo, welches wahrscheinlich einem Evangelistar entstammt. Dasselbe Zeichen gab Tischendorf 1849 den neapolitanischen Fragmenten, welche er seit 1859 Wᵇ benannte.)

R₂: Codex Cryptoferratensis, ein Palimpsestfragment mit dem Texte von 2 Ko 11, 9—19, aus dem Ende des 7. Jahrhunderts. Von Cozza im 2. Teile s. Sacror. Bibl. vetustiss. fragm. 1867 (S. 332 ff.) veröffentlicht.

S₁: Codex Vaticanus 354, eine vollständige Evangelienhandschrift, geschrieben im Jahre 949. Nach Birchs Vorgange 1866 von Tischendorf für die 8. Ausgabe seines NT. verglichen.

S₂: Codex Athous Laurae, eine Handschrift der Apostelgeschichte, der katholischen und der paulinischen Briefe (von letzteren nur Rö, 1 Ko 1, 1—5, 8. 13, 8—16, 24. 2 Ko 1, 1—11, 23. Eph 4, 20—6, 20 erhalten) im Kloster Lawra auf dem Athos, aus dem 8. oder 9. Jahrhundert. Von Gregory 1886 eingesehen.

Tᵃ: Codex Borgianus I, jetzt im Kollegium der Propaganda zu Rom. Es sind Fragmente aus 2 Kapiteln des Lukasevangeliums (22, 20—23, 20, zuerst von Bradley H. Alford für die 4. Ausgabe des Alfordschen Bibelwerks verglichen, 1866 auch von Tischendorf) und 3 Kapiteln des Ev. Johannis (6, 28—67. 7, 6—8, 31, ediert von Giorgi 1789, genau von Tischendorf verglichen), deren griechischem Texte der sahidische gegenübersteht, wohl aus dem 5. Jahrhundert. Zu Tᵃ⁻ᵉ und Tʷᵒⁱ vgl. Bousset a. a. O. S. 76 ff.

Tᵇ: Fragmente der 4 ersten Kapitel des Ev. Johannis (1, 25—42. 2, 9—4, 14. 4, 34—50) zu St. Petersburg (Nr. X), welche in ihrem Textcharakter sowohl als in ihrer Schrift den Borgianischen Fragmenten verwandt sind; wohl aus dem 6. Jahrh. (vgl. Notitia S. 50).

Tᶜ: ähnliche Fragmente wie unter Tᵇ, aus Mt 14 (v. 19—27. 31—34) und 15 (v. 2—8). Aus dem Sammlung des Bischofs Porfiri.

Tᵈ: Fragmente eines griechisch-sahidischen Evangelistars (Mt 16, 13—20. Mc 1, 3—8. 12, 35—37. Jo 19, 23—27. 20, 30—31), von Tischendorf 1866 in der Borgianischen Bibliothek entdeckt; wohl aus dem 7. Jahrhundert.

Tᵉ: ein in Ober-Ägypten gefundenes Fragment eines Evangelistars (Mt 3, 13 bis 16) aus dem 6. Jahrh., jetzt in der Universitätsbibliothek zu Cambridge (Add. 1875). Von Hort benutzt, von Gregory 1883 abgeschrieben.

Tᶠ: ein ebenfalls in Ober-Ägypten gefundenes Fragment eines griechisch-koptischen Evangelistars (Mt 4, 2—11) aus dem 9. Jahrh., im Besitze des Rev. Ge. Horner in Mells (Somerset). Von Gregory 1883 abgeschrieben.

Tᵍ: 2 kleine Fragmente aus 1 Ti (3, 15 f. und 6, 2) im Ägyptischen Museum des Louvre zu Paris, aus dem 4.—6. Jahrhundert. Von Th. Zahn, Forschungen zur Gesch. des neutestamentl. Kanons, II. 3, S. 277 f. veröffentlicht.

3*

Tʰ: 3 Blätter mit dem Texte von Mt 20, 3 32. 22, 4 16, aus dem 6. oder 7. Jahrh., von A. Papadopulos-Kerameus in Kairo gefunden. Bei Gregory (S. 450) versehentlich Tᵏ benannt.

Tⁱ Tʳ: Fragmente von 6 griechisch-koptischen und 3 rein griechischen Evangelienhandschriften, aus dem am linken Nilufer (gegenüber von Akhmim) gelegenen Schnudi-Kloster in die Nationalbibliothek zu Paris gelangt, von E. Amélineau im 34. Bande der Notices et extraits des manuscrits de la Bibliothèque Nationale etc. (P. II.) Paris 1895, S. 363 ff. veröffentlicht. Tⁱ (22 Bl.) enthält Lc 3, 19—30. 10, 21—30. 11, 24 42. 22, 54—65. 23, 4—24, 26. Jo 5, 22—31. 8, 42—9, 2. 11, 50—56. 12, 46 13, 4; Tᵏ (5 Bl.) Lc 6, 17—27. 18, 2—9. 18, 42—19, 8. 21, 33—38. 24, 25—31; Tˡ (1 Bl.) Mc 16, 6—18 (den kürzeren und den längeren Schluß); Tᵐ (3 Bl.) Jo 1, 24—32. 3, 10—17. Lc 21, 36—22, 3; Tⁿ (1 Bl.) Jo 4, 52—5, 7; Tᵒ (1 Fragm.) Jo 20, 27 u. 30; Tᵖ (1 Fragm.) Jo 20, 4—8; Tᑫ (1 Bl.) Jo 2, 2—11; Tʳ (1 Fragm.) Mt 25, 32—45. Der Herausgeber weist Tⁱ Tᵐ Tᵖ Tᑫ dem 8., Tⁱ Tⁿ Tᵒ dem 9., Tʳ dem 9.—10., Tᵏ dem 10. Jahrhundert zu; nach den beigegebenen Schriftproben zu urteilen möchte man eher an das 7. oder 8. Jahrh. denken. Der Textcharakter ist mit dem Borgianischen Fragmente (Tᵃ) verwandt, vgl. E. v. Dobschütz in LCB 1895, S. 1857 ff.

Tˢ: 2 ebenfalls aus dem Schnudi-Kloster in die Nationalbibliothek zu Paris gelangte Blätter mit dem Texte von 1 Ko 1, 22—29, nach Amélineau, der sie mit Tⁱ bis Tʳ a. a. O. veröffentlichte, aus dem 9.—10., vielleicht schon aus dem 8. Jahrh.

Tʷᵒⁱ: 9 Bl. einer Tᵃ sehr ähnlichen griechisch-koptischen Evangelienhandschrift (Lc 12, 15—13, 32. Jo 8, 33—42), wohl aus dem 5. Jahrh., einst im Besitze Woides, jetzt in der Bibliothek der Clarendon Press zu Oxford. Von Ford im Anhange zu Woides Ausgabe des Cod. Alexandr. (1799) veröffentlicht.

U: Codex Nanianus, in der Markusbibliothek zu Venedig (Cl. I, nr. VIII), mit dem vollständigen Texte der vier Evangelien, aus dem Ende des 9. oder Anfang des 10. Jahrh. Von Tischendorf sowohl als von Tregelles genau verglichen.

V: Codex Mosquensis (S. Synodi 9, früher 399) der Evangelien, bis Jo 7, 39 fast vollständig. Die stichometrisch geschriebene Handschrift stammt vom Berge Athos und gehört dem 8. (Matthäi) oder 9. (Tischend.) Jahrh. an. Von Matthäi (Pauli epp. ad Thess. et ad Tim. 1785, S. 265 ff.) beschrieben und verglichen.

Wᵃ und Wᵇ: das erstere Zeichen gilt 2 Blättern mit Fragmenten aus Lc 9 und 10, in der Nationalbibliothek zu Paris (Nr. 314), wohl aus dem 8. Jahrhundert; ediert in den Monum. ss. ined. 1846. Das zweite Zeichen gab Tischendorf seit 1859 einem zu Neapel (Borb. II C. 15) befindlichen Palimpsest (14 Bl., aus Mt 19—21. 26. 27. Mc 13. 14. Lc 3. 4), welcher mit den Pariser Fragmenten vielleicht ursprünglich zu einer und derselben Handschrift gehörte; zum Teil schon 1843, vollständig aber erst 1866 von Tischendorf entziffert.

Wᶜ: 3 Fragmente einer griechisch-lateinischen Evangelienhandschrift (aus Mc 2 u. Lc 1) in der Stiftsbibliothek zu St. Gallen (Nr. 45 und Nr. 18) aus dem 9. Jahrhundert. Von Tischendorf 1860 im 3. Bande der Monum. ss. ined., nova coll., ediert.

Wᵈ: Fragmente von 4 Blättern einer Handschrift des 9. Jahrh. mit Stücken aus Mc 7. 8 und 9 in der Bibliothek des Trinity-College zu Cambridge (B. VIII. 5). Von J. R. Harris in The Diatessaron of Tatian, Lond. 1890, S. 62 ff. und in Scriveners Adversaria critica sacra, Cambr. 1893, S. XI ff. ediert.

Wᵉ: Fragmente des Ev. Johannis (aus c. 2. 3 und 4) im Kloster des h. Dionysius auf dem Athos (7 Bl., von Pusey für Alford verglichen), in der Bibliothek des Christ Church College zu Oxford (3 Bl., von Tischendorf 1865 eingesehen) und in der Nationalbibliothek zu Athen (2 Bl., von Gregory 1886 entdeckt), aus dem 9. Jahrh.

Wᶠ: ein restituiertes Blatt aus dem 9. Jahrh. mit Stücken aus Mc 5, in der Bibliothek des Christ Church College zu Oxford (Wake 37). Vgl. Vansittart im Journal of Philology 1869, S. 241 Anm. 1.

Wᵍ: 36 restituierte Blätter einer Handschrift des 9. Jahrh. mit Bruchstücken aus den vier Evangelien, im Brit. Museum (Add. 31919). Von T. K. Abbott und J. P. Mahaffy (34 Bl., vgl. Athenaeum 1881, 2, S. 14) und von Gregory (2 Bl.) entdeckt. Vgl. Abbot in Hermathena 1884 S. 146 ff.

Wʰ: 2 restituierte Blätter einer Handschrift des 9. Jahrh. mit Stücken aus Mc 3, in der Bodleiana zu Oxford (Seld. 2). Von Gregory 1883 entdeckt.

W¹ : 2 Blätter einer Handschrift des 7. oder 8. Jahrh. mit Stücken aus Lc 4, vormals im Besitze Em. Millers. Von Gregory 1884 in Paris abgeschrieben.

Wᵏ : 2 Blätter einer Handschrift des 8. oder 9. Jahrhunderts mit Stücken aus Lc 20 und 23, vormals im Besitze Em. Millers. Von Gregory 1884 in Paris abge= schrieben.

Wˡ : 2 restribierte Blätter einer Handschrift des 7. Jahrh. mit dem Texte von Mc 13, 34—14, 29, in der Nationalbibliothek zu Paris (Suppl. gr. 726). Von Gre= gory 1885 entdeckt.

Wᵐ : 4 restribierte Blätter einer Handschrift des 7. oder 8. Jahrh. mit Stücken aus dem Markusev., in der Nationalbibliothek zu Paris (Suppl. gr. 726). Von Gre= gory 1885 entdeckt.

Wⁿ : 4 Blätter einer Handschrift des 7. Jahrh. in der Hofbibliothek zu Wien, enthaltend Jo 6, 71—7, 46. Von Gregory 1887 abgeschrieben.

Wᵒ : 16 restribierte Blätter einer Handschrift des 9. Jahrh. mit Stücken aus Mt, Mc und Lc, in der Ambrosiana zu Mailand (Q. 6. sup.). Von Gregory 1886 eingesehen.

X: Codex Monacensis, eine aus Landshut in die Münchener Universitätsbiblio= thek (Nr. 30) gekommene Handschrift mit zahlreichen Fragmenten der vier Evangelien, begleitet von einem patristischen Kommentare. Ende des 9. oder Anfang des 10. Jahrh. verfaßt. Nach Scholz von Tischendorf und Tregelles verglichen.

Xᵇ : 14 Blätter aus dem 9. oder 10. Jahrh. im Cod. 208 (Evv. 429) der Hof- und Staats=Bibliothek zu München, Lc 1, 1—2, 40 (lückenhaft) enthaltend.

Y: Codex Barberini 225, Fragmente aus dem Evangelium Johannis in der Bibliothek des Fürsten Barberini zu Rom (6 Bl.), wohl aus dem 8. Jahrh. Von Tischendorf ediert in den Monum. ss. ined. 1846.

Z: Codex Dublinensis rescriptus, ein Palimpsest im Trinity=College zu Dub= lin (K. 3. 4) mit zahlreichen Fragmenten aus dem Evangelium Matthäi, wohl im 6. Jahrh. geschrieben. Herausgegeben mit faksimilierter Schrift, aber mit manchen mangel= haft gelesenen Stellen, von Barrett 1801, genau entziffert von Tregelles 1853, aufs neue herausgegeben von T. K. Abbott, Par palimpsest. Dublin. 1880, vgl. dess. Notiz in The Academy, Vol. XVIII, 1880, S. 276.

Γ: Codex Tischendorfianus IV, eine von Tischendorf im Orient aufgefundene, zum Teil (seit 1855) der Bodleianischen Bibliothek (Auct. T. infra II. 2) gehörige, zum Teil in der Kaiserl. Bibliothek zu St. Petersburg (Nr. XXXIII) aufbewahrte Handschrift der vier Evangelien. Lukas und Johannes sind vollständig, Matthäus und Markus mit einigen Lücken (Mt 5, 32—6, 16. 6, 29—7, 26. 8, 27—9, 6. 21, 19 bis 22, 25. Mc 3, 34—6, 20) erhalten. Die Schrift gehört wohl dem 9. Jahrh. an (vgl. jedoch Gardthausen, Griechische Paläographie, 1879, S. 159. 344) und hat große Ähnlichkeit mit der des Codex Cyprius (K₁). Verglichen von Tischendorf (vgl. Noti= tia S. 53), die Oxforder Fragmente auch von Tregelles.

Δ: Codex Sangallensis, eine bis auf ein einziges fehlendes Blatt vollständige Handschrift der vier Evangelien, in der Stiftsbibliothek zu St. Gallen (Nr. 48), aus dem 9. Jahrh., mit lateinischer Interlinearversion, die jedoch vielmehr der Vulgata als dem griech. Texte entspricht. Vollständig faksimiliert herausgegeben von Rettig (1836), welcher es wahrscheinlich gemacht hat, daß diese Handschrift mit dem Codex Boerneria= nus (G₃) ursprünglich zusammengehörte oder doch an demselben Orte (von schottischen oder irischen Mönchen zu St. Gallen) geschrieben wurde. Vgl. H. C. M. Rettig in ThStR 1836, S. 465 ff. J. R. Harris, The Codex Sangallensis. Cambr. 1891.

Θᵃ : Codex Tischendorfianus I, in der Leipziger Universitätsbibliothek, von Tischendorf 1844 im Orient gefunden. Es sind vier Blätter mit Fragmenten des Ev. Matthäi, etwa aus der Mitte des 7. Jahrhunderts; ediert von Tischendorf in den Monum. ss. ined. 1846. Später kamen noch einige Streifen mit mehreren Zeilen dazu (in St. Petersburg, Nr. XVI), ediert im 2. Bande der Monum. ss. ined., nova coll., 1857.

Θᵇ : 6 Blätter aus dem 7. Jahrh. mit Fragmenten aus Matthäus und Markus. Durch Tischendorf 1859 nach St. Petersburg gebracht (Nr. XI).

Θᶜ : 2 Folioblätter mit Mt 21, 19—24 und Jo 18, 29—35, aus dem 6. Jahrh. Das erste durch Tischendorf (Nr. XII), das zweite durch den Bischof Porfiri nach St. Petersburg gebracht.

Θᵈ : ein Lukasfragment aus dem 8. Jahrh., durch Tischendorf nach St. Peters= burg gebracht (Nr. XXII). Vgl. über Θᵇᶜᵈ Notitia S. 50.

(-)r: ein kleines Matthäusfragment aus dem 6. Jahrh. (f. zu *(-)h*).

(-)f: 4 Blätter einer Handschrift desselben Jahrh. mit Fragmenten aus Matthäus und Markus.

(-)µ: ein Fragment aus dem Johannesevangelium, ähnlich den unter O₂ verzeichneten paulinischen Fragmenten.

(-)h: drei Bruchstücke einer griechisch-arabischen Evangelienhandschrift des 9. Jahrhunderts. Diese unter *(-)r*—*(-)h* verzeichneten Stücke befanden sich in der Sammlung
des Bischofs Porfiri und wurden von Tischendorf verglichen.

Λ: Codex Tischendorfianus III, eine Handschrift mit den vollständigen Evangelien des Lukas und Johannes, wohl aus dem 9. Jahrhundert. Auf dem Rande stehen
da und dort Scholien, gleichfalls in Unzialschrift, zum Teil kritischer Art (f. a. oben
S. 24). Durch Tischendorf aus dem Orient gebracht, jetzt in der Bodleianischen
Bibliothek zu Oxford (Auct. T. infra I. 1). Von Tischendorf sowohl als von Tregelles
verglichen. S. u. S. 753 zu Evv. 566.

Ξ: Codex Zacynthius, umfangreiche Palimpsestfragmente aus den ersten 11 Kapiteln des Lukasevangeliums in einem von der Insel Zante in die Bibliothek der
British and Foreign Bible Society zu London gelangten Evangelistar. Von Tregelles
entziffert und 1861 veröffentlicht. Diese Fragmente gehen zwar nicht über das 8. Jahrhundert zurück (vgl. jedoch TU Bd 1, H. 4, S. XXIV f.), zeichnen sich aber durch die
älteste alexandrinische Textfärbung aus (f. a. oben S. 20). Vgl. N. Pocod in The
Academy, Vol. XIX, 1881, S. 136 f.

Π: Codex Petropolitanus Nr. XXXIV, eine fast vollständige Evangelienhandschrift (es fehlen im ganzen 77 Verse) aus dem 9. Jahrhundert. Einst im Privatbesitz
zu Smyrna, ward die Handschrift 1859 durch Tischendorf als Geschenk des bisherigen
Eigentümers an den Kaiser Alexander nach St. Petersburg gebracht. An vielen Stellen
sind die Lesarten einer anderen Handschrift, teilweise altertümlicher als der (mit dem
Codex Cyprius verwandte) Text selbst, beigeschrieben. Vgl. Notitia S. 51 f. und
Bousset a. a. O. S. 111 ff.

Σ: Codex Rossanensis, eine dem Cod. Purpureus (N₁) ähnliche, mit Silber
auf Purpurpergament geschriebene und mit Miniaturen gezierte Handschrift der Evangelien des Matthäus und Markus (bis 16, 14) in der erzbischöflichen Kurie zu Rossano
in Calabrien, wohl aus dem 6. Jahrhundert (keinesfalls aus dem 8. oder 9., wie
Funk, HJG 1896, S. 331 ff. annimmt). Von O. v. Gebhardt und A. Harnack 1879
entdeckt (vgl. Evangeliorum codex Graecus purpureus Rossanensis, 1880), von
ersterem 1883 ediert (TU Bd 1, H. 4). Vgl. A. J. Th. Jonker in Studiën 1880,
S. 405 ff. W. Sanday in Studia bibl. 1885, S. 103 ff.

Φ: Codex Beratinus, eine bereits im J. 1881 durch L. Duchesne (Bulletin
crit. 1881 I, S. 451 Anm. 1) nach einer Mitteilung des Erzbischofs Anthymus D.
Alexoudes signalisierte, in weiteren Kreisen aber erst 1885 durch P. Batiffol (Evangeliorum codex Graecus purpureus Beratinus, in Mélanges d'archéol. et d'hist.
Vol. 5, S. 358 ff.) bekannt gewordene, die Evangelien des Matthäus (von 6, 3 an)
und Markus (bis 14, 62) mit einigen Lücken enthaltende Purpurhandschrift im Besitze
der Kirche des h. Georg zu Berat in Albanien, vielleicht noch aus dem 9. Jahrh.
(vgl. ThLZ 1885, S. 601 ff.). Von P. Batiffol, Les manuscrits grecs de Bérat
d'Albanie et le Codex Purpureus *Φ* (Extrait des Archives des missions
scientif. et littér., 3ᵉ série, t. 13) 1886 ediert. Vgl. G. Th. Stokes in The Expositor. Ser. III. Vol. III, 1886, S. 78 ff. ThLZ 1889, S. 573 ff.

Ψ: Codex Athous Laurae, eine der ersten (und letzten?) Lagen beraubte Handschrift des NT. (Ja hinter 2 Pt) aus dem 8. oder 9. Jahrh., im Kloster Lawra auf
dem Athos. Mt fehlt ganz, von Mc der Anfang bis 9, 5 (der Schluß ähnlich wie
in L), außerdem Hbr 8, 11—9, 19 und die Apokalypse. Von Gregory 1886 eingesehen.

Ω: Codex Athous Dionysii, die vier Evangelien aus dem 8. oder 9. Jahrh.,
im Kloster des h. Dionysius auf dem Athos (Nr. 10). Von Gregory 1886 eingesehen.

Ξ₁: Codex Athous Andreae: Die vier Evangelien mit einigen Lücken, aus dem
9. oder 10. Jahrh., im Kloster des h. Andreas auf dem Athos (Nr. B'). Von Gregory
1886 eingesehen.

Ξ₂: Codex Patiriensis, 21 restribierte Blätter mit Bruchstücken aus der Apostelgeschichte, den katholischen und paulinischen Briefen im Cod. Gr. 2061 der Vatikanischen
Bibliothek (olim. Basil. 100, antea Patir. 27), aus dem 5. Jahrh. Von Montfaucon
zuerst erwähnt, von P. Batiffol (L'abbaye de Rossano, 1891) beschrieben, von

W. Sanday (Revue bibl. internation. 1895, S. 207 ff.) teilweise gelesen. Vgl. Gregory in ThLB 1887, S. 345 ff.

[1: so benannte Gregory die oben S. 34 erwähnten, bei Cäsarea gefundenen Stücke des Cod. Purpur. (N₁), bevor ihre Zugehörigkeit zu dieser Handschrift erkannt worden war.]

⁷⁶⁻¹² u. ⁷¹⁴: Kleine Fragmente aus Mt, Mc, Lc u. 1 Ko in der Bibliothek des Sinaiklosters, aus dem 5. (⁷⁷ aus Mt 14, ⁷¹⁰ aus Mt 25. 26. 28. Mc 1—5, ⁷¹⁴ aus 1 Ko 1—3), 6. (⁷¹¹ aus Mt 26 und Mc 12), 7. (⁷¹² aus Mc 14—16), 8. (⁷⁶ aus Mt 11, ⁷⁸ aus Mt 13—15) und 9. (⁷⁹ aus Mt 13) Jahrh. Von J. R. Harris entdeckt und in s. Biblical fragments from mount Sinai (Lond. 1890) veröffentlicht (Nr. 13 scheint nicht sowohl einer Evangelienhandschrift als vielmehr einem patristischen Citate zu entstammen).

Spätere, und zwar vom Ende des 9. bis zum 16. Jahrhundert in Minuskelschrift verfaßte Handschriften sind für die Evangelien über 1200 bekannt geworden. Evangelistarien oder evangelische Kirchenbücher sind noch über 950 erhalten, von denen etwa 100 in Unzialschrift, größtenteils aber erst vom 10. bis 12. Jahrh. geschrieben sind. Für die AG. und die kathol. Briefe giebt es mehr als 400, für die paulinischen gegen 500, für die Apokalypse über 180 Minuskelhandschriften. Lektionarien, mit der Vorleseſtücken aus der AG und den Briefen, kennt man über 260, von denen, einige Fragmente älterer Handschriften ausgenommen, wohl keins vor dem 10. Jahrhundert verfaßt ist.

Wenn auch in den letzten Jahrzehnten unsere Kenntnis der Minuskelhandschriften manche Bereicherung erfahren hat, so bleibt die Hauptarbeit doch noch zu thun. Denn mit der systematischen Erforschung der in der großen Masse mannigfach verzweigten Überlieferung und der Zurückführung größerer oder kleinerer Gruppen auf ihre gemeinsame Quelle ist kaum erst ein Anfang gemacht worden. Die folgende Zusammenstellung beschränkt sich auf eine Anzahl derjenigen Minuskeln, welche entweder durch ihren Text ausgezeichnet oder durch die Rolle, welche sie in der Textesgeschichte gespielt haben, merkwürdig sind. Die Daten sind größtenteils Gregory entnommen, und auch die Numerierung ist die von ihm befolgte.

1 Evv. Act. Cath. Paul.: Cod. Basil. A. N. IV. 2, aus dem 10. (Tischend.) oder 12. (Omont) Jahrhundert. Die AG und die Briefe mit dem Apparate des Euthalius, besonders wertvoll der Text der Evangelien. Nach Wetstein von C. L. Roth und von Tregelles (die Evv.) verglichen. Mit 1 in den Evv. nahe verwandt 209 (Ven. Marc. 10), auch 118 (Oxon. Bodl. Misc. 13) und 131 (Vatic. Gr. 360), vgl. WH (d. i. Westcott und Hort), Introd. S. 154.

1 Apoc.: Cod. Reuchlini, aus dem 12. Jahrh., von Erasmus 1516 benutzt (s. u.). Aus Basel verschwunden, wurde die lange verloren geglaubte Handschrift 1861 von Franz Delitzsch in der Fideikommißbibliothek des fürstlichen Hauses Öttingen-Wallerstein in Mayhingen bei Wallerstein wieder aufgefunden, vgl. dessen Handschriftliche Funde. Heft 1. 2. 1861/62 (in Heft 2 eine Kollation von Tregelles), WH, Introd. S. 263, Bousset a. a. O. S. 5 ff.

2 Evv.: Cod. Basil. A. N. IV. 1, aus dem 12. Jahrh., von Erasmus 1516 benutzt (s. u.).

2 Act. Cath. Paul.: Cod. Basil. A. N. IV. 4, aus dem 12. Jahrh., von Erasmus 1516 benutzt (s. u.).

7 Apoc. (Act. 25, Paul. 31): Cod. Mus. Brit. Harl. 5537, dat. 1087, von Scrivener verglichen (1scr), vgl. Bousset a. a. O.

13 Evv.: Cod. Paris. Gr. 50, aus dem 13. Jahrh., nach Wetstein, Griesbach u. a. von W. H. Ferrar verglichen, welcher die nahe Verwandtschaft dieser Handschrift mit 69, 124 und 346 erkannte und den gemeinsamen Archetypus zu rekonstruieren versuchte (A collation of four import. MSS of the Gospels, ed by T. K. Abbott. Dublin 1877). Zu derselben Gruppe, für welche namentlich die Stellung von Jo 7, 53—8, 11 hinter Lc 21, 38 charakteristisch ist, gehören ferner 543, 788, 826, vielleicht auch 348, 713 u. a., vgl. J. P. P. Martin, Quatre manuscrits du NT. auxquels on peut ajouter un cinquième. Paris 1886. J. R. Harris, On the origin of the Ferrar-Group. London 1894.

13 Act. Cath. (Paul. 17): identisch mit Evv. 33, s. u.

14 Apoc.: identisch mit Evv. 69, s. u.

17 Paul.: identisch mit Evv. 33, s. u.

[27 Paul. bei WH (k^scr): identisch mit Paul. 252 (Evv. 489), s. u.]

28 Evv.: Cod. Paris. Gr. 379 (Colbert. 4705), aus dem 11. Jahrh., von Scholz verglichen. Nachlässig geschrieben, aber durch altertümliche Lesarten ausgezeichnet, vgl. WH, Introd. S. 242.

31 Act. Cath. (Paul. 37, Apoc. 14): identisch mit Evv. 69, s. u.

33 Evv. (Act. 13, Paul. 17): Cod. Paris. Gr. 14 (Colbert. 2844) aus dem 10. (Greg. saec. IX vel. X) oder 11. (Treg. u. a.) Jahrhundert. Der Text stimmt oft mit den besten Unzialen (vgl. Bousset a. a. O. S. 83). Nach Griesbach, Scholz u. a. 1850 von Tregelles verglichen.

34 Act. Cath.: identisch mit Evv. 61, s. u.

37 Paul.: identisch mit Evv. 69 (s. u.), vgl. Bousset S. 52 ff.

40 Act. Cath. (Paul. 46, Apoc. 12): Cod. Vatic. Reg. Gr. 179, aus dem 11. Jahrh. von Zacagni bei der Herausgabe der Prologe des Euthalius benutzt.

[44 Act. bei WH: identisch mit Act. 224, s. u.]

46 Paul.: identisch mit Act. 40, vgl. Bousset a. a. O.

47 Paul.: Cod. Oxon. Bodl. Roe 16, aus dem 11. oder 12. Jahrh., nach Mill genau von Tregelles und teilweise von Bansittart verglichen, von Cramer für seine Catenenausgabe (Bd 5 und 6) benutzt, vgl. Bousset a. a. O.

61 Evv. (Act. 34, Paul. 40, Apoc. 92): Cod. Montfortianus im Trinity=Col= lege zu Dublin A. 4. 21, aus dem 16. Jahrh., verglichen von O. T. Dobbin (The cod. Montfortianus, London 1854). Vgl. P. J. Bruns in Repert. f. Bibl. und Morgenl. Litter. XI. 3, Lpz. 1778, S. 258 ff.; H. E. G. Paulus in dessen Memo= rabilien, St. 6, Leipz. 1794, S. 14 ff.

61 Act.: Cod. Mus. Brit. Add. 20003, dat. 1044, unvollständig (vorh. 1, 1—48. 7, 17—17, 28. 23, 9—28, 31). Von Tischendorf, welcher die Handschrift in Ägypten gefunden hatte, sowie von Tregelles und Scrivener (p^scr) verglichen. Eine der besten Handschriften der AG, vgl. WH, Introd. S. 154 f.

67 Paul. (Act. 66, Apoc. 34): Cod. Vindob. th. Gr. 302, aus dem 11. Jahrh., durch gute Randlesarten (67**) ausgezeichnet, vgl. WH S. 155, Bousset a. a. O.

69 Evv. (Act. 31, Paul. 37, Apoc. 14): Cod. Leicestr. 20, aus dem 14. (Treg.) oder 15. (Greg.) Jahrh., vgl. J. R. Harris, The origin of the Leicester Codex of the NT. Lond. 1887 (dazu Gregory in ThLZ 1887, S. 593 ff.). Von Tregelles, Scrivener und Abbott verglichen, s. zu Evv. 13.

71 Paul.: Cod. Vindob. Suppl. Gr. 61, aus dem 10. oder 11. Jahrh., nach Birch von derselben Hand wie Evv. 124 (in Calabrien?) geschrieben, von Alter und Birch verglichen, vgl. Bousset a. a. O.

[81 Evv. bei WH (2^pe): identisch mit Evv. 565, s. u.]

[82 Evv. bei WH: identisch mit Evv. 597, s. u.]

83 Act. Cath. (Paul. 93, Apoc. 99): Cod. Neapol. II. Aa. 7, aus dem 11. oder 12. Jahrh., mit dem Apparate des Euthalius (εὔαγρος), vgl. E. v. Dobschütz, Centralbl. f. Bibliotheksw. 1893, S. 55 ff.

93 Paul.: identisch mit Act. 83, vgl. Bousset a. a. O.

95 Apoc.: Cod. Parham (Curzon) 82. 17, aus dem 11. oder 12. Jahrh., von Scrivener verglichen (g^scr), gehört zu den besten Handschriften der Apokalypse.

100 Evv.: Cod. Pestin. univers. V. Gr. 1, aus dem 10. Jahrh., mit Catene. Von S. Márkfi 1860 herausgegeben.

[102 Evv. bei HW (w^scr): identisch mit Evv. 489, s. u.]

[110 Act. bei WH (a^scr): identisch mit Act. 214, s. u.]

[112 Act. bei WH (c^scr): identisch mit Act. 216, s. u.]

124 Evv.: Cod. Vindob. th. Gr. 188, aus dem 12. Jahrh., in Calabrien ge= schrieben, s. zu Evv. 13.

131 Paul.: identisch mit Evv. 330 (s. u.), vgl. Bousset a. a. O.

137 Act. Cath. (Paul. 176): Cod. Mediol. Ambros. E. 97 sup., aus dem 13. Jahrh., von Scholz teilweise verglichen. Bemerkenswert namentlich in der AG, vgl. WH, Introd. S. 155.

137 Paul.: identisch mit Evv. 263, von Bansittart teilweise verglichen, vgl. Bousset a. a. O.

157 Evv.: Cod. Vatic. Urb. Gr. 2, aus dem 12. Jahrh., nach Birch und Scholz von W. H. Simcox verglichen. Textgeschichtlich wertvoll, vgl. WH, Introd. S. 154; Zahn, Gesch. d. ntl. Kanons I, S. 457 Anm. 1; Bousset a. a. O. S. 133.

195 Act. Cath. (k^{scr}): identisch mit Evv. 489, s. u.

201 Evv. (Act. 91, Paul. 104, Apoc. 94): Cod. Mus. Brit. Add. 11837, dat. 1357, von Scrivener verglichen (m^{scr}).

214 Act. (Paul. 270): Cod. Lond. Lambeth. 1182, aus dem 12. oder 13. Jahrh., von Scrivener verglichen (a^{scr}), bei WH 110.

216 Act. Cath. (Paul. 272): Cod. Constantinop. Patr. Hierosol., aus dem 15. Jahrh., von W. Sanderson für Scrivener verglichen (c^{scr}), bei WH 112.

224 Act. (Paul. 279): Cod. Londin. Burdett-Coutts III. 37, aus dem 12. oder 13. Jahrh., von Scrivener verglichen, vgl. WH, Introd. S. 155 (Act. 44).

252 Paul. (WH 27): identisch mit Evv. 489 (s. u.), vgl. Bousset a. a. O.

263 Evv. (Act. 117, Paul. 137): Cod. Paris. Gr. 61*, aus dem 13. oder 14. Jahrh., von Scholz teilweise verglichen.

330 Evv. (Act. 132, Paul. 131): Cod. Petropol. CI (ol. Coislin. Gr. 196), aus dem 12. Jahrh., von Muralt verglichen (8^{po}).

346 Evv.: Cod. Mediol. Ambros. S. 23 sup., aus dem 12. Jahrh., aus Unteritalien, s. zu Evv. 13.

348 Evv.: Cod. Mediol. Ambros. B. 56 sup., dat. 1022, in Calabrien geschrieben, s. zu Evv. 13.

489 Evv. (Act. 195, Paul. 252): Cod. Cantabr. Colleg. Trinit. B. 10. 16, dat. 1316, mit dem Apparate des Euthalius, von Scrivener verglichen (w^{scr}), bei WH 102. Vgl. Bousset a. a. O. S. 117.

543 Evv.: Cod. Londin. Burdett-Coutts III. 5, aus dem 12. Jahrh., s. zu Evv. 13.

565 Evv. (2^{po}, bei WH 81): Cod. Petropol. Gr. LIII (Theodorae Imperatricis), aus dem 9. oder 10. Jahrh., mit Gold auf Purpurpergament geschrieben. Altertümliche Lesarten besonders im Markusevangelium. Dieses nebst einer Kollation der drei übrigen Evv. veröffentlichte ungenügend J. Belsheim (Christiania Videnskabs-Selskabs Forhandlinger 1885, Nr. 9). Christ. 1885. Vgl. Hirzel in ThStK 1840, S. 127 ff.; WH, Introd. S. 154; Bousset a. a. O. S. 129. 133. Ähnlich ausgestattet Evv. 1143, vgl. Batiffol, Evangelior. cod. Gr. purpur. Berat. S. 15 f.

566 Evv.: Cod. Petropol. Gr. LIV, wohl aus dem 9. Jahrhundert. Diese durch einige Citate aus dem Hebräerevangelium ausgezeichnete Handschrift des Mt und des Mc bildete ursprünglich den ersten Teil von Λ (s. oben S. 38); vgl. Notitia S. 58 f.

597 Evv. (bei WH 82): Cod. Ven. Marc. I. 59, aus dem 13. Jahrh., von Burgon teilweise verglichen.

700 Evv. (Scriv. 604): Cod. Mus. Brit. Egerton 2160, aus dem 11. Jahrh., nach W. H. Simcox (in Amer. Journal of philol. 1884, S. 454 ff.) von H. C. Hoskier (A full account and collation of the Greek cursive cod. Ev. 604. London 1890) verglichen, s. ThLZ 1890, S. 562 f.

713 Evv. (Scriv. 561): Cod. Peckover, aus dem 12. oder 13. Jahrh., vgl. J. R. Harris in Journal of the soc. of bibl. liter. and exeg., Dez. 1886, S. 79 ff.

788 Evv.: Cod. Athen. (26) aus dem 11. Jahrh., in Calabrien geschrieben, von Gregory 1886 eingesehen, s. zu Evv. 13.

826 Evv.: Cod. Cryptoferrat. A.' a.' 3, aus dem 12. Jahrh., in Calabrien geschrieben, von Simcox teilweise verglichen, von Gregory 1886 eingesehen, s. zu Evv. 13.

892 Evv.: Cod. Mus. Brit. Add. 33277, aus dem 9. oder 10. Jahrh., durch gute Lesarten ausgezeichnet. Verglichen von J. R. Harris, An important MS of the NT., in Journal of biblical literature. Vol. IX. 1890, S. 31 ff.

1288 Evv. (Act. 421, Paul. 488): eine in den bisherigen Verzeichnissen fehlende Handschrift des NT. (ohne die Apk) aus dem 12. oder 13. Jahrh. im Kloster Pantokratoros auf dem Athos, beschrieben von Δ. Στεργιάδης (τὸ λεγόμενον Εὐαγγέλιον Ἰωάννου τοῦ Καλυβίτου) in Ἐκκλησ. Ἀλήθεια 1884, S. 215 ff.

II. Geschichte des gedruckten Textes. Litteratur s. o. S. 16, außerdem: Le Long, Bibliotheca sacra, ed. Masch. T. I (1778) S. 187 ff.; Rosenmüller, Handbuch für die Litteratur der biblischen Kritik und Exegese. Bd I (1797) S. 278 ff.; S. P. Tregelles, An account of the printed text of the Greek NT.; with remarks on its revision upon critical principles, Lond. 1854; Eb. Reuß, Bibliotheca Novi Testamenti Graeci, Brunsv. 1872; I. H. Hall, A critical bibliography of the Greek New Testament as published in America, Philadelphia 1883; Terj., Some remarkable Greek N. Testaments, in Journal of the soc. of bibl. liter. a. exeg., Dez. 1886, S. 40 ff.; Ph. Schaff, A companion to the Greek Testament and the English version, 3. ed. New York 1888, S. 497 ff. (Reuß' Liste der Aus-gaben ergänzt und bis 1887 fortgesetzt von J. H. Hall; die 4. Ausg. v. Jahre 1896 ist in diesem Teil nicht geändert; kritische Ausgaben d. griechischen NT. (anonym), in ThLB 1881, S. 281 ff.; Hundhausen, Editionen des neutestamentlichen Textes und Schriften zur neutest. Textkritik seit Lachmann, in Litterar. Handweiser 1882, Nr. 315—317. 319. 321. 323—325; C. Bertheau, NT. Graece. Bericht über 12 Ausgaben des griechischen NT., in ThLZ 1882, S. 553 ff. (vgl. auch 1877, S. 102 ff.); A. Rüegg, Die neutestamentl. Textkritik seit Lach-mann, Zürich 1892.

Ein halbes Jahrhundert bereits hatte die Buchdruckerpresse gewirkt, als man daran-ging, den Originaltext des NT. zu veröffentlichen. Der Erzbischof von Toledo, Kardinal Ximenes de Cisneros war es, auf dessen Veranstaltung zu Alcala (Complutum) mit dem AT. in hebräischer, griechischer und lateinischer Sprache auch das NT. griechisch und lateinisch in der sogenannten Complutenser Polyglotte gedruckt wurde. Die, wie in der Vorrede angegeben wird, zum Teil von Leo X. aus der vatikanischen Bibliothek gesandten Handschriften „venerandae vetustatis", welche der Ausgabe zu Grunde gelegt wurden, haben bisher mit Sicherheit nicht identifiziert werden können; die Ver-mutung aber, daß das berühmte Codex Vaticanus sich darunter befunden, ist ohne allen Zweifel irrig (vgl. Franz Delitzsch, Studien zur Entstehungsgeschichte der Poly-glottenbibel des Cardinals Ximenes, Leipzig 1871; Fortgesetzte Studien u. s. w. 1886). Jedenfalls waren es ziemlich junge Handschriften von sehr untergeordnetem Range, denen man gefolgt ist, wobei man es nur selten auf eine Anbequemung an die Vul-gata absehen mochte, die 1 Jo 5, 7 allerdings stattfand. Dieses Neue Testament, das in den 6 Foliobänden der Polyglotte, deren sechster ein Vokabularium enthält, den 5. Band bildet, wurde 1514 im Drucke vollendet (es ist vom 10. Januar datiert); aber ausgegeben wurde es mit dem ganzen Werke erst 1520 (nach Gregory, Prolegom. S. 206, wohl nicht vor 1522). Vor diesem Jahre noch, nämlich 1516, erschien die erste griechisch-lateinische Ausgabe des NT. von Erasmus bei Froben zu Basel. Dazu hatte dieser gewandte Gelehrte zwei Basler Handschriften, die eine für die Evangelien (Evv. 2), die andere für die Apostelgeschichte und Briefe (Act. 2), unter mehr oder weniger oberflächlicher Vergleichung noch einiger anderer Basler Handschriften (darunter Evv. 1), sowie eine dritte, nach Reuchlin benannte, für die Apokalypse (Apoc. 1), deren letzte Verse er durch Übertragung aus der Vulgata ergänzen mußte, zu Grunde gelegt. Der Druck dieser Ausgabe wurde, um der Complutensis zuvorzukommen, sehr beschleu-nigt; er läßt daher an Korrektheit viel zu wünschen übrig. Eine weniger fehlerhafte zweite Ausgabe, wie die erste in Folio, an einigen hundert Stellen geändert, erschien 1519; eine dritte 1522, worin Erasmus zum erstenmal, durch Widersprüche gedrängt, die Stelle 1 Jo 5, 7 aus dem Cod. Montfort. (Evv. 61, s. o.) aufnahm. Eine vierte Ausgabe vom Jahre 1527 änderte er an einigen Stellen, besonders in der Apokalypse, nach der Complutenser Ausgabe, und 1535 wiederholte er die 4. Ausgabe fast un-verändert.

Diese beiden Textgestaltungen, die der Complutenser Ausgabe und die der Eras-mischen, und zwar die letztere noch mehr als die erstere, wurden lange Zeit hindurch mit geringen Änderungen wiederholt. Namentlich druckte man nach Erasmus zu Vene-dig 1518, zu Hagenau 1521, zu Basel von 1524 an, zu Straßburg 1524; nach der Complutensis, obschon größtenteils unter Einmischung Erasmischer (und Stephanischer) Lesarten, zu Paris 1546 und 1549, zu Antwerpen von 1571 an, und anderwärts. Die Ausgaben des gelehrten Buchdruckers zu Paris, Robert Estienne (Stephanus) er-langten einen besonderen Ruf. Zwei davon, aus den Jahren 1546 und 1549, sind bereits genannt; eine dritte, 1550 (genannt regia), paßte er nicht nur mit wenig Aus-nahmen bis zur Apokalypse, deren Text er fast unverändert aus den früheren Ausgaben herübernahm, der 5. Erasmischen an, sondern stattete sie auch mit Varianten aus 15 Hand-schriften und dem Complutensischen Texte aus. Eine von ihm 1551 zu Genf besorgte (vierte) griechisch-lateinische Ausgabe ist deshalb merkwürdig, weil in ihr zum erstenmal der grie-chische Text in Verse abgeteilt wird. Diese Verseinteilung, die Stephanus 1555 auch in einer Ausgabe der lateinischen Vulgata anwandte und die sehr bald fast allgemeine Auf-nahme fand, scheint er nach dem Vorbilde der hebräischen Textausgaben des AT. unter-nommen zu haben (vgl. J. H. Hall, Modern chapters and verses, in Schaffs Religious encyclopaedia. Vol. I, S. 433 ff. und die Nachträge dazu im Journal of the soc. of bibl. liter. a. exeg. 1883, S. 60 ff. 1891, S. 65 ff.). Aus der genannten vierten

Stephan. Ausgabe, vom Jahre 1551, flossen mit geringen Veränderungen die zahlreichen größeren und kleineren Ausgaben Theod. Bezas von 1565 an, und an diese wiederum lehnten sich die Ausgaben der Leidener Buchhändler Namens Elzevir (Elzeviri) an, deren beide ersten in den Jahren 1624 und 1633 erschienen. Die letztere kündigte sich in der Vorrede mit den Worten an: Textum ergo habes nunc ab omnibus receptum, und von daher schreibt sich die Bezeichnung des später noch sehr oft wiederholten Textes als textus receptus. Als die Hauptquelle dieses Textes erscheint also die nur selten von Beza geänderte 4. Stephan. Ausgabe vom J. 1551, die ihrerseits wieder größtenteils auf die 5. Erasmische und auf die Complutenser zurückging. Die Autorität desselben beruht darnach auf der Autorität einiger der jüngeren Handschriften, die den Herausgebern eben zur Hand gewesen. Was das nähere Verhältnis der 3. Stephan. Ausgabe (von welcher die 4. nur an wenigen Stellen abweicht) zur Elzevirschen betrifft, so unterscheiden sie sich allerdings nicht, wie Mill gemeint hatte, an 12, sondern, wie Scrivener bei genauer Vergleichung fand (vgl. dessen Nov. Test. textus Stephanici a. D. 1550. Ed. II. Cantabr. 1873. Praef. p. VI), an 286 Stellen von einander; doch haben diese Verschiedenheiten nur eine geringe Bedeutung. Vgl. J. H. Hall, On Mill's statement of the origin of the Elzevir Greek text of 1624, in Journal of the soc. of bibl. liter. a. exeg. June 1887, S. 41 ff.

Während nun der Stephanisch-Elzevirsche Text über ein Jahrhundert lang der herrschende blieb, erschienen drei Ausgaben, die durch die Beifügung eines aus der Vergleichung von Handschriften, von Versionen und von Vätern gewonnenen Textapparates und gelehrter, besonders historisch-kritischer Prolegomena vorteilhaft sich auszeichneten. Die erste dieser Ausgaben war der 5. Band der Biblia polyglotta von Brian Walton, worin das NT. griechisch, lateinisch, syrisch, arabisch und äthiopisch gedruckt ist, unter Anschluß eines 6. Bandes mit dem gelehrten Apparate, erschienen in London 1657. Die zweite war das von Joh. Fell anonym 1675 zu Oxford herausgegebene NT. mit Varianten „ex plus centum mss. codicibus et antiquis versionibus"; der Text ist im wesentlichen der Elzevirsche v. J. 1633. Die dritte und bedeutendste war das Werk von Joh. Mill (* 1645, † 1707), das zu Oxford 1707 unter dem Titel erschien: N. Testamentum cum lectionibus variantibus ss. exemplarium, versionum, editionum, ss. patrum et scriptorum ecclesiasticorum, et in easdem notis. Acc. loca scripturae parallela aliaque exegetica ... Praemittitur diss. in qua de libris NT. et canonis constitutione agitur, historia s. textus N. Foederis ad nostra usque tempora deducitur ... Der Text ist ein Wiederabdruck von Stephanus 1550, selbständig und wertvoll ist der reiche kritische Apparat sowie die ausführlichen Prolegomena. Eine verbesserte und durch neue Vergleichung von Handschriften vermehrte Ausgabe des Millschen Werkes folgte 1710 zu Amsterdam von Lud. Küster. Um eben diese Zeit faßte Mills jüngerer Zeitgenosse, der berühmte englische Philologe Richard Bentley (* 1662, † 1742) den Plan einer Ausgabe des NT. und begann das handschriftliche Material dazu zu sammeln (vgl. o. S. 29 u. 30). Von der Voraussetzung ausgehend, daß der älteste griechische Text mit dem des Hieronymus übereinstimmen werde, beabsichtigte er beide auf Grund der ältesten Handschriften zu veröffentlichen, unter Hinzuziehung der Lesarten der wichtigsten alten Übersetzungen und der Citate der Kirchenväter aus den 5 ersten Jahrhunderten. Der Plan ist aber nie zur Ausführung gekommen; nur die Proposals for printing erschienen 1720 (bei Gregory, Prolegom. S. 231 ff.). Vgl. A. A. Ellis, Bentleii critica sacra. Cantabr. 1862; R. C. Jebb, Bentley. Lond. 1882.

Noch gründlicher und reicher als das Millsche Werk war die Ausgabe von J. J. Wetstein (* 1693, † 1754), die, nachdem schon im J. 1730 die Prolegomena anonym erschienen waren, in 2 Foliobänden zu Amsterdam 1751 und 1752 ans Licht trat. Sein Apparat, aus den Handschriften (welche er zuerst mit Buchstaben und Zahlen, wie noch jetzt üblich, bezeichnete), den Versionen, den Vätern, den Ausgaben gebildet und von verschiedenen Bemerkungen alter und neuer Forscher begleitet, war und blieb auf lange Zeit hinaus eine Schatzkammer für Kritik und Exegese. In den Proleg. (welche J. S. Semler 1764 mit Anmerkungen neu edierte) gab er einen ausführlichen Abriß der Textgeschichte und in Epilegomenen handelte er von dem Gebrauche der Varianten. Seinen eigenen Text jedoch änderte er, feindlicher Gegensätze halber, viel weniger als er wollte. Dafür verwirklichte seine Absichten ein gelehrter Buchhändler Englands, W. Bowyer, durch Herausgabe eines NT. unter folgendem Titel: NT. Gr. ad fidem Graecorum solum codicum mss. nunc primum expressum, adstipulante Jo.

Jac. Wetstenio, iuxta sectiones Joh. Alb. Bengelii divisum et nova interpunctatione saepius illustratum. Accessere in altero volumine emendationes conjecturales virorum doctorum undique collectae. Londini 1763.

Aber schon vor Wetstein, der seiner Studien halber aus der Schweiz nach Holland flüchten mußte, hatte sich ein schwäbischer Theolog, Joh. Alb. Bengel (* 1687, † 1752), mit großem Erfolge der neutestamentlichen Textkritik gewidmet. Die Bearbeitung der so beträchtlich gewordenen Masse von Varianten suchte er dadurch zu vereinfachen, daß er die Handschriften nach ihrer Zusammengehörigkeit ordnete und die Unterscheidung in 2 Familien, eine asiatische und eine afrikanische, anbahnte. Zugleich gab er selbst einen Text heraus, den er nach kritischen Grundsätzen größtenteils nach verschiedenartigen früheren Ausgaben, in der Apokalypse aber auch nach den Handschriften konstituierte. Seine Hauptausgabe erschien 1734 unter dem Titel: NT. Gr. ita adornatum ut textus probatarum editionum medullam, margo variantium lectionum in suas classes distributarum locorumque parallelorum delectum, apparatus subiunctus criseos sacrae, Millianae praesertim, compendium, limam, supplementum ac fructum exhibeat. Vgl. E. Nestle, Bengel als Gelehrter, Tüb. 1893, S. 39 ff.

Nachdem Bengels Gedanke von einer Familienunterscheidung der Dokumente bald darauf von Semler (s. o.) erfaßt und dahin erläutert und erweitert worden war, daß er die eine Textrezension, welchen Ausdruck er nach Bengels Vorgang brauchte, als orientalische oder Lucianeische, die andere als occidentalische, ägyptische, palästinensische, Origenianische bezeichnete, und jeder die ihr etwa zugehörigen Codd., Verss. und Väter zuteilte, trat Joh. Jak. Griesbach (* 1745, † 1812) auf und bildete die Andeutungen Bengels und Semlers zu einem förmlichen Systeme aus. Er unterschied die occidentalische, die alexandrinische oder orientalische, und die konstantinopolitanische oder byzantinische Textrezension. Die Entstehung der beiden ersteren leitete er aus der Mitte des 2. Jahrhunderts her, aus der Zeit, wo man die Evangelien und die Apostelschriften als τὸ εὐαγγέλιον und ὁ ἀπόστολος in eine Sammlung brachte, indem er die alexandrinische Rezension aus dieser Sammlung selbst, die occidentalische hingegen aus den vor der Sammlung verbreiteten Handschriften hervorgehen ließ. Die byzantinische endlich betrachtete er als eine aus den beiden früheren im 4. Jahrhundert hervorgegangene Mischung, die in den beiden nächsten Jahrhunderten noch vielfach modifiziert worden sei. Die Haupteigentümlichkeit der beiden älteren Rezensionen bezeichnete er aufs kürzeste mit den Worten: Grammaticum egit alexandrinus censor, interpretem occidentalis, obschon er nur in der Arbeit des ersteren eine Textrezension im strengeren Wortsinne erkennen wollte; die dritte Rezension aber ließ er an den Eigentümlichkeiten der beiden ersteren teilnehmen, nur daß sie willkürlich und planlos nach dem Vorgange derselben noch weiter gegangen sei. Über die Anwendung dieses Systems auf die ausübende Kritik schrieb er zehn Grundregeln nieder. Außer der schon erwähnten Feststellung der Eigentümlichkeit einer jeden Rezension schien es ihm wichtig, daß an jeder kritischen Stelle die ursprüngliche Lesart jeder einzelnen Rezension aus den etwa unter sich selbst wieder verschiedenen Zeugen derselben festgestellt würde. Bei der Konkurrenz solcher ursprünglicher Rezensionslesarten sollte das Alter der Zeugen entscheiden, wenn nicht etwa der Charakter der Textklasse entgegenstände. Im allgemeinen sollten nicht die einzelnen Dokumente, sondern die einzelnen Rezensionen oder Klassen gezählt werden u. s. w. Eine wesentliche Beschränkung der praktischen Wichtigkeit des ganzen Rezensionsystems sprach Griesbach aber dadurch aus, daß er erklärte, in keinem einzigen der heutigen Codices sei eine Rezension in ihrer Reinheit erhalten; ja in mehreren und gerade in unseren ältesten Handschriften gehe eine Verschiedenheit der Rezension durch die einzelnen Bestandteile, wie er wörtlich sagt: Alexandrinus codex recensionem sequitur aliam in evangeliis, aliam in epp. Paulinis, aliam in actibus apostolorum et catholicis epp. Hierzu fügte er noch andere kritische Regeln, die er unter 15 Nummern verzeichnete, wornach z. B. die kürzere Lesart der längeren vorgezogen werden soll, die schwerere, dunklere, härtere der leichteren, deutlicheren, einfacheren; das Ungewöhnliche dem Gewöhnlicheren; das weniger Emphatische, wenn nicht etwa wirklich die Emphase notwendig erscheint, dem mehr Emphatischen; diejenige Lesart, die auf den ersten Anblick etwas Falsches zu enthalten scheine, allen übrigen anderen. Er zählte auch diejenigen Seiten auf, nach welchen hin die Abschreiber vorzugsweise gewohnt gewesen seien zu fehlen, und dergleichen mehr. Wirklichen Gebrauch machte er von dem allen in seinen verschiedenen Ausgaben des NT., von denen zuerst, nämlich 1774, die drei synoptischen Evangelien erschienen unter dem Titel: Libri Novi

Testamenti historici. Seine Hauptausgabe ist die als editio secunda bezeichnete von 1796 (1. Teil) und 1806 (2. Teil), der nach Griesbachs Tode der erste Band einer 3. Auflage von David Schulz 1827 folgte. In seinen Textausgaben war Griesbach noch darin eigentümlich, daß er mit Zugrundelegung des textus receptus nicht nur an vielen Stellen den Text wirklich änderte, sondern auch noch Lesarten von geringerer und größerer Probabilität dem textus receptus, oder der neu von ihm aufgenommenen Lesart zur Seite stellte. Zu den Verdiensten Griesbachs gehört es außerdem, daß er auf seinen Reisen mehrere Codices selbst verglich (Symbolae criticae, T. I. II. Halae 1785. 1793) und die sämtlichen Citate des Clemens von Alexandrien und des Origenes exzerpierte, sowie er auch mehrfache genaue Untersuchungen über einzelne Textdokumente anstellte und sein bei Prüfung der Lesarten in den Evangelien Matthäi und Marci befolgtes Verfahren in einem Commentarius criticus (Jena 1798 und 1811) vor Augen stellte. Zu statten kamen ihm übrigens auch die Bereicherungen, die um dieselbe Zeit der kritische Apparat durch Alter, der namentlich die Wiener Handschriften verglich (Nov. Test. ad cod. Vindob. Graece expressum. Varietatem lectionis adjecit F. C. Alter. 1787 u. 1786), durch Andreas Birch (Variae lectiones 1798, 1800, 1801, u. Quatuor evv. Graece cum variantibus a textu lect. 1788) und andere Forscher gewann.

Auszusetzen ist bei aller großen Verdienstlichkeit an Griesbachs Arbeiten, daß er gerade die ältesten und für ihn wichtigsten Textdokumente nicht mit der nothwendigen Sorgfalt in seinen Kommentar verarbeitete, daß ferner sein hypothetisches Rezensionensystem einen viel größeren Einfluß erhielt als sich rechtfertigen läßt, daß er sich bei der Textkonstituierung viel mehr dem textus receptus unterwarf als er nach seinen Grundsätzen es thun durfte; daß er es mit vielen Stücken des Textes, namentlich mit der grammatischen Seite, viel zu leicht nahm. Dennoch fanden seine Publikationen weite Verbreitung und großen Beifall bei seinen Zeitgenossen, sowohl innerhalb als außerhalb Deutschlands; ja sie behaupteten auf längere Zeit hinaus das höchste Ansehen auf dem Gebiete der Textkritik. Sein Rezensionensystem fand zwar einen entschiedenen Gegner an Chr. Fr. Matthäi, der vermittelst seiner moskowitischen Codd., mehr als hundert an der Zahl, aber sämtlich der byzantinischen oder spätesten Textgestalt angehörig, unter Ausscheidung ihrer Glossen den reinsten Text darzustellen suchte, wobei er in der That verdienstlich durch seine dokumentlichen Studien gewirkt hat, deren Resultate niedergelegt sind in seiner größeren Ausgabe des NT. in 12 Bänden, erschienen in Riga 1782 bis 1788 (die kleinere Ausgabe, in 3 Bänden, erschien 1803—1807). Allein Matthäis leidenschaftliche Ausfälle auf Griesbach und seine Ansichten fanden um so weniger Eingang, da noch zwei andere geistvolle Männer, Hug und Eichhorn, in der Hauptsache Griesbach zur Seite traten.

Das Verhältnis zwischen Hug und Eichhorn einerseits (siehe ihre Lehrbücher der Einleitung ins Neue Testament) und Griesbach andererseits läßt sich in der Kürze dahin bestimmen, daß die beiden ersteren mit dem letzteren über die drei Hauptklassen der Textdokumente einig waren, nur daß an die Stelle von Griesbachs occidentalischer Klasse bei Hug die κοινὴ ἔκδοσις, bei Eichhorn der unrezensierte Text in Asien und Afrika trat; daß ferner Hug und Eichhorn die alexandrinische Rezension dem Hesychius, die byzantinische dem Lucian zuschrieben; daß endlich Hug eine dritte (vierte) Rezension Origenes dem Greise zuschrieb, die sich einigermaßen mit einer Mittelklasse Griesbachs berührte, der auch Eichhorn nicht abgeneigt war. Dazu kamen aber noch Differenzen, die sich auf die Verteilung der Zeugen an die verschiedenen Klassen bezogen, namentlich in betreff des Clemens, des Origenes und der Peschito.

Zu einer Vereinfachung dieses komplizierten Systems lehrte bald darauf Augustin Scholz (* 1794, † 1852) zurück, indem er die beiden älteren Rezensionen Griesbachs als eine einzige, als die alexandrinische, zusammenrechnete, und dieser die konstantinopolitanische gegenüberstellte. Wichtiger wurde sein Gegensatz zu Griesbach dadurch, daß er den konstantinopolitanischen Text, den jüngsten und verdächtigsten bei Griesbach, dem älteren alexandrinischen, den er vorzugsweise als durch grammatische Willkür entstellt ansah, unbedingt vorzog; indem er den ersteren von den in Kleinasien, Syrien und Griechenland während der ersten Jahrhunderte verbreiteten unverdorbenen Textexemplaren — ganz unbegründeterweise — herleitete. Diese Grundsätze, zuerst vorgetragen in seiner Schrift: Curae criticae in historiam textus evangg. 1820, machte Scholz in seiner mit umfänglichen Prolegomenen ausgestatteten Ausgabe des NT. 1830 (Vol. I), 1836 (Vol. II) geltend. In diese Ausgabe verarbeitete er zugleich die Früchte seiner textkritischen Reisen, auf denen er sehr viele Handschriften, darunter viele bis dahin noch ungekannte, zum erstenmal oder wiederholt verglichen oder wenigstens eingesehen, und auch aus dem Gebiete der Versionen neues gesammelt hatte. Sein Text mußte jenen Grundsätzen gemäß an den sogenannten textus receptus sich viel näher als an den Griesbachs anschließen; allein er fiel oft genug aus unbewußter Inkonsequenz von seinem Systeme ab zu Gunsten des Griesbachschen Textes. Vor allem aber ist an seiner Ausgabe die größte Ungenauigkeit und Unzuverlässigkeit des kritischen Apparates zu rügen, obschon er den Vorteil hatte, die 1827 erschienene Ausgabe der Evangelien von Dav. Schulz zu benutzen, wodurch derselbe in sehr würdiger Weise Griesbachs Werk fortgeführt hatte.

Außer den genannten erschienen zu Ende des vorigen und in der ersten Hälfte dieses Jahrhunderts verschiedene Ausgaben des NT., die bald mehr bald weniger von den Ergebnissen Griesbachs in sich aufnahmen. Vor anderen dieser Art erlangten Verbreitung die Handausgaben von G. C. Knapp (Halle 1797 u. ö.), H. A. Schott (Leipz. 1805 u. ö., mit latein. Übersetzung), J. A. H. Tittmann (Leipz. 1820 u. ö.), S. T. Bloomfield (London 1832 u. ö.), Aug. Hahn (Leipz. 1840 u. ö.), K. G. W. Theile (Leipzig 1844 u. ö.), aber einen Fortschritt über Griesbach hinaus bezeichnet keine derselben.

1830 gab Rinck die Vergleichung mehrerer venetianischer Handschriften heraus in einer Lucubratio critica, in der er auch über das Rezensionenwesen neue Untersuchungen anstellte, wobei er die occidentalischen Handschriften in afrikanische und lateinische sonderte und ihnen gegenüber die Vorzüge der orientalischen nicht verkannt wissen wollte.

Ein Jahr darauf erschien die Stereotypausgabe des neutestamentlichen Textes von Carl Lachmann (* 1793, † 1851), welcher er einen begründenden und erläuternden Aufsatz in den ThStK 1830 (S. 817 ff.) vorausgeschickt hatte, sowie er ebendaselbst 1835 (S. 570 ff.) und zuletzt in der Praefatio zur größeren griechisch-lateinischen Ausgabe 1842 (T. I) und 1850 (T. II) von seinen Grundsätzen und seinem Verfahren Rechenschaft ablegte. Die kleinere oder Stereotypausgabe enthält den bloßen Text ohne Zeugennachweis, nur mit Randlesarten und einem Verzeichnis aller Elzevirschen Varianten; die größere hingegen (NT. Graece et Latine. Carolus Lachmannus recensuit, Philippus Buttmann Ph. f. Graecae lectionis auctoritates apposuit) enthält den vollständigen Zeugennachweis innerhalb der gesteckten Grenzen, sowohl für als wider die rezipierte Lesart, und zugleich den Versuch einer kritischen Herstellung der lateinischen Übersetzung des Hieronymus. Lachmanns Absicht ging dahin, die „älteste Lesart unter den erweislich verbreiteten“ (ThStK 1830 S. 826), und zwar im „Oriente“ verbreiteten, oder, wie er sich auch ausdrückte, „die gebilligtste Lesart des Orients“ (S. 833), und zwar so darzustellen, daß „nicht leicht eine Stelle in einer jüngern Gestalt gegeben werde, als wie sie in den letzten Jahren des 4. Jahrh. gelesen ward (S. 822), wobei er ausdrücklich bemerkte: „Ich bin gar nicht auf die wahre Lesart aus, die sich freilich gewiß oft in einer einzelnen Quelle erhalten hat, eben so oft aber auch gänzlich verloren ist“ (S. 826). Zur Erreichung dieses Zieles beschränkte sich Lachmann darauf, die „orientalischen“ Codd. ABC, mit Hinzunahme der evangelischen Fragmente PQTZ und der epistolischen H, sowie die Citate des Origenes zu Grunde zu legen. In den Fällen einer Textdifferenz dieser „orientalischen“ Dokumente oder des „Schwankens der orientalischen Quellen“ erklärte er „den Gebrauch des Occidents“ für „entscheidend“ (S. 827), den er aus folgenden Quellen schöpfte: aus den griechisch-lateinischen Codd. D für die Evv. und die Acta, E für die Acta, DG für die paul. Briefe; ferner aus den lateinischen Codd. abc (Vercellenser, Veronenser, Colbertinus) für die Evv., aus dem Kommentar des Primasius für die Apokalypse, und durchs ganze NT. aus der Übersetzung des Hieronymus sowie aus den Citaten des Irenäus, Cyprian, Hilarius, Lucifer. Hierbei ist zuvörderst zu beachten, daß Lachmann von der Annahme der Textklassen ausgeht, im Anschluß an Griesbach, daß er aber diese Klasseneinteilung auf die noch vorhandenen Codd. mit Zuversicht überträgt, ohne für die Richtigkeit dieses Verfahrens irgend einen Beweis zu liefern und ohne sich im geringsten an Griesbachs Beobachtung zu stoßen, daß der alexandr. Codex eine andere Rezension in den Evv. befolge, eine andere in den paul. Briefen, eine andere in der Apostelgeschichte und in den katholischen Briefen; sowie der Vaticanus im ersten Teile des Matthäus mit den Occidentalen stimme, im letzteren Teile dieses Evang. aber und in den drei folgenden mit den Alexandrinern (vgl. oben S. 44). Sehr leicht aber leuchtet ein, daß bei einer solchen normativen Geltendmachung der beiden Klassen von der Richtigkeit dieser Klasseneinteilung selbst und ihrer Übertragung auf bestimmte Dokumente die Richtigkeit und Bedeutung des ganzen Prinzips und seiner Ausführung abhängt. Sodann fragt es sich, ob denn für ein solches Unternehmen, wonach mit mathematischem Verfahren „die gebilligtste Lesart des Orients" wenigstens im 4. Jahrhundert dargestellt werden soll, die entsprechenden dokumentlichen Unterlagen gegeben sind. Die Antwort auf diese Frage hat Lachmann selbst angedeutet, indem er sagt: „Aber wenn wir den Umfang jeder von diesen orientalischen Handschriften überschlagen, so ist bald ausgerechnet, daß wir zwar im größten Teile des NT. wenigstens A und B mit einander vergleichen können, aber doch nicht überall. In einem großen Teile des Matthäus (auch Jo 6, 68—7, 6 und 8, 32—52) und im zweiten Briefe an die Korinther 4, 13—12, 6 sind wir von orientalischen Handschriften einzig auf B beschränkt, und von Hebr. 9, 14 an (also in den Hirtenbriefen und der Offenbarung durchaus) einzig auf A, wo uns nicht das immer seltene und oft unsichere Zeugnis von C zu Hilfe kommt. Hierdurch entsteht unvermeidlich der Mangel, daß in diesen Teilen nur selten das Schwanken des Orients zwischen mehreren Lesarten erkennbar ist, daß also gewiß oft eine wenig verbreitete für die einzige gelten wird" (S. 832 f.). Das ist offenbar ein höchst ungünstiges Zeugnis für das Unternehmen aus dem Munde seines Urhebers selbst. Denn während es sich prinzipiell um die verbreitetste oder gebilligtste Lesart handelt, ersehen wir hieraus, daß ungefähr im ganzen vierten Teile des NT. fast nur ein einziger Zeuge befragt werden soll und kann, und in den noch übrigen Teilen des NT. häufig nur zwei, höchstens drei, die selbst wieder untereinander oft verschieden sind. Sodann bietet wieder eine andere bedenkliche Seite dar die Ausgleichung der orientalischen Zeugen durch die occidentalischen, die in den Fällen einer mangelnden Majorität unter den ersteren, eines Mangels an Übereinstimmung unter den zwei oder drei Repräsentanten des Orients stattfinden soll. Auch hier gilt es zunächst die Voraussetzung der vollen Richtigkeit der Klasseneinteilung. Dann aber ist nirgends von Lachmann dargethan worden, mit welchem Rechte die Occidentalen für die Orientalen einstehen können; wozu noch zu bedenken ist, daß auch der occidentalische Gebrauch wegen der Uneinigkeit der Zeugen oft genug problematisch bleibt. Endlich möchte es sehr willkürlich sein, daß die Occidentalen in den genannten Zweifelsfällen den Ausschlag geben sollen, aber in allen den anderen Fällen, wo drei oder zwei der orientalischen Zeugen eine so pretäre Repräsentation oder Majorität in ihrem eigenen Kreise bilden, gar keine Stimme erhalten.

Die offenbaren prinzipiellen Übelstände des Lachmannschen Systems sind praktisch um so fühlbarer geworden, als die darauf bezügliche Warnung Lachmanns: „Wer sich daher meiner Ausgabe bedient, muß auf der Hut sein: wo in diesen Teilen des NT. nur wenig Abweichungen auf dem Rande zu finden sind, da ist auch weniger Sicherheit, daß der Text die gebilligtste Lesart des Orients liefert" (S. 833), sehr wenig beherzigt worden ist. Wollte jemand einwenden, daß sich doch anerkanntermaßen so viel Richtiges oder wenigstens sehr Empfehlenswertes selbst für die Auffindung des ursprünglichen Aposteltextes in Lachmanns Texte herausgestellt hat, so ist darauf zu entgegnen, daß dies keineswegs in dem befolgten Systeme, sondern in dem höchsten Alter und der daraus hervorgehenden Vortrefflichkeit der gebrauchten Dokumente seinen Grund hat, Eigenschaften, die diesen Dokumenten auch bei einem völligen Absehen von Lachmanns Systeme das größte Gewicht bei der Rekonstituierung des Aposteltextes verleihen.

Fragen wir nun weiter nach Lachmanns Arbeiten in betreff seines Apparates, so hat er keineswegs den Forderungen der Aufgabe, die er sich gestellt, Genüge geleistet. Bei den von ihm zur Anwendung gebrachten griechischen und lateinischen Handschriften bediente er sich allerdings überall der dokumentlichen Ausgaben selbst, wo solche vorlagen; dergleichen lagen aber nicht vor für die zwei wichtigsten Faktoren seines Textes B und C. Den ersteren benutzte er nur nach zwei alten oft ungenauen und unzuverlässigen Vergleichungen, von denen er selbst sagt: „Birch ist höchst nachlässig und hat den Lukas und Johannes gar nicht verglichen. Th. Bentley bemerkte nicht einmal, daß auf die untere Schrift zu achten sei, nicht bloß auf die oberen schwarzen Züge: er giebt also nur die Lesarten der zweiten Hand: außerdem haben wir seine Arbeit nur durch Woidens Vermittlung." Trotzdem dachte Lachmann nicht daran, für sein so wesentlich auf den Codex B basiertes Unternehmen neue Studien am Codex selbst zu veranlassen; ja er unterließ es sogar, eine dritte in Paris niedergelegte, schon von Scholz benutzte Vergleichung, aus der mannigfache Berichtigungen und Erweiterungen der beiden anderen zu gewinnen waren, auch nur ansehen zu lassen. Beim Codex C aber verließ er sich

auf die äußerst mangelhafte, 120 Jahre früher gemachte Vergleichung Wetſteins, wäh=
rend ſchon 8 Jahre vor dem Erſcheinen der größeren Ausgabe Lachmanns die Leſung
dieſer Handſchrift durch chemiſche Mittel erleichtert worden war, ſodaß die neue durch
Tiſchendorf ausgeführte Bearbeitung derſelben ein Reſultat ergeben konnte, wodurch an
mehr als tauſend Stellen für Lachmanns Zweck die Wetſteiniſche Vergleichung bald er=
weitert, bald berichtigt wurde. Selbſt in dem 1850 erſchienenen 2. Teile der größeren
Ausgabe iſt nicht nur Tiſchendorfs Erweiterung des aus Codex B geſchöpften Apparates,
veröffentlicht in den Stud. und Krit. 1846, bis auf fünf ſchon früher ebendaſelbſt
angezeigte Lesarten, unbenutzt geblieben, ſondern auch keine einzige der für den 1. Bd
durch Tiſchendorfs Edition des Codex Ephraemi notwendig gewordenen Berichtigungen
nachgetragen worden. Ähnlicherweiſe verhält es ſich mit dem griech.=latein. Codex D
der paulin. Briefe, den Lachmann ausſchließlich aus den Arbeiten von Wetſtein und
Sabatier ſchöpfte, die ſich durch Tiſchendorfs Herausgabe der Handſchrift als höchſt un=
genügend und fehlerhaft ausgewieſen haben. Wie ſehr dieſe Vernachläſſigung der not=
wendigſten Vorarbeiten, zu der auch noch mancher Irrtum in dem ſonſtigen, obſchon
prinzipiell ſo beſchränkten Apparate kommt (vgl. Tiſchendorfs Prolegg. zum NT. 1849
p. XLVI sq.), dem Werte der Arbeit ſelbſt, die eben in der unbedingt genauen Kon=
trolle der in ſo wenig Dokumenten des höchſten Altertums erhaltenen Lesarten ihr Ver=
dienſt ſucht, Abbruch thut, das fällt in die Augen.

Es iſt aber auch noch die Betrachtung deſſen übrig, wie Lachmann mit ſeinem
angegebenermaßen gewonnenen Apparate den Regeln ſeines eigenen Syſtems entſprochen
hat. Hierbei iſt vorzugsweiſe die oben bezeichnete mathematiſche Seite feſtzuhalten, oder
diejenige Seite, wonach Lachmann in den Stud. und Krit. 1835 S. 570 ff. von ſich
ſagt, er habe gegeben „exemplum librorum sacrorum ita scribendorum ut ex-
cluderetur arbitrium“. Damit hat er es in der That genau genommen, aber doch
iſt er nicht ſelten ſeinen eigenen Grundſätzen untreu geworden, und zwar nicht bloß in
ſolchen Fällen, wo er ſeine Inkonſequenz ſelbſt im voraus zugeſteht, vgl. Stud. und
Krit. 1830 S. 835: „Ich habe mir gegen die Lesart einer einzigen orientaliſchen
Handſchrift, wo die Vulgata nicht entſchied, zuweilen ſogar erlaubt, an einem dritten
Orte Hilfe zu ſuchen, nämlich in den anderen ſpäteren und gewöhnlichen Handſchriften.“
Nur wenige Belege für dieſe Behauptung mögen hier einen Platz finden. Mt 4, 6
nahm er εἶπεν auf aus Zbc gegen λέγει in BDPd; besgleichen 11, 10 καί aus Pabc
gegen ὅς in BDZ Orig.; Mt 9, 28 ὅ τι aus B gegen διὰ τί in ACD; Lc 1, 76
καὶ σύ aus Aabc Iren. gegen καὶ σὺ δέ in BCDd. Und iſt nicht gleichfalls ſein Ver=
fahren arbiträr in Fällen wie Mc 14, 27? Hier leſen Aac ἐν ἐμοί, BCD vg. laſſen
es weg; ferner leſen Ac vg. ἐν τῇ νυκτὶ ταύτῃ und BCDa laſſen dieſe Worte weg.
Demzufolge ediert Lachmann ἐν ἐμοὶ [ἐν τῇ νυκτὶ ταύτῃ].

Die Aufnahme, die das Unternehmen Lachmanns fand, war unſeres Erachtens
nach beiden Seiten hin unbegründet. Denn die einen erkannten in demſelben ein
epochemachendes, mit philologiſcher Schärfe und Gediegenheit das ſo ſchwierige Geſchäft
der neuteſtamentl. Textkritik wenn nicht vollendendes, doch mit Sicherheit regelndes Werk.
Dieſer Anſicht lag augenſcheinlich große Unkenntnis des Thatbeſtandes und die Unfähig=
keit zu einem eigenen gründlichen Urteile zu Grunde: der große, durch Arbeiten auf
dem Gebiete der klaſſiſchen und deutſchen Philologie ſehr wohl begründete Ruf des
Berliner Kritikers ſchien jene Kenntnis und dieſes Urteil überflüſſig zu machen. Viele
andere hinwiederum, C. F. A. Fritzſche (De conformatione NT. critica quam
C. Lachm. dedit. Giss. 1841) an der Spitze, warfen den abſprechendſten Tadel auf
das Werk, verſuhren aber dabei höchſt unkritiſch und ohne den Sinn deſſelben nur ent=
fernt zu verſtehen, ja ohne auch nur die nahe gelegten Mittel einer gewiſſenhaften Kon=
trolle aufzuſuchen (vgl. Tiſchendorf in der N. Jenaer Allg. Lit.=Ztg. 1843 Nr. 81).
Eine mathematiſche Fixierung des nachweislich älteſten und verbreitetſten Textes, im Ab=
ſehen von jedem ſubjektiven Ermeſſen, wäre ohne Zweifel eine bedeutende Gabe für
die Wiſſenſchaft, wäre ſie vermöge des kritiſchen Apparates überhaupt möglich. Aber
bei der großen Mangelhaftigkeit für dieſen Zweck und der noch überdies
willkürlich vorgenommenen Beſchränkung deſſelben, wozu auch noch die Unſicherheit und
Fehlerhaftigkeit des benutzten Materials ſowie die Einmiſchung des Urteils wider den
eigenen Grundſatz kam, iſt aus der angeſtrebten Fixierung eine allerdings mühſame
Rechnung geworden, die viel öfter nicht trifft als trifft: ein um ſo ſchlimmeres Reſultat,
als es von den wenigſten, die es brauchen, als ſolches erkannt iſt, und als die wenigſten

des nun erst zu übenden Urteils fähig sind, ja ohne die völlige Vertrautheit mit dem gesamten kritischen Apparate fähig sein können.

Es kam nun darauf an, die richtigen Grundsätze, welche Bentley zuerst ausgesprochen und Lachmann wieder auf die Bahn gebracht hatte, bei Vermeidung der von letzterem begangenen Fehler, weiter auszubilden und entschieden geltend zu machen. Dazu aber war noch eine wichtige Vorbedingung zu erfüllen. Dem an den Arbeiten Lachmanns und seiner Vorgänger mit Recht gerügten Mangel einer sicheren Grundlage für die Feststellung des neutestamentlichen Textes mußte vor allem abgeholfen, die vorhandenen ältesten Zeugen mußten in viel gewissenhafterer Weise, als bisher geschehen, verhört werden, bevor man an den Weiterbau denken konnte. An diese Aufgabe nun haben vor anderen zwei Männer ihre ganze Kraft gesetzt: Tischendorf und Tregelles (s. die betr. Art.). Beide waren mit den dazu erforderlichen Eigenschaften scharfen Blicks und einer auch auf das Geringste achtenden Akribie in gleichem Maße ausgerüstet, und beide haben das vorgesteckte Ziel mit ganzem Ernste ins Auge gefaßt und mit gleichem Eifer zu erreichen gestrebt; daß nicht auch beiden gleiche Erfolge zu teil geworden sind, hat darin seinen Grund, daß Tischendorf noch um vieles rühriger, scharfsichtiger für neue Entdeckungen und vom Glück ungleich begünstigter war. Die Erfolge aber, welche beide zumal erreicht, sind so groß, daß sie alles vorher auf diesem Gebiete Geleistete weit hinter sich zurücklassen. Auf das mühsame Geschäft des Vergleichens von Handschriften und Entzifferns von Palimpsesten haben Tischendorf sowohl als Tregelles viele Jahre ihres Lebens verwandt, von der Überzeugung durchdrungen, daß nur auf der Basis diplomatisch genauer Erforschung der ältesten Dokumente die Herstellung des neutestamentlichen Textes mit Erfolg angestrebt werden könne. Während es aber Tischendorf eigen war, die in rastloser Thätigkeit schnell gezeitigten Früchte seiner Studien in rascher Folge der Öffentlichkeit zu übergeben und so sein letztes Resultat gewissermaßen unter den Augen des Publikums entstehen zu lassen, liebte es Tregelles, in stillem Schaffen und Wirken seine volle Energie unausgesetzt auf die Erreichung des einen großen Zieles zu richten und nur mit dem Vollendetsten, was er zu leisten vermochte, an die Öffentlichkeit zu treten. So sehen wir Tischendorf, seiner zahlreichen sonstigen Publikationen nicht zu gedenken, in einem Zeitraume von 30 Jahren zwanzigmal das N.T. edieren, während Tregelles erst nach zwanzigjähriger Vorarbeit an die Drucklegung der einzigen Ausgabe des N.T., welche wir von ihm besitzen, schreiten zu dürfen glaubte.

Tischendorfs (* 1815, † 1874) textkritische Arbeiten datieren vom Jahre 1840. Damals erschien (mit der Jahreszahl 1841) sein Nov. Test. Graece, mit dem Zusatz: Textum ad fidem antiquorum testium recensuit, brevem apparatum criticum una cum variis lectt. Elzev., Knappii, Scholzii, Lachmanni subiunxit, argumenta et II. parall. indicavit, commentationem isagogicam notatis propriis lectt. edd. Stephanicae III. atque Millianae, Matthaeianae, Griesbachianae praemisit C. T. Voran steht die auch besonders erschienene Abhandlung: De recensionibus quas dicunt textus Novi Test. ratione potissimum habita Scholzii, vorzugsweise zur Widerlegung der von Scholz über die alten Textrezensionen vorgetragenen Ansichten. Diese Ausgabe ging, ebenso wie die Lachmannsche, mit völliger Hintansetzung des textus receptus, ausschließlich von den alten Dokumenten aus, nach folgendem Prinzipe: Die ältesten Zeugen, d. h. die ältesten griech. Codd. mit Hinzuziehung der Versionen und der Väter, stehen im Widerstreite der Lesarten als entscheidend obenan; doch ist ihre Geltendmachung durch mehrere Grundsätze der inneren Kritik zu beschränken. Diese Grundsätze kommen mit den wichtigsten und einleuchtendsten Griesbachs überein; nur wird besonderes Gewicht darauf gelegt, daß bei Parallelstellen in der Regel denjenigen Lesarten der Vorzug gebührt, die eine Verschiedenheit dieser Stellen darbieten; sowie die Formen des sogenannten alexandrinischen Dialekts bevorzugt werden. Das Verdienst des kritischen Apparates bestand besonders darin, daß nicht nur die genaueren Zeugenangaben Wetsteins und anderer anstatt der ungenauen von Scholz dargeboten, sondern auch zur Verbesserung und Erweiterung der Apparate von Wetstein, Griesbach und Scholz die Lesarten der bereits edierten wichtigsten Codd., der griechischen sowohl als der lateinischen, aus den dokumentlichen Editionen selbst geschöpft wurden. Dieser ersten Leipziger Ausgabe folgte 1842 eine Pariser ("ad antiquos testes recensuit lectionesque var. Elz. Steph. Griesb. notavit"), worin besonders der Text der Evv. noch mehr auf die ältesten Codd. zurückgeführt wurde. Allein erst unter der Ausarbeitung der Leipziger Ausgabe war in Tischendorf der Plan einer Reform der neutestamentlichen Textkritik gereift, zuerst vorgetragen in den Stud. und

Krit. 1842 S. 499 ff., und zwar zunächst in Beziehung auf den Zeugenapparat, d. h. auf die griech. Codd., auf die Versionen und auf die Kirchenväter. Die erstgenannten griech. Codd. sollten sämtlich, soweit sie in Unzialschrift vom 4. bis 9. Jahrh. geschrieben sind, diplomatisch genau herausgegeben werden, während die ausgezeichnetsten Minuskel-codd. besonders für die Apokalypse, die kathol. Briefe und die Apostelgeschichte aufs genaueste verglichen werden sollten. Die Versionen, besonders die ältesten und genaueren, sollten eine neue gründliche Bearbeitung erfahren, ebenso alle Citate der wichtigsten Kirchenväter, wobei ein Eingehen auf die Handschriften der letzteren selbst unerläßlich schien. Hieran sollten sich folgende weitere Arbeiten knüpfen: eine neue griechische Paläographie, besonders auch zur sicheren Altersbestimmung der Unzialcodd., neue Untersuchungen über das Rezensionenwesen und die Eigentümlichkeiten der ältesten und wichtigsten unter den erhaltenen Urkunden; neue Forschungen über den neutestamentlichen Dialekt, mit neuen Studien über die Sprachparallelen aus den LXX, aus Philo, Josephus und den ältesten Kirchenvätern, sowie über die alten griech. Grammatiker. Daß dieser großartige Plan — zu groß, so will es uns scheinen, für die Kräfte eines Mannes und für die Dauer eines Menschenlebens — in seinem ganzen Umfange nicht hat ausgeführt werden können, beklagen wir tief. Was aber Tischendorf in 30 Jahren unausgesetzten Wirkens für die Erforschung und Bekanntmachung der ältesten Urkunden des neutestamentlichen Textes geleistet, ist ein so großes, daß es ihm für alle Zeiten einen Namen unter den Ersten sichert, welche auf diesem Felde gearbeitet haben. Auf mehreren größeren Reisen, welche sich außer Deutschland über Frankreich, England, Holland, die Schweiz, Italien und das Morgenland erstreckten, gelang es ihm, fast alle zum Teil bis dahin sehr vernachlässigten Unzialcodices, mit Ausnahme der schon in befriedigender Weise edierten, zum Behufe der Publikation abzuschreiben oder doch genau zu vergleichen und außerdem eine große Zahl zum Teil sehr wertvoller Handschriften aus dem Staube der Bibliotheken hervorzuziehen und zum erstenmal für die Textkritik nutzbar zu machen. Zu der letzteren Kategorie gehören außer dem Cod. Sinaiticus (א) noch folgende Handschriften und Fragmente: G_2 I N_2 O_2 T^b T^d I' Θ^a Θ^b Θ^c Θ^d $\Lambda\, II$; ferner ein restribiertes Evangelistarium aus dem 8. oder 9. Jahrhundert (Cod. Tischendorf. V in der Leipziger Universitätsbibliothek) nebst verschiedenen Fragmenten von Lektionarien; ein Minuskelcodex der Evangelien (Cod. Tischendorf. IV der Leipz. Univ.-Bibl.) aus dem 10. Jahrhundert; eine Handschrift der AG v. J. 1044 (61, s. o. S. 752), sowie eine Anzahl mehr oder weniger umfangreicher Fragmente, welche aus dem Orient nach St. Petersburg verbracht wurden (vgl. Notitia S. 50 ff.). Dazu kommen folgende Handschriften und Bruchstücke, welche von Tischendorf zwar nicht entdeckt, aber doch zum erstenmal kritisch verwertet wurden: F^a (zum größten Teil) I^b N, (z. Teil) O^{abcdef} Ob_2 P_2 Q_2 R_1 R_2 T^a (z. Teil) T^c W^{bcde} Θ^{efgh}. Ediert sind von Tischendorf: B, B_2 C D_2 E_2 L, M_2 N, (z. Teil) P_1 Q_1 W^a Y, dazu die folgenden schon an erster oder zweiter Stelle genannten: א F^a I I^b O^a P_2 R_1 W^c Θ^a. Abgeschrieben oder doch genau verglichen wurden: E, G_1 H, H_2 K_1 L_2 M, O, S, U X Γ Λ II. Von den Verdiensten, welche sich Tischendorf außerdem um die alte lateinische Übersetzung (Itala) sowohl als auch um die Vulgata erworben, erwähnen wir nur die Herausgabe des lateinischen Textes der paulinischen Briefe im Cod. Claromontanus (1852), die Bekanntmachung eines bis dahin noch ganz unbenutzten Evangelientextes unter dem Namen Evangelium Palatinum (1847), endlich die erste genaue Ausgabe der neutestamentlichen Übersetzung des Hieronymus aus dem berühmten Cod. Amiatinus (1850 u. 1854).

Die Ergebnisse dieser Arbeiten sind zum Teil schon niedergelegt in einer zweiten kritischen Ausgabe des N. T. von 1849, in deren Apparate hinsichtlich aller wichtigeren Dokumente größernteils die Autoritäten für und wider verzeichnet stehen. In den umfänglichen Prolegg. wird auch die Frage der Textrezensionen von neuem behandelt und in der schon S. 25 f. dargelegten Weise beantwortet; aber die praktische Anwendung derselben bei der Textkonstituierung selbst in hohem Grade beschränkt; nur ergebe sich mit Sicherheit soviel, daß die sogenannten alexandrinischen und lateinischen Zeugen, d. h. unsere ältesten sämtlich, in der Regel, obschon keineswegs überall, den byzantinischen vorzuziehen seien. Als sicher im hohen Altertum verbreitete und daher durch vorzüglichen Anspruch auf Ursprünglichkeit ausgezeichnete Lesarten werden diejenigen erklärt, deren Bezeugung aus uralten griechischen Handschr. zugleich durch das Zeugnis von wirklich alten Dokumenten der Versionen und durch das von KVV. bestätigt wird. Zu der Bevorzugung der sogenannten alexandrinischen Zeugen gehört auch der in den Prolegg. S. XVIII ff. versuchte Nachweis, daß die ägyptische Sprachfärbung die ursprüngliche des apostolischen Textes gewesen sein möchte. An die Ausgabe von 1849 schlossen sich eine bloße Textausgabe 1850 und eine Synopsis evangelica 1851 (Editio III. emendata 1871) an, sowie eine revidierte Textausgabe 1854, welche letztere zugleich den Versuch einer Herstellung der Vulgata besonders auf Grund des Cod. Amiatinus und des Cod. Fuldensis enthält. (Die zu Paris 1842 erschienene Ausgabe der Vulgata mit einem griechischen Texte, der sich überall, wo es auf Grund dokumentlicher Autorität geschehen konnte, an die Vulgata anschloß, sollte das Studium des griechischen Textes der katholischen Geistlichkeit Frankreichs und Italiens näher bringen, die kritische Bedeutung der Vulgata selbst beleuchten, vor allem aber als Anfang neuer wissenschaftlicher Studien an der Vulgata selbst gelten. In den Prolegg. sind diese Gesichtspunkte klar bezeichnet, sowie auch die Autorität der ältesten lateinischen Codd. für die Wiederherstellung des von Hieronymus ausgegangenen Textes hervorgehoben wird.) Ende 1858 erschien sodann (mit der Jahreszahl 1859) die Editio VII. critica maior des NT. (zugleich auch eine Ed. minor), unter d. T.: Nov. Test. Graece. Ad antiquos testes denuo recensuit, apparatum criticum omni studio perfectum apposuit, commentationem isagogicam praetexuit A. F. C. Tischendorf. In dieser Ausgabe wurden die ausgedehntesten, über alle früheren weit hinausgehenden Quellenforschungen in betreff der griechischen Handschriften, der alten Versionen und der Kirchenväter niedergelegt. Dabei erfuhr der kritische Apparat dadurch eine Neugestaltung, daß sowohl die aufgenommenen als auch die verworfenen Lesarten eine möglichst vollständige Zeugenangabe erhielten; er wurde zugleich noch dadurch erweitert, daß viele für die Kritik interessante Belege und Urteile der Kirchenväter nebst Stellen der alten Grammatiker über kritische Objekte, ferner alle apokryphischen Zusätze in den alten Dokumenten und anderwärts gefundene apokryphische Parallelen, wie die des Hebräerevangeliums und der Clementina, beigeschrieben, sehr oft auch zur Förderung des textkritischen Urteils die befolgten Entscheidungsgründe angedeutet wurden. In der Textkonstituierung ging der besonderen Geltendmachung der ältesten Urkunden, über welche sämtlich die Vielgestaltigkeit des neutestamentlichen Textes nachweislich hinaufreicht, die Anwendung gewisser, durch unleugbare Thatsachen getragener Grundsätze der sogen. inneren Kritik zur Seite. Das ganze Sprachkolorit wurde unseren ältesten Handschriften angepaßt, indem die ägyptische Färbung derselben mit dem Gebrauche der durch die LXX gebildeten Apostel selbst vereinbar erschien. In umfänglichen Prolegomenen (278 Seiten) wurde eine Rechtfertigung des befolgten Verfahrens versucht, über die wichtigsten Ausgaben des Neuen Testaments gehandelt, und, nach Exkursen über einzelne einschlagende Materien, von den kritischen Faktoren des Textes genauer als je zuvor berichtet.

Wenige Jahre nach dem Erscheinen der Editio VII. begann Tischendorf mit der Veröffentlichung seiner Editio VIII. critica maior, von welcher in den Jahren 1864—1872 die beiden Textbände erschienen. Ein dritter Teil sollte die Prolegomena bringen; aber schon wenige Monate nach Vollendung des Drucks des zweiten Teils setzte ein Schlaganfall (Mai 1873) allen weiteren Plänen des hochverdienten Gelehrten ein Ziel, und am 7. Dez. 1874 starb Tischendorf. Daß es ihm nicht vergönnt war, die begründenden und erläuternden Prolegomena zu dieser letzten und wertvollsten Ausgabe selbst auszuarbeiten, ist um so bedauerlicher, als der Text derselben von dem des Jahres 1859 an nicht weniger als 3369 Stellen (Scrivener, Introduction. 3. ed. S. 529) abweicht. Die Erklärung dieser auffallenden Erscheinung liegt aber nicht etwa nur in der außerordentlichen Bereicherung, welche in der Zwischenzeit der textkritische Apparat namentlich durch die Entdeckung des Cod. Sinaiticus erfahren, sondern, wie es Tischendorf selbst andeutet, vor allem darin, daß hier in der Textbearbeitung die objektiv durch die älteste Bezeugung gegebene Autorität mit möglichster Konsequenz dem subjektiven Ermessen vorangestellt wurde, da nur auf diesem Wege ein Normaltext als solide, für jeglichen wissenschaftlichen Gebrauch auf die Dauer giltige Grundlage erreichbar schien. Und damit ist zugleich eine Verurteilung des im J. 1859 eingeschlagenen Verfahrens ausgesprochen, welchem zufolge von 1296 Abweichungen vom Texte des Jahres 1849 an 595 Stellen (von den übrigen 701 betreffen 430 nur die Orthographie) zu dort bereits aufgegebenen Lesarten des textus receptus zurückgekehrt wurde. Die älteste Bezeugung freilich erblickte Tischendorf zuletzt im Cod. Sin., welchen er, wie schon bemerkt, noch über den Cod. Vat. stellte, und insofern ist es allerdings richtig, daß die Gestaltung des Textes der 8. Ausgabe wesentlich durch die Entdeckung des Cod. Sin. bedingt erscheint. In Bezug auf den beigegebenen Apparat ist zu bemerken, daß derselbe an Vollständigkeit und Ausführlichkeit, insbesondere hinsichtlich der patristischen Citate und in Begründung einzelner Lesarten, den der 7. Ausgabe noch bedeutend übertrifft. Was aber die Prolegomena zu dieser Ausgabe anlangt, so ist die Lücke, welche Tischendorf gelassen, neuerdings durch C. R. Gregory (*1846 in Philadelphia, seit 1873 in Leipzig) in vorzüglicher Weise ausgefüllt worden. Die Lösung der Aufgabe war eine um so schwierigere, als Tischendorf dafür keinerlei Vorarbeiten hinterlassen hatte; nicht einmal ein handschriftlich ergänztes Exemplar der Prolegomena zur 7. Ausgabe fand sich vor. Auch ist es nicht sowohl eine Ergänzung des Vorgefundenen, was wir (Gregory) verdanken, als vielmehr ein völlig neues Buch, dem kaum einige Blätter des alten unverändert einverleibt worden sind. Und wenn man die 1426 Seiten des stattlichen Bandes überblickt, der nun vor uns liegt, so begreift man es wohl, daß allein über den Vorarbeiten eine Reihe von Jahren verstreichen mußte. Es liegt in der Natur der Sache, daß der Verf. nicht darauf ausgehen konnte, in dem Sinne etwas Neues zu liefern, wie es etwa die Cambridger Herausgeber des NT., Westcott und Hort, unternommen haben (s. u.). Die Aufgabe, wie sie Gregory gewiß richtig erfaßt hat, bestand vielmehr darin, alles dasjenige mit möglichster Vollständigkeit bei= zubringen, was zur Erläuterung der Ed. VIII. maior in Text und Apparat dienen konnte. Und dies leisten die Prolegomena, welche in drei Abteilungen 1884, 1890 und 1894 erschienen, im vollsten Maße. Besonders dankenswert ist die Bereicherung unserer Kenntnis des handschriftlichen Materials, welche uns darin geboten wird. Auf mehreren großen Reisen, die ihn nach England, Frankreich, Italien, in die Schweiz, nach Griechenland und in den Orient führten, hat Gregory wohl gegen 1000 neu= testamentliche Handschriften eingesehen, und ein nicht unerheblicher Teil davon ist von ihm zum erstenmal beschrieben worden. Beraten und unterstützt wurde er bei dem großen Werke von dem ausgezeichneten amerikanischen Gelehrten Ezra Abbot, weil. Professor an der Harvard=Universität zu Cambridge, Mass. († 1884). Vgl. über ihn PRE.³ Bd I S. 27f. u. s. ThLZ 1884, S. 621 ff. 1890, S. 226 ff. 1894, S. 437 ff.

Noch vor dem Erscheinen der ersten Tischendorfschen Ausgabe des NT., unter dem unmittelbaren Eindruck des Zwiespalts, welcher zwischen dem eben erschienenen Scholzschen Texte (Tl. I. 1830, Tl. II. 1836, s. o. S. 45) und dem Zeugnisse der ältesten Dokumente wahrzunehmen war, reifte in Tregelles (* 1813, † 1875) der Entschluß, der großen auf diesem Gebiete herrschenden Unsicherheit nach Kräften zu steuern. Das Spezimen einer neuen Ausgabe, welches er, mit Lachmanns Prinzipien damals noch unbekannt, doch wesentlich auf dem Grunde derselben bereits 1838 ausgearbeitet, ist nie zur Veröffentlichung gelangt. Widrige Verhältnisse hinderten ihn auch in den nächstfolgenden Jahren an der Ausführung seines Planes, bis, zu Anfang der vierziger Jahre, ein neuer Anlauf genommen werden konnte. Im J. 1844 erschien: The Book of Revelation in Greek, edited from ancient authorities; with a new English version, mit ausführlicher, auch besonders ausgegebener Einleitung unter dem Titel: Prospectus of a critical edition of the Greek New Testament, now in preparation. Die Aufnahme, welche dieses Werk fand, ermutigte Tregelles, auf dem betretenen Wege rüstig fortzuschreiten. In den Jahren 1845—46 und wiederum 1849—50 bereiste er zum Zweck der Handschriftenvergleichung den Kontinent und be= suchte nacheinander die Bibliotheken von Rom (s. o. S. 29), Florenz, Modena, Venedig, München, Basel, Paris, Hamburg, Dresden, Wolfenbüttel und Utrecht; vorher aber schon und zwischen seiner ersten und zweiten Reise hatte der unermüdliche Gelehrte alle wichtigeren Handschriften Englands, sofern sie nicht in brauchbaren Ausgaben vorlagen, selbst genau kollationiert, so daß die Zahl der von ihm verglichenen Manuskripte eine stattliche Höhe erreicht. Es sind die folgenden Unzialen: B₂ (3. Teil) D₂ E₁ F₂ G₁ H₁ H₂ Iᵇ K₁ L₂ M₁ M₂ R₁ U X Z Γ Λ, und die Minuskeln: 1. 13. 17. 31. 33. 37. 47. 61. 69 (s. o. S. 30 ff.). Dazu kommt der Codex Zacynthius (Ξ), welchen Tregelles zuerst entzifferte und herausgab. Endlich beruht auch der in der Ausgabe des NT. neben dem griechischen Texte mitgeteilte lateinische der Hieronymianischen Übersetzung auf eigener genauer Vergleichung des Codex Amiatinus. Die Zuverlässigkeit der Tregellesschen Kollationen ist dadurch garantiert, daß er sich meist nicht mit einer ein= fachen Vergleichung begnügte, sondern die von ihm gefundenen Varianten mit den von anderen dargebotenen zusammenhielt, um die dabei sich ergebenden Abweichungen durch nochmaliges Zurückgehen auf die betr. Handschrift selbst zum Austrag zu bringen. Bei seinem Aufenthalte in Leipzig im J. 1850 verglich Tregelles seine Kollationen der Unzialen H₂ K₁ L₂ U X mit denen Tischendorfs: zu beider Nutzen, wie er bescheiden bemerkt. Es darf aber hier nicht unerwähnt bleiben, daß ein kompetenter und unparteiischer Zeuge, welcher in der Lage war, Handschriften nachzuvergleichen, welche Tischendorf sowohl als Tregelles kollationiert hatten, nicht umhin kann anzuerkennen, daß in den Fällen, wo beider Angaben auseinandergehen, der Irrtum selten auf Tregelles' Seite ist (Scrivener, Introduction. 4. ed. Vol. II, S. 240). — Von der Ausgabe des NT. erschienen 1857 die Evangelien des Matthäus und Markus, 1861 die des Lukas und Johannes (der inzwischen durch Tischendorfs Notitia bekannt gewordene Cod. Sin. konnte darnach nur noch im letzten Kapitel des Ev. Joh. verwandt werden), 1865 die Apostelgeschichte mit den katholischen Briefen, 1869 und 1870 die paulinischen Briefe. In dem letztgenannten Jahre brach ein Schlaganfall die Lebenskraft des trefflichen Mannes, als er in der Bearbeitung der Apokalypse schon bis zu den letzten Kapiteln vorgeschritten war; von befreundeter Hand zum Druck vorbereitet, erschien dieser Teil im Jahre 1872, und sieben Jahre später brachten F. J. A. Hort und A. W. Streane durch Hinzufügung der Prolegomena das große Werk zum Abschluß (The Greek New Testament, edited from ancient authorities, with their various readings in full, and the Latin version of Jerome, by Samuel Prideaux Tregelles, London 1857—79, vgl. Gregory in ThLZ 1881, S. 179 f.). Ein Abdruck des griechischen Textes ohne kritischen Apparat erschien 1887.

Wie bedeutend diese Leistung auch war, so wurde sie doch bald durch ein neues Werk in den Schatten gestellt, zu welchem sich zwei Cambridger Theologen, B. F. Westcott (* 1825) und F. J. A. Hort (* 1828, † 1892), verbunden hatten. Nach vieljährigen Vorarbeiten (sie begannen schon 1853) und nachdem bereits im J. 1870 die Evangelien (vgl. H. Ewald in GGA 1872, S. 1347 ff.) und in den folgenden Jahren die übrigen Bücher als Manuskript gedruckt einzelnen Gelehrten mitgeteilt worden waren, veröffentlichten sie im Mai 1881 den griechischen Text ohne jeden Apparat (The New Testament in the original Greek. The text revised by Brook Foss Westcott and Fenton John Anthony Hort. Text. Cambridge and London 1881; mit Einleitung von Ph. Schaff, New-York 1881) und im September desselben Jahres eine ausführliche Einleitung nebst den Belegen zu ausgewählten Stellen (Introduction. Appendix. ib. eod.). Im Dezember desselben Jahres erschien ein neuer, an einzelnen Stellen berichtigter Abdruck des Textbandes, dem im April 1882 ein Neudruck des zweiten Teiles und 1885 eine Textausgabe in kleinerem Formate folgte (wiederholt 1887 u. ö.). Vom Textbande erschien 1895 eine Ausgabe in größerem Formate mit neuen, leider recht unschönen Typen, und 1896 wurde auch der zweite Band aufs neue ausgegeben. Wie Tischendorf und Tregelles, so huldigen auch Westcott und Hort im wesentlichen den Grundsätzen, welche in die Kritik des NT. eingeführt zu haben, das bleibende Verdienst Lachmanns ist. Was aber die Cambridger Ausgabe vor allen ihren Vorgängerinnen auszeichnet, ist die zwar an Bengel und Griesbach anknüpfende, in solchem Umfange aber bisher unerreichte Verwertung der Geschichte des Textes zur Klassifizierung und Abschätzung der verschiedenen Zweige der Überlieferung und die konsequente Handhabung der so gewonnenen „genealogischen Methode" bei Ausführung der kritischen Operation. Sie unterscheiden vier Hauptzweige der Überlieferung: den abendländischen (western), mit der Tendenz, den Text zu paraphrasieren, aus Parallelstellen und anderen Quellen zu interpolieren, repräsentiert hauptsächlich durch D, vet. Lat., z. Tl. auch durch den Curetonschen Syrer; den alexandrinischen, der reiner ist als jener, aber doch nicht frei von Änderungen, namentlich grammatischer Art, vertreten durch die älteren Unzialen, mit Ausnahme von B (א), und eine Anzahl Minuskeln sowie durch die ägyptischen Versionen; den syrischen, das Resultat einer nivellierenden Rezension, welche Bestandteile aller übrigen Formen in sich aufgenommen hat, vertreten durch die jüngeren Unzialen und die Mehrzahl der Minuskeln und Versionen; den neutralen endlich, welcher den ursprünglichen Text am reinsten bewahrt hat, repräsentiert in erster Linie durch B, weniger rein durch א und einige der älteren Unzialen. Aber auch in B ist die ursprüngliche Reinheit schon vielfach getrübt; das Echte läßt sich nicht überall mit Sicherheit ermitteln. Daher erscheinen, zur Kennzeichnung schwankender Entscheidung, bald im Texte einzelne Wörter in Klammern eingeschlossen, bald treten den Texteslesarten Zusätze oder sonstige Varianten am Rande zur Seite. (Ebenso hatten sich auch Lachmann und Tregelles geholfen; Tischendorf wandte Klammern nur in ganz vereinzelten Fällen an, wie Mt 7, 13. 14. 14, 3. 16, 2 f. Eph 1, 11). In beiden Fällen handelt es sich um die Nebeneinanderstellung nahezu gleichwertiger Formen der Überlieferung, nur daß in den Text jedesmal diejenige Lesart Aufnahme

fand, für welche entweder die größere Wahrscheinlichkeit oder, bei gleicher Wahrschein=
lichkeit, die bessere Bezeugung geltend gemacht werden konnte. Durch besondere Zeichen
sind außerdem teils solche Lesarten kenntlich gemacht, in denen die Herausgeber früh=
zeitig in den Text eingedrungene Interpolationen erblicken, teils solche, welche sich ihnen
als alte, augenscheinlich richtige Emendationen zu erkennen gaben. Konjekturen neueren
Datums haben, wie bei Tischendorf und Tregelles, so auch bei Westcott=Hort nirgends
Aufnahme in den Text gefunden. Vgl. besonders C. Bertheau in ThLZ 1882, S. 487 ff.
Rüegg a. a. O. S. 62 ff. (von Hort durchgesehen), J. G. Kennon a. a. O. S. 107 ff
    Bei aller Anerkennung, welche dieses epochemachende Werk gefunden, hat es ihm·
von vornherein doch nicht an entschiedenen Gegnern gefehlt. Unter diesen sind nament=
lich Burgon (drei Artikel in The Quarterly Review 1881 und 1882, auch separat
u. d. T. The revision revised. Three articles etc. 2. ed. Lond. 1885; vgl. da=
gegen besonders Ellicott und Palmer, The Revisers and the Greek text of the NT.
Lond. 1882) und Scrivener (in der 3. und 4. Aufl. der Introduction) zu nennen,
vgl. auch H. Hayman, The Westcott-Hort 'Genealogical Method', in The Expositor. Ser. III. Vol. IV. 1886, S. 411 ff. Aber auch von anderer, nicht für den
sogen. textus rec. voreingenommener Seite hat sich Widerspruch erhoben, und zwar
teils gegen die Methode überhaupt, (vgl. R. 1893, Ein Fragezeichen zu der Methode
der gegenwärtig herrschenden neutestamentl. Textkritik in Theol. Zeitschr. a. d. Schweiz
1893, S. 1 ff. 93 ff., auch Fr. Godet, Kommentar zu dem ersten Briefe an die
Korinther, deutsch bearb. von P. u. K. Wunderlich, Tl. II. Hannover 1888, S. 266),
teils gegen die besondere Wertschätzung des Cod. Vatic. (vgl. Bousset a. a. O. S. 95 ff.
Jülicher in ThLZ 1895, S. 37), teils gegen die Stellung, welche Westcott und Hort
dem von ihnen so genannten western text zugewiesen haben (vgl. z. B. Jülicher in
ThLZ 1893, S. 161. E. v. Dobschütz in LCB 1895, S. 605). Wenn diese Aus=
stellungen berechtigt sind, gerät der feste Boden, welcher für den Text des NT. endlich
gewonnen zu sein schien, aufs neue ins Schwanken. Einstweilen aber ist abzuwarten,
ob und in welchem Maße es gelingen wird, das Gute, das wir besitzen, durch Besseres
zu ersetzen.
    Neben den genannten Gelehrten hat sich in den letzten Jahrzehnten F. H. Scrivener
(† 1891) anerkennenswerte Verdienste um den neutestamentlichen Text namentlich
durch Herausgabe und Vergleichung von Handschriften erworben. Außer den schon er=
wähnten Ausgaben des Codex Augiensis (welchem eine Kollation von 50 neu=
testamentlichen Minuskelhandschriften angehängt ist) und des Codex Bezae, veröffent=
lichte er: A collation of about twenty manuscripts of the Holy Gospels. Lond.
1853; Contributions to the criticism of the NT., Lond. 1859 (Separatabdruck
der Introduction zur Ausgabe des Cod. Augiensis); Novum Testamentum textus
Stephanici a. D. 1550. Cambr. u. London 1859 u. ö.; A full collation of the
Codex Sinaiticus with the received text of the NT., Cambr. u. London 1863,
2. ed. 1867; The New Testament in the original Greek. Together with the variations
adopted in the revised version. New ed. Lond. 1894; Adversaria critica sacra
(ein opus postumum, die Beschreibung und Kollation mehrerer neutestamentl. Hand=
schriften enthaltend), Cambr. 1893. Die bereits erwähnte Introduction to the criticism
of the NT. vertritt im Gegensatz zu Tischendorf, Tregelles und Westcott=Hort den
Anspruch der jüngeren Handschriften auf Berücksichtigung beim Zeugenverhör und fordert
die Rückkehr zu einem der rezipierten Gestalt sich mehr nähernden Texte (Ergänzungen
und Berichtigungen zur 3. Aufl., die in der vierten nicht durchweg Berücksichtigung ge=
funden haben, lieferte Ezra Abbot, Notes on Scriveners „Plain Introduction to
the criticism of the NT.", ed. by J. H. Thayer, Boston a. N.-York 1885).
Von dem Eifer, mit welchem in England die neutestamentliche Textkritik betrieben
wird, geben außer den bereits genannten Werken (s. besonders S. 15 f. und S. 39 ff.)
ferner Zeugnis: Th. Sh. Green, A course of developed criticism on passages
of the NT. materially affected by various readings. Lond. [1856.]; Ders., Critical
notes on the NT. ib. 1866; W. Linwood, De conjecturae ope in NT. emendatione
admittenda [Oxf. 1866]; Ders., Remarks on conjectural emendations as applied
to the NT. Lond. 1873; C. Forster, A new plea for the authenticity of the text
of the three heavenly witnesses. Cambr. 1867; S. C. Malan, A plea for the
received Greek text etc. of the NT. Lond. 1868; Ders., Select readings in the
Greek text of S. Matthew, lately published by the Rev. Drs. Westcott and
Hort, revised etc. ib. 1882; J. W. Burgon, The last twelve verses of the

Gospel according to S. Mark vindicated aga inst recent critical objectors and established. Oxf. u. London 1871; Derf., The causes of the corruption in the traditional text of the h. Gospels. Ed. by Edw. Miller, Lond. 1896; Derf., The traditional text of the h. Gospels, vindicated and established. Ed. by Edw. Miller, ib. eod.; W. Milligan and A. Roberts, The words of the NT., as altered by transmission and ascertained by modern criticism, Edinb. 1873. F. J. A. Hort, Two dissertations: I On μονογενής θεός in Scripture and Tradition etc. Lond. 1876; W. Milligan, Some recent critical readings in the NT., in The Expositor. Vol. VII. 1878, S. 123 ff. 194 ff.; Th. R. Birks, Essay on the right estimation of manuscript evidence in the text of the NT., Lond. 1878 (vgl. über dieses Kuriosum ThL3 1878 S. 436 ff.); F. W. Farrar, Various readings in the epistle to the Romans, in The Expositor. Vol. IX. 1879, S. 202 ff.; Derf., A few various readings in the NT. ib. S. 375 ff.; W. Sanday, The value of the patristic writings for the criticism and exegesis of the Bible. II. The lower criticism, in The Expositor. Vol. XI. 1880, S. 161 ff. 241 ff.; A. Watts, Textual criticism illustrated from the printing-office, in The Expositor. Ser. II. Vol. V. 1883, S. 54 ff. 229 ff. 382 ff.; J. R. Harris, Conflate readings of the NT., in The Amer. Journal of philol. 1885, S. 25 ff.; Derf., On the alternative ending of St. Mark's Gospel, in Journal of bibl. liter. 1893, S. 96 ff.; L. J. M. Bebb, The evidence of the early versions and patristic quotations on the text of the books of the NT., in Studia bibl. 1890, S. 195 ff.; G. H. Gwilliam, The Ammonian sections, Eusebian canons, and harmonizing tables in the Syriac Tetraevangelium, ib. S. 241 ff.; C. H. Hoole, An account of some MSS of the NT. hitherto unedited, contained in the library of Christ Church, Oxford. Oxf. 1892; H. T. Armfield, The three witnesses. The disputed text in St. John. Lond. 1893; C. Taylor, Some early evidence for the twelve verses St. Mark XVI. 9—20, in The Expositor. Ser. IV. Vol. VIII. 1893, S. 71 ff.; J. Gwynn, On the external evidence alleged against the genuineness of St. John XXI. 25, in Hermathena 1893, S. 368 ff.; H. Lucas, Textual criticism and the Acts of the Apostles, in The Dublin Review. Vol. CXV. 1894, S. 30 ff.; F. C. Conybeare, On the last twelve verses of St. Mark's Gospel, in The Expositor. Ser. V. Vol. II. 1895, S. 401 ff. (über Aristion als Verf. des Markusschlußes vgl. außerdem in derf. Zeitschr. Ser. IV. Vol. VIII. 1893, S. 241 ff. Vol. X. 1894, S. 220 ff.). Wertvoll sind auch die textkritischen Exkurse in J. B. Lightfoots Kommentaren zu den Briefen an die Galater (10. Aufl. 1890), an die Philipper (9. Aufl. 1886), an die Kolosser und an Philemon (9. Aufl. 1890). Über die hier nicht genannten Ausgaben des NT. von Alford, Wordsworth u. a. ist das oben S. 41 angeführte bibliographische Repertorium von Reuß zu vergleichen. — Von amerikanischen Gelehrten ist hier vor allen Ezra Abbot (f. in der PRE.² Bd I S. 27) zu nennen, dessen gründliche textkritische Monographien, in verschiedenen Zeitschriften (Bibliotheca Sacra u. a.) zerstreut, sehr beachtenswert sind. Eine Sammlung der wichtigsten erschien in Boston 1888 (The authorship of the fourth Gospel and other critical essays, selected from the published papers of the late E. A.). Erwähnung verdient außerdem seine Ausgabe von W. Ormes Memoir of the controversy resp. the three heavenly witnesses 1 John v. 17 (Lond. 1830. New ed. with notes and appendix. New-York 1866) und seine Bearbeitung des Tischendorfschen Artikels „Bibeltext des NT." für Schaffs Relig. encyclopaedia (f. o. S. 16). Ferner gehören hierher, außer mehreren Beiträgen in Zeitschriften (z. B. von W. H. Ward, A. W. Tyler, H. Hayman u. a. in Biblioth. Sacra): G. E. Merrill, The story of the MSS from which the revision of the NT. were made. Boston 1881; Derf., The parchments of the faith. Philad. 1894; I. H. Hall, Variations of the same editions of certain Greek NTs., in Journal of the soc. of bibl. liter. a. exeges. 1885, S. 101 ff.; S. W. Whitney, The Reviser's Greek text. A critical examination of certain readings of the original Greek of the NT. adopted by the late Anglo-American revisers. 2 vols. Boston 1892.

In Holland erfreut sich die Konjekturalkritik besonderer Pflege, vgl. S. A. Nabers Abhandlungen in Mnemosyne (N. S.) 1878, S. 85 ff., 357 ff. (dazu H. P. Berlage in Theol. Tijdschr. 1880, S. 74 ff.), 1881, S. 273 ff. (dazu B. G. de Vries van Heyst in Theol. Tijdschr. 1881, S. 617 ff.); W. C. van Manen, Conjecturaal-kritiek, toegepast op den tekst van de schriften des NT., und W. H. van de Sande

Bakhuyzen, Over de toepassing van de conjecturaal-kritiek op den tekst des NT. (Verhandel. rak. den natuurl. en geopenb. godsdienst etc. N. S. D. 9. St. 1 u. 2) Haarlem 1880 (vgl. dazu M. A. N. Rovers in ZwTh 1881, S. 385 ff.); D. Harting, Bijdrage tot de vaststelling van den tekst der schriften van het NT., in Versl. en Mededeel. d. Koninkl. Akad. v. Wetensch. Afd. Letterkunde. 2. reeks, 9. deel, Amsterdam 1880, S. 46 ff.; S. S. de Koe, De conjecturaal-kritiek en het evangelie naar Johannes, Utrecht 1883; H. Franssen, Beoordeeling van de conjecturen op den tekst van het evangelie van Mattheus, Utrecht 1885; J. M. S. Baljon, De tekst der brieven van Paulus aan de Romeinen, de Corinthiërs en de Galatiërs als voorwerp van de conjecturaal-kritiek beschouwd, Utrecht 1884; Ders., Opmerkingen op het gebied van de Conjecturaalkritiek, in Theol. Studiën 1885, S. 146 ff. (zu Eph), 220 ff. (zu Phi), 313 ff. (zu Kol), 1888, S. 188 ff. (zu 1 Th), 347 ff. (zu 2 Th), 404 ff. (zu 1 Ti), 1889, S. 261 ff. (zu 2 Ti), 1890, S. 118 ff. (zu Tit u. Philem.), 213 ff. (zu Hbr); Derselbe, Bijdrage op het gebied der Conjecturaalkritiek, in Theol. Studiën 1892, S. 425 ff. (zu 1 Pt), 1893, S. 66 ff. (zu 2 Pt), 246 ff. (zu 1—3 Jo und zu Judas); Ders., Jets over den tekst van den tweeden brief van Paulus aan de Korinthiërs, in Theol. Tijdschr. 1887, S. 432 ff.; J. H. A. Michelsen, Coniectuuraal-kritiek toegepast op den tekst van de Schriften des Nieuwen Verbonds, in Studiën 1881, S. 137 ff.; Ders., Lectiones codicis Sinaitici quatuor, in Mnemosyne (N. S.) 1880, S. 326 ff.; Ders., De kerkel. tekst des NT., in Theol. Tijdschr. 1884, S. 1 ff.; Ders., Krit. onderzoek naar den oudsten tekst van „Paulus" brief aan de Romeinen, ib. 1886, S. 372 ff. 473 ff. 1887, S. 163 ff.; J. Cramer, De brief van Paulus aan de Galatiërs, in zijn oorspronkelijken vorm hersteld, en verklaard. Utrecht 1890. Über Tischendorfs Ed. VIII. handelte J. J. Prins in Theol. Tijdschr. 1872, S. 615 ff. u. 1874, S. 510 ff.

Aus der hierher gehörigen französischen Litteratur wurden Werke von Berger de Xivrey (S. 16), Omont (S. 33), Batiffol (S. 38, bis), Martin (S. 16, bis), Amélineau (S. 36) bereits erwähnt. Martin veröffentlichte außerdem als Supplement zur Introduction à la critique textuelle eine „Description technique des manuscrits grecs rel. au NT., conservés dans les bibliothèques de Paris (1884) und Origène et la critique textuelle du NT. Paris 1885; Amélineau außer den unter T¹—T³ aufgeführten Fragmenten auch Bruchstücke von 6 Evangelistarien, a. a. O. S. 411 ff. Papyrusfragmente eines Evangelistars aus dem sechsten Jahrhundert (Greg. 943) edierte B. Scheil in Revue bibl. internation. 1892, S. 113 ff. In derselben Zeitschrift 1895, S. 501 ff. findet sich eine Abhandlung von J. M. Lagrange, Origène, la critique textuelle et la tradition topographique.

Von italienischen Gelehrten, denen die Kritik des ntl. Textes Förderung verdankt, sind A. Mai, C. Vercellone, H. Fabiani und J. Cozza schon oben (S. 30) genannt. Letzterer veröffentlichte 1867 im 2. Teile seiner Sacr. Bibliorum vetustiss. fragmenta Graeca et Latina etc. außer dem bereits erwähnten Fragmente aus 2 Ko (R₂) auch Bruchstücke eines Evangelistars (aus Mt, Mc und Jo) aus Palimpsesten der Klosterbibliothek zu Grottaferrata, s. auch oben S. 32 (Gᵇ). Von Vercellone ist noch zu nennen: La storia dell' adultera nel Vangelo di S. Giovanni. Rom 1867.

In Deutschland beteiligten sich neben Tischendorf verhältnismäßig wenige an der textkritischen Arbeit, so J. G. Reiche, welcher 1847 Codicum mss. NT. Gr. aliquot insigniorum in bibl. reg. Paris. asservatorum nova descriptio etc. u. 1853—62 Comment. crit. in NT., quo loca graviora et difficiliora lectionis dubiae accurate recensentur et explicantur (3 Bde) veröffentlichte; Ed. v. Muralt, dessen NT. Graece (s. o. S. 29) die Vergleichung mehrerer St. Petersburger Handschriften enthält; R. Bornemann, dessen Ausgabe der Apostelgeschichte aus dem Codex Bezae (Großenhain 1848) neuerdings der Vergessenheit entzogen worden ist; P. de Lagarde, welchem wir u. a. eine Abhandlung de NT. ad versionum orientalium fidem edendo (Berlin 1857) verdanken (der Plan einer griechisch-deutschen Ausgabe der Evangelien, mit dem der L. sich in den letzten Lebensjahren trug, ist leider nicht zur Ausführung gekommen, vgl. Paul de Lagarde. Erinnerungen aus seinem Leben für die Freunde zusammengestellt von Anna de Lagarde. Als Handschrift gedruckt. Göttingen 1894, S. 113 f.); Frz. Delitzsch (s. o. S. 39. 42) u. a. Aus den letzten Jahrzehnten, in welchen sich ein gesteigertes Interesse an den hierher gehörigen Fragen kundgiebt,

mögen außer den bereits oben genannten noch die folgenden Beiträge an dieſer Stelle
Erwähnung finden: F. Zimmer, Zur Textkritik des Galaterbriefs, in ZwTh 1881,
S. 481ff. 1882, S. 327ff. 1883, S. 294ff.; Derſ., Zur Textkritik des 2. Theſſa=
lonicherbriefs, ib. 1888, S. 322ff.; Derſ., Der Cod. Vat. im Hebräerbrief, in ZfWL
1882, S. 347ff.; Derſ., Der Text der Theſſalonicherbriefe ſamt textkritiſchem Apparat
und Kommentar, Quedlinburg 1893; K. Weſſely, Evangelienfragmente auf Papyrus,
in Wiener Studien 1882, S. 198ff. (ſ. o. S. 21); F. Baethgen, Evangelienfrag=
mente. Der griechiſche Text des Curetoniſchen Syrers wiederhergeſtellt, Leipzig 1885;
C. R. Gregory, Zum Texte der Apokalypſe, in ThLB 1887, S. 401ff.; F. Gräfe,
Der Schluß des Lukasev. und der Anfang der Apoſtelgeſchichte, in ThStK 1888,
S. 522ff.; Derſ., Textkritiſche Bemerkungen zu den drei Schlußkapiteln des Lukasev.
ib. 1896, S. 245ff.; Ed. Reuß, Notitia codicis quat. evangeliorum Graeci
membr. etc. (Evv. 663), Cambr. (1893); W. Bouſſet, Die Evangeliencitate Juſtins
des Märtyrers in ihrem Wert für die Evangelienkritik von neuem unterſucht, Göttingen
1891; C. Wittichen, Das älteſte Evangelium, eine krit. Wiederherſtellung des Ev.
nach Marcus (herausgegeben von Everling), in JprTh 1891, S. 481ff.; F. Blaß, Zur
Textkritik von Apoſtelgeſch. 2, 5, in NKZ 1892, S. 826ff.; E. Riggenbach, Die Text=
geſchichte der Doxologie Rö 16, 25—27, in NJdTh 1892, S. 526ff.; P. Corſſen,
Der Cyprianiſche Text der Acta apostolorum (Progr.), Berlin 1892; A. Rüegg, Die
Zuverläſſigkeit unſeres neuteſtamentl. Schrifttextes, in Theol. Zeitſchr. a. d. Schweiz
1893, S. 1ff. 93ff.; J. Dräſeke, Zur Überlieferung der Apoſtelgeſchichte, in ZwTh
1894, S. 192ff.; K. Knote, Textkritiſche Bemerkungen zu Lc 16, 11, in ThStK 1894,
S. 369ff.; A. Baldus, Das Verhältnis Juſtins des Martyrers zu unſern ſynoptiſchen
Evangelien, Münſter 1895; E. Neſtle, Ein ceterum censeo zur neuteſtamentl. Text=
kritik, in ZwTh 1896, S. 157ff.; Derſ., Philologica sacra. Bemerkungen über die
Urgeſtalt der Evangelien und Apoſtelgeſchichte, Berlin 1896. Beachtenswert ſind auch,
außer den textkritiſchen Ausführungen in den neueren Ausgaben von Meyers Kommentar,
die hierher gehörigen Abſchnitte in Th. Zahns Geſchichte des Neuteſtamentl. Kanons,
Bd 2, Erl. u. Lpz. 1890. 92: über die Ordnung der neuteſtamentl. Bücher S. 343ff., zur
bibliſchen Stichometrie S. 384ff., über Marcions NT. S. 409ff., über den Text der
pauliniſchen Briefe bei Aphraat im Vergleich mit der Peſchittha S. 556ff., über den Schluß
des Marcusevangeliums S. 910ff., über Bücher und Pergamente des Paulus S. 938ff.
Über den größten Teil des NT. erſtrecken ſich die textkritiſchen Arbeiten von B. Weiß.
Nachdem er 1872 „Das Marcusevangelium und ſeine ſynoptiſchen Parallelen" und
1876 „Das Matthäusevangelium und ſeine Lucasparallelen" veröffentlicht hatte, be=
handelte er 1891 die Johannes=Apokalypſe (TU VII, 1), 1892 die katholiſchen Briefe
(TU VIII, 3), 1893 die Apoſtelgeſchichte (TU IX, 3. 4) und 1896 die pauliniſchen
Briefe (TU XIV, 3). Er legte damit den Grund zu einer Ausgabe des NT., von
welcher bis jetzt zwei Teile erſchienen ſind (Das NT. Textkritiſche Unterſuchungen und
Textherſtellung. Tl. 1 1894, Tl. 2 1896). Vgl. desſelben Textkritiſche Studien in ZwTh
1894, S. 424ff., veranlaßt durch Corſſens Rezenſion ſ. Ausgabe der katholiſchen Briefe
in GGA 1893. Bd 2, S. 573ff. Von neueren Ausgaben des NT., welche ſich nicht
darauf beſchränken, den vorhandenen Text abzudrucken, ſind außerdem noch die folgen=
den zu nennen: Ἡ καινὴ διαθήκη κατὰ τὰ ἀρχαιότατα ἀντίγραφα ἐκδοθεῖσα.
Ἐν Βασιλ. 1880. Der von der Baſeler Bibelgeſellſchaft herausgegebene, von Riggen=
bach und Stockmeyer bearbeitete Text ſchließt ſich im weſentlichen an den Tiſchendorfſchen
an; wo er von ihm abweicht, geſchieht es oft zu Gunſten des Cod. Vaticanus. Der
kritiſche Apparat beſchränkt ſich auf ausgewählte Stellen und Angabe der wichtigſten
Zeugen; vgl. Bertheau in ThLZ 1882, S. 557ff. Mehr dem textus rec. nähern
ſich die kürzlich erſchienenen Ausgaben der katholiſchen Theologen Brandſcheid u. Hetzen=
auer. Die erſtere (NT. Graece et Latine. Textum Graecum rec., Latinum
ex vulgata versione Clementina adiunxit, breves capitulorum inscriptiones et
locos parallelos addidit Frid. Brandscheid. Frib. Brisg. 1893, 4°) entbehrt eines
kritiſchen Apparates; die Stelle der Prolegomena vertritt des Herausgebers Handbuch
der Einleitung ins NT. (ſ. o. S. 16), in welchem zum Schluß der Plan der neuen
Ausgabe dargelegt und eine Anzahl ſchwieriger Stellen ausführlich erörtert wird. Man
erſieht daraus, daß die S. 165 ausgeſprochene Anerkennung deſſen, was die neu=
teſtamentliche Textkritik den proteſtantiſchen Forſchern und insbeſondere Weſtcott und Hort
verdankt, keineswegs als Zuſtimmung aufzufaſſen iſt; denn in der Praxis ſtellt ſich der
Herausgeber an allen entſcheidenden Stellen (meiſt unter Scriveners Führung) auf die

Seite des textus rec. oder des Hieronymus (vgl. J. B. Pelt in Revue bibl. internation. 1895, S. 103f.). Etwas freier bewegt sich Hetzenauer, dessen bis jetzt erst zur Hälfte erschienene Ausgabe (*Ἡ καινὴ διαθήκη ἑλληνιστί*. NT. vulgatae editionis. Graecum textum diligentissime recogn., Latinum accuratissime descr., utrumque annotationibus crit. illustr. ac demonstr. P. F. M. Hetzenauer, T. I. Evangelium. Oenip. 1896) sich auch dadurch vortheilhaft von der vorher genannten unterscheidet, daß sie teils am Rande des Textes und unter demselben, teils in einem Anhange einen ausgewählten kritischen Apparat enthält. Über die bei Auswahl der Lesarten befolgten Grundsätze gedenkt der Herausgeber sich im zweiten Bande auszusprechen. — Endlich ist an dieser Stelle noch des in teilweiser Erneuerung einer Hypothese J. Leclercs (Jo. Clericus) von Fr. Blaß unternommenen Versuches zu gedenken, bei den Schriften des Lukas zwei Ausgaben zu unterscheiden, von denen die eine den ersten Entwurf, die andere die Reinschrift darstellen soll. Vorbereitet durch einen Aufsatz in den ThStR 1894, S. 86ff. (die zwiefache Textüberlieferung in der Apostelgeschichte), erschien 1895 in Göttingen das Hauptwerk u. d. T. Acta apostolorum sive Lucae ad Theophilum liber alter. Editio philologica apparatu critico, commentario perpetuo, indice verborum illustrata auct. Fr. Bl., und als Ergänzung dazu 1896 in Leipzig: Acta apostolorum sive Lucae ad Theoph. l. alter. Secundum formam quae videtur Romanam ed. Fr. Blass. Außerdem veröffentlichte der Herausgeber noch folgende Abhandlungen über den Gegenstand: Über die verschiedenen Textformen in den Schriften des Lukas, in NKZ 1895, S. 712ff.; De duplici forma actorum Lucae, in Hermathena 1895, S. 121ff.; Neue Texteszeugen für die Apostelgeschichte, in ThStR 1896, S. 436ff. Von den Stimmen, welche für und wider laut geworden sind, kann hier nur eine Auswahl angeführt werden. Zustimmend äußerten sich E. Nestle in der Christl. Welt 1895 Nr. 13—15 und in ThStR 1896, S. 102ff., O. Zöckler in Theol. Abhandl. H. Cremer dargebracht. Gütersloh 1895, S. 107ff., G. Salmon in Hermathena 1895, S. 225ff., C. H. van Rhijn in Theol. Studiën 1895, S. 403ff., J. B. Chabot in Revue crit. 1895, S. 45f., J. Haußleiter, in ThLB 1896, S. 107ff.; ablehnend E. v. Dobschütz in LCB 1895, S. 601ff., A. Harnack in SBA 1895, S. 491ff., H. v. Soden in DLZ 1895, S. 1089ff., W. M. Ramsay in The Expositor. Ser. V. Vol. I. 1895, S. 129ff., 212ff., H. Holtzmann in ThLZ 1896, S. 80ff., P. Corssen, in GGA 1896, S. 425ff. Wie verlockend die Hypothese auf den ersten Blick auch erscheint, so ist doch nicht zu verkennen, daß erhebliche Momente dagegen sprechen.

Zuletzt kann es an diesem Orte nicht darauf abgesehen sein, eine Theorie der Textkritik oder ein vollständiges Verzeichnis der Regeln für das kritische Geschäft zu geben; zumal da schon bei der Darstellung der Geschichte dieser Wissenschaft mehrfache die Theorie betreffende Bemerkungen gemacht werden mußten; doch wird es nicht unwillkommen sein, die wichtigsten Grundsätze der Textkritik verzeichnet und durch einige Beispiele erläutert zu sehen.

Das Objekt der Textkritik bilden nur solche Stellen, bei denen keine volle Übereinstimmung der Zeugen vorliegt. Erscheint nun eine Spaltung der letzteren der Art, daß sich die älteren und jüngeren Dokumente entschieden gegenüberstehen, so ist den ersteren der Vorzug zu geben, wofern nicht, was bei einem solchen Verhältnisse der Zeugen äußerst selten sein wird, die triftigsten Gründe dagegen sprechen. Bevor wir dergleichen Gründe erwägen, ist der am häufigsten eintretenden Fälle zu gedenken, wo unter den ältesten Zeugen selbst eine Verschiedenheit herrscht. Hier kann nicht unbedingt die größere Zahl auf der einen Seite den Ausschlag gegen die Minderzahl auf der andern geben, da ja, vermöge des unleugbaren Verwandtschaftsverhältnisses vieler Zeugen, namentlich vieler Codices untereinander, das Zeugnis mehrerer solcher Verwandten bisweilen kaum höher anzuschlagen ist als das eines allein oder fast allein stehenden, dessen nähere Verwandten gerade nicht auf unsere Zeit gekommen sind. Besonders kommt hier in Betracht, ob eine Lesart zugleich in einem oder einigen der ältesten Handschriften und in Versionen und Vätern vorliegt. Ist dies der Fall, so ist der Streit über die Verbreitung der Lesart im höchsten Altertume abgeschnitten, und nur aus inneren Gründen kann sie einer andern gegenüber nachgesetzt werden müssen. Ein Beispiel giebt Mt 1, 6. Hier hat die Lesart *Δαυ. δέ* ohne *ὁ βασιλεύς* nicht nur das Zeugnis von א B Γ (während A und D hier defekt sind) und drei Minuskelhandschriften, sondern auch das von drei Handschriften der Itala (darunter k aus dem 5. Jahrhundert) und vom Cod. Foroiul. (aus dem 6. Jahrhundert) der Vulg. nebst dem der sahidischen und memphitischen, der syrischen und zweier anderer sekundärer Versionen. Es wäre völlige Sachunkenntnis, hier an der Aufnahme der Lesart wegen Mangels an alter Beglaubigung Anstoß zu nehmen. Dasselbe gilt von Mt 5, 4 u. 5. Hier ist die Umstellung der Verse gegen den textus receptus außer D und 33. durch die ältesten Codd. der Itala (aus dem 4. u. 5. Jahrhundert) und der Vulgata (aus dem 6. Jahrhundert) testiert, und außer mehreren lateinischen Vätern besonders noch durch das ausdrückliche Zeugnis des Origenes und durch die Kanones des Eusebius, ohne das unsichere Zeugnis des Clemens Alex. geltend machen zu wollen. Daß nun die genannten ausdrücklichen Zeugnisse des Origenes und des Eusebius allein über die Autorität aller unserer griech. Codd. hinweg tragen, wenn es sich um die Beglaubigung im höchsten Altertume handelt, ist klar. Dem Texte mit einer Beglaubigung, wie sie hier vorliegt, könnte nur das stärkste Gewicht innerer Gründe den Anspruch auf Ursprünglichkeit streitig machen.

Trotz der großen Bevorzugung unserer ältesten griech. Codd. darf es nicht übersehen werden, daß bisweilen die ihnen gegenüberstehenden um Jahrhunderte jüngeren zugleich das Ansehen viel älterer Versionen und Väter für sich haben. Dies sichert den jüngeren Codd. den gleichen Anspruch auf hohes Alter, der bei hinzutretender innerer Vortrefflichkeit der Lesart, selbst den ältesten Codd. gegenüber, streng zu beachten ist. Ein merkwürdiges Beispiel dieser Art liegt Mt 27, 49 vor, wo, mit Ausnahme von A und D, die ältesten Unzialen sämtlich (אBC nebst $LU\Gamma$ und 5 Minuskeln) am Schluß hinzufügen: ἄλλος δὲ λαβὼν λόγχην ἔνυξεν αὐτοῦ τὴν πλευράν, καὶ ἐξῆλθεν ὕδωρ καὶ αἷμα; ebenso einige Handschriften der Vulgata und die äthiop. Übersetzung. Der offenbar aus Jo 19, 34 geflossene Zusatz fehlt aber nicht nur in fast allen jüngeren Unzialen, sondern auch in sämtlichen Übersetzungen, mit Ausnahme der angeführten, und hat auch das Zeugnis der Väter gegen sich. Als giltiger Beweis des hohen Alters einer Lesart muß das Zeugnis eines Kirchenvaters besonders dann angesehen werden, wenn er die fragliche Lesart ausdrücklich bespricht, wodurch der Argwohn, die Lesart könne von Abschreibern eingebracht sein, ausgeschlossen wird. Ebenso wird das Ansehen einer Version wesentlich dadurch gehoben, wenn für dieselbe Urkunden von hohem Alter vorhanden sind, wie dies namentlich bei der lateinischen Version der Fall ist.

Das in der That gänzlich oder fast vereinzelte Zeugnis einer der ältesten Urkunden erheischt die größte Vorsicht; es wird aber dennoch an besonders verwickelten Stellen mit gutem Rechte aufgenommen, wenn die innere Beschaffenheit der Lesart unzweifelhaft und nachdrücklich dafür spricht. Ein Beispiel der letzteren Art haben wir an Mc 2, 22, wo die Lesart ἀπόλλυται καὶ οἱ ἀσκοί nur auf Grund der Zeugnisse von B und (,,perditur cum utribus") der koptischen Version als ursprünglich erscheint. Allerdings ist schon der Hinzutritt der koptischen Version zu einem unserer ältesten handschriftlichen Zeugen bedeutend. Dazu kommt aber, daß sowohl L als auch D nebst 5 der ältesten Codd. der Itala dieselbe Lesart bestätigen, nur daß sie beiderseits schon eine gewisse Einwirkung der Parallelen erfahren haben. Die erstere Hs. nämlich ändert ἀπόλλυται in ἐκχεῖται, wie es auch bei Mt (ähnlich Lc ἐκχυθήσεται) heißt; die andere ändern es in ἀπολοῦνται und setzen es grammatisch genauer nach ἀσκοί, in vollkommener Übereinstimmung mit Mt und Lc. Die übrigen Zeugen, nur daß die syrische Version die Sätze umstellt, haben die ganze Stelle so wie sie bei Mt gelesen wird. Zu bemerken ist noch, daß die Stelle, wie sie nach unserer Ansicht Markus geschrieben, auch hinwiederum entstellend auf den Text des Mt eingewirkt hat. Im Fortgange des Textes wird D mit 4 von den obigen 5 Codd. der Itala entscheidend durch die Weglassung der ganz genau aus Lc 5, 38 beigeschriebenen Worte ἀλλὰ οἶνον νέον εἰς ἀσκοὺς καινοὺς βλητέον, während א* und B dieselbe Lesart durch die bloße Weglassung von βλητέον zu bestätigen scheinen; denn hieraus wird ersichtlich, daß der fragliche Zusatz ursprünglich dem Rande des Markus beigeschrieben war, von woher βλητέον wegfiel, wenn nicht schon die Beischrift selbst unvollkommen gewesen. Die Interpolation aus den beiden Parallelen bezeugen endlich auch 2 Minuskelcodd. und 6 alte lateinische Codd., welche sogar noch die Worte καὶ ἀμφότεροι συντηροῦνται (aus Mt 9,17) dem Markustexte hinzugefügt haben. Ein wichtiger Grund für die dergestalt gewonnene Form der Stelle bei Markus ist außerdem darin gegeben, daß die nun vorliegende Verkürzung der Paralleltexte ganz dem Verfahren des Markus entspricht, wie es aus vielen anderen über den kritischen Zweifel erhabenen Stellen erkannt wird.

In diesem Beispiele ist zugleich derjenige Grundsatz der Textkritik befolgt, wonach bei Parallelstellen in der Regel diejenige Textform zu wählen ist, wodurch eine Verschiedenheit statt der völligen Übereinstimmung gewonnen wird, vorausgesetzt, daß das nötige Zeugengewicht nicht fehlt. Hierbei ist keineswegs erforderlich, daß die von fremder Hand eingebrachten Lesarten strengwörtlich ihre Quelle wiedergeben, was Stellen wie Mt 27, 35 verglichen mit Jo 19, 24; Mt 27, 49 verglichen mit Jo 19, 34 beweisen. Ausnahmen von diesem Grundsatze sind selten, z. B. Mc 8, 2 und Mt 15, 32, an welchen beiden Stellen $\dot{\eta}\mu\acute{\epsilon}\rho\alpha\iota\ \tau\rho\epsilon\tilde{\iota}\varsigma$ zu lesen ist, da die differierenden Lesarten $\dot{\eta}\mu\acute{\epsilon}\rho\alpha\iota\varsigma\ \tau\rho\iota\sigma\acute{\iota}$ und $\dot{\eta}\mu\acute{\epsilon}\rho\alpha\varsigma\ \tau\rho\epsilon\tilde{\iota}\varsigma$ an beiden Stellen offenbar auf Rechnung der grammatischen Nachhilfe gesetzt werden müssen. Keine Ausnahme von dieser Regel aber bildet Mt 1, 25, wo auf das so gewichtige Zeugnis der Codd. א B Z 1. 33., der sahidischen und memphitischen Version, mehrerer der ältesten Codd. der Itala nebst mehreren lateinischen Vätern zu lesen ist $\H{\epsilon}\omega\varsigma\ o\H{v}\ \H{\epsilon}\tau\epsilon\kappa\epsilon\nu\ v\H{\iota}\acute{o}v$, nicht $\H{\epsilon}\omega\varsigma\ o\H{v}\ \H{\epsilon}\tau\epsilon\kappa\epsilon\nu\ \tau\grave{o}\nu\ v\H{\iota}\grave{o}\nu\ a\H{v}\tau\tilde{\eta}\varsigma\ \tau\grave{o}\nu\ \pi\rho\omega\tau\acute{o}\tau\kappa\kappa\nu$, wie die Stelle aus Lc 2, 7 in den meisten Zeugen interpoliert worden ist. Wenn man dagegen sagt, die letzteren Worte seien aus ängstlicher Verehrung der Jungfrau Maria weggelassen worden, so vergißt man, daß dieselben Worte bei Lukas auch nicht von einem einzigen Zeugen gestört worden sind, obschon bei ihm die Weglassung in der That ein erfolgreicher Dienst für jene Verehrung gewesen wäre, während bei Matthäus die Sache nicht wesentlich verändert wird; denn die vorhergehenden Worte $o\H{v}\kappa\ \grave{\epsilon}\gamma\acute{\iota}\nu\omega\sigma\kappa\epsilon\nu\ a\H{v}\tau\grave{\eta}\nu\ \H{\epsilon}\omega\varsigma$ behalten ihr volles Gewicht.

An den Grundsatz einer solchen Behandlung der Parallelstellen schließt sich auch die ähnliche Behandlung der alttestamentlichen Citate an, wie z. B. Mt 15, 8 die kürzere Lesart auf die Autorität von 5 Unzialen und 2 Minusteln, zu denen allerdings noch sehr wichtige Väter und Versionen kommen, der längeren wörtlich mit Jesaja stimmenden Lesart vorgezogen werden muß.

Ein oberstes Gesetz ist es ferner, diejenige Lesart festzuhalten, aus deren Beschaffenheit alle oder wenigstens mehrere vorhandene Varianten erklärlich sind. Freilich gehören hierher noch untergeordnete Bestimmungen, die zum Teil schwanken und leicht irreleiten können. Ein treffendes Beispiel liefert Mc 1, 16, wo zu $\grave{a}\mu\varphi\iota\beta\acute{a}\lambda\lambda o\nu\tau\alpha\varsigma\ \grave{\epsilon}\nu\ \tau\tilde{\eta}\ \vartheta\alpha\lambda\acute{a}\sigma\sigma\eta$ (א B L 33) folgende Varianten entstanden: $\grave{a}\mu\varphi\iota\beta\acute{a}\lambda\lambda.\ \grave{a}\mu\varphi\acute{\iota}\beta\lambda\eta\sigma\tau\rho o\nu\ \kappa\tau\lambda.,\ \grave{a}\mu\varphi\iota\beta\acute{a}\lambda\lambda.\ \grave{a}\mu\varphi\acute{\iota}\beta\lambda\eta\sigma\tau\rho\alpha\ \kappa\tau\lambda.,\ \grave{a}\mu\varphi\iota\beta\acute{a}\lambda\lambda.\ \tau\grave{a}\ \delta\acute{\iota}\kappa\tau\upsilon\alpha\ \kappa\tau\lambda.,\ \grave{a}\mu\varphi\acute{\iota}\beta\lambda\eta\sigma\tau\rho\alpha\ (-\sigma\tau\rho o\nu)\ \grave{a}\mu\varphi\iota\beta\acute{a}\lambda\lambda.\ (\beta\acute{a}\lambda\lambda.)\ \grave{\epsilon}\nu\ \tau\tilde{\eta}\ \vartheta\alpha\lambda\acute{a}\sigma\sigma\eta\ (\epsilon\grave{\iota}\varsigma\ \tau\grave{\eta}\nu\ \vartheta\acute{a}\lambda\alpha\sigma\sigma\alpha\nu)$. Ein ähnliches Beispiel findet sich Mt 8, 26, wo $\mu\grave{\eta}\ \epsilon\grave{\iota}\varsigma\ \tau\grave{\eta}\nu\ \kappa\acute{\omega}\mu\eta\nu\ \epsilon\grave{\iota}\sigma\acute{\epsilon}\lambda\vartheta\eta\varsigma$ zu lesen ist. Es gilt hier zugleich das Gesetz, daß in der Regel die kürzere Lesart der längeren vorzuziehen ist.

Schwierig ist bisweilen die Anwendung eines anderen Grundsatzes, der schon bei der Stelle Mc 2, 22 berührt worden ist. Es ist nämlich die Eigentümlichkeit jedes einzelnen der heiligen Schriftsteller, so viel als es bei dem geringen Umfange ihrer Schriften möglich ist, genau zu studieren und zur Entscheidung kritischer Stellen zu nützen. Diejenigen Lesarten, die dieser Eigentümlichkeit entsprechen, werden nicht leicht von fremder Hand stammen. Die Schwierigkeit hierbei liegt darin, daß die Eigentümlichkeit des Autors selbst oft streitig ist. Sie betrifft sowohl die ganze Behandlungs- und Darstellungsweise, als auch einzelne Ausdrücke. Zu den letzteren gehört es z. B., daß Johannes gern Ἰησοῦς ohne den Artikel setzt, den sehr häufig viele Zeugen beifügen; daß Paulus die Verbindung Χριστὸς Ἰησοῦς in Gebrauch hat, wofür das gewöhnlichere Ἰησοῦς Χριστός oft substituiert worden ist; daß Matthäus ἐκεῖνος beifügt weshalb es nicht nur 18, 27. 28 gegen die widersprechenden Autoritäten aufrecht zu erhalten ist, sondern auch noch 18, 26 aufnehmbar erscheint. Ein noch viel mehr umfassender, aber auch dem Widerstreite noch mehr unterworfener Grundsatz ist es, daß alle Dialekteigentümlichkeiten der neutestamentlichen Autoren sorgfältig aufzusuchen und festzuhalten sind. Vgl. darüber Tischendorfs Ausgabe von 1859, Prolegg. p. XLIII sqq.

Gleicherweise sind aber auch die Besonderheiten einer jeden Handschrift, besonders der wichtigsten, zu studieren, und was sich als eine solche herausstellt, ist vorzugsweise verdächtig. So löst z. B. der Cambridger Codex (D) gern das Partizipium ins tempus finitum auf, z. B. Mt 20, 30; 25, 25; Jo 12, 3. Dergleichen Eigentümlichkeiten können auch mehreren verwandten Codd. zugleich zukommen, obschon das Urteil bei einem einzigen sicherer geht als bei mehreren. Doch gehören hierher auch die Spuren einer wirklich geübten Rezension oder tendenziösen Textbearbeitung, die der Natur der Sache gemäß gewöhnlich in mehreren Zeugen zugleich vorliegen. Auch auf die Versionen leidet diese Regel ihre Anwendung, bei denen zuvörderst darauf zu achten ist, daß nicht für besondere Lesart gehalten werde, was in der Art und im Geiste der Übersetzung selbst seinen Grund hat.

Vorzugsweiſe paläographiſcher Art iſt es endlich, daß auf Vermeidung aller Les=
arten zu ſehen iſt, die aus der Ungenauigkeit und Unwiſſenheit der Abſchreiber entſtan=
den ſind. Hierüber gewinnt man kein ſicheres Urteil ohne das Studium der ohne
Wortabteilung, zum Teil ohne Accente, aber mit manchen Abkürzungen geſchriebenen
alten Unzialcodices; doch bleiben auch noch trotz dieſes Studiums zweifelhafte Fälle.
Zu den letzteren gehören beſonders diejenigen, wo es ſich um das ὁμοιοτέλευτον han=
delt, womit oft genug Mißbrauch getrieben worden iſt. Auch aus dem Itacismus
oder der Verwechslung von ει, ι, η, οι, υ, welche Laute allmählich ſämtlich wie ι ge=
ſprochen wurden, ſowie aus der Verwechslung von αι und ε entſtandenen Irrungen
ſind bisweilen ſchwer zu beurteilen, wie z. B. δή und δεῖ 2 Ko 12, 1. Vgl. übrigens
oben S. 22 f.   (Tiſchendorf †) O. v. Gebhardt.

Bibelüberſetzungen. Vorbemerkung. Bibelüberſetzungen können in einer
theologiſchen Encyklopädie hauptſächlich nach zwei Richtungen in Betracht kommen:
1. als Hilfsmittel für die wiſſenſchaftliche Beurteilung und Herſtellung des Original=
textes; 2. als Zeugen für die Verbreitung derjenigen Religionen, welche die „Bibel“ als
ihre heilige Schrift betrachten. Es wird berechtigt ſein den erſteren Geſichtspunkt in den
Vordergrund zu ſtellen; die ſonſtige ſprachwiſſenſchaftliche, noch mehr die kultur=, ins=
beſondere die kunſtgeſchichtliche Bedeutung der Bibelüberſetzungen und ihrer Ausgaben
kann nur gelegentlich zur Sprache kommen. Als Original gilt das hebräiſche AT. mit
ſeinen 24 (bezw. 39) Büchern, an welche ſich die ſogenannten Apokryphen anſchließen,
(ſ. PRE³ Bd. 1, 622—653) und das NT. mit 27 Schriften; ob einzelne dieſer Bücher
ſelbſt wieder aus einer anderen Sprache überſetzt ſind, kommt nicht in Betracht. Bei
der Reichhaltigkeit der Litteratur kann nur eine Auswahl der wichtigſten Werke genannt
werden. Von den direkt aus dem Original gefloſſenen, den „unmittelbaren“ Über=
ſetzungen ſind die aus dieſen abgeleiteten, die „mittelbaren“ oder Tochterüberſetzungen
zu unterſcheiden. Bei der Anordnung durchkreuzen ſich ſachliche, zeitliche, alphabetiſche
Geſichtspunkte. Neben Überſetzungen der ganzen Bibel fallen unter dieſe Überſchrift auch
ſolche, welche nur einen Teil, das Alte oder das NT., oder einzelne Bücher umfaſſen.
Von Ausgaben der ganzen Bibel in den Originalſprachen kennt der Katalog des
Britiſchen Muſeums nur eine einzige, die von C. B. Michaelis (2 Bde Züllichau=
Leipzig 1741. 40. 4°); alles übrige, was dieſer Katalog unter der Überſchrift Bible. Part I.
Complete Bibles in all Languages (London 1892) auf 244 Foliospalten behandelt, ſind
Überſetzungen der ganzen Bibel. Die weiteren naturgemäß viel umfangreicheren Teile,
welche die Ausgaben und Überſetzungen des Alten und des NT.s und der einzelnen
Bücher behandeln werden, ſind noch nicht erſchienen.
Die wichtigſten älteren Werke ſind:
J. H. Hottinger, Dissertationum theol.-philologicarum fasciculus, Heidelberg 1660. 4°
(darin: de translationibus Bibliorum in varias linguas vernaculas: tam in synagoga jud.
Pharisaeorum sive Rabbanitarum, Karaeorum et Samaritanorum, quam in ecclesia
Christiana Syrorum, Armenorum, Aegyptiorum, Arabum etc.); die verſchiedenen Schriften
von Richard Simon (hist. crit. du Vieux Testament, Ausgabe von 1685, h. c. du texte
du NT. 1689, h. c. des versions du NT. 1690, Nouvelles Observations sur le texte et les
versions du NT. 1695; ſ. über ihn Ed. Reuß in PRE² 14 (1884) und Henry Margival,
Rev. d'hist. et de litt. rel. Paris 1896, Jan., Febr. 1. Art.); Hagemann, Nachricht von denen für=
nehmſten Überſetzungen der Heiligen Schrift ꝛc. 2. Aufl., Braunſchweig 1750; bibliographiſch
Jac. Le Long, Bibliotheca sacra Paris 1723 fol.; vermehrt, verbeſſert, aber nicht vollendet
Bibliotheca sacra post... Jacobi Le Long et C. F. Boerneri iteratas curas ordine dis-
posita, emendata, suppleta, continuata ab Andrea Gottlieb Masch, Halle 1778—90. 4°
Pars I de editionibus textus originalis (c. III. Polyglotten. c. IV Apokryphen); Pars II
de versionibus librorum sacrorum (Bd I orientaliſche, Bd II griechiſche, Bd III lateiniſche
Überſetzungen, Bd. IV Regiſter). Die allgemeinen bibliographiſchen Werke von Panzer,
Hain, Brunet, Graeſſe, Bibliotheca Sussexiana; die bibliſchen Einleitungen; the Biblo of
every Land (London Bagster c. 1851. 4°); the Bible in the Caxton Exhibition (die bei den einzelnen
Sprachen zu nennenden Spezialwerke); populär: A. Oſtertag, die Bibel und ihre Geſchichte,
Baſel 1854. Neubearb. v. Rich. Preiswert 5. Aufl. 1892; aus neueſter Zeit A. Loisy, histoire
critique du texte et des versions de la Bible 1895 2 vols.; F. G. Kenyon, Our Bible and
the ancient Manuscripts being a Hist. of the Text and its Transl. Lond. 2. edit. 1896.
Es wird ſich empfehlen, mit Umgehung der alphabetiſchen Ordnung, die alexandri=
niſche Überſetzung des AT.s voranzuſtellen, die in der 2. Auflage der PRE. außer der
Reihe der andern Bibelüberſetzungen ihren beſonderen A. von O. F. Fritzſche hatte (1, 280
bis 289, 1877) und ihr die andern alt=griechiſchen Überſetzungen des AT.s anzuſchließen.

1. Die alexandrinische Übersetzung des Alten Testaments.

I. Schon Augustin schrieb von ihr: interpretatio ista ut Septuaginta vocetur iam obtinuit consuetudo. Abgekürzt ist dieser Name, den man im Deutschen am Besten als weiblichen Singular behandelt, aus secundum septuaginta interpretes, griechisch *κατὰ τοὺς ἑβδομήκοντα* (s. z. B. in der Unterschrift der Gen im cod. B, *παρὰ ἑβδομήκοντα* in der Unterschrift der Pr in cod. C), mit Zahlzeichen *O'*, LXX, gemäß der Sage, daß sie auf Betrieb des Demetrius von Phaleron unter Ptolemäus Philadelphus von 72 zu diesem Zweck aus Palästina nach Alexandria gesandten jüdischen Gelehrten in 72 Tagen, nach späterer Ausschmückung auch noch in 72 (oder 36) Zellen hergestellt wurde. Diese Tradition geht zurück auf den Bericht, den der bei der Sache beteiligte Offizier der Leibwache des Ptolemäus, Aristeas (oder Aristaios) seinem Bruder Philocrates gesandt haben will. Durch Josephus (ant. 12, 2) und Epiphanius (de mens.) ist die Erzählung in die Kirche übergegangen.

Litteratur zum Aristeasbrief. Ed. Pr. der lateinischen Übersetzung des Mathia, Palmerius Pisanus in der lateinischen Bibel des Conrad Sweynheym und Arnold Pannartz Rom 1471 fol.; dann Nürnberg 1475, im Sonderdruck Erffordia 1483. 8⁰. Ed. Pr. des griechischen Textes von Simon Schard, Basel bei Oporinus 1561; weitere 1610. 91. 92. 1705; beste Ausgabe zur Zeit noch von Moritz Schmidt [† 9. 3. 1887], der Brief des Aristeas an Philokrates im Archiv für wissenschaftliche Erforschung des AT.s, hrsg. von Ad. Merx. Erster Bd. Halle 1869. (72 S. 241–312); neue Ausgabe hatte L. Mendelssohn [† 16. 9. 1896] in Teubners Mitteilungen 1896, Nr. 2 angekündigt. Deutsch zuerst von Justin Gobler von Sanct Gwere (Frankfurt 1562), zuletzt von O. Waldeck als Heft 1 der „Volksausgabe des jüdisch-hellenistischen Schriftthums der 3 ersten vorchristlichen Jahrhunderte". Wien (Engel) 1885. Erste gelegentliche Zweifel an der Erzählung äußerte Ludw. de Vives zu Augustin d. c. D. 18, 42 (I. Ausg. Basel, Froben 1522; s. Kayser, Histor. Jahrbuch 15. 1894. 319); den Nachweis, daß die Schrift ein Produkt jüdischer Eitelkeit sei, qui sine ulla religione neglecta omni specie veri mentiri ausi sunt, quasi tota posteritas Midae aures, quod Tertullianus ait, aptas eorum fabulis assensisset, führte zuerst Joh. Vower (geb. 1574 † 1612) in dem 1618 erstmals in Hamburg, 1658 hinter Waltons de linguis orientalibus nochmals in Franeker gedruckten Syntagma de graeca et latina bibliorum interpretatione, indem er zeigt, daß Demetrius Phalereus nie Bibliothekar des Philadelphus gewesen sei, und die Unterschiede zwischen Epiphanius und unserem Aristeastext betont. Nach ihm, noch gründlicher, gegen die Verherrlichung der LXX durch Isaac Vossius (1661—63), Humfred. Hody, dissertatio de LXX 1684 (andere Exx. 1685), ausführlicher in de Bibliorum textibus originalibus, versionibus graecis et latina vulgata. Oxf. 1705; im gleichen Jahr van Dale, dissert. super Aristea. Aus neuerer Zeit handeln speziell über Aristeas: G. Lumbroso, dell uso delle iscrizioni e dei papiri per la critica del testo di Aristea (Atti della R. Accad. delle Scienzi di Torino T. 4 1868/9; Recherches sur l'économie politique de l'Egypte sous les Lagides, Turin 1870, Annexes 351—359, wo er 8 Hbff. des Aristeas aufzählt); vgl. auch L'Egitto dei Greci e dei Romani, 2ᵃ ediz. Roma 1895; Aemil. Kurz (Bernac 1872); Freudenthal, Alexander Polyhistor und die von ihm erhaltenen Reste jüdischer und samaritanischer Geschichtswerke (Berlin 1875); Grätz, Die Abfassungszeit des Pseudo-Aristeas in Frankels Monatsschrift für Gesch. u. Wiss. des Judentums 25 (1876) 289—308. 337—349; Sp. C. Papageorgius (München 1880); K. Kuyper, de Aristeae ad Philocratem fratrem epistola in: Mnemosyne 20 (1892) 250—272. Neuere Stimmen außer in den alttestamentlichen Einleitungen Mommsen, Römische Geschichte 5 (1885) 490; E. Meyer, Geschichte des Altertums 1 (1884) 168; Nöldeke, ZdmG 32 (1878) 588. 39 (1885) 342; Schürer, GJV³ 2 (1885) 697. 819, zuletzt, die Tradition rechtfertigend, M. Friedmann, Onkelos und Akylas, Wien 1896. S. 1—30; vgl. auch E. Nestle, Septuagintastudien II (Ulm 1896 Gymn.-Progr.); Willrich, Juden und Griechen vor der makkab. Erhebung, Gött. 1895 (s. darüber Schürer ThLZ 1896 Sp. 33/6 und Wilcken, BphWS 1896, n. 46/7); Bousset, A. Aristobul 2, 48 f.

Durch Josephus und Epiphanius, bei letzterem aber merkwürdige Abweichungen, welche das Buch Sirach voraussetzen (s. Lagarde, Symmicta II, 163; Ankündigung 49; auch schon Hody ꝛc.), ist die Erzählung zu den Kirchenvätern gekommen mit verschiedenen Irrtümern und Ausschmückungen. Zu den bei Gallandi, BM Bd II, und teilweise in Tischendorfs Prolegomena zusammengetragenen Stellen der Alten ergänze beispielsweise (Pseudo-)Eusebius on the Star (ed. Wright in: Journ. of sacred lit. 1866. 9, 117. 10, 150), wonach die Übersetzung unter einem König ܙܪܘܒܒܝܠ(?) erfolgte. In einem Traktat *περὶ κωμῳδίας*, den Cramer, Anecdota 1, 6—10, Bergk vor dem Teubnerschen Aristophanes (1867, 35—40 = Dübner 17—20), zuletzt Studemund (Philologus 46, 1888) herausgab, wird die Nachricht von der durch Ptolemäus veranlaßten griechischen Übersetzung der hebräischen Schriften *διὰ τῶν ἑβδομήκοντα* mit der andern verbunden, daß auch die homerischen Gedichte *ἑβδομήκοντα* δυο γραμματικοι επι Πεισιστρατου του Αθηναιων τυραννου διεθηκαν ουτωσι, σποραδην ουσας το πριν. Aus dieser Parallele haben die einen, andere, zuerst Scaligers Schüler Daniel Heinsius (im Aristarchus sacer c. 10: beste Ausgabe Lugd. Bat. 1627) aus der alttestamentlichen Erzählung von den εβδομηκοντα πρεσβυτεροι Ισραηλ, von denen es Ex 24, 11 in G (Lagardes Sigel für den Griechen) heißt: και των επιλεκτων του Ισραηλ ου διεφωνησεν ουδε εις, die Legende von der Zahl und wunderbaren Übereinstimmung dieser Übersetzer hergeleitet. Andere dachten an die Zahl der Mitglieder des Synedriums.

Die jüdischen Nachrichten scheint zuerst de Rossi im Meor Enaim 1571, dann Masius im Josuakommentar 1574 teilweise verwertet zu haben; sie sind am vollständigsten gesammelt bei Frankel (Vorstudien) 1841 und Friedmann, Onkelos und Akylas (s. S. 62). Die hebr. Nachricht von 5 Übersetzern wird irgendwie mit den Angaben von den 5 Verfassern des Psalters zusammenhängen (s. auch Reißmann שדה ארים Berlin 1875, 2—4; Joel, Blicke in die Religionsgeschichte zu Anfang des 2. christlichen Jahrhunderts, Breslau 1880; Grünwald, Jüd. Lit. Bl. 1881, 1); die samaritanischen s. schon teilweise in der Aristeasausgabe von 1692, bei van Dale, Schnurrer in Paulus Memorabilien I, 2; de Sacys Chrestomathie arabe 1, 34f., Wilmars Ausgabe von Abulfath. Besonders eingehende Besprechung fand die Übersetzung bei den Syrern wegen ihrer abweichenden Chronologie. Außer den schon von Bruns zusammengestellten Nachrichten (Eichhorn, Repertorium 14, 39), vgl. Land, Anecdota Syriaca Bd III, Opuscula Nestoriana (ed. G. Hoffmann 139); Ryssel, Ein Brief Georgs, Bischofs der Araber (1883, auch ThStK 1883, 2). Auch Alberuni kennt die Erzählung (ZdmG 42, 1888, 600), die durch die in die Vulgata-Hdss. und Ausgaben übergegangenen Äußerungen des Hieronymus das ganze Mittelalter hindurch im Abendland weit bekannt war (z. B. Sebast. Brant, Narrenschiff, 1. Kap.; Grimmelshausen, Simplicissimus III, 5).

Über das Jahr, in welchem G entstanden sein soll, schwanken die alten Nachrichten zwischen dem 2., 7., 17. und 19. des Philadelphus (s. Walton, Proleg. und Hody; bes. Petavius zu Epiphanius 11. 12, wo aber Lagardes Text statt der 250 Jahre jetzt 259 Jahre hat, weiter die Chronik des Eusebius nach den Handschriften FPRM im Jahr 1734 Abrahams, A 1735, B u. arm. 1736, Syrer 1737 [= 279/8], was nach v. Gutschmid das richtige ist). Als ihr Tag gilt bei den Juden der 8. Tebeth, ein Unglückstag wie der, an dem das goldene Kalb gemacht wurde. Sicher können wir nur sagen, daß, wie der Enkel des Jesus Sirach im 38. Jahr des Ptolemäus (= Euergetes) das Buch seines Großvaters in Egypten ins Griechische übersetzte, schon der größte Teil des breigeteilten hebräischen Kanons ihm griechisch vorgelegen haben muß (ου γαρ ισοδυναμει αυτα εν εαυτοις Εβραιστι λεγομενα και οταν μεταχθη εις ετεραν γλωσσαν· ου μονον δε ταυτα [das Buch seines Großvaters] αλλα και αυτος ο νομος και αι προφητειαι και τα λοιπα των βιβλιων ου μικραν εχει την διαφοραν εν εαυτοις λεγομενα). Ebenso darf als überaus wahrscheinlich gelten, daß der jüdische Hellenist Demetrius, der den Pentateuch griechisch benützte, unter Ptolemäus IV. zwischen 220 u. 205, und Eupolemus, der von der griechischen Übersetzung der Chronik Gebrauch machte, von 166—150 schrieb.

Von einzelnen Büchern hat nur Esther eine Unterschrift ετους τεταρτου βασιλευοντος Πτολεμαιου και Κλεοπατρας εισηνεγκεν Δοσιθεος, ος εφη ειναι ιερευς και Λευιτης και Πτολεμαιος ο υιος αυτου την προκειμενην επιστολην των Φρουραι, ην εφασαν ειναι και ερμηνευκεναι Λυσιμαχου Πτολεμαιου των εν Ιερουσαλημ. Da von den 4 Ptolemäern, die Kleopatra zur Frau hatten (Epiphanes, Philometor, Physkon und Soter zwischen 205 um 81) nur der letzte, Soter II, in seinem 4. Regierungsjahr mit einer Kleopatra vermählt war, würde diese Zeitbestimmung auf 114 führen (B. Jacob, das Buch Esther bei den LXX, Gießen 1890, S. 43 = ZatW 1890). Außerdem findet sich noch hinter Hiob die rätselhafte Bemerkung: ουτος ερμηνευεται εκ της Συριακης βιβλου. Über Verwandtschaft der Aristeaserzählung mit I Esra s. Ewald, Geschichte Israels 5, 127 und Lupton im sogenannten Speaker's Commentary zu I Esra, I, p. 11ª 14ª.

Die Absicht bei der Übersetzung des Sirachbuches scheint darauf zu deuten, daß auch schon die griechische Übersetzung des hebr. Kanons den Zwecken religiöser Propaganda dienen sollte. Andere lassen die Übersetzung aus den Bedürfnissen der Synagoge hervorgehen; Friedmann meint, daß Philadelphus bei der Bestellung derselben wesentlich die Absicht gehabt habe, die Juden für sich zu gewinnen. Daß der Aristeasbrief in vielen Einzelheiten genaueste Kenntnis der Verhältnisse der Ptolemäerzeit beweist, bestätigen die Papyrusfunde mehr und mehr; f. Lumbroso, a. a. O., Wilcken (Philologus 53 [N. F. 7] 1894, 111 f.) über das Hofjournal der Ptolemäer, *υπομνηματισμοι, εισαγγελευς* ꝛc. Als erster größerer Versuch auf dem Gebiet der Mittelmeerkultur von einer Sprache in die andere zu übersetzen, kommt dieser Arbeit große Bedeutung zu, ganz abgesehen von der Wichtigkeit, die sie für die Ausbreitung des Christentums erlangt hat, und die sie für uns als Mittel zur Herstellung und richtigen Erklärung des AT.s besitzt.

II. **Ausgaben.** Das erste durch die Presse verbreitete Stück der G war der Psalter, von dem 3 Ausgaben vorlagen, ehe die erste Gesamtausgabe von Ximenes in der complutensischen Polyglotte veranstaltet wurde.

1. **Mailand** 20. September 1481 von Bonacursius mit lateinischer Übersetzung, im Anhang zugleich die ersten gedruckten Stücke des NT.s enthaltend, das Magnifikat und den Lobgesang des Zacharias (Hain *13454); 2. **Venedig** 1486 (H. *13453); 3. **ebendaselbst,** o. J. aber jedenfalls vor 1498 (H. 13452), bei Aldus Manutius, der im Vorwort die Bibel in 3 Sprachen verspricht (f. Didot, Alde Manuce et l'Hellénisme, Paris 1875, 58—61, der den Psalter wie Maittaire einreiht gegen Renouard Annales[a]). Ehe die complutensische Polyglotte ausgegeben wurde, er= schienen noch 3 weitere griechische Psalterdrucke: 4. durch **Pellikan** im 8. Band der Werke des Hieronymus (Basel, Froben 1516 fol.; über Zwinglis dick mit Noten besetztes Exemplar ThStK 1886. 104); 5. **Octaplum Psalterium Justiniani** (Genua 1516; ob auch Mediolani? f. L. Rosenthal, Katal. 49, 4436); 6. in **Joh. Potkens** Polyglotten= psalter (Köln 1518).

Der gedruckte Text der bisherigen Gesamtausgaben zerfällt in 4 Klassen, nach den 4 **Hauptausgaben,** denen bisher die anderen folgten. Die sind:

A. **complutensische Polyglotte** des **Kardinals Ximenes** (Complutum = Alcalà de Henares). 1514—1517. 6 Bände fol.

Frühestes Datum am Schluß des NT.s Januar 1514, spätestes am Schluß des AT.s (Bd 4) 10. Juli 1517. Die schon dem ersten Band vorgedruckte Sanktion des Papstes Leo X. ist vom 22. Mai 1520. Das für Leo X. bestimmte, auf Pergament gedruckte, in velluto rubeo gebundene Dedikationsexemplar wurde am 5. Dezbr. 1521 der vatikanischen Bibliothek einverleibt (Eugen Münß, la bibliothèque du Vatican au XVIe siècle, Paris 1886, 59—61); erst dann kamen die Exemplare, deren nur etwa 600 hergestellt wurden, in den Handel; im Brit. Muf. 4 (5?), in Stuttgart 2 mit einzelnen Abweichungen; ant. Preis c. 150 Pfd. St. Zu vergleichen H. von der Hardt, memoria saecularis Ximenii 1717; Seb. Seemiller, de bibliis Complut. polyglottis 1785 8; Franz Delitzsch, Studien zur Entstehungs= geschichte der Polyglottenbibel des Cardinals Ximenes, Leipzig 1871 (Reform. Progr. 4[b]); Fortgesetzte Studien ebenda 1886 (dazwischen 1878 complutensische Varianten zu dem alt= testamentlichen Texte); Beer, Handschriftenschätze Spaniens SWA 124, 6 (1891) S. 51—55; über einen Hauptmitarbeiter Alfons de Zamora f. A. Neubauer in Jew. Quart. Rev. 1895. Viel verhandelt wurde ihr spanisches Griechisch d. h. die Frage ob einzelne Stellen aus dem Lateinischen rückübersetzt seien (Masius 1574, Nobilius 1588. Morinus, Uffher, Walton, Fabricius, Wetstein, NT. 1, 119; dann insbesondere Semler, Göße, Lessing; Lagarde, An= merkungen zur griech. Uebersetzung der Proverbien passim; Tregelles bei Delitzsch 3, 22; Nestle ebenda 55); die Frage ist zu bejahen. Von den benutzten Handschriften sind zwei sicher nachgewiesen, namentlich durch Vercellone (f. Delitzsch 1, 23. 3, 1): 1. vat. gr. 330 = Holmes 108 (S. 15,46), 2. vat. gr. 346 = Ho 248, 3. die noch heute in der Madrider Univ.=Bibliothek befindliche Abschrift von Venet. V (= Ho 68). Bequeme Bezeichnung im textkritischen Apparat, durch Lagarde eingeführt, s. Wiederholungen der Complutensis sind:

1. **Die zweite große Polyglottenbibel,** die Arias Montanus bearbeitete, Philipp V. unter= stützte, Plantin in Antwerpen von 1569—72 in 1213 Exempl. druckte, die sogen. **Biblia regia.** Zur Verfügung standen — außer c — 1. durch Kardinal Granvella ein Exemplar der Aus= gabe von 1526 (f. 5,11) cum duobus Vaticanis Bibliorum codicibus collata; 2. durch den Engländer Joh. Clement: Pentateuchi (Octateuchi) Graeci ex Thomae Mori bibliotheca elegantissimum exemplar; 3. durch Sirleto Kollationen aus dem Vatikan. So enthält der 7. Band: 1. 7 Bl. Variarum in Graecis Bibliis lectionum libellus a Gulielmo Cantero concinnatus, 2. 11 SS. Sirleti annotationes variarum lectionum in Psalmos. Die genannten Hdff. find: 1. Ho 59, 2. Ho II (= B) 3. ? f. Nestle, Spsst. (I)3.

2. **Die Heidelberger Polyglotte** des **Vatablus** — omnia cum editione complutensi . . . collata von H. C. Bertram (ex officina Sanct-Andreana 1587, einzelne Exemplare 1586, mit neuem Titel 1599. 1616). 3. **Die Hamb. Polyglotte** des **Dav. Wolder** 1596 fol. 4. **Die Pariser Polyglotte** des **Michael Le Jay** 1645. 29 [andere 28] — 42.

B. παντα τα κατ εξοχην καλουμενα βιβλια θειας δηλαδη γραφης παλαιας τε και νεας; in aedibus Aldi et Andreae soceri Venetiis 1518 fol. Die Albinische Bibel (= a), der erste Teil von Andreas Asulanus, der zweite von Federicus Asulanus herausgegeben, mit welcher diese Benediger Drucker, wie Erasmus mit seinem N. T. von 1516, der Veröffentlichung der Complutensis zuvorkamen. (Antiq. Preis 750 Mt. 63 Pfd. St.). Zu Grunde liegen: 1. Ho 29, 2. Ho 68 (dies eine Abschrift aus Ho 122 + x), 3. Ho 121. Delitzsch, Fortges. St. 24. 54, Lagarde, Mitt. 2, 57, SeptSt. 1, 72. Mit a zusammenzunehmen ist Steuchi Augustini Eugubini Recognitio V. T. ad Hebr. veritatem collata editione Septuaginta interprete, Venetiis 1529. 4°.

Wiederholungen von a sind:

1. a) 1526. Argentorati. Cephaleus, durch Lonicerus besorgt. Lutherische Ordnung der Bücher; enthält auch 4 Macc.; annotatiunculae diversorum quorundam locorum, ex Aldinis et scriptis in graecia vetustissimis Biblijs, congestorum = Ho 44 (Lag. z).

b) 1529 nur neuer Titel vor Bb I; auf einzelnen Exemplaren auch Basileae (Herwag).

2. 1545. Basileae, Herwag, mit Vorrede Melanchthons (die oft fehlt) vom 25. Nov. 1544, quo Jerosolymae erant instituta Encaenia; Sus., Drac., Bel hinter Sirach; Macc. 1—4; hinter dem N. T. 6 Seiten Varianten partim ex optimorum exemplarium collectione, partim observatione doctorum collecta; z. B. Gen 15, 15 ταxθεις (so) für τοαγεις.

3. a) 1550. 8° Basileae, Brylinger, von Heinr. Guntius aus Biberach besorgt, von Konr. Kircher bei seiner Konkordanz benutzt; griech. u. lat. b) 1582 mit neuem Titelblatt.

4. 1563—65. Wittenberg, Die Biblia Pentapla des Draconites s. PRE² 3, 689.

5. 1597. Frankfurt, Wechel: a viro doctissimo (Fr. du Jon? oder Fr. Sylburg? bearbeitet); von Kircher und Trommius ihren Konkordanzen zu Grund gelegt.

6. 1617. Venedig, παρα Νικολαω Γλυκει. Ενετιησι αχιζ. Abdruck von 5.

C. Am einflußreichsten wurde und ist die editio sixtina, die Ausgabe des Papstes Sixtus V. Rom 1586(87). η παλαια διαθηκη κατα τους εβδομηκοντα δι αυθεντιας Ξυστου E' αρχιερεως εκδοθεισα Vetus Testamentum iuxta Septuaginta ex auctoritate Sixti V. Pont. Max. editum Romae, Ex Typographia Francisci Zannetti. M.D.LXXXVI. Cum Privilegio Georgio Ferrario concesso fol.

In vielen, vielleicht den meisten Exemplaren ist die Jahreszahl des Titels durch handschriftliche Ergänzung zu 1587 geändert. Ein vollständiges Ex. hat 4 ungez. Blätter, 783 gezählte Seiten (darunter 13 falsch gezählt), eine ungezählte Seite Addenda in Notationibus und Animadvertenda und 1 Bl. Corrigenda in Notationibvs Psalterij & aliquot alijs locis. Letzteres in vielen, vielleicht den meisten Exemplaren fehlend. Hinter jedem Kapitel reichhaltige Variantensammlungen aus Handschriften, Kirchenvätern und den andern alten Übersetzungen (hauptsächlich von Petrus Morinus gesammelt); s. Nestle, Septuagintastudien, Ulm (Progr.) 1886. 4° („Zur Geschichte der Sixtina"), dazu Nachträge in Septuagintastudien II (ebenda 1896 4° bes. S. 10—13); ruhend auf cod. vat. gr. 1209 = Ho II = B; die Ausgabe bei Lagarde = b.

Eine Ergänzung dazu bildet die im folgenden Jahre 1588 von Flaminius Nobilius (unter Mitwirkung von Petrus Morinus) herausgegebene lat. Übersetzung des griechischen Textes (L. Rosenthal 95, 357, 100 M.), weitere Variantensammlungen enthaltend; wiederholt (mit anderen Texten) Venedig 1609 3 Teile fol., Antwerpen bei J. Keerberg, von Beyerlinck besorgt 1616, 3 Teile; Venedig 1628 (s. lateinische Bibelübersetzungen).

Wiederholungen der Sixtina sind

1. a) 1628. Paris von Joh. Morinus mit Zugabe des N. T.s, des eben genannten lat. Textes und einer sorgfältigen Einleitung; Exx. mit: S. Chappelet oder N. Buon oder C. Sonnius als Verleger. b) 1641. Neuer Titel „Simon Piget".

2. 1653. London, Roger Daniel. 4° 1279 S. Text und 186 Seiten Scholien aus b. An einzelnen Stellen, nicht bloß an den p. [187] erwähnten, von b abweichend (Nu 21, 7 ημαρτηκαμεν statt οτι ημαρομεν; B. 28 και φλοξ statt φλοξ, κατεφαγε statt κατεπιε. Von den p. [187] verlangten 9 Berichtigungen von Le 13, 51—Da 8, 11 fanden Aufnahme in den Ausgaben von 1683 und 1725 o, in die von 1697 eine (Le 25, 13), in die von 1709 und 1730 1—6 (Nr 1, Le 13, 51 gegen b). b) 1653. London, Roger Daniel 8°.

c) 1653. Cambridge.

3. 1657 (55—57). London, Roycroft, die letzte und beste der vier großen Polyglotten mit nützlichen Beigaben. Der Text iuxta exemplar vaticanum Romae impressum, subscriptis quae aliter leguntur in vetustiss. MS. Angl. ex Alexandria allato; cum versione latina editionis romanae. Im Apparat treffliche Beigaben. Außer Waltons Prolegomena: auf 198 Folioseiten 1. Flaminii Nobilii notae in variantes lectiones versionis graecae LXX Interpretum (aus der lat. Ausgabe von 1588). Adiectis omnibus quae in Scholiis Romanis (der Ausg. von 1587) habentur, a Nobilio vero omissa

erant, ipsisque patrum Graecorum verbis appositis, quae interdum a Nobilio latine tantum citantur (p. 1); etiam omnia quae in Johan. Drusii Fragmentis Veterum Interpretum extant & in Nobilio non habentur, suis locis inserta invenies (p. 196). 2. Kollation von a, c und Ho 75 (von Nu 14 Ruth) p. 1–108. 3. Kollation der Genesis Cottoniana, Ho I = D p. 109. 110. 4. Andreae Masii Annotationes in Josuam p. 110 120. 5. Kollation von Ho 60 zu 1 und 2 Chr. 6. Kollation von Ho XII = Q (Marchalianus) zu Jeſ nach Curters Ausgabe von 1580 p. 123-131. 7. Jeſ 27. 28 aus Ho 86 und Kollation von Ho 86 und von Cyrills Kommentar zu den kleinen Propheten p. 131–137. 8. Die *προθεωρια Ευαγγαου τον Πασχ'λον εις τους χαλμους* aus Ho III = A. 9. Errata corrigenda, die zeigen, daß nach einem Ex. von 1653 geſetzt wurde, indem der Vers Ex (nicht „Gen“ p. 139) 25, 6 ſtehen blieb und in Ex (nicht „Gen“) 28, 24 ein halber Vers von 13 Worten ausfiel. Die ebendaſelbſt erwähnte Schwierigkeit in Ex 21, 21 erklärt ſich aus einer Federkorrektur in b. Endlich hinter den Var. Lect. Vulg. Edit. 10. Patricii Junii annotationes in MS. Alexandrinum LXX interpretum, in welchen er neben 2 aus der Hexapla gefloſſenen arabiſchen Hdſſ. des Pentateuchs u. ältern Ausgaben Ho 75 (bis Nu 14; ſ. oben), Ho I u. IV (= G, Sarravianus) vergleicht. Auch die Variantes Lectiones ex Annotationibus . . . Hugonis Grotii . . . collectae opera . . . Thomae Piercii (p. 37—47) enthalten manches auf G bezügliches. Daß in dieſer Ausgabe die Sigel MS A das Manuscriptum Anglicum ex Alexandria bezeichnet, wurde Anlaß zu dem jetzt in der bibliſchen Textkritik üblichen Syſtem der Handſchriftenbezeichnung.

4. a) 1665. Cambridge, Field, 12° mit einem gediegenen Vorwort des Biſchofs von Cheſter, Joh. Pearſonius, das in der Ausgabe von 1683 und im Sonderdruck mit dem Melanchthons von 1545 von M[elchior] Schmidius 1694 wiederholt wurde. b) 1684, Cambridge, Hayes (ob nur neuer Titel?).

5. 1683. Amſterdam, Someren u. Boom, 12°, ohne Apokryphen und Scholien, von Joh. Leusden beſorgt.

6. 1697. Leipzig, mit trefflichen Prolegomena (56 Seiten) von J. F. d. h. Johannes Frick jr. von Ulm, unter Beihilfe von Matthias Jac. Clauer u. Joh. Thomas Klumpf; aus 1653; mit den Scholien; in der Appendix p. 3017. 18 die in b fehlenden Stücke Oratio Manassae regis Judaeorum u. Prologus incerti auctoris zu Sirach (aus c); ſ. Neſtle, Sſt. 1 p. 18. (Eine von Kaulen in Wetzer-Welte² 2, 596 neben ihr angeführte Ausgabe Leipzig 1692 kenne ich nicht).

7. 1709. Franeker, von Bos. 4°; in 4000 Exemplaren gedruckt; hat Nu 21, 7. 28 nicht aber Ex 25 aus b berichtigt.

8. 1725. Amſterdam, von Mill (andere Exx. Traiecti ad Rhenum, Waaler & Poolsen), ohne die Scholien; Nu 21, 7. 28 trotz Bos, dem die Ausgabe ſonſt folgt, nicht berichtigt (cf. Sir 22, 13 *γυλαξον* ſtatt -*ξαι*). In der praefatio ein Fakſimile und eine Kollation des Leidener Teils von G (Ho IV) von Gen 31 bis Ri 21, und 24 Seiten variae lectiones *των O'* quas vir cl. Isaacus Vossius in margine editionis Romanae annotavit.

9. 1730. Leipzig, Reineccius; ohne Scholien, mit einzelnen kritiſchen Anmerkungen unter dem Text; laut Vorrede genauer nach b als 1653, 65. 83. 97. 1725. Lutheriſche Ordnung. In der app.: Gebet Manaſſes und Elegia Orationis Manassae periphrastica auctore Joh. Gothofredo Herrichen.

10. 1759—62. Halle, Waiſenhaus. 4 Bde 12°, ohne Scholien; Vorrede von J. G. Kirchner. Lutheriſche Ordnung; Gebet Manaſſes; die Apokryphen zuerſt allein 1749; ed. sec. der Apokr. 1766.

11. 1798—1827. Oxford, Holmes-Parſons, 5 Bde ſol. Vetus testamentum Graecum cum variis lectionibus edidit Robertus Holmes. Vol. I. 1798. Vol. II editionem a R. H. inchoatam continuavit Jac. Parsons 1817. III. 1823. IV. 1827. V. 1827. Der Text von b (ohne die Scholien), wie es ſcheint aus Bos geſetzt (Pſ 7, 5. Sir 22, 13. 1 Esr. 5, 7), mit dem größten bis jetzt beſchafften Apparat, noch heute unentbehrlich.

Schon 1787 begannen die Vorarbeiten, für welche durch Subſkription ſolche Mittel aufgebracht wurden, daß Holmes bis 1797 ſchon 7000 Pfd. St. aufzuwenden in der Lage war. An Mitarbeitern nennt er im Vorwort außer den ihm perſönlich befreundeten Triumvirn Schnurrer, Matthäi, Alter die Namen Bruns, Bredenkamp, Herzog; Moldenhawer, Ferriera; Bandini, Branca, Perego, Pla; Baldi Vater u. Sohn, Calabreſi, Stephanopolis, Schow, Zoega, Gabarbuz; Coray; Owen, Woide, Harper, Ford, Morres; Fowle, Dix. 1795 erſchien als specimen editionis Gen 1—2, dann eine Ausgabe der Wiener Geneſis nach Alters Abſchrift mit der Epiſtola an Shute Barrington, Biſchof von Durham und eine Epistolae appendix cum versionis septuaginta - viralis specimine ad formam contractiore (Gen 1) ſol. Nach der Handſchriftenüberſicht am Schluſſe des fünften Bandes wurden 13 Unzialen und 300 Minuskeln benützt (falſch Kenyon, Our Bible p. 68 no less than 325; p. 66: no less than 308, nominally 313). Klostermann (Analecta) rechnet XIII + 8 Unzialen und 292 Minuskeln, von denen 13 als Doppelnummern (Teile einer Hdschr. ꝛc.) zu streichen seien (also 21 + 279 = 300). In Wirklichkeit ist nach den bisherigen Ergebnissen — weitere Untersuchung vorbehalten — auch V neben IV zu streichen, 23 neben XI, 294 neben IX, und außer den von Klostermann S. 6 aufgeführten noch 64 neben 56, also 13 Hdschr., so daß sich die Zahl der Unzialen auf 20, der Minuskeln auf 277, die Gesamtzahl der benutzten Hdschr. auf 297 stellen würde.

Außer den Handschriften und älteren Ausgaben (aldina, complutensis, Grabe [S. 8, 18], Lipsiensis 1767/8 [S. 16, 9], Catena Nicephori 1772/3) sind (2) Vätercitate und (3) die Tochterübersetzungen verwertet, die Itala, Coptica (u. Sahidica, praef. ad Gen.), Arabica, Slavonica, Armeniaca, Georgiana, zu Exodus 15 die Aethiopica. Eine Appendix zu jedem Buch stellt die Fragmente der andern griech. Übersetzungen zusammen. Laut Vorwort des zweiten Bandes hat Holmes vor seinem Tod noch den Daniel herausgegeben. Nach Jac. Amersfoordt (dissertatio philologica de variis lectionibus Holmesianis locorum quorumdam Pentateuchi Mosaici [Lugd. Bat. 1815. 4°] p. 221) erschien 1805 Daniel, 1810 Jos, 1812 Ri, Ruth, 1813 1 Reg (Sam). Eine Geschichte der Ausgabe nach den Annual Accounts, die über dieselbe erschienen und den in Oxford liegenden Materialien wäre sehr dankenswert; vgl. Eichhorn, Bibl. 1, 916—922. 2, 935—939. 7, 908—919; die Litteraturangaben bei Graesse.

[1817. Oxf. 6 voll. 8°. Ac. Var. Lectiones e cod. Alex. necnon Introductio J. B. Carpzovii. (Aus seinen Critica sacra), mir nur aus Graesse bekannt; ebenso

1819. London, Valp 8°].

1821. London, Bagster. Polygl. 4° und 8°, nach Bos, mit Varianten aus Grabe, ohne Apokryphen; sehr kleiner Druck; das ganze AT. nur 585 S. Kl. 8°. Abdrücke mit den Zahlen 1826. 31. 51. 69. 78.

[1822. Venedig, Glichi 3 vols. 8, ob hierher gehörig? nur aus Graesse entnommen.

1822. Glasgow. 18° (Graesse), wohl = 1827 London 12° (Graesse), auch 1831 Glasgow].

1824. Leipzig, C. Tauchnitz, später Bredt, von Leander van Eß, ohne die Scholien, ziemlich genauer Abdruck von b, doch siehe Joel 3, 9, wo 5 Worte ausfielen, die noch in den späteren Abdrücken von 1835. 55 (novis curis correcta, ob von Tischendorf besorgt?), 68 und 79 und in Tischendorfs erster und zweiter Auflage fehlten. Zum 300jährigen Gedächtnis der Sixtina hat der Unterzeichnete anonym einen neuen Abdruck besorgt, für welchen der Text revidiert wurde — unausgeführt blieb eine nötige Verbesserung Ex 30, 5. 1 Par. 21, 21. Jes 30, 15. Ez 26, 4 —, und Prolegomena und Epilegomena über die wichtigste neuere Litteratur beigefügt wurden. Letztere auch separat 1887. Prolegomena et epilegomena ad V.T. Gr . . . a L. van Ess quoad textum accuratissime recusum. 34 S.

1837. London: ex edit. Holmesii et Lamberti Bos, 2 Bde.

1839. Paris, Didot; von Jager 4°, stereotypiert. Abdrücke mit den Jahren 40. 48 55. 78. zuletzt 82.

1847—55. Bielefeld und Leipzig, Velhagen und Klasing. Polyglottenbibel von Stier und Theile (Bd 4 NT. 1846). Neuester Abdruck I⁵ 1891. III, 1⁵ 1890. III, 2⁵ 1892. In Bd I und II, 1 wesentlich ein eklektischer, in den folgenden Teilen wesentlich der alexandrinische Text; bequem, aber der unrichtigen Prinzipien wegen mit Vorsicht zu gebrauchen. 1856 veröffentlichte Landschreiber einen Anhang: Quellen zu Text und Noten der Septuaginta-Uebersetzung ꝛc.

1848. Oxford. 12°. 3 Bände, accedit potior varietas codicis Alexandrini.

1850. Leipzig, Brockhaus; von Tischendorf. V.T. graece iuxta LXX interpretes. Textum Vaticanum Romanum emendatius edidit, argumenta et locos Novi Testamenti parallelos notavit, omnem lectionis varietatem codicum vetustissimorum Alexandrini, Ephraemi Syri, Friderico-Augustani subiunxit, commentarium isagogicum praetexuit C. T. 2 vol. LX. 682. 588, ohne die Scholien, genauer Abdruck nach van Eß. Über die Korrekturen des Textes geben die Prolegomena Auskunft, über die sonstigen Zuthaten der Titel.

1856² Proleg. & Epileg. (= Daniel sec. LXX.) XCIV. 682. 616. (¹ und ² in 2500 Exemplaren.) 1860³ ratione etiam habita thesauri Sinaitici nuper inventi et editionis Maianae. (Prol. pp. CVI). 1869⁴ identidem emendata. pp. CXII. 1875⁵ nach Tischendorfs Tod (7. Dez. 1874) prolegomenis recognitis adiecta est Francisci Delitzschii ad Paulum de Lagarde epistola (s. auch PRE³ Bd 1 p. 634). 1880⁶ Prolegomena recognovit, collationem codicis vaticani et sinaitici adiecit Eb. Nestle. Die Kollation auch separat: Veteris Testamenti Graeci codices Vaticanus et Sinaiticus cum textu recepto collati pp. V. 187 (nach dem Faksimiledruck von Vercellone, Cozza s. u. und Tischendorfs Abdruck des Sinaiticus von 1862. Im Anhang eine Kollation des 1877 von Cozza herausgegebenen codex Chisianus zu Daniel). 1887⁷ Die Kollation von B nach Fabianis commentarius von 1881 kontrolliert, Tischendorfs Anführungen aus A nach E. Maunde Thompsons Photographie von 1882/3 revidiert (PRE³ Bd 1, 634, 41 nicht erwähnt).

5*

1856—59. The Hexaglot Bible. Edited... by several Clergymen [with the aid of H. Cohn]London 4°; kam nicht über Nu 2 hinaus. Eine zweite Ausgabe Cohn's Hexaglot Bible. Edited and revised. Vol. I London 1868 enthält wenigstens den Pentateuch.

1866. Regensburg, G. J. Manz, textum e codice vaticano edidit, lacunas supplevit ex codice alexandrino et ex bibliis polyglottis Valentinus Loch. Etlet= lische Ausgabe; neues Vorwort in der editio altera seculum tertium decreti a papa Sixto V. de publicandis Bibliis iuxta LXX interpretes dati d. VIII. Octobr. MDLXXXVI cele= brans 1886.

1874—76. Biblia Hexaglotta: continentia Scripturas ... Veteris et Novi Testamenti scilicet textus originales, una cum versionibus probatissimis, Septuaginta ... parallelo ordine positis ... Edidit E. R. De Levante etc. The Hexaglot Bible etc., Londini. 6 tom. 4° (ob hierher gehörig? Cat. Brit. Mus.).

1875. Oxford. „The Sixtine edition as reprinted at the Clarendon Press in 1875", der großen Konkordanz von Hatch-Redpath zu Grunde gelegt; cf. 1848. Von A. Roger und F. Chernovitz in Paris ist eine hebr.=griech.=lat.=französische Polyglotte angekündigt, herausgegeben von Bigouroux, gedruckt von Didot, die wohl hierher gehören wird.

D. Nicht den der Sixtina zu Grunde liegenden Vaticanus, sondern den Alexan- drinus legte der von Preußen nach England gekommene Joh. Ernst Grabe der Aus= gabe zu Grunde, die von 1707—1720 Oxonii e theatro sheldoniano in 4 Folio= und gleichzeitig in 8 Oktavbänden erschien, und nach Grabes Tod von Franc. Lee und einem Anonymus (Wigan) vollendet wurde (vgl. Repert. f. bibl. Litt. 5, 101 ff.). Ihre Vorzüge bezeichnet der Titel: Septuaginta Interpretum Tomus I continens Octa- teuchum; quem Ex antiquissimo MS. Codice Alexandrino accuratè descriptum, Et ope aliorum Exemplarium, ac priscorum Scriptorum, Praesertim vero Hexa- plaris Editionis Origenianae Emendatum atque suppletum, Additis saepe Aste- riscorum et Obelorum signis, Summa cura edidit J. E. Gr. Wo die Ausgabe von der Vorlage abweicht, ist das Geänderte im Text mit kleinen Typen gesetzt, die Lesart der Handschrift mit großen auf dem Rand gegeben. Eine lange dedicatio, noch längere praefatio paraenetica und ausführliche Prolegomena geben dem ersten Bande voraus. Von Grabe selbst stammt noch der tomus ultimus continens Psalmorum, Jobi ac tres Salomonis libros, Cum Apocrypha eiusdem, nec non Siracidae Sapientia 1709 (sehr ausführliche Prolegomena). Der Tomus secundus continens veteris Testamenti libros historicos omnes sive Canonicos sive Apocryphos, von Lee bearbeitet, erschien erst 1719 und der dritte (von G. Wigan) continens V. T. libros propheticos omnes sive Canonicos sive Apocryphos 1720. Auch diese 2 Bände haben ausführliche Prolegomena, j. Rosenmüller, Handb. S. 303—312. Wiederholt wurde dieser Text

1. Zürich 1730—1732 von Breitinger 4 Bde 4° (Bd I und IV, 1730 II 31, III 32). Über die verschiedenen Prospekte vom Januar u. Mai 1728 j. bej. Wetstein NT. I,132 u. Hagenbach, J. J. Wetstein ZhTh 1839, 1, 107. Bibliothèque raisonnée 2, 222. 11. 1. Das Ex. des 1. Bandes, dem Walkenarius Noten beischrieb, deren Veröffentlichung Eichhorn Einl. 4 1823, 509 wünschte, kam durch Tittmann an Schumann (Genesis p. XV).

2. 1750. 51. Leipzig von Reineccius in der Biblia sacra quadrilingua Vis Tj Hebraici cum versionibus e regione positis utpote versione graeca LXX interpretum ex codice Msto Alexandrino a J. E. Grabio primum evulgato (NT. 1713, bezw. 1747).

3. 1821. Moskau 4°. Τα Βιβλια τουτεστιν η θεια γραφη της παλαιας τε και νεας διαθηκης και η μεν παλαια κατα τους εβδομηκοντα εκ του ως οιον τε ακριβως εκδοθεντος αρχαιου Αλεξανδρινου χειρογραφου ... εξετυπωθη δι ευλογιας της αγιω- τατης διοικουσης συνοδου πασων των Ρωσσιων παρα της κατα την Μοσχαν ιερο- βιβλιακης κοινοτητος. Εν Μοσχα. Εν τω της αγιωτατης συνοδου τυπογραφειω. ετει αωκά 4 (mit NT. 5) Bde mit 12, 28, 18, 14 Seiten διαφεροντα αναγνωσματα. Über die Geschichte dieser Ausgabe j. Lagarde Sept.St. I, 5. Aus ihr zwischen 1843 u. 1850 ein vierbändiger athenischer Druck; vielleicht auch die Volksausgabe des AT.s nach den LXX von P. Tzelati, Athen 1893 (1100 Seiten 50 Bilder), die ich nur aus dem ThJB 13,27 kenne.

4. 1859. Oxonii, von Fr. Field für die Soc. for. prom. Chr. Kn. besorgt: recen- sionem Grabianam ad fidem codicis Alexandrini denuo recognovit, Graeca se- cundum ordinem textus Hebraei, libros apocryphos a canonicis segregavit Fridericus Field; vgl. Heidenheim, Vierteljahrschrift I,148—152; Field, praef. ad Hexa- pla p. VII, Lagarde, Sept.St. I, 6—8. Dies die bisherigen Gesamtausgaben des griech. AT.s mit dem traditionellen Texte.

E. Entfprechend groß ift die Zahl der Einzelausgaben, die hier nur teilweife kurz genannt werden können:

Genefis 1829 von Guft. Ad. Schumann, hebraice et graece als Vol. I (unicus) eines geplanten Pentateuchus hebraice et graece; 1868 von P. A. de Lagarde: e fide editionis sixtinae addita scripturae discrepantia e libris manu scriptis a se ipso conlatis et complutensi et aldina adcuratissime enotata. 24. 211 S. Dazu Hieronymus quaestiones hebraicae in libro Geneseos. VIII. 71 S.

In der Einleitung eine Überficht über den bis 1868 vorhandenen, wie über den von Lagarde benützten Apparat (benützt die Höff. ADEFGS 25. 29. 31 (nur bis 24, 22; darin inter= effante Gloffen aus der Leptogenefis) 44. 122. 130. 135 abc.

Jofua 1574 von Mafius mit Benützung des feither verfchollenen Teils des codex syro-hexaplaris Ambrosianus; (neuer Titel?) 1609 Antw. fol.

Judicum 1655 in Ufhers Syntagma, nur c. 6 und 18; 1867 von Fritzfche mit dreifachem Text (Turici 4°); 1891, c. 1—5 in doppeltem Text in Lagardes SSt. I, mit Wiederaufnahme des Nachweifes von Grabe daß der Text des cod. A mit Origenes und dem lateinifchen Weften ftimmt, während in B eine ganz andere Überfetzung erhalten ift. Neue Ausgabe der von Theodoret benützten Rezenfion ge= plant von G. F. Moore, Judges p. XLV; f. S. 70 unten.

Ruth 1586 (von Drufius); 1632.

Efther 1655, 4°, vor Ufhers Syntagma in doppeltem Text cum libri Estherae editione Origeniana et vetere Graeca altera ex Arundeliana bibliotheca nunc primum in lucem edita. 2. Ausgabe Lipsiae 1695; 1848. O. F. Fritzfche (f. PRE³ Bd 1, 635, 14. 638, 35. 40).

Hiob 1657 fol. aus A hinter Patricii Junii Ausgabe der catena des Nicetas; Franeker 1663, 4°.

Pfalmen: Außer den fchon genannten älteften Ausgaben find mir griechifche Pfalterien bekannt von 1524. 30 (Psalterium sextuplex) 33. 41. 43. 45 (3: Baf., Arg., Par.) 49. 57. 59. 71. 84. 1602. 18. 27. 32. 43. 78 (juxta exemplar Alexandri-num) 1737. 57. 1825. 52. 57. 79 (Psalterium tetraglottum ed. Neftle) 80 (Bafel hinter Neut. Test. Gr.) 89 (Swete, f. S. 10, 36).

Jefaias c. 1540 hebr., gr., lat. von Seb. Münfter; ebenfo Jeremias; der letz= tere griech. von Spohn 1794—1824. Threni 1522.

Ezechiel: Ιεζεκιηλ κατα τους Εβδομηκοντα, Rom 1840 Fol., fehr wertvolle Ausgabe; Seitenftück zum Daniel von 1772.

Daniel 1546 (von Melanchthon); 1716 (Wells); 1772 (der echte Septuaginta= text aus dem codex chisianus Ho 88) PRE³ Bd 1, 640, 17—20. Nachgedruckt Göt= tingen 1773. 74. Traj. ad Rhen. 75; von Hahn 1845.

Jonas 1524. 43. Amos 1810 (Vater).

Von den Apokryphen giebt es außer den 1, 634 genannten Ausgaben folche von 1584. 1612. 57. 94. 1741. 49. 57. 66. 1871 (Bagfter). Einzeln erfchienen außer den 1, 635 genannten 1 Macc. 1600. 1784. Sirach 1551. 55. 68. 70. 89. 90 (Drufius) 1804 (Bretfchneider). Sap. Sal. 1601. 1733. 1827 (griech., lat., armen.).

F. Von allen diefen Ausgaben hat kaum die eine oder die andere für ein einzelnes Buch den Verfuch einer felbftftändigen kritifchen Bearbeitung des Textes gemacht, ob= wohl das Bedürfnis einer folchen fchon lange erkannt ift, f. O. F. Fritzfche 1877 in der früheren Bearbeitung diefes Artikels (PRE² 1, 288) und fchon 1866 in feinem Specimen novae editionis LXX interpretum.

Auch Lagarde hat in der oben erwähnten Ausgabe der Genefis wohl den Apparat vermehrt, aber den Text von 1586 ungeändert abgedruckt, wie Holmes=Parfons, van Eß, Tifchendorf und andere vor ihm. Die „Vorbemerkungen zu meiner ausgabe der Sep-tuaginta" (Symmicta II. 1880 S. 137—148) kündigten zum erftenmal eine felbft= ftändige Textbearbeitung an und zwar den 2. Band der libri Judaeorum sacri e recognitione Pauli de Lagarde, der Jofua, Richter, Βασιλειων α—δ, Pfalmen, Job, Proverbien enthalten follte. In den erften 5 Stücken wollte Lagarde die ver= fchiedenen Rezenfionen (f. u.) einander gegenüberftellen, ohne auf die urfprüngliche nur in den Noten gelegentlich anzugebende Urgeftalt aus zu fein; in den letzten 3 hoffte er die Hand des Verfaffers wenigftens annähernd hergeftellt zu haben. Die 2 Jahre fpäter ausgegebene „Ankündigung einer neuen ausgabe der griechifchen überfetzung des alten teftaments" (Gött. 1886, 64 S. Lex. 8°) enthält Gen 1 als Probe, wie Lagarde

sich seine Ausgabe, die er dank englischer Unterstützung jetzt mit dem ersten Band beginnen konnte, ursprünglich dachte (S. 1—16), von S. 17—30 die Skizze eines ver-
einfachten, aber auch noch zu umfassenden Plans, endlich S. 33—49 Gen 1—14 als
Probe der schließlich wenigstens für den ersten Teil zu stande gekommenen Ausgabe:
Librorum Veteris Testamenti canonicorum pars prior graece Pauli de Lagarde studio et sumptibus edita (Gottingae 1883, XVI. 504 S.). Vgl. die Selbst-
einführung GgA 1883. 40. 1249—52 = Mittheilungen 1, 175; ebenda S. 200; 2,
188; 3, 229. In der Probe sind sämtliche Varianten der benutzten Zeugen verzeichnet,
c afh[mp](z) == comp. Ho 108. 82. 19 [93.118] (44), in der Ausgabe ist es nur
beim Buch Esther geschehen (sonst f. S. 103. 109. 111), dem die zweite Rezension
aus ABS mit vollständigem Apparat zur Seite gestellt ist. Der Text aber, den Lagarde so herstellte, ist nicht der der gewöhnlichen sogenannten Septuaginta, sondern einer
Revision, welche der Märtyrer Lucian gegen Ende des 3. Jahrhunderts in Antiochien
herstellte und welche nach dem Zeugnis des Hieronymus im Sprengel von Antiochien
und Konstantinopel in Gebrauch kam. Diesen Text aber — wie das trotz Lagardes
wiederholter Erklärungen unfaßlicherweise noch immer geschieht — als Septuaginta gebrauchen zu wollen, ist eben so thöricht, als wenn man aus einem Druck der „durchgesehenen" Bibel von 1883 Studien über Luthers Übersetzung oder aus der englischen
Revised Version von 1881 solche über den Wortlaut der Authorized V. von 1611
machen wollte. (Vgl. z. B. Mitt. 2, 171: „Wenn ich die LXX Lucians herausgebe
so bin nicht Ich so dumm, nicht zu wissen, daß ich nicht Die LXX biete"). Daß diese
Rezension nach anderer Seite sehr viel des Interessanten bietet, namentlich für die
Frage nach dem hebräischen Text, der Ende des 3. Jahrhunderts noch dem Lucian vorlag,
ist eben so gewiß, und insofern Lagardes Arbeit keineswegs umsonst. Vgl. hierzu zuletzt
Ad. Mez, Die Bibel des Josephus (Basel 1895).

Als Probe eigener Textbearbeitung veröffentlichte Lagarde noch 1887 Novae
Psalterii Graeci editionis specimen in Band 33 der AGG, 40 S., ψ 1—5
mit sehr reichhaltigem Apparat, und nach seinem Tode erschien, von A. Rahlfs von Pf
48, 18 an zu Ende geführt Psalterii graeci quinquagena prima a P. de L. in
usum scholarum edita (Gott. 1892 66 S. 4⁰).

Auch die einzige noch zu erwähnende Ausgabe unseres Jahrhunderts, die von
Swete, giebt keine Textbearbeitung: The Old Testament in Greek according to
the Septuagint edited for the Syndics of the University Press by Henry
Barclay Swete, DD. Cambridge at the University Press. Vol. I. Genesis —
IV. Kings 1887. II. Chronicles — Tobit 1891. III. Hosea — IV Maccabees
1894. Second edition I. 1895. II. 1896; daraus einzeln The Psalms 1889.

Diese von Scrivener schon 1873 beantragte Ausgabe ruht auf den ältesten bis jetzt in
zuverlässiger Gestalt veröffentlichten Handschriften: der Text ist der des codex Vaticanus,
der in der ersten Ausgabe nach dem Fakfimile-Druck von Vercellone-Cozza benutzt, für
den 3. Band und die 2. Auflage der beiden ersten nach der Photographie revidiert wurde.
Wo B fehlt, traten der Alexandrinus A und Sinaiticus (א) ein: A für Gen 1, 1—46, 28.
2 Bao. 2, 5—7. 10—13. 1—4 Maf; א für Pf 105, 27—137, 6. Für den Apparat wurden
außer den schon genannten 2 Hdschrr. אA benutzt: für Bd I DEF, Bd II CRTU, Bd III
OQVZ ΓHΠ; für Daniel die syrische Hexapla. Ein Versuch, den Text zu bearbeiten,
wurde nicht gemacht, auch nicht für die Stellen, wo schon frühere Herausgeber das Richtige
in den Text gesetzt hatten; vgl. z. B. Le 5, 4 η ψυχη η ατομος η διαστελλουσα statt η αν
ομοση διαστ.); auch nicht so, daß in der 2. Aufl. das Richtige auf den Rand gesetzt
worden wäre (f. E. Nestle, The Variorum Septuagint. A proposal for a future edition of
Dr. Swete's Old Testament in Greek in Transactions of the Ninth International Congress
of Orientalists, London Vol. II, 1893, p. 57—61); die Ausgabe ist wesentlich bestimmt, als
Grundlage für die neue große kritische Ausgabe zu dienen, mit deren Bearbeitung die Herren
Ad. Brooke vom King's-College und N. Mclean vom Christ's-College von den Verwaltern der
Cambridger Universitätspresse beauftragt sind; und dazu ist sie auch durch ihre zuverlässige Wieder-
gabe des Textes von B durchaus geeignet. Als Ergänzung erschien von Brooke und Mclean soeben
The Book of Judges in Greek according to the text of codex Alexandrinus. Cambr. 1897.

II. Um so mehr entsteht aber die Frage nach den Materialien und den Grundsätzen, welche für die alexandrinische Übersetzung maßgebend zu sein haben.
Die Materialien sind die Handschriften, Tochterübersetzungen, Citate.

1. Die Handschriften. Ein beschreibendes Verzeichnis der Unzialhandschriften
lieferte im vorigen Jahrhundert Stroth in Eichhorns Repertorium Bd 5ff., dann in unserem
Holmes-Parsons in den Vorreden zu den einzelnen Büchern, Tischendorf in seinen

Prolegomena, Lagarde vor feiner Genesis Graece S. 10—16, eine kurze Überficht über die feither bekannt gewordenen Unzialen gab Klostermann (Analecta S. 5). Siehe auch Kenyon S. 58—66. Hier muß möglichfte Kürze erftrebt werden. אA B C find Haupthandfchriften auch für das NT. und die Apokryphen, daher fie fchon PRE³ I, 629 und II, 739—743 befprochen find.

A ("Royal Ms. D V — D VIII") f. PRE³ 1, 629, 34, wo für Babers Fakfimile richtiger 1816—28 angegeben fein follte (das Vorwort in museo Britannico Kal. Julii 1828); 1812 erfchien die Separatausgabe der Pfalmen, die in der großen Ausgabe noch einmal enthalten find. — Die 3 alttestamentlichen Bände von E. M. Thompfons Photographie 1881—1883, 30 Pfd. St. I. Genesis — II. Chronicles 1881, II Hosea — IV Maccabees 1883, III Psalms — Ecclesiasticus 1883. Zuerft erfchienen aus diefer Hdfchr. die Clemensbriefe 1633; 1645 follte fie ganz ediert werden; bef. Abhandlungen von Dubin 1717, Jorte 1759, C. F. Hoole 1891 (cf. Academy July 25. 1891); = Ho III.

Kleine Lücken in Gen 14. 15. 16; 1 Sa 12, 19—14, 9; Pf 49, 19—79, 10. Das alte Inhaltsverzeichnis faßt Gen — Ruth als ομου βιβλια η', Βασιλιων α' — Παραλιπομενων β' als ομου βιβλια ς' zufammen, läßt dann 16 Propheten, Efther, Tobith, Judit, Esra α'. β' (ιερευς) und 4 Makkabäerbücher folgen; dann das ψαλτηριον μετ ωδων, Job, Prov., Eccl., Σοφια παναρετος u. Σοφια Ιησου υιον Σιραχ. Hinter dem NT. ftanden einft die Pfalmen Salomos. (Kenyon p. 60. 128—132). Das erfte Fakfimile in Waltons Polyglotte.

Über B f. PRE³ 1, 629, 11—24. Die von Mai fchon 1827 gedruckte, erft 1857 von Vercellone veröffentlichte Ausgabe ift erft hier zu nennen, weil fie der erfte, wenngleich verunglückte Verfuch ift, die Handfchr. genau wiederzugeben. Über den zweiten, den Fakfimiledruck von Vercellone-Cozza-Fabiani, und die Photographie von 1889. 90, f. u. a. Nestle, Septuagintaftudien II, u. PRE³ Bd 1, 629, 21. Das erfte Fakfimile bei Bianchini; eines auch in Stades Gefchichte Israels; = Ho III.

C (Biblioth. nat. gr. 9) nur 64 Blätter des AT.s, 1845 von Tifchendorf ediert, cf. P. Martin, description technique des MSS p. 4: „le feuillet 138 dont Tischendorf a donné le facsimilé dans son édition, Leipzig 1845, manque aujourdhui; le feuillet contenait Ecclesiaste 5, 5—6, 10. — A. Jacob, notes sur les mss. grecs palimpsestes de la Biblioth. nat. (Melanges Julien Havet 759—770).

D Die Genesis Sir R. Cottons (British Museum: Cotton MS. Otho B VI) einft mit 250 Illuftrationen gefchmückt, durch Feuer 1731 jammervoll befchädigt „one of the most lamentable sights in the MS departement of the British Museum" (Kenyon p. 61), von Ufher und Junius mit der Frankfurter, dann mit der römifchen Ausgabe für Waltons Polyglotte verglichen, fpäter von Grabe kollationiert (gedruckt von Owen 1778), 1747 in den Vetusta Monumenta, quae ... Soc. Ant. Lond. sumptu suo edenda curavit I, 1857 in Tifchendorfs monumenta sacra; dazu Gotch, supplement to Tischendorfs Reliquiae 1888, neueftens (bei Swete I² noch nicht verwertet) Fragments du manuscrit de la Genèse de R. Cotton conservés parmi les papiers de Peiresc à la bibliothèque nationale, publiés par H. Omont. Mémoires de la Société nationale des antiquaires de France, t. 53 p. 163—172 (auch in Sonderdruck 12 p. et 2 planches). Über die Bilder insbefondere J. J. Tikkanen, Die Genesismosaiten von S. Marco in Venedig, Helfingfors 1889, 4° (Acta Soc. Scient. Fenn. XVII) = Ho I.

E Genesis Bodleiana (Bodl. Auct. I. infr. II. 1) VIII. s.; 1853 von Tifchendorf aus dem Orient gebracht, 1857 in den Mon. s. II. veröffentlicht; von H. B. Swete „a new Fragment of the Bodleian Genesis" (Academy 6. June 1891) in Cambridge unter Papieren Tifchendorfs gefunden; cf. Lag., Sept.St.I; Klostermann, GgA 1895. 4. 257.

F (Ho VII) Ambrosianus in Mailand (A. 147 infr.) V. s., 2fpaltig, Accente von erfter Hand; 1864 von Ceriani in Bd III der Monumenta sacra et profana veröffentlicht; die Prolegomena noch ausftehend; an der Verwertung diefer Hdf. bei Holmes erkannte Ceriani: opus Holmesianum resumendum; Gen 31, 15 bis Jof 12, 12 mit Lücken; die Stücke von Jefaias und Maleachi, die Holmes und Tifchendorf der Hdf. zufchrieben (ebenfo noch Kenyon S. 62), gehören nicht zu diefer Hdf.

G (Ho IV und V) Sarravianus, in Leiden (130 Bl. Voss. Gr. Q. 8), Paris (22 Bl. Gr. 17. Colb. 3084) und Petersburg (1 Bl.) V. s., Haupthandfchrift für die hexaplarifche Rezenfion des Heptateuch. Von Patrid Young zuerft erwähnt, bei Mill 1725 ein Fakfimile, mit Ausnahme der 22 Parifer Blätter, die Lagarde (Semitica II, 1879) AG(6 25) mit Hilfe A. Schönes herausgab, von Tifchendorf 1860 in Bd III der Nova Collectio ediert, von Swete nicht benüßt: demnächft in photographifcher Nach= bildung zu erwarten: Vetus Testamentum Graece Codicis Sarraviani-Colbertini quae supersunt in Bibliothecis Leidensi Parisiensi Petropolitana phototypice edita Praefatus est Henricus Omont Lugduni Batavorum A. W. Sijthoff. 1896 fol. (als erftes Stüd der Codices Graeci et Latini quos duce . . . G. N. du Rieu autotypice edendos sibi proponit A. W. Sijthoff Editor Leidensis).

H in Petersburg, Teil von Nu, VI. s. Von Tifchendorf 1855 in Bd I der Nova Collectio ediert. Von Lagarde verglichen (Ankündigung S. 27), von Swete nicht benüßt.

I (Ho 13 und XIII) Oxforder Pfalter, IX. s., mit Randnoten aus Aquila ꝛc.; Lagarde, Specimen S. 3.

K in Leipzig, VII. s.; Bruchftüde von Nu, Dt, Jof, Ri, die Tifchendorf in Bd I der Nova Collectio herausgab, cf. Lagarde, SeptSt. I, 8.

L (Ho VI) die illuftrierte Wiener Genefis, V. oder VI. s.; auf Purpur; 1795 (nicht „1845" wie es S. 101 des gleich zu nennenden Prachtwerks heißt) von Holmes nach Alters Abfchrift herausgegeben (S. 66 a. E. und Rofenmüllers Handbuch 2, 320); von Tifchendorf war eine neue Ausgabe geplant, die überholt ift durch: die Wiener Genefis herausgegeben von Wilhelm Ritter von Hartel und Franz Widhoff Beilage zum XV. und XVI. Bande des Jahrbuches der kunfthiftorifchen Sammlungen des Allerhöchften Kaiferhaufes Mit 52 Lichtdrudtafeln der erften öfterreichifchen Lichtdrudanftalt in Wien nach photographifchen Aufnahmen der K. K. Lehr= u. Verfuchsanftalt für Photographie und Reprodultionsverfahren, 6 Hilfstafeln und 20 Textilluftrationen in Photochromo= typie, Heliogravure, Lichtdrud, Phototypie und Zinlographie Wien (Prag, Leipzig) F. Tempfty 1895 fol. (S. 102—125 der Text in Umfchrift). Der über den Bildern ftehende Text ift zum Teil gelürzt und an einzelnen Stellen nicht ganz ficher lesbar. Seitenftüd zu D.

M (Ho X) Coislinianus I, VII. s., Octateuch und Βασ. α—γ 8,40 mit Lüden; vgl. Lagarde, Symm. II, 140, Ankündigung 3. 27, SeptSt. I, 8; von Wetftein follatio= niert, NT. I, 134); Martin, description technique p. 12; hexaplarifcher Text mit der Bemerlung zu γ Βασ. 3, 46 εντευϑεν διαφερως εχει τα ανατολικα βιβλια.

N (Ho XI) Basiliano-Vaticanus (Vat. gr. 2106, olim Basil. 405) und
V (Ho 23) Venetus gr. 1.
Nach Erich Klostermanns Beobachtung (DLZ 1893, 47. Sp. 1475 6 in der An= zeige von Silberftein, über die im cod. Vat. u. Alex. ꝛc. u. Analecta 9) 2 Teile einer und derfelben Handfchrift, welche das gefamte AT. enthält (mit Lüden). Über N und Breitingers Verwechslung mit der Basler Hdf. Ho 135 f. Wetftein NT. I, 133; weiter Lagarde SeptSt. I, 8; über V wurde Holmes-Parfons nicht rechtzeitig belehrt, daß es eine Unzialhandfchrift fei; nach Vorrede der Sixtina 1586 für diefe benüßt unus Venetus ex bibliotheca Bessarionis cardinalis, et is quoque grandioribus litteris scriptis; Delißfch, Fortgefeßte Studien S. 23; Tifchendorf, Anecdota, 103 bis 109; F. A. Stroth, Lectiones nonnullas codicis graeci V. T. qui in bibliotheca S. Marci Venetiis asservatur recenset, Halae 1775, 4° (Progr.); über die Eu= febianifchen Kanones am Schluffe „of unique fullness" f. Scrivener, Introd.⁴ 1, 244; Swete III p. XIV. (für 1—4 Mal.); H. Omont, Inventaire des mss. grecs et latins donnés à Saint-Marc de Venice par le Cardinal Bessarion (1468) Rev. des bibliothèques 4 (1894) 129—187.

O (Ho VIII) Dublinensis rescriptus, VI. s.; 4 Palimpfeftblätter des Jefaia 30, 2—31, 7; 36, 17—38, 1 in derfelben Hdf., die im NT. Z heißt (Gregory III, 399/400); 1880 von T. K. Abbott ediert Par palimpsestorum Dublinensium; von Swete verwertet III p. XI, nach Ceriani, recensioni 6 der ägyptifchen Textllaffe an= gehörig.

P (Ho IX und 294) Pfalter-Fragmente im Emmanuel-College, Cambridge.

Q (Ho XII) Marchalianus-Claromontanus-Vaticanus (gr. 2125), nach Ceriani VI. s.; fchon Morinus verglich die Hdf. mit b (Exercit. I, IX, 2); für Walton that das Guft. Norwich (VI, S. 123—131), auch) Wetftein bemühte fich um ſie (N.T. I, 134), A. Mai gab in der Nova Patr. Bibl. IV, 318 ein Fakſimile, Tiſchendorf in der Nova collectio IX, 227 (1870) den Daniel und einiges andere heraus, Field bot ſchon 1875 4000 Lire, wenn man die Hdſ. photo(litho)graphieren würde; 1890 iſt es in der Vaticana geſchehen (den Titel: bei Swete III, p. VII—IX). Ceriani ſchrieb dazu eine Monographie de codice Marchaliano seu Vaticano Graeco 2125 Prophetarum phototypica arte repraesentato commentatio, in welcher er den Text als heſychianiſch in Anſpruch nimmt. Ein Fakſimile (Ez 5, 12—17) auch bei Kenyon. Vor Jeſaia und Ezechiel ſind von einer zweiten aber der erſten faſt gleich= zeitigen Hand, der man die hexaplariſchen Randbemerkungen dankt, zwei Einträge aus denen hervorgeht, daß der Randinhalt dieſer Hdſ. auf ein von Euſebius und Pamphilus bearbeitetes Exemplar der Hexapla zurückgeht.

R Der griechiſch=lateiniſche Pſalter von Verona, den Bianchini 1740 in ſeinen Vindiciae canonicarum scripturarum herausgab, nach Lagarde (Specimen, ſ. auch Quinquagena) von Swete verbeſſert; verbeſſert in der 2. Aufl. (Redpath, Academy Oct. 22. 1892: I hope to publish shortly a full collation.)

S heißt bei Lagarde und dem Unterzeichneten der „Sinaiticus", für welchen Swete leider die von Tiſchendorf eingeführte Siegel א beibehielt, die im Druck ſich von andern ſo ſehr abhebt und es unmöglich macht, die ſo bequeme von Lagarde vor= geſchlagene Bezeichnung der Überſetzungen mit hebräiſchen Buchſtaben zu adoptieren (Fritzſche in den Apokryphen: X). Die zuerſt, 1844 entdeckten, 1846 herausgegebenen 43 Blätter bekamen von Tiſchendorf den Namen Friderico-Augustanus, daher die Siegel FA in ſeiner LXX; ein Fakſimile von Jeſ 56, 12 — Jer 1, 7 in Nov. coll. I (1855), von Gen 24, 9. 10. 41—43 in II (1857) und in der Appendix (1867), wo noch weitere kleine von Porphyrius entdeckte Stücke aus Gen 23—24, Nu 5—7. Der Hauptteil der Hdſ., 1859 entdeckt und 1862 in Petersburg heraus= gegeben; ſ. das Supplementum zu den Ausgaben 6 und 7 von Tiſchendorf; in Swete I, p. XX. Eine Nachprüfung nach dem Original iſt nicht überflüſſig, wie eine Ver= gleichung des Fakſimiles der Stade G3. II mit der in Tiſchendorfs Septuaginta= ausgabe gebotenen Notation zeigt. Der Korrektor, den Tiſchendorf Cᵃ nennt, und von dem die Schlußbemerkung hinter dem Eſtherbuch herrührt, benützte namentlich im Pſalter ein Exemplar der Euſebianiſchen Textrezenſion. Vgl. dazu F. C. Conybeare, on the codex Pamphili and the date of Euthalius (Journal of Philol. 23 [1895] 255); Bouſſet, ThLZ 1897, 2. Über das ſeltſame Verſehen der Handſchrift im εσδρας β, wo unter der Überſchrift 1 Chr 11, 22—19, 17 ſteht und mitten in die Zeile von αυτον zu κυριος in Esra 9, 9 übergegangen wird ſ. J. Gwynn, bei Lupton=Wace, Apocrypha I, 1. Die Frage ob S eines der 50 von Konſtantin beſtellten Bibelexemplare, teilweiſe von demſelben Schreiber wie B herſtamme, ob die Heimat der Weſten oder Ägypten ſei, muß den neuteſtamentlichen Paläographen überlaſſen werden. Die von H. Brugſch= Bey als „Neue Bruchſtücke des Codex Sinaiticus" (Lpz., Hinrichs 1875 III, 4 S. qu. gr. Fol. 10 Mk.) herausgegebenen Stücke aus Le 22, 3—23, 22 haben mit Tiſchen= dorfs Hdſ. rein nichts zu thun, wie v. Gebhardt ThLZ 1876, S. 28 zeigte. Brugſchs Hdſ. iſt identiſch mit der Nummer 15 in J. R. Harris, Biblical fragments from Mount Sinai (London 1890).

T (Ho 262) das Psalterium Turicense purpureum, VII. s., das Breitinger 1748 beſchrieb, Tiſchendorf 1869 in den IV. Band der N. C. aufnahm, darnach Swete be= nützte. (Tiſchendorfs Abdruck ſcheint manche Fehler zu enthalten, vielleicht gleich im erſten Wort.)

U Papyrus=Fragmente der Pſalmen im Britiſchen Muſeum (pap. XXXVII.) ſ. Tiſchendorf in ThStK 1844 Neuer Beitrag . . . Mit Beigabe einer Notiz über die griechiſchen Pſalmenpapyrus zu London; 1855 in Bd I der Monumenta sacra inedita ediert; nach Tiſchendorf saeculis quinto et quarto antiquior, nach den neuen Papyrusfunden von Gardthauſen ins 7. Jahrhundert verlegt. Eigentümlicher Text; nur 10,2—18,6; 20,14—34,6 ſ. Swete.

V ſ. oben N.

W (Ho 43) Pariſer Pſalmenfragmente.

X (Ho 258) vatikaniſche Hiobhandſchrift; IX. s., mit einzelnen Lücken.

Y die kleinen Propheten, in Turin; Stroth 8, 203.

Zᵃ⁻ᶜ kleine Fragmente in Tiſchendorfs Nova Collectio I u. II.

Zᵃ aus β Βασ. 22. 23, γ 13. 16. 17 I, 177—184. cf. Lag., Ank. 27.

Z^b aus Jeſ. 3. 5. 29. 44. 45 I, 185 198, nach Ceriani, recensioni 4 =
Lucian; von Swete als Z benützt. Z^c aus Ez 1, 16—5, 4; II, 313f., nach Cornills
Ezechiel aus Lucian; nach Cerianis commentatio zu Q p.48.101 hat er weitere Bruchſtücke
dieſer Hdſ. als Palimpſeſt in cod. vat. syr. 162 gefunden. Z^d aus γ Baσ.8, 58
9,1, II, 315f., Lag. Ankünd. S. 27. Z^e aus Pſ 142. 143. 145. II, 319f., Swete II.
Soweit Lagardes Liſte von 1868; daran reihen ſich drei weitere von Swete in
Bd III benützten Unzialen *FHI*.

F Codex rescriptus Cryptoferratensis. Ein Prophetenpalimpſeſt des VIII. oder
IX. s., von Cozza 1867 veröffentlicht in Bd I der Sacrorum bibliorum vetustissima Fragmenta (ſ. Swete p. IX und vgl. Kamphauſen ThStR 1869, 745).

H Fragmenta rescripta Bodleiana (MS. Gr. Bib. d. 2 [P]., V., wenn nicht
IV. s.; Bel u. Drac. nach Theodotion (Swete p. XIV).

I Fragmenta Tischendorfiana libri quarti Maccabaeorum, nach Tiſch. VII.,
eher IX. s., in Bd VI, 399 der N. C.; Swete p. XVI.

Noch nicht verglichen ſind — nach PRE¹ I, 630,8 die von Tiſchendorf nach Petersburg verbrachten, von ihm ins 6. oder 7. Jahrh. verlegten und für den nicht erſchienenen
8. Band der N. C. beſtimmten Palimpſeſtfragmente der Weisheit und des Sirach;
weiter einige Blätter eines von ſehr roher Hand vielleicht im 7. oder 8. Jahrhundert
geſchriebenen Pſalters, welche das Britiſche Muſeum kürzlich erwarb (Kenyon 1896 p. 66).
Siehe auch Catalogue of Additions to the Manuscripts in the British Museum in the
years 1888—1893 (Lond. 1894) p. 410: Pap. CCXII. Gen 14, 17; p. 413: Pap.
CCXXX Pſ 11, 7—14, 4.

Unter den Biblical fragments from Mount Sinai, welche J. R. Harris 1890
veröffentlichte, befinden ſich 6 zum AT. gehörige Stücke zu Nu, Ri, Ruth, Pſ (ſ. auch
Studia Sinaitica I p. 96. 97), darunter Nr. 15 bisher bekannt = Brugſchs Neue
Bruchſtücke, S. 13, 39, Nr. 5 iſt ein Fragment des Sirach aus Jeruſalem.

Ein Fragment einer Unzialhandſchrift der Proverbien 23, 21—24, 35 entdeckte
H. A. Redpath in Benedig (Marc. gr. XXIII ſ. MSS. of the LXX and Catenas at
Milan, Verona and Venice. The Academy. Oct. 22. 1892, 362ᵇ—364ᵃ), noch voll-
ſtändiger bei E. Kloſtermann, Analecta 34—38.

W. H. Hechler, an ancient papyrus MS. of the Septuagint (Transactions of
the ninth international Congress of Orientalists (1892) London vol. II (1893)
p. 331—333 giebt ein treffliches Faſſimile von 2 der 32 Seiten einer Prophetenhand-
ſchrift, welche 1892 in ſeinen Beſitz kam, Stücke von Sach und Mal enthält und von
ihm noch vor 300 angeſetzt wird. Durch ein heiteres Mißverſtändnis paradiert ein
Faſſimile dieſes Papyrus (Sach 12, 2—3) im Daheim 1893 Nr. 21 als Faſſimile des
Petrusevangeliums.

Ein Stück eines Blattes eines Papyrus-Buchs (nicht: Rolle) des 4. Jahrhunderts
enthaltend Ez 5, 12—6, 3 mit den kritiſchen Zeichen des Origenes, alſo kaum 100 Jahre
nach deſſen Tod geſchrieben, veröffentlicht bei B. P. Grenfell, an Alexandrian Erotic
Fragment and other greek Papyri, chiefly Ptolemaic. Oxford 1896, 4° S. 9—11,
mit Ausnahme eines noch kleineren Stücks des Jeſaia in der Sammlung Rainer das
älteſte Stück dieſer Art (Bodl. MS. Gr. Bibl. d. 4[P].) Ebenda p. 11. 12. Sach
12, 10. 11. 13, 3—5 (Bodl. MS. Gr. Bibl. e.4 [P].), Fragment eines kleinen Per-
gamentbuchs. Ebenda p. 12. 13. Cant. 1, 6—9 (Bodl. MS. Gr. Bibl. g. 1 [P].),
Fragment eines Papyrusbuchs des ſechſten oder ſiebenten Jahrhunderts; ſchon er-
wähnt bei Kloſtermann S. 5 nach Grenfell, Academy 2. June 1894. Über das nach
Chr. Papadopulos im Σωτηρ angeblich in einer Bibliothek in Damaskus befindliche
Gegenſtück des codex Sinaiticus ſiehe Lambros Athenaeum 1890, I. 149. 405, ebenda
Bliß 372; Neubauer in der Times vom 12. Febr. 90; Reinach, Rev. Archéol. Sep.-
Okt. 1890, 264. Über die griech. Papyri vgl. C. Häberlin, CBl. f. Bibl. Weſ. 1897, H. 1 ff.

Pſalterien in griechiſcher Unzialſchrift oder Fragmente von ſolchen, ebenſo in
lateiniſcher Tranſkription giebt es in größerer Zahl; ſ. Weſſely, Wiener Studien 1882, 2;
Lagarde, specimen 3 f., G (cod. sancti Galli 17), L (Monacensis 251), W (Bam-
bergensis A 1, 14, das bekannte Psalterium quadruplex Salomos III. von
Reichenau vom Jahr 909; Pr. Leitſchuh, Katalog der Hdſſ. der K. Bibl. zu Bamberg I, 1 (1895), S. 36—39; C. L. F. Hamann, Canticum Moysi ex Psalterio
quadruplici Salomonis III. Jenae 1874 [oder Lips. 1873] beſ. S. 37). Zu den
dort aufgezählten kam ein im Archiv der Münſterkirche zu Eſſen aufgefundenes Exemplar,
vielleicht das älteſte dieſer Art CBl. f. Bibl. Weſ. 1895, Heft 2 3.

Von den Unzialen unterscheidet man herkömmlicherweise die **Minuskelhandschriften**, die seit Holmes=Parsons sehr vernachlässigt worden sind; sehr mit Unrecht scheidet man sie von jenen wie durch eine tiefe Kluft. Swete hat sie ganz ausgeschlossen, insofern mit Recht als von den meisten noch keine zuverlässigen Kollationen vorliegen, ebenso Lagarde in seinem Psalter=Specimen und in seiner Quinquagena. Wenn aber für dies Buch in neuster Zeit vorgeschlagen wurde, sie einstweilen ganz beiseite zu lassen, da hier die Varianten der Minuskeln am unbedeutendsten scheinen und die Zahl vollständiger Unzialen besonders groß sei (Klostermann S. 7), so ist das hier so wenig gerechtfertigt, wie beim NT., wo auch bis in die neueste Zeit die Minuskeln sehr unterschätzt wurden. Eine ganz junge Hdf. kann einen sehr alten und sehr guten Stammbaum haben, zumal wenn sie in einem abgelegenen Land kopiert wurde. Um nur ein Beispiel anzuführen. Wie im NT. Lesarten, die auf Marcion zurückgehen oder jetzt im syrischen Sinaipalimpsest gefunden wurden, uns durch keine Unziale, sondern nur durch Minuskeln bezeugt sind z. B. Mt 1, 16; Lc 11, 2, so ist z. B. eben im Psalter die Überschrift πεμπτη σαββατου zu Pf 81, die sich durch ihre ganze Art als altes Gut ausweist, nur in der einen Hdf. Ho 156 (Basel A VII, 3 = Lagardes D) nachgewiesen die den Minuskeln wenigstens sehr nahe steht (B. Jakob ZatW 1896, 289); oder vergleiche Ho 55 (vat. 1, Christinae) z. B. zu ψ 17, 17; im Sirach deckt sich der Text des Syro=Hexaplaris fast vollständig mit der völlig singulären Minuskel Ho 253, mit Ho 248 vgl. jetzt the original Hebren zu Sir 43, 26 (Nestle, Marginalien S. 49, 51 f., 58; ebenda S. 45 über die Minuskel 58 zu Judith). Übrigens hat gerade Klostermann in seinen Analecta angefangen sehr dankenswerte Beiträge zu dieser Klasse von Hdf. zu veröffentlichen. Was von Cambridge in dieser Hinsicht zu erwarten ist, entzieht sich bis jetzt der allgemeinen Kenntnis. Im folgenden sollen nur gelegentliche Notizen zu einzelnen derselben mitgeteilt werden; Klostermanns Aufschlüsse sind in den Analecta nachzusehen, vgl. auch Amersfoordt p. 123—130.

Ho 13 = Lag., Spec. 3. 16 für b kollationiert (Batiffol, la Vaticane p. 91). 19 Blanchini, Vindiciae 279—288, Lag., Ankünd. 20. 26. SeptSt. 1, 9. 25 Lag., Gen 5 Ankünd. 26, eine der aus Tübingen nach München entführten Hdf. (R. Roth, Die fürstliche Liberei auf Hohentübingen und ihre Entführung im Jahre 1635, Tübingen 1888, S. 40. 4°). 27 Lag., Gen 5, Psalt. Hier. XII—XV, Spec. 3., Quinq. III. 29 Lag., Gen 6, SeptSt. 1, 11. 32 Scrivener, Introd.⁴ I, 224. 39 Lag., Spec. 2 = E. 43 Lag., Spec. 2 = F. 44 Lag., Gen 7, Ant. 20. 27; über seine Übereinstimmung mit den Jubiläen Rönsch (1874) 204. 342 n. 3. 372. 411 n. 2; im NT. Gregory 644, Scriv. 605 (I⁴, 261). 51 für b kollationiert. 54 Lag., Ant. 27 = k, SeptSt. 1, 11. 60 Walton, Polngl. 6, 121/3; Harris, Origin of Leicester codex p. 21. 61 Scrivener ⁴I, 329. 62 Burkitt, rules of Tyconius p. CVIII. 67 Harris, Leicester codex p. 20. 68 Scrivener⁴ I, 219. 72 Tischendorf, Selbstanzeige seiner Appendix codd. celeb. LCBl 1867, 27. 75 stimmt oft mit Philo: Hornemann 41; Owen, an Enquiry p. 90; Lagarde, Ant. 4 = o. 82 Lag., Ant. 26 = f. 86 Walton, Polngl. VI, 131—137. 87. 88 Chisianus, LXX zu Daniel; über das dunkle Verhältnis dieser Nummer f. Field an der bei Swete III p. XII. genannten Stelle und Tischendorf⁷ I, 37 n. 3. 93 Lag., Ant. 20. 26. 106 Lag., Anm. zu Prov. 10, 18; Ankünd. 27, vielleicht von Steuchus Eugubinus 1529 benutzt (zu Gen 19, 2); Swete II, p. VII n. 2, mit 44 nächstverwandt. 107 Lag., Ant. 27. 108 Lag., Ant. 3. 4. 20. 26. SeptSt. 1, 9. 118 Lag., Ant. 20. 26. Symm. 2, 143. SeptSt. 1, 11. 122 = NT. 206 Evv. 127 Lag., Ant. 3 130 Lag., Ant. 26. 132 Gregory, NT. 3, 783 n. 84. 135 wie 25 einst in Tübingen, R. Teuffel, Tüb. Gymn. Progr. 1876, 14; f. Wetstein NT. 1, 132; 1607 von Höschel benützt. Lag., Gen 6, Ant. 5. 6; Orient. 2, 61. 156 Wetstein, Prol. 36, NT. 1, 134; Lag., Spec. 2 und Quinq. III (= D). 157 cf. Wetstein NT. 1, 132 „Omnes variantes istas lectiones, Editioni L. Bos am adscriptas, cum collatione MS. Cottoniani, Marchaliani, Coisliniani et Sarraviani, item cum Hoeschelii Editione Siracidae aliisque multis adhuc servo, unde Hexapla Montfalconii et in plurimis emendari et altera forte parte augeri possit. 158 kollationiert von Wetstein, Dez. 1719. Proleg. u. NT. 1, 132. 188 Lag., Spec. 3, oft mit 156 gehend (Jakob). 190 Lag., Spec. 3. 198 = ev. 33 die Königin unter den Cursiven. Burkitt, Tyconius p. CVIII. 206 Facsimile bei Harris, Leicester-Codex. 248 Nestle, Marginalien 58, J. R. Zenner ZkTh 1894. 253 f. D. v. Gebhardt, Psalmen Salomos 25 ff. 262 Lag.,

Spec. 4. 294 Lag., Spec. 3. 296 scheint schon von Drusius benützt worden zu sein. *307 wie 25.

Klostermann (Analecta 5) meint, die Zahl der Minusteln werde sich heute mindestens auf das Doppelte der Holmesschen stellen; eine der ältesten soll cod. 2 SSep. in Jerusalem sein (Harris, Library of the Holy Sep. 16 f.). Von neu= testamentlichen Minusteln kommen in Betracht aus der Liste bei Gregory (Tisch.⁸ III) Ev. 33, 142 (205, 206), 218, 242, 339, 393, 491, 606, 664, 823, 941, 1030, 1149, Paul. 76, Ap. 58.

Gedruckte Minusteln sind die Leipziger, Paulino-Lipsiensis, nach welcher von Jo. Fr. Fischer 1767 Exodi particula atque Leviticus, 1768 Numeri et Particula Deuteronomii herausgegeben wurde (Bahrdt, Vorrede zur Hexapla, Rosen= müller, Hdb. 2, 323 f.) und die Catena Nicephori, Lips. 1772. 73 (Octateuch und I—IV Reg.).

Über die Petersburger Hds. gr. 62, die Londoner (Mus. Brit. 20002) s. Lagarde SeptSt. 1, 9—11. In der jetzt in Jerusalem befindlichen Bibliothek des Klosters Saba sind nach dem Katalog von Papadopulos Kerameus (Bd 2, 1896) eine Hds. von Tobit, 52 (54) des Psalters, 8 zu den Propheten.

Lektionarien. Noch mehr vernachlässigt als die Minusteln waren bis in die neueste Zeit die Lektionarien oder kirchlichen Perikopenbücher; und doch sind sie als amtliche und verhältnismäßig leicht zu lokalisierende Bücher sichere Zeugen für den Text ihrer Kirchenprovinzen. Die kleinen Änderungen z. B. am Anfang einer Perikope durch Zufügung des Subjektes oder eines einleitenden Satzes lassen sich leicht als solche erkennen. Für diese Art Bücher wurde die alte Unzialschrift noch in später Zeit festgehalten, daher ihre Datierung, wo andere Bestimmungsmittel fehlen, nicht immer leicht ist. Der großen Zahl neutestamentlicher Lektionarien gegenüber ist die der alttestamentlichen verhältnismäßig klein. Viele der ersteren enthalten auch Stücke des AT.s, namentlich den Psalter. Vom Evangelistarium 6 z. B. sagt Scaliger: Graecus textus ex Prophetis et NT., Wetstein nennt nur fragmenta pauca ex psalmis, Evv ꝛc. meint aber scriptis literis maiusculis similibus codici Prophetarum, qui olim Cardinalis Rupefucaldi fuit (= Q). Folgende Lektionarien bei Gregory (Tisch.⁸ III) haben alttestamentliche Bestandteile Evʳ 55. 84. 179. 185. 191. 207. 208. 215. 226. 228. 234. 237. 267. 268. 293. 315. 324. 443. 473. 475. 476. 506. 556. 573. 759. 829. 900. 908. 932. Apost. 24. 40. 79. 84. 118. An die Handschriften reihen sich die

Tochterübersetzungen, die für G von besonderer Wichtigkeit sind, die äthiopische, armenische, arabische, bohairische, lateinische, sahidische, syrisch=hexaplarische, palästinisch=syrische, (s. Lag. Gen. Gr. 18, SeptSt 1, 9 Quinq. IV), die unten zur Sprache kommen; endlich als dritte Klasse von Zeugen

die Citate der Schriftsteller, von den jüdischen der Ptolemäerzeit ab. Da die Schriftsteller nach Zeit und Vaterland meist bekannt sind, haben ihre Citate um so größere Bedeutung, vorausgesetzt, daß der Schriftsteller wörtlich citierte, der Abschreiber genau kopierte, der Herausgeber korrekt verfuhr. Leider treffen diese 3 Bedingungen nicht allenthalben zu. Der Schreiber unserer ältesten Justinhandschrift war zu bequem ein längeres Bibelcitat ganz auszuschreiben und setzte και τα εξης, anderswo selbst noch im 19. Jahrhundert wurde der Text nach späteren Rezensionen geändert (vgl. den Streit über die Gestaltung der Bibelcitate in der Wiener Ausgabe Augustins zwischen Weihrich und seinen Rezensenten, Zycha u. s. w.). Wie es mit Philo steht, zeigte 1841 J. G. Müller in seiner Ausgabe des Buchs von der Weltschöpfung (Lag. Mitt. 2, 53) und zeigt Schürers Anzeige von H. E. Ryle, Philo and Holy Scripture or the quotations of Philo from the books of the O. T. (London 1895) in ThLZ 1895, 19 und jetzt der erste Band der neuen Philo=Ausgabe von Cohn und Wendland. Alle bisherigen Untersuchungen werden der Revision nach neuen Ausgaben bedürfen, doch seien erwähnt für Philo die Arbeiten von Hornemann 1773. 75. 78, Siegfried, Drummond, Conybeare (Jew. Quart. Rev. Jan. 1893, 246—280), Ryle; für Josephus: Spittler 1779, Scharfenberg 1780 Mcz (die Bibel des Josephus untersucht für Buch 5 7 der Archäologie, Basel 1895, sehr wichtig!)

Über die alttestamentlichen Citate im NT. ist die Litt. fast unübersehbar: Franc. Junius 1588. 4° (1605 fol.); Jo. Drusius 1588. 4°; Kesler 1627 (1673. 1701); A. Calovius (Comment. . . . super August. conf. 1647 p. 720—765); Lud. Capellus, Joh. Melchior 1693, Ge. Jo. Henke 1709. 11 (oft seinem Präses J. H. Michaelis zugeschrieben), Surenhusius 1713; Joh. Steenbuchius 1716. 17.

Jo. Grammius (Havniae 1722. 40 S. pars 2—8 = S. 1—320 1724—1733) ꝛc.; Boehl 1873; Kautzsch (Paulus) 1869; Stgerd ZwTh Bd 35. 36. 38; Vollmer (Paulus) 1895; Frankl. Johnson (1896), Toy. Über Quotations of the Septuagint by Clemens Romanus hielt der Greenfield Lecturer W. Eustace Daniel eine Vorlesung in Oxford (Acad. 28. Nov. 91); die Citate Justins bearbeitete schon Stroth; on early und on composite quotations from the Septuagint handelt der 4. u. 5. von Hatch's Essays on biblical Greek (1889 p. 131—202—214). Über Chrysostomus vergl. Lagarde vor seiner pars prior; aus Augustin hat derselbe ein Register von (29540 neutestamentlichen und) 13276 alttestamentlichen Bibelstellen angelegt (Göttingen Hdf. Lagarde 34; siehe ebenda die Nummern 31—33. 35—37 aus Basilius, Chrysost., Constit., Philosophumena, Lucifer, Hieronymus, Hilarius, Ambrosius, Fulgentius. Über Cyrill Alex. zu Ezechiel s. Cornills Buch 1886. 71—76. Von (einem) Anastasius teilt Field zu Gen 2, 8 mit: καϑα εἰς τα ακριβη και ανουϑεντα και αρχαια των αντιγαφων μετα πολλης της ακριβειας ευρηκαμεν, εἰς τα υπο Κλημεντος και Ειρηναιου και Φιλωνος του φιλοσοφου και του τα ἕξαπλα συστησαμενου στιχϑεντα. Wenn wir diese noch hätten! Erst wenn die griechischen Väter vor Eusebius in zuverlässigen Ausgaben vorliegen werden, ist eine sichere Verwertung dieser Zeugen möglich.

IV. Die Grundsätze für Bearbeitung und Beurteilung der alex. Übersetzung ergeben sich aus ihrer G e s c h i c h t e.

Am einschneidendsten sind die Arbeiten des O r i g e n e s geworden. (Vgl. außer dem Hauptwerk von Fr. Field, (Origenis Hexaplorum quae supersunt Oxf. 1875. 2 vol. 4º) L. Méchineau la critique biblique au 3º siècle. (II) Les recensions d'Origène, de S. Lucien, d'Hésychius et nos textes grecs actuels in Etudes relig., philos., hist. et lit. 1892 mars 424—453). Von seiner und seiner Zeitgenossen Wahrnehmung ausgehend, daß bei Disputationen mit Juden die von diesen citierte hebräische Bibel nicht mit den in den Händen der Christen befindlichen griechischen Handschriften stimme, hat er in der sogenannten Hexapla den hebräischen Text in Originalschrift und in griechischer Transkription mit der kirchlichen Übersetzung und den andern ihm zugänglichen Übersetzungen, insbesondere denen des Aquila, Symmachus und Theodotion zusammengestellt und mit Hilfe der von Homerkritikern entlehnten Zeichen Asteriskus und Obelus — über die weiteren noch nicht ganz sicher gedeuteten Zeichen Lemniscus und Hypolemniscus siehe Field I — die von ihm wahrgenommenen Abweichungen der griechischen Kirchenbibel von den ihm vorliegenden hebr. Handschriften in der ersteren bezeichnet. Daneben hat er eine kleine Ausgabe Tetrapla veranstaltet, welche nur die 4 namhaft gemachten Übersetzungen enthielt. Bei einzelnen Büchern erhielt das Gesamtwerk sogar acht, ja neun Spalten, während späterhin die Septuagintaspalte mit oder ohne kritische Zeichen für sich allein kopiert und nur auf dem Rand eine Auswahl der wichtigsten Varianten der andern Übersetzungen verzeichnet wurde. Während man bisher annahm, daß dieses riesenhafte Unternehmen, zu welchem der Senator Ambrosius Mittel zur Verfügung stellte, nie ganz kopiert und so mit des Origenes Bibliothek in Cäsarea zu Grund gegangen sei, hat Giovanni Mercati 1896 in einem Palimpsest der Mailänder Bibliothek erstmals eine Handschrift entdeckt, welche uns in 5 Spalten größere Stücke der Psalmen hebr. in griechischer Umschrift — die hebr. Spalte in hebr. Schrift blieb weg —, nach Aquila, Symmachus, der Septuaginta und Theodotion vorführt und in einer sechsten Spalte noch Varianten bietet. S. Giov. Mercati, Un Palimpsesto Ambrosiano dei Salmi Esapli. Estr. dagli Atti della R. Accademia delle Scienze di Torino, Vol. 31; Ant. Ceriani, Frammenti esaplari palinsesti dei salmi nel testo originale, scoperti dal dott. ab. G. Mercati, Estratto dai „Rendiconti" del r. Ist. Lomb. di sc. e lett., Serie II, Vol. 29; vgl. E. Nestle, Allg. Zeitg. 96. 29. Mai B., ThLZ 96, 14 Driver, Acad. 1. Aug. 96, E. Klostermann, ZatW 1896. 2. 334/7.

Von den obengenannten Handschriften gehen vor allem G u. Q mit Beibehaltung der kritischen Zeichen, ohne diese noch manche andere, als „tryptohexaplarische" zu bezeichnende Handschriften auf Origenes zurück, in den Büchern der Könige vor allem A; aber auch B scheint von Origenes abhängig (s. Nestle, Sst II). Von Übersetzungen die erste Arbeit des Hieronymus am Psalter und Hiob, ebenso die syrische des Paul von Tella. Nach einer in neuerer Zeit sehr betonten Stelle des Hieronymus haben namentlich Eusebius und Pamphilus in und um Palästina diesen Text verbreitet, s. die S. 73 bis angeführten Unterschriften aus Q u. S. Wie weit Origenes sich erlaubte, den ihm vorliegenden griechischen Text stillschweigend zu bearbeiten, z. B. die Eigennamen nach dem Hebräischen zu ändern, ist noch die Frage. Vgl. dazu C. H. Cornill, bietet der Codex Vaticanus B uns den Bibeltext in der Rezension des Origenes (GgN 1888. 8. 194—196.

Von Wichtigkeit ist es, von Origenes unabhängige Textgestalten zu gewinnen. Solche liegen uns vor zunächst aus nachorigenistischer Zeit vor allem in der Rezension des antiochenischen Märtyrers Lucian (c. 310), die nach dem Zeugnis des Hieronymus von Antiochien bis Konstantinopel gebraucht, von Ceriani, Field, Lagarde erstmals mit Sicherheit bestimmt, von letzterem für Gen—Esther 1883 in der Pars Prior nach den Hdss. Ho 19. 44. 82. 93. 108. 118. herausgegeben wurde. Vgl. außer den Genannten auch G. Bickell, die Lucianische Septuagintabearbeitung nachgewiesen ZkTh 3 407—411. Über die Handschriften der späteren Teile des AT.s, welche diese Rezension enthalten, s. bes. Ceriani, Le recensioni dei LXX e la versione latina detta Itala. (Nota ... letta al R. Istituto Lombardo 18. Febr. 1886) und in seiner Commentatio zu Q, ebenso Cornill vor seinem Ezechiel (1886). Wie weit der Antiochener Lucian bei seiner Revisionsarbeit neben dem hebräischen Text auch andere beigezogen, vor allem die Peschito, hat nach Anregung des Unterzeichneten (s. Marginalien 45) Th. Stockmayer in ZatW 1892. 218—223 für die Samuelisbücher untersucht. Besonders auffallend ist, daß viele Eigentümlichkeiten dieser Rezension sich auch in Zeugen der altlateinischen Über= setzung finden (s. Driver, Notes on Samuel p. LI), ja (nach Mez) schon bei Josephus. Ob die mit Lucian sich besonders nahe berührenden Randtexte der lat. Hds. von Leon direkt aus dem Griechischen übersetzt sind, ist nicht sicher, aber wohl möglich (s. zuletzt Burkitt, the Old Latin and the Itala p. 10. 34; dagegen S. Berger, Bull. crit. 1896, 25, 485, der darüber sehr überrascht sein würde). Da eine Hds. dieser Klasse für die komplutensische Polyglotte benutzt wurde, bietet diese wesentlich die Lucianische Revision, die, um es nochmals zu wiederholen, mit der ursprünglichen alexandrinischen Übersetzung so wenig verwechselt werden darf, wie die englische Revised Version mit der von 1611.

Eine dritte Rezension brauchte man nach dem Zeugnis des Hieronymus zu seiner Zeit in Alexandrien und Ägypten, die des Hesychius, die man noch nicht so sicher, wie die des Lucian feststellen konnte, s. Ceriani, Cornill, Field. Ceriani suchte zuletzt ihren Einfluß auch in Q, andere, zumal für das NT. in B (Bousset, Textkritische Studien zum NT. 1894 TU XI, 4). Eine wichtigere Aufgabe scheint es, einen oder den vorhexaplarischen Septuagintatext herzustellen, wozu außer den Citaten bei Philo und den älteren Kirchenlehrern namentlich die altlateinische Übersetzung dienen mag. Von den griechischen Handschriften ist noch keine mit völliger Sicherheit als beste kon= statiert; die Untersuchung ist für die einzelnen Gruppen des AT.s besonders zu führen, da die Übersetzung jeder Büchergruppe (Pentateuch, bez. Heptateuch oder Oktateuch, Propheten, Poetische Bücher) eine eigene Geschichte hatte, ehe um die Wende des dritten und vierten Jahrhunderts Handschriften der gesamten Bibel oder des ganzen AT.s (πανδεκτης, bibliotheca) zu stande kamen.

Die Untersuchungen, welche Bücher von demselben Übersetzer bearbeitet wurden, sind gleichfalls noch nicht mit genügender Sicherheit geführt; Anfänge bei Bos, dann insbesondere für den Pentateuch bei Frankel, Vorstudien. Die Übersetzung von Ri (in cod B) Ruth, 2 (auch 3 u. 4) Rg hat z. B. für אנכי εγω ειμι zum Unterschied von אני (εγω ειμι γιαλω, εγω ειμι ουξ ημαρτον, εγω ειμι εντειλομαι (so zu lesen 2 Rg 12, 7. 13, 28), sogar εγω ειμι εσομαι Ruth 2, 13 (Holmes). Der Übersetzer des Koheleth giebt את als nota accusativi durch συν mit Akkusativ wieder, wie Aquila, daher diese Übersetzung für letzteren in Anspruch genommen wurde.

V. Wert der Übersetzung. Die Genauigkeit der Übersetzung beziehungsweise die Übereinstimmung mit unserem massoretischen Text ist bei den einzelnen Büchergruppen sehr verschieden. Im Pentateuch weichen beide Zeugen nicht sehr von einander ab; außer in Ex. von c. 36 an und in Nu; nichtsdestoweniger stimmt G an mehr als 1600 Stellen mit dem Samaritaner gegen den massoretischen Text überein. Dies erklärte man entweder aus Benutzung des Samaritaners von Seiten der Griechen (so insbes. Joh. Matth. Hasencamp 1765) oder den Griechen durch den Samaritaner; in Wirklichkeit wird unsre heutige massoretische Rezension später als jede der beiden genannten sein, die beide unabhängig von einander aus hebräischen, einander noch ähnlichen Handschriften geflossen sein werden.

Am Buch Josua zeigte J. Hollenberg (Mörs, Progr. 1876 4°), daß die griechische Übersetzung nicht bloß für die sogenannte niedere Kritik von Wert sei, sondern noch in die Fragen von der Komposition der biblischen Bücher hereinspiele. Noch mehr gilt dies von den Samuelisbüchern s. Thenius, Wellhausen, Driver, Budde. Für kein Buch, auch für die am freiesten oder ungenauesten wiedergegebenen, ist die alexandrinische Übersetzung ergebnislos, wenn auch die Urteile über das Maß ihres Wertes noch heute auseinandergehen. Hitzig hatte vollständig recht, wenn er die alttestamentlichen Interpretierübungen im theologischen Seminar in Heidelberg mit der Frage und Aufforderung an die Studenten einzuleiten pflegte: „meine Herren, haben Sie eine Septuaginta? wenn nicht, so verkaufen Sie alles, was Sie haben, und kaufen sich eine Septuaginta" (Vorlesungen über biblische Theologie hrsg. von J. J. Kneucker 1880. S. 19).

Besonders groß sind die Abweichungen in Jeremia (s. Spohn, Movers, Wichelhaus, Graf, Scholz, Workmann, Giesebrecht, Streane), und im Hiob, in dessen griechischem Text Origenes bald 3—4, bald 14—15, Hieronymus im ganzen 700—800 Stichen vermißte. Bickell zählte 373—393 Stichen, die Origenes unter Asterisk eingefügt habe, Ciasca fand nach der sahidischen Übersetzung 360 + 16. Sind das willkürliche Auslassungen des Griechen oder ist unser hebräischer Text eine spätere Überarbeitung und Ergänzung? Beide Thesen haben ihre Vertreter gefunden. Auch in den Proverbien erstreckt sich die Verschiedenheit auf Weglassung oder Zufügung ganzer Versglieder (s. bes. Lagarde, Baumgartner). So groß die Zahl der Werke zur Untersuchung ist, so fehlt es zur Zeit noch an einem zusammenfassenden Werke, das die bisherigen Ergebnisse weiteren Kreisen zugänglich machen würde, wie an den nötigen Detailuntersuchungen. Die Cambridger Universitätspresse hat schon 1895 eine Introduction to the Septuagint. For the use of Students von H. B. Swete angekündigt, der man mit Spannung entgegensehen darf. Die Clarendon Press in Oxford wird demnächst mit dem sechsten Teile die große Concordance to the Septuagint and the other Greek Versions of the Old Testament (including the Apocryphal Books) beenden, die assisted by other scholars von Edwin Hatch begonnen und von Henry A. Redpath fortgeführt wurde, I—V A—Προπυλον 1892—96 Fol.). Sie ersetzt nicht bloß die früheren Konkordanzen von Kircher 1607 und Trommius 1718, sondern bietet vor allem die Grundlagen zu einem neuen Wörterbuch, das neben und nach Biel und Mutzenbecher 1779—80 und J. F. Schleusner 1820 (5 Teile) nicht minder dringend nötig ist als eine grammatikalische Neubearbeitung ihrer Sprache an der Hand der neugefundenen Papyruslitteratur und als ein noch nie versuchter, nur von Joh. Ern. Faber skizzierter Kommentar über die Septuaginta, Descriptio commentarii in Septuaginta Interpretes. Gottingae 1768. 69 2 Teile 4°, oder akademische Vorlesungen über dieselbe, wie sie Joh. Dav. Michaelis vor 130 Jahren hielt (vgl. sein Programma, worin er von seinen Collegiis über die 70 Dollmetscher Nachricht giebt und zugleich das erste von diesen Collegiis über die Sprichwörter Salomonis ankündigt, Gött. 1767) und wie sie in England noch heute zu Hause sind, wo es z. B. in Oxford einen eigenen Septuagint-Lecturer und einen Hall-Houghton Price für 2 Arbeiten über die Septuaginta giebt, ähnlich in Cambridge (seit 1870) einen Jeremie Septuagint Price und einen ähnlichen Scholefield-Price.

Die Bedeutung des Griechen hat am besten Joh. Pearson, der schon oben genannte Bischof von Chester, zusammengefaßt, wenn er in seiner Vorrede von 1665 ausführt, wie sie (1) ad Hebraicam veritatem probè percipiendam, (2) ad Authoritatem testimoniorum Apostolicorum confirmandam, (3) ad nativum Novi Foederis stylum rectè intelligendum, (4) ad Graecos Latinosque Patres ritè tractandos, (5) ad scientiam denique Linguae Graecae ipsamque Criticen ornandam tam sit utilis atque necessaria, daher doctis omnibus, praesertim Theologis debere esse commendatissimam. Ähnlich meinte Mover 1618: nulla theologo dignior philologia, quam istiusmodi invigilare studiis.

VI. Bei dem riesigen Umfang der Litteratur ist es unmöglich auch nur die Schriften aufzuführen, die auf ihrem Titel ausdrücklich die Septuaginta erwähnen, geschweige alle die zu nennen, die sich mehr oder minder mit ihr befassen; jede alttestamentliche Einleitung, jeder Kommentar wäre zu nennen. Im folgenden eine chronologisch geordnete, durchaus nicht auf Vollständigkeit Anspruch machende Liste. Da die Anführung der vollen Titel viel zu viel Raum in Anspruch genommen hätte, ist in der Regel nur Name, Druckort, Jahr und Format genannt, beim laufenden Jahrhundert ein Schlag= wort aus dem Titel beigefügt.

17. Jahrh. Conr. Kircher 1607 4° (Concordantiae); Joan. Wovver, Hamb. 18; Drusius (Fragmenta), Arnh. 22 4°; Andr. Kesler, Jenae 27 4°; Drusius, Conj. in Prophetas 27 4°; Morinus, Exercit. eccl. 31 4°, biblicae I 33 4°; Simon de Muis, Assertio 31, altera 34, ter- tia 39; Drusius, Animadv. 34 4°; Rosenberg, Lexikon 34; Franc. Taylor, Examen 38; Mo- rinus, Diatribe 39; J. H. Hottinger, Exercitationes 44 4°, dissertatio 46 4°; Mich. Crelius, Lexikon 46; Abr. Calovius, Criticus sacer 46 4°; John Gregory, Discourse 50. 64. 71. 83 4°; Arn. Bootii, De textus 50 4°; Vindiciae 53 4°; Lud. Cappellus, epistola 51; Joh. d'Espieres, Auctoritas 51 4°; Lud. Cappellus, critica sacra 50 fol.; Joh. Buxtorfius f., Anticritica 53 4°; Joh. Frischmuth, dissert. 55 4°; Ussher, syntagma 55 4°; Henr. Valesius, epistola (Eusebius), Par. 59 fol.; Wovver 58; Heinr. Hottinger, dissert. fasciculus 60 4°; Is. Vossii, de sept. interpr. eorumque tralatione et Chronologia dissert. 61 4°; Appendix 63 4°; Ant. Hulsius, Authentia 62 4°; Christ. Schotanus, Lexikon 62; Joh. Cocceius, responsionum 62, defensio altera 64; Christ. Schotanus, Diatribe 63 4°; Jo. Morinus, Exercitationes 69 fol.; J. Coc- ceius, Lexicon 69 fol.; Jo. Georgius 71 4°; Humphr. Hody, dissertatio 84 (oder 85); Is. Vossius, Var. Obs. liber 85 4°; Edward (episc. Corcagiensis et Rossensis) 86; Godofr. Weiß 87 4°; Mart. Babatus, disput. 88 4°; J. M. Carus 2 tom. 88 4°; Gerh. Mejer, 90 4°; Ussher, syntagma 95 4°; M. E. Lucius 96 4°; Chr. Cellarius 96 4°; C. H. Ritmeier 98 4°; Lightfoot, λείψανα Opera 99 fol.

18. Jahrh. Matth. Elg, Aboae 1701 8°; Nicol. de Nourry (Bibl. Max. T. I Diss. XII) Par. 3 fol.; Mich. Gronert, Regiom. 4 4°, Hody 5, van Dale 5, Grabe 5; Jo. Esberg, Vpsal. 5 8°; Geo. Jac. Engelbach, Vitemb. 6; Mich. Gronert, Gryphisw. 6 4°; Gerh. Mayer, Viteb. 6 8°; Joh. Andr. Kesler hinter Ed. Leighs Critica sacra 6 4°; Theologien de Salamanque in Me- moires de Trevoux 1709; Geo. Jo. Hende, Halae 9 (oft dem Jo. He. Michaelis zuge= schrieben); Grabe, de vitiis Oxf. 10 4°; Geo. Jo. Hende, 11 4°; Guil. Surenhusius, βίβλ. καταλλαγης Amstel. 13 4°; Dav. Bernardus, Viteb. 17. 21 4°; Trommius 18; Jo. Conr. Schwarz 21; Will. Whiston Lond. 22. 23. 24 8°; Jo. Grammius Havniae 22. 24. 26. 27. 28. 33 [...] 4°; Jo. Geo. Geret, Vitemb. 25. 26. 4° (auch) Onoldi 42 8°); Elias Weyhen- meier, Ulmae 26 4°; Joh. Jhre (oder Eric Alstrin), Upf. 28 4°; Jo. Geo. Carpzov, Crit. sacra, Lips. 28 4°; B. Wall, Lond. 30 8°; E. Leigh, Goth. 35 4°; (Charles Hayes) Vindication, Lond. 36 8°; Wesley hinter Libri Jobi textus 36; Biel, Brunsv. 40 4°; Joseph. Torelli, Veron. 44; Frib. Frisch, Lips. 46 4°; C. Fr. Houbigant, Par. 46 4°; Jo. Breitinger 48 4°; Petr. Wesseling, Traj. ad Rh. 48 4°; J. G. Olbers, Stade (Hebopfer I) 51. 52; B. Kennicott, Oxf. 53. 59; Jo. Blisch, Dresd. 54 4°; Chr. Ern. Meerheim, Lips. 54 8°; Fassonius, Ur- bini 54 4°; Aug. Thieme, Lips. 55 4°; Joh. Ben. Carpzov, Helmst 56 4°; Joh. Aug. Dathe, Lips. 57 4° (auch Opusc. 96); Joh. Christ. Fischer, Lips. 58; Jorke, Lips. 59; Jo. Fr. Fischer, Lips. 59 4° (auch 72); Chr. Fr. Loezner, Lips. 61 4°; Scherer, Argent. 63; Christian. Sam. Weisius, Lips. 63 4°; Chr. Fr. Schmid, Lips. 63. 64 4°; Conr. Andr. Greiff, Ulmae 64[74?] 4°; Joh. Matth. Hasencamp, Marb. 65 4°; Joh. Godofr. de Zabern, Argent. 66 4°; N. M., argum. quaed. calliditatis interprr. Alex. Altorfii 66 4°; Car. Theoph. Tetzel Lips. 66 4°; Jo. Dav. Michaelis, Gött. 67 8°; Jo. Herm. Schwarz, Halae 68 4°; J. Ern. Faber 68. 69 4°; [Jo. Frid. Fischer] Lips. (schola Thomana) 68 bis 71 4°; Henr. Owen, Lond. 69 8°; Jo. Sal. Semler, epistola Halae 69 [70?] 8°; Bahrdt 69. 70; Nic. Schwebelius, Onold. 70 4°; Geo. Ern. Waldau, Altd. 70 4°; Jo. Chf. Doederlein, Curae etc., Altd. 70; Jo. Christophil. Koennecke, Magd. 71 4°; Christ. Doederlein 72 [Simon de Ma- gistris] hinter Daniel, Rom 72 fol.; Owen in Critische Nachrichten 72; Car. A. Jörling, Gryphisw. 72 4°; Joh. Aug. Start, Regiom. 73 4°; Claud. Frees Horneman, Gotting. 73. 75. 76. 78 8°; H. S. Cruwys, Lond. 74 8°; Jo. Frid. Fischer, Lips. 74 4°; Jo. Graßmann, Halae 74 4°; Jo. Gottfr. Scharfenberg, Lips. 74. 76. 81 8°; Geo. Christ. Knapp, Halae 75. 76 4°; Handbuch zum Gebrauche der niedern lateinischen Schulen bey der hochfürstlichen Benedictiner= universität zu Salzburg, Salzb. 76; Franc. Volkm. Reinhard, Vitemb. 77 4°; He. Owen, Lond. 78 8°; Jo. Bernh. Lippert, Erl. 78 4°; Joseph. White, letter, Oxf. 79 8°; Lud. Ti- moth. Spittler, Gott. 79 4°; Fr. Andr. Stroth (Repert. T. V ff.) 79 ff.; Jo. Christ. Biel, The- saurus, Hagae 79. 80. 3 vol.; Jo. Gottfr. Scharfenberg, Lips. 80 4°; T. F. Stange, Halae 81 4°; Jo. Gottfr. Hassius 82; Dan. Phil. Troschel vor Salomons Moral, Berl. 82 8°; J. F. Schleußner, Lips. 82 4°; Brunß, Annal. literar. Helmstad. 83 (Repert. 14. 30) 84. Vol. II. 193; Henr. Owen, Lond. 84 8°; Jo. Ben. Carpzov, Helmst. 85 4°; Seb. Ravius, Lugd. Bat. 85 4°; Schleußner, curae I, Gott. 85 4° (Göttinger Bibliothek d. neuesten theol. Lit.); Leber. Spohn, Übers. des Pred. Sal. Leipz. 85; John Blair, Lectures, London 85 4°; Fr. Ben. Gautsch, Francof. 86; Jo. Geo. Chr. Hoepffner, Lips. [86] 88 4°; Friedr. Guilielm. Sturz, de dial. Alex. 86. 88. 93. 94. 8°. 1808; Henr. Owen, Lond. 87; Alex. Sundbäck, Upsal. I. II. 87 4°; Seb. Seemiller, Jngolst. 87. 88 4°; Jo. Gottl. Jaeger, Meld. 1788; [J. F. Schleußner], Gott. 88 4°, 90—91 8°; Berend Kordes, Jenae 88 4°; Sam. Traug.

Mücke, Züllich. 89 8°; Bendtsen 89; Jo. Geo. Trendelenburg, Lubecae 94 8°; Gottl. Leber. Spohn 94—824; Jo. Fr. Schleusner 95. 96. 97. 98 4°; Christian Gotthilf Hensler, Erläuterungen Hamb. 796; Jo. Hen. Meisner, Clavis I. II., Lips. 800.

19. Jahrh. C. G. Bretschneider, Lexici, Lips. 1805; Reinhard, Opusc. I, Lips. 8; F. G. Sturz, Lips. 8; Jo. Sev. Vater, Regiom. 11 4°; Schleusner, opusc. Lips. 12; Jac. Amersfoordt, Lugd. Bat. 15 4°; Jo. Leon. Hug, Frib. 18 4°; Ern. Gob. Ab. Böckel, Lips. 20 4°; J. F. Schleusner 1—5 Lips. 20. 21. 1—3 Glasgow. 22; Stuber, Bern. 23; E. Henderson, bibl. researches, Lond. 26; Kiehl, Lips. 34; Fr. C. Movers, Hamb. 37 4°; Heinr. Thiersch 40. 41; Z. Frankel, Vorstudien, Leipz. 41; Leipz. 45 4° (Verhandl. der Orient.); H. Graetz (Frankels Zeitschr. f. d. relig. Int. d. Jud.) 45; Z. Frankel, Einfluß, Leipz. 51; Nicäs, Monast. 53; Ch. A. Wahl, clavis Lips. 53 4°; Frankel, Schriftforschung, Breslau 54; Const. Tischendorf (Deutsche Zeits. f. chr. Wiss. und chr. Leben V. Nr. 21. 1854. 161—166); Landschreiber, Quellen, Bielefeld 56; Herzfeld, Geschichte II, Nordhausen 57; C. W. Wolff, Amst. 58; C. Preuß, Zeitrechnung, Berlin 59; C. Schulz, de Jeremiae, Treptow 61 4°; Gust. Bickell, de indole, Marburg 62; C. Tischendorf, Anfechtungen, Waffen, Leipz. 63; J. A. Schagen v. Soelen, oorsprong. Leiden 64; Ae. Kautzsch, de veteris Lips. 69; C. A. W. Seydel, Obadja 69; H. Graetz, Koheleth 71; Frz. Delitzsch, Studien, Lips. 71. 86 4°; Ed. Boehl, Forschungen, Wien 73; C. L. F. Hamann, Cant. Moysi, Jenae 74; Fr. Sal. Henning, försök, Upf. 75; Ant. Scholz, Jeremias, Regensb. 75; Joh. Hollenberg, Josua Mörs 76, 4°; Ed. Boehl, Citate, Wien 78; Fürst, Bileam (Brüll, Jahrbb. f. jüd. Lit. u. Gesch. (4, 1 79); Ant. Scholz, Jesaias, Würzb. 80; Vollers, Dodekapropheton I Berl. 80; E. v. Bunsen, Budbha in LXX ZwTh 82, 344; Friedmann, Entstehungszeit Jüb. Lit. Bl. 82, 11. 12; E. Kühl, Massora, Halle 82; E. Flecker, Onomatology, Lond. 83; E. Nestle, Inschriften ThStK 83, 153 (cf. 81, 692); W. J. Deane, additions, The Expositor 84, Aug. 139—157, Sept. 223—237; Clem. Koennecke, Nomina, Stargard 85 4°; S. Reckendorf, altäthiop. Pent., Gießen 86 (= ZatW 87, 1. 61 ff.); Eb. Nestle, Sept.studien [I] Ulm 86 4° II. 96 4° (G. M[orrish]), Handy Concordance, London [87] 4°: Schuurmans Stethoven, Dodekapropheton, Leiden 87; L. Treitel, Hosea, Karlsr. 87; J. G. Carleton, Bible of Our Lord, Dublin 88 12°; J. Hooykas, iets, Rotterd. 88 4°; Edw. Hatch, Essays, Oxf. 89; A. Schulte, Judicum, Leipz. 89; Geo. Coulson Workman, Jeremiah, Edinb. 89; H. Graetz, Jew. Quart. Rev. III, 9 (Oct. 90); B[enno] Jacob, Esther, Gießen 90 (= ZatW 90. 4. 241—298); Lagarde, Stichometrie CgM 90, 13. = Mitt. 4, 205; A. Bludau, Daniel I, Münster 91; K. Buresch, γεγοναν Rhein. Muf. 46, 193—232; F. C. Conybeare, upon Philo's text. The Expositor 91. dec. 456—466; Steinthal, Unser hebr. Bibeltext in IV. Bericht über die Lehranstalt f. die Wiss. des Judentums in Berlin 91; Swete, Graetz's theory, Expository Times, June 91; Jo. Taylor, Micah, Lond. 91; A. Dillmann, Koheleth, SBA 92. 1. 3—16; E. Klostermann, Coheleth, Kiel 92; Lagarde, SeptuagintaStudien I. 91. II. 92 (= AGG 37. 38); H. Loisy, histoire critique I. 92; G. Margoliouth, Academy 92. 26. Nov.; L. Méchineau (Études relig., philos., hist. et litt. 92. mars 424—453); E. Nestle, Variorum Septuagint, Congress of Orientalists. II. Lond. 93. 57/61; W. H. Hechler, papyrus, ibid. 331—333; Theod. Stockmayer, Lucian, ZatW 92. 218—223; Hatch-Redpath Concordance 92. 93. 94. 95. 96 4°; Henr. Anz, subsidia, Halle 93; E. Klostermann, Nachricht ZatW 93. 306/8; S. Kohn, Samareitikon, Monatsschr. f. G. u. W. d. Jud. 1893. Oft. 1—7, Nov. 49—67; F. C. Conybeare, Philonean Text, Jew. Quart. Rev. Jan. 93, 246—280; Oft. 95, 88—122; H. B. Swete, σταρσια Academy 91. 28 Febr., a new fragment of Bodl. Gen. ibid. 6 Febr.; E. Nestle, 1 Sa 18, 9, ZatW 92, 29 f.; C. J. Beard und H. B. Swete, Complut. Polyglot, Academy 92. 16. April, 30. April (Giov. Mercati l'età di Simmaco, Friburgo 93; H. A. Redpath, Mss. Academy 93, 22. Oft.; G. Morin. une revision de psautier Revue benedictine 93. 5. 193—197; H. H. Howorth, the true Septuagint of Chronicles-Esra-Nehemiah, Academy 93. 22. July, Septuagint versus Hebrew ibid. 16 Sept, 7 Oct., 16 Dec., 94. 17 Febr., 5 May, 9 June (dagegen W. A. Wright 94, 3 Nov., T. K. Cheyne 10 Nov.); Vict. Nourisson, la bibliothèque des Ptolomées, Alexandrie 93; Siegfr. Silberstein, Codex Alexandrinus und Vaticanus des dritten Königsbuches ZatW 13. (93) 1—75. 14. 94; M. Friedländer, zur Entstehungsgeschichte des Christentums, Wien 94; E. Nestle, Etwas Antikritisches. Philologus 53 (94) 199 f.; J. K. Zenner, Eccli nach cod. vat. 346. ZftTh. 94; Erich Coste, Jeremias wider die fremden Völker. Heidelberg 95; G. A. Deißman, Bibelstudien, Marb. 95; H. A. A. Kennedy, Sources of the NT. Greek, Edinburgh. 95; Er. Klostermann, Analecta Leipz. 95; Max Löhr, Vorarbeiten zu Daniel ZatW 15. 95. 75—103. 193—225; Gia. Lumbroso, l'Egitto 2ª ediz. Roma 95; George F. Moore, Comment. on Judges, § 8, Edinb. 95; E. Nestle, Zum cod. Alex., ZatW 95. 261 f., zur Hexapla des Origenes, ZwTh 38, 231; Herb. Edw. Ryle, Philo and Holy Scripture, Lond. 95; A. Jacob, Einleitung in die Psalmen ZatW 96, 265/91; F. Johnson, quotations of the NT., London 96; M. Kerber, Spröhexapl. Fragmente, ZatW 96. 249/264; A. F. Kirkpatrick, The Septuagint Version The Expositor, april 96. 213—257; E. Klostermann, Die Mailänder Fragmente der Hexapla ZatW 96, 334/37; A. Klostermann, Beitr. zur Entstehungsgeschichte des Pentateuchs 7. NtZ 8. 1897. 48—77; J. Fürst, Spuren d. paläst.-jüd. Schriftdeutung und Sagen in der Uebers. der LXX., Semitic Studies in memory of A. Kohut, Berl. 1897; A criticism of Hatch's Essays by Hort, Expositor 1897 febr.

Spätere griechische Übersetzungen des Alten Testaments.

Der Gegensatz zwischen Kirche und Synagoge führte zu neuen Übersetzungen des AT.s ins Griechische. Von ihren Urhebern sind drei dem Namen nach bekannt geworden, Aquila, Symmachus und Theodotion.

Aquila, Ἀκύλας. Litteratur. Irenäus 3, 21 (griech. bei Eusebius KG 5, 8). 24. Origenes (passim). Eusebius, Dem. Ev. 8, 10. p. 316. Hieronymus V, 2. p. 116, 255 (pass.). Epiphanius, de mens. c. 13. 14. 18. Synopsis s. ser. c. 27 (Ath. 2, 155). Chron. Pasch. 255 (paris). Hody, Frantel, Vorstudien, Field I. p. XVI—XXVIII; Lagarde, Clementina p. 12; Petr. Wesselingius, Epistola ad Henr. Venemam, de Aquilae in scriptis Philonis Judaei fragmentis Traj. ad Rhen. 1748 8º; Rud. Anger, de Onkelo Chaldaico, quem ferunt Pentateuchi Paraphraste et quid ei rationis intercedat cum Akyla Graeco V. T. interprete. Partic. I, Lips. 1845 4º; M. Friedmann, Onkelos und Akylas, Wien 1896 VI, 135; S. Krauss-Budapest in der Festschrift zum 80. Geburtstage Moritz Steinschneiders, Leipzig 1896.

Der erste Kirchenlehrer, der Aquila mit Namen nennt, ist Irenäus 3, 21: Ἀκύλας ὁ Ποντικός (das Griechische bei Euseb. 5, 8) neben Theodotion; nach 3, 24 war er Proselyte; Epiphanius nennt ihn Ἕλληνα und Ἀδριανὸν πενθερίδην (Synops. und Chron. Pasch. πενθερός), ἀπὸ Σινώπης δὲ τῆς Πόντου ὁρμώμενον. In Jerusalem, wo ihn Hadrian über die zu unternehmenden Neubauten setzt, lernt er die aus Pella zurückgekehrten Schüler der Apostelschüler kennen, wird Christ, aber aus der Gemeinde ausgestoßen, weil er von seinem heidnischen Horoskopstellen nicht lassen will, läßt sich aus gekränktem Ehrgeiz beschneiden und lernt mit aller Energie die hebräische Sprache und Schrift. Im 12. Jahre des Hadrian, 430 Jahre 4 Monate weniger 9 Tage nach der LXX giebt er seine Übersetzung heraus, in der er zu seiner Rechtfertigung einige messianische Stellen anders übersetzt, als sie in der Kirche gelesen wurden. So Epiphanius.

Jüdische Nachrichten (j. Meg. 1, 11. Qidd. 1, 1) reden von einem אַקְלֵס הַגֵּר (עקילס, עקילס, עקילס), einem Zeitgenossen des R. Elieser, R. Josua u. R. Akiba, der mit Hadrian zusammentraf (Friedmann S. 34), auch sein Neffe genannt wird (S. 36) und als Bibelübersetzer von R. Elieser und R. Josua mit den Worten des 45. Psalms geehrt wurde יָפְיָפִיתָ מִבְּנֵי אָדָם. Einzelne Stellen werden in jüd. Schriften von ihm angeführt (Gen 17, 1; Lev 19, 20. 23, 40; Esth. 1, 6; Prov. 18, 21. 25, 11; Jes 3, 20; Ez 16, 10. 23, 43; Dan 5. 8, 13).

Mit diesen Nachrichten von einem kaiserlichen Prinzen, der Christ und Jude wurde, kombinierte Lagarde die der Clementina von dem kaiserl. Prinzen, der in Cäsarea Stratonis an eine jüdische Proselytin verkauft, Aquila genannt, Schüler des Simon Magus und dann Christ wird, und diejenigen des Sueton und Dio von Domitilla, welche Domitian nach Pontia (oder Pandataria) gegenüber von Sinuessa verbannt, während er ihre Kinder adoptiert. Die Sache ist noch nicht klar, so wenig wie sich zu diesen Nachrichten die jüdischen Überlieferungen über Onkelos den Neffen des Titus verhalten.

Die Übersetzung des A. ist wegen ihrer Buchstäblichkeit als Zeugnis für die jüdische Exegese von großem Wert und zeigt, daß selbst in der Schule, welcher unser massoretischer Text entstammt, dieser im ersten Drittel des zweiten Jahrhunderts noch nicht in allen Einzelheiten feststand. Mit Recht stellte Origenes in der Hexapla sie neben den hebräischen Text. Nach Hieronymus fertigte A., was die erhaltenen Fragmente bestätigen, secundam editionem quam Hebraei ἡ κατ ἀκρίβειαν nominant. Justinian gestattete in der Novelle 146 ihren Gebrauch in den jüdischen Synagogen. Ihre Fragmente hat mit den übrigen Fragmenten der Hexapla zuerst van Driesche zu den Psalmen zu sammeln angefangen (in Psalmos Davidis vett. interpretum quae extant fragmenta. Antv. Plantin. 1581, „ein unbeschreiblich seltenes Buch" Lagarde); dann sammelten sie die Mitarbeiter an der Sixtina (Petrus Morinus, Flaminius Nobilius) 1586—88; weiter der eben genannte Drusius (Arnhemiae 1622 4º), Bos 1709 (in seiner Septuaginta-Ausgabe), vor allem Montfaucon 1713 (Orig. Hexaplorum quae supersunt 2 Bde; in MSG nachgedruckt, von C. F. Bahrdt 1769/70 in Auszug gebracht). Nach kleineren Arbeiten von Scharfenberg, Doederlein, Matthaei, Schleusner, Spohn und dem großen Kollationswerk von Holmes-Parsons, erwarb sich Fred. Field das Verdienst, aus Hdsf., Kirchenvätern und vor allem aus der syrischen Übersetzung des Paul v. Tella — s. sein Otium Norvicense [I] sive tentamen de reliquiis Aquilae, Symmachi, Theodotionis e lingua syriaca in graecam convertendis, Oxf. 1864 4º — alles zu sammeln, was von der großen Polyglottenbibel des Origenes

vorhanden war. Im Sept. 1864 veröffentlichte er seine Proposals for publishing by
subscription Origenis Hexaplorum quae supersunt. Die Jahreszahl 75 trägt das
von der Oxforder Universitätspresse übernommene Werk, das von 1867 ab in 5 Teilen
erschien (jetzt in 2 Bdn CI. 806 und 1036 + 77 Seiten (Auctarium) 4°, s. ThL3
1876 Sp. 179—183); vgl. über Field jetzt J. H. Burn, Expository Times, Jan.
1897 (I).

Verhältnismäßig wenig ist seither hinzugekommen. Lagarde hat in Pratermis-
sorum libri duo 1879, Veteris Testamenti ab Origene recensiti fragmenta apud
Syros servata quinque 1880, Bibliotheca Syriaca 1892 gesammelt, was außerhalb
des codex Syro-Hexaplaris Ambrosianus von der Arbeit des Paul von Tella erhalten ist, Ceriani die photolithographische Ausgabe des letzteren besorgt (s. u.); Pitra
hat in den Analecta Sacra, Erich Klostermann in den Analecta zur Septuaginta,
Hexapla und Patristik Nachträge geliefert; in neuveröffentlichten Texten finden sich solche
z. B. bei Hieronymus zu den Psalmen (Anecdota Maredsolana III, 1. 1895).
G. Kerber hat „Syrohexaplarische Fragmente zu Le und Dt aus Bar-Hebraeus gesammelt (ZatW 16. 1896, 249—264). Vor allem ist der Kodex Marchalianus (s. o.)
photographiert worden und auch vom Sarravianus ein gleiches zu berichten. (Codices
graeci et latini photogr. depicti duce G. N. Du Rien t. I. Leiden 1897.) Eine billige
und praktische Ausgabe der Hexapla ist eines der ersten Bedürfnisse der alttestl. Exegese.

Symmachus. Litteratur, von Irenäus abgesehen, wie bei Aquila; Car. Aug. Thieme,
pro puritate Symmachi dissert. Lips. 1755 4°; Giov. Mercati, l'età di Simmaco interprete und S. Epiphanio, Modena 1892 (Friburgo 1893).

Neben Aquila stellte Origenes die Übersetzung des S. Dieser war nach Epiphanius ein Samaritaner, των παρ αυτοις σοφων, der aus gekränktem Ehrgeiz zum
Judentum überging und seine Übersetzung προς διαστροφην των παρα Σαμαρειταις ερ-
μηνειων verfaßte. Nach den gewöhnlichen Texten des Epiphanius lebte er unter Severus, nach dem von Lagarde (Symm. II) befolgten syrischen unter Verus d. h. Marc
Aurel, 161—180. Ohne diese Lesart zu kennen hat Mercati (s. o.) den Nachweis unternommen
se Simmaco tradusse in Greco la Bibbia sotto M. Aurelio il filosofo. Im Talmud kommt ein סומכוס ben Josef, Schüler des R. Meir vor, mit welchem Geiger
(Jüd. ZfWL I, 1862. 62—64) unsern Bibelübersetzer identifizieren möchte. Nach
Eusebius hat Origenes seine Übersetzung mit andern seiner exegetischen Schriften, nament-
eine Erklärung des Matthäus, von einer gewissen Juliane bekommen — spätere machen
aus ihr eine Jungfrau oder Wittwe —, die sie von Symmachus selbst erhalten hatte.
Im 16. Jahrh. existierten sie noch bei Konstantinopel (s. PRE² 15, 193, Anm. und
Rich. Förster, de antiquitatibus et libris manuscriptis Constantinopolitanis commentatio. Rostochii 1877 4° [Gratulationsschrift für Tübingen], Zahn, ThLBl 1893,
43; Bratke, Das Schicksal der Handschriften in Rodosto bei Konstantinopel, ebenda
1894, 4). Nach Valckenaer ist er castigatissimus, nach Montfaucon ist seine Arbeit
clarissima et elegantissima omnium, Hieronymus, der ihm manchmal folgte, führt
zu 3 Stellen Jer 20, 2. 3. 33, 20; Nah 3, 1 auch von Σ eine secunda editio an,
von der auch sonst einige Spuren vorzukommen scheinen, wenn sich dieselben nicht daraus
erklären, daß Σ an einzelnen Stellen eine doppelte Übersetzung zur Wahl gestellt hatte.

Theodotion war nach Irenäus, der den Symmachus nicht kennt, von Ephesus,
nach Epiphanius, der ihn mit Symmachus fast gleichzeitig sein läßt, ein von Marcion
aus zum Judentum übergetretener Pontier, seine Arbeit wesentlich eine Revision der
Septuaginta, daher sie von Origenes in seiner Polyglotte hinter diese gestellt und zur
Ergänzung der Lücken benutzt wurde, die er bei Vergleichung der LXX mit dem hebr.
Text wahrnahm. Vgl. 1 Sa 17, 12 ff.; Jer 33, 14—26. 39, 4—13. Für das Buch
Daniel ist seine Übersetzung in der Kirche an die Stelle der älteren getreten PRE³
Bd I, 631, 33. 632, 27. 633, 47. 639, 35. 640, 9. Nach den bei Field erhaltenen Proben
hat er viele hebräische Ausdrücke beibehalten. Daß sein Name dasselbe bedeutet wie der
des Targumisten Jonathan ist zufällig.

Die Nennung eines Übersetzers בארים neben diesen dreien, in einer syrischen
Quelle (bei Land, anecdota syriaca III) wird wohl auf ein Schreibversehen für Ebio-
nites (Ebionaios) zurückgehen, was Symmachus nach einer Angabe gewesen sein soll
(E. Nestle, ThStK 1879, 4).

Zu diesen 3, die alexandrinische eingeschlossen, 4 Übersetzungen, welche das ganze
AT. umfaßten, gelang es Origenes für einzelne Bücher noch eine fünfte, sechste, ja

6*

siebente Übersetzung aufzufinden, und so seine Hexapla zu einer Heptapla (4 Reg. 16, 2) ja zu einem *ὀκτασέλιδον* (Hiob und Psalmen) zu gestalten.

Die Quinta (*E´*) fand er nach Euf. und Hier. in Nicopolis bei Altium, nach Epiphanius im 7. Jahre des Caracalla mit andern hebr. und griech. Büchern in Fässern in Jericho, und die 6. in Nicopolis. Zu den Psalmen war noch eine siebente da, obwohl der Name Enneapla sich nicht findet. Welche Bücher diese Übersetzungen umfaßten ist nicht sicher; Field glaubt Spuren der fünften auch zum Pentateuch gefunden zu haben, zu welchem kein Kirchenlehrer sie nennt (Gen 6, 3. 34, 15. 35, 19; Le 11, 31). Jedenfalls standen IV Reg, Hiob, Ps, Prov., Cant., von den Propheten vor allem Hosea in der fünften; Spuren der Sexta (*ς´*) nach Field zu Ex 7, 9; 3 Reg 14, 23; sicher Hiob, Ps, Ct, Amos; bes. Hab. III (s. Klostermann, Analecta). Aus der fünften ist sprachlich interessant Ps 8, 5 *ο και ανδρα* = רדא־המ, was neben andern Kennzeichen auf christlichen Ursprung dieser Übersetzung führen dürfte.

Über *τὸ Σαμαρειτικὸν*, eine angebliche griechische Übersetzung des samaritanischen Targums s. u. „Samaritanisch".

Anhangsweise ist der um ein Jahrtausend jüngere Graecus Venetus zu nennen.

Zuerst im Katalog der Marciana von 1740 erwähnt, mit großen Hoffnungen begrüßt, teils von Villoison 1784, teils von Ammon 1790/91, von beiden in sehr ungenügender Weise herausgegeben, in abschließender von O. von Gebhardt: Graecus Venetus. Pentateuchi, Proverbiorum, Ruth, Cantici, Ecclesiastae, Threnorum, Danielis versio graeca. Ex unico bibliothecae S. Marci Venetae codice nunc primum uno volumine comprehensam atque apparatu critico et philologico instructam edidit Osc. G. Praefatus est Fr. Delitzsch. Cum imagine duplicis scripturae codicis lithogr. Leipzig 1875. LXX, 592, s. W. Baudissin, ThL3 1876, 4.

Bis Ex 7, 26 scheint die Hds. Autograph des Übersetzers, der Ende des 14. Jahrhunderts gelebt haben muß; Delitzsch möchte ihn mit einem Juden Elisseus am Hofe Murads I. in Prusa und Adrianopel identifizieren. Die aram. Stücke des Daniel übersetzte er zum Unterschied von den hebr. in dorischen Dialekt. Das Griechische beherrschte er in hohem Maße. v. Gebhardt hält ihn für einen Proselyten; יהוה (Ex 22, 2) giebt er durch *ὀντωτής* wieder; ebenso oder mit *ὀντουγός, οὐσιωτής* das Tetragramm, das er also auch schon als Causativ erklärte. Für die Geschichte der Exegese und Philologie bleibt die Übersetzung interessant; textkritische Bedeutung, um welcher willen die alten griechischen Übersetzungen uns so wertvoll sind, hat sie keine. Ebenso wenig die griechischen Umdichtungen biblischer Stücke, wie sie zu verschiedenen Zeiten versucht wurden, z. B. von Apollinaris in seiner *μεταφρασις εἰς τον ψαλτηρα* (PRE³ Bd I, 671, 16. 672, 49), oder in der späteren Humanistenzeit, daher sie hier übergangen werden können; ebenso auch die von Sophronius unternommene Übertragung der hieronymischen Übersetzung der Psalmen und Propheten (Hier. Lib. 2. Apol. adv. Ruff.) oder der griechische Teil der Konstantinopolitaner Pentateuchpolyglotte von 1547, dessen Neuherausgabe bevorsteht (Les cinq livres de la loi [Le Pentateuque] Traduction en Néo-Grec publ. en caractères Hébraïques à Constantinople en 1547, transcrite et pourvue d'une introduction, d'un glossaire et d'un fac-similé par D. C. Hesseling. Leide 1897).

Von der großen Oxforder Konkordanz erschien soeben Part. VI. *Προς-ωχρίασις*. Der bibliographische Titel wird künftig heißen: A Concordance of the Septuagint and the other Greek Versions of the Old Testament (including the Apocryphal Books by the late Edwin Hatch MA., DD., and Henry A. Redpath, M.A. assisted by other Scholars. Oxford, at the Clarendon Press 1897. gr. 4° Vol. I. A—I VI S. 1—696. Vol. II. *K—Ω* S. 697—1504.

[Zu S. 75 a. E. ergänze H. Omont, Mss. grecs des bibl. de Suisse, 1886, p. 56; Delisle, Mél. de paléogr. p. 150 (Psalt. S. Martini Tornacensis, Bibl. nat. n. acq. lat. 2195 f.)].   Eb. Nestle.

2. Lateinische Bibelübersetzungen.

Es wird berechtigt sein, auf die griechischen Übersetzungen des AT.s die lateinischen Bibelübersetzungen folgen zu lassen, wie dies auch der Katalog des britischen Museums thut.

Trotz allen Forschungen der Neuzeit liegt Ursprung und älteste Geschichte der lateinischen Bibel noch im Dunkel. Dies ist begreiflich, wenn es war, wie Augustin sagt: qui scripturas ex hebraea lingua in graecam verterunt, numerari possunt, latini autem interpretes nullo modo. Ut enim cuique primis fidei temporibus in manus venit codex graecus et aliquantulum facultatis sibi utriusque linguae habere videbatur, ausus est interpretari (de doctr. chr. 2, 11); wenn also mit demselben Kirchenlehrer eine ursprüngliche latinorum interpretum infinita varietas, eine interpretum numerositas (2, 14) anzunehmen ist. Augustin führt auch zu vielen Bibelstellen Verschiedenheiten der Hdss. seiner Zeit an; z. B. zu Jes 7, 9 intelligetis — permanebitis, Sap. 4, 3 vitulamina — plantationes, Ps 6, 2 varie codices habent: furor — indignatio — bilis, 7, 13 in aliis exemplaribus pro eo quod est „gladium suum vibrabit" „frameam suam splendificabit" positum est; 13, 4 zu veloces pedes eorum: quidam codices habent: „acuti pedes eorum"; οξυς enim et acutum apud Graecos et velocem significat: ille ergo vidit sententiam qui transtulit „veloces"; 77, 46 rubigo — aericulum — caniculum, Sirach 34, 30/1. Dies scheint bestätigt zu werden durch den Thatbestand, der in den Citaten der verschiedenen Kirchenväter und in den erhaltenen Bibel-Hdss. noch heute vorliegt, namentlich beim NT. Als Probe des letzteren diene Lc 24, 4. 5. 11. 13. Für diese Stelle haben wir außer der Ausgabe des Hieronymus 8 lateinische Handschriften, die in der biblischen Textkritik mit den Buchstaben abcdef ff₂ r bezeichnet werden. Nach den Worten et factum est dum, die allen Zeugen gemeinsam sind, gehen sie in folgende Gruppen auseinander:

1. stuperent ac, mente consternatae essent b vg, m. c. sunt er, mente contristarentur ff₂ aporiarentur d, haesitarent f;

2. de hoc acf, de facto b, de eo d, de isto e ff₂ r vg;

3. ecce acdf ff₂ vg, et ecce ber;

4. viri duo af, duo viri bcde ff₂ vg;

5. adstiterunt afr, astiterunt c, adsisterunt d, steterunt be vg;

6. iuxta illas af, secus illas bce vg, eis d, sicut illas ff₂, illis r;

7. in veste fulgenti af vg; in v. fulgente bcer, in amictu scoruscanti d; in veste splendida ff₂;

8. timore autem adprehensae inclinantes faciem ad terram a, cum timerent autem et declinarent vultum in terram bef ff₂ r vg, conterritae autem inclinaverunt faciem in terram c, in timore autem factae inclinaverunt vultus suos in terra d, et timidae factae declinaverunt vultum in terram r; etc. etc.

(11.) illis a, ante illos b ff₂ vg, a pud illosc e, in conspectu eorum d, coram illos f;

(13.) stadios habentem LX ab hierusalum a, quod aberat stadia sex. ab hierus. br, quod abest ab ierosolymis stadia sex. c, iter habentis stadios sex. ab hierus. d, quod est ab hierosol. stadia septem e, quod aberat spatio stadiorum LX ab hierus. f, ff₂ quod erat in spatio stad. sexag. ab. hierus. vg;

(13.) ammaus a ff₂ cleofas et ammaus b, emmaus cf vg ulammaus d ammaus et cleopas e, amaus r.

Also fast buchstäblich wie Hieronymus einmal sagt tot exemplaria, quot codices. Nehmen wir noch hinzu, daß diese Verschiedenheiten der lat. Hdss. nicht einfache Übersetzungsverschiedenheiten sind, sondern verschiedene griechische Texte voraussetzen (περι τουτου — π. αυτου, ιδου — και ιδου, ανδρες δυο — δυο ανδρ., επεστησαν — παρειστηκεισαν, εξηκοντα — εκατον εξηκοντα, ἠ ονομα — ονοματι, so scheint an einer ursprünglichen Mehrheit (wenn auch keineswegs Vielheit) der lat. Übersetzer, wenigstens für das NT., nicht gezweifelt werden zu können. Nichtsdestoweniger redet Hieronymus meist nur von einer einzigen Übersetzung, die er als die vulgata editio, antiqua translatio seiner eigenen Arbeit entgegenstellt, doch siehe praef. ad. Jes.: isti [Latini] saltem unum [= Hieronymum] post priores habere dignentur interpretem, und gerade einzelne der vorstehenden Varianten können lehren, wie eine aus der andern entstehen kann, indem es ging, wie Hieronymus sagt: a vitiosis interpretibus male edita a praesumptoribus imperitis emendata perversius, a librariis dormitantibus aut addita aut mutata. Beispielsweise giebt schon Ambrosius den zwei Jüngern von Emmaus regelmäßig den Namen Ammaon et Cleopas. Wie ist das möglich? Las ein alter Übersetzer in seinem griech. Text statt des unmisverständlichen ἠ ονομα so wie noch heute D) hat, *oroqian*, so konnte er das „mit Namen Emmaus" statt auf den Flecken auf das Subjekt des Satzes „es gingen zwei" beziehen; er oder ein anderer trug dann aus B. 18 den Namen Cleophas schon hier ein (Emmaus und Cleophas), ein Dritter setzte ihn schon vor Emmaus, und die Verwirrung war fertig. Dieser Ver= wirrung innerhalb der lateinischen Bibel ein Ziel zu setzen, war die Arbeit des Hie= ronymus bestimmt und so hat die Geschichte der lateinischen Bibelübersetzungen

     a) die lateinische Bibel vor Hieronymus,
     b) die lateinische Bibel des Hieronymus

zu behandeln, und bei der letzteren ihre Geschichte bis Karl dem Großen und während des Mittelalters bis Gutenberg einerseits, andererseits die Geschichte des gedruckten Textes bis Trient, und von da bis zur Neuzeit zu unterscheiden, endlich

     c) die von ihr unabhängigen Übersetzungen, namentlich der Protestanten, anzureihen.

     a) Die lateinische Bibel vor Hieronymus.— Litteratur: Leo Ziegler, Die lat. Bibelübersetzungen vor Hieronymus und die Itala des Augustinus. Ein Beitrag zur Gesch. der h. Schrift, München 1879, VIII, 135, 4° (s. dazu v. Gebhardt, ThLZ 1879, 4; Words=worth, the Academy 26. April 1879; J. N. Ott, Zur Abwehr RJbbfPh u. P. 119 120, 1879, 425—438); P. Corssen, Die vermeintliche „Itala" und die Bibelübersetzung des Hie=ronymus JpTh 7, 1881, 507—519; W. Weißbrodt, commentatio de versionibus scrip-turae sacrae latinis observationes miscellae, Pars I, Braunsberg, Progr. 1887, 18 S.; Hugo Linke, Studien zur Itala, Breslau 1889 (Progr. Elisabet.=Gymn.), vgl. Miodonski, Arch. f. lat. Lexik. 6, 1. 2; P. Corssen, DLG 1889, 39 (betrifft S. 3—24 Apocal., S. 24 bis 27, cod. sessorianus); Fr. Zimmer, Der Galaterbrief im altlat. Text, Stud. und Skizz., Ostpreuß. 1887; derselbe Ein Blick in die Entwickelungsgeschichte der Itala, ThStK 1889, 2. 331/355. Die Arbeiten von Rönsch x. s. u.; die neutestamentlichen Einleitungen, bes. Gregory und Scrivener. Die Geschichte der lateinischen Bibelübersetzungen Vulgata und Itala war eine der Detailstudien von Goethes Enkel; s. Graf Géza Kuun, Erinnerungen an Goethes Enkel, Allg. Zeit. 1888, 84. Beil.

     1. Name. Sämtliche Überreste der lat. Bibel aus der Zeit vor Hier. pflegte man bis vor kurzem unter dem Namen der Itala zusammenzufassen, dann ist die Be=zeichnung vorhieronymianisch, jedenfalls besser vorhieronymisch aufgekommen, in neuester Zeit namentlich in England die Benennung „altlateinisch", der Alt=Lateiner, the old latin, beliebt geworden. Der Name „Altlateiner" ist nur insofern ungeschickt, als man unter dem Neulateinischen sonst allgemein das Lateinisch der Renaissance versteht, soll aber der Kürze wegen beibehalten werden. Die frühere Benennung Itala geht auf eine einzige Stelle des Augustin zurück. Nachdem er den Grundsatz aufgestellt ut emen-datis (sc. codicibus) non emendati cedant ex uno dumtaxat interpretationis genere venientes, fährt er de doctr. chr. 2, 14. 15 fort: in ipsis autem inter-pretationibus Itala ceteris praeferatur, nam est verborum tenacior cum per-spicuitate sententiae. Damit stellt er unstreitig eine einzelne lateinische Übersetzung andern gegenüber und deshalb ist es doppelt unrichtig, die Gesamtheit der lat. Bibel=texte älterer Zeit unter diesem Namen zusammenzufassen. Aber was ist nach Augustins Sinn unter dieser Itala zu verstehen? Man wollte korrigieren, weil Italus als dich=terisches Adjektivo auffalle: illa ceteris praeferatur, quae est ... Casley, Bentley, Corssen (JpTh 7, 507; Strack, Einl.⁴ 188); bestechender ist die Korrektur usitata (Potter, Marssh, Eichhorn), weil Augustin (de cons. II, 128) ausdrücklich die codices ecclesiasticos interpretationis usitatae preist. Aber itala findet sich in Prosa schon bei Plinius (n. h. 1, 54 Italum mare), Arnobius (res Italae, sermo Italus) und bei Augustin selbst (montes Italos, oleam Italam, Italae gentes, s. Kenrick, Theological Review 1874, July; Mommsen, Römische Geschichte 5², 657; Wölfflin, SMA 1893. 2. 256), der außerdem zu Eccli 34, 30 codices plurimos von codices afros unterscheidet. Er muß also eine in Italien d. h. nach dem damaligen Sprach=gebrauch wohl im nördlichen Teil der Halbinsel, genauer gesprochen in der politischen Diöcese Italien gebrauchte und von dorther nach Afrika gekommene Übersetzung gemeint haben. Welche war oder ist das? Isidor von Sevilla verstand im 7. Jahrhundert darunter offenbar die Arbeit des Hieronymus, die jetzt sogenannte Vulgata, zu welcher nach dem bisherigen Sprachgebrauch die Itala gerade einen Gegensatz bilden sollte, denn Etym. 6, 4 sagt er von ihm: Presbyter quoque Hieronymus trium linguarum peritus ex He-braeo in Latinum eloquium easdem Scripturas convertit eloquenterque trans-fudit, cuius interpretatio merito ceteris antefertur; nam est et verborum tenacior et perspicuitate sententiae clarior atque utpote a Christiano inter-

prete verior. Ähnlich Walafrid Strabo praef. glossae ordin. C. A. Brenther erneuerte in einer Diss. de vi quam antiquissimae versiones, quae extant latinae, in crisin evang. IV habeant (Merseb. 1824, 8°) diese Ansicht, die nach Fritzsches Urteil (PRE² 8,440) aller Geschichte widerspricht. Auch Ed. Reuß hat schon 1860 (Geschichte der h. Schriften des NT.s ³ 436) gefragt: Wäre es denn ganz unmöglich, daß jene Phrase des Augustinus, um 397 geschrieben, bereits Rücksicht auf eine Arbeit des Hieronymus nahm und zwar die hexaplarische? Neuestens hat F. C. Burkitt (The Old Latin and the Itala, Cambridge 1896, Texts and Studies IV, 3), ohne Benther oder Reuß zu kennen, diese Ansicht mit aller Entschiedenheit erneuert und mit so beachtenswerten Gründen unterstützt, daß Th. Zahn (ThLBl 1896, 31) erklärte: ich wüßte der These B.s überhaupt vorläufig nichts entgegenzusetzen; auch Samuel Berger (Bulletin Critique 1896 Nr. 25) hat sie nicht für unmöglich erklärt. Doch s. G. Mercati, Rivista bibliografica Italiana Firenze I, 257—262 10. Nov. 96. Bei der Arbeit des Hieronymus ist darauf zurückzukommen. Hier war die Stelle nur zu erörtern, um die Unrichtigkeit des bisherigen Sprachgebrauchs darzuthun. Letztere ergiebt sich auch aus dem, was wir über die Heimat der ältesten lateinischen Bibelübersetzungen anzunehmen haben.

2. **Die Heimat der ältesten lateinischen Bibel.** Früher sah man ohne weiteres Italien und speziell Rom als Heimat der lateinischen Bibel an; man vergleiche schon die Bemerkungen hinter dem Markusevangelium in griechischen und syrischen Handschriften, wonach dasselbe *ρωμαιστι εν ρωμη*, quod locutus est Latine Romae, 10 Jahre nach der Himmelfahrt entstanden sein soll. (Über das Lateinische im NT. bes. in Marcus s. Phil. Schaff, a companion to the Greek Testament' p. 35, der außer 40 lateinischen Personen- u. 7 Ortsnamen 31 Latinismen aufzählt, assarium, denarium, centurio, census, quadrans, colonia, custodia u. s. w.). Später sah man, daß wie Rom damals wesentlich eine Graeca urbs war, so auch die Verhältnisse der ältesten Christengemeinde dort nicht sofort eine lateinische Bibelübersetzung nötig machten.

Wie der Brief des Paulus nach Rom griechisch ist, so auch der von dort ausgehende des Clemens; die Namen der aus der römischen Gemeinde bekannten Glieder sind vielfach griechisch; vor Tertullian nennt Hieronymus nur den römischen Bischof Viktor und den römischen Senator Apollonius als lateinisch Schreibende (s. C. P. Caspari, Quellen zur Geschichte des Taufsymbols und der Glaubensregel Band 3 [1875] 285. 451).

Anders lag es in Afrika, namentlich in Karthago, wo das Lateinische nicht bloß die amtliche, sondern auch die herrschende Sprache wurde und das Punische mehr und mehr verdrängte (Plin. hist. nat. 18, 3, 22). Sicher ist, daß sich in Afrika die lateinische Kirchensprache ausgebildet hat, und dies wird wie anderswo an der Hand der Bibel geschehen sein; auch der Sprachcharakter der ältesten noch erhaltenen Stücke der lateinischen Bibel scheint uns dorthin zu weisen. Andererseits ist zuzugeben, daß wir die damalige Volkssprache wesentlich nur aus afrikanischen Schriftstellern kennen und Erscheinungen, die wir jetzt als Afrismen betrachten, auch an anderen Orten des lateinischen Sprachgebiets in der lingua rustica zu Hause gewesen sein können. Denn das ist keine Frage, daß es wesentlich die Sprache des Volks gewesen ist, in welcher auch hier das Evangelium verkündigt wurde, so daß schon Kirchenväter wie Ambrosius zu Lc 2, 42 und Arnob. 5, 19 Ursache hatten und Gründe suchten und fanden, sich darüber zu trösten.

Die reichsten Sammlungen bietet Rönsch († 5. Nov. 1888), Itala und Vulgata. Das Sprachidiom der urchristlichen Itala und kath. Vulgata unter Berücksichtigung der römischen Volkssprache erläutert, Marburg 1869. Zweite berichtigte und vermehrte Ausgabe 1875 (nur Titel mit Vorwort und Anhang S. 511—526 neu); derselbe, in den „Studien zur Itala", ZwTh 1875, 425. 1876, 287. 397. 1881, 198; derselbe, Zur vulgären und biblischen Latinität (Z. f. österr. Gymn. 30 H. 11, 1879. 806—811; Ph. Thielmann, Lexicographisches aus dem Bibellatein (Arch. für Lat. Gr. und Lex. 1884. 68—81); ders., Ueber die Benutzung der Vulgata zu sprachlichen Untersuchungen Philologus 42, 319. 370; Gust. Koffmane, Geschichte des Kirchenlateins bis auf Augustinus — Hieronymus, Breslau Heft 1, 1879. 2, 1881 (aus älterer Zeit. Von früheren Schriften vgl. Alberici Gentilis do latinitate veteris bibliorum versionis male accusata dissertatio ad Robertum F., Helmstadii 1674 und Augustinus Maria de Monte Savonensis, commentatio de quibusdam sacrae scripturae locutionibus (ed. J. Exh. Kapp, Lipsiae 1723); vgl. darüber Franz Karl Alter in einem Brief an

Prof. Paulus in Jena (Repertorium für biblische und morgenländiſche Litteratur 1791).
Joh. Casp. Löſcher, de patrum Africanorum meritis singularibus libri II, Roch-
litii 1722); Paul Monceaux, Les Africains, étude sur la littérature latine d'Afrique.
(Journal des Savants 1895, 35—46 von Gaston Boiſſier). Einzelnes: Fr. Taper
Cooper, Word formation in the Roman sermo plebeius, an historical study on the
development of vocabulary in vulgary and late Latin, with special reference to the
Romance Languages, Boston and London 1895 (vgl. P. Geyer, Berl. Phil. WS 1896, 38:
Itala und Vulgata leider nicht berückſichtigt); H. Blaſe, Geſchichte des Irrealis im Lateiniſchen, zugleich ein Beitrag zur Kenntnis des afrikaniſchen Lateins, Erlangen 1888: über
ihre Vorliebe für altertümliche Wörter und Wendungen ſ. Göt über Dunkel- und Geheim-
ſprachen im ſpäten und mittelalterlichen Latein ASG 1896, 65. Aufſätze und Mitteilungen
in Wölfflins Archiv für lateiniſche Lexikographie. Ueber die römiſche Litteratur jener Zeit beſ.
Schanz, 3. Teil 1896 (München, Beck, 21. Halbband). C. Weyman, Jahresbericht über die
chriſtlich-lateiniſche Literatur von 1886/87 bis Ende 1894. Aus den Jahresberichten über
die Fortſchr. der klaſſ. Altert.-Wiſſenſch., Berlin, Calvary 1896, 64 S. — E. Ehrlich, Beiträge zur Latinität der Itala, Rochlit, Realſchule. Progr. 1895, 36 S. 4°.; Hauſchild, Einige
ſichere Kennzeichen des afrikaniſchen Latein. Berichte des freien deutſchen Hochſtifts (Frankfurt) 1889, Heft 3. u. 4, S. 347—350; H. Rönſch, Die älteſten lateiniſchen Bibelüberſetzungen
nach ihrem Werte für die lateiniſche Sprachwiſſenſchaft in ſeinen Collectanea philologa
(Bremen 1891) S. 1—20.

Neben der afrikaniſchen Grundlage glauben aber neuere Forſcher vor allem beim
NT., aber auch beim AT., ein entſchieden europäiſches Element in dieſen Texten erkennen zu ſollen, und es iſt Sitte geworden, eine afrikaniſche und europäiſche Textgeſtalt
zu unterſcheiden. Zumal für das AT. müſſen aber noch viel mehr Texte zugänglich
ſein, ehe an eine definitive Klaſſifikation gedacht werden kann. Da die alten Überſetzungen
vom 5. Jahrhundert ab neben der neuen des Hieronymus mehr und mehr außer Gebrauch kamen, ſind ſie uns in verhältnismäßig wenig Handſchriften, dafür allerdings
meiſt in alten, häufig nur durch Palimpſeſte erhalten.

3. Die gedruckten Stücke des Vetus Latinus zum AT. Mit großem Fleiß
haben die Mitglieder der päpſtlichen Kommiſſion unter Sixtus V. und ſeinen Vorgängern,
namentlich Petrus Morinus, Antonius Agellius, Lälius Malverda, aus den lateiniſchen
Kirchenvätern die Citate zuſammengetragen, welche Flaminius Nobilius zu der S. 65
genannten Ausgabe des Vetus Testamentum secundum LXX latine redditum
ergänzte. Über ihre Wiederholungen ſ. ebenda. Es liegt auf der Hand, daß dieſe
Moſaikarbeit nicht genügen konnte. Eine ſolide Grundlage für das Alte und NT. hat
erſt der Mauriner Petrus Sabatier geſchaffen, durch das große, heute noch unent-
behrliche, von den Antiquaren mit 300 bis 500 Mk. angeſetzte Werk:
Bibliorum sacrorum latinae versiones antiquae s. vetus italica et ceterae
quaecunque in codicibus manuscriptis et antiquorum libris reperiri potue-
runt: opera et studio P. S., o. s. Bened. e congr. S. Mauri Remis, (= Reims,
Romae bei (Tiſchendorf-)Gregory 3, 1350 iſt Druckfehler wie die Jahreszahl 1713—19)
1739—1749 Folio, mit neuem Titel: Parisiis, Franc. Didot, 1751. Die beiden
erſten Bände enthalten das AT., der dritte das Neue. Eine Neubearbeitung dieſes Werks
iſt dringend nötig; ſie könnte manches Unnötige ausſcheiden, müßte vieles genauer geben,
als Sabatier gethan hat. Das Verdienſt, für mehr als hundert Jahre die Grundlage
geſchaffen zu haben, bleibt ihm.

Vor Sabatier ſind — vom Pſalter abgeſehen — noch folgende Veröffentlichungen
zu nennen:

J. M. Carus (Tommaſi), Sacrorum Bibliorum iuxta editionem seu LXX interpretum seu B. Hieronymi veteres tituli sive capitula et stichometriae ex maiore
parte ante annos mille in Occidente usitata. 2 tomi in 1 vol., Romae 1688, 4°
(enthält Baruch), 2. verb. Aufl. in Thomasii Opp. ed. Vezzosi I, Romae 1747;
Ecclesiastes ex vers. Itala cum notis Bossueti, Par. 1693.

Was ſeither an Textespublikationen hinzugekommen, für das AT. (in chronolo-
giſcher Ordnung) hier zuſammenzuſtellen, ſcheint um ſo nötiger, als z. B. Wellhauſen
in ſeiner Neubearbeitung von Bleek³ 553 ſich mit der Nennung von Sabatier und der
Bemerkung begnügt, daß man jetzt eifrig dabei ſei, die Sammlung zu vermehren (ähnlich Cornill ³· ⁴ S. 337).

.a) Friedericus Münter, Fragmenta versionis antiquae latinae antehieronymianae prophetarum Jeremiae, Ezechielis, Danielis et Hoseae e codice rescripto bibliothecae universitatis Wirceburgensis Programma, Hafniae 1819,

44 S. 4° (auch in Miscell. Hafn. I, 1, 81 ff.).   b) Am. Peyron, M. T. Ciceronis orationum pro Scauro fragmenta . . . inedita, Stuttg. et Tüb. 1824, 4°, enthält p. 73—117. 2 Mal aus cod. Ambr. E. 26 Inf.   c) Jos. ab Eichenfeld et Steph. Endlicher, Analecta grammatica maximam partem anecdota, Vindob. 1837. d) Ferd. Flor. Fled, Wiſſenſchaftliche Reiſe durch das ſübliche Deutſchland x., 2. Bb. 3. Abt., Leipzig 1837, S. XIII u. 205 f.; ebenda S. 337 ff. Fragmenta italae vetustissimae V. T. e codice reg. Armamentarii parisiensis (Cantica : Dt 32, Hab 3, 1 Sa 2, Jeſ 26, Dan 3). e) Fridegar Mone, de libris palimpsestis (Karlsruhe 1855) S. 49—51. f) Ernestus Ranke, fragmenta versionis latinae antehieronymianae prophetarum Hoseae, Amosi et Michae e codice Fuldensi eruit atque adnotationibus instruxit E. R. Accedit tabula lapidi incisa, Marburgi 1856, 4°, IV. 52 S. g) Derſelbe, frr. v. l. a. proph. Hos., Am., Michae, aliorum e codice manuscripto er. atq. a. instr. Fasc. II. ibid. 1858, 125 S. 4°. [= Progr. fasc. II 1857, 52 S., fasc. III 1858, 68 S.!] (I unb ·II wird von einigen, Vogel S. 6, Hartwig, Tabellen S. 9 als „Marburg 1860" citiert); ThSR 1857, 400—422. h) Derſelbe, Bericht über Auffindung von Reſten eines Italacodex aus dem V. Jahrhundert nebſt einem Faſſimile. ThStR 1858, 2, 301 ff. i) C. Vercellone, Variae lectiones vulgatae latinae Bibliorum editionis, Romae vol. I 1860 p. 183. 307. 586, II 1862 p. 78, k) Derſelbe, Frammenti dell' antica Itala scoperti in un codice Vaticano in: Dissertazioni Accademiche, Roma 1864. l) Aen. Fr. Conſt. Tiſchendorf, Anecdota sacra et profana ex oriente et occidente allata. Editio repetita, emendata, aucta, Lipsiae 1861, 4° (1855): XXIX Fragmenta Itala capp. 17 et 47 prophetae Jeremiae e cod. palimps. Sangallensi proferuntur p. 231 sq. m) D. F. Fritzſche, Liber Judicum secundum LXX, Turici 1867. n) Albrecht Vogel, Beiträge zur Herſtellung der alten lateiniſchen Bibelüberſetzung. Zwei handſchriftliche Fragmente aus dem Buche des Ezechiel und aus den Sprichwörtern Salomos zum erſten Male herausgegeben. Mit einer lithographirten Tafel, Wien 1868, 99 S. o) E. Ranke, Fragmenta versionis sacrarum scripturarum latinae antehieronymianae e codice manuscripto eruta atque adnotationibus criticis instructa. Editio libri repetita, cui accedit appendix, Vindobonae 1868, 4° (Appendix, qua fragmenta ab Alberto Vogel edita ad modum codicis proponuntur notisque criticis illustrantur. 32 S. 4° 1 Tafel). p) Librorum Levitici et Numerorum versio antiqua itala e codice perantiquo in bibliotheca Ashburnhamiense conservato nunc primum typis edita, Londini 1868, gr. 4 (auch Exx. in Folio). Mit 1 Faſſ. IV. 160 S., vgl. H. Rönſch, ZfwTh 1871. 2; Reuſch, ThQS 1870, 32—47 ſ. u) q) E. Ranke, Par palimpsestorum Wirceburgensium. Antiquissimae Veteris Testamenti versionis latinae fragmenta e codd. rescriptis eruit, edidit, explicuit. Accedunt duae tabulae photolithographicae, Vindob. 1871, 4°, 432 S., vgl. Reuſch, die Würzburger Italafragmente, ThQS 1872, 3; Rönſch, LCBl 1872, 15, ZfwTh 72, 3. r) v. Mülverſtedt, Über den Kirchenſchatz des Stifts Quedlinburg. Nebſt einigen Nachrichten von . . . . einem dorther ſtammenden Italafragment: in Zeitſchrift des Harzvereins Bb 7, 1874, S. 210 ff. III. Das Italafragment S. 251 bis 263. Vgl. W. Schum in ThStR 1876, 121 ff. s) [Joſ. Haupt] Veteris Antehieronymianae Versionis libri II Regum sive Samuelis fragmenta Vindobonensia (Vindob.) 1877, typis P. Geroldi, 22 S. 2 Tafeln. In : Gratulationsſchrift für E. v. Birk. t) L. F. Hamann, Canticum Moysi ex psalterio quadruplici Salomonis III, Jenae 1874. u) Ulyſſe Robert, Pentateuchi e codice Lugdunensi versio latina antiquissima. Version latine du Pentateuque antérieure à Saint Jérôme publiée d'après le manuscrit de Lyon. Avec des fac-similés, des observations paléographiques, philologiques et littéraires sur l'origine et la valeur de ce texte, Paris, Didot 1881, 4°, vgl. G. Paris, Journal des savants mai 1883; Ch. Graux, Rev. de phil. 1881, Mai, 276—88, H. d'Arbois de Joubainville, Bibliothèque d'Ecole des Chartes 1881, 2; A. de Barthelémy, Revue des questions historiques, Juillet 1881; L. Duchesne, Bulletin critique 1881, 1. Juillet. Über die Handſchrift und ihre Geſchichte Niepce, les manuscrits de Lyon et mémoire sur l'un de ces manuscrits, le Pentateuque du VIᵉ siècle. Accompagné de deux facsimilés par Delisle, Lyon 1879. XV, 190. L. Delisle, Bibliothèque de l'école des chartes t. 39, 421—431. 41, 304 bis 306. Über neu gefundene zu derſelben Handſchrift gehörige Stücke (Dt, Joſ, Ri), die

II. Robert herausgeben ſoll: Delisle, Découverte d'une très ancienne version latine de deux livres de la Bible. Journ. des Sav. 1895 Nov. 702 705. v) F. Gustafson, Fragmenta Veteris Testamenti in latinum conversi e palimpsesto vaticano eruta. Accedit codicis specimen heliotypicum. Helsingforsiae 1881, 4°. Ex Act. Soc. Scient. Fenn. tom. XII p. 243 267. w) Leo Ziegler, Bruchſtücke einer vorhieronymianiſchen Überſetzung des Pentateuch aus einem Palimp= ſeſte der l. Hof= und Staatsbibliothek zu München zum erſtenmale veröffentlicht. Mit einer photo-lithographiſchen Tafel, München 1883. XXX. 87. 4°. x) Joh. Belsheim, Palimpsestus Vindobonensis Antiquissimae Veteris Testamenti translationis latinae fragmenta e codice rescripto eruit et primum edidit. Christianiae 1885, VIII. 51 S. E commentariis theologicis (Theologisk Tidskrift) separatim expressit. y) Ern. Ranke, antiquissimae Veteris Testamenti versionis latinae fragmenta Stutgardiana nuper detecta, quibus accedunt duae tabulae photographicae, Marburgi 1888 (VIII) 28 S. 4°. (Gratulationsſchrift für Bologna; auch Wien, Braumüller 1888). y) Adalb. Düning, Ein neues Fragment des Quedlinburger Itala-Codex, Quedlinburg. Gymn.=Progr. 1888, 1 Taf. 24° S. 4 (vgl. ThLZ 1889, 3, wo im Titel falſch Büning). z) P. de Lagarde, Mittheilungen [I], Göttingen 1884, 241—380. Die weisheiten der handſchrift von Amiata (Sap. Sal. — 282, Liber Ecclesiasticum Salomonis [= Sirach] 283—378; vgl. 2 (1887) 189—237) Des Hieronymus Übertragung der griech. Überſetzung des Job. aa) Joh. Belsheim (alt= lat. Überſetz. von Tobit, Judit, Eſther) in Det Kong. Norske Videnskabers Selskabs Skriftes 1892. 63—158. ab) Samuel Berger, Notice sur quelques textes latins inédits de l'ancien testament. Tiré des Notices et Extraits des manuscrits de la bibliothèque nationale et autres bibliothèques. Tome XXXIV, 2e partie, Paris 1893 (p. 119—152), 38 S. 4° (über Ruth, 1 Rg 2, 3—10, Job, Salomo, Tobit, Judit, Bar., 3 u. 4 Esra, Eſther, 1 u. 2 Mak). ac) F. C. Burkitt, The Old Latin and the Itala, Cambridge 1896 p. 79—82. The St. Gallen fragment of Jeremiah.

Über die lateiniſchen Texte der Pſalmen und Apokryphen ſ. u. bei Hieronymus und PRE³ Bd 1, 630, 40—633, 16; zu Sirach ergänze C. Douais, une ancienne version latine de l'Ecclésiastique, fragment publié pour la 1er fois et accompagné du facs. du MS. visigoth., Paris 1895; zu IV Esra: The fourth book of Ezra. The Latin version edited from the mss by the late Prof. R. L. Bensly. With an Introduction by Montague Rhodes James, Cambridge 1895 (Texts and Studies III, 2).

Nach der Reihenfolge der bibliſchen Bücher im einzelnen zuſammenzuſtellen, welche Stücke derſelben in den vorgenannten Schriften veröffentlicht ſind, muß hier verzichtet werden; die Haupthſſ. ſind für

Pent.: Lugd. (Robert), Wirceb. (Ranke), Frising. (Ziegler).

Joſ, Ri: (Lugd. (Robert), Ruth: Compl. (Berger). Sam u. Kön: Legion. (Vercellone, ſ. u.), Vindob. (Haupt). Eſther: Vallic. B 7 (Tommaſi, verſchwunden), Corb. (Sabatier), Compl., Lyon 356, Monac. 6225. 6239 ꝛc., Bas. 35, Ambros. E 26 inf. Hiob: Turon. (Martianay), Bodl. (Lagarde), Sangall. (Caſpari). Pſalmen: Lugd., Sangerm. (Sabatier), Paris (Thorpe). Proverbien ꝛc.: Sangall. (Berger). Propheten: Wirceb. (Ranke).

An die Textesveröffentlichungen reihen ſich die Unterſuchungen, namentlich die= jenigen über die Frage, welche Texte die einzelnen Kirchenlehrer benützten. Auf der Grenze beider Gebiete ſteht der dem Auguſtin zugeſchriebene Liber de divinis scripturis sive speculum von Mai 1843 in ſeinem Spicilegium Romanum IX, 2. 1—88, dann 1852 in der Nova Patrum Bibliotheca I, 2, 1—117, 1887 von F. Weihrich in Bd 12 des CSEL veröffentlicht, in der neuteſtamentlichen Textkritik mit m bezeichnet. Vgl. darüber Franz Weihrich, die Bibelexcerpte de divinis scripturis und die Itala des h. Auguſtinus SWM 129. 1893 72 S.; aus älterer Zeit Card. Wiseman, Two letters on some parts of the controversy concerning 1 John 5, 7, containing also an enquiry into the origin of the first Latin version of scripture, commonly called the Itala (Catholic Magazine for 1832/3, wiederholt in Essays on Various Subjects 1853 Bd I). Intereſſant iſt die Reihenfolge der Bücher in der vom Anonymus benützten Bibel: Eccli, Eccl.; Jeſ, Jer, Bar., Threni, dann 10 kleine Propheten (Abdias und Jona fehlen), in der Ordnung Hoſ, Am., Mi, Joel; dann erſt Ez Da (vgl. bei Berger, histoire die Nr. 121). Übrigens betreffen die meiſten Unterſuchungen das NT. und sind erst dort zu nennen. Speziell zum Alten ist zu vergleichen: The Latin Heptateuch ... critically revised by J. E. B. Mayor. London 1889 p. XXVII. XLIII. Hermann Rönsch, Die alttestamentliche Itala in den Schriften des Cyprian. Vollständiger Text mit kritischen Beigaben. ZhTh 1875 S. 86—161. Derselbe über die Genesiscitate in der Leptogenesis (Buch der Jubiläen Leipzig 1874 8° S. 170), die des Richterbuchs in Fritzsches dreifacher Ausgabe des Liber Judicum Turici 1867 4° p. 80. Zu den Psalmen Lagarde, Probe einer neuen Ausgabe der lateinischen Übersetzungen des AT.s (Göttingen 1885), der zu Ps 1—17 die Citate von 22 Kirchenvätern vorlegte von Ambrosius und Augustinus bis Tertullianus und Victor vitensis. Ph. Thielmann, die lateinische Übersetzung des Buches der Weisheit (Arch. für lat. Lexikogr. 8, 235—277); ders., Die europäischen Bestandteile des lateinischen Sirach ebenda 9, 2. 247—284.

4. „Viel reicheres Material wurde seit Sabatier zum NT. ans Licht gefördert," konnte Fritzsche schon in der 2. Aufl. dieses Art. in der PRE schreiben. Er zählt dann die bis 1880 in dieser Richtung erschienenen Veröffentlichungen auf. Sie betreffen für die Evv. die Hdss., die man in der neutestamentlichen Textkritik mit abdefiklsl (aur oder holm) bezeichnet; für Acta degs, für Paulus dfg gue rr₂, für die kath. Briefe qs, endlich gh für die Apokalypse. Seither ist vieles hinzugekommen, seither sind aber auch Gregorys Prolegomena zu Tischendorfs editio octava erschienen, die in der 1894 ausgegebenen pars ultima von S. 948—1108 die Versiones Latinae (die Vetus Latina von S. 949—971) behandeln; weiter im gleichen Jahr die vierte von E. Miller herausgegebene Auflage von F. H. A. Scriveners Plain Introduction to the Criticism of the New Testament (London, Bell), für welche einer der ersten Arbeiter auf diesem Gebiet H. J. White unter Leitung des Bischofs von Salisbury, John Wordsworth, das dritte Kapitel von Bd II über die Latin Versions fast ganz umgeschrieben hat (the Old Latin, previous to Jerome's Revision p. 41—56). Auf diese beiden Werke muß für alles nähere verwiesen, hier soll nur das neueste nachgetragen und über diejenigen Hdss. kurz orientiert werden, die auch v. Gebhardt in der adnotatio critica seiner editio maior p. 459 aufführt.

a vercellensis, von einigen wohl mit Unrecht schon ins vierte Jahrhundert verlegt und als Autograph des 370 gest. Bischofs Eusebius von Vercelli betrachtet, von J. Andr. Irico (Mediolani 1748. 4°) und von Bianchini (Jos. Blanchinus) im Evangeliarium quadruplex (Rom. 1749 2 vol. Fol.) herausgegeben, in Bd 12 der MSL wieder abgedruckt, 1884 von Belsheim.

a₁ fragmenta curiensia im Rätischen Museum in Chur; von E. Ranke beschrieben ThStK 1872, 505/20, Curiensia Ev. Lucani fragmenta Latina, Vindob. 1874, von Batiffol und Corssen (GgA 1889, 316) als Bruchstücke von n erkannt, auch von White jetzt als solche anerkannt.

b veronensis, IV oder Vs., ebenfalls bei Bianchini.

c colbertinus (paris. lat. 254) XIII s., schon von Sabatier, 1888 (ungenau) von Belsheim herausgegeben; nur in den Evangelien altlateinischer Text, weiterhin hieronymisch.

d Die lateinische Hälfte des codex Bezae; s. Bd. 2 S. 743,20 und J. Rendel Harris, a study of Codex Bezae 1891; F. H. Chase, the Syriac Element in Codex Bezae Lond. 1893.

e palatinus in Wien, mit Gold und Silber auf Purpur; Tischendorf, Evangelium Palatinum ineditum 1847. 4°. Ein dazu gehöriges Blatt von Th. Abbott mit cod. Z 1880 in Dublin veröffentlicht (par palimpsestorum Dublinensium); zwei weitere von H. Lincke, Neue Bruchstücke des Evangelium Palatinum, SMA 1893, 281 nach einer 1762 für Bianchini gemachten Abschrift; das Ganze neustens von J. Belsheim: Evangelium Palatinum ... denuo edidit Christiania 1896. VIII. 96., s. v. D[obschütz] LCBl 1896, 28.

f Brixianus VI s., bei Bianchini, mit einigen bösen Druckfehlern bei MSL XII, von Wordsworth-White unter dem Text des Hieronymus abgedruckt.

ff₁ Corbeiensis I, VIII oder IX s., jetzt in Petersburg, schon von Martianay 1695 mit einer Kollation von g₁, von Bianchini und 1882 von Belsheim ediert.

ff₂ Corbeiensis II, VI s., jetzt in Paris lat. 17225, von Sabatier citiert, von Bianchini kollationiert (Mc, Lc, Jo), von Belsheim 1887 ediert, von Berger für White revidiert.

g₁ Sangermanensis I, IX s., jetzt in Paris lat. 11553, ſchon 1538 von Rob. Stephanus, 1680 von Rich. Simon benutzt und beſprochen, für Bentley kollationiert, 1883 von John Wordsworth in Bd I der Old Latin Biblical Texts ediert (The Gospel according to St. Matthew, from the St. Germain MS (g₁). Edited with introduction and appendices. Gemiſchter Text; in den altlateiniſchen Stücken teils von europäiſchem, teils von italiſchem Typus.

g₂ Sangermanensis II, X s., gemiſchter Text.

h Claromontanus IV oder V s., im Vatikan (lat. 7223), nur im Mt altlateiniſch, von Sabatier benutzt, von Mai (Script. Vet. Nov. Coll. III. 1828), und 1892 neu von Belsheim ediert.

i Vindobonensis VII s. (lat. 1235) von F. C. Alter in dem Neuen Repertorium (3, 1791) und in den Memorabilia (7. 1795) des G. E. H. Paulus ediert, für Bianchini kollationiert, von Belsheim 1885 herausgegeben, von R. Beer für Wordsworth-White revidiert.

j Sarzannensis oder Saretianus, eine Purpurhandſchrift in Sarezzano bei Tortona entdeckt, von G. Amelli 1872 beſchrieben, noch nicht veröffentlicht.

k Bobbiensis, in Turin V. oder VI s., von Fleck 1837 ungenau, von Tiſchendorf 1847—49 im Anzeigeblatt der Wiener Jahrbücher für die Litteratur unbequem, jetzt in Teil II der Old Latin Biblical Texts von Wordsworth, Sanday und White herausgegeben (1886: Portions of the Gospels according to St. Mark and St. Matthew, from the Bobbio MS (k) etc. Soll die älteſte afrikaniſche Textgeſtalt repräſentieren.

l Rehdigeranus (nicht rhed—) in Breslau. Nach Arbeiten von J. E. Scheibel und Dav. Schulz 1865/6 in 6 Univerſitätsprogrammen von H. F. Haaſe ediert.

[m ſ. o. das ſogenannte Speculum Augustini.]

n fragmenta Sangallensia von Batiffol (Note sur un Evangeliaire de Saint-Gall Paris 1884 und Fragmenta Sangallensia in der Rev. Archéol. 1885 305—321) und von White (ſ. unter k) herausgegeben.

o VII s., ein anderes Fragment in St. Gallen, mit n veröffentlicht.

p VII oder VIII s. ebenda, von iriſcher Hand das Ev. einer missa pro defunctis, in Bd II der Old. Lat. Bibl. Texts.

q VII s. in München, nicht in Freiſing; 1888 in Bd III der Old Lat. Bibl. Texts gedruckt: The four Gospels, from the Munich MS (q), now numbered lat. 6224 in the Royal Library at Munich. With a fragment from St. John in the Hof-Bibliothek at Vienna (Cod. Lat. 502). Edited with the aid of Tischendorf's transcript under the direction of the Bishop of Salisbury by H. J. White.

r oder r₁ Usserianus I, VII s. in Dublin, 1884 von T. K. Abbot herausgegeben: Evangeliorum versio antehieronymiana.

r₂ Usserianus II., IX oder X s., ebenda; eine Kollation von Abbott.

s fragmenta Ambrosiana VI s., von Ceriani in I, 1 der Monumenta sacra et profana (Mediol. 1861) und in Bd II der Old Lat. Bibl. Texts.

t fragmenta Bernensia, V s., ein ſchwer zu entziffernder, zuerſt von H. Hagen in ZwTh. 27 (1884) 470, dann in Bd II der Old Lat. Bibl. Texts gedruckter Palimpſeſt (Mc 1—3).

v frag. Vindobonense (cod. lat. 502 „Pactus legis Ripuariae") ſ. bei q.

aur aureus oder holmensis, VII oder VIII s., von Belsheim 1878 herausg. und unter die altlatein. Hdſſ. gerechnet, aber eigentlich Vulgata mit altlateiniſcher Beimiſchung.

δ der lateiniſche Interlinartext von Δ in St. Gallen, ſ. J. R. Harris, the codex Sangallensis Cambr. 1891, mit intereſſanten Alternativüberſetzungen.

Soweit die Handſchriften, welche die Evangelien, meiſtens aber nur Teile, zum Teil recht kleine Stücke derſelben enthalten.

Für AG ſtehen zur Verfügung:

d m der Evv., e der lateiniſche Text von E.

g gigas holmensis, XIII s., die aus Böhmen ſtammende Rieſenhdſ. des ganzen lat. NT.s in Stockholm; nur für AG u. Apt altlateiniſch, ſonſt Vulgata, von Belsheim 1878 herausgegeben, von H. Karlsſon 1891 für Wordsworth revidiert.

g₂ in Mailand, X o. XI s., Lektion für den Stephanustag aus AG 6. 7. 8., von Ceriani 1866 in Monumenta sacra et prof. I, 2. 127.

h der Palimpſeſt von Fleury, VI oder VII s., in Paris von Sabatier gebraucht, von A. Vanſittart 1869 u. 72, von H. Omont 1883 teilweiſe, ganz von Belsheim

1887, abſchließend von Berger 1889 herausgegeben. Stücke aus AG, 1 u. 2 Pt, 1 Jo, Apf; bei Gregory 965 „reg (Apoc)".

s aus Bobbio über Neapel 1717 nach Wien gebracht, V oder VI s., Palimpſeſt, nach Bemühungen Tiſchendorfs von Belsheim 1886 veröffentlicht; neue Ausgabe von White für Bd IV der Old Lat. Bibl. Texts vorbereitet.

perpinianensis (ſ. u.).

Für die katholiſchen Briefe kommen in Betracht, außer m (ſ. Evv.) h s (ſ. AG): ff Corbeiensis, X s., über St. Germain c. 1805 nach Petersburg gekommen, 1695 von Martianay, 1883 von Belsheim, 1885 von Wordsworth in den Studia Biblica (I) Oxford herausgegeben; ſiehe auch O. v. Gebhardt, Patres apost. I, 2 p. XXIV u. XXV. Jakobusbrief.

g in München, früher Freiſing, VII s., ſ. Ziegler, Bruchſtücke einer vorhieronymianiſchen Überſetzung der Petrusbriefe München 1877 (SMA 1876, 607—660).

Für die pauliniſchen Briefe, neben m (wie bei den Evv.):

defg der lateiniſche Text der Hdſſ. DEFG, gue Guelferbytanus, VI s., Stücke von Rö 11—15, in dem von Knittel 1762 veröffentlichten gotiſchen Palimpſeſt; Tiſchendorf, Anecdota 1855, 153—158.

r 21 Blätter des V oder VI s., in München aus Freiſing, 1856 teilweiſe von Tiſchendorf verwertet (Deutſche Z. f. chr. W. u. chr. L. 1857, n. 8), 1876 von Leo Ziegler herausgegeben (Italafragmente der paul. Briefe), 1893 von Wölfflin durch 2 neue Blätter ergänzt (Neue Bruchſtücke der Freiſinger Itala SMA 1893, 2. 253 bis 280).

r₂ ein einziges Blatt in München, VII s., Phi 4, 11—23, 1 Th 1, 1—10; ſ. zu r.

r₃ im Kloſter Göttweih an der Donau, VI oder VII s., aus Rö 5. 6., Ga 4. 5., von Reuſch in ZwTh 22 (1879) 224—238 herausgegeben.

Für die Apokalypſe:

g u. h; ſ. zu AG.

Dazu kam ſeit Gregory und Scrivener für die Apoſtelgeſchichte ein ſehr wichtiger Text aus einer verhältnismäßig jungen Hdſ. von Perpignan (paris n. 321) den S. Berger zuerſt zugänglich machte und dann Fr. Blaß verglich: Un ancien texte latin des Actes des Apôtres retrouvé dans un manuscrit provenant de Perpignan. Tiré des Notices et Extraits des manuscrits de la bibliothèque nationale et autres bibliothèques. Tome XXXV. Iᵉ partie Paris 1895 44 S. 4° (p. 169—208); vgl. H. J. White, The Critical Review July 96 p. 246—248; Haußleiter ThLB 1896, 9 u. beſ. Fr. Blaß, Neue Texteszeugen für die Apoſtelgeſchichte ThStK 1896, 436. Acta Apostolorum . . ed. Fr. Blaß, Lipsiae Teubner 1896 p. XXV; ebenda eine Papierhdſ. des N.T.s in Wernigerode, welche wie die von Perpignan und die provençaliſche und die erſte deutſche Überſetzung für die AG einen gemiſchten Text enthält.

Von dieſen Hdſſ. rechnen Weſtcott-Hort weſentlich auf Grund der Übereinſtimmung mit den Citaten in den gleich zu nennenden Kirchenvätern zu einer älteſten afrikaniſchen Klaſſe die Hdſſ. k e der Evv., h der Acta und Apoc., zu einer europäiſchen insbeſ. b, dann abff₂ ꝛc., zu einer italiſchen Reviſion fq der Evv., q der katholiſchen Briefe, r der Paulinen.

Über die Prologe, welche ſich in vielen Hdſſ. finden, ſ. neuſtens Peter Corſſen, Monarchianiſche Prologe zu den vier Evangelien. Ein Beitrag zur Geſchichte des Kanons, Leipzig 1896 TU 15,1.

In innigem Zuſammenhang mit den aufgezählten Stücken ſtehen die Über- ſetzungen der altkirchlichen Schriften, welche, wie die ſogen. apoſtoliſchen Väter, längere oder kürzere Zeit kanoniſches Anſehen genoſſen haben; vgl. die überſichtliche Zuſammen- ſtellung in Harnacks Geſch. der altchr. Litteratur I S. 883—884. Sehr alt (afrikaniſch?) ſcheint die Überſetzung des Barnabasbriefes zu ſein, die zuſammen mit der Überſ. des Jakobusbriefes erhalten iſt (= ff.). Vom Hirten des Hermas beſitzen wir zwei la- teiniſche Überſetzungen aus alter Zeit; in der (afrikaniſchen) versio palatina iſt merk- würdigerweiſe die Überſetzung der Mand. und Simil. älter als die der Visiones; vgl. den Nachweis bei Haußleiter, de versionibus pastoris Hermae latinis (Acta seminarii philol. Erlangensis, vol. III, 1884, p. 399—477). Über die lat. Über- ſetzung von Clemens ad Corinthios I (im erſten Band der Anecdota Maredsolana) Haußleiter ThLBl 1894, 15; Weyman, Bl. f. bayr. Gymn. 30. 1894.

5. Von größter Wichtigkeit sind ferner
die Citate der Kirchenväter, durch welche sich die Verbreitung der ver=
schiedenen Texte konstatieren läßt. Resch nimmt an, daß „jedenfalls schon um die Mitte
des 2. Jahrhunderts in Gallien, Italien, Nordafrika" altlateinische Evangelienübersetzungen
verbreitet gewesen seien (Außerkanonische Paralleltexte Heft 1, 38. 4, 26.), während
andere immer noch streiten, ob Tertullian schon Kenntnis einer lateinischen Übersetzung
habe oder seine Citate ad hoc aus dem Griechischen nehme. H. Rönsch hat das NT.
Tertullians zu rekonstruieren gesucht; derselbe hat auch die Citate Cyprians, des
Lactantius, Ambrosius und Augustin besprochen (s. Beiträge zur patristischen Bezeugung
der biblischen Textgestalt und Latinität. I aus Ambrosius, ZhTh. 1867, 606 34; 1869,
433 479, die lateinischen Bibelübersetzungen im christlichen Afrika zur Zeit des Augustinus,
1870, 91 150; 1871, 531; 1875, 86.
Über Augustin vgl. außer Burkitt (s. o.) F. Weihrich, Balanus, Ein Beitrag zur
Kritik Augustinischer Bibelcitate in Serta Harteliana Wien 1896. Zycha, Bemerkungen
zur Italafrage in Eranos Vindobonensis 1893, 177—184; die Erörterungen, die
sich an die Behandlung der Bibelcitate in der neuen Wiener Ausgabe Augustins an=
schlossen z. B. von Wotke, Berl. Phil. Woch.=Schrift 1895 über de Genesi ad
literam, Petschenig ebenda 1896, n. 24 [gegen Zycha, der das AT. Augustins heraus=
zugeben verspricht]; von Kukula zu Knölls Ausgabe der Confessiones ebenda 1896
31/2 Sp. 989; Lejay, Rev. crit. 1896, n. 33.34; über Lagardes Sammlungen
S. 17,8; über Benedikt von Nursia s. Wölfflin SMA 1895. 3. 438—440, Lejay, Rev.
crit. 1895. 46. 339.; über Cäsarius von Arles Lejay, Revue biblique Octobre 1895.
4. 593 ff.; über Cassian c. VII von Petschenigs praef. de locis Scr. s. a C. allatis,
CSLE Bd XVII. 1888 gegen Cundius und Ciacconius; über Cyprian vor allem
Lagarde, Symmicta (I) 74, Probe S. 9, Mitt. 2, 54; Peter Corssen, der Cy=
prianische Text der acta apostolorum (Beilage zum II. Jahresbericht des k. Gym=
nasiums zu Schöneberg=Berlin=W Berlin 1892 26 S. 4°); C. Wunderer, Bruchstücke
einer afrikanischen Bibelübersetzung in der pseudocyprianischen Schrift Exhortatio de
paenitentia Erlangen 1889. Über die zweierlei Bibelübersetzungen des Eucherius
v. O[obschütz] in LCBl 95, 4, S. Berger, Bull. crit. 1895, S. 241, und E. Kloster=
mann in DLZ 95, 45 zum I. Band von Wotkes Ausgabe; Zingerle, A., die la=
teinischen Bibelcitate bei S. Hilarius von Poitiers in seinen „Kleinen philologischen
Abhandlungen" 4. Heft Innsbruck 1887. Zu Lucifer Calaritanus (ed. Hartel),
Dombart, Berl. Phil. W.=S. 1888, 6. Ob der Brief der Christen in Lyon eine
lat. Bibel voraussetzt, s. Texts and Studies I, 2 (Resch, 4, 26); A. Oxé, Prolego=
mena de carmine adversus Marcionitas, Leipzig 1888; dazu Petschenig BPhWS.
1889,5. Daß der lat. Übersetzung der Tomi des Origenes nicht der von ihm benutzte
Text, sondern ein Italatext zu Grunde gelegt wurde, s. Krüger, Gesch. der christl. Litt.
S. 119. Zu Pacian (lacus detritus vorhieronymisch aus Jer 2,13) C. Wey=
man, Wiener Studien 17, 2. Über Primasius: J. Haußleiter in Zahns For=
schungen IV, 1891; über Priscillian: Schepß (Würzburg 1886); Rönsch
BPhWS 1886, 47. Archiv f. lat. Lexik. 3, 3; Petschenig, BPhWS. 89, 44. Zu
Tyconius, Burkitt in Texts and Studies III, 1, 1894; vgl. E. Klostermann
DLZ 1895, 19; J. Haußleiter, Der Ursprung des Donatismus und die Bibel der
Donatisten ThLB 1884, 13. Zu den Citaten in de aleatoribus cf. Harnack
TU 5, 54—82 und Haußleiter, ThLB 1889, Nr. 5, 6 u. 25 (mit Cyprian nah=
verwandt, in manchen Stücken auch mit Tertullian). Über den Gebrauch der vor=
hieronymischen Bibel in Wales (Book of Mulling und Vita Pauli Leonensis)
s. Hugh Williams, some aspects of the Christian Church in Wales during
the fifth and sixth centuries. London 1895 (J. Loofs, ThLZ 1895, 22); in Ir=
land durch Patrick, Haddan and Stubbs, Councils I, 1869; S. Berger, Rev.
celt. VI, 1886 S. 348; v. Pflugk=Harttung, Die Schriften S. Patricks, Neue Heidel=
berger Jahrbücher 3, 1 (1893) 75. 76. 82; J. H. Bernard in Irish transactions
1893, 310 (On the citations from Scripture in the Leabhar Breac); derselbe,
on some recently discovered fragments of an Old Latin Version of Holy
Scripture (Proceedings of the R. Irish Academy 3rd Series V. 1892. 155—168.
Über Gregor von Tours s. M. Bonnet, La Latinité de Grég. de T., Paris 1890.
Daß aculeus mortis im Tedeum (des Nicetas von Remesiana?) aus der altlatei=
nischen Bibel stamme (1 Ko 15, 56) hebt C. Weyman BPhWS 1896 Sp 1108
hervor.

„Gewiß müssen wir für diese Veröffentlichungen dankbar sein — und weitere
stehen in Aussicht — schloß Fritzsche 1880 s. A. in d. PRE² — leider aber sind sie
im ganzen noch nicht verarbeitet. Um sichere allgemeine Resultate zu gewinnen, wird
man erst die einzelnen Bücher durchforschen müssen."

6. Für das NT. ist man zu etwas bestimmteren Ergebnissen gelangt, für das AT.
noch nicht. In einem nicht ausgegebenen Bogen seiner Probe einer neuen Ausgabe
der lateinischen Übersetzungen des AT.s schrieb Lagarde (Sylvester 1884, jetzt Mitt. 3, 244):
„Meine Absicht war, die von mir für die sogenannte Itala gesammelten Zeugnisse
vorzulegen ... Daß ich dabei mit dem Psalter anfangen mußte, war ein Unglück,
einmal weil bei diesem Buche am wenigsten herauskam, zweitens weil bei ihm eine
geradezu erdrückende Zahl von Citaten vorlag. Ich hätte mit dieser Arbeit erstens der
Kritik der LXX gedient, da, was die lateinischen Väter des Westens gelesen, aus vermutlich recht alten Handschriften des Ostens entnommen gewesen sein wird. Ich hätte
zweitens für das Studium der lateinischen Übersetzungen des AT.s durchaus nicht
unerhebliches beigetragen: die Abweichungen Augustins von Hilarius und andern
wären, wenn vollständig vorgelegt, höchst belehrend gewesen. Ich hätte drittens den
Text der Patres richtig behandeln lehren — [an Cyprians Citaten von Psf 2, 12 zeigt
er des näheren, wie diese lehren, welche Codices der Testimonien Cyprians den echten
Text Cyprians, welche eine nach Bibeln anderer Provenienz korrigierte Gestalt bieten] —;
endlich wäre durch eine Liste, wie ich sie vorhatte, ermöglicht worden, jedes irgendwo
aus den von mir ausgezogenen Vätern gemachte Citat, woferne es nur eine Beziehung
auf das AT. enthielte, in den Werken dieser Väter ohne zu große Mühe aufzufinden."
Die Probe, die Lagarde in Groß-Quart zu drucken angefangen hatte, ist in Klein-
Oktav bei Psf 17 stehen geblieben; auf der Göttinger Bibliothek liegen seine Kollationen;
England ist mit dem lateinischen NT. beschäftigt; in Deutschland will Ph. Thielmann
mit Unterstützung der Münchener Akademie Teile der alten lateinischen Bibel herausgeben.

Zur Charakteristik der Übersetzung mögen noch folgende Bemerkungen Fritzsches dienen:
Die Übersetzung ist eine durchaus wörtliche und danach sehr ungelenk und un-
beholfen, die Sprache die deteriorierte des zweiten Jahrhunderts mit Beimischung von
Wortformen und Worten aus der Volkssprache und von Provinzialismen. Das peinliche
Streben des Übersetzers nach Wörtlichkeit (vgl. z. B. in nihil facti sunt εἰς κενὸν
ἐγένοντο, a modo ἀπὸ τοῦ νῦν, ut quid ἵνα τί, si fragend für εἰ) ist namentlich bei
den zusammengesetzten Worten sehr sichtbar. Griechische Komposita und Dekomposita
werden getreulichst wiedergegeben, vgl. z. B. concumbentes συνανακείμενοι, perex-
siccare καταξηραίνειν, pervindemiare ἀπορρυᾶν, resalvari ἀνασώζεσθαι, perdi-
viserunt κατεδιείλαντο; selbst lateinische Verba und Präpositionen müssen sich den
Kasus des Grundtextes oktroyieren lassen, vgl. z. B. oboedierint mei μου, praecinctam
cilicium περιεζωσμένην σάκκον, operuit se cilicium περιεβάλετο σάκκον. Eine
Reihe von griechischen oder hebräischen Worten erscheinen latinisiert, z. B. abyssus,
baddin βαδδίν, cataclysmus, chrisma, erysibe ἐρυσίβη, holocaustum, lygyrium
λιγύριον, ophaz ὠφάζ, orphanus, parabasis, rhomphaea, sardius σάρδιος,
tharsis θαρσίς, chimarri χειμάρροι, epicharma ἐπίχαρμα; vgl. auch unser „Kanape"
über konopeum aus κωνωπεῖον Judith 10, 19. Zur Veranschaulichung der Sprache
einige Beispiele. Formen: praevaricare, demolire, lamentare, scrutavit, paenitebitur
deus, odietur, odivi, odientibus, avertuit, prodies, praeteries, floriet, absconsus,
pregnates, pascuae, mala μῆλον, extensa für extentio, retiam für rete, cubilis
tuus, ficulneas meas συκᾶς μου, altarium, jusjuramentum. Worte: concupisci-
bilis, confixio, confractio συγκλασμός, confortare ἐνισχύειν, contribulare, contri-
bulatio, tribulatio, derisorius, evaginatio, exterminium ἀφανισμός, exalbare,
justificare, justificationes δικαιώματα, muratus, perditio ἀπώλεια, profetizare,
reaedificare, salvare, salvator Jon 2, 10 (s. darüber Wölfflin SMA 1893, 263/267),
superintrare. Bedeutungen: incredibilis ungläubig, memorari und rememorari alicujus
eines gedenken, demergere sich versenken, diminuit ὠλιγώθη, exorare ἐξιλάσκεσθαι,
exoratio ἐξιλασμός, exterminata est ἠφανίσθη, maleficia φάρμακα, substantia
Vermögen, Habe. Konstruktionen: obaudire aliquem, suptus eum, vestem se dis-
poliabunt, zelatus est legem, benedixit illam, eum nocuit, comitabantur cum illo,
facite eos recumbere, conloquebantur illi, gratulamini mecum. Das reichste
Material bietet H. Rönsch, Itala und Vulgata.

b) Die lateinische Bibel des Hieronymus. — Litteratur: G. Riegler, Kritische Geschichte der Vulgata, Sulzbach, 1820, 8°; Leander van Eß, Pragmatisch-kritische Geschichte der Vulgata, Tübingen 1824, 8°; A. Schmitter, Kurze Geschichte der Hieronymianischen Bibelübersetzung, Freising 1842; Fr. Kaulen, Geschichte der Vulgata, Mainz 1868, 8°; O. Rottmanner, Zur Geschichte der Vulgata, Histor. Polit. Blätter 114, 31—38. 101—108; J. Witte, Zur Geschichte der Vulgata, Hannover 1876; L. Engelstoft, Hieronymus Strid. interpres, criticus, exegeta, apologeta, historicus, doctor, monachus, Hauniae 1797, 8°; v. Cölln, Art. „Hieronymus" in Ersch und Grubers Encyklopädie, Section II, Bd. VIII. S. 72 ff.; L. Zöckler, Hieronymus, Gotha 1865, 8°; Dom Germain Morin, Les monuments de la prédication de Saint Jérôme, Oxford, Parker 1896. — In betreff des sprachlichen Elements, das erst neuestens nähere Beachtung gefunden (doch vgl. Jgn. Weitenauer, Lexicon Biblicum, in quo explicantur Vulgatae vocabula et phrases, ed. altera, Aug. Vindel. 1780) ist 'außer auf Rönsch, Itala und Vulgata (s. oben) zu verweisen auf Fr. Kaulen, Handbuch zur Vulgata, eine systematische Darstellung ihres Sprachcharakters, Mainz 1870, 8°; J. A. Hagen, Sprachl. Erörterungen zur Vulg., Freib. i. Br. 1863, 8°; J. B. Heiß, Beitrag zur Grammatik der Vulg. Formenlehre, München 1864, 4°; Val. Loch, Materialien zu einer lat. Grammatik der Vulg., Bamberg 1870, 4°; P. Hate, Sprachl. Bemerkungen zu dem Psalmentexte der Bulg., Arnsberg 1872, 8°. Henry Goelzer, Etude lexicographique et grammaticale de la latinité de St. Jérôme, Paris 1884. 472 (cf. J. H. Schmalz, Berl. Ph. Wochenschr. 1884, 47. 1470/4); Ph. Thielmann, Über die Benützung der Vulgata zu sprachlichen Untersuchungen, Philologus 42, 319. 370; G. A. Saalfeld, De Bibliorum sacrorum Vulgatae editionis graecitate, Quedlinburg 1891, 180 S.; Aloys Hartl, Sprachliche Eigenthümlichkeiten der Vulgata, Ried, Gym.-Prog. 21 S. 8°; Will. M. Cracken Wilroy, The participle in the vulgate New Testament, Baltimore 1892, 32 S.; L. B. Andergassen, Über den Gebrauch des Infinitivs in der Vulgata, Bozen Progr. 1891, 23 S. 8°; K. Hamann, Weitere Mitteilungen aus dem Breviloquus Benthemianus, enthaltend Beiträge zur Textkritik der Vulgata nebst einem Anhang, Hamburg (Johanneum, Progr.) 1882, 48 S. 4°; Ph. Thielmann, Beiträge zur Textkritik der Vulgata, insbesondere des Buches Judith, Speyer 1883 (Progr.) 64 S. 8°; E. v. Dobschütz, Studien zur Textkritik der Vulgata. Mit 2 Taf. Leipzig 1894 XI. 139 S. (cf. H. J. White, the Critical Review 1896, 243/6). — P. Martin, La Vulgate latine au XIIIᵉ siècle d'après Roger Bacon. Le Muséon. 7 (1888) 88—107. 169—196; P. Martin, le texte parisien de la Vulgate latine ebenda 8 (1889) 444; Sam. Berger, de l'histoire de la Vulgate en France, Leçon d'ouverture. Paris, Fischbacher 1887 16 p.; Sam. Berger, Des Essais qui ont été faits à Paris au XIIIᵉ siècle pour corriger le texte de la Vulgate. Rev. de théol. et de phil. t. XVI Lausanne 1883, 41; Sam. Berger, de la Tradition de l'art grec dans les manuscrits latins des Evangiles, Mémoires de la Société des Antiquaires de France, t. 52, p. 144 (u. Sonderdruck); Sam. Berger, Histoire de la Vulgate pendant les premiers siècles du moyen age, Mémoire couronné par l'Institut. Paris, Hachette 1893. XXIV, 443, hier G. XX—XXIV Liste des principaux ouvrages. — Wilh. Nowack, Die Bedeutung des Hieronymus für die alttestamentliche Textkritik, Göttingen 1875 55 S.; Henry Preserved Smith, The value of the Vulgate Old Testament for Textual Criticism (Presbyterian and Reformed Review April 1891, und reprinted 19 pp.).

1. Gegen Ende des vierten Jahrhunderts scheint man, zumal in Rom, die Verschieden-heit der Exemplare und die Unbeholfenheit der Sprache als einen Übelstand empfunden zu haben. Zwischen 367 und 375 habe der angebliche Josephus-Übersetzer Hegesippus die 4 Bücher der Könige neu ins Lateinische übersetzt (Vogel, de Hegesippo 1881 p. 14). Wahrscheinlich im Jahre 382 gab dann Bischof Damasus von Rom (gest. Ende 384) dem Pannonier Hieronymus den Auftrag, die lateinische Bibel zu revidieren. Das Schreiben des Damasus scheint nicht mehr erhalten, wohl aber dasjenige des Hieronymus, mit dem er im Jahr 383 den ersten Teil, die Evangelien, dem Damasus über-reichte (Apokryphische Briefe zwischen Hier. und Damasus in dem liber Pontificalis MSL 13, 440. 30, 294; Schelstrate, Antiquitas ecclesiae illustrata I. [1692] p. 348; Duchesne, le liber pontif. I. [1886] p. XXXIV). Da dasselbe den einzig authentischen Aufschluß über Sinn und Art der Arbeit giebt, die Sache auch für das Schicksal aller andern Bibelrevisionen typisch ist, müssen die Hauptstellen hier stehen (wie alles auf die Ev.-Arbeit des Hieronymus bezügliche aus der jetzt allein maßgeben-den Ausgabe von Wordsworth-White).

Novum opus facere me cogis ex veteri, ut post exemplaria scripturarum toto orbe dispersa quasi arbiter sedeam et, quia inter se variant,'quae sint illa quae cum Graeca consentiant veritate decernam. Pius labor, sed periculosa prae-sumptio, iudicare de ceteris ipsum ab omnibus iudicandum, senis mutare linguam et canescentem mundum ad initia retrahere parvulorum. Quis enim doctus pariter vel indoctus, cum in manus volumen adsumpserit et a saliva quam semel inbibit viderit discrepare quod lectitat, non statim erumpat in vocem, me falsarium me clamans esse sacrilegum, qui audeam aliquid in veteribus libris addere, mutare, corrigere? Adversum quam invidiam duplex causa me consolatur: quod et tu qui summus sacerdos es fieri iubes, et verum non esse quod variat etiam maledicorum testimonio comprobatur. Si enim Latinis exemplaribus fides est adhibenda, respondeant quibus: tot sunt paene quot codices. Sin autem veritas est quaerenda de pluribus, cur non ad Graecam originem revertentes ea quae vel a vitiosis interpretibus male edita vel a praesumptoribus imperitis emendata perversius vel a librariis dormitantibus aut addita sunt aut mutata corrigimus? Neque vero ego de veteri disputo testamento, quod a septuaginta senioribus in Graecam linguam versum tertio gradu ad nos usque pervenit. Non quaero quid Aquila quid Symmachus sapiant, quare Theodotion inter novos et veteres medius intercedat: sit illa vera interpretatio quam apostoli probaverunt. De novo nunc loquor testamento, quod Graecam esse non dubium est, excepto apostolo Mattheo, qui primus in Judaea evangelium Christi Hebraeis litteris edidit. Hoc certe cum in nostro sermone discordat et diversos rivulorum tramites ducit, uno de fonte quaerendum est. Praetermitto eos codices quos a Luciano et Hesychio nuncupatos paucorum hominum adserit perversa contentio: quibus utique nec in veteri instrumento post septuaginta interpretes emendare quid licuit nec in novo profuit emendasse, cum multarum gentium linguis scriptura ante translata doceat falsa esse quae addita (cod. E: edita) sunt [über die Konstruktion dieser Stelle ob quibus auf Lucian und Heſych, oder auf paucorum hominum geht, ſ. v. Eß S. 81—83].

Igitur haec praesens praefatiuncula pollicetur quattuor tantum evangelia, quorum ordo iste est, Mattheus Marcus Lucas Johannes, codicum Graecorum emendata conlatione sed veterum. Quae ne multum [frühere Lesart sed et veterum, nec quae (sc. codices?) mult.] a lectionis Latinae consuetudine discreparent, ita calamo temperavimus ut, his tantum quae sensum videbantur mutare correctis, reliqua manere pateremur ut fuerant.

Daran fügt Hieronymus Aufſchluß über die Kanones des Euſebius, die er beigegeben hatte: magnus siquidem hic in nostris codicibus error inolevit, dum quod in eadem re alius evangelista plus dixit, in alio, quia minus putaverint, addiderunt; vel dum eundem sensum alius aliter expressit, ille qui unum e quattuor primum legerat, ad eius exemplum ceteros quoque aestimaverit emendandos. Unde accidit ut apud nos mixta sint omnia, et in Marco plura Lucae atque Matthei, rursum in Mattheo Johannis et Marci, et in ceteris reliquorum quae aliis propria sunt inveniantur . . . .

Opto ut in Christo valeas et memineris mei, papa beatissime.

So Hieronymus über die Anfänge ſeiner Arbeit, die einen Erfolg ohne gleichen in der Litteraturgeſchichte gehabt, die Bibel des ganzen Abendlands geworden iſt.

Um ſeine Arbeit ganz beurteilen zu können, müßten uns 1. die lateiniſchen Texte genau bekannt ſein, die Hieronymus revidierte; 2. die griechiſchen Handſchriften, nach denen er revidierte; müßten wir 3. ſeine Arbeit in der Geſtalt haben, die er ihr gegeben hat. Keines iſt vollſtändig der Fall. Die Wordsworth‑Whiteſche Ausgabe — der vollſtändige Titel iſt: Nouum Testamentum Domini Nostri Jesu Christi Latine secundum editionem sancti Hieronymi ad codicum manuscriptorum fidem recensuit Johannes Wordsworth, S. T.P., episcopus Sarisburiensis in operis societatem adsumpto Henrico Juliano White, A. M. etc. Oxonii, e typographeo Clarendoniano, 4⁰. Partis prioris fasciculus primus Evangelium secundum Mattheum 1889. 2. Marcus 91, 3. Luc. 93, 4. Joh. 95 — giebt unter dem Text des Hieronymus den altlateiniſchen des codex f (Brixianus) als denjenigen, welcher am eheſten der von Hieronymus revidierten Textgeſtalt entſpricht und bietet namentlich in den ſpäteren Abteilungen eine reiche Auswahl der Lesarten der anderen altlateiniſchen Handſchriften.

In betreff der griechiſchen Hdſſ., die H. benutzt haben muß (ſ. o.) ließen W.‑W. an Weihnachten 93 einen Brief ausgehen (On the question of what Greek MSS. or class of Greek MSS. S. Jerome used in revising the Latin Gospels (ſ. The Academy 1894. 27 Jan. 83ᶜ—84ᵇ, ThLZ 1894, 4); denn es finden ſich in ſeinem Text Lesarten, die zur Zeit in keiner altlateiniſchen und in keiner griechiſchen Hdſ. nachgewiesen sind (Mc 9, 5 hic nos esse, Lc 9, 44 in cordibus vestris, 22, 55 erat petrus Jo 5, 45 Moses in quo vos speratis; 7, 25. 9, 38. 10, 16 ex hoc ovili . . . et fiet unum ovile) oder Lesarten, die zur Hälfte in einer, zur Hälfte in einer andern griechischen Handschriftenfamilie sich finden (Jo 9, 9. 10, 29) oder solche, die griechisch nur sehr schwach bezeugt sind (Lc 9, 4 ne exeatis, μη nur in 34; 11 53 os opprimere *επιστομιζειν*, was nur 3 Hdss. bei Tisch. haben, Jo 3, 36 incredulus *απιστος*, nicht *απειθων*; vgl. auch Jo 16, 13 docebit = δηγησεται statt *οδηγηση*); völlige Sicherheit liegt also auch hier nicht vor; nur ist aus der Beifügung der canones des Eusebius klar, daß er dessen bibelkritische Arbeiten benutzte. In einem noch nicht erschienenen Epilog soll de codicibus graecis quibus H. usus fuerit genau erörtert werden.

Endlich in betreff seiner eigenen Arbeit, für welche die englischen Herausgeber an 30 der ältesten Handschriften vollständig verglichen haben, ist absolute Sicherheit für alle einzelnen Stellen auch noch nicht erreicht, da keine der verglichenen Hdss. sich als fehlerlose Kopie des von Hieronymus wohl nicht selbst geschriebenen, sondern diktierten Normalexemplars auswies, auch nicht der im allgemeinen vortreffliche Amiatinus (über ihn s. auch E. v. Dobschütz, Studien zur Textkritik der Vulgata, Leipzig 1894, und die Anzeige von H. J. White, Critical Review 1896, 243 46) oder der von Epternach (Paris 9389), der von seiner Vorlage her aus dem Jahre 558 die Unterschrift hat: Proemendavi ut potui secundum codicem de bibliotheca e u g i p i praespiteri quem ferunt fuisse sci hieronymi. In der Hauptsache ist aber für die Evangelien sicherer Grund geschaffen, umsoweniger für die übrigen Teile der Bibel.

Hieronymus selbst schreibt das Jahr darauf an Marcella (ep. 27): ad me repente perlatam est quosdam homunculos mihi studiose detrahere, cur adversum auctoritatem veterum et totius mundi opinionem aliqua in Evangeliis emendare tentaverim. Er antwortet, er sei non adeo hebetis cordis gewesen ut aliquid de Dominicis verbis aut corrigendum putaverim aut non divinitus inspiratum, sed Latinorum codicum vitiositatem quae ex diversitate librorum omnium comprobatur, ad Graecam originem, unde et ipsi translata non denegant, voluisse revocare. Als Beispiele solcher Fehler führt er dann an — merkwürdigerweise sämtlich nicht aus den Evangelien — Ro 12, 12 tempori (= καιρω): nos legamus: domino (= κυριω), 1 Ti 5, 19 die Weglassung von nisi sub duobus aut tribus testibus; 1 Ti 1, 15 h u m a n u s sermo (= ανϑρος?); nos cum Graecis i. e. cum Apostolo qui Graece locutus est erremus: f i d e l i s sermo (= πιστός).

398 schreibt er an Lucinius (ep. 71, 5): Novum Testamentum Graecae reddidi auctoritati. Ut enim veterum librorum fides de Hebraeis voluminibus examinata est, ita novorum Graeci sermonis normam desiderat.

An Augustin, der ihm geschrieben hatte: non parvas Deo gratias agimus de opere tuo quo Evangelium (= N.T. ?) ex Graecis interpretatus es, quia paene in omnibus nulla offensio est, quum Scripturam Graecam contulerimus, antwortete er im Jahr 404: si me, ut dicis, in N¹T¹ emendatione suscipis . . . . eandem integritatem debueras etiam in V¹ credere Testamentum, quod non nostra confinximus, sed ut apud Hebraeos invenimus divina transtulimus.

Endlich faßt er in seinem Buch de viris illustr. c. 135 sein Werk so zusammen: Novum Testamentum Graecae fidei reddidi, Vetus iuxta Hebraicam transtuli.

Es ist wahrscheinlich, aber nicht sicher zu beweisen, daß H. schon im Jahr 385 mit der Revision des übrigen NT.s fertig war, indem sich H. dabei fast noch mehr als bei den Evangelien auf eine sprachliche Glättung der bisherigen Texte beschränkte. Länger dauerte und viel eingreifender war seine Arbeit am AT. Zunächst revidierte Hieronymus noch im Jahr 383 in Rom den Psalter, welche Revision von Damasus sofort in die Liturgie eingeführt wurde und den Namen Psalterium Romanum erhielt, weil sie im römischen Meßbuch, im Officium der Peterskirche zu Rom, im Invitatorium und in den Responsorien des römischen Breviers noch heute im Gebrauch ist.

Mit dieser „eilig" geschehenen Revision war Hieronymus später nicht zufrieden und so unternahm er 9 Jahre später in Bethlehem 392, nachdem er in Cäsarea die Hexapla des Origenes kennen gelernt hatte, eine zweite Revision des Psalters, in welche er auch die kritischen Zeichen des Origenes die Obelen und Asteristen aufnahm. Diese Revision fand zuerst in Gallien Eingang, heißt deswegen das Psalterium Gallicanum und ist — nur ohne die kritischen Zeichen — der in den heutigen Vulgataausgaben und im römischen Brevier (s. o.) stehende Text. In gleicher Weise, mit den kritischen Zeichen des Origenes, revidierte er auch den Hiob, eine Arbeit, die in 3 Hdss. auf uns gekommen ist, und nach seiner Angabe auch die meisten der andern alttestamentlichen Bücher, die ihm aber fraude cuiusdam abhanden gekommen seien.

Die Uebersetzung des Hiob ist zuerst von Martianay 1693 im ersten Band der Werke des Hieronymus herausgegeben worden, wiederholt von Vallarsi 1740 in Bd X, ebenso auch von Sabatier; neuerdings druckte sie Lagarde nach dem Bobleianus auct. E infr. 1, dessen Abschrift er von Driver zum Geschenk bekam, und nach dem schon von Martianay benützten turonensis 18 (Mitt. 2, 189—237). Ueber eine sehr wertvolle St. Gallener Handschrift machte C. P. Caspari auf dem 8. Orientalistenkongreß von 1889 Mitteilung (über des Hieronymus Uebersetzung der alexandrinischen Version des Buches Hiob in einer Sanct Gallener Handschrift des achten Jahrhunderts: Actes du huitième Congrès etc. I. Section Sémitique (B), Leide 1893, 37—51) und brachte den Text zum Abdruck: Das Buch Hiob 1, 1—38, 16 in Hieronymus's Uebersetzung aus der alexandrinischen Version nach einer St. Gallener Handschrift saec. VIII. Christiania 1893, 108 S. (in Christiania Videnskabs Selskabs Forhandlinger). Verarbeitet von Georg Beer, Textkritische Studien zum Buche Hiob I. ZatW 1896, 297—314. — Eine Hds. dieses Psalters kam 782 nach Reichenau und bildete offenbar die Vorlage für die betr. Spalte in Salomo' III. Psalterium quadruplex; vgl. auch H. Ehrensberger, Psalterium Vetus und die Psalterien des h. Hieronymus. Ps 1—17. Tauberbischofsheim 1887 (Progr. 4°).

Schon um diese Zeit hatte Hieronymus seine hebr. Sprachkenntnisse, zum Teil bei jüdischen Lehrern, bedeutend vertieft und so war er am besten unter allen damaligen Theologen zu der großen Arbeit befähigt, das ganze AT. neu aus dem Original in das Lat. zu übersetzen. In den Jahren 390—405 führte er dies in Bethlehem aus, nicht in ununterbrochener Reihe von Anfang bis Ende, sondern wie ihn seine Freunde drängten.

Den Anfang machte er 390 mit den 4 Libri Regnorum, denen er den sogenannten Prologus galeatus beigab (die Vorreden des Hieronymus zu den einzelnen Büchern in den meisten Vulgata-Ausgaben, leider nicht in der sonst bequemsten von Eß, Tüb. 1824, 2 Bde; ein Auszug aus dem Prol. Gal. in Bleek-Wellh.⁶ § 241; vgl. d. A. Kanon des AT.s PRE² 7 436 f.); es folgten Hiob, Propheten; auf die Aufforderung des Sophronius der obengenannte Psalter. Nach einer Unterbrechung durch Krankheit 393 die drei salomonischen Schriften, die er laut Vorrede in 3 Tagen übersetzte; weiter 394 bis 96 Esra (=Nehemia), Chronik, Genesis, bis 404 der Rest des Pentateuchs, 404 und 405 Jo, Ri, Ruth, Esther, Tobias in einem Tag, Judith in einer Nacht, letztere beide aus dem Chaldäischen, das ihm ein Jude ins Hebräische übersetzte und er einem Schreiber lateinisch in die Feder diktierte. Unübersetzt, d. h. unrevidiert blieben, Sap. Sal., Sap. Jesu Siracidae, Mak und Baruch, die also in den heutigen Vulgataausgaben mehr oder weniger noch in der alten oder richtiger einer vorhieronymischen Gestalt vorliegen (s. PRE³ Bd 1 S. 630 f.).

2. Was war die Aufnahme dieser Arbeit, ihre Geschichte? L'histoire de la Vulgate est encore presque inconnue beginnt S. Berger die Vorrede seiner histoire pendant les premiers siècles du moyen age (Paris 1893) (vgl. ebenda p. X. presque entièrement cachée dans les premiers siècles de son existence), und er begann ihre Geschichte mit der Mitte, weil ihm hier die Quellen am reichsten zugänglich waren. Nur für die allererste Zeit sind wir aus den Briefen des Hieronymus und seinen Vorreden zu den einzelnen biblischen Büchern besser unterrichtet. Da klagt er (epist. ad Pammach.) über einen der vel accepta pecunia . . . vel gratuita malitia . . . an ihm zum Judas geworden und unter den Urteilslosen ausschreie me falsarium, me verbum non expressisse de verbo. Auch die Freunde waren nicht alle wie Sophronius, der die Arbeit des Hier. zu den Psalmen und Propheten sogar ins Griechische übersetzte. Während H. mit seiner Uebersetzung sich um seine Lateiner verdient gemacht zu haben glaubte, verachteten sie quod etiam Graeci versum de Latino post tot interpretes non fastidiunt. Freilich, heimlich lasen auch die Gegner, was sie offen angriffen (quod publice lacerant, occulte legunt). Tanta est vetustatis consuetudo, ruft H. mit Recht aus, ut etiam confessa plerisque vitia placeant, dum magis pulchros habere volunt codices quam emendatos. Er ist seiner Arbeit sich bewußt: lege Samuel et Malachim meum, meum inquam meum; der Dankbare werde ihn als interpres, der Undankbare wenigstens als paraphrastes gelten lassen. Die einen verachten seine Arbeit quasi parva, andere als zu kühn, da er

7*

etwas gewagt, was kein Lateiner vor ihm; freilich sei tanta inter duas editiones discrepantia fastidiosa.

Rufin griff ihn in einer eigenen Schrift an, auch Augustin hätte es lieber gesehen, wenn er sich auf die Revision nach dem Hexaplarischen Text beschränkt hätte; kam es doch in einer Kirche fast zu Streitigkeiten, als der Lector Jon 4, 7 mit Hier. cucurbita las statt des Gemeinde geläufigen hedera.

Über seine Methode — vgl. dazu Hoberg, de S. Hieronymi ratione interpretandi, Bonnae 1886 — hat sich H. selbst mehrfach geäußert: quae habentur in Hebraeo, plena fide expressi — mihi omnino conscius non sum mutasse me quippiam de Hebraica veritate. — Haec autem translatio, sagt er von seinem Hiob, nullum de veteribus sequitur interpretem, sed ex ipso Hebraico Arabicoque sermone et interdum Syro nunc verba nunc sensus nunc simul utrumque resonabit. Von Jugend auf habe er sich zum Grundsatz gemacht non verba, sed sententias transtulisse. Non debemus sic verbum de verbo exprimere ut dum syllabas sequimur, perdamus intelligentiam — non debemus impolita nos verborum interpretatione torquere, cum damnum non sit in sensibus, quia unaquaeque lingua . . . suis proprietatibus loquitur. Demgemäß baut er lateinische Perioden statt der hebräischen Parataxe (z. B. Gen 13, 10. 32, 12), scheut sich nicht zusammenzuziehen, wie 27, 38 Cui Esau für „und Esau sprach zu seinem Vater", gestattet sich anderswo erklärende Zusätze. Wie er auf die Gewöhnung der Gemeinden Rücksicht nahm, ist schon beim NT. angeführt; auch beim A. sagt er: de Hebraco transferens magis me Septuaginta interpretum consuetudini coaptavi in his dumtaxat quae non multum ab Hebraeis discrepabant. Inter dum Aquilae quoque et Symmachi et Theodotionis recordatus sum, ut nec novitate nimia lectoris studium deterrerem, nec rursum conscientiam meam, fonte veritatis omisso, opinionum rivulos consectarer. Über die Hilfe, die ihm von jüdischen Lehrern zu teil wurde, spricht er sich mehrfach aus, s. Mor. Rahmer, Die hebräischen Traditionen in den Werken des Hieronymus I, Breslau 1861 (Genesis); Fortsetzung in Frankels Monatsschrift 1865. 67. 68.

Nur so war es ihm möglich in so kurzer Zeit eine so befriedigende Arbeit zu liefern. Bloß die von ihm gering geschätzten Apokryphen hat er gar zu flüchtig behandelt. Wie seine Übersetzung im einzelnen sich einbürgerte, ist nicht nachzuweisen. Daß man ein ganzes Buch der Bibel von seiner eigenen Hand geschrieben 1452 in S. Paolo fuori le mura in Rom zeigte, berichtet der Nürnberger Patrizier Nikolaus Muffel. Über die Frage z. B. wissen wir garnichts, ob noch unter den Augen des Hieronymus eine Gesamtausgabe der Übersetzung (pandectes, bibliotheca) hergestellt wurde, auf welche der Text der heute erhaltenen Gesamtbibelhandschriften zurückgehen würde, oder ob auch bei diesen für jeden einzelnen Teil ein besonderer Ursprung anzunehmen ist. Nach den Forschungen Bergers scheint es zweifellos, daß man von geographischen Gesichtspunkten ausgehen, und vor allem spanische und irische u. s. w. Texte unterscheiden muß, die dann in Frankreich sich vereinigt haben.

Zunächst bürgerte sich die Arbeit natürlich nur bei einzelnen ein, erst später im gottesdienstlichen Gebrauch. Lange erhielt sich in Afrika die alte Übersetzung in der Kirche. Dagegen braucht Cassian schon im 5. Jahrhundert die emendatior translatio. Besonders wichtig wurde, daß Cassiodorius sich für sie erklärte und daß Gregor der Große in seinem Hiob nunc novam nunc veterem per testimonia anwandte, quia sedes apostolica . . . utraque utitur. In den Akten des Lateronkonzils 649 ist nur noch die neue gebraucht; eine bestimmte Vorschrift zu ihrer Einführung ist nie gegeben worden; für die ganze Kirche war ohne dies niemand da, der sie hätte geben können. Wenn Isidor von Sevilla (de div. off. 1, 12) schreibt: Hieronymi editione generaliter omnes ecclesiae usque quaque utuntur, so war dies damals noch etwas verfrüht; Hrabanus Maurus konnte es von seiner Zeit mit Wahrheit sagen, obwohl ja sogar noch im 13. Jahrhundert vereinzelt eine Handschrift wie der colbertinus c oder der perpinianensis der AG kopiert werden konnte. Daß für den Psalter seine Übersetzung de hebraeo nie durchdrang, ist schon bemerkt und hat sein Seitenstück in England, wo die Prayerbook Version des Psalters sich auch neben der Authorized Version von 1611 und der Revised Version von 1881 erhalten hat. Beste Ausgabe dieses Psalters ist Psalterium juxta Hebraeos Hieronymi e recognitione Pauli de Lagarde. Accedit corollarium criticum. Lipsiae 1874. Vgl. auch Baethgen, Eine Hdf. des Ps. j. Hebr.

H. ZatW. 1881. 105—112. Der Name Bulgata (= κοινή), den früher die LXX und ihre lateiniſche Überſetzung geführt hatte, trägt ſich allmählich mit Recht auf die Arbeit des H. über. Roger Baco nennt ſie haec quae vulgatur apud Latinos, illa quam ecclesia recipit his temporibus.

3. Daß die Arbeit des Hieronymus nicht bloß wie alle anderen durch Abſchriften überlieferten Werke der Entſtellung und Verunſtaltung unterlag, ſondern durch die alte Überſetzung einer ganz beſondern Gefahr ausgeſetzt war, liegt auf der Hand. Ein Text wurde aus dem andern verbeſſert, d. h. beide wurden korrumpiert: die Warnung Walafrids Strabo ne quisquam alteram ex altera velit emendare kam zu ſpät. Noch im heutigen offiziellen Text liegen ſolche durch Dubletten entſtellten Abſchnitte genug vor, und die Handſchriften bieten, wie namentlich Bergers Arbeiten zeigen, die wunderlichſten Miſchungen. Vgl. im heutigen Text 2 Reg. 1, 18. 19 Considera Israel pro his qui mortui sunt super excelsa tua vulnerati. Inclyti, Israel, super montes tuos interfecti sunt. Hier iſt die erſte Hälfte altlateiniſch.

Caſſiodorius war unſers Wiſſens der erſte, der auf Herſtellung genauer Bulgatahandſchriften drang (de inst., praef. c. 14. 15); auf ihn gehen die einleitenden Stücke, die den Amiatinus auszeichnen, zurück; vgl. H. B. de Roſſi, La bibbia offerta da Ceolfrid Abbate al Sepolcro di S. Pietro Rom 1887; H.J.White, The codex Amiatinus and its Birthplace (Studia Biblica et Ecclesiastica II, 273 Oxf. 1890); P. Corſſen, Die Bibeln des Caſſiodorius und der Codex Amiatinus JpTh 1883 und 1891; Zahn, Geſch. d. neutl. Kanons II, 267.

Dann war es vor allem Karl der Große, der ſchon im capitulare von 789 befahl, daß per singula monasteria vel episcopia libros catholicos bene emendatos vorhanden ſeien, et pueros vestros non sinite eos vel legendo vel scribendo corrumpere. Et si opus est evangelium, psalterium et Missale scribere, perfectae aetatis homines scribant cum omni diligentia; weiter in einem vielleicht unechten Dekret in der Sammlung des Benedictus diaconus, ut in ecclesiis libri canonici veraces habeantur, und in einem zwiſchen 782 und 800 angeſetzten Capitular ſagt er: Inter quae [studia] iam pridem universos Vis et Ni Instrumenti libros, librariorum imperitia depravatos, Deo nos in omnibus adjuvante, examussim correximus. Insbeſondere aber beauftragte er Alkuin in emendatione Vis et Ni Testamenti und die bibliſchen Bücher, die dieſer in unius clarissimi corporis sanctitatem conexos atque diligenter emendatos durch ſeinen Schüler Nathanael (d. h. wohl Fredegiſus, ſpäter Abt von St. Martin in Tours) ſeinem Herrn David (Karl) die natalis domini (25. Dez. 801) in ſeinem Palaſt in Aachen überreichen ließ, wird eben das in des Königs Auftrag hergeſtellte Exemplar geweſen ſein (ſ. Berger 188 ff.). Unter den erhaltenen Handſchriften iſt wahrſcheinlich der Vallicellianus in Rom (V bei W.-W.) der beſte Repräſentant der Alkuinſchen Rezenſion und teilweiſe von jenem Ex. kopiert. Dahin gehören weiter die Handſchriften der Schule von Tours, namentlich die Prachthandſchriften von Bamberg, Zürich, Grandval, Köln, die erſte Bibel Karls des Kahlen. Alkuin wird angelſächſiſchen Texten gefolgt ſein.

Ein anderer Gelehrter, der ſich mit Herſtellung des Bibeltextes abgab, war der Weſtgote Biſchof Theodulf von Orleans (zwiſchen 798/818). Die Grundlage ſeiner Arbeit ſtammte für die Königsbücher, Paulus, AG und kath. Briefe aus Spanien, für die Evangelien aus Irland oder England, doch hat ſie keine ſtärkeren Spuren hinterlaſſen (ſ. Leop. Delisle, les bibles de Théodulfe. Paris 1879. 8⁰ Extrait de la Bibliothèque de l'École des Chartres t. XL. JfwTh 1881, 122; Berger 145—184).

Vom Erzbiſchof Lanfranc von Canterbury († 1089) berichtet ſeine Biographie, daß er ſich mit Verbeſſerung der Bibel und der orthodoxen Väter beſchäftigt; aber der weitere Satz huius emendationis claritate omnis occidui orbis ecclesia, tam gallicana quam anglica gaudet se esse illuminatam, wird nicht ſpeziell auf ſeine Bibelreviſion ſich beziehen. Stephanus Harding, Abt von Citeaux, wollte die Überſetzung durch Rückgang auf den hebräiſchen Urtext beſſern, wozu er ſich jüdiſcher Mitarbeiter bediente. Seine Bibel, die das Normalexemplar für den Orden abgeben ſollte, mit vielen Korrekturen namentlich in den Königsbüchern, iſt noch heute in Dijon, ſ. J. P. P. Martin, Saint Étienne Harding et les premiers recenseurs de la Vulgate Latine Theodulfe et Alcuin. Extrait de la Revue des Sciences Ecclésiastiques. Amiens 1887 137 S. Ein ſolches Normalexemplar ließ auch Abt Wilhelm von Hirſchau durch Theoger von St. Georgen und Haimon (nicht Herinon) von Hirſchau für ſeine Kongregation herstellen (s. Martin l. c. 57; Nestle, Die Hirschauer Vulgata-Revision. Theologische Studien aus Württemberg 10. 1889. 305 311). Hier mag auch gleich das von Thomas von Kempen geschriebene, jetzt in Darmstadt befindliche Exemplar genannt sein, da man annimmt, daß Handschriften seiner Kongregation für den gedruckten Text maßgebend geworden seien (Adolf Schmidt im CBl. für Bibl.-Wesen 1896).

Später sammelte man die Varianten mit den nötigen Bemerkungen in besondere Bücher zusammen, die sogenannten Correctoria Biblia, unter denen namentlich zehn, nemlich außer dem exemplar Parisiense, welches vielleicht in Verbindung mit Stephan Langton's Wirksamkeit steht, und den Biblia Senonensia, das Correctorium des Hugo de S. Caro, dasjenige der Pariser Dominikaner, das sog. Correctorium Sorbonicum, diejenigen des Will. de Mara, des Gerh. de Hoyo, des Gerh. de Buro und des Joh. de Colonia, ja vielleicht des Roger Baco, hervorgehoben werden, (s. J. Chr. Döderlein im Litterarischen Museum [Altdorf 1778. 8] I. 177. 344, über die vatikanischen Dressel in ThStR 1865, 369; S. Berger, des essais qui ont été faits à Paris au XIIIᵉ siècle pour corriger le texte de la Vulgate. Rev. de théol. et de phil. Lausanne. 16. 1883. 41, derselbe, Quam notitiam linguae hebraicae habuerint christiani medii aevi temporibus in Gallia, Paris. 1893; Vercellone, Dissertazioni Accademiche 48, und vor allem Denifle, Die Handschriften der Bibelcorrectorien des 13. Jahrhunderts. Archiv für Litteratur- und Kirchengeschichte. Freiburg 4. 1888. 263. 471). Der Franziskaner Roger Baco nennt 1267 in einem Schreiben an Papst Clemens IV. den Text pro maiori parte horribiliter corruptum in exemplari vulgato h. e. Parisiensi, die correctores seien corruptores, die z. B. Mc 8, 48 confusus in confessus änderten — auch die Sixtina druckte später so —; nam quilibet lector in ordine Minorum corrigit ut vult, et similiter apud Praedicatores, et eodem modo scolares, et quilibet mutat quod non intelligit. Er meinte, der Papst sollte das Werk in die Hand nehmen. Das geschah erst 300 Jahre später und bis dahin wurde eben dieser Pariser Text durch den Einfluß der Pariser Universität der verbreitetste, der dann auch in die gedruckten Bibelausgaben überging (S. Berger, de l'histoire de la Vulgate en France. Leçon d'ouverture Paris 1887).

4. Die Zeiten des gedruckten Textes. Litteratur: Die früheren bibliographischen Arbeiten von Clement, Lorck, Adler, Panzer, Hain (der bis 1500 97 Ausgaben der Vulgata verzeichnete) sind für die Inkunabelzeit jetzt großenteils überholt durch das Prachtwerk von W. A. Copinger, (Incunabula biblica: the first half Century of the Latin Bible being a bibliographical account of the various editions of the Latin Bible between 1450 and 1500 with an appendix containing a chronological list of the editions of the sixteenth century, London Quaritch 1892 Fol. [oder 4°] X. 226 S. mit 39 Tafeln), der die größte Sammlung lateinischer Bibeln älterer Zeit zusammenbrachte (jetzt im Theological Seminary in Newyork). Dazu ist die Besprechung von L. Delisle im Journ. des Savants von 1893, S. 202–218 zu vergl. (auch separat 17 S.), der die von Copinger auf 124 berechnete Zahl der Inkunabeln auf 99 reduziert; weiter G. Vicaire, Les Inc. Bibl. de W. A. Cop. et la „Bibliogr. Society", Paris 1893; vgl. auch Willi Müller, die Biblia Latina des 15. Jahrhunderts in der Göttinger Universitätsbibliothek (in Dziatkos Bibliothekwissenschaftlichen Arbeiten, 6. 1894. S. 89—95). Zur Frage nach dem ersten lat. Bibeldruck vgl. K. Dziatzko, Gutenbergs früheste Druckerpraxis auf Grund einer Vergleichung der 42zeiligen und 36zeiligen Bibel 1891, dazu Spirgatis, CBlf. Bibl.-Wesen, 8. 1891, S. 66 bis 68; Delisle, Journal des Savants. 1894, S. 401—413. Bgl. auch G. W. Meyer, Geschichte der Schrifterklärung 5 Bde, Gött. 1802—9; J. Melch. Gözens Verzeichnis seiner Samlung seltener und merkwürdiger Bibeln, Halle 1777, 4°, Fortsetzung Hamburg 1778, 8°; Jos. Lorck, Die Bibelgeschichte in einigen Beiträgen erläutert, 2 Bde, Kopenh. und Leipzig 1779. 83; vgl. auch Riederer, Nachrichten zur Kirchen-, Gelehrten-, und Büchergeschichte, Altdorf 1764 bis 68, I, 286. II, 32. III, 258.

Nach Dziatzkos abschließenden Untersuchungen, insbesondere nach der S. 94 mitgeteilten Beobachtung, die Prof. Steiff in dem Stuttgarter, einst Schellhornschen Exemplar der 36zeiligen Bibel machte, kann kein Zweifel mehr sein, daß nicht diese, sondern die 42zeilige sogenannte Mazarinbibel die erste gedruckte lateinische Bibel ist, die 36zeilige ein Nachdruck der 42zeiligen. Der Gutenbergsche Psalter von 1457, von dem nur noch 6 Exemplare, sämtlich in öffentlichen Bibliotheken, bekannt sind, — nach den Gutenbergschen Ablaßbriefen von 1454. 55 — das erste gedruckte Buch mit Datumsangabe, während der Fust-Schoeffersche Psalter von 1459 als das bis jetzt am höchsten bezahlte Buch der Welt 1896 5256 Pfd. St. erzielte (dasselbe Ex. 1817: 3350 Fr.); ein Exemplar der Mazarinbibel 1884: 78 000 Mk., der Mainzer Bibel von 1462 (die erste mit Datum) 1881: 32000 Mark. Von 92 bestimmbaren Ausgaben des 15. Jahrhundert kommen 36 auf Deutschland (Nürnberg 13, Straßburg 8, Köln 7, Mainz 3, Speier 2, Bamberg, Ulm je eine), 29 auf Italien, davon auf Venedig allein 24, 18 auf die Schweiz (Basel), Frankreich 9 (Lyon 8, Paris 1), aus England ist keine bekannt. Die Stärke der Auflage war bei der ersten römischen Bibel (1471 von Sweinheim und Pannartz) 250 Exemplare, meist wird sie nicht viel größer gewesen sein, wenigstens im Anfang, die Drucker waren vielfach Deutsche. Der Text wurde zuerst aus den nächsten besten Handschriften genommen, dann aus den früheren Drucken. Die Verwandtschaft der Drucke ist noch nicht so untersucht, wie es Reuß für das griechische NT. gethan hat. Sehr viele Ausgaben enthalten Beigaben, die erste römische z. B. den Aristeasbrief lateinisch, vor allem die Interpretationes nominum hebraeorum. Die (einzige) Ulmer Ausgabe 1480 (Copinger Nr. 47 S. 103) ist die erste mit lateinischen Summarien (cum summariis et concordantiis Menardi Monachi); 1475 die erste in kleinem Format d. h. in 4° in Piacenza, die erste „Poor man's bible" in 8° von Froben in Basel 1491. Eine undatierte, wohl von 1478, hat erstmals die Verse

> Fontibus ex graecis hebraeorum quoque libris
> Emendata satis et decorata simul
> Biblia sum praesens, superos ego testor et astra.

Die nächste so bezeichnete ist von Amerbach in Basel 1479 gedruckt, andere kopieren das. 1480 druckt Rusch in Straßburg eine mit Randkommentar und Zwischenbemerkungen, 1489 Scot in Venedig mit Illustrationen; erste mit Titel 1486.

Für das 16. Jahrhundert kennt Copinger 438 Ausgaben (Le Long-Masch zählte 378), davon sind im Brit. Mus. 190, in der einst Lordschen, jetzt Stuttgarter Sammlung 179, in Paris 122, in Copingers Sammlung 202.

Auf das 17. kommen nach ihm, einschließlich der Polyglotten 262, auf das 18. 192, auf das 19. (bis 1892) 133; im ganzen 1149, von denen im Brit. Museum 465, in der Sammlung Copinger 541.

Als Benennung erscheint im 16. Jahrhundert juxta veterem translationem. Noremb. Petreius 1527; j. vulgatam quidem aeditionem, sed à mendis . . . repurgatum. Basil., Frob. 1530; j. vulgatam editionem Argent. Schott 1535; j. receptam edit. Leyd. 1540; j. vulgatam quam dicunt aedit. Paris 1541; Vulgata aeditio Vis ac Ni Ti Venet. 1542; j. divi Hieronymi vulg. aedit. Lugd. 1551; j. veterem seu vulgat. translat. Tub. 1573; j. edition. vulg. Basil. Bryl. 1578; secundum edit. vulg. Basil., Guarin. 1578; . . . veteris et vulgatae translationis 1585. Der Titel der offiziellen römischen Ausgaben ist Biblia sacra vulgatae editionis 1590 ꝛc., der neusten römischen von Vercellone 1861 Biblia s. vulgatae editionis Sixti V. et Clementis VIII. Pontt. Maxx. iussu recognita atque edita.

Schon die angeführten Zahlen zeigen, daß das 16. Jahrhundert die Zeit der lateinischen Bibel war. Das religiöse wie das neuerwachte wissenschaftliche Interesse führte zur Beschäftigung mit ihr.

5. Man erkannte täglich mehr, daß die Vulgata, wie sie vorlag, mangelhaft sei, und während dies einerseits neue Übersetzungen zur Folge hatte (siehe unten), wollte man andererseits die Vulgata in ihrem wohlerworbenen Besitze belassen und bemühte sich, sie zu berichtigen. Man schlug dabei zwei Wege ein, die sich freilich nicht immer streng schieden; während die einen den Text nach den Grundtexten verbesserten, suchten andere durch Vergleichung von Handschriften und älteren Ausgaben einen richtigeren zu gewinnen. Die letzteren waren auf der richtigen, kritischen Fährte, wogegen die ersteren den Hieronymus übertünchten und eigenmächtig überarbeiteten, was allerdings dem praktischen Interesse diente.

Wir beginnen mit den Verbesserungen nach den Grundtexten.

Hierher gehört zuerst die complutensische Polyglotte. Ihr von dem herkömmlichen sehr abweichender Text wurde überwiegend nach den Grundtexten, weniger nach Handschriften hergestellt. Besondere Nachdrucke desselben, doch ohne Änderungen, erschienen Noremb., J. Peträus, 1527, 8° und 1529, 8°, ferner Norimb., F. Peypus, 1530, Fol.; mit Verbesserungen geben ihn die Antwerpener und Pariser Polyglotte. Katholischerseits erschienen noch drei derartige Arbeiten, zunächst die Biblia s. juxta hebr. et gr. veritatem vetustissimorumque ac emendat. cdd. fid. diligentissime recogn.

Colon., P. Quentel. 1527 fol. u. 1529 fol. Ihr Herausgeber war J. Rudelius, nachher Synbilus zu Lübeck (über ihn f. Krafft, Ztschr. für Preuß. Gesch. u. Landeskunde 5 [1868] S. 499 f.), der jedoch im Grunde nur den Text Osianders vom Jahre 1522 (siehe unten) nachdrucken ließ und 3 Mal beigab. Die von Fritzsche i. d. 2. Aufl. d. PRE hier angeführte Recognito V. T. ad hebr. veritatem, Venet., Ald. et Andr. Soc. 1529 4°, des Augustinus Steuchus Eugubinus ist ein textkritischer Kommentar, keine Bibelbearbeitung. Als brauchbar ist die Bibl. lat. zu verzeichnen, die zu Köln ex offic. Eucharii Cervicorni procurante Godofr. Hittorpio 1530. fol. erschien; endlich ließ der Benedikt., Bischof Isidor. Clarius, ein Mitglied des Tridentiner Konzils, eine Vulgata aeditio V. ac NT. erscheinen (Venet., Petr. Schoeffer, 1542 fol. in 3 Bdn; ex secunda eius recognitione Venet., Junt., 1555 57 fol. und kastriert 1564 fol.) quorum alterum ad Hebraicam, alterum ad Graecam veritatem emendatum est diligentissime (an etwa 8000 Stellen) adjectis ex eruditis scriptoribus scholiis, die meist von Seb. Münster entlehnt sind. Die Ausgabe kam auf den Index.

Unter den Protestanten lieferte zuerst Andreas Osiander eine Verbesserung der Vulgata nach den Grundtexten: Biblia s. utriusque Test. diligenter recognita et emend. Nuremb., F. Peypus, 1522, 4° und 1523 fol. Es folgte 1529 die vielbesprochene und seltene Wittenb. lat. Bibel. Sie erschien, sehr unvollständig, unter dem Titel: Pentateuchus. Liber Josue. Liber Judicum. Libri Regum. Novum Testamentum. Wittembergae. Am Ende des 4. Buchs der Könige ist die Jahrzahl angegeben (in manchen Exemplaren auch auf dem Titel) und als Drucker Nikolaus Schirleiß (! lies Schirlentz) genannt. Das Format ist klein Folio, das Papier gut, die Lettern sind nette italienische, aber der Druck ist äußerst liederlich und inkorrekt. Voran geht eine sich sehr allgemein haltende Vorrede, beigegeben sind die Vorreden Luthers zum Alten und Neuen Testament und zum Römerbrief, und wenige Randglossen. Der Text des Dt war schon 1525, mit geringen Abweichungen, mit der Überschrift Incipit liber Ellehaddebarim, qui Deuteronomius (so!) praenotatur cum annotationibus Lutheri unter dem Titel Deuteronomios (so) Mose ex ebreo castigatus (accuratissime restitutus) mit seinen Vorlesungen von 1523 4 erschienen f. jetzt Werke 14 (1895) S. 492, 500—544, 759f. Nachgedruckt wurde nur das Neue Testament, nämlich Vuitteb. 1529, 8° und 1536, 8°, Bas., Barth. Westhemer. et Nic. Brylinger, 1537, 8° und als ed. postrema, ex novissima recogn. D. D. Mart. Lutheri praefationibus et scholiis ejusd. illustr. Francof., Petr. Brubach, 1554, 8° und 1570, 8°; das ganze Werk hat erst J. Ge. Walch in Luthers sämtlichen Schriften, Teil 14, wieder abdrucken lassen. Die Übersetzung ist eine nach den Grundtexten und mit Benutzung der deutschen Übersetzung Luthers wesentlich verbesserte Vulgata und wurde bis nach Mitte des 16. Jahrhunderts für ein Produkt Luthers gehalten. Als die Wittenberger Calvinisten in ihrer Catechesis 1571 die Übersetzung von AG 3,21 quem oportebat caelo suscipi donec restituantur omnia als die Luthers gegen die Ubiquität benutzt und damit auch Luther für sich hatten sprechen lassen, erhoben die niedersächsischen Theologen Einsprache (s. Wiederholte, Christl. gemeine Confession und Erklärung, wie in den Sächs. Kirchen — wider die Sakramentirer gelehret wird, 1571), sie erklärten, das Werk sey nicht von Luther; noch lebende, glaubwürdige Personen wüßten sich gar wohl zu erinnern, daß es, als es bereits gedruckt gewesen, etliche Jahre von Luther hinterhalten worden sey. S. über die Frage „Von der Person und Menschwerdung Jesu Christi der waren Christl. Kirchen Grundfest", 1571, W. E. Bartholomaei in Acta historico-eccles. Bd V (Weimar 1741) S. 372 ff. und bei D. Clément, Bibliothèque curieuse hist. et crit. T. IV, p. 115 sq., J. Ge. Walch a. a. O., J. G. Walter, ausfürliche Erörterung der wichtigsten Streitigkeit —. Jena 1749, 4° und Unumstößlich feststehender — Beweis, daß —, Jena 1752, 4°. C. Schmidt, Phil. Melanchthon S. 708 hält die Bibel für ein gemeinsames Werk von Luther und Melanchthon, wogegen W. Thilo, Melanchthon im Dienste der heiligen Schrift, Berlin 1860, 8°, S. 24 ff. den Melanchthon in den Vordergrund stellt. Luther war auf jeden Fall teilweise beteiligt, hatte aber offenbar an dem Buch selbst keine Freude, das denn auch eine ziemlich unbeachtete Existenz hatte, bis es zu einem gelehrten Streite Anlaß gab. — Vom fleißigen Konr. Pellicanus in Zürich erschienen Commentaria Bibliorum, Tig. 1532 1539, mit einer Vorrede von Bullinger, und wieder 1582, 8 T. fol., denen er die Vulgata zu Grunde legte, wie er sie verbessern zu müssen glaubte. Victorin Strigel kommentierte, den Jesaia ausgenommen, sämtliche Bücher der heiligen Schrift, die einzeln erschienen Lips. 1563—1587. Auch er ließ seinen

Auslegungen die Vulgata beidrucken, aber in ſtarker Überarbeitung. In der Biblia —
a Paulo Ebero correcta s. interpolata, Witeb. 1565, 10 T. 4° und studio Pauli
Crellii, Witteb. 1574, 10 T. 4° iſt die Vulgata nach der mit abgedruckten deutſchen
Überſetzung Luthers geändert; das NT. iſt in dieſer Ausgabe von Ge. Major bearbeitet,
vgl. A. Eber. Viel gebraucht wurde die letzte Verbeſſerung der Vulgata, die Lukas
Oſiander lieferte und mit einer expositio zuerſt Tub. 1573—1586, 9 T. 4° erſcheinen
ließ; mit und ohne expositio mehreremale aufgelegt, ſodann von Andreas Oſiander,
dem Sohne des L. Oſiander, überarbeitet, Tub. 1600 fol. und öfter; von Brenz und
Luther abhängig.

6. Wichtiger ſind die Anſtrengungen, durch Vergleichung guter Handſchriften ſo weit
als möglich den urſprünglichen Text des Hieronymus wieder zu gewinnen. Wie man
die Vulgata nach griechiſchen Handſchriften ſprachlich und ſachlich zu verbeſſern habe,
hatte ſchon um die Mitte des 15. Jahrh. der große Humaniſt Lorenzo della Valle
an einzelnen Beiſpielen glänzend gezeigt, aber er kam noch zu früh. Erſt Deſiderius
Erasmus, ſein großer Verehrer, ſtellte ſeine in latinam NT. interpretationem ex
collatione graec. exemplarium annotationes apprime utiles, Paris 1505 fol. ans
Licht (die beſte Ausgabe beſorgte Jac. Revius, Amstel. 1630 8°) und allerdings hatten
ſie nun ihre Wirkung. Wenn Valla nicht darauf ausging, die Vulgata nach alten lateiniſchen Handſchriften zu verbeſſern, ſo lag das rein diplomatiſche Intereſſe der Zeit
noch fern. Nicht ſehr erheblich ſind die Verbeſſerungen, die Adrian. Gumelli, Par.,
Thielm. Kerver, 1504, fol. und 4° und öfter, (vgl. Lorck a. a. O. 2. S. 236f.) und der
Dominikaner Albert. Caſtellanus zuerſt Venet. 1511, 4° in ihren Ausgaben anbrachten; dagegen leiſtete Rob. Stephanus in Paris für ſeine Zeit ſehr Bedeutendes. Er verbeſſerte den
Text nach einer Reihe von Handſchriften und einigen Ausgaben und gab dazu auch Varianten
(vgl. über ihn Wordsworth, Old Latin Biblical Texts I. [1883] p. 47—54). Zuerſt
erſchien das Neue Teſtament Paris, Simon Colinäus, 1523, 16°, ſodann beſorgte er
8 Abdrücke der ganzen Bibel, von denen 7 zu Paris (1528. Fol., verbeſſert 1532.
Fol., 1534. 8°, 1540. Fol., 1545 4° [oder 8°], 1546. Fol., 1555 4°) und eine zu Genf
(1557. 2. T. Fol.) erſchienen; die von 1555 (excudebat Roberto Stephano Conradus
Badius) die erſte Ausgabe mit der heutigen Verseinteilung; von dieſen Ausgaben iſt
die vom Jahre 1540 die beſte, ſofort nachgedruckt Antwerp., J. Steelſius, 1541 (al.
1542) und Lips., Nik. Wolrab, 1544. Fol. Statt ihm für ſeine Bemühungen zu danken,
hielten die Pariſer Theologen ein ſtrenges und ungerechtes Gericht über ſeine Arbeit,
dem er ſeine ad censuras theologorum Paris., quibus Biblia a R. St. excusa
calumniose notarunt, ejusdem R. St. responsio, 1552, 8°, auch ſofort franzöſiſch,
entgegenſtellte. Schon 1547 wanderte er nach Genf. Übrigens wurde ſein Text
einer der verbreitetſten, etwa 100 mal, wenn ſchon nicht ohne manche Veränderungen,
nachgedruckt und bildet, ſo weit wir wiſſen, die Grundlage der offiziellen Vulgata
(W.-W. I, p. XXVIII).

Neben R. Stephanus ließ der Pariſer Jo. Benedictus einen berichtigten Text er=
ſcheinen, Paris, Sim. Colinäus, 1541. Fol., der etwa 10 mal nachgedruckt wurde,
aber auf den Index kam, weil er, wie ſchon Stephanus in der Ausgabe vom Jahre
1543 gethan, in marg. die Abweichungen von den Grundtexten notiert hatte, wodurch
das geheiligte Anſehen der Vulgata gefährdet ſchien.

Erheblicher als dieſe waren die Arbeiten der Löwener Theologen. Um der
katholiſchen Kirche einen richtigen Text zu geben, beauftragte Kaiſer Karl V. die theo=
logiſche Fakultät zu Löwen, eine ſorgfältige Reviſion der Vulgata vorzunehmen. Der
Arbeit unterzog ſich unter Aufſicht der Fakultät J. Hentenius; er legte die Ausgabe
des R. Stephanus vom Jahre 1540 zu Grunde und verbeſſerte ſie, obſchon nicht ſehr
bedeutend, nach 30 Handſchriften; auch fügte er Varianten bei. Die Ausgabe erſchien
ad vetustissima exemplaria nunc recens castigata Lovan., Barthol. Gravius, 1547.
Fol. und wurde öfter nachgedruckt, ſo Antw., J. Steelſius, 1559, 8°, Antw., Chriſtoph
Plantin, 1559, 8°, 1583 (ein Ex. dieſes Drucks diente der ſixtiniſchen Kommiſſion als
Grundlage), zuletzt Venet., 1599, 4°. Nach dem Tode des Hentenius 1566 verſuchten die
Löwener Theologen Franc. Lucas von Brügge (deſſen notationes in sacra Biblia
Antw. 1580 beſonders wichtig ſind), J. Molanus, Auguſtin. Hunnäus, Conr. Reynerus
und J. Harlemius den Variantenapparat zu vermehren und dieſen Text aufs neue zu
verbeſſern; ihre Arbeit liegt in acht, bei Chriſt. Plantinus in Antwerpen erſchienenen
Ausgaben vor, die beiden erſten 1573 (al. 1574), 8° und 16°, die letzte 1590, 8°.

Für das Alte Testament geschah so gut wie nichts, dagegen wurde fürs Neue Testament fleißig gesammelt. Heute noch verdient Beachtung das Buch des Minoriten Iac. Nicolaus Zeger: Epanorthotes, Castigationes in Novum Testamentum, in quibus depravata restituuntur, adiecta resecantur et sublata adiiciuntur, Coloniae 1555; vgl. Lagarde, de novo test. (Abhh. S. 89, 22).

7. Ein Wendepunkt kam für die Bulgata, als das Konzil zu Trident in seiner 4. Sitzung, den 8. April 1546, den denkwürdigen Beschluß faßte, daß alle Bücher des Alten und Neuen Testaments, wie sie in der Bulgata vorlägen, auch die Apokryphen des Alten Testaments, kanonisch seien. Es bestimmte sodann, daß die Bulgata ex omnibus latinis editionibus in publicis lectionibus, disputationibus, praedicationibus et expositionibus als die authentische anzusehen sei und sie niemand quovis praetextu verwerfen dürfe. Indem es ferner die Auslegung der heiligen Schrift der Autorität der Kirche unterstellte, ergab sich schließlich die Bestimmung, daß in Veröffentlichung von Bibeln und Bibelkommentaren der frechen Betriebsamkeit der Buchdrucker entgegenzutreten sei und die Bulgata selbst quam emendatissime gedruckt werde. Eine authentische Ausgabe der Bulgata war hiermit indiciert.

Der freien und beweglichen Wissenschaft gegenüber (ad coercenda petulantia ingenia) bedurfte man einer authentischen Auslegung des Grundtextes. Wenn gleich im Eingange als Zweck hingestellt wird, ut puritas ipsa evangelii in ecclesia conservetur, und man bedenkt, daß die protestantische Opposition auf die Bibel im Grundtexte pochte, so ist wohl deutlich, daß man geflissentlich den Grundtext stillschweigend beiseite schob, um von diesem nicht beunruhigt, nur einen Rekurs auf die Bulgata zu gestatten. Eine natürliche Folge dieser Diplomatie war, daß sich die katholischen Theologen in zwei Lager schieden; siehe Ausführliches hierüber bei Hody l. l. p. 509 sq. Während die einen recht absichtlich die Unsicherheit des Grundtextes hervorstellten, um das Ansehen der Bulgata zu heben, stempelten sie diese wohl gar zu einem unverbesserlichen Werke des heiligen Geistes. Dagegen war anderen das ganze Dekret sehr unbequem. Sie suchten es daher anzufechten und zu mildern, und wollten in demselben jedenfalls eine bloß disziplinarische, keine dogmatische Bestimmung erblicken, vgl. z. B. Riegler S. 111 ff., v. Eß 2c.

Die Stellung der Katholiken und Protestanten zur Bulgata war jetzt eine durchaus veränderte. Die katholische Kirche hatte als solche nun die Frage nach dem Texte derselben in die Hand zu nehmen, den richtigen festzustellen und zu überwachen. Nachdem schon Clemens VII. für Herstellung eines verbesserten Textes Vorkehrung getroffen hatte (f. L. v. Eß a. a. O. S. 174, und überhaupt für das Folgende besonders Vercellone Variae lectiones — I, p. XVIII sq.), geschah weiteres durch Pius IV. und V., bis Sixtus V., der nach allen Seiten eingreifendste und tüchtigste Papst des 16. Jahrhunderts, mit ganzem Ernste die Sache zu einem Resultate führte.

Sixtus bestellte eine Kongregation, die ihre Arbeit zu Anfang des Jahres 1588 begann und sich beim Kardinal Anton Caraffa († 14. Januar 1591) versammelte. Als Canones stellte sie auf, daß der hebräische Text zu vergleichen sei und nur nach Handschriften — und es standen ihr treffliche zu gebote, wie der Cod. Amiatinus und Vallicellianus — geändert werden solle, daß die LXX da zu vergleichen sei, wo sie mehr oder weniger als das Hebräische enthalte, und die Erklärung der hebräischen Namen, die herkömmlich beigegeben ward, gestrichen werden solle. Über das von der Kommission benützte Exemplar des Antwerpener Drucks von 1583, siehe Vercellone I, p. XXVII bis XXXII. Auf dieser Grundlage unternahm nun Sixtus selbst die Revision des Textes, allerdings von Franc. Toletus und Angelus Rocca unterstützt, aber doch vielfach von der Meinung seiner Gehilfen abweichend. Wenn er dabei wohl etwas kühn verfuhr, so hatte er doch immer einen kritischen Boden. Auch nach dem Grundtexte ward geändert, nicht zwar ut inde latini interpretis errata corrigerentur, sondern um bei Zweideutigem und Unsicherem im Lateinischen Sicheres und Uniformes zu geben. Im übrigen schloß sich der Text sehr an den der sogenannten Biblia ordinaria an. Der Druck ward sorgfältig überwacht, die Offizin war die des jüngeren Aldus Manutius. So erschien Biblia s. vulgatae editionis tribus tomis distincta (ad concilii Tridentini praescriptum emend. et a Sixto V. P. M. recognita et approbata) Rom., ex typogr. apostolica Vaticana 1590, 3 T. fol. (Die Worte in Klammer nur auf dem zweiten gravierten Titel.) Übergangen sind das 3. und 4. Buch Esra,

das 3. Buch der Makkabäer und das Gebet des Manaſſe, auch hat die Ausgabe weder
Marginalien noch ſonſtige Zuthaten. (Zum folgenden: [E. Neſtle], Ein Jubiläum der
lateiniſchen Bibel. Zum 9. November 1892, Tüb. 27 S.; auch hinter Neſtle, Marginalien und Materialien 1893.)

Für dieſe Textesgeſtaltung ward d. d. Kal. Mart. 1589 die Konſtitution Aeter-
nus ille erlaſſen (abgedruckt unter anderen bei Hohn l. l. p. 495 sq., ins römiſche
Bullarium nicht aufgenommen) welche für immer in Kraft bleiben ſolle (perpetuo vali-
tura). Dieſe erklärte die Ausgabe für die vera, legitima, authentica et indubitata
in omnibus publicis privatisque disputationibus (im Konzilsdekret heißt es nur:
in publicis lectionibus), gebot bei Strafandrohung ſie ohne irgend eine Änderung
(ne minima particula mutata, addita vel detracta) abzudrucken und verbot ſchlecht-
hin andere Abdrücke.

Obgleich auf den Druck der Ausgabe alle Sorgfalt verwendet worden war (nostra
nos ipsi manu correximus, si qua praelo vitia obrepserant), ſollte der Papſt
doch ſelbſt noch ſehen, daß ſie nicht fehlerfrei ſei. Es fanden ſich Druckfehler, und Verbeſſerungen ſchienen notwendig. So wurden die Verbeſſerungen teils durch neugedruckte
und aufgepappte Zettelchen nachgetragen, teils wurde durch Radieren und Korrigieren
mit der Feder nachgeholfen, vgl. L. v. Eß a. a. O. S. 331 ff.

Noch im gleichen Jahre, den 27. Auguſt 1590, ſtarb Papſt Sixtus V. und ſofort
erfuhr ſein Werk die leidenſchaftlichſte Anfeindung. Auch in der Folge ward es gewöhnlich viel zu ungünſtig beurteilt. Es iſt jedenfalls eine ſehr ehrenwerte litterariſche
Arbeit; der Text beruht auf alten Handſchriften und iſt verhältnismäßig gar nicht übel.
Die Druckfehler, die überſehen wurden, ſ. dieſe bei Bukentop Lux de luce p. 467 sq.,
ſind nicht ſehr erheblich.

Bei dieſer Sachlage waren es ſicher andere, als rein wiſſenſchaftliche Gründe, welche
den Sturm wider dies Werk heraufbeſchworen. Namentlich der Jeſuit Bellarmin, deſſen
Controversiae Sixtus auf den Index geſetzt hatte, wußte Gregor XIV. zu bereden,
daß eine neue Verbeſſerung der Vulgata zu veranſtalten ſei, wobei er auch die Lüge
nicht ſcheute, daß Sixtus noch ſelbſt die Verbeſſerung ſeiner Ausgabe befohlen habe.
(Vgl. dazu Cardinal Bellarmin in altkatholiſcher Beleuchtung. Hiſtor. Polit. Blätter
[1890] 1—21. 96—108.) Als die neue Arbeit ihrem Erſcheinen nahe war, erwirkte
Bellarmin mit ſeinen Jeſuiten bei Clemens VIII., datiert 13. Februar 1592, den Befehl, daß die Sixtina zu unterdrücken und die verbreiteten Exemplare auf Koſten des
apoſtoliſchen Schatzes wieder aufzukaufen ſeien. Infolge dieſes Befehles und der jeſui-
tiſchen Betriebſamkeit haben ſich ſixtiniſche Exemplare höchſt ſelten gemacht. Ein Abdruck der Sixtina mit Scholien (collectore Fr. Haraeo) erſchien Antwerpen, Hier.
Verduß, 1630, Fol.; L. von Eß hat in ſeiner Ausgabe der Clementina Tub. 1822 ff.
3 Tomi, 8°, die ſixtiniſchen Lesarten am Rande gegeben. Lagarde hat ſie für ſeine
„Probe", Wordsworth-White für das NT. verglichen.

Eine neue Kommiſſion, beſtehend aus 7 Kardinälen und 11 anderen Gelehrten,
hielt in Zagarola, im Hauſe des Kardinals Marc. Ant. Colonna des Ältern, wöchentlich drei Sitzungen (Montag, Donnerstag und Freitag). In der erſten Sitzung, den
7. Februar 1591, konnte man ſich über den modus procedendi noch nicht vereinigen.
Die Grundſätze wurden andere. Nachdem man für die Geneſis 40 Tage gebraucht
hatte, übergab man zur Beſchleunigung die Arbeit einer engeren Kommiſſion, den Kardinälen M. A. Colonna und Guil. Alanus (Allen), und den 8 Gelehrten Barth. Mi-
randa, Andr. Salvener, Ant. Agellius, R. Bellarminus, Barth. Valverde, Läl. Landus,
Petr. Morinus und Angelus Rocca. In 19 Tagen ſoll dieſe Kommiſſion ihre Aufgabe vollendet haben. Im Oktober kehrte ſie nach Rom zurück, und als den 15. Oktober Gregorius XIV. und ſchon zu Ende Dezember des gleichen Jahres auch ſein
Nachfolger Innocentius IX. verſchieden war, hatte Clemens VIII. das Weitere zu ver-
fügen. Dieſer beauftragte nun mit der Veröffentlichung die Kardinäle Auguſtinus Va-
lerius und Frederic. Borromeus, denen beſonders Franc. Toletus an die Hand ging.
Noch verſuchte Valverde, der bedeutende Veränderungen vorgenommen wiſſen wollte, den
Druck durch eine Bittſchrift zu verzögern, aber der Papſt gebot ihm Stillſchweigen. Der
Druck war ſchon vor Ende des Jahres 1592 fertig, die Druckerei wieder die des Aldus
Manutius jun.; in derſelben ward das noch heute in der bibliotheca Angelica be-
findliche Exemplar der ſixtiniſchen Bibel gebraucht. Die Änderungen rühren von der
Hand des Angel. Rocca her. Äußerlich ſtellte man dieſe Ausgabe der ſixtiniſchen ſehr
ähnlich her. So erſchien als die eigentlich authentiſche Ausgabe der römiſchen Kirche

die Biblia s. vulgatae editionis (Sixti V. P. M. jussu recognita atque edita) Romae, ex typogr. apostolica Vaticana, 1592 fol. (Die eingeklammerten Worte nur auf dem gestochenen Titel.) Der Name beider Päpste (Sixti V ... jussu recognita et Clementis VIII auctoritate edita) erscheint wohl zuerst Lugduni (G. Rovillii 1604. 8°). Auch diese Ausgabe hat weder Varianten, noch sonstige Zuthaten, hinter dem NT. ist das 3. und 4. Buch Esra und das Gebet des Manasse beigegeben. Die Vorrede (von Bellarmin verfaßt, s. Riegler a. a. O. S. 79, abgedruckt bei Hody l. l. p. 502 sq.) erklärt, daß die Ausgabe pro humana imbecillitate zwar nicht vollkommen und fehlerfrei, jedoch unter allen bisherigen die reinste sei. Damit kontrastiert denn freilich, daß sie weit mehr Druckfehler als die Sixtina hat, s. L. v. Eß a. a. O. S. 366 ff. Im Texte weicht sie von dieser in etwa 3000 Stellen ab, s. die Abweichungen bei Bukentop l. l. p. 319—383. 465 sq. Der Text selbst schließt sich näher an den Grundtext an und ist vielfach nach dem der Löwener Theologen geändert; in vielen Lesarten stimmen die neuen Herausgeber der Clementinischen Ausgabe bei.

Gleich im folgenden Jahre, 1593, erschien eine weitere römische Ausgabe in 4° (1088 und 20 Seiten) unter gleichem Titel, aber mit Zugaben (Additae sunt concordantiae marginales, explicationes nominum hebraeorum, et index rerum), und nach dieser die zweite 1598 in klein 4° mit correctorium (1152 und 36 S.). Die Korrektur der letzteren besorgte Angel. Rocca. Beide sind sehr fehlerhaft gedruckt, das Wichtigere aber ist, daß man von dem Texte der Ausgabe von 1592 ganz bedeutend abwich und fast eine neue Rezension lieferte, s. Bukentop l. l. p. 470 sq. Alle vier Ausgaben hat v. Eß bei der seinigen berücksichtigt (juxta Exemplar ex Typographia Apostolica Vaticana, Romae 1592. correctis corrigendis ex Indicibus correctoriis Romae editis in usum Bibliorum Vaticanorum latinorum ann. 1592. 1593. 1598; nec non substratis lectionibus ex Vaticanis illis Bibliis latinis ann. 1590. 1592. 1593. 1598 inter sese variantibus.

In Berücksichtigung der Art, wie die authentische Bulgata, oder vielmehr die authentischen Bulgaten zu stande kamen, werden wir es der protestantischen Polemik nicht verargen, daß sie sich dieses Widerstreites der Päpste, in dem sich die katholische Einheit und päpstliche Infallibilität in eigener Weise darstellte, bemächtigte, vgl. u. a. Thom. James, Bellum papale s. concordia discors Sixti V. et Clementis VIII. circa Hieronymianam edit. Lond. 1606, 4°; 1678, 8' und 1841, 12°.

Hiermit schließt im Grunde die Geschichte der Bulgata in dieser Kirche, denn die späteren Ausgaben bieten insofern kein besonderes Interesse, als sie sich an die clementinischen anschlossen oder anschließen müssen, wenn es schon unvermeidlich war, daß auch in sie gar manche Verschiedenheiten eindrangen. Wir erwähnen daher nur die römische von C. Bercellone besorgte Ausgabe, 1861, 4°, die beide Päpste auf dem Titel nennt (Sixti V. et Clementis VIII. Pontt. Maxx. iussu recognita atque edita), die schöne von Tornaei 1885, Paris, Fillion 1887. Ein Berzeichnis der früheren bis zur Mitte des vorigen Jahrhunderts s. bei Masch II, 3 p. 249—259. Nicht übergehen dürfen wir aber zwei sehr fleißige und wichtige kritische Sammelwerke, nämlich Lux de luce l. tres, in quorum primo ambiguae locutiones, in secundo variae ac dubiae lectiones, quae in vulg. lat. s. scr. edit. occurrunt, ex originalium linguarum textibus illustr. — In tertio agitur de edit. Sixti V. — Coll. et dig. F. Henr. de Bukentop ord. ff. Minorum —. Col. Agripp., Wilh. Friessem., 1710 4° und Variae lectiones vulgatae lat. Bibliorum editionis, quas Car. Vercellone sodalis Barnabites digessit. Tom. I. II (Pentat. et libri histor.) Rom. 1860—1864, 4°, letzteres ein Werk ausgezeichneten Fleißes und rühmlichster Umsicht.

8. Eine kritische Ausgabe des AT.s fehlt noch völlig; denn die auf Bunsens Betreiben von Th. Heyse († 10. Febr. 1884, s. Aug. Herzog Allg. Ztg. 1889, 294 u. 295 B.) begonnene, von Tischendorf beendete kann nicht als solche betrachtet werden (Biblia sacra Latina Veteris Testamenti Hieronymo interprete ex antiquissima auctoritate in stichos descripta. Vulgatam lectionem ex editione Clementina principe a. MDXCII et Romana ultima à. MDCCCLXI repetitam testimonium comitatur codicis Amiatini Latinorum omnium antiquissimi. Editionem instituit suasore Chr. Car. Jos. de Bunsen Th. Heyse, ad finem perduxit C. de Tischendorf. Lipsiae, Brockhaus 1873 8°); daß für die aus der alten Übersetzung herübergenommenen Bücher Ph. Thielmann in Landau mit Unterstützung der bayerischen Akademie Vorarbeiten begonnen hat, ist schon angeführt. 1693 hat Martianay,

der Herausgeber des Hieronymus für den ersten Band seiner Werke, auch dessen translationes latinas V. ac. NT. bearbeitet, ebenso Vallarsi (Verona 1734 u. Ven. 1770). 1720 wollte Bentley durch eine kritische Bearbeitung des griech. und lat. Textes den katholischen und den protestantischen Papst (= Stephanus) überwinden (s. W.-W. I, p. XV—XXVII), gleichzeitig bemühte sich Bengel auch um das lat. NT., aber erst Lachmann gab 1841, von Philipp Buttmann jr. unterstützt, einen wirklich kritischen Text. Von Corssens Arbeiten ist als Specimen bis jetzt nur die Epistola ad Galatas (Berolini 1885) erschienen; daß The Oxford critical edition of the Vulgate New Testament bis jetzt in 4 Lieferungen von 1889. 91. 93. 95 je ein Evangelium brachte, s. S. 97. Die wichtigsten zur Zeit bekannten Handschriften (30 an der Zahl) und frühere Ausgaben sind hier vollständig ausgenutzt. Zu Gregorys Besprechung der bei Tischendorf benutzten (33) Vulgatahandschr. (S. 983—993) füge den zu Mc 8, 18 nach Bengel citierten codex charitinus (= schwäbisch) und Schellhornianus (zu Mc 11, 3. 14, 27). Unter der Überschrift codices nonnulli vulgatae versionis verzeichnet dann Gregory selbst S. 993—1108 2228 Handschriften zum lat. NT. und seinen Teilen. Man schätzt die Zahl der in Europa befindlichen lat. Bibelhandschriften auf mindestens 8000, Samuel Berger hat allein in Paris mehr als 800 untersucht; White hofft unter den 181, die er in der 4. Aufl. von Scrivener p. 67—90 aufzählt, die meisten der wirklich wichtigen verzeichnet zu haben. Fast alle derselben sind mit vielen andern, auch in dem grundlegenden Buch von Berger behandelt. Von denselben wäre auf Grund der genannten Werke (Berger, Gregory, Scrivener, Wordsworth-White), viel Interessantes zu berichten, über ihre Schicksale, ihren Inhalt, ihre Ausstattung; gehören doch einzelne derselben zu den schönsten Werken der kalligraphischen Kunst (zahlreiche Faksimile: des Amiatinus, des Book of Kells, der Lindisfarne Gospels, der sog. Alcuinbibel im Brit. Mus. 10546, der zweiten Bibel Karls des Kahlen in Paris, der St. Pauls Bibel in Rom ꝛc. in der großen Sammlung der Paleographical Society und sonst). Hier können nur einige Nachträge zu diesen Werken noch aufgeführt werden: Von Bamberg ist zu F. Leitschuhs „Aus den Schätzen der königl. Bibliothek zu Bamberg 1888" jetzt vom Handschriftenkatalog erschienen: Erster Band. Erste Abteilung. Erste Lieferung (Bibelhandschriften) (1895) aus welchen Nr. 1 (die Alkuinbibel), Nr. 99 das Psalterium quadrupartitum episcopi et abbatis Salomonis III (909) u. Nr. 140 hervorzuheben sind, Apokalypse und Evangelistarium, im X. Jahrh. wohl in Reichenau entstanden, von der Kaiserin Kunigunde nach Bamberg geschenkt.

Über die von Janitschek-Menzel-Corssen ꝛc. in den Publikationen der Gesellschaft für Rheinische Geschichtskunde 1889 so prächtig edierte Ada-Handschrift von Trier, veröffentlichte St. Beißel Neue Untersuchungen über die Stellung der Ada-Hds. zu den Evangelienbüchern der karolingischen Zeit.

Aus Prag nennt Berger und Gregory gar keine Hds. „Ein Evangeliar aus der Karolingerzeit im Stifte Strahow zu Prag" beschreibt mit einer Tafel Jos. Neuwirth, Mitt. k. k. Centr.-Komm. für Kunst- und hist. Denkmale. NF Bd 14. 1888 S. 88—91. „Die ältesten Evangelienhandschriften der Würzburger Universitätsbibliothek" beschrieb H. Schepß (Würzb. 1887) s. Berger S. 53, s. auch PRE³ Bd 2, 243, 7. Ob Wilh. Weißbrodt, de codice Cremifanensi et de fragmentis evangeliorum Vindobonensibus sig. N. 383 (Salisburgensibus N. 400), Norimbergensibus N. 27932 commentatio. Braunsberg (ind. schol. 1—3. III. 1896 4°) hierher gehört?

Zum Codex Epternacensis (jetzt Paris 9389, bei W.-W. EP), vgl. Fr. Wurth-Paquet liber aureus de l'abbaye d'Echternach (Publications de la société des mon. hist. de Luxembourg XVI p. 1).

Über eine Hds. des XIII s. mit sehr vielen Prologen (zu Mi 2, Nah 4, Hab 3, 1 Mak 3) s. Riederer, Nachrichten (Altdorf) 3, 249—258.

Was in der bisherigen Litteratur noch völlig vermißt wird, ist eine historisch und geographisch geordnete Zusammenstellung sämtlicher älterer Nachrichten, die von Bibelhandschriften handeln. Wäre eine solche vorhanden gewesen, hätte wohl Alter und Heimat des Amiatinus nicht so lange im Dunkel bleiben können.

c) Die neueren Übersetzungen. — Daß die Vulgata nicht immer genau sei und man im einzelnen auf den Grundtext zurückgehen müsse, wurde von einzelnen Kundigen, wie von Nikolaus v. Lyra, erkannt und ausgesprochen. Raim. Martini erklärt in der Vorrede des Pugio fidei, die Stellen des AT.s wörtlich nach dem Hebräischen geben zu wollen.

Der englische Benediktiner und Kardinal Adam Easton, gestorben 1397, galt bisher als der erste, der wieder an eine neue Übersetzung dachte und das AT., mit Ausschluß der Psalmen, aus dem Hebräischen übersetzte, aber seine Arbeit hat sich verloren, s. Maich I. 1. II. 3. p. 432. Doch ist schon im 13. Jahrh., wahrscheinlich ebenfalls in England eine Übersetzung beträchtlicher Teile der hl. Schrift aus dem Hebräischen verfertigt worden, welche in mehreren meistens Oxforder Hdss. vorliegt; s. S. Berger, quam notitiam linguae hebraicae etc. S. 47. Als man sich in der Humanistenzeit neben der römischen auch mit der griechischen Litteratur aufs eifrigste beschäftigte, wurden lateinische Ueber= setzungen notwendig, um letztere weiteren Kreisen zugänglich zu machen. Man übersetzte daher fleißigst aus dem Griechischen, und so veranlaßte Papst Nikolaus V., der Mäcen der Humanisten, den edlen Florentiner und bedeutenden Humanisten, Giannozzo Ma= netti † 1459, die Bibel aufs neue aus den Grundtexten zu übertragen, doch übersetzte er nur die Psalmen und das NT. Die erstere und wie es scheint auch die andere Arbeit ging verloren, vgl. Tiraboschi, Storia della letteratura italiana VI. 2. p. 109 sq. Daß die Juden die Vulgata schlecht machen und eine neue Übersetzung verlangen, klagt Steuchus Eugubinus 1529 (recognitio Bl. 3): Hi [Judaei] ergo et apud principes nostros, si quando de his rebus sermo incidit, maximis asser= tionibus iactant nostram aeditionem corruptam, depravatamque esse. Itaque impulerunt etiam nuper Romanum principem, ut nova eo iubente fieret ae= ditio, quae profecto minime erat necessaria. Er selbst meint, ähnlich wie die Vorrede der Complutensis: hanc [vulgatam] si cum aeditione 70 contuleris, ausim hac uti similitudine, ut lucem ac tenebras a te collatas asseram, und verteidigt ihre Herkunft von Hieronymus gegen Paulus forosemproniensis episcopus (ibid. fol. 3ᵛ). Aber erst das religiöse Interesse schlug überwältigend durch; die Not der Zeit lehrte beten und kritisieren, man verglich die Zustände der Gegenwart mit den glück= licheren der Vergangenheit, lenkte seinen Blick namentlich auf das christliche Altertum und suchte Trost in der heiligen Schrift. Desiderius Erasmus erkämpfte das Recht zu neuen lateinischen Bibelübersetzungen von der Kirche durch seine Übersetzung des NT.s (siehe unten).

Mit der Reformation verallgemeinerte sich das lebhafteste Verlangen nach dem reinen Bibelwort, und da die Vulgata ungenügend erfunden ward, versuchte man auch neue Übersetzungen in der Gelehrtensprache. Indessen die ganze heilige Schrift, oder auch nur das Alte oder Neue Testament vollständig zu übersetzen, war ein schwieriges und langwieriges Geschäft, und doch drängte die Sache. Viele begnügten sich daher, zunächst nur einzelne Bücher in neuer oder doch berichtigter Übersetzung, mit oder ohne Auslegung zu liefern. Die Zahl solcher Arbeiten war nicht gering, die vornehm= sten Theologen aller Parteien lieferten welche, und wenn sie ziemlich ohne Ausnahme wiederholt, ja zum Teil oft wieder aufgelegt wurden, so zeigte sich darin, daß sie einem Bedürfnisse entgegen kamen. Wir verzeichnen hier kurz diejenigen Arbeiten, die etwa bis in die Mitte des 16. Jahrhunderts erschienen, ohne gerade auf Vollständigkeit An= spruch zu machen und mit Übergehung der Übersetzungen einzelner biblischer Kapitel und Stücke.

Melanchthon (Pr 1524); Luther (Dt 1525 f. o.); J. Brentius (Hi 1527); J. Draconi= tes (Psalter. 1540. Da 1544, Joel 1565); J. Bugenhagen (Psalter. cum quibusdam aliis canticis 1544); Henr. Mollerus (Ps 1573); Zwingli (Jes, Jer, Ps, Pr, Ecclesiast.. Cant. C.); Conr. Pellicanus (Pr 1520, Psalter. 1527); Oecolampadius (Pr 1523, Prophetae majores 1525—1534; Hagg, Zach und Ma 1527, Ho, Joel, Am, Abd und Jon 1535); Capito (Hab 1526); Butzer (Sophon. 1528, Ps [pseudonym als Aretius Felinus] 1529); Theod. Biblian= der (Nahum 1524); Wolfg. Musculus (Psalter. 1551, Gen 1554, Jesaias 1557); Calvinus (Psalter. 1557); Augustin. Marloratus (Gen 1562, Psalmi et Cantica bibl. cum catho= lica expos. ecclesiastica 1562, Esaias 1564); Jel. Pratensis (Psalter. 1515), Augustin. Justiniani (Job 1516, Psalter. 1516); Rob. Shirwood (Ecclesiastes 1523); Agathius Gui= daccerius (Cant. C. 1531); Rob. Baynus (Pr 1555); Thom. Nelus (Hagg, Zach und Ma 1557); Franc. Forcrius (Esaias 1563).

Die Mehrzahl der neuen Übersetzungen floß aus den Grundtexten, doch erschienen daneben auch Übersetzungen aus dem Chaldäischen, Syrischen, Arabischen, und selbst die deutsche Übersetzung Luthers (vgl. Lisch, Andr. Mylius und der Herzog J. Albrecht von Mecklenburg=Schwerin, Schwerin 1853, 8°, S. 72 ff.) wurde ins Lateinische übersetzt. Wir berücksichtigen nur die ersteren. Sodann lassen wir ebenso die paraphrastischen Bear=

beitungen, wie z. B. die vielbeliebten und verdienſtlichen des Joh. van den Campen, † 1538, zu den Pſalmen und des Erasmus zum N.T., unbeachtet, wie die metriſchen Nachbildungen, denn beides ſind bloß freie Reproduktionen des Sinnes mit ſehr ſubjektiver Färbung. Natürlich war es ganz vorzugsweiſe der Pſalter, den man in lateiniſchen Verſen wieder= zugeben ſich bemühte, ich erinnere unter andern an Eobanus Heſſus, deſſen Arbeit in 70 Jahren in etwa 40 Auflagen erſchien, vgl. K. Krauſe, Eob. Heſſus, Bd 2, Gotha 1879, S. 204 ff., an J. Major, Th. Beza, Ge. Buchanan, Seb. Caſtellio, M. Ant. Flaminius, Bened. Arias Montanus, J. Bochius. Endlich wurden häufig nur einzelne Bücher und ſelbſt Kapitel überſetzt. Von dieſen Arbeiten können ſchon der Maſſe wegen nur einige wenige genannt und hervorgehoben werden, ſie ſind aber auch meiſt nur Mittelgut.

Zuerſt die Überſetzungen der ganzen Bibel oder doch des AT.s, dann die be= ſonderen des NT.s, nach der Zeitfolge ihrer Entſtehung. Unter den Ausgaben ſind viele bloße Titelausgaben, auch einzelne unverkaufte Stücke wurden anderen Ausgaben beigefügt. Auf dieſen Punkt konnte nicht überall eingegangen werden.

Der gelehrte Dominikaner, Sanctes Pagninus aus Lucca, † 1541 in Lyon, war der erſte, der eine neue lateiniſche Überſetzung der ganzen heiligen Schrift aus den Grund= texten lieferte, wenn auch in gewiſſem Anſchluſſe an die Bulgata. Schon ſeit 1493 arbeitete er am Alten Teſtamente, und als er damit nach 25 Jahren zu Ende war, hatte er Mühe, ſeine Arbeit zum Drucke zu bringen, obwohl er von ſeiten Papſt Leos X. Unterſtützung fand. Das ganze Werk erſchien endlich nach 10 Jahren durch Privilegien gegen den Nachdruck geſchützt und mit Dedikation an Papſt Clemens VII. Lugd., Ant. du Ry, 1528 (am Ende 1527), 4°, und wieder Colon., Melch. No= veſian., 1541 fol. Indem ſich Pagninus, wie nur immer möglich, der Wörtlichkeit befleißigte und daher auch die Eigennamen dem Grundtexte gemäß ſchrieb, z. B. Se= lomoh, Mirjam, Jeſchuah, konnte das Latein nicht gut ausfallen, daneben mußte die Überſetzung an Dunkelheit leiden und ſie verfehlte auch gar oft das Richtige, zumal im NT., da Pagninus' Kenntnis des Griechiſchen ſehr gering war. Wegen ihrer Wörtlich= keit erwarb ſie ſich großen Beifall und wurde unter den neueren eine der gebrauchteſten. Zu unterſcheiden ſind indeſſen von den angeführten beiden erſten Ausgaben — die erſte ſoll die erſte Bibel mit Verszählung ſein — die ſpäteren, die ſehr bedeutende Veränderungen erfuhren.

1. Eine neue, ſehr durchgreifende Rekognition erſchien ſchon Lugd., Hugo a Porta, 1542 fol., welche der Vorredner Mich. Villanovanus (Mich. Servetus) beſorgte, und J. Calvin (Defensio orth. fidei de s. trinitate. R. Steph. 1554, 4°, p. 59 sq.) unterließ nicht, auch über dieſes Werk des Servetus ſich in ſeiner Weiſe auszuſprechen. Die Katholiken ſetzten die Ausgabe auf den Index. Servetus will nach einem Exem= plare gearbeitet haben, welches von der Hand des Pagninus ſehr viele Bemerkungen und in der Überſetzung an unzähligen Stellen Änderungen enthielt, hat aber auch, na= mentlich in den Anmerkungen am Rande, eigenes beigefügt, was ſeine Überzeugung ausdrückte, vgl. Roſenmüller a. a. O. 4 S. 178 ff. Die Exemplare derſelben ſehr ſelten.

2. Am gebrauchteſten wurde die Arbeit des Pagninus in der Rekognition des Rob. Stephanus, der von Pagninus nur die Überſetzung des AT.s, vom NT. die Bezas (ſiehe unten), von den Apokryphen die von Claud. Baduellus nach dem kom= plutenſiſchen Texte aufnahm. Beim AT. änderte er teils nach Nachbeſſerungen des Pagninus, teils nach Exzerpten aus Vorleſungen des Franc. Vatablus und nach Be= merkungen anderer. Auf dieſe Weiſe kam allerdings ein gemiſchtes, aber auch brauch= bares Werk zu ſtande. So erſchienen mit der Vulgata und manchen Beigaben in höchſt ſplendider Ausſtattung die jetzt ſeltenen Biblia utriusque T. [Geneva] R. Steph., 1557, 4. pt. fol. (mit neuem Titel 1577). Nach dieſen wurde die Überſetzung des Pag= ninus, Vatablus und Beza nachgedruckt Baſil., Thom. Guarinus, 1564 fol.; Tig., Ch. Froſchov. jun., 1564, 4° und 1579, 4° (Titelausgabe), endlich Francof., Sam. Selfiſch et Becht. Rab 1590, 8° und 1591, 8° (Titelausgabe?), ex offic. Palthe= niana, 1600, 8°, Andr. Chambier, 1614, 4° und 1618, 4° (Titelausgabe?). Die ganze Überſetzung des Pagninus nebſt anderem geben die Ausgaben Paris., Fr. Ba= rois 1721, 2 T., fol. und Paris., Jac. Zuillau, 1729, 1745, 2 T., fol. (hier die Pſalmen von S. de Muis).

3. Endlich iſt der Rekognition des Arias Montanus, wenn man ſo ſagen darf, in den Biblia hebraeo-latina, welche als Appendix der Antwerpener Polyglotte, 1572, erſchienen, Erwähnung zu thun. Da derſelbe einer ganz wörtlichen Interlinearverſion

bedurfte, so wählte er die des Pagninus, weil indessen auch diese seinem Zwecke nicht
ganz diente, so änderte er sie diesem gemäß, bezeichnete indessen die Änderungen als
solche durch den Druck und ließ die Abweichungen des Pagninus am Rande abdrucken.
Auch vom NT. lieferte er in der Antwerpener Polyglotte eine ganz wörtliche Interlinearversion, hier aber im Anschluß an die Vulgata. Besondere Ausgaben dieser neutestamentlichen Übersetzung s. bei Masch l. l. I. p. 271 sq. II. 3. p. 620 sq. Noch mehr
verwörtlichte die Übersetzung des Arias Mont. der Jesuit L. Debiel 1743, s. Masch
l. l. I. p. 158. 276. — Weitere Drucke der Übersetzung des Pagninus hat Masch
l. l. II. 3. p. 486 sq. 619 verzeichnet; auch die Übersetzung einzelner Bücher erschien
in vielen Nachdrucken.

Es folgte ein sehr dürftiges Produkt. Der Kardinal Thomas de Vio Cajetanus,
† 1534, bedurfte für seine langatmigen Kommentare zu größerer Gründlichkeit einer
ganz wörtlichen Übersetzung; da er weder hebräisch noch griechisch verstand, beauftragte
er mit einer solchen für das AT. einen Juden und einen Christen, für das NT.
Griechischkundige; die neue Übersetzung ließ er neben der Vulgata abdrucken. Ganz
wörtlich und ziemlich barbarisch hinkt sie mühselig den Grundtexten nach. Es erschienen so bearbeitet vom Alten Testament folgende Bücher: Psalmi Venet. 1530
fol., Par. 1532 fol. und 1540 fol., Pentat. Rom. 1531 fol., Paris 1539 fol.,
Josua—Paralip., Esdr.-Neh. et Est. Rom. 1533 fol., Par. 1546 8°, Job Rom.
1535 fol., Esaiae tria priora capita Par. 1537 8°, Rom. 1542 fol., Proverb.
Lugd. 1545 fol. und wieder zugleich mit Ecclesiastes Lugd. 1552 fol. Gesammelt erschienen diese Werke in 5 T. Lugd. 1639 fol. Das NT., mit Ausschluß
der Apokalypse, erschien in einer Gesamtausgabe Venet. 1530 u. 1531, 2 T. fol. Besondere Ausgaben erschienen von den Evangelien, der Apostelgeschichte und den Briefen.
Notiert sei hier folgender Satz des Kardinals: non interpretis graeci et latini, sed
ipsius tantum hebraei textus authoritas est, quam complecti cogimur, et com-
plectimur fideles omnes.

Eine neue Übersetzung des AT.s lieferte der bedeutende Hebraist Sebast. Münster
in Basel. Er fügte sie und Anmerkungen, in denen er besonders neueren jüdischen
Auslegern folgte, seiner Textausgabe des AT.s, Basil., ex offic. Bebel., imp.
Mich. Isengrinii und H. Petri, 1534 und 1535, 2 T. fol., bei, die in zweiter,
wesentlich vermehrter Auflage, Basil., ex offic. M. Isengr. et H. Petri, 1546, 2 T.
fol., erschien. Sich streng an den Text haltend, übersetzte er genau und treu, ohne indessen auf reine Wörtlichkeit auszugehen; das Latein trägt hiernach durchaus das
hebräische Kolorit, und ist teilweise barbarisch; hier und da finden sich zur Erläuterung
kleine Einschiebsel in Klammern. Auch in den Namen schloß sich M. möglichst an das
Hebräische an z. B. Heva, Habel, Jehezkel, Jsob, Choresch, Darjavesch. Diese Übersetzung wurde nur einmal in der bei Chr. Froschauer in Zürich, 1539, 8° erschienenen
und von Konrad Pellicanus besorgten (s. dessen Chroniton herausg. von B. Riggenbach, Basel 1877, 8°, S. 139) lateinischen Bibel, mit Weglassung der Anmerkungen,
nachgedruckt. Beigegeben ward die Übersetzung der Apokryphen aus der complutensischen
Polyglotte und die erasmische des NT.s. Ein Nachdruck von Pentateuch, HL,
Ruth, Kll, Prd und Est erschien mit hebräischem Texte ohne Nennung des Übersetzers,
Venet. 1551, 4°. Besonders erschienen Proverb. Basil. 1524, 8°; Ecclesiastes
Basil. 1525, 8°; Cant. C. Bas. 1525, 8°; Psalm. Argent. 1545, 8°; Threni Bas.
1552, 8°; Isaias Bas. s. a. 4°.

Unter den neueren lateinischen Bibelübersetzungen gebührt der Zürcher eine der
ersten Stellen. Leo Jud, der treufleißige Mitarbeiter Zwinglis, besonders als sorgfältiger Übersetzer ins Deutsche und Lateinische hoch verdient, lieferte in derselben sein
bedeutendstes Werk, vgl. C. Pestalozzi, Leo Judae, Elberfeld 1860, 8°, S. 77 ff., 165.
Nach jahrelanger, sorgsamer Arbeit erschien 1541 die Übersetzung der Sprüche Salomonis
als Vorläufer, aber die Vollendung zu erleben, blieb ihm versagt. Bei seinem Tode,
den 19. Juni 1542, war selbst der hebräische Kanon noch nicht vollständig übersetzt,
noch fehlte der Schluß des Ez von Kap. 40 an, das Buch Da, Hi, die 48 letzten
Pss, Prd und HL. Wie es Jud auf dem Sterbebette gewünscht, übersetzte Theodor
Bibliander, unter Beihilfe Konrad Pellicans (s. dessen Chroniton, S. 139), diese
Stücke, und da unterdessen Petr. Cholinus die Apokryphen übersetzt hatte und Rud.
Gualtherus die erasmische Übersetzung des NT.s überarbeitete, so konnte das Werk in
erster und vollständigster Ausgabe und prächtiger Ausstattung schon 1543 in Zürich bei
Ch. Froschower in Folio erscheinen. Die Vorrede rührt von C. Pellican her, R. Gualther

fügte am Ende argumenta in omnia — capita elegiaco carmine conscripta bei, in marg. ſtehen kurze, rechtfertigende und erläuternde Anmerkungen. Faſt zu gleicher Zeit wurden in der gleichen Offizin zwei weitere Ausgaben gedruckt, eine in 4° und eine in 8°. Beide tragen die Jahrzahl 1544, die erſtere vor den Apokryphen und dem NT. 1543; beide enthalten aber nicht alle Zugaben, wie die erſte, namentlich fehlen in der in 8° viele Anmerkungen. Eine Ausgabe von 1550, 4° iſt eine bloße Titel= ausgabe der Quartausgabe vom Jahre 1544. Jud arbeitete ſehr ſorgfältig und be= dächtig, er beriet ſich vielfältig mit ſeinen Kollegen und bediente ſich auch der Hilfe des getauften Juden Mich. Adam. Mehr auf den Sinn, als auf ſtrenge Wörtlichkeit ſehend und auch die lateiniſche Diktion berückſichtigend, überſetzte er freier, etwa auch paraphraſierend, in einer einfachen und nach der Sachlage guten Latinität. 1 Jo 5. 7. 8 iſt übergangen. Auswärtige Ausgaben dieſer Arbeit ſind die Biblia, Lutet. ex off. R. Stephani, 1545, 8° (neue Titelausgabe 1565; Nachdruck, Hanov., [Marnius et haer. Aubrii] 1605, 4°. Beſondere Ausgabe der Pſ Lutet., R. Stephan., 1546, 8°); ſie enthalten neben der Vulgata dieſe als Nova bezeichnete Überſetzung, die von den neueren als caeteris latinior gewählt ſei, nicht die des Vatablus. Auch in Spanien wurde ſie auf Veranlaſſung der theologiſchen Fakultät in Salamanca mit ge= ringen Veränderungen Salamanticae (nicht Lugduni) 1584. 85 fol. abgedruckt, aber hier wurde gegen ſie inquiſitoriſch verfahren, ſ. F. H. Reuſch, Luis de Leon und die Spaniſche Inquiſition, Bonn 1873, 8°, S. 58 ff. Die Angriffe des Jeſuiten Jakob Gretſer (Admonitio ad exteros de Bibliis Tigurinis, 1615, 4°) wies J. J. Hulbricus zurück (Vindiciae pro Bibliorum translatione Tigurina adv. J. Grets. Tig. 1616, 4°).

Einen neuen Weg ſchlug Sebaſtian Caſtellio (Chateillon) ein, ein ebenſo ſorg= fältiger als vielſeitig gelehrter Mann, der ſich vielfach mit Überſetzen beſchäftigte, die heilige Schrift auch ins Franzöſiſche übertrug und als eleganter lateiniſcher Überſetzer der erſte ſeiner Zeit war. Er ging darauf aus, die Schrift den Gebildeten in einer verſtändlicheren und gefälligeren Form vorzulegen. Er begann die Arbeit 1542 zu Genf. Nachdem er als Vorläufer bereits 1546 die Bücher Moſis und 1547 den Pſalter in 8° hatte erſcheinen laſſen, ließ er im gleichen Verlage zu Baſel bei J. Oporin. 1551 in Fol. die ganze Bibel folgen mit einer ſehr charakteriſtiſchen Dedikation an König Eduard VI. von England. In gleichem Verlage erſchien dieſes Werk bei ſeinen Leb= zeiten noch zweimal, 1554 fol. und 1556 fol., und beidemale in weſentlich ver= beſſerter und vermehrter Geſtalt. Caſtellio überſetzte aus den Grundtexten, nur die chaldäiſchen Stücke des AT.s bearbeitete er nach anderen Überſetzungen, auch das lateiniſche 4. Buch Esra übertrug er in ſein Latein. Eine erwünſchte Zugabe waren kurze Anmerkungen, die die Überſetzung an ſchwierigen Stellen erläuterten. Seine Überſetzung ſollte treu, lateiniſch und deutlich ſein, treu nicht den Worten, ſondern dem Gedanken und dem Sinne nach. Bei außerordentlicher Beleſenheit und großer Sorg= falt wußte er die Schwierigkeiten, die ſich nach ſeinem Prinzipe ergaben, im ganzen glücklich zu überwinden, er ſuchte emſig und fand gewöhnlich den adäquaten oder doch paſſenden lateiniſchen Ausdruck. So ſpiegelt ſich auch die Verſchiedenheit des Stiles in den einzelnen Büchern bei ihm ſehr deutlich ab; iſt die Sprache in den hiſtoriſchen einfach und plan, ſo wird ſie in den prophetiſchen würdevoll und pathetiſch, und in den poetiſchen nach Form und Verbindung dichteriſch.

Ganz beſondere Schwierigkeit machte der Wortvorrat. Die Kirche hatte eine völlig ausgebildete Terminologie; ſollte ſich Caſtellio rein derſelben bedienen, oder ſollte er, im Grunde ſeinem Prinzipe gemäß, und wie bereits im einzelnen von Humaniſten geſchehen war, ſich bloß an den klaſſiſchen Wortvorrat halten, und ihn des heidniſchen oder vulgären Inhalts entkleidend, mit einem chriſtlichen und tiefen umkleiden? Statt des letzteren ſchlüpfrigen und ſehr gefährlichen Pfades wählte er einen gewiſſen Mittel= weg; ohne ſtehende kirchliche Ausdrücke durchgehends zu beſeitigen, vermied er ſie doch da und dort und wählte dafür klaſſiſche, z. B. respublica (ecclesia), civitatis chri= stianae principes (ecclesiae doctores), genius (angelus), furiosus (daemoniacus), fanum (templum), lavacrum (baptismus), confidentia (fides), tartarus, orcus (infernus), collegium (synagoga), nach Tertullian sequester (mediator).

Obgleich Caſtellio ſehr beſcheiden mit ſeiner Arbeit hervortrat und ſein Honorar von 70 Reichsthalern ſauer verdient hatte, ſo erfuhr ſie doch zunächſt ſehr überwiegend ungünſtige und harte Urteile; von Genf aus wurde C. ſignaliſiert als instrument choisi de Satan, pour amuser tous esprits volages et indiscrets. Er verteidigte ſeine lateiniſche und franzöſiſche Bibelüberſetzung in der Defensio suarum trans-

lationum Bibliorum, et maxime NT. Basil 1562, 8°, auf welche Beza eine Responsio - Oliva Stephan. 1563, erscheinen ließ, vgl. H. Heppe Th. Beza, Elberfeld 1861, 8°, S. 239. 374. Der Tadel betraf wesentlich die wörtliche Auffassung des
Hohenlieds, sein zu reines affettiertes und ethnisiertes Latein. Rücksichtlich des zweiten
Punktes gab er insoweit nach, daß er in den neuen Auflagen klassische Ausdrücke, wie
die angeführten, mit den stehend kirchlichen wieder vertauschte. Wie die außerordentliche
Verbreitung seines Wertes beweist, entsprach es einem gegebenen Bedürfnisse, er befriedigte das humanistische, und wie schon zu seiner Zeit sich lobende Stimmen erhoben,
so wurde ihm die Folgezeit noch gerechter, vgl. die im ganzen besonnen gehaltene
Dissertation Chr. Wolle's de eo quod pulchrum est in vers. — vor den Leipziger Ausgaben Walthers, J. Maehly, Seb. Castellio, Basel 1863, S. 23 ff. und
besonders T. Bouisson, Seb. Castellion, Paris I. 1892. Abgesehen von den besonderen Ausgaben der Übersetzung des NT.s (vgl. Masch I. I, p. 318; II, 3,
p. 573 sq.), und einzelner Bücher des AT.s, bemerken wir, daß die der ganzen Bibel
zehnmal nachgedruckt wurde, nämlich Basil., Petr. Perna 1573 fol.; Francof., Thom.
Fritsch 1697 fol.; Lond., Churchill 1699 fol. und 1726, 27. 12°; Lips., Walther 1728, 24. 12°, 1729, 8°, und emend. J. Ludolph Bünemann 1734, 8° und
1738, 8°; endlich Lips., Breitkopf 1750, 8° und 1778, 8°.

    Großen Beifall fand die Übersetzung des AT.s, welche Immanuel Tremellius
(Tremellio) von Ferrara, ein geborener Jude, und dessen Schwiegersohn, Franc. Junius
(du Jon), als Professoren zu Heidelberg anfertigten. Der eigentliche Übersetzer war
Tremellius, Junius ging ihm nur zur Hand, jedoch übersetzte dieser die Apokryphen.
Vom Kurfürsten Friedrich III. von der Pfalz veranlaßt, begann Tremellius 1571 die
Arbeit und das Werk erschien erstmals bei Andreas Wechel in Frankfurt a. M. 1575—1579
in 5 Partes fol., die dann sofort mit einem gemeinsamen Titel 1579 als Ganzes
in 2 T. fol. ausgegeben wurden (s. A. Tremellius).

    Tremellius übersetzte möglichst wörtlich, (die Eigennamen z. B. Mosche, Schemuel,
Nechemja), nur wo der hebräische Ausdruck im Lateinischen zu hart und unverständlich
schien, wurde er latinisiert, aber in margine wörtlich widergegeben. Beigefügt wurden
ganz beachtenswerte Anmerkungen. Das Werk fand weite Verbreitung, freilich wurde
es in der Folge vielfach verändert. Zunächst war es der Engländer Henr. Middleton,
der es in London in drei Oktavausgaben nachdruckte; der ersten vom Jahre 1580
fügte er die lateinische Übersetzung des NT.s bei, die Tremellius aus dem Syrischen
gefertigt hatte; die zweite vom Jahre 1581 erhielt als Zugabe des NT.s noch
die Übersetzung Bezas; die dritte endlich vom Jahre 1585 das NT. nach den beiden
eben genannten Übersetzungen. Da Tremellius unterdessen schon 1580 in Seban gestorben war, glaubte Junius die Vaterschaft übernehmen zu müssen, und er übte sie
ganz nach freiem Ermessen. Er nahm die Londoner Ausgabe vom Jahre 1585 zur
Grundlage und gab so auch das NT. in zweifacher Übersetzung. Wie er die Anmerkungen
umarbeitete und erklecklich vermehrte, so veränderte er die Übersetzungen des Tremellius
ganz bedeutend, aber seine Änderungen waren nicht gerade immer Besserungen. Seine
Ausgaben sind: Test¹ vet¹⁵ biblia — (das Neue Testament mit besonderem Titel)
Secunda cura Fr. Junii, Genevae, J. Tornais (und Francofurdi), 1590, 4°, sodann — Tertia cura Fr. J., Hanoviae (Genevae, J. Tornais), 1596 fol., endlich — Quarta cura Fr. J., Genevae, sumpt. Matth. Berjon, 1617 fol. Diese
letzte Ausgabe ist sehr fehlerhaft gedruckt, und da Junius bereits 1602 in Leyden gestorben war, so ist es sehr zweifelhaft, ob die Änderungen und Zusätze dieser Ausgabe
von ihm herrühren. Das Werk wurde häufig nachgedruckt, teils ganz, teils in einzelnen
Teilen oder Stücken, teils mit, teils ohne Anmerkungen, vergleiche unter anderem
Lord, Bibelgeschichte, 2, S. 238 ff. z. B. Amsterd. 1627. 1628. 31. 32. 48. 51, alle
in 12°, Lond. 1640. 16°. Die beste und vollständigste Ausgabe (nach der tertia cura)
mit dem index in s. B. locupletissimus von Paul Tossanus bereichert, erschien zu
Hanau 1624 fol.

    Die Übersetzung des AT.s (ohne Apokryphen) von J. Piscator ist nur die an
vielen Stellen nachgebesserte des Tremellius und Junius. Da Piscator von den vorliegenden diese Übersetzung für die gelungenste hielt, so ließ er sie als Grundlage
kapitelweise vor seinen Commentarii in V. T. abdrucken, aber wahrnehmend, daß sie
an vielen Stellen der Nachhilfe bedürfe, fügte er ihr zur Seite rechts eine eigene
Übersetzung bei. Wenn er diese als J. P. interpretatio bezeichnete, so war dies im
Grunde nicht richtig, denn er giebt wörtlich genau die nebenstehende des Tremellius

und Junius, nur daß er sie, allerdings fast in jedem Verse, etwas zu verbessern sucht, indem er sich teils genauer an den Grundtext anschließt, teils auch in sprachlicher Hinsicht nachbessert. Das Werk Piscators ward zweimal in Herborn gedruckt, zuerst stückweise 1601—1616 in 24 T. 8°, die dann gesammelt mit neuem Titel in 3 T. ausgegeben wurden, sodann 1643—1645 in 4 T. fol., die 1646 einen neuen Gesamttitel erhielten.

Um die gleiche Zeit arbeitete sicher recht wohlmeinend der spanische Dominikaner Thomas Malvenda, † 1628, an einer neuen lateinischen Übersetzung. Sie erschien erst lange nach seinem Tode in seinen Commentarii in scr. s., una cum nova ex Hebraeo translat. variisque lectionibus, 5 T., Lugd. 1650 fol. Da der fünfte Band den Jes, Jer und Bar enthält und mit Ez K. 16 schließt, wird sie unvollständig geblieben sein.

Malvenda übersetzte in einem ganz barbarischen Latein so unverständlich wörtlich, daß er selbst kleine erläuternde Glossen in marg. zu machen sich veranlaßt sah. Wir geben als Beleg drei Verse, die Glossen in Klammern beisetzend; Jesaia 8, 23 bis 9, 2: Quia non defatigatio cui (ad quod, secundum quod) pressura ei secundum (sicut) tempus primum alleviare-fecit in terram Zebulun et in terram Naphthali et posterius aggravare-fecit: via maris trans Jardenem Ghelil (Galilaea) gentium. Populus ambulantes in tenebrositate viderunt lucem magnam: habitantes in terra umbrae-mortis lux splenduit super eos. Multiplicavisti gentem: non grandefecisti laetitiam: laetati-fuerunt faciebus (dativus, ad facies) tuis secundum laetitiam in decurtatione (messe) secundum quod exultabunt in dispertire eos spolium.

Eine neue, den größeren Teil der biblischen Schriften umfassende Übersetzung lieferte hierauf Joh. Coccejus, † 1669, in seinen Kommentarien, die sich in seinen Opera omnia ed. III., Amstel. 1701 fol., T. I—VI. vereinigt finden. Er übersetzt sehr wörtlich und ist im lateinischen Ausdrucke nicht eben wählerisch. Vom AT. übertrug er vollständig Hi, Ps, Pr, HL, die Propheten und Klaglieder, außerdem nur Gen 1—19, Dt 29—34, Ri 5 und 1 Sa 2, 1—10; vom NT. übersetzte er das Ev. Johannis, sämtliche Briefe und die Apk.

Lange mußte die lutherische Kirche warten, bis sie durch den ehrwürdigen Straßburger Theologen Sebastian Schmid, einen sehr tüchtigen Exegeten, eine neue lateinische Bibelübersetzung erhielt. Diese erschien nach dem Tode, aber noch im Todesjahre des Verfassers, Argentor. 1696 (andere Exemplare 1697), 4°, und sie war das Werk 40jähriger treuer Arbeit. Schmid wollte besonders den Gelehrten dienen; möglichst schloß er sich an den Grundtext an, nur die allgemeinen Konjunktionen giebt er gewöhnlich durch speziellere, daneben ist die Sprache, dem Latein gemäß, mehr periodisiert, und hier und da sind zur Verständlichung kleinere Ergänzungen in Klammern beigefügt. Bei dieser Tendenz konnte sich freilich das Latein, trotz aller Sorgfalt, nicht frei von Hebraismen und Gräcismen halten, vgl. z. B. moriendo morieris, vir ad fratrem suum, habitare fecit, Gen. 31, 31 forte rapies filias tuas a mecum. Die zweite Ausgabe erschien Argentor. 1708 (mit neuem Titel 1715), 4°, und Ch. Reineccius nahm die Übersetzung in die Leipziger Polyglotte 1750 fol. auf. Nur das AT. enthalten die Biblia hebr. cum vers. Seb. Schmid, Lips. 1740, 4°; einen Nachdruck der Übersetzung des NT.s mit beigefügtem griechischen Texte besorgte Ch. F. Wilisch, Chemnitii 1717 (neuer Titel 1730), 8°. Nachdrücke einzelner Bücher s. Masch l. l. II. 3, p. 496 sq. 507. 546. 556. Als Beispiel diene Genes. 3, 22: Dixit Jehova Deus (apud se): ecce, homo fuit sicut unus ex nobis (personis divinis) sciendo bonum et malum (et tamen peccavit); nunc ergo, ne emittat manum suam, et sumat etiam de arbore vitae, et comedat et vivat in aeternum (emittamus eum ex horto). 1872 erschien in Stockholm ein photolithographisches Faksimile der Ausgabe von 1696 ad fidem exemplaris annotationibus E. Svedenborgii manuscriptis locupletati edidit R. L. Tafel. 892 S. 4° (mit Auslassung einzelner Teile).

An Sebastian Schmid schließt sich der Zeit nach der vielseitige, aber auch sehr schreibselige Remonstrant Jean le Clerc an, ein geborener Genfer. Nachdem er eine Bearbeitung des Obadja, Amstel. 1693, 4°, als Vorläufer hatte erscheinen lassen, folgte schon im selben Jahre Genesis — ex translat. J. Clerici cum ejusdem paraphrasi perp., commentario, Amstel. 1693 fol.; ed. II. 1710 fol., sodann die übrigen vier Bücher Mose, Amstel. 1696 fol.; ed. II. 1710 fol. Ein Nachdruck aller fünf Bücher Mose wurde als ed. nova cum praef. Ch. M. Pfaffii zu Tübingen 1733 fol. veranstaltet. Später erschienen ohne Paraphrase die historischen Bücher, Amstel.

1708 fol.; ed. nova Tub. 1733 fol.; endlich in 2 T., zum Teil ohne Paraphrase, die Propheten und die Hagiographen erst Amstel. 1731 fol. Le Clerc spricht sich sehr ausführlich und überlegt über das Übersetzungsgeschäft aus, so ist z. B. sehr richtig, wenn er sagt: translatio, ubi archetypus sermo clarus est, clara, ubi obscurus obscura esse debet, und wenn er bemerkt, daß in unklaren Stellen die Übersetzung nicht eine besondere Deutung aufbringen dürfe. Er will einen gewissen Mittelweg gehen, was freilich tam difficile factu, quam dictu proclive sei. Die Arbeit ist eine sehr tüchtige. Ein Beispiel: Gen. 8, 15. 16. Tum alloquutus est Noachum Deus, his verbis: egredere ex Arca, tu, unaque tecum uxor tua, filii tui, atque eorum conjuges. Omnem etiam bestiam, quae tecum est, ex omni carne, inter volucres, inter pecudes, atque inter omnia reptilia quae in terris repunt, una educito, reptentque in terra, et in ea crescant, ac multiplicentur.

Noch erschien: Novum Test. ex vers. vulg. cum paraphrasi et adnotatt. Henr. Hammondi. Ex anglica lingua in lat. transt. suisque animadvv. ill., castig., aux. J. Clericus, Amstel. 1698 fol., Titelausgabe 1700 fol.; ed. II. emend. Francof. (Lips.) 1714 fol. Hier übersetzte le Clerc zwar nur aus dem Englischen, aber sehr frei und selbständig, sodaß sich aus der Paraphrase entnehmen läßt, wie etwa seine Übersetzung des NT.s lauten würde. In seiner Harmonia evangelica Amstel. 1699 fol. und Lugd. (Altdorfi) 1700 gab le Clerc auch eine eigene Übersetzung, welche J. Mich. Lange besonders Altdorf 1700, 4° abdrucken ließ.

Es folgte der gelehrte und scharfsinnige Priester des Oratoriums, Charles François Houbigant, dessen Biblia hebraica cum notis crit. et vers. lat. ad notas crit. facta, 4 T. Lutet. Par. 1753 fol., auch die Apokryphen enthalten. Er gab den he=bräischen Text unpunktiert, da er aber diesen für sehr verderbt hielt und ihn an zahl=reichen Stellen teils nach kritischen Zeugen, teils nach Konjektur verändert wissen wollte, so taugte freilich zu seinem Texte keine der bisherigen lateinischen Übersetzungen, und er gab daher eine neue.

Eine neue Übersetzung des AT.s (ex rec. textus hebraei et vers. antiquarum latine vers. notisque philol. et crit. ill.) lieferte hierauf der Leipziger Theolog J. Aug. Dathe, die ihren Leserkreis fand. Sie erschien allmählich ohne gemeinsamen Titel in der Buchhandlung des Waisenhauses zu Halle in 8°; Prophetae minores 1773, 1779, 1790; Prophetae majores 1779, 1785, 1831; Pentateuchus 1781, 1791; Libri hist. V. T. 1784, 1832; Psalmi 1787, 1794 und Job. Prov. Eccl. Cant. C. 1789. Dathe, ein Theolog überlegt konservativer Haltung, lieferte hiermit allerdings ein bei der Lektüre des AT.s brauchbares Hilfsmittel. Auch er wollte einen gewissen Mittelweg gehen; der Text sollte möglichst im lateinischen Gewande erscheinen. Dabei wurden Tropen, die anstößig oder unverständlich erschienen, ohne weiteres aufgelöst, z. B. Am 4, 1 für Kühe Basans vos divites et potentes Samariae. Hiernach ist die Übersetzung eine freie, sehr exegetische und etwa auch paraphrastische geworden, die sich aber ganz leicht wegliest. Als Beispiel diene Gen 1, 1—5: Principio creavit Deus coelum et terram. Post haec vero terra facta erat vasta et deserta et aquarum profundis tenebris offusa; tum vis divina his aquis supervenit. Et jussit Deus lucem oriri: Orta igitur lux est. Quae cum divino consilio con-veniens esset, ei ut et tenebris Deus certos terminos fixit. Nimirum destinavit lucem diei, tenebras vero nocti. Ita ex vespere et mane exstitit dies primus.

Schließlich folgten auf Dathe H. A. Schott in Jena und Jul. F. Winzer in Leipzig: Libri s. antiqui Foederis ex serm. hebr. in lat. translat. Vol. I. Penta-teuchus, Alton. et Lips. 1816, 8°. Sie gingen auf Treue in dem Sinne aus, daß auch die hebräische Denk= und Sprechweise ihren möglichst vollen Abdruck fände, wobei indessen das Latein sich nicht sklavisch fügen, wie z. B. in den Partikeln, sondern nur einen hebraisierenden, keinen barbarischen Charakter tragen sollte. Kleine erklärende Zu=sätze in Klammern sollten hier und da dem Verständnisse nachhelfen. Genes. 1, 1—5: Principio creavit Deus coelos atque terram. Fuit autem terra vacua et vasta; caligine tecta fuit superficies maris immensi; halitus Dei spiravit in superficie aquarum. Tum Deus ita loquutus est: exsistat lux; exstitit lux. Tum vidit Deus, lucem esse bonam, ac discrimen fecit lucis et caliginis. Atque lucem diem, caliginem vero noctem adpellavit. Tum et vespera fuit et mane; dies (praeteriit) primus. Das Latein mußte viel ungelenker als bei Dathe ausfallen, aber die Arbeit war neben dem Grundtexte brauchbarer. Wenn das Werk nicht fortgeführt wurde, so lag die Schuld in den Zeitverhältnissen, denn da der Prozeß,

daß sich die Wissenschaft von der lateinischen Sprache emanzipierte, in starkem Fort=
schritt begriffen war, verlor sich für neue lateinische Übersetzungen ebenso das Bedürfnis,
als das Interesse.

Von den Übersetzungen einzelner Bücher des AT.s heben wir nur die des Jos
von Andr. Masius, Antw. 1574 fol., die des Jes von J. Ch. Döderlein, Altorf.1775, 8°,
ed. II. 1780, 8° und die des Hi (Lugd. B. 1737 2 T. 4°) und der Pr (Lugd. B.
1748, 4°) von Albert Schultens in den betreffenden wertvollen Bearbeitungen dieser
Bücher hervor. Masius giebt eine Übersetzung des hebräischen und eine des griechischen
Textes, er hält sich sehr ans Wort, wogegen sich Döderlein und Schultens freier be=
wegen. Von der Übersetzung des AT.s des Schweden J. Elai Terserus erschienen nur
die ersten Bücher des Pentateuchs, s. Henke, Ge. Calixtus und seine Zeit II, 2, S. 253.

Wenden wir uns nun im Besonderen zu den Übersetzungen des NT.s, so tritt
uns gleich in der ersten die gelungenste und einflußreichste entgegen. Als Desiderius
Erasmus mit der Herausgabe des griechischen Textes umging, war die Beifügung einer
lateinischen Übersetzung nach den damaligen Verhältnissen von selbst gegeben. Erasmus
entschloß sich kühn, eine neue Übersetzung zu geben; wie alles bei ihm, ging es schnell,
in fünf Monaten war sie fertig. Erasmus war als fertiger und eleganter Übersetzer
längst erprobt und diese Arbeit gelang ihm ganz besonders. Daß er hier wörtlicher
und genauer als sonst übersetzte, verlangte die Pietät gegen die hl. Schrift, aber auch
so wußte er gegebene Schwierigkeiten gewandt und leicht zu überwinden. Die Über=
setzung ist klar und durchsichtig, auch der lateinische Ausdruck ist ziemlich rein, nur
freilich sollte weder noch konnte der eigentümliche Sprachcharakter des Originals ver=
wischt werden. Ganz abgesehen indessen von dem Werte dieser Übersetzung an sich, so
würde Erasmus schon deshalb eine Ehrensäule verdienen, weil er durch sie der Wissen=
schaft das Recht von der katholischen Kirche erkämpfte, neue lateinische Übersetzungen
der Bibel neben der Vulgata anzufertigen. Er stellte sein Unternehmen unter die
Ägide des Papstes Leo X. Aber selbst diese schützte ihn nicht vor den heftigen An=
griffen und schweren Verunglimpfungen eines Ed. Lee, Jak. Lopez Stunica, Petr.
Sutor, aber der Sieg blieb ihm, s. seine Streitschriften im IX. Bande seiner Opera
ed. J. Clericus. Unter allen neueren lateinischen Übersetzungen des NT.s hat sich
keine eines solchen Beifalls zu erfreuen gehabt, wie die erasmische; nachgedruckt wurde
sie über 200 mal, s. Masch l. l. I, p. 292 sq.; II. 3. p. 590—607. Wir verzeichnen
hier nur die fünf bei Lebzeiten und unter den Augen des Erasmus erschienenen Haupt=
ausgaben; sie erschienen sämtlich in Basel bei J. Froben in Folio und enthalten auch
den griechischen Text. Die erste vom Jahre 1516 hat noch manche Mängel (so steht
aus Versehen auf dem Titel Vulgarii, aus Βουλγαρίας entstanden, für Theophylacti)
und ist namentlich sehr inkorrekt gedruckt, dagegen zeigen die drei folgenden, 1519, 1522,
1527, wie eifrig Erasmus sein Werk zu verbessern suchte, nur die letzte vom Jahre
1535 ist von der vorhergehenden ganz unerheblich verschieden. Die dritte Ausgabe giebt
zuerst die Stelle 1 Jo 5, 7 aus einem ganz jungen Codex, „ne cui sit ansa calum=
niandi". — Die erasmische Übersetzung wurde in der Folge einigemale verbessert und
überarbeitet, so von R. Gualtherus 1543 (siehe oben), Flacius Illyr., Bas. 1570 fol.,
und eine solche starke Überarbeitung, aber nicht eine eigene Übersetzung lieferte auch
der Engländer Gualter. Delönus, Lond. 1540, 4°, vergl. Lorck a. a. O. 1, S. 171 ff.

Auf Erasmus folgte Theodor Beza als Übersetzer des NT.s. Er arbeitete im
Gegensatze des Castellio, erstrebte also wörtliche Treue und schloß sich nicht nur an die
geläufige Terminologie der Vulgata an, sondern suchte auch von der Vulgata so wenig
als möglich abzuweichen. Dennoch entstand eine neue Arbeit, die zwar sprachlich
sehr hebraisiert, sonst aber ziemlich einfach und klar gehalten ist. An manchen Stellen
zeigt sich Beza von der Dogmatik abhängig, so namentlich Rö 5, 12 ἐφ᾽ ᾧ in quo,
1 Ti 2, 4 πάντας quosvis, Jo 1, 12 ἐξουσίαν dignitatem, später jus, Lc 7, 47
nam für quoniam der Vulgata. Wie ihm dies und anderes übel gedeutet wurde, so
besonders auch, daß er in den folgenden Ausgaben immer wieder und sehr bedeutend
abänderte, vgl. besonders die allzu scharfe Kritik des J. Boisius in Veteris interpr.
cum Beza aliisque recentioribus collatio in IV evv. et Ap. Actis, Lond. 1655, 8°.
Von den Ausgaben kommen zunächst fünf als Originalausgaben in Betracht, die unter
seiner Aufsicht erschienen. Die erste erschien ohne griechischen Text, aber mit der Vul=
gata in der lateinischen Bibel (Genevae) Oliva Rob. Stephani 1556 (ad calcem
1557), fol. (siehe oben). Die vier folgenden geben neue Rekognitionen und Bearbei=
tungen und enthalten außer der Vulgata auch den griechischen Text und sehr beachtens=

werte Anmerkungen. Sie erschienen sämtlich zu Genf in Folio, die drei ersten 1565, 1582, 1588 (1589) bei H. Stephanus, die letzte 1598 sumpt. haered. Eustath. Vignon. Obgleich Bezas Übersetzung Lob und Tadel zuließ und auch sehr auseinander= gehende Beurteilungen erfuhr, wurde sie doch nach der erasmischen die gebräuchteste. Sie wurde über hundertmal je nach der einen oder andern Ausgabe und Rekognition nachgedruckt, s. Masch l. l. I, p. 313 sq.; II, 3, p. 576—589. Die vollständigste und beste Ausgabe (ex collatione exemplarium omnium quam accuratissime emend. et aliquantulum aucta) erschien Cantabrig. 1642 fol. — Nach Beza wird der Wittenberger Erasmus Schmid, † 1637, als Übersetzer des NT.s genannt, allein die in dessen Opus sacrum posthumum, Norimb. 1658 fol. gegebene Übersetzung hat die Bezas so wesentlich zur Grundlage genommen, daß sie nur als eine sehr verbesserte Bezasche gelten kann. (1896 beschloß die englische Bibelgesellschaft, die bisher Bezas Text gedruckt hatte, keinen lat. Text mehr zu verbreiten.)

Wir kommen sofort zu Ch. Guil. Thalemann (Versio latina evangeliorum Matth., Luc. et Johannis itemque Actuum Ap. ed. a C. Ch. Tittmanno, Berol. 1781, 8°), Godofr. Sigism. Jaspis (Versio lat. epistolarum NT. et libri visorum Joannis. Perpetua adnot. ill. 2 T., Lips. 1793—1797, 8°; ed. II. 1821) und Henr. Godofr. Reichard (Sacri NT. libri omnes veteri latinitate donati, 2 Part., Lips. 1799, 8°). Alle drei verfolgten den gleichen Zweck, ihr Standpunkt war der Castellios, nur freier, und Reichard rechtfertigte die Art seiner Arbeit ausführlich in seinem Tractatus grammatico-theol. de adornanda NT. versione vere lat., Lips. 1796, 8°. Sie wollten nicht wörtlich übersetzen, aber auch keine Paraphrase geben, sondern den ursprünglichen Sinn des Originals getreu in gute Latinität um= setzen. Das Resultat konnte nur eine gänzliche Umschmelzung des Originals sein, die der Lateiner zwar leicht wegliest, aber die Exegese und Paraphrase schlägt doch überall durch, bei aller Freiheit müssen noch Ergänzungen mit gesperrter Schrift nachhelfen und der Ausdruck ist doch oft genug nicht adäquat. Man fühlt sich in eine Atmosphäre ver= setzt, die eine andere Luft und andere Gedanken hat.

Noch erschienen drei neue Übersetzungen, die dem griechischen Texte mit einer Aus= wahl von Varianten beigegeben wurden und vornehmlich der studiosa juventus, natürlich der docta, forthelfen sollten. Möglichste Wörtlichkeit, sodaß die Diktion hebrai= siere, ergab sich hiermit von selbst als Prinzip, so jedoch, daß das Latein auch nicht geradezu barbarisch sei. Die sehr handliche Ausgabe H. A. Schotts ward mit Recht vielfach gebraucht; sie erschien zuerst Lips. 1805, 8°, dann 1811 und wieder 1825, die vierte Auflage 1839 besorgte und überarbeitete zum Teil L. F. O. Baumgarten= Crusius. Die Übersetzung ist mit großer Sorgfalt gearbeitet und in den folgenden Aus= gaben fleißig nachgebessert, sie will zwar möglichst wörtlich sein, hält sich aber doch in einer gewissen Mitte, zur Verständlichung ist teils das Wörtliche in margine gegeben, teils gedruckt Zusätze oder freiere Übersetzungen in Klammern zugefügt.

Schließlich traten F. A. Ad. Näbe (Lips. 1831, 8°) und Ad. Göschen (Lips. 1832) als Herausgeber und Übersetzer des NT.s in der Weise Schotts auf; ihre Übersetzungen, die sich sehr ans Wort halten, sind schwache Arbeiten, namentlich zeigt Göschen im Sprachlichen manche Blößen.

Von den Übersetzern einzelner Teile des NT.s wurden Thalemann und Jaspis schon besprochen, wir glauben einzig noch den strebsamen Faber Stapu= lensis hervorheben zu sollen, der eine Übersetzung der paulinischen Briefe lieferte, die zuerst (Paris. 1512 fol.) erschien und dann öfter gedruckt wurde. Bei der Rücksicht, die er auf die Vulgata nahm, kann sie als eine revidierte Vulgata angesehen werden, s. Graf, Essai sur la vie et les écrits de J. Lefèvre d'Étaples, Strasb. 1842, p. 27 sq.

Die Zeit der lateinischen Bibelübersetzungen ist vorüber, neue würden ein Anachronismus sein. Blicken wir auf die langen Jahrhunderte zurück, so ist erhebend, zu sehen, wie eifrig man bemüht war, auch durch diese Sprache die evangelische Heils= lehre in die weitesten Kreise zu verbreiten. Die Übersetzungen fielen zwar sehr ver= schieden aus, aber auch nicht gelungene trugen ihre Früchte. Aufgabe der Gegenwart und Zukunft ist, das schwere Geschäft des Bibelübersetzens in lebenden Sprachen eifrigst zu treiben und die ältesten lateinischen Übersetzungen gründlichst zu erforschen und auszunutzen.

(O. F. Fritzsche †) Eb. Nestle.

3. Deutsche Bibelübersetzungen.

Wenn der Bibelkatalog des Britischen Museums auf die griechische und lateinische Bibel gleich die englische folgen läßt, wird man in einem deutschen Werke noch mehr berechtigt sein die deutsche Bibel an jene anzureihen. Ist doch die älteste deutsche Bibelübersetzung, die gotische, mindestens ebenso alt wie die lateinische Bibel des Hieronymus.

a) Die gotische Bibelübersetzung des Ulfila.

Litt.: Goedeke² I, §. 8; W. Krafft, A. Ulfila PRE² 16 (1885) 140—146. Soz. h. e. 6, 37, Theodoret h. e. 4, 33. 5, 30, Nicephorus Callisti h. e. 11, 48, Isid. Hisp., de regg. Goth. 8, Walafr. Strabo, de reb. eccl. 7; Sievers in Pauls Grundriß der germ. Phil. II, die Geschichte der d. Litt. z. B. von Kelle I, Kögel I; E. Bernhardt, Kritische Untersuchungen über die gotische Bibelübersetzung, Meiningen 1867, Heft 2 Elberf. 1868; W. Bangert, Der Einfluß lat. Quellen auf die gotische Bibelübersetzung des Ulfila, Rudolstadt 1880, Progr. 4⁰; K. Marold, Kritische Untersuchungen über den Einfluß des Lat. auf die gotische Bibelübersetzung, Königsberg 1881 (Diss.) Germania (Wien) 14 (1881) 129—172, 15 (1882) 23—60; Ignaz Peter, Die Zahl der Blätter des codex argenteus, ebenda 18 (1885) 314. 315; K. Marold, Stichometrie und Leseabschnitte in den gotischen Episteltexten, Königsberg 1890; A. Kisch, Der Septuaginta-Codex des Ulfilas, Monatsf. für Gesch. u. W. des Judenthums 22 (1873) 42—46. 85—89. 215—219; Otto Ohrloff, Die Bruchstücke vom AT. der Gothischen Bibelübersetzung kritisch untersucht, Halle 1873; ders., Die alttestamentl. Bruchstücke der got. Bibelübersetzung. Ein ergänzender Nachtrag zu der Ausgabe des Bulfila von Ernst Bernhardt ZfdPhilologie 7 (1876) 251—295 (vgl. Wellhausen ThLZ 1876, S. 307); A. Schaubach, Ueber das Verh. der goth. Bibelübersetzung des Bulfila zu der lutherischen mit Zugrundelegung von Lc 1, Meiningen 1879 (Progr.) 4⁰; K. Weinhold, Die gotische Sprache im Dienste des Kristenthums, Halle 1870. Von biblischen Einleitungen bes. Kaulen³ 1890 S. 163—169. Tischendorf-Gregory III, 1108; Lagarde, Pars prior p. XIV. Mitt. 4, 21—23 „Bulfilas Ezdras"; Fr. Kauffmann, Beiträge zur Quellenkritik der gotischen Bibelübersetzung ZfdPhil. 29 (1896) 306—337 (Vorbem. u. I. die atl. Bruchstücke. Fortf. folgt); W. Streitberg, gotisches Elementarbuch, Heidelberg 1897.

Ulfila, gotisch Wulfila (Wölflin), der Moses der Goten, wie Konstantin ihn nannte (Draesele ThStR 1893, 273), über den zuerst Ge. Waitz 1840 die urkundlichen Nachrichten seines Schülers Auxentius zugänglich machte, hat als Bischof der Westgoten zum Zweck der Übersetzung der Bibel ins Gotische das gotische Alphabet erfunden und nach Philostorgius des kriegerischen Sinnes seines Volkes wegen nur die Königsbücher unübersetzt gelassen.

(Ueber die Ansetzung seines Lebens, ob 311, 313 oder 318 bis 381, 83 oder 88 s. Gg. Kaufmann, Kritische Untersuchung der Quellen zur Geschichte Ulfilas, Haupts Zeitschrift 27 (1883) 193—261; Sievers in Pauls Grundriß der germ. Philologie 2, 1 (1889) 65—70 und Beiträge z. Gesch. d. deutsch. Spr. u. Lit. 20, 302. 21, 247; Jostes 22, 158; E. Martin, Haupts ZdA 40 (1896) 223.

Eine Nachbildung des gotischen Alphabets ex Dureto schon in Waltons Polyglotte Prol. S. 11, über die Bezeichnung der slavischen Schrift als gotischer (Friedrich SMA 1892, 414). Neuerdings hat man gezweifelt, ob auch die alttestamentlichen Teile der Übersetzung von Ulfila herrühren, da die 2 gotischen Priester Sunia und Fretela, die mit Hieronymus über exegetische Fragen in Briefwechsel waren, offenbar den Psalter ins Gotische zu übersetzen beabsichtigt hätten, zu einer Zeit, wo Ulfila mit seiner Arbeit schon fertig gewesen sein müßte, und da Walafrid Strabo, der letzte, beiläufig, der aus alter Zeit die Gotenbibel kennt, sie mehreren zuschreibe: Gothi, qui et Getae . . . nostrum i. e. Theodiscum sermonem habuerunt. Et ut historiae testantur, postmodum studiosis illius gentis divinos libros in suae locutionis proprietatem transtulerunt, quorum adhuc monumenta apud nonnullos habentur. (Ohrloff und Wellhausen a. a. O.; auch Bernhardt 2. Heft, ob Lc 1—10 aus anderer Vorlage geflossen sei.) Da vom AT. nur wenige Verse erhalten sind, läßt sich die Sache nicht entscheiden. Diese sind einige dürftigste Trümmer aus Gen 5, 3—30 in der Wiener Hbs. (7mal jah libaida und 13 Zahlreste s. Kauffmann S. 320), Esr 15, 13—16, 16, 14—17, 3 und 17, 13—45 („15" bei Cornill Einl.³·⁴ 338 ist Druckfehler), und die noch allenthalben sich findende Angabe Esr 2, 8—42 (wie Kaulen³ 164 „32" statt 8) statt 17, 13—45, d. h. Neh 7, 13—45 ruht auf Verwechslung der zwei Hauptsache allerdings identischen Stammlisten. In den Ausgaben (noch bei Stamm³ 1896 215f. u. 217f.) müssen die beiden alttestamentlichen Bruchstücke umgestellt und als eines behandelt werden (s. jetzt Kauffmann S. 314). Übrigens genügen diese 3 von A. Mai 1817 in der Ambrosiana (G 82) entdeckten Blätter zum Beweis, daß die gotische Bibel, wie nicht anders zu erwarten, der Lucianischen Septuaginta-Rezension folgt (s. Risch, Ohrloff [Wellhausen], Lagarde, Rauffmann; ganz ungenügend Streitberg 11. 13). Viel länger bekannt sind die zum Glück viel umfangreicheren Bruchstücke der Evangelien, im sogenannten codex argenteus der Universitätsbibliothek zu Upsala. In Werden an der Ruhr sah Anton Morillon, der Sekretär Granvellas, und der bekannte Geometer und Geograph Mercator im 16. Jahrhundert die Prachtschrift, dann kam sie nach Prag, 1648 als Kriegsbeute nach Schweden, an die Königin Christine oder ihren Bibliothekar Isaak Voß, bei dem sie 1655 in Holland war und von Derrer kopiert wurde; 1662 kaufte sie der Marschall Gabriel de la Gardie und machte sie der Universität Upsala zum Geschenk, wo zwischen 1821 und 34 10 Blätter gestohlen und 1857 von dem Diebe angesichts seines Todes zurückgegeben wurden. 1756 entdeckte F. A. Knittel in einem aus Weißenburg stammenden Wolfenbüttler Palimpsest Fragmente des Römerbriefs, 1817 A. Mai die genannten alttestamentlichen Stücke, Fragmente des Matthäus und der paulinischen Briefe in der Ambrosiana, in 5 Handschriften; drei zu einer derselben gehörige Blätter, die in der Vaticana sich befinden und eine Erklärung des Jo Ev. enthalten (Skeireins), gab Maßmann 1834 heraus, während Reifferscheid 1866 in Turin vier weitere Blätter fand, die zu einer anderen der ambrosianischen Hdff. gehörten. Über die interessante Vorrede des codex Brixianus, die beweist, daß die latein. Bibel zum mindesten zur Kollation der gotischen beigezogen wurde s. Stamm³ p. XI und die dort angegebene Litteratur. Dazu M. Haupt, de scheda aliqua Brixiana ad Goticam librorum sacrorum interpretationem (Index. lect. Frider. Guil. 1869. 4°); ders., die Vorrede der Gotischen BÜ. (Opuscula Bd II).

Ed. Pr.: Quatuor D. n. J. C. Evangeliorum versiones antiquae duae, Gothica scil. et Anglo-Saxonica, quarum illam ex celeberrimo codice argenteo nunc primum depromsit Franciscus Junius . . . Dordrechti 1665, 4° (neuer Titel Amstel. 1684, 4°). Vgl. dazu G. J. Heupel, diss. de Ulphila s. versione IV Evangelistarum Gothica Vit. 1693, 4°.

—, cum parallelis versionibus Suco-Gothica, Norraena seu Islandica et Vulgata latina edita. Stockholmiae 1671, 4°, dazu ein Glossarium Ulphila-Gothicum von dem Herausgeber Georg Stiernhjelm.

—, ex mend. arg. emendata atque suppleta cum interpr. lat. et annotationibus Erici Benzelii non ita pridem archiep. Upsaliensis († 1743) Edidit Edwardus Lye (nicht Lyn: Kaulen³ 164) Oxonii 1750 fol.

Ulphilae versionem gothicam nonnullorum capitum ep. Pauli ad Romanos . . . eruit commentatus est datque foras Fr. Ant. Knittel (Guelpherbyti 1762) 4°; wiederholt wurden diese Fragmente von Joh. Ihre, Upsaliae 1763, 4°, dessen Scripta versionem Ulphilanam . . . illustrantia A. F. Büsching, Berlin 1773 4° edierte.

Das bisherige zusammenfassend: Ulfilas Gothische Bibelübersetzung: die älteste germanische Urkunde nach Ihre'ns Text, mit einer lateinischen Uebersetzung . . . samt einer Sprachlehre und einem Glossar ausgearbeitet von F. K. Fulda . . . das Glossar umgearbeitet von W. F. H. Reinwald . . ., und der Text nach Ihre'ns genauer Abschrift der silbernen Handschrift in Upsal sorgfältig berichtigt, die Uebersetzung und Sprachlehre verbessert und ergänzt, auch mit Ihre'ns lateinischer Uebersetzung . . . und einer vollständigen Kritik und Erläuterung in Anmerkungen . . ., samt einer historisch kritischen Einleitung versehen und herausgegeben von J. C. Zahn 3. Teile, Weißenfels 1805, 4°.

Die neuen Fragmente: Ulphilae partium ineditarum in Ambrosianis palimpsestis ab Ang. Maio repertarum specimen conjunctis curis eiusd. Maii et Caroli Octavii Castillionaei editum, Mediol. 1819, 4°, ähnlich die anderen von Castillionaeus herausgegebenen Stücke 29 4°, 34 4°, 38 4°, 39 4° die oben genannten Fragmente; die ersten Mailänder Fragmente auch in Selecta patrum capita ad ερμηνευτικην sacram pertinentia ed. Jo. Casp. Orelli, Turici Part. III. 1822. Von Maßmann (München 1834!) Skeireins Aiwaggeljons þairte Jôhannên, Auslegung des Evangelii Johannis in gotischer Sprache.

Wieder zusammenfassend: Ulfilas. Veteris et Novi Testamenti versionis Gothicae fragmenta quae supersunt, ad fidem codd. castigata, latinitate donata, adnotatione critica instructa, cum glossario et grammatica linguae Gothicae, conjunctis curis ediderunt H. C. de Gabelentz et J. Loebe, Lips. 1836. 46 2 Bde 4° 1. Bd (Text) Altenb. 1836; wiederholt in MSL 18 (1848); Uppströms Cod. Argenteus. Nachschrift z. d. Ausg. d. Ulfilas v. Gabelentz u. Löbe, Lpz. 1860, 4.

Ulfilas. Urschrift, Sprachlehre, Wörterbuch. Von Ign. Gaugengigl. Bevorw. v. Mich. Fertig. Passau 1848. ²49. Später unter dem Titel: Aelteste Denkmäler der deutschen Sprache erhalten in Ulfilas gothischer Bibelübersetzung von Ign. Gaugengigl. ³(p. 202) 1853, ⁴(p. 67. 209) 1856.

Codex Argenteus sive sacr. evangeliorum Versionis Gothicae fragmenta quae iterum recognita adnotationibusque instructa per singulas lineas ad fidem codicis additis fragmentis evangelicis codicum Ambrosianorum et tabula lapide expressa edidit Andr. Uppström, Upsaliae 1854, 4⁰, dazu 1857: Decem Codicis Argentei rediviva folia cum foliis contiguis et intermediis ed. A. U. (p. 87—100) 4⁰.

Codices Gotici Ambrosiani, sive epistolarum Pauli, Esrae (f. o.!), Nehemiae versionis Goticae fragmenta, quae iterum recognovit, per lineas singulas descripsit, adnotationibus instruxit Andreas Uppström, Ups. 1868 4⁰.

Ulfilas. Die heiligen Schriften alten und neuen Bundes in gothischer Sprache. Mit gegenüberstehendem griechischem und lateinischem Texte, Anmerkungen, Wörterbuch, Sprachlehre und geschichtlicher Einleitung von H. F. Maßmann 2 Abt., Stuttgart 1855—57.

Ulfila oder die uns erhaltenen Denkmäler der deutschen Sprache. Text, Grammatik und Wörterbuch bearbeitet von F. L. Stamm, Paderborn 1858 (XVI. 471) ²60. Von der dritten Auflage ab (1865) besorgt von M. Heyne ⁴1869 (XII. 386) als Band I der Bibliothek der ältesten deutschen Litteraturdenkmäler, ⁵71 (nicht 72, wie ⁸p. VI gesagt ist) ⁶74, ⁷78, ⁸85, ⁹1896 (Text u. Wörterbuch von Moritz Heyne, Grammatik von Dr. Ferdinand Wrede) XV. 443.

Vulfila oder die gotische Bibel, mit dem entsprechenden griechischen Text und mit kritischem und erklärendem Kommentar, nebst .... von E. Bernhardt, Halle 1875, große Ausgabe (mit Glossar), daneben: Die gotische Bibel des Vulfila nebst .... herausgegeben von E. Bernhardt. Textabdruck mit Angabe der handschriftlichen Lesarten nebst Glossar. Halle 1884, VII. 334, als Bd 3 der „Sammlung germanistischer Hilfsmittel".

The first Germanic Bible translated from the Greek by the gothic Bishop Wulfila in the fourth century and the other remains of the gothic language edited with an introduction, a syntax and a glossary by G. H. Balg, Milwaukee 1891.

Einzelausgaben:

J. Bosworth, the Gothic and Anglosaxon Gospels ... with ... Wycliffe and Tyndale, London 1865, ²74; S. Hanshall, Matthäus got. u. angelsächsisch, London 1807; J. A. Schmeller, (got. u. fränkisch), Stuttgart 1827; Andr. Uppström, fragmenta gothica selecta ad fidem codicum Ambrosianorum Caroli Vaticani, Upsalae 1861. Maßmann, Turiner Blätter der gotischen Bibelübersetzung, Germania 13 (1868) 271—284; K. A. Hahn, Auswahl aus U.s got. Bibelübersetzung, Heidelberg 1849, ³bearbeitet von Zeitteles 1874; Mc grammatisch erläutert von R. Müller und H. Höppe, Berlin 1881, W. W. Steat, London 1882.

In die neutestamentliche Textkritik wurde die gotische Übersetzung 1675 durch Fell, noch vollständiger durch Mill eingeführt; Bengel mußte noch dagegen kämpfen ihren Dialekt als fränkisch zu bezeichnen; man glaubte damals noch, daß in der Bibliothek Hermann von Neuenaars ein vollständiges Exemplar derselben sich befinde (s. Nestle, Bengel als Gelehrter 1893 S. 56. 75). Eine Spur des arianischen Standpunktes ihres Verfassers will man in Phi 2, 6—8 finden. Die Arbeit folgt dem griechischen Text fast Wort für Wort und zwar dem auch von Chrysostomus benutzten, s. Kauffmann; an Fremdwörtern, die Ulfilas aus dem Griechischen und Lateinischen beibehielt, hat man 116 gezählt.

b) Altdeutsche Bruchstücke.

Auf deutschem Boden lagen die kirchlichen und kulturellen Verhältnisse im angehenden Mittelalter nicht so, daß man schon frühzeitig vollständige Übersetzungen der Bibel oder auch nur des Neuen Testaments in der Landessprache erwarten dürfte. Neben asketischen Werken und poetischen oder geschichtlichen Bearbeitungen (Reimbibeln, Historienbibeln) brauchte man am ehesten den Psalter oder die Evangelien in der eigenen Mundart.

Litteratur: Hauptwerk: Die deutsche Bibelübersetzung des Mittelalters dargestellt von Wilh. Walther. Erster Teil: Der erste Übersetzungskreis, Braunschweig 1889. Zweiter Teil: Zweiter bis vierzehnter Übersetzungszweig. Mit 6 Kunstbeilagen 1891. Dritter (Schluß-) Teil. Mit 9 Kunstbeilagen 1892 zuf. 766 Sp. 4⁰.

1. Das älteste erhaltene Stück wird der Monseer Matthäus sein; 23 Blätter in Wien, 2 in Hannover, von Buchdeckeln abgelöst, daher sehr trümmerhaft, aus einer dem bayerischen Kloster Monsee entstammenden Hdf. vom Jahr 738, auf der linken Seite den lateinischen, auf der rechten den deutschen Text bietend, nach Walthers Urteil (Sp. 437—445) eine vorzügliche Arbeit, dem Dialekt nach bayerische Überarbeitung eines fränkischen (mit elsässischen) Originals; hinter Mt 20, 28 der aus cod. D bekannte Zusatz: vos autem quaeritis de pusillo crescere. Gutes Faksimile bei Walther. Einziges Mißverständnis des Übersetzers altilia Mt 22, 4 daz hohista; Pontius 27, 2 wie häufig in der ältesten Zeit als Adjektiv zu demo pontischin herizohin pilate.

Ausgaben und Bearbeitungen: J. G. Eccard, Veterum Monumentorum quaternio 1720 (Mt 12, 40—13, 1). — St. Endlicher et Hoffmann Fallerslebensis, Fragmenta theotisca versionis antiquiss. ev. S. Matthaei et aliquot homiliarum. Vindob 1834 (f. M. Haupt, Jahrbb. der Literat. 67, 178), ed. sec. curante Massmann 1841. ZdA 1, 563; F. Friedländer und J. Zacher, ein deutsches Bibelfragment aus dem VIII. Jahrhundert ZfdPhil 5, 381—392. Zuletzt Eg. Allison Peach, The Monsee fragments newly collated, with text, introduction, notes, grammatical treatise and exhaustive glossary and a photolithographic facsimile, Straßburg 1890. 212 S.; Hauck, RGD 2, 221; Gödeke² I § 15, Tischendorf-Gregory 3, 1126.

2. Der deutsche Tatian.

Die Haupthandschrift in St. Gallen aus der zweiten Hälfte des neunten Jahrhunderts in 2 Spalten, links lateinisch, rechts deutsch (Faksimile bei Walther), 1538 von Ägidius Tschudi beschrieben als „ein alt bermentin Evangelibuch vor sechshundert Jaren geschriben, vast in denen Znten, als Tütsch zu schryben wenig Znts darvor den Anfang gehebt . . . aber under fünff Worten merckt (= versteht) einer kum eins, wo nit das Latin darneben stüend, daruss einer so Latin verstat die Meinung der Worten. nemmen muoß." Das Orginal wird um 830 in der rabanischen Schule in Fulda entstanden sein; der lateinische Text ruht auf der berühmten um 540 für Viktor von Capua geschriebenen, noch heut in Fulda bewahrten Handschrift; das Deutsche dem Lateinischen sich eng anschließend, auch in der Wortstellung. Dialekt ostfränkisch. Auf Grund sprachlicher Beobachtungen, daß gewisse Ausdrücke, namentlich Konjunktionen, nicht immer gleich, sondern streckenweise so, streckenweise anders wiedergegeben sind, glaubte man, namentlich Sievers, eine ganze Reihe von Übersetzern annehmen zu müssen, 17 oder 18; Walther (Sp. 446—455) macht sehr beachtenswerte, Arens (ZfdPh 29, 63. 510) wohl entscheidende Gründe dagegen geltend. Nicht einmal das läßt sich sagen, ob für die Harmonie schon verschiedene deutsche Texte der einzelnen Evangelien vorlagen. Statt „Jesus" mit einer einzigen Ausnahme überall (ther) heilant, auch Mt 1, 21; Jo 1, 13 'fon fleiskes luste; also glaubte der Übersetzer volu(m)ptate statt voluntate zu lesen, was bis jetzt nur im Cavensis und Toletanus (von zweiter Hand) belegt ist.

Goedeke² I § 16; Michelsen, A. Evangelienharmonie PRE² 4 (1879) 427; Ausgaben: nach Palthenius Gryph. 1706 4° u. Scherz im Schilterschen Thesaurus II. (1727), Mt von Schmeller 1827, von diesem ganz Ammonii Alexandrini quae et Tatiani dicitur harmonia 1841; E. Sievers 1872: Tatianus. Lateinisch und altdeutsch mit ausführlichem Glossar, als Teil 5 der Bibliothek der ältesten deutschen Litteraturdenkmäler 1872, 2. neubearbeitete Ausgabe 1892; darüber Steinmeyer, ZfdPhil. 4, 473; weiter Sievers, ZdA 17, 71; ebenda Ignaz Harzyl, zur der Lautlehre im Tatian; E. Mouret, Zur Syntax des ahd. Tatian, SlböhmGW 1894 n. XI. XIII; Gebrauch der casus im ahd. Tatian. (Mit parallelen aus der bibelübersetzung der böhm. Brüder), ebenda 1895, n. XXIII.

Anfang Lc 1 bi thiu wanta manage zilotun ordinon saga thio in uns gifulta sint rahhono so uns saitun thie thar fon anaginne selbon gisahun inti ambahta warun wortes, was mir gisehan (= visum est mihi etc.).

3. Ein „Evangelium Theudiscum" verschenkte 876 mit anderen Büchern der Graf Heccardus von Burgund (f. Paul Lejay, Catalogues de la bibliothèque de Perrecy [XIᵉ siècle] [Extrait de la] Revue des Bibliothèques Juillet-Septembre 1896 p. 4 nach Pérard, Rec. de plusieurs pièces curieuses servant à l'hist. de la Bourgogne, n. 1 p. 25.

Valdo Episc. Frisingensis circa annum 800 Evangelia Germanice transtulit teste Beato Rhenano schreibt Walton Prol. 34ᵃ seiner Polyglotte; nach Hauck, KG Deutschlands 2, 730 von 884—906 Bischof von Freising.

4. Von Pergamentstreifen, die zum Bucheinbinden benutzt waren und in München und Wien abgelöst wurden, veröffentlichte Fr. Keinz (SMA 1869, 546) und Josef Haupt (Germania 14. 1869, 440) Stücke aus allen vier Evangelien, die wohl derselben Handschrift des 12. Jahrhunderts angehören, aber auf eine viel ältere Vorlage zurückgehen, da sie über einzelnen Worten noch die Tonzeichen a c t (d. h. altius, celeriter, trahendo oder tenendo nach Notker Balbulus) aufweisen. Gutes Deutsch; die Sad-

ducäer, von seducere abgeleitet = die verleiter; in Mt 23 die Reihenfolge 13. 15. 14 wie in den Hdss. QR bei W.-W. Bei Walther Sp. 455—465 und Faksimile. Tischendorf-Gregory 3, 1126; R. Tomanetz, ZdPh 14, 256; E. Mouret, Krumauer altdeutsche Perikopen vom Jahr 1388 und Zum Dialekt der Krumauer Perikopen vom Jahre 1388 (s. S. 125).

5. 6. Der Heliand (s. PRE² 4, 428—431), oder wie man jetzt sagen muß, die altsächsische Bibeldichtung und Otfrids Liber evangeliorum oder Krist (ebenda 431—434) können nicht eigentlich zu den Übersetzungen gerechnet, daher hier nur eben genannt werden.

7. Als deutsche Bibelübersetzer nennt Flacius Illyricus vor Gassars Otfrid 1571 Strabo († 849), Hrabanus († 859) und Haimo; der Name aymo steht auf dem letzten Blatt des St. Galler Tatian.

Der erste wirklich mit Namen bekannte Übersetzer eines Teils der Bibel, dessen Arbeit nachgewiesen werden kann, ist der dritte (bezw. vierte) der berühmten Notker von St. Gallen (Notker Labeo † 29. Juni 1022, s. PRE² 10. 1882, 649), dessen Übertragung des Hiob leider verloren ging, während sein deutscher und lateinischer Kommentar über die Psalmen und die damit zusammengehörigen Cantica erhalten blieb und so eingerichtet ist, daß man die Textübersetzung fast vollständig herausschälen kann (Walther Sp. 558—566 mit Faksimile der einen vollständigen Hds. von St. Gallen; Bruchstücke in München, Basel, Maihingen, St. Paul in Kärnten).

Beispiel: Beatus vir qui non abiit in consilio impiorum. Der man ist salig der in dero argon rat ne gegieng. So Adam teta do er dero chenun rates folgeta wider gote. et in via peccatorum non stetit. noh an dero sundigon wege ne stuont. So er teta. Er cham dar ana, er cham an den breiten weg ter ze Hello gat unde stuont tar ana, wanda er hangta sinero geluste. Hengendo stuont er. Et in cathedra pestilentie non sedit. noh an demo suhtstuole ne saz, ih meino daz er richeson ne wolta etc.

Litt.: H. Hattemer, Denkmahle des Mittelalters Bd II; St. Gallens deutsche Sprachschätze. Nach der Wiener Hdf. herausgegeben von R. Heinzel und W. Scherer. Straßb. 1876; Holder, Germanischer Bücherschatz, Freiburg: darin Die Schriften Notkers und seiner Schule Bd I—III von P. Piper (s. LCBl 1883, 51); E. Henrici, Die Quellen von Notkers Psalmen (Quellen und Forschungen zur Sprach- und Kulturgeschichte der germ. Völker 29. Straßb. 1878); ders., Der lateinische Text in Notkers Psalmenkommentar ZdA 23, 217; Hauck KG Deutschlands 3, 967. Über die späteren Schicksale von Notkers Arbeit s. Walther 563—566. Daß die Kaiserin Gisela 1027 ihre Abreise von St. Gallen so lange verschob, bis eine Abschrift des Werks für sie angefertigt war, war es wohl wert.

8. Neben Notker lieferte das Beste Williram, seit 1048 Abt zu Ebersberg in Baiern († 1085) mit seiner Bearbeitung des Hohenlieds, von der noch 19 Handss. vollständig oder in Bruchstücken bekannt sind, darunter eine (in Bamberg), die erst 1528 kopiert wurde; der Vulgatatext in der Mitte, rechts eine lateinische Paraphrase in leoninischen Hexametern, links eine prosaische Erklärung in deutscher Sprache vielfach von lateinischen Worten durchwoben.

Anfang: Cusser mih mit demo cusse sines mundes. Dicco gehiezzer mir sine cuonft per prophetas; nu cume er selbo unte cusse mih mit dero suoze sines evangelii. Wanta bezzer sint dine spunne demo wine etc. Über eine Bearbeitung des Williramschen Werks, die nach dem Herausgeber Jos. Haupt (Wien 1864) von Relindis und Herrat, Abtissinnen zu Hohenburg im Elsaß 1147—1196 für ihre Nonnen vorgenommen worden sein soll s. Walther Sp. 530 ff.

Litt.: Walther 523—536 (Faksimile der Münchener Hds. Cg 10); Joseph Seemüller, Die Handschriften und Quellen von W.s deutscher Paraphrase des Hohenliedes und W.s D. P. d. H.L. mit Einleitung und Glossar. Quellen und Forsch. 24 (1877). 28 (1878); Hauck, KGD. 3, 968 wonach Haimo nicht, wie Seemüller annahm, Hauptquelle für Williram sein kann.

9. Eine Interlinearversion ist der Psalter aus dem Kloster Windberg, in München, 1187 geschrieben, vollständig abgedruckt in Graff, Deutsche Interlinearversionen der Psalmen (Quedl. und Leipzig 1839). Berichtigungen dazu von Paul Wallburg Berlin 1888, s. Walther 566 f., wo Faksimile. Die Gewohnheit für ein lateinisches Wort zwei oder drei deutsche Synonyma zu geben z. B. Ps 51, 2 potens mahtich oder gualtich hat sein Gegenstück an den lat. Interlinearversionen des griech. N.s.

Andere Hdss. dieser Art sind in Wien aus dem 12. Jahrh. (2682) s. Walther
Sp. 568, in Olmütz (XIV s.) Sp. 569, in Trier (XII o. XIII s.) mit niederfränkischen
Formen; ein lat. Psalter in Wolfenbüttel aus der ersten Hälfte des 13. Jahrhunderts
hat wohl erst im 15. eine deutsche Interlinearversion bekommen, die Pf 25, 9 lactatum mit „gebreitet" übersetzt (= latatum!).

10. Eine Klasse von 19 Handschriften bei Walther und 2 Drucken giebt „die glozz
über den psalter, die der erber lerer Nychlai von der Leyern von erst in
latein gemachet und beschriben hat (— ein mynner bruder, welcher abrahamisch wohl konnte, wie es anderswo heißt —), Und darnach von dem getrewen mann Hainreichen vom Müggellein in dewtsch gepracht ist".

Heinrich von Mügeln ist eine Zeit lang bei Kaiser Karl IV. in Prag, später mit
ihm zerfallen, vielleicht im Zusammenhang mit dessen Edikt von 1469 gegen die
deutschen Bücher über die heilige Schrift, weshalb in 2 Hdss. dieser Art ein besonderer
Abschnitt kommt wyder dye [die] das widersprechent, das man die heilig
schrift nicht in Daütsch machen schülle. Die beiden Drucke sind Hain 13508
(vielleicht von Knubloezer in Straßburg um 1477) und von Peter Drach aus Speier
in Worms 1504. Zu Pf 8, 5 bemerkt Lyra filius hominis i. e. filius virginis;
so heißt es auch hier des menschen sun .. das ist der magde sun (s. Walther
588—600).

11. Besonders interessant ist die 8. Psalterienklasse bei Walther, welche alle im
MA. gedruckten lateinisch-deutschen Psalterien und 2 Handschriften neben einer Berliner
angehören, dadurch, daß der neben dem lateinischen Vulgatatext stehende deutsche nicht
auf jenen, sondern auf des Hieronymus Psalterium secundum Hebraeos (oder direkt
auf das Hebräische) zurückgeht. Welche Korrekturen sich die Handschriften und Drucke
dieser Art gefallen lassen mußten, ist bei W. nachzusehen als interessante Parallele zur Verderbnis der lateinischen Bibel durch das Nebeneinander von Itala und
Vulgata. Ein Ex. dieser Art wurde in Venedig 1518 mit einem Brevier auf Kosten
des hochgebornen Herrn Christof von Frangepan in 4000 Exemplaren gedruckt, ist aber
trotzdem sehr selten (W. 606—613).

12. Walters neunter Psalmenkreis, durch einen in Breslau befindlichen Psalter
schlesischen Dialekts von 1340 vertreten, ist dadurch interessant, daß ihm das dreisprachige lateinisch-polnisch-deutsche Prachtpsalterium von St. Florian zugehört, das für
die polnische Königin Margarete (Tochter Karls IV.) oder für Maria, Schwester der
Polenkönigin Hedwig von Anjou, bestimmt gewesen zu sein scheint (Faks. bei W. 614
bis 618).

13. Henricus de Hassia, von dem ein in mehreren Hdss. erhaltenes, auch überarbeitetes, psalterium de latino in vulgare translatum stammt, wird Heidelberger Rektor gewesen sein, der 1427 als Karthäuser starb.

Über andere Psalterien s. bei W. Nr. 12—24 Sp. 621—634; unter ihnen eine
Hdf. von dem bekannten Bücherfabrikanten Diebold Lauber in Hagenau.

Bruchstücke einer altfriesischen Psalmenübersetzung veröffentlichte S. H. Gallée
ZdA 32, 417.

Zum Teil sind wir damit schon in die Zeiten des Buchdrucks geführt, dem sich in
neuester Zeit die Forschung besonders eifrig zuwandte.

c) Die vorlutherischen Bibeldrucke.

Litteratur: Das Hauptwerk ist auch hier Walther, unbrauchbar geworden sind die Arbeiten von Clement, Le Long, Widekind, Zapf, Maittaire. Frühere Arbeiten — außer den
allgemein bibliogr. Werken von Ebers, Hain — G. Steigenberger, Goeze, Panzer, Nast, Kehrein (zur Geschichte der deutschen Bibelübersetzung vor Luther, Stuttg. 1851). Auf katholischer Seite hat Josftes schon lange eine Geschichte der vorlutherischen deutschen Bibel vorbereitet. Ueber eine Detailfrage, ob die vorlutherische deutsche Bibel Waldenserkreisen entstammt, hat sich eine eigene Litteratur angesammelt, aus der erwähnt werden muß: Der
Codex Teplensis, enthaltend die Schrift des newen Gezeuges. München (und Augsburg)
(1882—)1884. klein 4° (herausgegeben von Klimesch); L. Keller, Die Reformation und die
älteren Reformparteien. Leipzig 1885; H. Haupt, Die deutsche Bibelübersetzung der mittelalterlichen Waldenser in dem Codex Teplensis und der ersten gedruckten deutschen Bibel nachgewiesen, mit Beiträgen zur Kenntniß der romanischen Bibelübersetzung und Dogmengeschichte
der Waldenser. Würzburg 1885. 64 S.; derselbe, zur Entstehung der ältesten deutschen Bibelübersetzungen. Centralblatt für Bibliothekswesen 1885, 287. 290; Frz. Josftes, Die Waldenser
und die vorlutherische deutsche Bibelübersetzung. Eine Kritik der neuesten Hypothese. Münster
1885. 44 S.; H. Haupt, Der waldensische Ursprung des Codex Teplensis und der vorluthe

rischen deutschen Bibeldrucke gegen die Angriffe von Dr. Fr. Jostes vertheidigt. Würzburg
1886. 45 S.; Frz. Jostes, Die Tepler Bibelübersetzung. Eine zweite Kritik. Münster 1886,
43 S.; L. Keller, Die Waldenser und die deutschen Bibelübersetzungen. Leipzig 1886. V.
189 S.; M. Rachel, Die Freiberger Bibelhandschrift. Freiberg (Progr.) 1886. 4°.; Samuel
Berger, La question du codex Teplensis. Rev. historique t. 30. Janv. 1886, 164 t. 32
Sept. 1886, 184, wiederholt in Bulletin de la société d'histoire vaudoise N. 3. Déc. 1887.
p. 23—37, dazu neu p 37—41; K. Müller, ThStK 60. 1887. 571; Mouret, Sitzungsberichte
der kön. böhm. Gesellschaft der Wissenschaften (Philos. Histor. Philolog. Klasse 1892 S. 176
bis 190: sucht durch Vergleichung deutscher Perikopenbücher zu zeigen, daß rücksichtlich der
Evv. ein und dieselbe Uebersetzung vom Ende des 12. bis auf die Neige des 16. Jahrh. im
Gebrauch gewesen sei [vgl. ZfTh 19. 1895. 586]; s. oben S. 63,3); F. Jostes, „Die Wal=
denserbibeln" und Meister Johannes Rellach. Historisches Jahrbuch 15. 1894. S. 771 ff.;
Wilh. Walther, Ein angeblicher Bibelübersetzer des Mittelalters. NkZ 7 (1896) H. 3. S.194
bis 207; Rudolf Schellhorn, Ueber das Verhältnis der Freiberger und der Tepler Bibelhand=
schrift zu einander und zum ersten vorlutherischen Bibeldrucke. I. Freiberg (Gymn.=Progr.)
1896. 23 S. 4°. (Ueber die franz. Arbeiten vgl. roman. Bibelübers.).

Neben 202 (203) Handschriften ermittelte W. aus den 57 Jahren von 1466 bis
1521 18 Drucke von vollständigen deutschen Bibeln, 22 Psalterien (inkl. eines Bre=
viers), 12 Drucke anderer biblischer Bücher. Darnach war die deutsche Bibel gegen Ende
des Mittelalters mehr verbreitet als man früher annahm, wiederum auch nicht so be=
kannt, als man in neuerer Zeit glauben machen wollte. Denn in der gleichen Zeit
erlebte z. B. das Predigtbuch Dormi secure wenigstens 25 Auflagen, die Postille
des Guillerinus 75, das Missale wenigstens 185 Drucke; Schriften von Gerson wurden
mehr als 110 mal, von Gregor dem Großen etwa 80 mal gedruckt.

Andererseits sind in den folgenden 12 Jahren von 1522—33 allein von Luthers
NT. etwa 85 Ausgaben, vom Psalter etwa 26 Ausgaben gedruckt worden und das in
weit stärkeren Auflagen als jene ersten Werke, von den weiteren Übersetzungen abge=
sehen, die damals erschienen.

Von den genannten 18 vollständigen Bibeldrucken sind 14 hochdeutsch; die 4 ersten
erschienen ohne Ort und Jahr. Nach Hain ordnete man bisher

1. Straßburg, Eggestein, 2. Straßburg, Mentel, 3. Augsburg, Jod. Pflanz=
mann, 4. Nürnberg, Fisner und Sensenschmid.

Als fünfte zählte man die zu Augsburg ohne Angabe des Jahres und Druckers
aber von G. Zainer hergestellte.

Diese deutschen Bibeln weichen alle, was die Ordnung der biblischen Bücher be=
trifft, nur darin von der gewöhnlichen Vulgata ab, daß sie hinter Ga noch den Brief an
die Laodicener haben und AG hinter Hbr, nicht hinter Jo stellen. In den beiden
ersten fehlt auch das in den folgenden hinter 2 Chr eingereihte Gebet Manasses.
W. hat nun ein dreifaches zur zweifellosen Gewißheit erhoben.

1. daß Mentels Druck (von 1466) die erste deutsche Bibel ist, Eggesteins Aus=
gabe ein Abdruck derselben;

2. daß Zainers Druck (von c. 1473) eine durchgehende Korrektur des Eggesteinschen
und an vierte Stelle zu setzen ist;

3. daß die bisherige vierte nach Nürnberg verlegte Bibel eine von Zainer ab=
hängige Schweizerbibel ist.

Eine weitere Revision hat dann erst Koburger für seine illustrierte Bibel von
1483 vorgenommen. Daher ist die Reihe der vorlutherischen Bibeldrucke jetzt so zu
ordnen (die frühere Zahl in Klammer):

1. [2] (Straßburg, Joh. Mentel 1466) Hain 3130. (Das Münchner Ex. am
27. Juni 1466 um 12 Gulden gekauft und eingebunden; antiquarisch 1300 M.); daraus

2. [1] (Straßburg, H. Eggesteyn c. 1470). H. 3129. (Ein Stuttgarter Ex., 1488
von Jörg von Sachsenhein um 9 Gulden gekauft, hat den falschen Eintrag 1462 von
Joh. Fust. Dieses hat Bengel für sein NT. benutzt, daher stammt die vielverbreitete
Angabe [auch noch z. B. bei Tischendorf zu AG 28, 30] von der versio germanica
edita Moguntiae a. 1462 (80 Pf. St., 105 Pf.St., 2010. 2500. 2800 M.); daraus

3. (Augsburg, Jod. Pflanzmann c. 1473) H. 3131.

4. [5] Augsburg, (Günther Zainer c. 1473) H. 3133; Revision von 2;
Schlußschrift: Diss durchleuchtigost werck der ganczen heyligen geschrifft ge=
nandt die Bibel für all ander vorgedrucket teutsch Biblen lauterer klärer
vnnd warer nach rechter gemeinen teutsch dann vorgedrucket hat hie ein
ende. Ein Ex. mit der Jahreszahl „1470" bot nach W. (Sp. 705) Heß in Ell=

wangen aus; ebenſo (ob dasſelbe?) 1891 S. Renbe in Wien; 700. 1100. 1400. 1500 Mt.

5. [4] (Schweiz [Baſel?] 1474) H. 3132, vgl. CBlfBW 1892, 133. 339.
6. (7?) Augsburg (G. Zainer) 1477 II. 3134.
7. (6?) Augsburg, A. Sorg 1477. II. 3135.
8. Augsburg, A. Sorg 1480 H. 3136.
9. Nürnberg, A. Roburger 1483 H. 3137. Schlußſchrift: Diss durchleuchtigist werck (etc. ſ. 4) mit hohem vnd grossem vleiss gegen dem lateynischen Text gerechtuertigt, vnderschidlich punctirt, mit vberschrifften bey dem meysten teyl der capitel vnd psalm. iren inhalt vnd vrsach anzaygende Vnn mit schönen figuren dy historiē bedeutēde hat hie ein ende. 340. 450. 500 Mt.
10. Straßburg (Grüninger) 1485. II. 3138. 1200 Mt. (Teil II 300 Mt.).
11. Augsburg, H. Schönsperger 1487. H. 3139. 330 Mt.
12. ebenſo 1490. H. 3140.
13. Augsburg, Hans Otmar 1507.
14. Augsburg, Silvanus Otmar 1518, (Ja. Roſenthal 600 Mt.).

Der Text dieſer deutſchen Bibel geht ohne Benutzung des hebr. oder griech. Ur= textes im AT. auf die Vulgata zurück, und zwar auf eine ſpaniſche Rezenſion, die nach Handſchriften wie den von Vercellone F und S genannten korrigiert worden war. Im NT. haben ſich, zumal in der AG, viele Spuren der Itala erhalten. Die vom Drucker der erſten Ausgabe benutzte deutſche Hdſ. war vielfach undeutlich, die vom Überſetzer benutzte lateiniſche enthielt manche Fehler, der Überſetzer ſelbſt war des Lateiniſchen und Deutſchen nicht hinreichend mächtig, doch hat er ſein Ziel, nicht eine wörtliche, ſondern eine jedermann verſtändliche, leicht lesbare deutſche Bibel zu geben mit ſtaunenswerter Anſtrengung verfolgt und in manchen Beziehungen glücklich erreicht (W. 84). Daß beim AT. die provenzaliſche Überſetzung benutzt ſei oder gar zu Grunde liege (ſ. Berger, la question p. 38) ſcheint nicht bewieſen, trotz Didymus Jo 11, 6. 21, 2 „ein zwei= feler" = no crezentz und dubitos in den prov. Hdſſ. von Lyon und Carpentras.

Nachſtehend einige Belege: Pſ 67, 22 wollusten, alſo deliciis ſtatt delictis; 77, 12 unter den hauptleuten, alſo in capotaneos ſtatt in campo Taneos; Pr 25, 24 in dem winckel des lerers (dogmatis ſtatt domatis); Mt 4, 6 laß dich zerück: deorsum = dorsum; 4, 25 von Capoli = decapoli; AG 28, 11 in den zeichen der herbergen = insigne Cast[r]orum (albergas" in der Lyoner Hdſ.).

Günther Zainers vierte Ausgabe iſt eine durchgreifende Reviſion und Moderni= ſierung dieſes Textes, der ſeiner Sprache nach, als er zum Druck kam, ſicher ſchon 100 Jahr alt war. So nach Walther; nach Joſtes eine dialettiſche Umgeſtaltung. Doch iſt es übertrieben, wenn ihr „brutale Beſeitigung von Hunderten von wahren Perlen des mittelalterlichen Wortſchatzes der deutſchen Bibelüberſetzung" vorgeworfen wurde (Haupt), und eben ſo wenig läßt ſich beweiſen, daß ſie eine Expurgation in katholiſchem Sinn, eine katholiſche Überarbeitung der alten Waldenſerbibel ſei. Denn das iſt eben noch fraglich, ob dieſe Überſetzung überhaupt aus Waldenſerkreiſen hervorging. Sicher ſcheint, daß die ganze Bibel (ausgenommen Jonas bis Schluß des AT.s) von einem und demſelben Überſetzer herrührt. Von Hilfsmitteln, die er benutzte, läßt ſich nur die glossa ordinaria des Walafrid Strabo nachweiſen; vgl. AG 27, 2 stigen auf in ein schiff, wir begunden ze schiffen ze rome oder zu affrice für ascendent. navem adrumetinam incipientes navigare. Denn in der Gloſſe las er Adrumetinam i. e. ad romam navigantem secundum quosdam, sed melius derivatur de nomine civitatis affrice (cf. Berger p. 34).

Sind die Drucke 5—8 nicht viel ändernde Wiederholungen von Zainers Reviſion, ſo brachte Roburger 1483 ſprachlich manche Beſſerungen, z. B. Ri 19, 16 Jemini ſtatt zwyling, Jo 5, 2 ſtatt ein bewerter schäfteich (= probatus!): ein wasser der reinigung des fleisches des viehs, vor allem aber 97 große Holzſchnitte zum A. und 12 zum NT., er aber wie jene Beſſerungen der berühmten Kölnerbibel entlehnte. (Erſt die dreizehnte endlich beſſert Druckfehler, die ſich von der erſten bis zur zwölften (wie Pſ 39, 4 im Hertzen für in Domino) oder von der vierten bis zur zwölften forterhalten hatten (wie Jo 6, 64 aber das iſt nit nutz, wo „fleisch" fehlte, oder Eph 4, 13 des altars Chriſti): der deutlichſte Beweis, daß alle dieſe Drucke einer und derſelben Überſetzung angehören.

Von Drucken einzelner Bibelteile gehören hierher 5 Pſalterien

1. H. 13512 (ſpäteſtens 1473 aus 2). 2. H. 13513 Teutſch Pſalter, ſpäte=
ſtens 1489, wie die folgenden von 10 abhängig. 3. H. 13517 Ulm, Dinckmut 1492.
4. H. 13516 Augsburg, Sorg 1492. 5. H. 13518 Augsburg, Schönsperger 1498.
Weiter die heimlich Offenbarung Johannis mit Dürers Holzſchnitten von 1498
(nach 9) und das Buch Job (Straßb. 1488) (nach 10), von dem W. in Deutſchland
noch kein Ex. auftreiben konnte.

Von Handſchriften dieſer Überſetzung fand W. 14, von denen aber 9—10 nur
Abſchriften einer gedruckten Bibel ſind, 2 andere einiges Intereſſe verdienen: die Ham=
burger Evangelienhandſchrift, mit welcher einſt Göze das Opfer eines Betrugs geworden
iſt (W. Sp. 137—143), eine um 1400 angeſetzte Wolfenbüttler des AT.s (Sp. 143
bis 147), und 3 höchſt bedeutſam ſind, die Nürnberger (Solger, N 16 2°), die Tepler
und die Freiberger.

Erſtere geht auf Johannes Rellach von Reſöm (= ? in der Konſtanzer Diözeſe um
1460) zurück, enthält aber leider nur Joſ, Ri und Ruth (W. Sp. 148—154). Weil
mit der Einnahme von Konſtantinopel die griechiſchen Bücher untergegangen, wollte er
die lateiniſchen Bücher ze Tütſch machen, daß die Laien im chriſtlichen Glauben ge=
ſtärkt werden und machte deshalb zu teutſch den „ſettens über der bübel bücher", daß jeder
vernünftige Laie, der leſen kann, deſterbaß kan antwurtten den böſen Juden: d. h. eine
deutſche Inhaltsangabe über jedes einzelne Buch der Bibel, welcher er die Verſe vor=
anſchickt:

> Wer nun der bübell Büch
> Will ſtricken in ſins Hertzen Tüch
> Den will ich leren öne Such
> Kurz wie ir Ordnunge ſtätt.

Auf dieſe Nachricht hat Joſtes die Anſicht gegründet, daß nicht bloß die Über=
ſetzung dieſer 3 Bücher, ſondern die der ganzen Bibel, wie ſie in den aufgezählten
Drucken vorliegt, das Werk dieſes Johannes Rellach ſei, den er den Dominikanern zu=
weiſt. Seine Heimat ſucht er auf romaniſchem Boden, in der Oſtſchweiz, man könnte
auch an Rosheim zwiſchen Straßburg und Schlettſtadt denken. Die bisher für älter
gehaltenen Hdſſ. ſollen kein Veto einlegen, es ſei keine darunter, die nicht auch der
zweiten Hälfte des 15. Jahrh. entſtammen könnte; auch die im Prämonſtratenſerſtift
Tepl in Böhmen und die in der Gymnaſialbibliothek Freiberg in Sachſen bewahrten
Evangelienhandſchriften. Von der erſteren dürfte aber doch nicht bloß höheres Alter,
ſondern auch das wahrſcheinlich ſein, daß ſie einmal in Waldenſer Händen war; das be=
weiſen nicht Einzelheiten wie die Überſetzung von filius hominis und gehenna durch
ſun der maid und qual, eher die nachträglich beigefügten „7 Stücke dez heiligen criſt=
lichen Gelauben" und „VII Heilikheit der Kirchen" und die vielen mit „Merk" ver=
ſehenen Stellen, die einen Leſer verraten, der einer gedruckten, an der Bibel ſich auf=
richtenden Genoſſenſchaft angehört, die ihres Glaubens ſich erwehrt. Die Heimat der
Handſchrift wird im böhmiſch=oberſächſiſchen Sprachgebiet, die der Überſetzung in einer
nicht viel ſüdlicher als Prag gelegenen böhmiſchen Landſchaft zu ſuchen ſein. Dies
ſcheint beſtätigt zu werden durch den Umſtand, daß diejenige lat. Bibelhandſchrift, welche
namentlich in der Apoſtelgeſchichte unter allen bis jetzt bekannten am meiſten mit der
deutſchen Bibel ſtimmt, 3ᵃ 81 in Wernigerode, auch in Böhmen geſchrieben zu ſein
ſcheint. Vgl. über dieſe Hdſ. außer W. (Sp. 180. 189 ff.) Blaß, Neue Texteszeugen
für die AG ThStR 1896, 436 ff. und Acta Apost. Lipsiae Teubner, p. XXV. Schade,
daß Blaß ihr Verhältnis zu dieſem deutſchen Bibeltext nicht berückſichtigte, er hätte
ſonſt neben und ſtatt der provenzaliſchen Bibel vor allem unſere erſte deutſche Bibel
als Zeugen für die D u. ſ. w. vertretene Rezenſion verwertet.

Vgl. AG 11, 1 und ſy erten Gott vnn veſtent ſy vnd er macht ein be=
gnüglich wort lernt ſy durch die gegent die getrewen;

c. 12, 21 im danckten die von thyri vnd ſydon;

c. 15, 29 vnn die ding die ir nit wolt das ſy euch werden getan, das ir
ſy icht tüt den andern;

c. 19, 6 vnd weyſſagten, alſo das ſy ſelber auslegten;

c. 28 Schluß: mit aller dürſtikeit on hinderung. Wann dirr iſt iheſus
criſtus der ſun gotz durch den alle die Werlt anfecht ze werden geurteylt.

Angeſchloſſen ſeien einige weitere Proben dieſer Bibel:

Act. 2, 2. vnd ein don wart gemacht gechlich vom himel als eins ſtarcken
geiſts des zůkumenden (13) ſeint vol moſtes;

4, 1 die pfaffen vnd die meysterschafft des tempels vnd die verleiter . . .
(6) annas der fürst der pfaffen . . . Johatas . . vnd als vil als ir warn von
dem pfefflichen geschlecht;

8, 1 michel durechten wárt gemacht in der kirchen . . (27) ein keuscher
man . . . (34) der Keusch;

9, 4 worumb iagstu mich? hertt ist dir zestreyten wider den garten
11, 2 mannen die do haben die vberwachsung;

12, 8 schåch dich mit dein hosen 13, 13 der pfaff Jovis;

17, 11 Wann dise warn die edelsten der iuden die do waren zů thesalo-
nicens (so bekanntlich noch Luther);

(16) er sach die statt gezieret oder gelestert mit den abgötten (18) der
seer der wort . . . ein erkünder der neuwen teufel (22) O mann Athen ich
sich euch zesein vberüppig (= superstitiosus) durch alle ding;

20, 8 glasvass warn in dem soler;

22, 28 Vnd der tribun antwurt: ich hab nit vil guter ding entphangen
in dirr stat 24, 5 ein meister des widerteyls des irrthums der nazarener;

26, 24 Paule du unsinnst: Die manig buchstaben die kerent dich zu der
vnsinn . . . O bester Felix (so!) ich vnsinn nit;

27, 16 ein insel die do ist geheissen der zagel (= Schwanz, cauda).

Walther hat die These von Jostes, die auf katholischer Seite schon ohne allen
Vorbehalt weiter verbreitet wurde, durchaus abgelehnt; er will dem Meister Rellach
höchstens die Revision einer schon bestehenden Übersetzung zugestehen; jedenfalls weicht
der erste Straßburger Druck viel zu sehr von der Nürnberger Hdf. ab, als daß man
annehmen könnte, Rellachs Arbeit sei seine unmittelbare Vorlage; s. auch W. Sp. 703.
Als zweiten Zweig behandelt W. eine Übersetzung, die nur das AT. umfaßte
und zwischen 1370 und 80 entstanden sein mag. Neben den merkwürdigsten Übersetzungs=
fehlern weist sie große Freiheit und Herrschaft über die deutsche Sprache aus, sodaß
sich W. nicht wundern würde, wenn sie ein Künstiger uns als Werk eines Meister=
sängers ausweisen würde. Diesen Zweig vertritt vor allem 1. die berühmte Wenzel=
bibel, in Wien (s. Mitt. d. BfG d. Deutsch. i. Böhm. 30, 394), die Martin Rotlev nach
1389 vielleicht auf Befehl Wenzels und seiner von Huß beeinflußten Gemahlin Sophie von
Baiern aus der Latein zu Deutsch richtete, als der besten Abenteuer Hort, die meine
Ohren je gehort, allen Gottes Kinden, die sich in Treuwen lassen finden, die Gott
von Herzen und von Sinnen und die heilige Schrift minnen, daß sie gerne hören lesen
oder selber lesen; 2. eine „Byblein der Armen" in Maihingen vom Jahre 1437,
welche die 212 Hexameter, in welche Alexander Villadeus den Inhalt aller biblischen
Kapitel (Gen 1—7 sex, prohibet, peccant, abel, enoch, archa fit,
intrant), in deutscher Bearbeitung giebt, die Zahl der Bücher auf 76, der Prologe
oder Vorreden auf 58, der Kapitel auf 1457 und der Vers im Psalter auf 1606
bestimmt; weiter 3. eine Nürnberger Bibel aus dem gleichen Jahr von einer Nonne
für das dortige Katharinenkloster geschrieben (Jak. S. 312); 4. eine ganz vollständige,
in 6 Bänden, jetzt in Weimar, aus dem Nonnenkloster in Pforzheim; 5. die von
Furtmeyer 1472 prachtvoll illuminierte, jetzt in Maihingen, die 1487 als Hochzeits=
geschenk für Albrecht IV. von Bayern und Kunigunde die Tochter Kaisers Friedrich IV.
diente (daß im Brit. Muf. Egerton 1895/96 eine vom gleichen Schreiber [Georg
Rörer von Regensburg] 1465 gelieferte Hdf. liegt, die mit der Maihinger den Unsinn
teilt, zwischen Dt und Hi Mt 1—5, 44 einzuschieben, ist Walther unbekannt geblieben.
K. P. the German Bible before Luther. The Athenaeum 31. May 1884 p. 694b—695a.
Im Brit. Muf. ist nach derselben Quelle noch eine vollst. deutsche Bibel (Eg. 855]
von Michael Finck von Beyereut 1436 und eine Apokalypse XIVs. [Add. 15, 243];
vgl. dazu jetzt auch Ro. Priebsch, Deutsche Handschriften in England 1. Bd, Erlangen
1896 und NA 22, [1895] 313), endlich 6. ihr Seitenstück zu Gotha, die aus Heidelberg
nach München entführt, troß Reklamationen dort zurückbehalten, durch Gustav Adolf
an ihren jetzigen Aufbewahrungsort kam und ursprünglich für die bayerische Familie
Hofer von Lorenstein hergestellt war.
Für einen großen Teil des AT.s (1—4 Mof 1 Chr 7, 33 bis Hi inkl., und
2 Mak) haben die 2 letztgenannten Handschriften mit 2 andern in München von 1463
ihren Text einer anderen Übersetzung entnommen, die nach W. Sp. 338—346 eine
Interlinearversion war und infolge davon von Versehen wimmelt; andere kleine Teile
Mt 1—5, 44, in der Furtmeyer Hdf. zwischen Dt und Hi (s. o.) und Tobias in der

Wenzelbibel, 1 Mof. 1—2, 20 in der sonst mit der letzteren gehenden Münchener Hdf. cg 341 weisen wieder anderen Typus auf.

Drei Übersetzungszweige sind in einem Augsburger NT. vereinigt, dessen ältester Teil (Evv., Rath. Briefe, Apk) schon im Jahr 1350 geschrieben wurde und unter ande= rem mit der Stuttgarter Hdf. verwandt ist, die Johann Viler von Roburg an Jakobi im Summer 1435 begann, an dem Hilarius Tag im |35| Jahr d. h. eben 1435 und nicht wie man bisher las 1351 beendete (was Sp. 437 über das Verhältnis dieser Hdf. zu der von demselben Schreiber gelieferten Münchener (cgm. 5018) sagt, ist gerade umzukehren; die Münchener ist die frühere, vollendet 1435 alz es Eins het geslagen und slug XIIII Or den tag an sant Nery vnd Achilley abent (12. Mai), die Stuttgarter, die spätere (vom 25. Juli 1435—10. Sept. 1435, nicht wie W. rechnet 1. Mai 1434 bis 13. Jan. 1435); ebenso mit der prachtvollen Gothaer, deren Illumi= nierung Otto Heinrich Pfalzgraf zu Rhein durch Matthias Gerung von Nördlingen 1530—1532 vollenden ließ. Die Stuttgarter Hdf. enthält auch noch das Ev. Nicodemi, das in einer von Einsiedeln c. 1400 ausgeschnitten ist. Von den Lese= oder Über= setzungsfehlern, die W. 365 ihrem Urheber nachweist, werden 2 (Mc 8, 28 confessus statt confusus und Jo 6, 23 gratias agentes statt agente) jedenfalls schon auf seine lat. Vorlage kommen.

In einer Nürnberger Hdf. (Solg. 15), welche die 5 altt. Weisheitsbücher enthält, beginnt HL: Sie soll mich kussen mit dem kusse ires mundes; — eine andere Übersetzung derselben Bücher (in Nürnberg und München) giebt die alten capitula, was auch bei einer in 3 Hdff. erhaltenen Übersetzung der Propheten der Fall ist. Vielleicht stammen beide — mit noch weiteren Stücken, To, Esth, Jud, 1 u. 2 Esr — von einem Probst Cunrot von Nierenberg, der noch nicht sicher festgestellt ist und Est 2, 9 ut acceleraret mundum muliebrem übersetzt hätte, „daz er eilet zu dem reinen weibe".

Den zwölften Zweig W.s vertreten 4 Hdff. in Wien, Zürich und Heidelberg; im zweiten Band der letzteren (früher in Rom) angeblich von Luthers Hand die Verse: O Gott durch deine Güte (s. Lutherophilus, das sechste Gebot und L.s Leben, Halle 1893). Sehr lehrreich ist, wie der Verf. dieser Übersetzung bei schwierigen Stellen mehrere Ausdrücke zur Wahl stellt; z. B. Hbr 11, 1 der Glaube ist „ein substantie oder ein gut ... ein argumentum oder ein bewerunge die nit schinent oder offenbar sint." W. vermutet, daß der Verf. eine ältere Übersetzung zu Rat gezogen, die er einem Schweizer oder Schwaben des 13. Jahrhunderts zuschreiben möchte.

Eine Berliner Hdf. des 15. Jahrhunderts, welche Hiob im Land der Hussiten leben läßt, hat den Text der Bibel wesentlich verkürzt, um ihn dadurch wirksamer und an gewissen Stellen unschädlich zu machen (Sp. 412—427).

Von niederdeutschen Arbeiten erwähnt W. kurz die von M. Heyne im 4. Band der Bibliothek der ältesten deutschen Litteratur (Kleinere altniederdeutsche Denkmäler 1867, ¹1877) abgedruckten Psalmenfragmente (vgl. auch F. H. v. d. Hagen, Nieder= deutsche Psalmen aus der Karolingerzeit Breslau 1826 4⁰) und die Bücher der Könige in niedersächsischer Bearbeitung aus einer Hdf. der Oldenb. ö. Bibliothek, herausgegeben von Dr. Merzdorf 1857. Die erste hiehergehörige Arbeit, das holländische, 1477 in Delft erschienene AT., dem merkwürdigerweise der Psalter (und das NT.) fehlt, hat sich in einer großen Zahl Hdff. erhalten. In der Paulinischen Bibliothek in Münster ist eine west= mitteldeutsche Bearbeitung, deren Revision die erste in Deutschland gedruckte nieder= deutsche Bibel, die berühmte Kölner Bibel Quentels (von c. 1478) ist. Von derselben sind dreierlei Ausgaben zu unterscheiden 1. H 3141 in westniederdeutschem holländischem Dialekt, mit Ausnahme des Psalters, der kölnisch=niederdeutschen Dialekt ausweist, vielleicht schon vorher gedruckt war und nur hier eingefügt wurde, 2. H 3142 mit durchgehend niedersächsischem Dialekt (die erstere ende, im Psalter inde, die zweite unde); 3. gemischte Exemplare. Das Hohelied ist hier nicht übersetzt, sondern nur lateinisch gegeben. Bei der Revision scheint die fünfte hochdeutsche Bibel benutzt worden zu sein, während umgelehrt aus der Kölner Bibel Roburger seine Holzschnitte ent= nommen hat. Über dieselben s. die erschöpfende Monographie von Rud. Kautzsch (Die Holzschnitte der Kölner Bibel von 1479. Studien zur deutschen Kunstgeschichte 7. Heft, Straßburg, Heitz 1896), der sie einem französisch gebildeten Arbeiter zuweist. In der zweiten Ausgabe sind die zur Offenbarung gehörigen weggeblieben, weil Papst und Mönch in der Hölle Anstoß erregt haben mögen.

1494 erschien die Lübecker Bibel des Druckers Steffen Arndes (II. 3143), bis 2 Kg 7 eine selbstständige Übersetzung, von da ab auch für den Text nicht bloß für die Holzschnitte die Kölner Bibel benutzend. W. meint sie als die beste der im Mittel= alter gedruckten bezeichnen zu dürfen.

Die Halberstädter von Ludwig Trutebul 1522 gedruckt, ist vielleicht deshalb jetzt so selten, weil sie so kurz vor Luthers Bibel erschienen, neben derselben sich nicht mehr verbreiten konnte (Mitt. des Thüring. Sächs. Vereins 11 (1865) 121).

Über die Psalterien s. W. Zweig 25–32, Sp. 682–703.

Litt.: J. M. Goeze, Versuch einer Historie der gedruckten niedersächsischen Bibeln von 1470–1621, Halle 1775, 4°; P. H. J. Niesert, Nachricht über die erste zu Köln gedruckte niederdeutsche Bibel, Cösfeld 1825.

d) Luthers Übersetzung.

Litt.: J. Ge. Palm, Historie d. deutschen Bibelübersetzung Dr. M. Lutheri von 1517 bis 1534. Herausgegeben von J. M. Göze, Halle 1772, 4°; Ge. W. Panzer, Entwurf einer vollst. Gesch. d. d. Bibelübers. Dr. M. Luthers vom J. 1517–1581, Nürnb. 1783, 8° (2. A. 1791), und desselben Zusätze dazu 1791, 8°; Ge. W. Hopf, Würdigung der Luth. Bibel= verdeutschung, Nürnberg 1847, 8°. Die weitere Litteratur s. bei Palm a. a. O. Vorrede S. 4 ff., und H. Schott, Gesch. d. t. Bibelübers. Dr. M. Luthers, Leipz. 1835, 8° S. VI ff.; vgl. auch Janssen=Pastor GbbW. VII (1893) 531—575 „Übertragungen der H. Schrift in die deutsche Sprache bei Katholiken und Protestanten".

In Martin Luther erschien der deutsche Bibelübersetzer.

In den gleichen Jahren, in denen er Hand ans Werk zu legen gedachte und schon legte, 1520 ff., beschäftigte die Übers. bibl. Schriften auch einige andere Männer, von denen einiges erschien. Der gewaltige Nachfolger hat ihre Produkte in Vergessenheit gebracht, aber es ist billig, auf ihre Namen hier kurz hinzuweisen; es sind J. Böschen= stain (7 Bußpf. und Rut), J. Lange in Erfurt (Mt, Mc und Lc), Nic. Krumpach in Querfurt (Ev. Jo, Briefe Pt und die Pastoralbr.), Casp. Amman (Psalter), Ottm. Nachtgal (Psalter, Ev. Harmonie des Ammon. Alex. und eine eigene), Capito (Ho) und Ge. Fröhlich (Pf. aus dem Lat. des J. Campensis, Nürnb. 1532 und öfter); die näheren Angaben s. in Ge. W. Panzer, Beschreibung der ältesten Augsp. Ausgaben der Bibel, Nürnb. 1780, 4°, die wichtigern anderen Übersetzungen S. 77, 20 ff. Ohne noch an weiteres zu denken, übersetzte Luther nicht „für die Gelerten", sondern für das Volk mehrere kleinere bibl. Stücke und fügte zu dem Ende eine Auslegung bei s. Wei= marer Ausgabe. Den Anfang machte er mit den 7 Bußpf. (März 1517, 4°; binnen wenig Jahren 9 Ausgaben; wesentlich verbessert 1525), denen 1518 das Vaterunser mit Mt 110, 1519 Gebet des Manasse mit Mt 16, 13—20, 1520 die zehn Gebote, 1521 Pf 68, das Magnifikat mit dem Gebete des Salomo, Pf 119 und 37 und evang. Perikopen folgten Lc 21, 25—36; 17, 11—19; auch nachher erschienen noch einige Pf und Festepisteln besonders: Schriftchen, die wiederholt gedruckt wurden. Erst gegen Ende des Jahres 1521 scheint Luther den Plan gefaßt zu haben, die ganze Bibel zu verdeutschen. Über seine Gründe fehlen speziellere Angaben; über seinen eigenen Beruf zum Werke aber konnte er nicht zweifelhaft sein. Zuerst nahm er das NT. in Angriff; es war der wichtigste Teil, die Schwierigkeiten geringere. Als Luther die Wartburg verließ, war die Arbeit vollendet und nach neuer Revision wurde der Druck mit drei Pressen so beschleunigt, daß er zum Matthäusfeiertag (21. Sept) 1522 beendet war. Das Buch erschien in Fol. mit Holzschnitten, namentlich zur Offen= barung, ohne Angabe des Druckers (Melch. Lotther) und der Jahrzahl, „Das Newe Testament Deutzsch, Vuittemberg"; der Preis 1½ fl., jetzt 63 Pfd. St., 750 Mk.; auch Faksimileausgabe mit Einleitung von J. Köstlin (ThStR 1884, 384). Schon im Dezember des gleichen Jahres erschien die zweite Originalausgabe unter gleichem Titel, aber mit der Angabe des Druckers und der Jahreszahl: über den Unterschied beider oft mit einander verwechselten Ausgaben s. Panzer, Entwurf ꝛc. S. 55 ff. So= fort wandte sich Luther zum AT. und mit dem Anfange ging es wunderbar schnell, schon 1523 erschien Teil 1 (5 B. Mose), 1524 Teil 2 (ohne Jahrzahl) und 3 (jetzt 550 Mk.) (die histor. Bücher und Hagiographen), doch erst 1532 „die Propheten alle deudtsch", von denen indessen einige vorher besonders erschienen, nämlich 1526 Jon und Hab, 1528 Zachar. und Jes, 1530 Da. Von den Apokryphen erschien 1529 zuerst die Wei, die übrigen, von denen 3. und 4. Esr und 3. und 4. Mak ausgeschlossen blieben, 1533 und 1534 stückweis; als Sammlung scheinen sie unter dem Titel „Apocrypha, das sind Bücher, so nicht der hl. Schrift gleich gehalten, und doch nützlich und gut zu

lesen sind", zuerst in der ersten Ausgabe der Lutherschen Bibel August 1534, Fol.
(900 Mark), bei Hans Lufft erschienen zu sein, doch vgl. Palm a. a. O. S. 394.
So war in verhältnismäßig wenigen Jahren das epochemachendste Werk der Neuzeit
ans Licht gestellt; es war ganz das Werk Luthers, denn die Angabe des Dav. Chy=
träus, daß Melanchthon die Bücher der Makkabäer übersetzt habe, s. F. Galle, Versuch
einer Charakteristik Mel.s, Halle 1840, 8°, S. 162, scheint unbegründet, s. Palm a. a.O.
S. 393, und das eigenste Werk Luthers, der aber gern von Freunden und Feinden
lernte, namentlich von seinen Kollegen oft genug Rat einholte und in seinem Sinne
verwendete. Wie unablässig er alles umstieß, änderte, verbesserte, ausfeilte, zeigt die Ver=
gleichung der verschiedenen Ausgaben. Schon Emser gab seinem NT. von 1528 eine
„Widereinanderstrebung Luthers Testaments" bei, 183 Stellen aufführend, wo eine Aus=
gabe von 1527 von der ersten abwich; eine Vergleichung von 6 Ausgaben des NT.s
s. bei Palm a. a. O. S. 102 ff., eine der Ausgaben der 5 B. Mose giebt Göze, Ver=
gleichung der Original=Ausgaben 2c., Stück 1, Hamb. u. Leipz. 1777, 4°; einzelne Über=
setzungen sind fast neue geworden, was ganz besonders von den Psalmen gilt. Wenn
er selbst das Verhältnis der Ausgabe der Psalmen vom Jahre 1524 zu der vom Jahre
1531 dahin bestimmt, daß erstere dem Hebräischen, letztere dem Deutschen näher stehe,
so findet dies allgemeinere Anwendung: ließ er sich anfangs durch das Original noch
sehr binden, so suchte er später mehr deutscher Art zu entsprechen. Luther erlebte 10 Originalauflagen seiner Bibel. Die erste enthielt im Verhältnis
zu den früheren Einzel=Drucken bedeutende Verbesserungen, wogegen in den nächsten wenig
nachgebessert werden konnte (²1535 jetzt 675 Mt.), und doch schien eine gründliche Durch=
besserung von Nöten. Daher errichtete Luther zu diesem Ende ein collegium biblicum.
Seine Kollegen Melanchthon, Bugenhagen, Jonas, Cruciger, Aurogallus und der Korrektor
Ge. Rörer (Rorarius) versammelten sich wöchentlich etliche Stunden vor dem Abend=
essen in seiner Wohnung, ein jeder hatte sich dazu in den ihm am nächsten liegenden
Hilfsmitteln umgesehen und nun kam das einzelne Fragliche in Beratung. So kam
die zweite Hauptausgabe 1541 zustande (500 Mt.), deren Verbesserungen indessen schon
zum Teil (1 Mos. bis Ende 2 Kg) die vorhergehende Ausgabe 1540 und 1541 hat,
welche zuerst als „auffs new zugericht" bezeichnet ist (580 Mt., 1000 Mt.). Auch die
2 folgenden Ausgaben vom Jahre 1543 haben manche Verbesserungen, bis in der vom
Jahre 1544 und 1545 die nachbessernde Thätigkeit Luthers ihren Abschluß fand, an die
wir uns denn als an das letzte Vermächtnis Luthers zu halten haben. Eine kritische
Bearbeitung nach dieser letzten Original=Ausgabe lieferten H. E. Bindseil und H. A.
Niemeyer, 7 Bde, Halle 1845—55, 8°. Vgl. noch: Marcus=Evangelion Mart. Luthers
nach der Septemberbibel (so!) mit den Lesarten aller Originalausgaben (A—R) und
Proben aus den hochdeutschen Nachdrucken (1—19) des 16. Jahrhunderts von Dr. Alex.
Reifferscheid, Prof. zu Greifswald, Heilbronn 1889. Allerdings erschien schon 1546
wieder eine Ausgabe mit Änderungen, die aber nicht von Luther selbst (so J. M. Krafft
1708 ff.), sondern vom Korrektor Rörer herrühren dürften, von dessen Hand die Korrekturen
im Jenaer Exemplare Luthers stammen. In der Reihenfolge der einzelnen Bücher folgte Luther der Vulgata, im AT. nur
darin abweichend, daß er einige Apokryphen ganz überging, s. oben, die anderen als Anhang
dem Ganzen anschloß, im NT. nur darin, daß er unter den Briefen die paulinischen vor=
anstellte, den Brief an die Hbr, den des Ja, des Judas mit der Offenb. so als Anhang
gab, als Bücher die vor Zeiten ein ander Ansehen gehabt. Im Register hat er sie so=
gar nicht mitgezählt und im Druck abgetrennt. In der Kapiteleinteilung ist er des Zu=
sammenhanges wegen bisweilen von der herkömmlichen abgewichen; so ist 1 Chr 4 in
2 Kapitel zerlegt, so daß das Buch nun 30 Kapitel zählt. Die Versabteilung findet
sich nur in den Ps und Sprüchen, doch ohne Zahlangabe, dafür sind die Kapitel in
Unterabteilungen geteilt. Am Rande stehen Parallelstellen und Glossen, so übersetzte
Luther 1 Mose 1, 1 der wind, in der 2. Ausgabe kam die Glosse dazu: oder geyst, bis
1534 der geyst in den Text kam, oder 3, 16 du solt dich ducken für deinem Mann;
vorausgeschickt sind wertvolle Vorreden. Die Summarien sind erst nach Luthers Tode
in die Bibeln gekommen; er selbst schrieb solche nur zu den Psalmen, aber nicht mit
der Absicht, daß sie zwischen den Text kommen sollten. Die Verbreitung, die dieses Werk sofort fand, war außerordentlich; es erschienen
Originalausgaben und Nachdrucke in Menge. Erstere sämtlich in Wittenberg, erst und
zwar bis um 1527 in der Lottherschen Offizin, s. über diese Serapeum 12, S. 335 f.,
dann in der von Hans Lufft, † 2. September 1584, vgl. G. Wustmann, Luthers

9*

Bibeldrucke. Die Grenzboten 1878, II, 1.281 301; vom NT. sind von 1522 1533 ziemlich sicher 16 Originalausgaben nachgewiesen, über die seltene und beachtenswerte A. Wittenb. 1528, 8°, am Ende des Registers: gedruckt zu Magdeburg durch Hans Barth, s. Lorck, Bibelgesch. 2, Kopenh. u. Leipz. 1783, S. 428 ff.; dagegen belaufen sich die Nachdrucke auf ungefähr 54, wobei Augsb. mit 14, Straßb. mit 13 und Basel mit 12 vertreten ist. Über den sehr seltenen Nachdruck der Lutherbibel Augsburg, H. Steyner 1535, Fol. (auch auf Pergament), s. Lorck a. a. O. 2, S. 318 ff. Über die Nachdrucke hatte sich Luther bitter zu beklagen, schon 1524 giebt er dem andern Teil des AT.s eine Schutzmarke bei: Lamm mit Fahne und Rose mit Kreuz und ML. „dis Zeichen sey zeuge, das solche Bücher durch meine Hand gangen sind, denn des falschen Druckens und Bücherverderbens vlenßigen sich nzt viel"; ähnlich steht in der Ausgabe von 1530 auf der andern Seite des Titels eine Warnung wider Nachdrucke, die „unvleißig und falsch" seyen: man solle dies Test. des Luthers deutsch Test. seyn lassen, „denn meisterns und klügelns ist ißt weder masse noch Ende"; brauchen sie eins, so sollen „sie selbs ein eignes für sich machen". Daß in diese auch dialettische Verschiedenheiten in Menge eindrangen, versteht sich von selbst. Auch die einzelnen Teile des AT.s wurden, wie sie erschienen waren, in entsprechendem Verhältnisse wieder aufgelegt oder nachgedruckt, nämlich Teil 1 in Wittenberg 7 mal, auswärts 15 mal, Teil 2 in Wittenberg 4 mal, auswärts 15 mal, Teil 3 in Wittenberg 2 mal, auswärts 12 mal. Endlich wurden auch einzelne Bücher wiederholt gedruckt und namentlich erschienen vom Psalter 6 Original= ausgaben und 11 Nachdrucke; vgl. Riederer 2, 442—479 L.s Verdienste um den Psalter und 3, 328—347 Nachlese dazu. Als das ganze Werk 1534 ans Licht gestellt war, bewirkte die Betriebsamkeit des rechtmäßigen Verlegers, daß die Nachdrucke seltener wurden, es erschienen bis 1545 nur 7. Jedoch schon vorher waren vollständige deutsche Bibeln erschienen. Da die Vollendung der lutherischen sich verzögerte, so kam man auf den Gedanken, das in der Lutherschen noch fehlende durch eine neue Übersetzung zu vervollständigen. Man nennt dies kombinierte Bibeln. Es sind 1. die 4 vor 1534 in Zürich bei Christoffel Froschower erschienenen, 1525—1529, 6 Teile Fol. (Jak. Rosenthal, Katal. 7 1200 Mark, ebenda eine Basler Ausgabe 1523—25, 4 Teile in 3 Bdn 1500 Mark); 1527 bis 1529 6 Teile 16°; 1530 4°; 1531 2 Bde Fol., mit der Züricher Übersetzung der Propheten und Apokryphen, f. u., 2. die viel= besprochene Wormser 1529 bei Peter Schöfer, Fol. (Nachdruck Augsburg H. Steyner, 1534, Fol.), die sogenannte Täuferbibel, die zuerst unter den protestantischen den Ge= samttitel Biblia führt (500 Mk., 1500 Mk.), ein Nachdruck der Züricher von 1527 mit einigen Änderungen, s. Panzer a. a. O. S. 274 ff., 3. die 2 Ausgaben von Straßburg bei Wolff Köpphl 1530, Fol. und 4°, in denen in den Propheten das bei Luther noch fehlende Haetzers, s. u., in den Apokryphen Leo Juds Über= setzung ist, endlich die sehr seltene von Frankfurt a. M. bei Christ. Egenolph 1534, Fol., wo alles die luth. Übersetzung und nur die der Apokryphen, aber auch Wei, Sirach und 1 Mak ausgenommen, die Züricher ist (jetzt 600 Mk.). In den 4 zuletzt genannten Ausgaben und in dem Straßburger (W. Köpphl) Nachdruck (1537, 8°) der luther. Bibel hat auch der apokryphische Brief an die Laodicäer, aus vorluth. Bibel= übersetzungen nach Philemon gestellt, Aufnahme gefunden.

Über die Aufgabe des Übersetzers hat sich Luther in seinem Sendschreiben über das Dolmetschen 1530 und in der Schrift: von Ursachen des Dolmetschens 1531 aus= gesprochen, vgl. Hopf a. a. O. S. 75 ff. Die Übersetzung floß aus dem Grundtext: bei dem AT. lag die Ausgabe von Brescia 1494 vor (Luthers Handexemplar ist jetzt in Berlin), daneben wurden die LXX, Vulgata, die lat. Übersetzungen des Santes Pagninus, Seb. Münster, von Kommentaren besonders die glossa ordinaria und der des Nicol. v. Lyra zu Rate gezogen (über Raschis Einfluß auf N. v. Lyra und Luther in der Auslegung der Genesis f. Siegfried im Arch. f. wiss. Erforschung des AT.s, her= ausgegeben von Merx, Bd 1, S. 428 ff.); doch findet sich der gewöhnlich auf Luther bezogene Vers si Lyra non lyrasset mit dem Nachsatz nemo doctorum in Bibliam saltasset schon vor Luthers Auftreten in Reischs margarita philosophica (f. ZkTh 1877, 668), sein NT. wurde vornehmlich der Text der Erasm. Ausg. vom J. 1519 befolgt, vgl. übrigens Schott a. a. O. S. 31, daneben besonders die Vulgata eingesehen. Sein Verhältnis zu der älteren deutschen Übersetzung wurde in der aller= verschiedensten Weise beurteilt; nach den einen kannte er sie gar nicht, nach den andern ist er der reinste Plagiator; eines so unrichtig wie das andere. Der Übersetzungsfehler „die edelsten unter denen zu Thessalonich" AG 17, 11 findet sich schon 1466. War

Luther auch nicht der Sprachgelehrteste seiner Zeit, so doch gelehrt genug, um selbst sehen und auf eigenen Füßen stehen zu können, und was ihm an philologischer Tiefe abging, wurde zum Teil durch sein eminentes exegetisches Gefühl und dadurch ersetzt, daß er sich ganz in den biblischen Geist hineingelebt hatte; er war geistlich geschickt und erfahren in der hl. Schrift. Nur mit den Apokryphen ging er selbst etwas leicht um und nahm sich zum Teil auch nur die Mühe, den sehr veränderten und verderbten Text der Vulgata zu übersetzen. Aber auch in Hinsicht der deutschen Sprache war gerade Luther befähigt, außerordentliches zu leisten. Ein durch und durch deutscher Mann, aus dem Volke kommend und in demselben stehend, beherrschte er, wie keiner seiner Zeit, den vorliegenden Sprachstoff, und konnte so auch getrost seinem schöpferischen Genius nachgeben. Über die sprachliche Begabung Luthers vgl. die Zusammenstellung von Aussprüchen in „Luther als deutscher Klassiker in einer Auswahl seiner kleineren Schriften". Zweite Aufl., Frankf. 1875 (Bd I) S. XV—L; Kluge, von Luther bis Lessing. P. Pietsch (s. u.). Er wollte kein „Buchstabilist" sein, sondern befleißigte sich ein „rein und klar Teutsch zu geben". Er wollte genau sein, aber da es ihm doch eben auf den Inhalt ankam, so scheute er sich auch nicht, hier und da eine Metapher aufzulösen (Pf 36, 6), ein Wort zuzusetzen (Rö 3, 28, allein durch den Glauben) oder wegzulassen und einen Vers umzustellen. Von fremden Worten brauchte er eine Menge herkömmlich nicht, was er davon beibehielt, gehörte der gebräuchlichen Kirchen= oder Dichtersprache an. Es ist ihm gelungen, einer in einer anderen Zone gewachsenen Pflanze in entsprechender Form ein neues Vaterland zu schaffen. Wir dürfen ihm wohl glauben, daß er emsig nach dem rechten Ausdruck, dem treffenden Worte suchte. „Im Hiob arbeiten wir also, M. Philips, Aurogallus und ich, daß wir in vier Tagen zuweilen kaum drei Zeilen kundten fertigen". Eigentliche Nachlässigkeiten, wie daß Ez 41, 20 ausgelassen wurde (bis 1596), finden sich selten.

Ueber L.s Sprache vgl. v. Raumer, Die Einwirkung des Christentums auf die ahd. Sprache, 1845 S. 285 ff.; W. A. Teller, Darstellung und Beurtheilung der deutschen Sprache in Luthers Bibelübersetzung 2 Bde, Berlin 1794 f., 8°; J. F. Wetzel, Ueber die Sprache L.s in seiner Bibelübersetzung, Stuttgart 1859, 8°; A. Lehmann, L.s Sprache in seiner Uebersetzung des NT., Halle 1873, 8°; F. A. Beck, Wörterbuch zu L.s Bibelübersetzung, Siegen und Wiesbaden 1846, 8°; W. U. Jütting, Biblisches Wörterbuch ꝛc., Leipzig 1864, 8°; E. Opitz, Die Sprache Luthers, Halle 1869; H. Rückert, Geschichte der neuhochdeutschen Schriftsprache, 2. Bd, 1875; P. Pietsch, M. Luther und die hochdeutsche Schriftsprache; K. Burdach, Die Einigung der neuhochdeutschen Schriftsprache. Einl. Das 16. Jahrhundert, Halle 1884; Ueber das Verhältnis Luthers zu seinen Vorgängern s. W. L. Krafft, Die deutsche Bibel vor Luther, sein Verhältnis zu derselben und sein Verdienste um die Bibelübersetzung, Bonn 1883 (Univ.=Progr.); W. Walther, Die Unabhängigkeit der Bibelübersetzung Luthers NZ 6 (1890) 359—392; ders., L.s Bibelübersetzung kein Plagiat, Leipzig 1890, III, 47; vgl. weiter Franz Delitzsch, L.s Druckmanuskript zur Bibelübersetzung (AELKZ 1884, 17); ders., Luthers hebr. Handbibel (ebenda 1883, 51; darüber auch Johs. Bachmann, Alttestamentliche Untersuchungen, Berlin 1894); W. Grimm, Kurzgefaßte Geschichte der lutherischen Bibelübersetzung bis zur Gegenwart, Jena 1884.

Luthers Bibelübersetzung wurde das gelesenste Volksbuch, ihre Bedeutung ist schwer zu bemessen. Nicht nur, daß sie das Reformationswerk einem guten Teile nach festigte, das religiöse Einheitsband des lutherischen Volkes wurde, welches weiter die gesamte Anschauung desselben auf das festeste bestimmte, so wirkte auch unmittelbar auf weitere Kreise, namentlich reformierte, s. u., mittelbar aber dadurch, daß sie von andern Uber= setzern stark benutzt und auch mehr als bloß benutzt wurde, s. u., ja in neuen Übersetzungen in Landessprachen Töchter erhielt (z. B. 1524 dänisch, 1526 schwedisch und holländisch, 1540 isländisch). In sprachlicher Hinsicht ist das Werk ein nationales; es gewann bestimmenden Einfluß auf die Entwickelung der deutschen Sprache und gab der bedeutendsten Anstoß, daß eine einheitliche deutsche Sprache als feinere Umgangs= und Schriftsprache sich weiter ausbildete und dem Ober= und Niederdeutschen gegenüber zur Herrschaft kam. In den süddeutschen Nachdrucken mußten anfangs noch viele dialektische Veränderungen vorgenommen oder Wörterverzeichnisse beigegeben werden (Basel, Petri 1523; ebenso in Augsburg, Nürnberg) und in das Niederdeutsche mußte die Übersetzung geradezu umgeschrieben werden, aber nach Verfluß eines Jahrhunderts war der Sieg auch hier entschieden, das Hochdeutsche war Kirchen= und Schulsprache, das Nieder= deutsche sank zum Patois herab. Die erste niederdeutsche Bibelausgabe (De Biblie vth der vthlegginge D. M. Luthers yn dyth düdesche vlittich vthgesettet) besorgt von Bugenhagen, erschien schon Lübeck, Lud. Dietz, 1534, Fol., die letzte war, wie es scheint, die zu Lüneburg 1621. Überhaupt erschien niederdeutsch bis 1533 das NT. in

Wittenberg ſechsmal und in ſieben Nachdrucken, einzelne Teile des A.T.s in Wittenberg in ſechs Drucken und in acht Nachdrucken; von 1534—1621 die Bibel etwa in 24 Aus= gaben (auch Barth 1588), einzelne Stücke in 77, darunter das N.T. (zuletzt Gryps= woldt 1625, 8") in 28. Das nähere hierüber ſ. bei Göze a. a. O. und in deſſen Verzeichnis ſeiner Sammlung ſeltener und merkw. Bibeln, Halle 1777, 4°, S. 249ff.; Lorck, Bibelgeſchichte 1, S. 457; 2, S. 244ff., 376ff.

Was Luther vorhergeſehen, geſchah; der Kot hängte ſich an das Rad, wer am Wege bauet, der hat viel Meiſter. Blöde Inſinuationen und maßloſe Angriffe blieben nicht aus. Zur Verteidigung der Maßregeln, die zur Unterdrückung der Arbeit Luthers an mehreren Orten ergriffen worden waren, ſchrieb Hier. Emſer: „Auß was grund unnd urſach Luther's dolmatſchung — dem gemeinen man billich vorbotten worden ſey", Leipzig 1523, 4°, 2. Aufl. u. T. Annotationes, Dresde 1524, 4°; (vgl. Ge. W. Panzer, Verſuch einer Geſch. der römiſch=kathol. d. Bibelüberſetzung, Nürnberg 1781, S. 16 ff.), worin er Luthern in der Überſetzung des N.T.s ketzeriſche Irrtümer und Lügen in Fülle nachzuweiſen ſich bemühte. Für Luther: Urban Regius, Ob das new Teſt. ẏetz recht verteuſcht ſeẏ kurtz bericht, 1524, 4°. Ein Gegner beſſerer Art und mit mehr Wiſſen ausgerüſtet, war Ge. Wicelius (Annotationes, das ſind kurze verzeichnus ꝛc., Leipzig 1536, 4°, 2 Bde., Mainz 1555, 4°, 1557, Fol.), er erkannte manches an, fand aber überhaupt in der Überſetzung mehr Gloſſe als Text. Wie dieſe ſchmähten auch in der Folge Katholiken Luthers Werk (über Fr. Traub 1578, M. Zanger 1605, J. Keller 1614 ſ. Hopf a. a. O. S. 135, 145), aber auch von andern Seiten verlauteten manche ungünſtigen Urteile, die nicht ohne Antwort blieben, vgl. J. G. Hagemann, Nachricht von denen fürnehmſten Ueberſetzungen der hl. Schrift, 2. Aufl., Braunſchw. 1750, 8°, S. 336 ff. Luther ſelbſt berückſichtigte nur gelegentlich dieſe Angriffe und auch ſeine Freunde hielten es für der Mühe wert, ausführlich darauf einzugehen. Erwähnenswert von den ſpäteren Verteidigungen ſind bie von M. Beringer, Rettung b. Dolmetſchung der Bibel Lutheri, Frankfurt 1613, 4°, und Balt. Raith, Vindiciae vers. s. Bibl. germ. M. L., Tub. 1676, 4°. In neueſter Zeit urteilte unter den Proteſtanten viel= leicht de Lagarde am abſprechendſten über L.s Sprache und Arbeit; vgl. die revidierte Lutherbibel des Halleſchen Waiſenhauſes beſprochen (GgA 1885, 2, auch im Sonder= druck 40 SS. u. in Mitt. 3, 335. Zur glänzendſten Rechtfertigung Luthers dient, daß ſein Werk jahrhundertelang ohne Unterbrechung ſeine Volkstümlichkeit bewährt hat, daß es Freund und noch mehr Feind plünderten und ausſchrieben, und daß man auf ſeine Überſetzungsart, als die bewährteſte, immer wieder zurücklenkt.

Über die weitere Geſchichte der Überſetzung beſchränken wir uns auf folgendes. Ein Verzeichnis der Originalausgaben ſowohl der ganzen Bibel, als auch größerer und kleinerer Teile derſelben lieferte H. E. Bindſeil, Halle 1840, 4°. Bei H. Lufft er= ſchienen bis zu ſeinem Tode 1584 noch gegen 37 Ausgaben, worunter etwa ſechs bloße Titelausgaben; ſeit 1555 blieben Rörers Poſtfationen und auch das „Auffs new zu= gericht" weg. Die Ausgabe Wittenberg bei Hans Krafft 1572, Fol., erhielt Veit Dietrichs Summarien, die bei demſelben 1581, Fol., ward auf Befehl Kurfürſt Auguſts von Sachſen im Text und in den Gloſſen nach der Ausgabe von 1545 gereinigt. Die Ausgaben ohne und mit Gloſſen und Anmerkungen, vgl. über letztere Schott a. a. O. S. 173ff., folgten ſich namentlich in neueſter Zeit in zahlloſer Menge; ein nichts weniger als vollſtändiges Verzeichnis bis 1749 ſ. bei Hagemann a. a. O. S. 306ff., 339 ff., die Nürnberger Ausgaben bei Panzer, Geſch. d. Nürnb. Ausgg. d. Bibel, vgl. auch Göze, Verzeichnis ſeiner Samml. ꝛc. S. 142ff., die ſeit 1750 ſ. in Ch. G. Kayſer, Vollſt. Bücher=Lexikon. Sehr lehrreich wäre ein vollſtändiges Verzeichnis der Orte, an denen Luthers Überſetzung gedruckt wurde. Die folgende Liſte macht auf Vollſtändig= keit keinen Anſpruch: ſie beruht auf einer (notgedrungen ſehr flüchtigen) Durchmuſterung des Katalogs der Stuttgarter einſt Lorckſchen Bibelſammlung. Die beigegebene Zahl bedeutet das erſte Jahr, aus welchem ein Bibeldruck des betreffenden Ortes mir bekannt iſt, in Klammer ſtehen die Orte und Jahre, aus denen mir keine Ausgaben der ganzen Bibel, ſondern nur des N.T.s bekannt ſind. Eine chronologiſche Anordnung würde die Einwirkung des Pietismus noch deutlicher hervortreten laſſen; der erſte aus Berlin mir bekannte Druck iſt von 1699, direkt durch Spener veranlaßt. Lokalforſcher würden mich durch Mitteilung von Ergänzungen und Berichtigungen zu Dank verpflichten.

Altdorf 1688, Altona 773, (Amberg 597), Amſterdam 649, Arnſtadt 742, Augsburg 535, Baſel 644, Berlin 699 („ſamt Vorrede Ph. J. Speners"), Blankenburg 750, Braunſchweig (698) 722, Bremen 653, Büdingen 738, Caſſel 601, Danzig 624, Delitzſch 734, Dresde

886 (?), Duisburg 684, Ebersdorf 727, Eiſenach 720, Erfurt 735, Erlangen 781 (nur Auszug, vom Buchhändler Palm), Eßlingen 752, Frankfurt 560, Freyberg 739 (Genf 679),
Germantown 732 (von dieſer Ausgabe kamen damals nur 12 Exemplare nach Deutſchland,
eine andere von 763 wurde im amerikaniſchen Krieg faſt ganz zu Patronen verarbeitet, Brit.
Muſ. Kat. Sp. 205), Goslar 618, Gotha 712, Halberſtadt 665 (Hanau 615), Halle 701,
Hamburg 708, Heidelberg 568, Heilbronn 719 („zweite Auflage"), Herborn 609, Hildburg-
hauſen (Newyork) 830, Hildesheim 750, Hirſchberg 756, Hof 736, Jena 599, Königsberg 734
(„preußiſche Hausbibel"), Kopenhagen 731, Lauenburg 743, Leipzig 541, Lemgo 719, Leyden
630, Lippſtadt 731, London (811) 814, Lörrach (?), Lübeck (616) 620, Lüneburg 627, Ludwigs-
burg 746, Marburg 818, Mengeringshauſen 734, Minden 707 (die Ausgabe von 1709 druckte
2 Ko 8, 7 „ſchaffet, daß ihr auch in dieſer Welt reich ſeid"), Mühlheim a. Rh. 730, München
(u. Stuttgart) 850, Neuß 711, Neuſtadt a. b. Aiſch 683, Neuſtadt a. Hardt 588, Newyork
(854) 857, Nürnberg 593, (Offenbach 703), Oldenburg 705, Onolzbach 735, Philadelphia 846,
(Plön 695), Ratzeburg 677, Regensburg 756, Reutlingen 808, Riga 677, Roſtock 702,
Rudolſtadt 724, Salzwedel 723, Schiffbeck (bei Hamburg) 717, Schleswig 664, Schleuſingen
694, Sondershauſen 704, Stade 690, Stargard 694, Alten Stettin 708, Straßburg (wann?),
Stuttgart 704, Sulzbach 681, Tondern 737, Tübingen 627, Ulm 712, Wernigerode 709,
Wertheim 722, Zittau 728, Zürich 772, Zwickau 737.

Die Stelle 1 Jo 5, 7 hat zuerſt eine Frankfurter Bibel von 1575, von Wittenb.
Ausg. zuerſt die von Jahre 1596, 4°. In der Wittenb. Ausg. 1624, 4°, traten an
die Stelle der Summarien B. Dietrichs die neuen von Leonh. Hutter. In dieſe kam
auch durch einen katholiſchen Setzer Offenb. Jo 14, 6 ſtatt „ein ewig Evangelium"
„ein new Ev.", weil von den Lutheranern der Engel oft von Luther verſtanden ward.
Der Bogen wurde umgedruckt, doch haben ſich einzelne Exemplare mit der verfälſchten
Stelle erhalten. Ähnlich brachte ein kathol. Setzer in die Ausg. Nürnberg 1670, Fol.,
das Fegfeuer, nämlich Jud 23: und rücket ſie an dem Fegfeuer, ſ. J. Deutſchmanns Vorrede
Ausg. wurden ſeit 1626 zu Frankfurt a. M. gedruckt, ſ. J. Deutſchmanns Vorrede
der Ausg. 1695, 12°. Mehrere Ausgaben gaben durch ihre Änderungen im Texte oder
auch durch ihre Zuthaten großen Anſtoß. Die von J. Salmuth in calviniſtiſchem
Sinne gloſſierte Bibelausgabe der ſächſiſchen Kryptocalviniſten. Nik. Krell u. a., Dresd.
1590—1593 (bis Ende der Chronik) wurde unterdrückt. Ebenfalls wegen ihrer calviniſtiſchen Tendenz erfuhren herbe Angriffe die Ausgaben des David Pareus, Neuſtadt a. d. Hardt, 1587 und öfter, gegen den ſich die Tübinger Jak. Andreä und J. Ge.
Siegwart erhoben; die zu Herborn 1595 und öfter, gegen welche die theolog. Fakultät
zu Wittenberg eine Warnung ausgehen ließ; die des Paul. Toſſanus, Heidelberg
1617, 18 Fol. und öfter (über die Ausg., Baſel 1665, Fol., ſ. Buxtorf-Falkeiſen,
Baſleriſche Stadt- und Landgeſchichten aus dem 17. Jahrhundert, Heft 3, Baſel 1877,
8°, S. 7 ff.), gegen den beſonders der Gießener J. Winckelmann auftrat; endlich die
Stuttg. Ausg. vom Jahre 1704. In anderem Sinne erregte die myſtiſche und pro-
phetiſche Bibel (v. H. Horche), Marb. 1712, 4°, Anſtoß, die ſich als „auffs neue nach
dem Grund verbeſſert" gab, die zu Ebersdorf 1726, 4° aber wegen ihrer im zinzen-
dorfiſchen Sinne meiſternden Summarien. Neuerlich erregte die Bibelausgabe von
Nic. Funk, Altona 1815, 8°, einen Sturm, weil in den Inhaltsanzeigen und Erklärungen „ein neuer Glaube" gelehrt werde. Freilich war damals dieſer Glaube der
alte, aber indem er in dieſer Form in Umlauf gebracht werden ſollte, ſetzte dagegen die
erſtarkende Orthodoxie alle Hebel an. Die ſchwache Regierung gab nach, Ende 1817
wurden die noch unverkauften Exemplare (3937; die Auflage betrug 7500) von der
Regierung aufgekauft, vgl. Nic. Funk, Geſch. d. neueſten Altonaer Bibelausgabe, Altona
1823, 8°.

Es konnte nicht fehlen, daß in die Ausgaben durch Willkür, Zufall und Nach-
läſſigkeit Verſchiedenheiten mannigfaltigſter Art eindrangen. Daß in der Orthographie
geändert, alte Worte und Wortformen beſeitigt wurden, war noch das Geringere, doch
blieb der gar moderniſierende Verſuch in der Braunſchweiger Exzellenzbibel 1756 vereinzelt ſtehen. In der That wurde ja auch die Sprache eine andere, Wörter kamen
außer Gebrauch oder wechſelten ihre Bedeutung, ſo daß zum Verſtändnis der urſprünglichen Überſetzung Erklärungsſchriften nötig wurden, ſ. Hopf a. a. O. S. 230 ff. In
dieſer Hinſicht tragen die einzelnen Ausgaben in der Regel mehr oder weniger den
Stempel ihrer Zeit. Aber es that not, von Zeit zu Zeit der Willkür und Nachläſſig-
keit ernſtlich entgegenzutreten und auf das Urſprüngliche zurückzuſchauen, um nicht gar
am Ende einen Wechſelbalg zu haben. Unter den Männern, die ſich ſo um Korrektheit verdient machten, iſt beſonders J. Dieckmann, † 1720, hervorzuheben, deſſen
Stadeſchen Ausgaben 1690 und öfter hervorragen. Die Ausgabe vom J. 1703 diente

den ſehr treuen Canſteinſchen zur Grundlage. Seit 1717 druckt die Canſteinſche Bibel=
anſtalt in Halle mit ſtehenden Lettern Bibeln und ſie hat ſeitdem über fünf Millionen
ganze Bibeln und Bibelteile unters Volk gebracht, vgl. A. Canſtein. Den Halleſchen
Text gaben auch die Bibeln (ohne Apokryphen) der engliſchen Bibelgeſellſchaft. Die
Marburger 1808 beſorgte J. M. Hartmann und G. W. Lorsbach, die revidierte, B. G.
Teubnerſche 1850 W. Hopf.

L.s Überſetzung galt auch in der lutheriſchen Kirche nie als unverbeſſerlich und ſo
hat es im Laufe der Zeit an Vorſchlägen zur Verbeſſerung nicht gefehlt, aber legte,
oder wollte man Hand ans Werk legen, ſo erregte es Anſtoß, wie unter andern das
Beiſpiel A. H. Franckes zeigt, ſ. Guerike, A. H. Francke S. 284 ff., 326 ff.; aus
ſpäterer Zeit vgl. C. J. Aichinger, Unvorgreifliche Vorſchläge u. ſ. w., Regensburg
1774, 8°. In unſrer Zeit iſt das Vornehmen einer Verbeſſerung von J. Fr. v. Meyer,
R. Stier, C. Mönckeberg, K. Frommann (Vorſchläge zur Reviſion v. M. L.s Bibel=
überſetzung, H. 1, 2, Halle 1861, 1862, 8°), u. a. wiederholt in Anregung gebracht
und in verſchiedenem Sinne erörtert worden; über Stiers Bemühungen ſ. E. R. Stier,
Verſuch einer Darſtellung ſeines Lebens —. 2. Bd (Wittenberg 1868), S. 177 ff.,
290. Von einer einfachen Rückkehr zur Ausgabe von 1545, ſ. H. Hupfeld N. Jen.
Lit.=Zt. 1842, Nr. 253 ff., konnte im praktiſchen Intereſſe nicht die Rede ſein; in Frage
konnte nicht die Statthaftigkeit und Notwendigkeit einer Verbeſſerung in L.s Geiſte
kommen, ſondern nur die nähere Art der Ausführung. So haben, um von kleineren
Anfängen der Art abzuſehen, J. F. v. Meyer, E. Ch. F. Kraus (Tüb. 1830, 8°) und
W. Hopf (3. Aufl. Leipzig und Dresden 1854, 8° und 16°), eine Berichtigung vor=
genommen. Letztere haben in der Form nur einzelne veraltete und weniger deutliche
Worte geändert, aber dem Sinne nach das Richtige nach dem Grundtexte zu geben
geſucht, dagegen hat ſich erſterer (Frankf. a. M. 1819, 3 Bde; 3. Aufl. Frankfurt a. M.
und Erlangen 1855, 4°; 6. Aufl. [ohne Anmerkungen] neu revidiert von R. Stier,
Braunſchweig 1856, 8°), in der Berichtigung große Freiheit geſtattet, und noch kühner
iſt Stier (nochmals nach) J. Fr. v. Meyer berichtigt. Mit Apokryphen, Bielefeld 1856. 8';
3. Aufl. 1867, 8°), vorgegangen. Es ſtand nun ſo, daß neben der Canſteinſchen etwa
noch ſechs Textgeſtalten der luth. Bibelüberſetzung verbreitet waren, vgl. C. Mönckeberg,
Tabell. Ueberſicht der wichtigſten Varianten der bedeutendſten gangbaren Bibelausgaben.
NT., Halle 1865, 4°; AT. I—IV, 1870, 1871, 4°. Dieſem Uebelſtande ließ ſich nur
dadurch abhelfen, daß man durch Reviſion und Berichtigung einen guten, der Art und
Einſicht unſerer Zeit entſprechenden Lutherſchen Text herſtellte, der durch alle Bibel=
geſellſchaften verbreitet, zur allgemeinen, eigentlich kirchlichen Geltung käme. Nach
Mönckebergs Anregung (L.s BÜ. und die Eiſenacher Konferenz 1855) wurde auf den
Kirchentagen zu Stuttgart und Hamburg 1857 und 1858 die Angelegenheit dem Ober=
kirchenrate in Berlin empfohlen, der ſie 1861 und 1863 bei der Kirchenkonferenz in
Eiſenach zur Beratung brachte (vgl. „Vorſchläge zur Reviſion von D. M. L.s BÜ."
Corrigenda des Canſteinſchen Textes I. Heft: Theologiſch=kritiſcher Teil von C. Möncke=
berg, Halle 1861; II. Heft: Sprachlicher Teil von Dr. C. Frommann, Halle 1862).
Dieſe beſchloß, ſie zwar auf mögliche Weiſe zu fördern, aber nicht unmittelbar kirchen=
regimentlich in ſie einzugreifen; und nachdem man ſich weiter klar zu ſtellen verſucht
hatte, wie in ſachlicher und ſprachlicher Hinſicht zu verfahren ſei, ward die Ausführung
einer Kommiſſion von Theologen verſchiedener Farbe übertragen. Eine durchgreifende
Reviſion und Berichtigung hielt man (leider) für unmöglich und glaubte aus praktiſchem
Intereſſe ſich auf das „Notwendige und Unbedenkliche" beſchränken zu ſollen. Die
Kommiſſion hat mit Fleiß und Sorgfalt ihrer ſchwierigen Aufgabe obgelegen. Als
Reſultat ihrer Arbeit erſchien das NT., revidiert Halle 1867, 8°, und wieder 1870
(vgl. J. W. Grashof, Die revidierte A. der luth. Überſ. des NT., kritiſch beleuchtet, Köln
1868, 8°), das erſte Buch Moſe, revidiert mit Vorbemerkungen und Erläuterungen von
Ed. Riehm, Halle 1873, 8°, die Pſalmen von K. Fr. Schroeder, Halle 1876, 8°, endlich
1883 Die Bibel oder die ganze heilige Schrift des Alten und Neuen Teſtaments nach
der deutſchen Überſetzung D. Martin Luthers. Erſter Abdruck der im Auftrage der Eiſen=
acher deutſchen evangeliſchen Kirchenkonferenz revidierten Bibel (ſogen. Probebibel),
Halle a. S., Verlag der Buchhandlung des Waiſenhauſes, 1883, LXX. 916, 167.
312, 14 S. (Überwachung des Drucks durch Dr. v. Gebhardt). Im Jan. 1890 wurde in
einer Konferenz zu Halle die eigentliche Reviſionsarbeit zum Abſchluß gebracht; der erſte
Abdruck des ſchließlich angenommenen Textes erſchien in Halle 1892 (XVIII [2],
926 [2], 166 [2], 316, 24. 12 Seiten). Derſelbe wurde ſofort insbeſondere von der

württemberg. Bibelgesellschaft verbreitet, während sich Norddeutschland, namentlich Mecklen=
burg, gegen ihn zum Teil noch spröde verhält. Es ist nicht möglich die Litteratur auf=
zuzählen, die seither für und wider die „Probebibel" und die „Durchgesehene" erschienen
ist. Noch vor Ausgabe der Probebibel E. Riehm, zur Revision ꝛc. (Halle 1882 Oster=
programm), Düsterdieck, die Revision ꝛc., Hannover 1882. Der ThJB von 1885 zählt
etwa ein Viertelhundert Veröffentlichungen auf; z. B. von E. Hohbach (Stimmen aus
Württemberg über die deutsche Probebibel), Kamphausen, Kautzsch, Kliefoth u. Luthardt,
Mönckeberg, Schlottmann, B. Schultze, Zittel; Lagardes Urteil ist schon genannt; her=
vorgehoben sei das „Gutachten der deutsch=romanischen Sektion der Philologenversamm=
lung zu Dessau 1885". Im ThJB von 1886 sind 12 Arbeiten aufgeführt, 1887 der
offizielle oder wenigstens offiziöse Bericht der Eisenacher Konferenz von Kohlschütter,
Die Revision der Lutherschen Bibelübersetzung, 26 S. Das Vorwort zur „Durch=
gesehenen" ist von Frick († Jan. 1892); das zur Probebibel von Schröder († 1895);
die am ersteren Orte mehrfach erwähnte Arbeit Fricks „Das Werk der Bibelrevision" ist
nicht erschienen; statt ihrer kann A. Kamphausens Rektoratsrede vom 18. Oktbr. 1893
dienen „Die berichtigte Lutherbibel" (vgl. dazu auch Jehle, NKZ 4. 1893, 579—612,
5. 1894, 761—773). Das schließliche Urteil über die Arbeit wird nicht so scharf ausfallen,
wie das von de Lagarde, aber die Vergleichung mit der englischen und mit der schweiz.
Revisionsarbeit dürfte zeigen, wie viel weiter man hätte gehen können und sollen.

e) Übersetzungen nach Luther.

Neben Luther als Übersetzer aufzutreten konnte man sich nicht eben versucht
fühlen, und in der That erschien evangelischerseits, abgesehen von der achtungswerten
Arbeit der Antitrinitarier Ludwig Haetzer und Hans Denck, der Übersetzung der
Propheten, Worms bei Peter Schöffer 1527, Fol. (800 Mark), und oft (s. Jos.
Lorck, die Bibelgesch. Bd 1, S. 439; Panzer, Beschr. d. ält. Augsp. Ausgg. d. B.
105 ff.; Baumgarten, Hall. Bibl. 8, S. 285 ff.; Heberle in den ThStK 1855 S. 832 ff.,
889), der auch Luther (Werke von Walch 2, S. 323) Kunst und Fleiß nicht absprach,
wenn schon etwa ein unedler Ausdruck mitunterläuft (Jes 58, 1 Schreyen, daß dir der
Hals kracht), nur die Züricher Übersetzung, vgl. J. J. Mezger, Gesch. der deutschen
Bibelübersetzungen in der schweizerisch=ref. Kirche, Basel 1876, 8°, und dazu Jenaer
LZ. 1877, Nr. 8, ThStK 1878, S. 345 f.

Daß in Zürich L.s Arbeiten sofort nachgedruckt wurden, wurde schon bemerkt,
aber da die Propheten und Apokryphen zu lange auf sich warten ließen, legte man
selbst Hand ans Werk. Beide erschienen als 4. und 5. Teil des AT.s 1529, Fol. und
12°, in neuer Übersetzung, erstere „durch die Prädikanten zu Z.", letztere durch Leo
Jud mit der näheren Bezeichnung: „diß sind die bücher die by den alten vnder Biblische
geschrifft nit gezelt sind, auch by den Ebreern nit gefunden". Aufnahme fanden darunter
auch das 3. u. 4. B. Esr und das 3. B. der Mak, dagegen sind erst später in den
Ausgaben das Gebet Asariä und der Gesang der 3 Jünglinge im Feuerofen, das Gebet
des Manasse und die Stücke in Esther hinzugekommen. So erschien als ganze Bibel
die Züricher 1530, 4°. Weggelassen wurden alle Vorreden und Glossen, im Texte
wurden Druckfehler beseitigt, aber sonst erhebliche Änderungen nicht vorgenommen. Die
Apokryphen stehen am Ende der ganzen Bibel. Bemerkenswert ist sofort die Ausgabe
1531, 2 Bde Fol., und nicht nur wegen ihrer trefflichen äußeren Ausstattung. Voran=
geht eine „kurze vermanung und eynleytung an die Christenlichen läser diser Biblischen
bücher", eine wohlgelungene Arbeit, wie ich nicht zweifle, Zwinglis; beigegeben sind
Summarien und häufigere Parallelstellen, eingefügt viele kleine Holzschnitte, doch das
wichtigste ist, daß nun von den Hagiographen Hi, Ps, Sprichw, Prd und HL die
Züricher eine eigene Übersetzung gegeben haben, weiteres über sie s. bei Mezger
a. a. O. S. 95 ff. Die folgende Ausg. 1534, 2 Bde 4°, ist, von einigen Änderungen
in den Zuthaten abgesehen, von dieser irgend wesentlich durchaus nicht verschieden und
nur durch die Anpreisung des Druckers Ch. Froschower, daß die Diener des Wortes
in Zürich „die gantz Bibel grundtlich und eygentlich verteütschet" zu höheren Ehren
gekommen. Die Übersetzung selbst ist also größtenteils die Luthers, die angebrachten Än=
derungen sind ganz überwiegend dialektischer Art und als solche zahlreich, dagegen sind
der materiellen nur wenige und wenig bedeutend. Wenn Luther brieflich (L.s Briefe,
herausg. von de Wette 3 S. 460) über Juds Arbeit urteilt: mirum quam nihili
sint, so läßt sich dagegen nicht wohl aufkommen, aber auch die Übersetzung der anderen
Bücher der Züricher trägt wesentlich denselben Charakter. Die Sprache ist hart und

schwerfällig, der Sinn sehr oft nicht getroffen; sichtlich erstrebte man Wörtlichkeit, aber indem man denn doch keinen Jargon geben, sondern verständlich sein wollte, verirrte man sich nicht selten zum Platten; jedenfalls war es ein Produkt, das nur einem beschränkten Kreise dienen und zusagen konnte. — Ein Verzeichnis der späteren Ausgaben geben J. C. Nüscheler vor der Ausg., Zürich 1755, Fol., und in J. Lord a. a. O. 1 S. 212 ff.; J. J. Breitinger in J. J. Simler, Sammlung alter und neuer Urkunden II, 2 S. 381 ff., und Mezger a. a. O. S. 109 ff. Aus der weiteren Geschichte der Übersetzung noch) dies. Die Versabteilung erhielt zuerst die Ausg. 1589, 4°. Die Ausgabe von 1548, 2 Bde Fol. und 4°, will Wort für Wort mit dem Hebräischen verglichen sein, sodaß sie „an vil orten verbesseret" und „das Teutsch netz dem Hebräischen vil näher dann vor ye worden" sei; in Wirklichkeit aber weicht sie nach Text und Beigaben von den unmittelbar vorhergegangenen Ausgaben von 1542, 4°, und 1545, Fol., durchaus nicht ab: dagegen hatte schon die Ausgabe von 1539 und 1540, 2 Bde Fol., eine neue Vorrede erhalten und war unter Beihilfe des jüdischen Konvertiten Mich. Adam verbessert worden. In den folgenden Ausgaben folgte man ganz überwiegend der von 1548. Selbstverständlich änderte sich mit der Zeit dialektisch mancherlei, Druckfehler in Menge schlichen sich ein und auch willkürlich wurde da und dort geändert. — Die vom Antistes J. J. Breitinger besorgte Ausgabe des N.T.s 1629, 4°, giebt nicht eine neue Übersetzung, sondern eine ziemlich durchgreifende Revision der Züricher nach der Ausgabe von 1622, 8° (das korrigierte Exemplar ist auf der Züricher Kantonsbibl.). Da Breitinger in sprachlicher Hinsicht reaktionär verfuhr, um das Buch dem Volke wiederum „in seiner Eidgenöss. anerbornen muttersprach" zu geben, sonst auf möglichste Wörtlichkeit ausging, so sind wohl Änderungen, aber nicht eben Verbesserungen „an unzalbar vil orten" bemerkbar. Dennoch wurde diese Arbeit nicht nur 1642 und 1656 wieder aufgelegt, sondern sie fand auch Aufnahme in die Bibelausgabe 1638, Fol. Letztere Ausgabe hatte im AT. wieder mancherlei Nachbesserungen erfahren. Seit 1661 nahm man einen großen Anlauf zu einer durchgreifenden Überarbeitung der Übersetzung und an Kräften fehlte es nicht, man errichtete ein collegium biblicum und arbeitete fleißig, aber da lähmte die allerdings begründete Furcht damit Anstoß zu geben („Insgemein vermeinen die H. Capitulares es senge weder notwendig noch erbaulich, daß abermalen im Text etwas geändert werde") die Kraft: die neue Ausgabe 1665 bis 1667, Fol. und 4°, brachte zwar Änderungen und auch Besserungen, aber keineswegs eine den Zeitverhältnissen entsprechende Umarbeitung, vgl. J. J. Breitinger in J. J. Simler, Sammlung 2c. I, 3, S. 914 ff.; II, 1, S. 113 ff., doch auch Mezger a.a.O. S. 230 ff. Von den weiteren Ausgaben, s. Mezger a. a. O. S. 253 ff., heben wir als revidierte die von 1724, 4°, die von 1755, 2 Bde Fol., von J. Casp. Ulrich besorgt, vgl. J. J. Simmler a. a. O. II, 1, S. 365 ff., bef. aber die von 1772, Fol., hervor. Letztere war nach dem Grundtexte sehr fleißig und mit Geschick verbessert, erregte aber wegen ihrer rationalisierenden Beigaben Anstoß, so daß sie erst später die verdiente Anerkennung fand. Durchgreifenderes geschah im 19. Jahrh. zuerst in der Ausgabe von 1817, Fol. u. 3 Bde 8°, besonders aber in der vom J. 1860, 8°, dann wider 1868, 8°, zuletzt 1882 revidiert, unter gewissenhafter Benutzung der bisherigen exegetischen Ergebnisse. So hat die Übersetzung, die auch in Thurgau, Glarus und Graubünden Verbreitung fand, ihr dialektisches Gewand nun völlig abgelegt und in Rücksicht der Richtigkeit kann sie sich den besten zur Seite stellen; freilich ist sie nicht aus einem Gusse gekommen, und gerade die erstrebte Treue führte nicht selten zu Schwulst und Unklarheit. Auch in der Schweiz wurde von der evang. Konferenz der Landeskirchen 1858 eine Kommission bestellt, von dieser 1861 eine Revisionsprobe vorgelegt, von einer 1877 neuberufenen, welcher auch Prof. Kautzsch, damals in Basel, angehörte 1878 eine neue Probe vorgelegt, und im Herbst 1892 die Arbeit abgeschlossen. Über deren Ergebnis „Das Neue Testament nebst Psalmen. Nach dem Grundtext revidierte Uebersetzung" (J. Huber, Frauenfeld 1893, Frcs. 1,15, geb. Frcs. 1,60) s. Lic. theol. Eduard Riggenbach, Die schweizerische, revidierte Übers. des N.T.s und der Psalmen. Ein erweiterter Vortrag, Basel. Reich 1895. „Beim N.T. haben die Arbeiten von den Ergebnissen der Textkritik gewissenhaften Gebrauch zu machen"; schon diese eine Vorschrift zeigt den Unterschied von der neuesten deutschen Arbeit; beim AT. solle auch von ihm innen noch, „abgesehen von zwingenden Fällen", der massoretische Text angenommen werden. Doch ist vom AT. außer den Psalmen noch nichts erschienen. (Begleitwort zu der im Auftrage der deutschen evangelischen Kirchenkonferenz durchgesehenen Ausgabe, Halle, Verlag der Cansteinschen Bibelanstalt 1892).

Die katholische Kirche konnte bei dem wunderbaren Erfolge der Lutherschen Übersetzung nicht zurückbleiben; daß sie dieselbe als verfälscht verschrie, wollte nicht verfangen, das echte mußte dafür geboten werden. Nachdem zuerst Jac. Beringer Luthers Übersetzung des NT.s mit wenigen, fast nur dialektischen Änderungen, stillschweigend zum
Frommen seiner Leute verwendet hatte, Speier 1526, Fol., s. Serapeum 15 S. 333 ff.,
trat hier. Emser, "der Sudler in Dresden", auf den Kampfplatz, mit NT. erschien
Dresden 1527, Fol. Ein Zufall wollte, daß es in der Offenb. Jo ganz dieselben
Holzschnitte (2 ausgenommen) hatte, wie Luthers Ausgabe, aber das ging ehrlich zu,
denn die Formen waren von Luc. Cranach getauft, s. Palm a. a. O. S. 80, anders
stands mit dem Inhalte. Emser erklärt weislich die alte und neue Translation nur
emendiert und zurechtgebracht zu haben, in der That hat er aber nur eigene Glossen
gegeben, die Übersetzung Luthers dagegen mit geringfügigen sprachlichen und wenigen
Veränderungen nach der Vulgata beibehalten. Luther lachte der großen Weisheit, der
Sache war auch so gedient. Das Werk ist dann oft wieder gedruckt worden, s. Ge. W.
Panzer, Versuch einer kurzen Gesch. der röm.-kath. deutschen Bibelübersetzung, Nürnb.
1781, 4°, S. 47 ff. Gegen den Druck in Rostock erklärte sich Luther, s. O. Krabbe,
Die Universität Rostock im 15. und 16. Jahrh. 1 (Rostock und Schwerin 1854, 8°),
S. 384 f.; Luthers Briefe, herausgeg. von de Wette 3 S. 528 f. Ganz verunglückte
J. Ecks Bibel, Ingolstadt 1537, Fol., und einigemal aufgelegt, s. Panzer a. a. O.
S. 132 ff., denn im NT. war Emsers Ausgabe im wesentlichen nur sprachlich noch ver-
schlechtert, beibehalten, im AT. aber gab er die ältere Übersetzung, vgl. die Ausgaben
Augsburg 1477 und 1507, sprachlich etwa und nach seiner Vulgata, aber nichts weniger
als durchgreifend ändernd; sein Deutsch ist unter aller Kritik, vgl. Th. Wiedemann,
J. Eck, Regensburg 1865 S. 615 ff.; G. Referstein, Der Lautstand in den Bibelübersetzungen von Emser und Eck, Jena 1888 (Diss.). W. Schlüter, Bruchstücke von Emsers Niedersächsischem NT. Rostock 1530 (Neuer Anzeiger f. Bibliogr. u. Bibliothekwiss.
1884, Juni 194 f.).

Mehr Glück machte der Dominikaner Dr. J. Dietenberger mit seiner
Bibel, Mainz 1534, Fol., und oft, s. Panzer a. a. O. S. 94 ff. Indem er sich im
NT. fast ganz an Emser hielt, die Apokryphen fast wörtlich aus Leo Jud abschrieb,
in den übrigen Büchern des AT.s aber Luther stark benutzte, doch im einzelnen nach
der Vulgata umformte, so steuerte er selbst nicht eben viel bei. Seine Sprache ist
rauh, ungefüge; seine Tendenz polemisch. Er wollte die ungesauberten Biblien der
"Elymassiten" von ihrem Unflat fegen und reinigen und ruft daher sofort allen deutschen
Christen zu:

"Kommt her on forcht, leßt mich allein.   Das euch vil zeit ist abgestolen,
Bey mir habt yr Gots wort gantz rein.   Durch falsche Bibel unverholen.
                   Hier findt yr, wie yr seyt verfürt.
                   Gantz, trew, rein, war, werd ich gespürt."

(Berghauer schließt seine Βιβλιομάχεια d. i. Biblischer Feldzug und Musterung vieler
jämmerlich verfälschten Bibelen —, Oberammergau 1746, 4°, mit den Worten: Du
verfälschte Bibel | Bist des Teufels Kübel | Wo steckt alles Uebel).

Nachdem dieses Werk von Casp. Ulenberg, †1617, Köln 1630, Fol., stark überarbeitet, dann wieder von den Mainzer Theologen, Köln 1662, Fol., verbessert worden
war, erschien es gewöhnlich u. d. T.: Catholische Bibel, s. die Ausgaben bei Panzer
a. a. O. S. 160 ff., und so hatte die kathol. Kirche allmählich eine Übersetzung
erhalten, die von ihrer Grundlage zwar sehr bedeutend, aber nicht zu ihrem Vorteil abwich; im ganzen herrscht das Streben nach Wörtlichkeit, der Text der Sixtin. Vulgata
war maßgebend.

Etwa nach Verfluß eines Jahrhunderts versuchte man sich zunächst in den protestantischen Kirchen wieder in neuen Übersetzungen; sie sind ein treuer Spiegel des
Zeitgeistes: Glaube wie Unglaube, Vertiefung wie Verflachung, Reaktion wie Revolution suchten darin ihre Siege. Die äußersten Extreme, widersinnige Wörtlichkeit, und
schales, das Schriftwort mehr als nur verwässerndes Modernisieren wurden durchgemacht
und Klopstocks Ode "die deutsche Bibel", daß der hl. Luther bitte für die Armen,
denen Geistes Beruf nicht scholl, war schon lange vorher am Platze. Aber auch die
Besseren übersetzten in gar manchen Stellen allerdings richtiger, etwa auch besser, im
ganzen aber, der deutschen Art, dem biblischen Tone nach blieben sie hinter Luther weit

zurück, sodaß es gar nicht wunder nimmt, wenn es die Mehrzahl dieser Übersetzer nur
zu einer flüchtigen Bedeutung zu bringen vermochte. Von ganzen Bibeln erschien zuerst
die des reformierten J. Piscator, Herborn 1602 ff., 4 Bde 4°, und oft, die sogenannte
Strafmich=Gott=Bibel (Mc 8, 12, „wann disem geschlecht ein zaichen wirdt gegeben
werden, so straaffe mich Gott"), die in Bern (s. J. J. Frickart, Beiträge zur Geschichte
der Kirchengebräuche im ehemal. Kanton Bern, Aarau 1846, 8°, S. 52; Mezger a. a. O.
S. 286 ff., vor allem Rud. Steck, Die Piskatorbibel und ihre Einführung in Bern
im Jahre 1684. Eine Studie zur Vorgeschichte der schweizerischen Bibelübersetzung, Rek=
toratsrede, Bern 1897), und auch in einigen anderen Gegenden in kirchlichen Gebrauch kam.
In Bern erschien 1684, 4 Bde Fol. und 4°, eine offizielle Ausgabe, der im Laufe der
Zeit weitere folgten; noch 1847—48 wurde sie von der dortigen Bibelgesellschaft neu
aufgelegt. Die Übersetzung ist sprachlich schwach, undeutsch und breit, sie sucht ängstlich
den Text wiederzugeben, latinisiert aber daneben so stark, daß die Benutzung der lat.
Übersetzung des Junius und Tremellius dabei sichtbar ist. Notiert sei die Übersetzung
„allerley" für πάντας und πάντων 1 Ti. 2, 1. 4. 6. Tit 2, 11. — In der lutherischen
Kirche erschienen zuerst die Perikopen in der „Evang. Kirchen=Harmonen" des Herzog
August von Braunschweig 1644 neu übersetzt, vgl. J. M. Göze, Verzeichnis seiner
Samml. ꝛc. S. 198 ff., als aber auf Befehl desselben Herzogs der jüngere J. Saubert
eine Übersetzung übernommen hatte, so wurde nach dem Tode des Herzogs der Druck
inhibiert und das Gedruckte (Lüneb. 1666, 4°, bis 1 Sa 17, 58) unter Verschluß
genommen; das Prinzip strenger Wörtlichkeit herrschte auch hier, übrigens vgl. Göze
a. a. O. S. 212 ff. Im folgenden Jahrhundert entstand im mystischen Interesse die
Berleburger Bibel 1726—1742, 8 Bde Fol., von J. F. Haug u. a. mit einer
nicht eigentlich neuen, sondern nach dem Grundtext ziemlich stark überarbeiteten Lu=
therschen Übersetzung, daneben ward aber auch die Züricher Übersetzung benützt, s. Mezger
a. a. O. S. 283; u. A. Bibelwerke. Die Wertheimsche Bibel, Wertheim 1735, 4°,
von J. Lor. Schmidt, war um mehrere Jahre verfrüht: es durfte nur der erste, die
5 Bücher Moses enthaltende Band ans Licht gestellt werden. Die Übersetzung ist ab=
geschmackt breit und umschreibend und dabei herrscht das naturalistische Interesse alles
außerordentliche und wunderbare zu beseitigen. 1 Mose 19, 26. „Lots Frau blieb
zurück und sahe sich eine Weile um: wurde aber dem Feuer ergriffen und lag
nachgehends da, von harzichtem Dampf angelaufen und erstarrt, wie ein steinernes
Bild." Vgl. Sammlung von (34) Schriften für und gegen das Werth. Bibelwerk
1738, 4°, und J. N. Sinnhold, Ausf. Historie der W. Bibel, Erfurt 1739, 4°. — Dem
gelehrten J. D. Michaelis fehlte zum Übersetzer der gewandte, treffende deutsche Aus=
druck und Geschmack, seine Übers. (AT. Gött. 1769 ff., 13 Bde 4°, 2. A. 1—4 und 6,
1773 ff.; ohne Anmerk. AT. 1789, 2 Bde 4°, NT. 1790, 2 Bde 4°) ist breit, echt
hausbackene Kost damaliger Zeit; vgl. (C. F. Bahrdt) Kritiken über die Mich. Bibel=
übersetzung, Frankf. a. M. 1773, 8°, und J. H. Voß in Jen. Allg. Litt.=Zt. 1804,
Nr. 25. Breit und matt übersetzt auch J. H. D. Moldenhauer, AT., Quedlinburg
1774 ff., 10 Bde 4°, NT. 1787 f., 2 Bde 8°. Simon Grynaeus, Basel 1776 f.,
5 Bde 8°, 2. Aufl., Berl. u. Bas. 1782, 3 Bde 8°, paraphrasiert mit engerem An=
schluß an die Textesworte in modernisierender Weise. Die historischen Bücher des AT.s
sind im Auszuge gegeben, die Evangelien synoptisch in einander verschmolzen. — Um durch
eine „edele und gebildete" Übersetzung, statt der veralteten Lutherischen, zum Verständ=
nis der hl. Schrift zu verhelfen, gab Prälat Ge. F. Griesinger die hl. Schrift „nach den
neuesten besten deutschen Übersetzungen" heraus, Stuttg. 1824, 8, worin von 11 neu=
testamentl. Briefen die Bahrdts gegeben sind. Doch die Zeit hatte bereits gezeigt, daß
sie bessres haben wollte und geben konnte, dies beweist von W. L. M. de Wette,
und J. C. W. Augusti, Heidelberg 1809—1814, 6 Bde 8°, bezeichnet jedenfalls einen
bedeutsamen Fortschritt und namentlich hat sie durch den Rücktritt Augustis, der der
Arbeit in keiner Beziehung gewachsen war, in der 2. umgearbeiteten Aufl. 1831 f.,
3 Bde 8° (3 Aufl. 1838 f., 4. Aufl. 1858), bedeutend gewonnen. In Anschluß an
Luthers Art verbindet de Wette mit außerordentlicher Gewandtheit in kurzem, treffen=
dem, geschmackvollem Ausdruck exegetischen Takt, der über Schwierigkeiten nicht selten
glücklich hinüberhilft. Die Übersetzung in Bunsens Bibelwerk (Leipz. 1858—1869, 8°),
die Hagiographen von Ad. Kamphausen, die Apokryphen und das NT. von H. J. Holz=
mann soll als verständlichere dem Gemeindeinterresse dienen; ebenso die Darbystische.
Von dieser erschien zuerst das NT. (4. Aufl., Elberfeld, C. Brockhaus, II. 4°), dann
auch das Alte.

Zahlreiche Übersetzungen erschienen in der katholischen Kirche. Die herkömmliche katholische blieb meist die Grundlage, man folgte der Vulgata, berücksichtigte hier und da etwa den Grundtext, selten nur diesen. Änderungen wurden genug angebracht, sie betrafen aber überwiegend nur die Form; die Sprachform wurde der eben herrschenden anbequemt. Die Extreme wurden vermieden, man hielt sich meist treu und verständlich. In diesem Sinne hielten sich zur früheren Th. Aqu. Erhard, Augsb. 1722, 2 Bde Fol., 6. Aufl. 1748, die Benediktiner des Kl. Ettenheimmünster unter Leitung von Germ. Cartier, Konstanz 1751, 4 Bde Fol., 3. Aufl. 1770 (paraphrasierend), Fr. Rosalino („von unzäligen Sprachfehlern gereiniget"), Wien 1781, 3 Bde 8⁰, Seibt, Prag 1781, 8⁰, Ign. Weitenauer, Augsb. 1777—1781, 14 Bde 8⁰, und (Jos. Fleischütz), Fuld 1778 ff., 8⁰. Als neu verdeutscht giebt sich die anonyme, Wien 1793, 12 Bde 8⁰. Selbständiger arbeitete H. Braun, Augsburg 1788—1805, 13 Bde 8⁰, 2. A., verbessert von M. Feder, Nürnberg 1803, 3 Bde 8⁰, 3. A., umgearbeitet von Jos. Fr. Allioli, Nürnb. 1830—1832, 6 Bde 8⁰, worauf sie, da sie allerdings durch den letzteren eine andere Gestalt gewonnen und mit Vermeidung des Modernisierens auf Luthers Art zurückgelenkt hatte, unter Alliolis Namen erschien, so 3. verb. Aufl., Landshut 1838, 6 Bde 8⁰; vom NT. erschien die 4. Aufl., Landshut 1855, 8⁰. Im gleichen Sinne, aber auch aus der Vulgata hat H. J. Jäck, Leipzig 1847, 8⁰, übersetzt. Aus dem Grundtext übersetzte Dom. v. Brentano, aber zuminch frei und modernisierend; das NT. erschien zuerst Kempten 1790f., 3 Bde 8⁰, 5. A. Grätz 1813f., 4 Bde 8., dagegen vollendete er die Bearbeitung des AT.s nicht. Sie wurde fortgesetzt von Th. A. Dereser und J. M. A. Scholz, Frankf. a. M. 1797—1833, 4 Tle. in 15 Bänden 8⁰, und erschien währenddem größtenteils auch in 2. Aufl. Daran schließt sich die Bearbeitung des NT.s von Scholz, Frankf. a. M. 1828—1830, 4 Bde 8⁰. Treuer hielten sich K. und Leand. von Eß, NT., Sulzb. 1807, 8⁰, und sehr oft, AT. von L. v. E., 2 Bde, Sulzbach 1822, 1836, 8⁰.

Noch sei bemerkt, daß man es auch an Übersetzungen ins Judendeutsch nicht fehlen ließ und daß selbst einige Afterübersetzungen (abgesehen von denen aus der Vulgata) geliefert wurden. Eine aus dem Französischen des Martin enthält das aus dem Französischen übersetzte, von Rom. Teller, J. A. Dietelmair u. a. besorgte Bibelwerk, Leipz. 1749—1770, 19 Bde 4⁰, eine aus dem Englischen Sam. Nelsons antideistische Bibel, übersetzt von Ge. W. Panzer. Erlangen 1766—1778, 8 Bde 4⁰ (AT. bis Hohel.). Das NT. übersetzte M. A. Wittola, Wien 1775 f., 3 Bde 8⁰, aus dem Französischen.

Wenn bisher fast ausschließlich die über die gesamte hl. Schrift sich erstreckenden Übersetzungen in Berücksichtigung kamen, so ist nun auch noch auf die eines Teiles derselben hinzuweisen. Von denen geringerer Stücke sehen wir billig gänzlich ab, aber auch ein Verzeichnis der einzelnen Bücher zu geben, würde nicht leicht des rechten Ortes sein. Über diese sei nur dies bemerkt, daß ihre Zahl, in früherer Zeit ziemlich gering, erst etwa seit der Mitte des vorigen Jahrhunderts außerordentlich angewachsen ist, wo es gebräuchlich wurde, der Erklärung eine Übersetzung beizugeben. Sie tragen den Stempel der Zeit und sind mit ehrenwerten Ausnahmen im ganzen ziemlich gering ausgefallen. Zunächst das AT. anlangend, so hat sich neuerlich das Streben nach Verähnlichung des Originals in einer Weise geltend gemacht, daß die Bildsamkeit des Deutschen harte Proben zu bestehen hatte. F. Rückert (Hebr. Propheten, Lief. 1, Leipz. 1831, 8⁰), ging voran und diese Art ist die herrschende geworden, wenn sie auch von den einzelnen strenger oder milder und unter verschiedener Begabung zur Anwendung kam. Bei den dichterischen Büchern bediente man sich entweder eines Metrums, namentlich des Jambus und konnte damit freilich nur eine freie Nach- oder vielmehr Umbildung geben, oder gewöhnlicher folgte man dem Original, das sich ohne Silbenmessung bloß in parallelen Gliedern und rhythmischer Messung der Sätze bewegt. Von einzelnen Arbeiten gehören die von Jos. Lauber, Bd I (5 Bücher Mos.), Wien 1786, 8⁰, (R. F. O. Heinzelmann) Halle 1801, 2 Bde, 8⁰ (bis 2 Mos. Kap. 28), K. G. Kelle, 4 Bde (Salom. und Mos. Schriften) Freiberg 1815—1821, 8⁰ und E. F. Ch. Oertel, Bd I (5 B. Mos.), Ansbach 1817, 4⁰, der modernisierenden Richtung an, M. Mendelssohn lieferte eine verständige Übersetzung der 5 Bücher Mos. (Berlin 1780 ff., 3 Bde und öfter) und der Psalmen (Berlin 1783, 2. Aufl. 1788, 8⁰). Zahlreiche Übersetzungen erschienen in den letzten 3 Jahrhunderten in gebundener und ungebundener Rede von den Psalmen; von denen, welche zum gottesdienstlichen Gebrauche bestimmt waren, nennen wir nur die viel gebrauchten und oft gedruckten von Casp. Ulenberg „in allerlei Teutsche gesangreimen gebracht", Köln 1582, 8⁰, und die deutsche Übersetzung der fran-

zös. Pf „in Teutsche Reimen verstendtlich und deutlich gebracht, nach Frantzösischer Me-
loden und Reimart durch Ambr. Lobwasser, Newstadt an der Hardt 1582, 8"." Letztere,
Bremen 1616 auch niederdeutsch erschienen, diente den Reformierten als Gesangbuch. —
Die neuesten israelitischen Bibeln von H. Arnheim, J. Fürst, M. Sachs unter Redaktion von Zunz, Berlin 1837, 8", 6. Ausg. 1855; L. Philippson, Leipzig 1839 ff.,
8", mit ausführl. Erklärung nebst Einleitungen, 4 Bde, Leipz. 1854, 8", 3. Ausgabe
1862, 8"; S. Herxheimer, Berlin 1842 ff., 8", 2. Ausg. Bernburg 1854, 8", erstreben
Treue und dienen in ihrem Judendeutsch der Synagoge. Von den Übersetzungen größerer Stücke des AT.s sind die der Propheten von H. Ewald, Stuttg. 1840 f., 2 Bde,
8", und Ferd. Hitzig, Leipz. 1854, 8", und der poetischen Bücher von H. Ewald, Göttingen 1835 ff., 4 Bde, 8", und E. Meier, Stuttg. 1854, 8", hervorzuheben. Eine
unseren heutigen Anforderungen entsprechende wissenschaftliche Übersetzung des AT.s ist
erst durch Ed. Reuß und das von Kautzsch geleitete Unternehmen zu Stand gekommen.
    Die Übersetzung von Ed. Reuß, eine Bearbeitung seines französischen Bibelwerks,
hat den Vorzug von Einleitungen und Erläuterungen, und verrät wie die Originalität
so den Geschmack des Verfassers, aus dessen Nachlaß es von Erichson und Horst 1892
bis 1894 in 7 Bänden bei C. A. Schwetschke und Sohn in Braunschweig herausgegeben wurde (Erster Band Allgemeine Einleitung zur Bibel. Ueberblick der Geschichte der Israeliten von der Eroberung Palästinas bis zur Zerstörung Jerusalems.
Die Geschichtsbücher. Richter, Samuelis und Könige. 1892. 2. Die Propheten. 3. Die
heilige Geschichte und das Gesetz. Der Pentateuch und Josua. 93. 4. Die Kirchen-
chronik von Jerusalem. Chronik, Esra, Nehemia. 5. Die hebräische Poesie. Der
Psalter, die Klaglieder und das Hohelied. 6. Religions- und Moralphilosophie der Hebräer. Hiob. Das Salomonische Spruchbuch. Der Prediger. Die Weisheit Jesus,
des Sohnes Sirachs. Das Buch der Weisheit Salomos. Lehrreiche Erzählungen und
andere erbauliche Schriften aus den letzten Zeiten des vorchristlichen Judentums: Jona,
Tobia, Susanna, die Pagen des Darius, Baruch, das Gebet Manasses. 94. 7. Die
politische und polemische Litteratur der Hebräer. Ruth. 1 und 2 Maktabäer. Daniel.
Esther. Judith. 3 Maktabäer. Bel und die Schlange. Die Epistel des Jeremia. Register. (Schluß). Das letztere (Die Heilige Schrift des Alten Testaments in Verbindung mit . . .
Baethgen . . . Guthe . . . Kamphausen . . . Kittel . . . Marti . . . Rothstein . . .
Rüetschi . . . Ryssel . . . Siegfried . . . Socin übersetzt und herausgegeben von
E. Kautzsch) erschien in 10 Lieferungen 1890—94 bei J. C. B. Mohr in Freiburg.
Erstes Vorwort Juni 1890, zweites Mai 94. Dem Texte (1012 Seiten) sind nur
wenige kritische Anmerkungen beigegeben, und am Rand bei Pentateuch, historischen
Büchern und Jesaia die Chiffern für die Quellenscheidung beigedruckt. In besonderer
Band Beilagen. Mit einer Karte von Palästina (XVIII. 216 S.) giebt 1. Texktri-
tische Erläuterungen S. 1—98, Ein Register der Eigennamen, Maße u. Gewichte, Übersicht über die Geschichte der Israeliten S. 110—135), zuletzt aus der Feder des
Herausgebers einen „Abriß der Geschichte des alttestamentlichen Schrifttums". (Ursprünglicher Subskriptionspreis bis zu einem Umfang von 60 Druckbogen 9 Mk., schließ-
licher Preis 12 Mk. Zweite Ausgabe: April 1896 mit sorgfältiger Korrektur der
Stereotypplatten; s. u. a. Budde ThLZ 92, 13. 94, 20. 96, 20).
    Gehen wir zu den Übersetzungen des NT.s über. Erst im 17. und besonders im
18. Jahrh. glaubte man durch neue Übersetzungen dem Verständnisse zur Hilfe kommen
zu sollen. Die nächste Richtung ging auf treue, strengste Wörtlichkeit. Abgesehen von
der mir nur aus Le Long, Bibl. s. II, p. 181 bekannten Übersetzung von J. Adam
Lonicerus, Frankf. 1590, 8", und von der des Am. Polanus v. Polansdorff, Basel
1603, 8", die trotz der gleißnerischen Vorrede wesentlich nur eine schwach und wenig
geschickt überarbeitete lutherische ist, so erschien in dieser zunächst die socinianische (von
J. Crell und J. Stegman d. ä. mit Zuziehung anderer socin. Gelehrter), Rackau
1630, 8". Da Luthers Übersetzung sehr stark benutzt ist, so hat der hermeneutische
Grundsatz nicht so übel eingewirkt, als sonst geschehen wäre, aber auch die dogmatische
Parteistellung blieb nicht ohne nachteilige Einwirkung. Der Logos (Jo 1) ist „die
Rede", „alle Dinge geschehen durch sie, und ohne sie geschah nichts ein einzig Ding,
welches geschehen ist" (1, 3) „und die Rede war Fleisch" (1, 14). Die zu Amsterdam
1660, 8", erschienene Übersetzung (vom Socinianer Jer. Felbinger) sucht ihr Muster,
die Rackausche, zu überbieten und hat durch Buchstäblichkeit das Deutsche sehr verun-
staltet; übrigens vgl. Ge. H. Goezius, De vers. NT. Felbingeriana, Lubec. 1706,

4°. Durch diese Beispiele nicht gewitzigt, schritt man vielmehr in dieser Weise bis zum Äußersten vor. Barbarisch ist die Übersetzung des Reform. J. H. Reitz, Offenbach 1703, 8°, und doch erlebte sie bis 1738 5 Auflagen, indessen viel schlimmerer Art die von C. E. Triller (Amsterdam 1703, 8°), in der wir z. B. Rö 1, 12 den untereinander Glauben, 1, 19 das kennerliche Gottes, Mt 6, 11 das zuwesentliche Brot finden; übrigens vgl. G. Olearius, Observatt. circa orac. Jes. Matth. 4, 14. 15, Lips. 1704, 4°, und G. Ge. Zeltner, De novis bibl. verss. germ. non temere vulgandis etc. Ed. II. Altdorf 1711, 4°. Schließlich kam J. J. Junckherrot (Offenbach) 1732, 8°, und lieferte ein gar possierliches Kauderwelsch. So lautet „Treibungen derer H. Geschichten da abhin“, 1, 1 „die zwar vorderste rede habe ich gethan von aller da o küsser Gottes welcher hat angefangen der Jesus da zu machen beydes euch zu lehren da“. Eine handschriftliche Übers. ungefähr aus dieser Zeit, die J. M. Göze besaß, s. Verzeichnis x. S. 243 f., war ziemlich treu und fließend. Andererseits übersetzte der Graf L. v. Zinzendorf (Ebersdorf 1727, Büdingen 1739, 8°), sich seinem gemütlichen Genius überlassend, sehr frei „in einem stylus, der ein wenig cavalier, bei dem sein eigentlicher National=Trant allenthalben zu merken“. Daß er den Orthodoxen zum Ärgernis gereichte (vgl. z. B. J. H. Benner, Tirocinium Zinzend., Giss. 1742, und s. Acta historico-eccles. Bd 5, S. 410 ff.), war nicht zu verwundern, meinte er doch, unser Heiland möge selbst „sehr platt geredet und vielleicht manche Bauren= Phrasin gebraucht haben, dahinter wir itzt etwas ganz anders suchten, weil wir den Idiotismum der Handwerkspursche zu Nazareth nicht wüßten“. Ebenso frei hielt sich auch der theosophische Timotheus Philadelphus (J. Kayser, Arzt in Stuttgart) 1733 f., 8°, doch 1735 f. lieferte er auch eine Übersetzung nach dem Buchstaben. Die nächsten Übersetzer waren Ch. A. Heumann, Hannover 1748, 2 Bde, 8°, 2. A. 1750, und J. A. Bengel, Stuttg. 1753, 8°, 3. A. 1771. Ersterer folgt ziemlich genau dem Texte, aber mit der „feinen und zierlichen Schreibart ists nicht weit her“; zu den Angriffen Kohlreifs und Frischs s. Ge. A. Cassius, Lebensbeschreibung Heumanns, Kassel 1768, 8°, S. 414, 416 ff. Bengels Arbeit sollte neben der fließenden Lutherschen Übersetzung durch engern Anschluß an das Griechische „Etlichen dienen“, aber sie ist damit steif und undeutsch ausgefallen.

Es kam die Zeit der Neologie. Diese zeigte auch hier ihren völligen Mangel an historischem Sinn. Das Geschäft des Übersetzers und Auslegers mit einander vermengend, kam sie weiter zu dem leidigen Modernisieren. Indem die hl. Schriftsteller ganz in der damals gewöhnlichen Redeweise auftreten sollten, wurde nicht nur die ursprüngliche Form gänzlich verwischt, sondern es konnte auch nicht ausbleiben, daß selbst die Gedanken alteriert und gefälscht wurden. An die Stelle des urkräftigen, vollen und reichen urchristlichen Rede= und Gedankenkreises trat ein blasser, matter, den Errungenschaften der hausbackenen Zeit also angepaßter Abklatsch, daß alles Dämonische verschwand, aber freilich auch von dem Wehen des Geistes nichts mehr zu verspüren war. Das extremste Produkt dieser Richtung sind die „neuesten Offenbarungen Gottes — verteutscht“ von C. F. Bahrdt, Riga 1773 f., 4 Bde, 8°, 3. A., Berlin 1783, 8°. Mt 2, 23, „worauf man die alte Sage deuten kann“. 5, 4 „Wohl denen, welche die süßen Melancholieen der Tugend den rauschenden Freuden des Lasters vorziehen, sie werden reichlich dafür getröstet werden.“ Daß dagegen J. M. Göze (Beweis x., Hamb. 1773, 8°), seine ernste Stimme erhob, Goethe 1774 (Werke, Stuttgart und Tüb. 1828, kl. 8°, Bd 13, S. 107 ff.) seinen Witz versuchte, wollte in dieser Zeit nicht verfangen, noch weniger konnte das Konklusum des kaiserlichen Reichshofrates 1779 von Wirkung sein. Viel geringer und in mannigfaltiger Abstufung erscheint das Modernisieren bei den andern Übersetzern. Der verdiente Philolog Ch. T. Damm, (Berlin 1765, 3 Bde 4°), brachte die Neologie wenigstens nur in die Anmerkungen, vgl. dagegen A. G. Masch, Prüfung x., Bützow und Wismar 1765, 1767, 2 Bde, 8°, auch Ph. M. Hahn, (Winterthur 1777, 12°), hielt sich auf Grundlage Luthers ziemlich treu, verfuhr aber so puristisch, daß auch die Namen Christus, Evangelium, Apostel u. dergl. übersetzt wurden, wogegen J. G. Sillig, Leipz. 1778—1786, 8° (Mt—Rö) stark modernisierte. Weiter gehören hierher J. Ch. F. Schulz, Bd I, Evang., Leipz. 1774, 8°; G. W. Rullmann, Lemgo 1790 f., 3 Bde, 8°; J. A. Bolten, Altona 1792—1806, 8 Bde, 8°; J. O. Thieß, Hamb. und Gera 1794—1800, 4 Bde, 8°, Evang. und AG; G. F. Seiler, Erl. 1806, 2 Bde, 8°, 2. A., 1822; J. C. R. Eckermann, Kiel 1806—1808, 3 Bde 8°; J. W. F. Hezel, Dorpat und Leipz. 1809, 8°; Ch. F. Preiß, Stettin und Leipz. 1811, 2 Bde, 8; L. Schuhtrafft, Stuttg. 8°. War die Sprache auch wohl eine fließendere, so konnte sie jedoch nicht den breiten, paraphrastischen, die Gedanken verdünnenden Charakter vergessen machen. Wegen geschmackvollerer Haltung fand nicht mit Unrecht J. J. Stolz den meisten Beifall. Die Übersetzung erschien zuerst Zürich 1781 f., Bd I von J. L. Vögeli, Bd II von Casp. Häseli und Stolz; die 2. A. 1795 war ein neues von Stolz allein geliefertes Werk, 4. A. Hannover 1804, 2 Bde, 8". Zur Rechtfertigung ließ St. Anmerkungen zu seiner Übersetzung erscheinen, 6 Hefte, Hannover 1796 1800, 8". Über die Verketzerung Stolz's von seiten J. L. Ewalds f. Stolz, Nötige Antwort x., Helmst. 1797, 8" und Die Verketzerer, Altenb. u. Erfurt 1800, 8". Im Jahre 1820 lieferte Stolz auch eine wörtliche Übersetzung. Die Zeit dieser Richtung war abgelaufen; J. Goßner, München 1815, neue nach dem Grundtexte revidierte Ausg., Leipz. 1825, 8", hält sich im Anschluß an Luther etwas wörtlicher, Richters u. a. Arbeit, Zwickau 1830, war ein verunglücktes Denkmal des großen Jubeljahres. Die neueren Überf. H. A. W. Meyer, Gött. 1829, 8", 2 Abt.; E. G. A. Bödel, Altona 1832, 8"; J. R. W. Alt, Leipz. 1837—1839, 4. Abt. 8", besonders aber K. v. d. Heydt, Elberf. 1852, 8", 3. umgearb. Aufl. 1869, 8", Fr. Rengsdorff (Hamburg 1860, 8') und C. Reinhardt, Lahr 1878, 8", erstrebten mögliche Treue, ohne damit freilich immer dem Deutschen gerecht zu werden. Als neueste Übersetzung ist die von Carl Weizsäcker zu nennen (Tübingen 1875, 8", ² Freiburg i. B. 82, ³⁺⁴88, ⁵92, ⁶⁻⁷94; nach eigener Textbearbeitung und mit immer erneuten Verbesserungen, aber denselben Stereotypplatten seit 82, f. AG 1, 42 wohnneu und Auderer, 1 Ko 15, 55 x.), vgl. darüber Jenaer LZ 1875, Nr. 40. Als Kuriosität sei „das Neue Fermähtnis" erwähnt, von dem Mt und Jo, Leipzig 1875, 2 Bde, 8°, erschienen. Schließlich darf die wohlgelungene Offenbarung Johannis von J. G. Herder, Riga 1779, 8°, nicht unerwähnt bleiben.

Auch von Katholiken erschienen seit Ende des vorigen Jahrhunderts neue Übersetzungen. Sie floßen aus der Vulgata, doch meist unter Berücksichtigung des Grundtextes und halten sich, etwa die modernisierende und paraphrasierende J. Babors, Wien 1805, 3 Bde, 8", ausgenommen, auf einem mittleren Niveau; das Traditionelle schlägt natürlich oft genug durch. Vgl. die von Christoph Fischer, Prag 1784, Trier 1794, 8"; Seb. Mutschelle, München 1789 f., 2 Bde 8"; B. Weyl, Bd I, Mainz 1789, 8"; J. Ge. Krach, Freiburg 1790, 2 Bde, 8", 2. A. 1812; die anonyme, Wien 1792, 3 Bde, 8"; die von B. B. M. Schnappinger, Mannheim 1787—1799, 3 Bde, 8", 3. A. 1817, 4 Bde; C. Schwarzel, Ulm 1802—1805, 6 Bde, 8" (Evangelien); die anonyme Salzburg 1808, 8"; die (von M. Wittmann) nach der Vatikan. A., Regensb. 1809, 8, u. oft; von J. M. Sailer, Grätz 1822, 8", und die von J. H. Kistemaker, Münster 1825, 8", welche von der engl. Bibelgesellschaft verbreitet wird. Die des Deutschkatholiken Ant. Maur. Müller, Berlin 1845, 8", hält sich treu nach dem Grundtexte.

Zu S. 122 ist nachzutragen: Die althochdeutschen Glossen, gesammelt und bearbeitet von Elias Steinmeyer und Eduard Sievers. Berlin, Weidmann. I. Bd: Glossen zu biblischen Schriften. gr. Lex. 8". (XVI u. 821 S.).

(O. F. Fritzsche †) Eb. Nestle.

4. Ägyptische Bibelübersetzungen.

Litteratur: J. P. Martin, Polybiblion 1886. 1. 126; L. Stern, Kopten. Koptische Sprache und Litteratur, Ersch und Gruber 2. 39. 1886. 12—36; J. B. Lightfoot, in J. H. A. Scrivener's Plain introduction, für die vierte von Edw. Miller besorgte Auflage 1894. II 91—144 revidiert von G. Horner, mit Zusätzen von A. E. Headlam: H. Hyvernat, étude sur les versions coptes de la Bible. Revue biblique 5 (1896) 3, 427—433 (nombre des versions coptes) 540—569 (ce qui subsiste de ces versions), 6 (1897) 1, 48—62 (3. ce qui a été publié des versions égyptiennes), 63—68 (4. date des versions coptes) 68—74 (5. nature et importance des versions coptes); A. Schulte, Die koptische Uebersetzung der vier großen Propheten, Münster 1893; Die kopt. Überf. der kleinen Propheten ThQS 1894/95; Tischendorf-Gregory III, 859—893.

„Il est difficile de traiter d'une manière définitive, ou même d'une manière provisoire mais suffisante, la question des versions égyptiennes" (Hyv. l. c. 427). Ganz gewiß, und doch gehören einzelne der ägypt. Übersetzungen zumal des AT.s zu unsern wichtigsten Texteszeugen und sind, nach den syrischen, die ersten in barbarischer Sprache, von denen wir hören (K. Müller, Kirchengesch. 1, 102).

Bis vor kurzem unterschied man 3, jetzt kennt man 4 beziehungsweise 5 ägyptische Dialekte und Bibelübersetzungen.

1. **bohairisch**, nach früherer unrichtiger Vokalisierung **bahirisch** — Bohirica bei Gregory 3, 860. 1328 scheint Versehen — der in der Bohaira d. h. (arab.) Meergegend gesprochene Dialekt, niederägyptisch, früher **memphitisch** genannt, aber mit Unrecht, weil dieser Dialekt erst mit der Verlegung des Patriarchats von Alexandria nach Kairo in die dortige Gegend übertragen wurde;

2. **sahidisch** d. h. der Dialekt von Oberägypten (arab. es-saʿîd, סעיד אל) früher **thebanisch** genannt;

3. Das **Basmurische** oder **Buschmurische**, das Athanasius von Kos im 11. Jahrh. neben den beiden erstgenannten aufführte, identifizierte man teils mit demjenigen Dialekt, den man in Handschriften auffand, die aus dem **Faijum** (Fajum) stammen, teils mit dem erst in neuester Zeit in Handschriften aus **Achmîm** gefundenen. Besser vermeidet man die Bezeichnung und sagt **faijumisch** (andere: fajumisch ꝛc.), womit

4. **mittelägyptisch**, namentlich in Handschriften vom Jeremiaskloster beim Serapeum (Theben) nahe verwandt ist. Von beiden unterscheidet sich wieder

5. **achmîmisch**, der Dialekt in Hdss. aus Achmim, dem alten Chemmis, Panopolis.

Dem Bohairischen, als dem Nord- oder Niederägyptischen stehen die 4 letztgenannten Dialekte als näher verwandt gegenüber. Das erstere ist mit der Verlegung des Patriarchats nach Kairo zur Kirchensprache des ganzen Landes geworden, daher zuerst in Europa bekannt und kurzweg koptisch d. h. ägyptisch genannt worden. In allen vier Dialekten (wenn man faijumisch und mittelägyptisch zusammennimmt) giebt es mehr oder minder vollständige Übersetzungen der Bibel, deren Anfänge spätestens im dritten Jahrh., wenn nicht schon im zweiten, zu suchen sind, so J. K[rall], Das christliche Aegypten Allg. Zeitg. 1888, 17 B.; ähnlich Hyv. p. 66. 67 vers la fin du deuxième siècle au plus tard; Steindorff (koptische Grammatik 1894, S. 2) „etwa am Ende des 3. Jahrh.".

Von der **bohairischen** Übersetzung kennt Hyvernat (a. a. O.) an Handschriften zum Pentateuch 5, zu den geschichtlichen Büchern nur ein Exzerpt der auf den Tempelbau sich beziehenden Kapitel und Bruchstücke in den liturgischen Büchern, namentlich dem Euchologium und κατα μερος (s. Lagarde, Orientalia I. AGG 24 [1879] 4. 48. 65—88. 99), zu Job 2, den Psalmen 14, Proverbien 5, von denen jedenfalls 3 nur c. 1—14 enthalten, kleine Propheten 4, Da 4, Jes 4, Jer 3, Ez 1. Vom NT. zu den Evv. über 60, Briefen und AG über 30, Apk 12.

Viel weniger existiert in den andern Dialekten; **sahidisch** nur 7 Hdss., welche ganze Bücher oder beträchtliche Teile von solchen enthalten (Wei, Si, Jo, Cath. Briefe, Apk); ein Psalter stammt nach Krall (Mitteilungen aus der Sammlung Rainer I, 168. II—III, 77. 267) schon aus dem III. oder IV. Jahrh.; weiter 5 Lektionarien oder Liturgische Bücher, 7 Werke mit biblischen Citaten, darunter in erster Linie die Pistis Sophia; Pergamentfragmente in den Sammlungen, welche Borgia, Nani, Woide, Curzon, die Pariser Bibliothek, Erzherzog Rainer zusammenbrachten; Papyrusfragmente in Turin, Wien, Berlin, Paris, London (Flinders Petrie); ein paar Palimpseste und selbst ein paar Ostraka.

Faijumisch und **Mittelägyptisch**, das Headlam bei Scrivener⁴ trennt, nimmt Hyvernat zusammen und zählt Bruchstücke aus Ex 15, Jes, Threni, Epist. Jer, Cant. III puerorum; Mt, Mc, Jo; Rö, 1. 2. Ko, Eph, Phi, 1 Th.

Achmîmisch kennt man bis jetzt Bruchstücke von Ex, 12 Proph, 2 Mak, vom NT. Judas, Jac.

Gedruckt erschien: **Bohairisch** (1659 Pf 1 Lond. 4°) 1731 Pent v. Wilkins, 744 Pf mit Hymnen v. Tuki, Jer 9, 17—13 in Reliquiae Aegypt. ed. Mingarelli I. Bol. 1785, Dan 9 in Münters Specimen versionum Dan. copt. . . . memphitice et sahidice 1786, cf. Eichhorn, Biblioth. 1, 418—429; 1810 Zach. von Quatremère (Not. et Extr. des Mss. 8, 220); Jes 1, 1—16. 5, 8—23 in Zoegas Katalog 1810 u. 1811 von Engelbreth (Havniae 4°); 1826 Psalmen nach Tuki von der Brit. Bibelgesellschaft; 1836 kleine Proph. von Tattam, 37 Psalter von Ideler, 43 von Schwartze, 46 Job von Tattam, 49 Daniel von Bardelli, 52 große Proph. von Tattam, 54 Gen 1, 1—27, 25 von Fallet, 67 Pentateuch von Lagarde, 70 Baruch von Bschai, 72 Bruchstücke von Ludwig Stern, ZägSpr. 14, 119 f. (β Reg. 6, 1—20) A. Brugsch, Der Bau des Tempels Salomos nach der koptischen Bibelversion. 72—74 Baruch von Rabis (Zeitschr.), 75 Psalter von Lagarde und Pr 1—14 (cf. Symm. 2, 9 f.), 79 Bruch

stücke (AGG 24. 43 104 aus Jos 3. 4. 23, Ri 11, a Kg 2. 16 18. 23 f. β 1. 6.
γ 2. 8 f. 17. δ 4. 1 Par. 15 f. 28 f. II 3—7. Pr 31. Sir 2). 1882 Pr 1—14
von Bouriant (Recueil de travaux rel. à la philol. et à l'archéol. égypt. et
assyr. III. Paris), wiederholt (mit 31, 10—20) 1886 von Bsciai. 94 Psalter von
F. Rossi (von 68, 17 ab, nach der Turiner Hdf. in Cinque manoscritti).

Für das griech. NT. wurde das Koptische zuerst von Fell 1675 nach Mitteilungen
von Marshall verwertet; die editio princeps lieferte Wilkins 1716, Bengel stützte sich
1734 auf Mitteilungen Cvv. von La Croze; 1829 4 Evv. bohairisch und arab. für die
brit. Bibelgesellschaft von Tattam; 1846 47 die 4 Evv. von Schwartze; nach seinem
Tod Acta und Epistolae von Bötticher (Lagarde; unbegreiflich, daß auch bei Scrivener¹ p. 109 wohl Brugschs Rezension ZdmG 7, [1853] 115—121 erwähnt ist,
nicht aber S. 456; Gelehrtenleben 25 65; 73—77; s. auch die deutsche morg. Ges.
1845—95. S. 10); 1847—52 boh. und ar. durch Tattam für die Soc. for Prom.
Christ. Knowledge.

Die Apokalypse ist noch nicht herausgegeben und gehörte wahrscheinlich anfangs
nicht zu dieser Übersetzung; die Ordnung der Evv. ist die gewöhnliche, aber die Voka-
bularien stellen Jo zuerst, Hebr zwischen The und Ti. Unter den Vorbereitungen der
Clarendon Press ist in Athen. und Ac. vom 12. Sept. 1896 angekündigt: The Mem-
phitic Version of the New Testament edited by G. Horner. Erst diese Ausgabe
wird eine sichere textkritische Verwertung ermöglichen; nach AGG 24, 3 hatte auch L.
eine Ausgabe geplant.

Was sahidisch (basmurisch, thebäisch) vor 1885 gedruckt wurde, verzeichnet Ciasca
(s. u.); es erschienen Bruchstücke des NT.s in Tukis Rudimenta 1778; von Münter 1784.
86 (Da c. 9); von Mingarelli 1785. 99, Giorgi 1789; die editio princeps von C. G.
Woide, deren Prospekt er schon 1778 ausgegeben hatte, erst 1799 durch H. Ford, nachdem
Woide schon 1790 gestorben war (2 Pfd. St. 2 Sh., die 9 letzten Exx. von Parker
in Oxford neuestens zu 12 Sh. ausgeboten). Es folgten Bruchstücke in Zoegas Katalog
1810 und Engelbreths Fragmenta 1811, dann mehr als 60 Jahre nichts mehr, obwohl diese Version eine der wichtigsten des NT.s und vielleicht bestimmt ist, die gegenwärtig herrschenden Anschauungen vom „western text" umzustoßen. Erst 1875 erschienen dann kleinere Bruchstücke in Recueil de traveaux 2, (1880) 94—105 von
Ceugney; 4 (1882) 1—4 Bouriant; 5 (1884) 105—139 Amélineau; 6 (1885)
35—37; 7 (1886) 47—48 Maspero; weiter von Maspero in den Études Égyptiennes I, 3 (1883); in den Mémoires publiés par les membres de la mission
archéologique française au Caire 1, 259 von Bouriant; von Krall in den Mitteilungen 2, 68; von O. Lemm, Bruchstücke der Sahid. Bll. nach Hdff. der k. ö. Bibl.
zu St. Petersburg, Leipzig 1885 und Sieben Sahidische Bibel = Fragmente in der
ÄgSpr. 23 (1885) 19; ebenda von E. Amélineau, Fragments thébaines inédits
du NT. 24. 1886. 41—56. 103—114. 25 (1887) 47—57. 100—110, 125—135.
26 (1888) 96—105.

Über die Ausbeute, welche die gnostischen Papyrustexte gewähren s. Gnostische
Schriften in koptischer Sprache aus dem Codex Brucianus von Carl Schmidt, Leipzig
1892 TU VIII, auch Harnack ebenda VII, 2. 34 f.

Über Studia Theologica auctore Henrico Goussen Fasciculus I Apocalypsis
S. Johannis Apostoli versio sahidica [.] accedunt pauca fragmenta genuina
diatessaroniana. Lipsiae, Harrassowitz 1895, s. K. Schmidt, ThLZ 1896, 19; v. D[ob-
schütz], LCBl 96, 43.

Von Teilen, die das AT. betreffen, sind hervorzuheben: Peyrons Psalterii Copto-
Thebani specimen 1875; P. de Lagarde, Psalterii versio memphitica 1875 (mit
lateinischen Buchstaben); Aegyptiaca 1883 (Sap. Sal, Eccli und Pf 151, neuestens
anastatisch wiederholt); A. Erman, Bruchstücke der oberägyptischen Ü. des alten Testamentes, GgN 1880. 12; O. v. Lemm (Jos 15, 7—17, 1); Amélineau (Rec. 7, 4,
197—219. 1885—10. 1889); 1882 Pr. von Bsciai (Rev. égypt. 11, 388); dann Ciasca,
Sacrorum Bibliorum fragmenta Copto-Sahidica Musei Borgiani. Rom. I. 1885
(hier S. VIII—XI die Zusammenstellung der früheren Veröffentlichungen, II. 1889.
Bd I die Reste der geschichtlichen Bücher, Bd II die der prophetischen und poetischen
Bücher enthaltend. Vgl. dazu Lagarde, Mitt. (1), 200—205 „warum ich die Fragmenta Borgiana nicht herausgeben werde" auch 4, 24; Suitbert Baeumer, Lit. Handweiser 487 (28, 17). Nach einem Ostrakon hat Maspero 4 Kg 25, 27—30 in den

Mélanges d'Archéol. I, p. 79, 1873 veröffentlicht; 1887 Job von Amélineau in Proc. Soc. Bibl. Arch.; kleine Stücke von Pſ, Ruth, 4 Kg 3, Krall in Mitt. 1, 67 ff., 2, 68.

Über die Bedeutung dieſer Überſetzung für den Septuagintatext des Buches Hiob ſ. Bſchai: une découverte biblique importante im Moniteur de Rome vom 26. Okt. 1883, abgedruckt bei Lagarde Mitt. (1), 203/205; dazu A. Dillmann, Text= kritiſches zum Buche Hiob. SBA 1890, LIII. Vgl. noch F. Roſſi, Papiri Copti II, 1889 (Alcuni Capitoli dei Proverbi di Salomone), un nuovo codice (Rom 1893 aus Hi 20—27), Di alcuni manoscritti copti . . . di Torino dal Salterio Davidico. Mm. d. R. Accad. d. scienze di Torino II. Ser. I. XLIII. 1893 p. 223—300, und dazu Rob. Atkinſon, On Prof. Rossi's publication of South-Coptic Texts R. Irish Acad. Proc. 3rd Ser. Vol. III. Nr. 1 p. 24—99. Dubl. 1893 (p. 25 bis 36 zu Pr.).

Mittelägyptiſch (faijumiſch und memphitiſch) iſt nur weniges gedruckt bei Quatre= mère, Recherches 1810 S. 228—246, Threni 4, 22—5, 22; Baruch 6, 2—72; Engelbreth (ſ. o. 1811); U. Bouriant 1888, fragments bachmouriques Cairo (= Mémoires de l'Institut égyptien II); einige mittelägyptiſche Bibelfragmente in: Études archéologiques Linguistiques et Historiques dédiées à M. le Dr. C. Leemans Leide 1885.

Achmîmiſch gab Maspero Bruchſtücke der kleinen Profeten (Recueil VIII. 181 bis 192); Bouriant (mém. I, 283) von Ex, Pr, Mat; Krall (Mitt. 2, 266) von Zach; Crum Jak 4, 12—12, Judas 17—20 aus einer Hbſ., die er dem 4. Jahrhundert zuweiſen möchte (Coptic MSS. brought from the Fayyum by W. M. Flinders Petrie. Lond. 1893), ſ. Scrivener 143 ſ.; K. Schmidt, ThLZ 1893, 23.

Nach Ciasca Bd II folgt der ſahidiſche Jeſaia genau der Hexapla, ſcheint Ezechiel nach dem Bohairiſchen revidiert, die kleinen Propheten nach dem Hebräiſchen (ob Re= zenſion des Heſychius?); für Daniel liegt im Boh. und Sah. Theodotion zugrunde. Im NT. wurde die Verwandtſchaft der ſahid. Überſetzung mit D ſchon lange erkannt; merkwürdig iſt ihre Übereinſtimmung mit dem älteren Syrer in Lc 24, 32 gravatum. Kenntnis von ägyptiſchen Überſetzungen zeigt Theodoret (MSG 83, 948); jüdiſche Nach= richten ſ. Buxtorf, lexicon talmudicum s. v. גבב und ‏ללייַח.

(O. F. Fritzſche †) Eb. Neſtle.

5. Äthiopiſche Bibelüberſetzungen.

In der alten Landesſprache des axumitiſchen Reiches, welche bei uns ſeit dem 16. Jahrh. gewöhnlich die äthiopiſche, von den Eingeborenen aber die Geez=Sprache benannt wird, iſt noch eine Überſ. der Schriften des A. und NT.s vorhanden, von jeher bei allen Stämmen der abeſſiniſchen Chriſtenheit, ſogar bei den jüdiſchen Falaſchas (vgl. Flad, Kurze Schil= derung der Abeſſiniſchen Juden S. 51), die einzige für den kirchlichen Gebrauch zugelaſſene war und dieſes ihr altes Anſehen auch jetzt noch behauptet, nachdem die äthiop. Sprache längſt zu einer bloßen Bücherſprache herabgeſunken iſt. Betreffs der Herkunft dieſer Über= ſetzung geben äthiopiſche Dichter an, ſie ſei von Abba Salama aus dem Arabiſchen ge= fertigt, welche Angabe bereits vor ca. 200 Jahren Ludolf (nachdem er ſie zuerſt als Lö= ſung der Frage freudig begrüßt; ſ. Zotenberg, catalogue des manuscrits éthiopiens de la bibl. nat. S. 3 f.) im Kommentar zu ſeiner Historia aethiopica S. 295 f. be= anſtandet hat. Er dachte dabei zunächſt an jenen frühen Abba Salama, den die Abeſſi= nier mit Frumentius, dem Apoſtel Abeſſiniens identifizieren. Aber auch dann, wenn hier ein anderer, ſpäterer Abba Salama „der Überſetzer" gemeint iſt (Zotenberg a. a. O. S. 194 Nr. 20; S. 263° Nr. 14; Dillmann, Zur Geſch. des axum. Reichs S. 20), ſo wird jene Angabe nicht glaubhafter, oder könnte doch höchſtens von einer allerdings thatſächlich nachweisbaren Reviſion der alten bereits vorhandenen Überſetzung verſtanden werden (vgl. Ztſchr. für Aſſyriologie X S. 236 ff.). Denn Ludolf ſchon hatte erkannt, daß die äthiop. Überſetzung des AT.s genau dem griechiſchen Texte der Septuaginta folgt. Auch die Angabe von der Autorſchaft der ſogen. neun Heiligen (ſ. zuletzt Guidi, le traduzioni degli evangelii in arabo e in etiopico S. 33 Anm. — Acad. Lincei 1888) ſteht nicht auf ſicherem Boden, ebenſowenig oder noch weniger manches andere, was man ſonſt noch in äthiop. Handſchriften lieſt (Zotenberg a. a. O. S. 127 f.). — Jene Erkenntnis Ludolfs hat ſich ſeitdem immer mehr beſtätigt, ebenſo die gleichfalls ſchon von Ludolf gewonnene Einſicht, daß auch das äthiop. NT. direkt dem griechiſchen Grundtext entſtammt.

10*

Für das AT. kommen in erster Linie in Betracht die umfangreichen Arbeiten Dillmanns. Er beabsichtigte eine auf fünf Bände berechnete kritische Ausgabe der äthiop. Übersetzung des AT. Davon sind erschienen Bd 1, den Oktateuch b. i. Genesis — Ruth enthaltend, Bd 2 (unvollständig), Bücher Samuelis und der Könige, Bd. 5 die Apokryphen „Baruch, Epistola Jeremiae, Tobith, Judith, Ecclesiasticus, Sapientia, Esdrae Apocalypsis, Esdrae Graecus". Dieser letzte Band erschien 1894 kurz nach Dillmans Tode. Außerdem veröffentlichte Dillmann den äthiopischen Text des Joel in Merx' Die Prophetie des Joel. Dillmann sonderte die Handschriften in drei Gruppen (s. Bd 2, Fasc. 1, apparat. critic. S. 3 ff.): 1. diejenigen, in denen die ursprüngliche, aus der Septuag. geflossene Übersetzung noch leidlich unverändert vorliegt. Allerdings sind auch diese Handschriften durch mangelhafte Überlieferung nicht wenig entstellt und enthalten erhebliche Varianten (vgl. Zotenberg a. a. O. S. 3, 5, 7—8). 2. Diejenigen, welche einen in späterer Zeit teilweise nach der Sept. verbesserten und sprachlich geglätteten und modernisierten Text enthalten. 3. Diejenigen, welche nach dem hebräischen Texte verändert worden sind (vgl. Zotenberg a. a. O. S. 9, 10, 11). Es ist selbstverständlich, daß die Handschriften der ersten Gruppe der Ausgabe zu Grunde zu legen waren. Was nun den Charakter dieser alten Übersetzung betrifft, so ist sie nach Dillmann „sehr treu, giebt meist den griechischen Text wörtlich, oft bis auf die Stellung der Worte hinaus wieder, kürzt nur hie und da scheinbar überflüssiges ab und ist im ganzen als eine sehr wohl gelungene und glückliche zu bezeichnen. Trotz aller Treue gegen den griechischen Text ist sie recht lesbar und, namentlich in den geschichtlichen Büchern, fließend und trifft mit dem Sinn und den Worten des hebräischen Urtextes im AT. oft auf überraschende Weise zusammen. Freilich finden in dem allem Gradunterschiede zwischen den einzelnen Büchern statt. Sehr gelehrte Leute waren allerdings die äthiopischen Übersetzer nicht und, wie es scheint, auch der griechischen Sprache nicht durchaus mächtig; namentlich wo es galt, seltenere Wörter und Sachnamen, sowie Kunstausdrücke zu übertragen, wird dies deutlich, und so haben sich, abgesehen von den vielen Fehlern, die aus der Mangelhaftigkeit ihrer griechischen Handschriften, und von den Unvollkommenheiten, die aus der verhältnismäßig geringeren Reichhaltigkeit der äthiopischen Sprache entsprangen, auch durch die Schuld der Übersetzer manche Mißverständnisse und Fehler eingeschlichen". — Zu welcher Zeit die alte Übersetzung aus der Sept. gefertigt, ist ganz unsicher. Man würde irren, wollte man, wie es vielfach geschehen, aus dem Umstande, daß die Anfänge des abessinischen Christentums in die erste Hälfte des 4. Jahrh. fallen, folgern, daß auch die äthiop. Bibelübersetzung aus ungefähr jener Zeit stammen müsse. Seit jenen Anfängen können leicht Jahrhunderte vergangen sein, bis das Christentum Abessiniens so ausgebreitet und so national geworden, daß es auch nach einer nationalen Bibel verlangte. Eine erst in neuester Zeit bekannt gewordene Eigentümlichkeit in der Übersetzung des Ecclesiasticus (Siracida) scheint allerdings darauf zu deuten, daß das Heidentum noch nicht durchaus vergessen war, als jenes Buch ins Äthiopische übersetzt wurde: An Stelle des christlichen Gottesnamens findet sich hier noch zweimal das heidnische Astar (Dillmann a. a. O. Bd 5 S. 117). Wahrscheinlich wird die Übersetzung der einzelnen biblischen Bücher allmählich vor sich gegangen sein; und daß mehrere Übersetzer bei derselben beteiligt waren, hat bereits Ludolf gesehen, vgl. auch Zotenberg a. a. O. S. 7—8. — Dillmanns Grundanschauungen über die äthiop. Übersetzung des AT. haben mehrfach Zustimmung gefunden, so namentlich die Cornills in seinem Ezechiel S. 36—48. Die von Lagarde noch 1882 (Ankündigung einer neuen Ausgabe der griech. Übers. des AT.s S. 28) vorgetragene Meinung, daß vieles dafür spreche, daß die äthiop. Bibelübersetzung nach dem 14. Jahrhundert nicht aus dem Griechischen, sondern aus einer arabischen oder ägyptischen Übersetzung des Originals geflossen sei, dürfte sich schwerlich als zutreffend erweisen. Namentlich wird der von Lag. angegebene sehr späte Zeitpunkt schon durch die Thatsache widerlegt, daß ein paar Handschriften noch aus dem 13. Jahrh. vorhanden sind (aus früherer Zeit besitzen wir allerdings bisher keine äthiop. Bibelhandschriften, ebensowenig aber überhaupt äthiopische Handschriften; sie scheinen meist in den Kriegsstürmen früherer Zeiten zu Grunde gegangen zu sein). Höchst wahrscheinlich allerdings ist, daß wie das NT. (s. u.), so auch das A. von einzelnen Schreibern und Lesern an einzelnen Stellen nach arabischen oder ägyptischen Übersetzungen umgeändert sein wird; vgl. Zotenberg a. a. O. S. 11b. Früher (Materialien S. III, Genesis graece S. 18) hatte sich übrigens auch Lagarde nicht in so entschiedenen Gegensatz zu Dillmann gestellt, und auch später (Mitth. II S. 50) scheint er wieder schwankend geworden zu sein. Über ähnliche Ansichten aus früherer Zeit s. Dorn, de psalterio aethiop. S. 7. — Was die weitere Frage betrifft, aus welcher Rezension der Septuag. die alte äthiop. Übersetzung des AT.s geflossen ist, so hat man aus dem Umstande, daß die äthiop. Kirche von der ägyptischen abhängig ist, fast allgemein stillschweigend oder ausdrücklich als von vornherein wahrscheinlich oder gar als sicher angenommen, daß die äthiop. Übersetzung von der in Ägypten umlaufenden, also hesychischen Rezension herstammen müsse. Und da man über den griechischen Text Hesychs noch sehr wenig unterrichtet ist, so hat man auf umgekehrtem Wege versucht, denselben mit Hilfe der aus Ägypten stammenden Tochterübersetzungen, also auch mit Hilfe der äthiopischen, kennen zu lernen. Indes haben die betr. Untersuchungen zu einem sicheren Ergebnis bisher nicht geführt. Während Cornill a. a. O. S. 67 ff. für den Ezechiel bestimmte griechische Handschriften und Drucke als hesychisch erkennen möchte (vgl. Lagarde, Mittheilungen II S. 57 f.), gelangt Reckendorf (3atW VII, 68) auf Grund seiner Untersuchung der altäthiop. Pentateuchübersetzung zu einem das Cornillsche Resultat negierenden Ergebnisse. Und bereits Lagarde hatte (Materialien S. III) sich dahin ausgesprochen, daß „die Lesarten der Äthiopen vielfach aus dem in Ägypten umlaufenden, ihnen doch vermutlich allein zugänglichen Texte der LXX sich nicht erklären lassen". Bei dieser völligen Unsicherheit ist vielleicht im LCB von 1893 Sp. 1001 f. nicht mit Unrecht darauf hingewiesen worden, daß der Annahme, die äthiop. Übersetzung des AT.s könne nur über Ägypten gekommen sein, die Thatsache gegenübersteht, daß Abessinien zuerst durch aramäische Missionäre das Christentum empfangen hat. Der tiefgehende litterarische Einfluß dieser Aramäer zeigt sich in den sehr zahlreichen aramäischen Fremdwörtern für die neuen Begriffe der christlichen Lehre, die einfach ins Äthiopische herübergenommen und daselbst dauernd beibehalten wurden. Es wäre wohl denkbar, daß schon in jener frühesten Zeit mindestens einzelne Bücher des AT.s durch die Aramäer oder ihre nächsten Schüler ins Äthiopische übertragen worden sind. Dann aber ist die Annahme eine ägyptisch-griechischen Vorlage so gut wie ganz ausgeschlossen.

Die wenigen, meist auch wenig umfangreichen alttestamentlichen Bücher, die sonst noch von anderen Herausgebern veröffentlicht worden, sollen hier nicht einzeln aufgezählt werden; es sei verwiesen auf Le Long-Masch, Bibliotheca sacra, partis secundae volumen primum pag. 140 und auf Fell in der Literarischen Rundschau für das kathol. Deutschland vom 1. Februar 1896. Hervorgehoben sei nur der mehrfach herausgegebene Psalter, das den Abessiniern liebste und in zahllosen Handschriften verbreitete Buch des AT.s. An Ludolfs Ausgabe desselben von 1701 knüpft Dorns kritische Studie De Psalterio aethiopico commentatio (Leipzig 1825), in der namentlich, schon vor Dillmann, auf die Benutzung des hebräischen Textes an mehreren Stellen hingewiesen ist.

Das NT. wurde gedruckt 1548—49 zu Rom von dem Abessinier Tasfā-Sion, oder wie er sich lateinisch nannte Petrus Aethiops; vgl. Guidi, la prima stampa del nuovo testamento in etiopico (Archivio della r. società romana di storia patria vol. IX). Von der Apostelgeschichte lag dem Herausgeber aber nur eine sehr lückenhafte Handschrift vor, weshalb er genötigt war, den größten Teil dieses Buches aus dem Lateinischen und Griechischen selbst ins Äthiopische zu übersetzen, vgl. Ludolf, commentar. histor. Aethiop. S. 297. Bereits Ludolf erkannte in seiner hist. aethiopica lib. III cap. 4, § 7, daß die äthiop. Übersetzung des NT.s ex textu Graeco authentico übersetzt sei. Dieser römische Druck ist durch zahllose Fehler entstellt. Außerdem mißfiel derselbe dem abessinischen Freunde Ludolfs, Gregorius, wegen mancher Lesarten, die von denen der damals in Abessinien verbreiteten Handschriften abweichen. Durch Vergleichung der wenigen ihm zugänglichen Handschriften stellte Ludolf in der That fest, daß einige derselben sehr stark von dem römischen Druck abwichen, daß sie mehr einer Paraphrase als einer Übersetzung glichen, und er hielt sich infolgedessen für befugt, von einer zweifachen Übersetzung zu sprechen (comment. S. 300 oben), welche Annahme sich nicht als zutreffend erwiesen hat, wenigstens nicht dann, wenn man an zwei besondere selbständige Übersetzungen denkt. Der römische Druck wurde in der Londoner Polyglotte abgedruckt. Über beide Ausgaben, sowie über den Ursprung der äth. Übersetzung vgl. namentlich noch Bode, Evangelium sec. Matthaeum ex versione aethiopici interpretis... praefatus est Chr. Ben. Michaelis (Halle 1749). — Behufs einer Ausgabe für die britische Bibelgesellschaft unternahm Th. Pell Platt Vergleichung und Klassifizierung äthiopischer Handschriften des NT.s, speziell der Evangelien; s. A Catalogue of the Ethiopic Biblical Manuscripts in the Royal Library of Paris and in the Library of

the British and Foreign Bible Society by Th. P. Platt, London 1823, bej. S. 10
bis 18. Aber der praktische Zweck, dem die beabsichtigte Ausgabe dienen sollte, ließ
Platt nicht dazu kommen, ernste Folgerungen aus seinen kritischen Vorstudien zu ziehen:
Es erschienen von Platt herausgegeben zu London zunächst 1826 Evangelia sancta
aethiopice, dann 1830 das ganze Novum Testamentum Domini nostri et Serva-
toris J. Chr. aethiopice, im ganzen lesbare Texte, aber ohne erheblichen kritischen
Wert. Eine zu Basel 1874 erschienene Ausgabe ist dem Unterzeichneten nicht zu Ge-
sicht gekommen. - Nachdem Zotenberg in seinem Catalogue des Manuscrits éthiopiens de la bibliothèque nationale, Paris 1877 S. 24 ff., neben der ursprünglichen,
nach einem griechischen Original gefertigten Evangelienübersetzung noch eine „korrigierte"
Übersetzung angesetzt hatte (vgl. schon Dillmann, cat. mus. britann. S. 7b Anm. d),
zeigte Guidi, daß diese Korrekturen nach einer in Ägypten verbreiteten arabischen Übersetzung gemacht sind; vgl. Guidi, le traduzioni degli evangelii in arabo e in etiopico, Accad. Lincei 1888, S. 33 ff. Sie sind in manche Handschriften mehr, in andere weniger zahlreich eingedrungen, rühren aber schwerlich von einer besonderen eigentlichen Übersetzung jener arabischen Version ins Äthiopische her. Manche Handschriften
häufen die Korrektur auf die ursprüngliche Lesart. Den Einfluß der arabischen Litteratur gerade auf die neutestamentlichen Schriften hatte übrigens auch schon Dillmann
(in der vorigen Aufl. dieser Encyklopädie) betont und dabei auf die spätere Benennung
einzelner Bücher mit arabischen Namen (Abraxis -= Πράξεις, Abukalamsis =
Ἀποκάλυψις) und auf die Einbürgerung des koptisch-arabischen Senodos hingewiesen.
Durch alle diese Vorarbeiten dürften die Wege, welche eine zur Zeit noch ganz fehlende kritische Ausgabe des äthiop. N.T.s einzuschlagen hat, hinreichend beleuchtet sein.

Den 27 Schriften des N.T.s schließen die Abessinier noch ein kirchliches Gesetzbuch,
den oben genannten Senodos an; über dasselbe zuletzt Zotenberg, catalogue etc.
Nr. 121 (S. 141 ff.). Da ihnen der Senodos (ideell) gleich acht Büchern ist, so
steigt die Zahl ihrer neutestamentlichen Schriften mithin auf 35. Während hierüber
völlige Einigkeit herrscht, so ist der Umfang des äthiop. Alten Testaments streitig. Zwar
wird die Zahl der alttestamentlichen Schriften wohl einmütig auf 46 angegeben (zusammen also 81 biblische Bücher); aber wie diese Zahl zu stande gekommen, steht nicht
fest, denn die äthiop. Verzeichnisse der biblischen Bücher ziehen bald dieses, bald jenes
ihrer sehr zahlreichen apokryphischen und pseudepigraphischen Bücher (auf die hier nicht
näher eingegangen werden soll) herbei, um für das AT. auf die Zahl 46 zu gelangen.
Vgl. hierüber Dillmann im 5. von Ewalds Jahrbüchern der biblischen Wissenschaft
S. 144 ff.; Fell, canones apostolorum aethiopice S. 46. Irgend eine Unterscheidung kanonischer und nichtkanonischer Bücher scheint unbekannt zu sein; wohl aber
ist manches Buch mehr, manches weniger beliebt gewesen und entsprechend häufig
oder selten durch Abschriften vervielfältigt worden. Die Makkabäerbücher wurden entweder nie übersetzt oder gingen wieder bald verloren. Da aber die Abessinier die Titel
dieser Bücher aus ihrem Senodos und Fetha Nagast kannten, so haben sie nach Dillmanns Meinung später makk. Bücher erdichtet, welche jetzt in den Manuskripten mit
umlaufen. Außerdem sind dieselben erst in neuerer Zeit aus der Vulgata in das Geez
übersetzt worden, vgl. Wright, Catalogue of the Ethiopic Manuscripts in the
British Museum S. 14 (XV 8). Vgl. noch Curtiss, The Name Macchabee
(Leipzig 1876) S. 34 f. Auch die abendländische Kapiteleinteilung der biblischen
Bücher ist sicher erst spät infolge näherer Berührung mit den abendländischen Christen-
heit in die äthiop. Handschriften eingedrungen; daneben findet sich noch eine andere,
eigentümliche und wohl ältere Gliederung der einzelnen Bücher, vgl. hierüber namentlich Zotenberg a. a. O., auch Platts Ausgabe des N.T.s.   F. Prätorius.

6. Arabische Bibelübersetzungen.

Litteratur: Walton, Prol. c. 14; Holmes, Praef. in Pent.; Schnurrer, bibliotheca
arabica; dissertatio de Pentateucho arabico polyglotto, Tub. 1780, 4° (s. Allg. Lit. Ztg.
1780, 4, 380f. und in seinen Dissertationes [Gothä] n. VI); H. E. G. Paulus, commentatio critica exhibens e bibliotheca Oxoniensi Bodlejana specimina versionum Pentateuchi septem Arabicarum, 1789; Eichhorn, Einl. § 275—302; de Wette (Gesenius). A.
Arab. Bibelübersetzungen in Ersch u. Gruber S, 67—80; Migne, script. s. curs. compl. 1839,
I, 471—506 Renaudot, de script. verss. quae apud orientales in usu sunt; 506—535 de
arabicis s. scr. versionibus Renaldoti dissertatio; 536—560 de s. scr. verss. arabicis
sec. graec. septuag. interpretum, Renaldoti dissertatio; 561—574 de s. libris et

variis eorum versionibus orientalibus, Renald. diss.; Jon. Ant. Theiner, Descriptio codicis manuscripti, qui versionem Pentateuchi arabicam continet, asservati in bibliotheca Univers. Vratislaviensis, ac nondum editi cum speciminibus versionis arabicae, VIII, 43, 4⁰ (vgl. Leip. Lit. Zeit. 1823, 865—867); J. Roediger, Commentatio qua vulgata opinio de interpretatione arab. librorum V. T. ex graeca Alexandrina ducta refutatur; Halae Sax. 1824, 4⁰ 17 p.; derſ., de origine et indole Arabicae librorum V. T. historicorum interpretationis libri duo, Halae 1829, 4⁰; Storr, Dissertatio de evangeliis Arabicis, Tubingae 1775, 4⁰; Gildemeiſter, de Evangeliis in Arabicum e Simplici Syriaca translatis, Bonnae 1865; Mart. Klamroth, Der Auszug aus den Evangelien bei dem arabiſchen Hiſtoriker Ja'qubi, Hamb. 1885 (Feſtſchrift Wilhelms=gymnaſium 117f.); Jgn. Guidi, Le traducioni degli Evangelii in arabo e in etiopico (Atti della R. accad. dei Lincei. S. IV vol. 4 p. 5—37, Rom. 1888); Gregory, 3, 928 bis 947 Scrivener⁴, 2, 161—164; Mart. Schreiner, Beiträge zur Geſchichte der Bibel in der arabiſchen Literatur, in Semitic Studies in memory of Alexander Kohut (Berlin 1897 495—513) konnte nicht mehr benützt werden. — Geo. Jacob, Arabiſche Bibelchreſtomatie, Berlin 1888 (Porta ll. orr. IX). Katalog der Bibliothek bDmG I S. 96 f. Für einzelne Mitteilungen hat der Unterzeichnete Jgn. Goldziher in Budapeſt und beſ. Viktor Chauvain in Lüttich zu danken.

„Arabiſche Überſetzungen der Evangelien“ — wir können heute ſagen der Bibel — „giebt es mehr als es der mit drängenden Arbeiten überhäuften Theologie lieb ſein kann.“ Dies Urteil Lagardes (die vier Evv. arabiſch S. III) gilt heute mehr als vor 30 Jahren. Zwar diejenige Überſetzung, welche früher die Theologen am meiſten intereſſierte, die einem Johannes von Sevilla um 737 zugeſchrieben wurde, hat wohl nie exiſtiert (ſ. Lagarde a. a. O. p. XII—XVI); aber neue ſind hinzu=gekommen. Für die bibliſche Kritik und Exegeſe haben ſie nur wenig Wert, da ſie mit wenigen Ausnahmen Tochterüberſetzungen ſind, aus dem Griechiſchen, Lateiniſchen, Koptiſchen, Samaritaniſchen, Syriſchen; aber von Linguiſten und zwar Arabiſten wie He=braiſten (ſ. Merx unten und Carra de Vaux, la syntaxe des Psaumes envisagée au point de vue de la syntaxe arabe. Compte Rendu du troiſième congrès scientifique international des Catholiques tenu à Bruxelles, Bruxelles 1895, 21 pp.), ebenſo von Kirchenhiſtorikern dürften ſie mehr Beachtung verdienen; von dieſen ſchon aus dem Grunde, weil Chriſten, Juden, Samaritaner und Muhammedaner an ihnen beteiligt ſind, die letzteren zum Zwecke der Polemik gegen die andern „Buch=beſitzer“.

Von vormuhammedaniſchen Überſetzungen iſt nichts bekannt, obwohl Juden wie Chriſten in Arabien früh, dauernd und weithin, namentlich in Südarabien, Fuß ge=faßt haben und unter den „Indern“, welche Theodoret zwiſchen Ägyptern und Perſern einerſeits und Armeniern und Scythen andererſeits unter denen aufführt, welche in ihrer Sprache eine Überſetzung des Hebräiſchen haben, werden wohl die Südaraber zu ver=ſtehen ſein. Muhammed ſelbſt kannte Erzählungen und Sprüche des Alten und Neuen Teſtaments, aber nur aus der mündlichen Überlieferung und meiſt in legendenhafter Form (vgl. Geiger, Was hat Muhammed aus dem Judenthum aufgenommen?; M. Stein=ſchneider, Polemiſche und apologetiſche Literatur in arabiſcher Sprache zwiſchen Mus=limen, Chriſten und Juden, Leipz. 1877 [Abhh. für die Kunde des Morgenlandes 6,3]; Goldziher, ZdmG 32 (1878) 341—387; Schreiner, ebenda 42 (1888) 591—675; Brockelmann, ZatW 1895. Das in der muhamredaniſchen Litteratur kurſierende, in mehreren Hdſſ. erhaltene zabur (זבור), das zuweilen dem Zeitgenoſſen Muhammeds Ibn Abbâs zugeſchrieben wird, iſt eine der Diktion des Koran nachgeahmte Fälſchung und hat nichts mit den bibliſchen Pſalmen zu thun (Goldziher, ZdmG 32, 351).

Nach dem Fihriſt I, 22, 7 will Ahmed ben 'Abballâh b. Salâm Thora, Pro=pheten, Evangelien und Apoſtel aus dem Hebräiſchen, Griechiſchen und Sabiſchen (יאסאאבא) Wort für Wort dem Original entſprechend überſetzt haben. Sofern der Vater des Ahmed, der bekannte jüdiſche Convertit, ſchon 663 ſtarb, würde dieſe Über=ſetzung noch dem Ende des 7. Jahrhunderts angehören; doch iſt von ihr bis jetzt nichts gefunden. Aus welcher Überſetzung die Citate floſſen, welche arabiſche Polemiker wie Ibn Hazm, Al=Sanhâdſchir u. ſ. w. aus dem A. u. NT. anführen, iſt auch noch nicht nachgewieſen; ebenſowenig die Überſetzung der Taurat (תורה), aus welcher der Dog=matiker Staffâl zitiert († 947; im Korankommentar des Fachr=al=Dîn al Râzî). Nach einer Notiz in Maſ'udis kitâb al-tanbîh (ed. de Goeje 112) iſt die griech. Pentateuch=überſetzung mehrfach ins Arabiſche übertragen worden, unter anderen von Hunain ibn Isḥâq; vgl. auch Sprenger, Leben und Lehre Muhammeds² III, p. CXXXI.

1. An die Spitze stellen wir die unmittelbar aus dem hebräischen Text des AT.s geflossenen.

a) Saadja ben Josef aus Faijum, der Gaon † 942; über ihn s. Dukes, Beiträge zur Geschichte der ältesten Auslegung und Spracherklärung des AT.s von Ewald und Dukes (Stuttgart 1844) 2 S. 1. 43; Munk, Notice sur R. Saadia Gaon etc. in La Bible, trad. nouv . . . par S. Cahen IX. 1838 p. 73 159; Geiger, Wiss. Zſ. f. jüd. Theol. 5, 262—324. Steinschneider A. Saadia aus Catal. lib. hebr. bibl. Bodl. 1888, 4° 36 p.; S. A. Tauteles, Saadia Gaon, Halle 1888, 35 S.; Bodenheimer. über das Paraphrastische in S.s arab. Uebersetzung. Frankels Monatsschrift 1855. Ueber S.s Streit mit Donasch Veröffentlichungen von M. Letteris. Preßburg, 1838, G. H. Lippmann, Frankf. 1843, R. Schröter, Breslau 1866. Seine Pentateuchübersetzung erschien in hebr. Lettern mit dem hebr. Text, Targum und einer perſ. Übersetzung schon 1546 in Konstantinopel (Wolf, Bibl. Hebr. 2, 354; Le Long-Masch 1, 363; Adler, Biblisch-kritische Reise 221); dann, aus anderer Quelle, in der Pariser und Londoner Polyglotte (ſ. Schnurrer, diss.); aus der Leidener Hdſ. arab. 377, Gen u. Ex in Lagardes Materialien zur Kritik und Geschichte des Pentateuchs 1867, I. S. 1—108 (die drei folgenden aus derselben Hdſ. dort gedruckten Bücher sind aus dem Syrischen übersetzt). Das Brit. Museum erwarb seither Hdſſ. mit S.s Übersetzung des Pentateuchs Or. 1041. 2228—2230. 2366. 2368. J. Schwarzstein, Targum Arvi. Die arab. Interpretation des Pentateuchs aus einer . . . . Hdſ. Ins Deutsche übertragen und kommentiert. Genesis. Frankf. 1887, IV. 90.

Den Jesaia gab ungenügend H. E. G. Paulus, Jena 1790. 91 nach 2 Oxforder Hdſſ. heraus (R. Saadiae Phijumensis versio Jes. arab.; ſ. Eichhorn, Bibl. 3, 9—55, 455—485; Michaelis, N. Or. Bibl. 8, 75 ff.; Breithaupt, commentationis in Saadianam vers. Jes. Ar. Fasc. I, Rostock 1819, 8°; Derenbourg, ZatW 1890, 1—84.

Über Hiob, den Gesenius zuerst erwähnt: Brief vom 17. Juni 1821 in E. Bengels Archiv 5, 262 ſ. Ewalds Mitteilungen a. a. O. 1, 75 ff.; ganz gab ihn 1889 John Cohn heraus (Saadia, Gaon, das Buch Hiob übersetzt und erklärt. Nach Hdſſ. der Bodleiana und der k. Bibl. in Berlin herausgegeben und mit Anmerkungen versehen, Altona (Berlin) 112 S.; ſ. H. Str[ack], ThLBl 1889. 28 (der erste Teil schon 1882 als Leipziger Inauguraldissertation); ſ. auch ZſPhil u. kath. Theol. VII, 4, 61—73. Über die Psalmen Haneberg, AMA 3, 2 (1841) 356 (vgl. Fleischer in Gersdorfs Repertorium 34, 481—485) und Ewald a. a. O. 1, 1 ff; S. H. Margulies, Saadia Al-fajumis arabische Psl. Nach einer Münchener Hdſ. hrsgg. und ins Deutsche übertragen, ist nicht über den ersten Teil (Breslau 1884, 8°), Pſ 1—20 bietend, hinausgekommen. Vgl. noch J. Cohn, Saadias Einl. zu ſeinem Psalmenkommentar (Mag. f. d. Wiss. d. Jud. 1881, 1—19, 61—91); Theod. Hofmann, Die korachitischen Psalmen. Mitteilungen aus S.s arab. Uberſ. (Progr. des Gymn. Ehingen) 1891, 4°. In der „Festschrift für die orientalische Section der XXXVI. Versammlung deutscher Philologen und Schulmänner" gab Ad. Merx „Die Saadjanische Uebersetzung des Hohen Liedes ins Arabische nebst andern auf das hohe Lied bezüglichen arabischen Texten" (Heidelberg Winter 1882, ſ. J. Loevy, Magazin für die Wiſſenſ. d. Jud. X 1883, 33/41; W. Bacher, ZatW 1883) aus cod. or. 1476 des Brit. Muſ.; auch in cod. or. 1302; von wem in der gleichen Hdſ. 1302 die arab. Über- ſetzung von Ruth, Prov, Eccl. stammt, ist unbekannt. Von der in den Oxforder Hdſ. Pocode 70 und 285 mit und ohne Kommentar erhaltenen Übersetzung der Proverbien gab Schroeter im Archiv von A. Merx 2, 36—38 Prov. 25, 12 als Probe und ver- ſprach an einem andern Ort nachzuweisen, daß ſie dem Saadja angehöre. Vgl. Jonas Bondi, Das Spruchbuch nach Saadja, Halle 1888. J. Loevy (libri Kohe- leth versio arabica quam composuit ibn Ghijat, Leipzig 1884, 18 u. 32 S.) ſpricht die bisher Saadia zugeschriebene Übersetzung dieſem ab und ibn Ghijat zu.

Über den Zweck von Saadjas Ü. ſ. Merx a. a. O.; über ſeine Art: M. Wolff, Zur Charakteriſtik der Bibelexegese Saadia Alfajjūmis ZatW 1884, 225—246. Alles bisherige ist zusammengefaßt durch J. u. H. Derenbourg in Saadia ben Josef al-Fayyoumi, Oeuvres complètes, Paris; T. I. Le Pentateuque, version arabe avec une choix de traductions franc. 1893; T. II (noch nicht erschienen); T. III. Version arabe d'Isaïe . . . avec des notes hébr. et une traduct. franç. d'après l'arabe 1896; T. IV. Les Proverbes, version arabe et commentaires avec la traduct. franç. du texte 1894.

b. Nach J. Roediger, l. c. 48. 95 ist das Buch Jos und 1 Kg 12 bis 2 Kg 12, 16 der Polyglotten von einem Juden im 10. oder 11. Jahrhundert aus dem Hebr. über=setzt; ebenso Neh 1—9, 27, dies Stück aber von einem Christen aus dem Syrischen interpoliert (ebenda 58. 108).

c. Der Arabs Erpenii b. h. die von Erpen aus einem Leidener in hebr. Schrift geschriebenen Mf. herausgegebene Übersetzung des Pentateuchs (Pent. Mosis arabice, Lugd. Bat. 1622, 4°) stammt von einem afrikanischen Juden des 13. Jahrhunderts.

d. Samuelis ben Chofni trium sectionum posteriorum libri Genesis (c.41 ff.) versio arabica cum commentario e ms. . . . petrop. nunc primum edidit J. Israelsohn, Petropoli 1886, XII. 184 S.; vgl. W. Bacher, Abrah. ibn Esras Ein=leitung S. 18; Harkavy, Studien und Mittheilungen III, 1880; Magazin für die Wiss. des Judenthums 1878, ZatW 1881, 151.

e. „Die in Cod. Hunt 206 aufbewahrte arabische Uebersetzung der kleinen Propheten herausgegeben und mit Anmerkungen verdeutscht von Dr. R. Schroeter" ist mit dem Eingehen des Merxschen Archivs für wissensch. Erforschung des AT.s bei Ho und Joel stehen geblieben (I, 28—54. 153—194. II, 1—38).

f. Über Saadia ben Levi Asnekoth aus Marokko, erste Hälfte des 17. Jahrhunderts, s. Wolf, Bibl. Hebr. 3, 863 und über seine Übersetzung von Gen, Ps, Dn, Doeder=lein in Eichhorns Rep. 2, 153—156.

g. Des Karäers Japhet ben Eli Bearbeitung der Psalmen hat Bargès 1846 u. 61 teilweise, 1871 vollständig herausgegeben, s. Delitzsch, Ps³ I p. V. 42.

2. Die ersten, aber fast unbrauchbaren Proben einer den Samaritanern zuzu=weisenden arabischen Pentateuchversion gab 1789 Paulus; 1791 handelte er in seinem Neuen Repertorium „zur Geschichte des samaritanisch-arabischen Pentateuchs" (S. 171 f.); besser de Sacy (de versione Samaritano-arabica librorum Moysis) in Eichhorns Allg. Bibl. 10, 1—176; vermehrt und berichtigt in den Mémoires de l'Acad. des Inscr. 49, 1—199; weiter Guil. van Vloten, specimen philologicum continens descriptionem codicis ms. biblioth. Lugd. Bat., partemque inde excerptam versionis Samaritano-Arabicae Pentateuchi Lugd. Bat. 1803, 87 S. 4°; Juyn=boll, Comment. de vers. Arab. Sam. in seinen Orientalia 2, 130 ff. Sie ist von Abu=Sa'id (שיש) um 1070, nach Sam. Kohn (Zur Sprache, Litteratur und Dog=matik der Samaritaner. Abhh. für die Kunde des Morgenlandes 5, 4 Leipzig 1876 134 f.) mit Zurateziehung des Saadja direkt aus dem hebr. Texte. Als Specimen e literis orientalibus gab Abr. Kuenen 1851 Lugd. Bat. Gen; Ex, Le (1854). Ältere Litteratur bei de Wette Schrader § 79; nicht erwähnt ist dort: Alex. Nicol, Notitia codicis samaritano-arabici in biblioth. Bodleiana adversati; Pentateuchum complectentis; in qua D. Durellii und H. E. G. Pauli errores demonstrantur. Oxonii 1817 8° 11 p. Die Ausgabe von Björnstahls Lettre über den barberinischen Pentateuch in Gabr. Fabricy, Des livres primitifs de la révélation, Rome I, 1772, 373—388 u. CCXXXVII u. in Migne, curs. scr. s. 27, 913—922. Schnurrers Probe eines samar. bibl. Kommentars über 1. B. M. XLIX im Repertorium 16, 154—199 und die erste Veröffentlichung von Kuenen: specimen theologicum continens Geneseos libri capita triginta quatuor priora. VIII 35, 104 S. 1851; die spätere (Specimen e literis orientalibus) hat VIII. 152 S.

Neben der Uebersetzung des Abu Sa'id erwähnt Hāgi Chalfa 2, 402 als sama=ritanische Uebersetzung die eines Sabaka b. Mungâ; vgl. auch Neubauer, Chronique Samaritaine 90. 112; Schreiner, ZdmG 42, 599. 600. A. Samaritaner² 13, 351. 354.

Über das Verhältnis dieser Rezensionen und den sprachlichen Wert derselben s. Lagarde, Symm. II, 9, über weitere Ausgaben s. Schnurrer, bibl. ar. nr. 356. 58. 59. 61, über eine Wiener Ausgabe c. commentario 1792 Fol. Schnurrer S. 393. — In der Göttinger Hdf. Lag. 103 Notizen über arabische Bibel- und Septuagintahdff.

3. Viele koptische Hdff. haben eine arab. Übersetzung zur Seite; in andern Hdff., die nur einen arab. Text bieten, ist dieser aus dem Koptischen geflossen, dort korrigiert; über einen Daniel in Paris s. Quatremère in Not. et Extr. 8, 238; weiter Psalt. copt. ed. Schwartze praef. p. V. Einen Hiob druckte Lagarde in Psalterium Job Proverbia arabice. Paulus de Lagarde edidit 1876 (XI. 327 4°) rechts.

4. Aus dem Lateinischen gemacht oder korrigiert sind die römischen Ausgaben, so die Bibel in 3 Foliobänden, welche die Propaganda 1671 arab. und lat. herausgab, von Sergius Risius besorgt, mit Vorrede von Ludwig Maracci (Schnurrer S. 364; Doederlein, Repert. 4, 83; Rosenmüller, Hdb. 3, 56—61; Rich. Simon, lettres choisies, Amst. 1730, t. 2, 165); wiederholt in London 1822, 21 (AT. 21); 1831 (mit neuem Titelblatt 44. 60); dann die Ausgabe des koptischen Bischofs Raphael Tuki

(Rom 1752. 53 Fol. in 2 Bänden), über welche Aurivillius, Upsala 1776, eine eigene Dissertation schrieb (auch in seinen Dissertationes . . . Gotting. 1790, nr. XIII.) und Schelling im Repert. 10, 154 ff.; Michaelis, Or. Bibl. 12, 12. 18, 179. 20, 131; Rosenmüller, Handb. 3, 613; Schnurrer 384 zu vergleichen ist. Mehr als (Gen bis Neh und To ist nicht erschienen. Vgl. auch P. Le Page Renouf, on the supposed Latin Origin of the Arabic Version of the Gospels in The Atlantis IV (1863) 241 bis 259.

5. Aus der syrischen Bibel floß:

a) der in der Pariser und Londoner Polyglotte gebotene arab. Text von Ri, Ruth, Sa, 1 Kg 1—11, 2 Kg 2, 17— Ende, Chr, Neh 19, 28 — Ende, Hi. Nach Rödiger a. a. O. 90 sind die 4 ersten Stücke von einem Verf. des 13. oder 14. Jahrhunderts, die andern von verschiedenen Verfassern (S. 102 ff.). Unter J. D. Carlyles Aufsicht wurde dieser Text von der englischen Bibelgesellschaft mit wenig Änderungen in Newcastle upon Tyne 1811, 4° neugedruckt. In Largardes Psalterium etc. steht S. 1—241 (rechts unten) der Psalter, S. 245—299 (links) der Job, S. 312—327 Pr, in dieser Version (s. G. Hoffmann, Jen. LZ 1876, 41; Th. N[öldecke] LCBl 79, 2, Symm. II, 9).

b) 1585 u. 1610 wurde auf dem Libanon von den maronitischen Mönchen im Kloster des hl. Antonius im Thale Kascheia (Qûzchanyâ) der Psalter gedruckt, syrisch und arabisch, auch das Arabische in syr. Schrift (karschunisch Lagarde, Materialien p. V, G. Hoffmann bei Nestle, Syriac Grammar, Pref.); von Lagarde a. a. O. das Arabische mit arab. Typen (links oben) wiederholt (s. p. III. VI); vgl. Doederlein, von arabischen Psaltern in Eichhorns Rep. 2, 158—170 (auch 12, 284); Schnurrer, Bibl. Ar. 351—354; über einen andern arab. Psalter im Brit. Mus. Doederlein S. 170—175. Die Ausgabe von 1585 finde ich nur aus Simon Assemani, Catalogo de' Codici manuscriti orientali della Bibliotheca Naniana P. I (Padova 1787 II. Fol.) angeführt bei v. Murr, Von syr., samarit. u. kopt. Typen, Liter. Blätter, Nürnb. 1805, 267.

c) von Übersetzungen des Pentateuchs handelte Assemani BO. 2, 309; Schnurrer, dissert. 203; Paulus, specimen 36.

6. Aus der syrischen Hexapla ist wohl geflossen:

a) Le, Nu, Dt in Lagardes Materialien I aus cod. ar. Leyd. 377.

b) Translationis antiquae ar. l. Jobi quae supersunt ex apographo cod. Mus. Brit. nunc pr. ed. atque ill. W. G. Fr. Comes de Baudissin, Lips. 1870; sicher

c) Pent. u. Sap. Sal. von Háreth ben Senân ben Sabat (s. Assemani, Catal. bibl. Med. codd. mss. or. p. 61) vom Jahr 1486; über seine wichtige Vorrede s. zuletzt E. Nestle, ZdmG 1878 468—471; vgl. 736; vgl. auch cod. vat. ar. 1 u. 2 unter den codd. arabici vel a Christianis scripti vel ad religionem christianam spectantes in Mais Catal. (N. Coll. IV) und Holmes in der Praef. ad Pentat. (1798).

7. Aus dem Griechischen stammen:

a) Die Propheten und die poetischen Bücher (außer Hi, s. o.) in den Polyglotten; vgl. Cornill, Buch des Propheten Ez (1886) 49—57; V. Ryssel, Die arabische Übersetzung des Mi in der Pariser und Londoner Polyglotte ZatW 1895, 102 bis 138. Über Nah L. Reinke, Zur Kritik der älteren Versionen des Propheten Nah, Münster 1867 S. 65—70. Ein arabischer Text des Jonas in: The book of Jonah in four oriental versions, namely . . . Arabic with glossaries. Edited by W. Wright, London 1857, VIII, 148 (vgl. Ewald, Jahrbb. VIII, 130).

b) Der eine oder andere Psalter, die Doederlein, Repert. 2, 176—179, 4, 57—96 näher beschrieb. Von gedruckten Ausgaben sind zu erwähnen:

1. Psalterium Octaplum, Genuae 1516 fol. (nach Rosenthal, Catal. 49, 4436, auch Mediolani, Porrus) 60. 80. 100 Mt., von Augustinus Justinianus Bischof von Nebbia in Corsika († 1536) herausgegeben; kollationiert in Psalmi 1—49 arabice Paulus de Lagarde in usum scholarum edidit. 1875.

2. Liber Psalmorum Davidis. Ex arab. idiomate in Latin. transl. a Victorio Scialac Accurense et Gabriele Sionita Edeniensi Maronitis, Rom. 1614, 4° (cf. Schnurrer, Bibl. arab. 357) mit neuen Typen 1619, 4° (cf. Hottinger, Diss. de transl. 207—210. GgA 1769, 549); wiederholt bei Lag. (Psalterium rechts oben, Psalmi 1 49 rechts).

3. Von Athanasius, Patriarch von Antiochien, 1706 in Beroea (Aleppo); wieder=
holt bei Lag. 1—49 links, Psalt. links unten; enthaltend die um die Mitte des
11. Jahrhunderts von Abu=l'Fath Abdallah ben Fadhl verfertigte Übersetzung f. Asse=
mani, Bibl. Med. p. 37, BO 1, 631; Gildemeister, ZsKunde des Morgenlandes
5 (1843) 217.

4. Psalmi arabice, London 1725, 8° von der societas de promov. cogn. Chr.;
von Salomo Negri, über den Memoria Negriana ed. Freylinghausen, Halae 1746,
4° zu vergleichen ist; Adler, Bibl. krit. Reise.

5. Die im Kloster des Täufers Johannes auf dem Berge Kesroan (Schuair) 1735
gedruckte Ausgabe; bei Lag. 1—49 mit der Sigel כ bezeichnet); ebenda die Leydener
Hdf. 253, die einst Joseph Scaliger gehörte, mit der Sigel ל.

Über die Ausgabe der Evv., die auf Kosten des Hetmans Masepa 1708 in
Aleppo veranstaltet wurde f. ZdmG 8, 486—339. 631: Ein Nachtrag zu Schnurrers
bibliotheca arabica aus den Schätzen der Kais. öff. Bibliothek zu St. Petersburg. —
Von der Anwendung der arabischen und andern orientalischen Übersetzungen (syr., perf.,
äthiop., arm.), für die neutestamentliche Textkritik handelt A. Bode in der Pseudo-
critica Millio-Bengeliana, Halae 1769, 2 to. Für die Apokryphen und Pseud=
epigraphen ist der eine oder andere arabische Text wichtig; vgl. z. B. Esdrae liber
quartus arabice . . . ed. J. Gildemeister, Bonn 1877, 4°.

Wie viel Material an arabischen Hdff. zum NT. vorhanden ist, kann ein Blick in
Gregory lehren, der III, 928—947 136 arab. Hdff. zum NT. aufzählt, oder den seither
von Margaret Dunlop Gibson veröffentlichten Catalogue of the Arabic MSS in the
Convent on S. Catharine on Mount Sinai (Studia Sinaitica No. III, London 1894,
4°), vgl. die Nummern 43. 69—154. Über einige derselben „Some ancient MSS of
the Arabic New Testament" trug ihre Schwester Mrs. Lewis auf dem Londoner
Orientaliftenkongreß 1892 vor (f. Transactions II, 1893, 96—98 mit 2 Faffimile) u.
Mrs. Gibson felbst veröffentlichte in Studia Sinaitica II an arabic version of the
Epistles of St. Paul to the Romans, Corinthians, Galatians with part of the
epistle to the Ephesians from a ninth century MS in the Convent of
St. Katharine on Mount Sinai (1894, f. V. Ryffel, ThLZ 95, n. 13, der annimmt,
daß das Griechische zu Grunde liege, aber das Syrische zu Hilfe genommen sei). Da
alle diese Übersetzungen und Ausgaben für die Textkritik nur sekundäre Bedeutung
haben, muß für die früheren Veröffentlichungen eine Verweisung auf die Arbeiten von
Gildemeister, Guidi, u. f. w. und auf Gregorys Zusammenstellung genügen.

Über die von Smith und L. V. A. von Dyck für die amerikanische Mission in
Syrien gefertigte Übersetzung f. ZdmG 8, 693, 10, 813; Isaac. H. Hall (Journal of
the Amer. Or. Soc. vol. XI u. XIII p. VIII. XLVI; über die Bibel der Beiruter
Jesuiten (Bd 1 1890, Bd 2 1885, Bd 3 NT. 1882) deren Catalogue spécial
(Beyrouth, Imprimerie catholique).   (O. F. Fritzsche †) Eb. Nestle.

7. Armenische Bibelübersetzungen.

Litteratur: A. Armenien von Gelzer PRE³ 2. Bd, 67; V. T. Gr. ed. Holmes T. I.
Oxonii 1798. fol. Praef. in Pentatenchum. Von biblischen Einleitungen Eichhorn § 306
bis 308; bef. Kaulen³ § 173; Scrivener⁴ II, 148—154; Tischendorf=Gregory III, 912—922,
und die dort genannten Werke von Simon, Le Long=Masch, La Croze; Zahn, Forschungen V.
(1893) 109—157: Ueber einige armenische Verzeichnisse kanonischer und apokrypher Bücher.
— Bibel, in alt=armen. Ueberfetzung d. 5. Jahrh., verglichen mit den hebr. und griech. Ori-
ginalen. Hrsg. von d. Bibelgesellschaft. I: Pentateuch. Konstant. 1892. 8°. 256 S. 1895 8°.
1266 S. (ist mir nur aus Buchhändler=Anzeige bekannt). Ueber die interessante Geschichte
der Entstehung der armenischen Schrift f. V. Gardthausen, über den griech. Ursprung der
armen. Schrift (ZdmG 30. 1876. 74—80); Fr. Müller, Nicht=mesropische Schriftzeichen bei
den Armeniern (Wiener ZfdKdM X, 2) und der armenischen Bibelübersetzung unter Sahak
(Isak I) † (9. oder) 15. Sept. 439 (339 Bd 2. 77, 51 ist Druckfehler) und Mesrop († 19.2.
441), f. Gelzer 2, 67 ff.; noch Ausführlicheres über die beiden Männer PRE² 13, 250—254
(Petermann) 9, 615—617 (Petermann=Kesler). Ausführliches über die armen. BÜ. enthält
das neuarmenisch geschriebene Werk Matenadaran Haykakau thargmanutheanths nach-
neaths (Catalogue des anciennes traductions Arméniennes), Venedig 1889 von P. Kare-
kin (S. 82—101 die ältere U. aus dem Syr., 110—245 die nach dem Griech., S. 121—128
die wichtigsten Hdff.). Zerstreute Nachrichten über Hdff. in P. Jac. Dr. Dashian, Katalog der
armen. Hdff. in der Mechitharistenbibliothek zu Wien, Wien 1895 (60 Mk.; vgl. P. Vetter in
der Lit. Rundschau 1897 n. 2, dem diese Mitteilung verdankt wird.

Nach Sixtus Senensis und Stapleton (Walton, Prol. 34ᵃ) soll Chrysostomus in seiner Verbannung den Psalter und das NT. ins Armenische übersetzt haben, nach Angelus de Rocca (a. a. O.) ist er auch der Erfinder der armenischen Schrift. Daß zu seiner Zeit die Sprache der Hebräer auch in die ... der Armenier, Skythen und Sauromaten übersetzt war, bezeugt Theodoret (de cur. Graec. affect. l. 5). Die uns erhaltene Übersetzung des AT.s geht auf die LXX und zwar wie nicht erst von Zohrab 1805 (Bd 2, 68,³⁹), sondern schon von den Brüdern Whiston in der Vorrede zur armenisch = lateinischen Ausgabe des Moses Chorenensis (London 1736 4ᵒ) festgestellt wurde, auf die hexaplarische Bearbeitung des Origenes zurück, deren kritische Zeichen, Asterisk und Obelus, die ältesten armenischen Hdss. noch teilweise erhalten haben (Holmes l. c.). Ob die Varianten, denen man in den älteren Hdss. hie und da begegnet, vom Nachwirken der älteren aus dem Syrischen geflossenen Übersetzung herrühren, oder davon, daß mehrere griechische Hdss. zur Verfügung standen, wie bei Thomas von Heraclea, ist nicht ausgemacht. Für die erstere Auffassung s. J. Armit. Robinson T. & St. III, 3, 72 ff. Mit den Pr habe man die Übersetzungsarbeit begonnen; ob 3 Esr, Est, Tob, Jud, Sap. Sal und im NT. Apk gleich anfänglich mit übersetzt wurden, wird von einigen bezweifelt. Über den Umfang des armenischen Kanons s. 2, 68 f. und die von Zahn veröffentlichten Listen; auch ThLZ 1894 Sp. 584 (nach Conybeare im Guardian 18 July 94).

Warum von den bisherigen Drucken der armenischen Bibel die Ed. Pr. des Bischofs Oskan von Eriwan (Amsterdam 1666. 2 Bde 4ᵒ) und die ihr folgenden (Konstantinopel 1705. 2 Bde 4ᵒ; darüber Bredenkamp in Eichhorns Bibl. 4, 623), und, etwas verbessert, Venedig 1733. 4ᵒ unbrauchbar sind und nur die von Johannes Zohrab, [Venedig 1805. 4ᵒ. 12. 836. 30 Seiten] kritisch verwertbar ist, für welche 19 (20, nicht 9: Bd 2, 68,³⁵) Handschriften verglichen wurden, s. 2, 68. Für Holmes = Parsons ist auch in den nach 1805 erschienenen Teilen nur der Druck von 1733 verwertet, dazu ein paar Hdss. (Wien 3270, Casanatensis angeblich von 1063, in Wirklichkeit aus dem 18. Jahrh. von Gregorius Baghinanti kollationiert; eine Kollation von 15 Hdss. durch Sergius Malea, s. Gregory 914 Nr. 2). An weiteren Ausgaben finde ich aufgeführt (namentlich bei Raulen § 173) den Psalter Venedig 1515, Rom 1565. 1642, (bei de Wette=Schrader⁸ 121 „Venedig"), Amsterdam 1666 u. ö. (de Wette=Schr. 1661 4ᵒ 66. 72. 16ᵒ Marj. 1673. 8ᵒ), Leipzig 1680 (so Raulen). Als primum in Germania specimen characterum armenicorum kenne ich von dort nur 1680 Obadias Armenus . . . in cl. Academia Lipsiensi à M. Andrea Acolutho, Vratislav. Siles. 56 p. 8ᵒ. Zum erstenmal aus Hdss. verbessert wurde der Psalter in Venedig 1786 gedruckt, später aus Zohrabs Ausgabe öfters z. B. 1856, die Weisheit 1824. 1854, die neu aufgefundene alte Übersetzung des Sirach — Osgan hatte dies Buch in Ermanglung einer Hdss. selbst aus der Vulgata übersetzt, wie Erasmus den Schluß der Apk — 1833. 1853. 1881 (s. ThJB 2, 16).

Vom NT. giebt es Ausgaben: Amsterdam 1668 und 1698, Petersburg 1814. 19, (türkisch=armenisch) 28 (alt= und neuarmenisch), Venedig 1825, Calcutta 1844. Die erste aus Hdss. etwas verbesserte Ausgabe der Mechitharisten erschien 1789, aus Zohrabs Ausgabe erschienen 1818 und Briefe 1824, das NT. z. B. 1863, die Evangelien 1869. Eine Ausgabe der sogenannten Ararat=Übersetzung, alt= und neuarmenisch, Konstantinopel 1850. Auch in Wien ist jetzt eine thätige Mechitharistendruckerei, die das NT. 1864 herausgab.

Ausgabe der ganzen Bibel von seiten der russischen Bibelanstalt Petersburg 1817. 4ᵒ (korrigiert von Johannes, Erzbischof der russischen Armenier (in modernem west-armenischem Dialekt Smyrna 1853. 4ᵒ. Konstant. 1857. 12ᵒ. 1884. 4ᵒ). Daß Reinhold Rost 1857 den Druck eines armenischen NT.s überwachte s. O. Weise in den Mitt. des Geschichts= und Altertumsforschenden Vereins zu Eisenberg. Zwölftes Heft (Leipz. Teubner 1897). Scrivener zählt 17, Gregory mehr als 60 armenische Hdss. zum NT. auf, darunter ist der cod. 222 von Etschmiadzin vom Jahr 989, der in einem alten Elfenbeineinband steckt (saeculi tertii vel quarti: Gregory; fifth or sixth century: Scrivener) und durch die von Conybeare hinter Mc 16, 8 entdeckten zwei Worte „Ariston Eritzou" „vom Presbyter Arist(i)on" uns vielleicht den Verfasser des längeren Marcus=Schlusses nennt (The Expositor, Oktob. 1893. 241—254. ThLZ 1823, 23). Ob der von den armenischen Übersetzern benutzte neutestamentliche Text auf die Rezension des Euthalius zurückgeht, ist eine Frage, die Conybeare aufgeworfen hat (s. ThLZ 1895, 11). Einzelne interessante Lesarten hat diese Übersetzung, die La Croze die Königin der Übersetzungen nannte, uns erhalten, z. B. Jesus Barabbas Mt 27, 16. 17. Bar-hebräus († 1286) hat sie häufig zur Vergleichung mit der syrischen beigezogen, nament-lich im Psalter z. B. zu 1, 1. 3. 6. 2, 1. 4, 7. 5, 2. 9 (hier auch, wie öfters die ägyp-tische) 10. 7, 18. 8, 5. 9, 12. Zu 16, 2 bemerkt er, der Armenier habe wie der Syrer: „Meine Güte ist von dir" und hieraus sei klar, daß wenn die Armenier auch aus dem Griechischen übersetzten, sie doch ihre Exemplare mit dem Syrer verglichen hätten, mit dem sie an verschiedenen Stellen übereinstimmten (Lagarde, Praetermissa 113, 22). Eine unsern Anforderungen entsprechende neuere Ausgabe fehlt noch; daß zunächst die Apokryphen des A. und N.T.s erscheinen sollen, s. PRE³ Bd 2, 70, 49. Lagarde brauchte für sie die Siegel א oder ḥ d. i. haikanisch (ḥᵐ = Mkiθaris 1733), ḥᵛ (veneta 1860), ḥᶻ (Zohrab 1805), ḥᵒ (Ostan), so im Specimen.   (O. F. Fritzsche †) Eb. Nestle.

8. Englische Bibelübersetzungen.

Litteratur: Vgl. Philip Schaff, A companion to the Greek Testament and the English Version. 4 th ed. revised, New-York 1896, pp. 298—494; Brooke Foss Westcott, A general view of the history of the English bible, London und Cambridge, 2d ed. 1872; William Fiddian Moulton, History of the English bible, London 1878; J. L. Mombert, A hand-book of the English versions of the bible, New-York und London 1888; J. H. Blunt, „English bible", Encyclopaedia Britannica, vol. 8 (Edinburgh 1878) pp. 381—390.

Sehen wir ab von den biblischen Dichtungen, die größtenteils mit Unrecht dem Angel-sachsen Caedmon (s. d. A. in der PRE) zugeschrieben werden, und von der nicht weiter bekannten Übersetzung des Johannesevangeliums mit deren Ende Beda am 26. Mai 735 sein Leben schloß, — so scheinen die Psalmen zuerst übersetzt worden zu sein, Ps 1—50 in Prosa, die übrigen in Versen (hrsg. von Benj. Thorpe, Oxonii 1835), aber nicht durch den im J. 709 gestorbenen Aldhelm, Bischof von Sherborn, noch von Ael-fred dem König (so Johannes Wichmann, Halle 1888), sondern durch einen Unbe-kannten, nach dem Jahre 778 (vgl. J. Douglas Bruce, Baltimore 1894), unter Be-nutzung des lateinischen, nicht des griechischen Textes, wie alle folgenden bis auf Wyclif. Wahrscheinlich im 9. Jahrh. entstand die Übersetzung der Vier Evangelien (hrsg. von Parker 1571; Marshall 1665; Benj. Thorpe, Da halgan godspel on englisc. The Anglo-Saxon version of the holy gospels, London 1842; Joseph Bosworth und George Waring, The Gothic and Anglo-Saxon gospels, 2d ed. London 1874), und im 9. und 10. Jahrh. die Interlinearglossen zu den Psalmen und zu den Evan-gelien (Psalterium Davidis Latino-Saxonicum vetus, London 1640; ähnlich „Ves-pasian" = Evv.: J. Stevenson, Anglo-Saxon and early English Psalter, London 1843—47, 2 Bde; Henry Sweet, The oldest English texts [Early Engl. texts soc. vol. 83], London 1885, pp. 183—420 [1. Hälfte des 9. Jahrhs.]; Emil Wende, Überlieferung und Sprache der mittelengl. Version des Psalter und ihr Verhältnis zur lateinischen Vorlage, Breslau 1884; ähnliche Psalterglossen Cambridge Univ. libr. 296; Cambr. Trinity College 35; British Mus. Arundel 60; King's Library 2 B. 5, Cotton. Vitellius E. 18 und Tiberius C. 6; Oxford Bodleian, Junius 27; Lam-beth 427; Salisbury Cathedral 141; Vier Evangelien: G. Stevenson und G. Waring, The Lindisfarne and Rushworth gospels, 4 Bde, Durham und London 1854 bis 1865; Karl Wilh. Bouterwerk, Die vier Evv. in alt-northumbrischer Sprache. Aus der jetzt zum erstenmale vollständig gedruckten Interlinearglosse in St. Cuthberts Evan-gelienbuche hergestellt, Gütersloh 1857; Walter W. Skeat, The gospel according to Matthew . . . Cambridge 1887 [so], Mc 1871, Lc 1871, Jo 1878; Albert S. Cook, A glossary of the old Northumbrian gospels. Halle 1894). Aelfric übersetzte 997 bis 998 den Pentateuch und Josua (s. PRE³ Bd 2 S. 223, 55). Es ist nicht nötig, die Perikopen-Homilien des Augustiners Ormin vom 12. oder 13. Jahrh., das Ormulum, oder die Psalmenübersetzung von William de Shorham, Vikar von Chart=Sutton bei Leeds in der Grafschaft Kent, etwa 1325 (vielleicht ist es eine Überarbeitung dieser Über-setzung zu finden in der Hdf.: Dublin, Trinity College A. 44, früher H. 32, die John Hyde laut Angabe des Urschreibers besaß und vielleicht selbst anfertigte), und den Psal-mentkommentar (nebst Übersetzung) des Richard Rolle aus Hampole bei Doncaster in der Grafschaft York, geschrieben etwa im J. 1330 (H. R. Bramley, The psalter . . by Richard Rolle of Hampole edited from MSS, Oxford 1884; Heinrich Midden-dorff, Studien über Richard Rolle von Hampole, Magdeburg 1888) näher zu betrachten.

Die Sprache entwickelte ſich, die Gedanken ebenfalls, und John Wyclif, geb. 1324, † 1384, trat mannhaft für die reine Wahrheit auf und entſchloß ſich die Bibel dem Volke zu geben. Unter dem Beiſtand ſeines Schülers Nicolas von Hereford ſcheint er die ganze Bibel überſetzt zu haben, und nach ſeiner Verletzung und Vertreibung aus Oxford im J. 1382, zog er ſich nach Lutterworth zurück und revidierte alles aufs ſorgfältigſte; auch revidierte ſein Schüler John Purvey, wie es ſcheint, einiges im AT. und ſorgte für die Verbreitung des Buches nach Wyclifs Tode (The New Testament in English, translated by John Wycliffe circa 1380, now first printed from a contemporary MS . . . printed at Chiswick by Charles Wittingham for William Pickering, London 1848; Josiah Forshall and Frederic Madden, The holy bible . . . in the earliest English versions made . . by John Wycliffe, Oxford 1850. 4 Bde [giebt eine Liſte von 170 Hdſſ.]; ten Brink, Geſch. d. Engl. Litt. Bd 2 [v. Alois Brandl, Straßburg 1893], S. 5—32, beſ. 27; A. Richter, „Das Wycliffi=ſche Evangelium Johannis im 500. Bde der Tauchnitzer Collection of British au=thors, die Wycliffeſche Bibelüberſetzung und das Verhältnis der erſteren zu der letzte=ren", Progr. des Gymnaſiums zu Weſel, 30. Aug. 1862). Dieſe erſte engliſche Bibel, überhaupt die erſte Bibel in einer modernen Sprache, fand eine günſtige Aufnahme beim Volke, wurde aber anderthalb Jahrhunderte lang von den Prieſtern und von dem Adel verketzert und unterdrückt. Auch lange nach der Erfindung des Buchdruckes konnte niemand an die Drucklegung dieſer Überſetzung denken und ſie iſt ſchließlich erſt im Jahre 1731 durch J. Lewis, und das aus litterariſchen Gründen im Drucke erſchienen (wieder abgedruckt durch H. H. Baber, London 1810 und durch Bagſter, London 1841; über die Ausg. von 1848 ſ. oben).

William Tindale (ſo ſchrieb er den Namen; geb. etwa 1483, in Oxford etwa 1504—1511 Lehrer und Privatgelehrter; in Hamburg 1524, verfolgt von Stadt zu Stadt; verhaftet 1535; gefangen in Vilvoorde bei Bruxelles; erwürgt und verbrannt 6. Okt. 1536) überſetzte zum erſten Male das NT. ins Engliſche aus dem Urtext und druckte zuerſt Mt und Mc irgendwo auf dem Feſtlande im J. 1524. 1525, dann das ganze NT. in Quarto, teilweiſe in Köln bei Peter Quentel vor 1526, teilweiſe, wie es ſcheint, in Worms (bei Peter Schöffer?), in 3000 Exemplaren, und in Oktav in Köln bei Schöffer in 3000 Exemplaren. Beide Ausgaben waren in England vorhanden etwa März 1526 (The first printed English New Testament translated by William Tyndale. Photolithographed . . . edited by Edward Arber, London 1871; The first New Testament printed in the English language . . . by William Tyndale. Reproduced in facsimile . . . by Francis Fry, Briſtol 1862; James Loring Cheney, The sources of Tindale's New Testament, Halle 1883, beſ. S. 39. 40; Copp, Wilhelm, Orthographie und Ausſprache der erſten neuengliſchen Bibelüberſetzung von William Tyndale, Marburg 1889). Die Hierarchie ſtürzte ſich darauf. Die erſte öffentliche Verbrennung der Bände ſcheint Herbſt 1526 ſtattgefunden zu haben. Warham, Erzbiſchof von Canterbury, meinte, Mai 1527, ſeine Agenten hätten ſämtliche Exemplare aller drei Bände aufgekauft. Im J. 1528 kamen die Leſer des NT.s an die Reihe für die Feuerprobe. Den Pentateuch veröffentlichte Tindale am 17. Januar 1530 in Marburg, Joſua im J. 1531. William Roye, Georg Joye (nachher ein bitterer Feind), Myles Coverdale, John Rogers und Frith waren unter den Freunden, die von Zeit zu Zeit mit Tindale gearbeitet haben. Myles Coverdale vollendete in Antwerpen, 4. Okt. 1535, den Druck ſeiner Überſetzung der ganzen Bibel „out of Douche (Zürich 1524—1529, auch Luther) and Latyn (Vulgata)", unter Benutzung von Tindales Arbeit; dieſe war die erſte vollſtändige Bibel auf Engliſch; hierin ſtehen die nichtkanoniſchen BB. des AT.s in einem Anhang für ſich, betitelt Hagiographa. Im J. 1537 erſchien als buch=händleriſche Spekulation der Buchdrucker des Königs (vielleicht aber größtenteils wirklich in Antwerpen gedruckt) die „Matthew"=Bibel, die John Rogers alias Matthew in Ant=werpen teils aus Tindale, teils aus Coverdale zuſammengeſtellt hatte, und im Jahre 1540, die „Taverner" = Bibel, eine Überarbeitung der Matthew = Bibel durch Richard Taverner. Die „Große" oder „Great" = Bibel entſtand unter Mithülfe von Cromwell, Earl of Eſſex, Thomas Cranmer und Thomas More nebſt einer Kommiſſion von Prä=laten und Gelehrten, und wurde gedruckt mit Coverdale als Leiter zum Teil in Paris, bis der Inquiſitor=General am 17. Dez. 1538 arg eingriff, dann in London, wo der Band April 1539 vollendet wurde; die 2. Ausg. 1540 trug das Vermerk: „apoyn=ted to the vse of the churches"; das Pſalter aus dieſer Bibel bleibt noch heute im Gebetbuch der engliſchen Kirche. William Wittingham veröffentlichte in Genf im

J. 1557 ein englisches NT., mit der Versabteilung aus Stephanus 1551; die Über=
setzung war vielfach korrigiert. Im J. 1558 fing Coverdale in Genf eine neue Bibel
an, kehrte aber schon 1559 nach England zurück, und Wittingham, Anthony Gilby und
Thomas Sampson setzten die Arbeit eifrig fort, so daß die schöne kleine Ausgabe April
1560 fertig gedruckt war, die „Geneva-Bible". Der Erzbischof Parker veranstaltete im
J. 1563 mit elf anderen Bischöfen und vier geringeren Würdenträgern eine Revision der
Ausgabe von 1539, die dann am 5. Okt. 1568 fertig war, als „Bishops-Bible", kaum
aber besonders beliebt wurde, da man in den Kirchen größtenteils die Bibel von 1539
brauchte, und in den Häusern die Genfer Bibel.

Die katholischen Flüchtlinge, denn die Zeit hatte alles umgekehrt, veröffentlichten
in Rheims im J. 1582 ein englisches NT. (vgl. Gregory Martin . . . A discoverie
of the manifold corruptions of the holy scriptures by the heretikes of our
daies, Rhemes 1582; William Fulke, A defense of the sincere and true translations of the holie scriptures . . . against the manifold cavils . . of Gregorie
Martin, London 1583 [wieder hrsg. von Charles Henry Hartshorne, Cambridge 1843]),
dem im J. 1610 das AT. folgte.

Auf Anregung John Reynolds, des Präses vom Corpus Christi Collegium in
Oxford, wurde 1604 eine Kommission von sechs Gruppen, jede von neun Gelehrten
(je zwei in Westminster, Oxford und Cambridge; wirklich nahmen nur siebenundvierzig
teil an der Arbeit), durch Jakob I. eingesetzt, um die Bischofs=Bibel zu revidieren, zu
welchem Zwecke die peinlichsten Vorschriften abgefaßt wurden. Nach Jahren der Arbeit,
(andere sagen, die Arbeit habe wirklich nur 1607 angefangen und nur zweieinhalb
Jahre gedauert), wobei einige Stücke vierzehn oder gar siebzehn Mal bearbeitet wurden,
erschien die Ausgabe (um viele Exemplare rasch herzustellen) in zwei gleichzeitig gesetzten
und gedruckten Folianten; in demselben Jahre erschien eine Duodez = Ausgabe, wovon
nur ein Exemplar bekannt sein soll (Lenox Bibliothek, New=York City). Diese Aus=
gabe hieß dann „the authorized version" (sie scheint aber nie autorisiert worden zu
sein) oder „King James' version" und der Titel trug die Inschrift: „Appointed to
be read in the churches" (vorgeschrieben zum Vorlesen in den Kirchen). Die Über=
setzung war sehr gut, klar, schön, volkstümlich. Natürlich wurde sie, wie alles neue, an=
fangs und lange derb angefeindet, aber allmählich drang sie durch und im J. 1661
wurden die Episteln und Evangelien im englischen Gebetbuch nach dieser Übersetzung
umgeändert. Eine kritische Ausgabe dieser Übersetzung vom J. 1614 lieferte F. H.
Scrivener, The Cambridge paragraph bible of the authorized English version
. . . Cambridge 1873, worin er viele Abdrucke verglich, nebst den Revisionen des
Dr. Paris im Jahre 1762, des Dr. Blayney im J. 1769, und der American Bible
Society im J. 1867; leider bietet Scrivener nicht den genauen Text von 1611, auch
nicht von 1613.

Einzelne Übersetzungen durch Gelehrte oder durch kirchliche Gemeinschaften heraus=
gegeben, brauchen hier nicht behandelt zu werden (vgl. Schaff, wie oben S. 366. 367).
Am 10. Februar 1870, auf Antrag des Bischofs von Winchester, Samuel Wilberforce,
beschloß die Konvokation von Canterbury eine Revision der „Authorized Version"
ins Auge zu fassen (vgl. zur Geschichte und zur Litteratur dieser Revision, Schaff, wie
oben, S. 371—494). Gegen siebenunddreißig Gelehrte wurden aufgefordert, das
AT. zu bearbeiten, und etwa neunundzwanzig das NT., obschon die Zahl der zu irgend
einer Zeit wirklich thätigen geringer war. Wenigstens fünf religiöse Gemeinschaften
außer der englischen Staatskirche nahmen daran teil. In ähnlicher Weise arbeiteten in
Amerika zwei Gruppen von Gelehrten aus neun verschiedenen religiösen Gemeinschaften
und die Arbeiten wurden hin und her übers Meer ausgetauscht. Der griechische Text des
NT. (The Greek Testament with the readings adopted by the revisers of the
authorised version, Oxford 1881) wurde gründlich durchgenommen (wäre das nur ge=
schehen bei der Revision der deutschen Bibel!) und auf Grund davon die Übersetzung
gemacht, mit der Übersetzung von 1611 verglichen, und bis ins kleinste geschliffen und
gefeilt. Die revidierte Bibel wurde am 17. Mai 1881 in England und am 20. Mai
1881 in Amerika veröffentlicht und es scheinen im ersten Jahre drei Millionen Exem=
plare verkauft worden zu sein. Die Aufnahme besonders in England war zuerst, wie
zu erwarten, nicht besonders freundlich. Ein sehr kleiner Bruchteil war unwillig, weil
zu wenig geändert worden war, aber die große Masse reagierte gegen die Abänderung
der altgewohnten Sätze und fand in dem einen oder anderen Gelehrten einen Stütz=
punkt. Konservative Gelehrte verurteilten die englische Bekleidung des auch von ihnen

gebilligten Urtextes, oder stießen sich gar an den neuen Lesarten in den Urtexten, da sie die gewöhnlichen Lesarten für heilig ansahen. Amerika hatte noch einen Grund mehr zur Unzufriedenheit, weil mancher Ausdruck, den die amerikanischen Gelehrten vorgezogen hatten, nur in der Appendix zu lesen war. Diese amerikanischen Gelehrten verpflichteten sich keine „neue" Ausgabe vor dem Ende von vierzehn Jahren zu veranstalten. Die Zeit ist im Jahre 1896 voll geworden. Ich habe nicht gehört, ob die beabsichtigte amerikanische Ausgabe erfolgt ist. Aber die Jahre gehen vorüber und jedes Jahr gewinnt die Revision an Boden; sie macht raschere Fortschritte als seinerzeit die Revision von 1611.

[Spitznamen: „Breeches"=Bibel = Genfer=Bibel wegen Gen 2, 7: „They sewed fig-leaves together and made themselves breeches" (schon früher bei Wiclif); „Bug"=Bibel = eine Ausgabe der „Matthew" = Bibel vom J. 1551 wegen Psi 91, 5 „so that thou shalt not nede to be afrayed for any bugges (gleich dem heutigen „bogies") by night" (auch bei Coverdale und Taverner); „Wiked"=Bibel ist vom J. 1631, weil „not" im Ehebruchsverbot fehlt in den Zehn Geboten, was dem Drucker 300 Pfd. St. oder 6000 Mk. gekostet hat (eine kleine Bibel vom Jahre 1653 läßt Paulus fragen: „Know ye not that the unrighteous shall inherit the kingdom of God?"); „Treacle"=Bibel, die Bischofs=Bibel von 1568, wegen Jer 8, 22: „Is there no tryacle in Hiliad?"; „Vinegar"=Bibel, gedruckt bei J. Baskett, Ox-ford 1717, wegen „vinegar" statt „vineyard" über der Spalte für Lc 20.].

Caspar René Gregory.

9. Finnische und lappische Bibelübersetzungen.

Quellen: The Bible of every Land; Nordisk Familjebok (Artikel: Bibelöfversätningar); Bröderne Salmonsens Konversationsleksikon (Artikel: M. Agricola, Bibel-oversssättelser).

Nach allgemeinem europäischem Sprachgebrauch nennt man die Hauptmasse der Bewohner Finnlands, an Zahl ca. 2 Millionen, Finnen, und die Bewohner der nörd-lichsten Teile der skandinavischen Halbinsel, an Zahl ca. 30000, Lappen. Hierbei ist aber zu bemerken, daß seit uralter Zeit die Lappen, von welchen die meisten im nörd-lichen Norwegen wohnen, in Norwegen Finnen genannt, und die von Finnland nach (norwegisch) Finmarken eingewanderten Finnen Quänen genannt werden.

Die Finnen und die Lappen sind in Beziehung auf ihre Leibesgröße und zum Teil Lebensweise sehr ungleich. Ihre Sprachen aber sind sehr verwandt. Sie ver-halten sich etwa wie Deutsch und Dänisch. Diese Sprachen haben mehrere Eigentüm-lichkeiten: keine Artikel, keinen Geschlechtsunterschied, sowohl Pronomina separata als Pronomina suffixa, anstatt Präpositionen Postpositionen. Die finnische Sprache ist sehr wohlklingend. In der Lappischen werden viele Sibilanten gebraucht. Pronomina und Verba haben im Lappischen Dualisformen, im Finnischen aber nicht. Finnisch hat 15 Kasus, Lappisch 7.

Finnland (Finnisch: Suomi) wurde im 12. und 13. Jahrhundert nach und nach von den Schweden eingenommen und bekam also von Schweden her Staatsordnung, Christentum und Bildung. Bis 1809 war es eine schwedische Provinz. In diesem Jahre wurde es von Rußland erobert und als Großfürstentum mit Rußland vereinigt.

Obgleich früher das Schwedische Finnlands Hauptsprache gewesen war, so bekam doch Finnland schon in der Reformationszeit eine finnische Kirchensprache. Ein junger Finne, Michael Agricola († 1557 als Bischof in Abo), war nach Wittenberg gekommen, hatte Luther kennen gelernt und war dort Magister geworden. 1539 mit Empfehlung von Luther an König Gustav I. nach Hause zurückgekommen, fing er an, einige religiöse Bücher ins Finnische zu übersetzen. Nachdem er zuerst einige Teile der Bibel übersetzt hatte, erschien von ihm das NT. zum erstenmal ins Finnische übersetzt 1548, die Psalmen und einige der Propheten 1551—52. In der Vorrede zu den Psalmen finden sich Mitteilungen über die alten Götzen der Finnen. Im Jahr 1642 wurde die ganze Bibel zum erstenmal auch Finnisch in Stockholm von E. Peträus, M. Stadius, H. Hof-man und G. Favorin herausgegeben. Neue Ausgaben kamen später heraus, 1683 bis 1685 von H. Florinus und 1758 von A. Lizelius. Eine neue Übersetzung von Prof. A. W. Ingman erschien 1859.

Da die Lappen auf einem großen Territorium wohnen, nämlich in den Einöden im nördlichsten Teil der skandinavischen Halbinsel zwischen dem atlantischen Meer im Westen und dem weißen Meer im Osten, und da sie unter verschiedenen Regierungen stehen und ihre Sprache keine Litteratur zur Stütze gehabt hat, so ist die Sprache in mehrere Dialekte gespalten. Nach der Volkszählung im J. 1890 wohnten in Norwegen (besonders in den Ämtern Finnmarken und Tromsö) 20 786 Lappen, in Schweden 6846 (in Lapmarken), in Finnland 1140 und in Rußland auf der Halbinsel Kola wahrscheinlich etwa 2000. Die meisten Lappen stehen also unter der norwegischen Regierung, weniger unter der schwedischen und noch weniger unter der finnischen und unter der russischen.

Dem Namen nach bekamen die Lappen frühe im Mittelalter das Christentum; die christliche Erkenntnis aber war gering. Man hatte wohl in Norwegen gesucht, den Lappen bessere christliche Erleuchtung zu geben und die Überreste heidnischen Aberglaubens auszurotten. Besonders arbeitete der Drontheimische Bischof Erik Bredal († 1672) an dieser Sache, als er 1658—59 von seinem Bischofsitz nach Finnmarken wegziehen mußte, weil die Schweden Drontheim eingenommen hatten. Von Thomas von Westen († 1727) wurde viele Arbeit für die Unterweisung der Lappen in den Jahren 1714—23 gethan. Mehrere christliche Bücher auf Lappisch wurden herausgegeben. Ein Seminarium lapponicum in Drontheim zur Ausbildung der Lehrer im Lappischen wurde errichtet. Aber die dänisch-norwegische Regierung handelte planlos, denn das Seminarium lapponicum wurde 1774 aufgehoben. Einige Teile der Bibel waren übersetzt und nach Kopenhagen geschickt, aber dort bei einer Feuersbrunst 1795 vertilgt. Nachdem die norwegische Bibelgesellschaft im J. 1821 beschlossen hatte, eine Bibelübersetzung ins Lappische zu unternehmen, erbot sich 1822 Probst Kildahl mit Hilfe eines Volksschullehrers Gundersen diese Arbeit in Angriff zu nehmen. Aber Kildahl starb in demselben Jahre; die Arbeit wurde fortgesetzt von Gundersen und nach 1824 auch von Pastor Stockfleth († 1866), nachdem er bei einem längeren Aufenthalt in Finnmarken sich mehr in die Sprache hatte vertiefen können. Die zwei ersten Evangelien wurden 1838 gedruckt und das ganze NT. im Jahre 1840 und in neuer Auflage 1850 herausgegeben und abermals in revidierter Ausgabe 1874. Stockfleth übersetzte auch Teile der Bücher Mose (1840) und die Psalmen (1854). Später hat ein Lappe, Lars Hätta, das ganze AT. übersetzt und dies, revidiert von Prof. J. A. Friis († 1896) und später vom Seminarverwalter Quigstad in Tromsö, wurde 1875 fertig gedruckt. Alle Übersetzungen und andere in Norwegen auf Lappisch in diesem Jahrhundert und früher von Stockfleth und anderen verfaßte Bücher sind in dem finnmarkischen Dialekt geschrieben.

Der Dialekt, welcher in schwedisch Lappmarken gebraucht wird, ist von dem finnmarkischen nicht wenig verschieden. In diesem Dialekt wurde in Stockholm 1648 von Johan Jonä Tornäus ein Handbuch herausgegeben, enthaltend die Sonntagsevangelien und -Episteln, die Psalmen, Sprichwörter und Sirachs Buch. Das NT., übersetzt von Per Fjelström wurde 1755 herausgegeben. Es kam in neuer Ausgabe gedruckt in Hernösand 1811 heraus, und dort erschien auch in demselben Jahr die ganze Bibel.

J. Belsheim.

10. Georgische (grusinische, iberische) Bibelübersetzungen.

Litt.: J. G. Eichhorn, Von der georgischen Bibelübersetzung, in: Allg. Bibl. 1 (1787) 153—169 Einl. § 318ᵇ; Holmes, praef. in Pent. 1798.; Kaulen³ § 178; Gregory 3, 922; Scrivener⁴ 2, 156—159; A. A. Tsagareli, Nachrichten von den Denkmälern des georgischen Schrifttums (russ.), Petersburg 1—3. Heft 1886. 89. 94.

Nach der armenischen Tradition hat Mesrob auch für die von armenischer Kultur abhängigen Nachbarvölker, die Iberer oder Georgier oder Grusinier und die Albaner, das Alphabet erfunden (s. PRE³ Bd 2. 68,₃ und ZdmG 30 1876 S. 79) und die Übersetzung der Bibel ermöglicht. (Wer sind die Sauromaten, die neben den Armeniern und Skythen von Theodoret unter denen aufgeführt werden, in deren Sprache das Hebräische zu seiner Zeit übersetzt war?) Andere bezweifeln dies, setzen aber den Ursprung der Übersetzung auch in das 5. oder 6. Jahrhundert und nehmen für dieselbe griechische Grundlage an; doch ist streitig, wie weit sie durch die slavische beeinflußt wurde. Die Makkabäerbücher seien von König Archil von Georgien aus dem Slavischen übersetzt, die erste (und einzige?) 1743 in Moskau von dem Prinzen Bathuscht veranstaltete Ausgabe (557 Bl. Fol., in Kirchenschrift) nach der slavischen Bibel gestaltet (1723 bei Gregory 922 scheint Druckfehler, ebenso 1742 bei Kaulen³ 175, Schenz 465). It has never been reprinted sagt Scrivener⁴ 2, 157; Gregory erwähnt Petersburger Ausgaben (ob bloß des NT.s?) von 1816 und 1818 in gewöhnlicher Schrift; aus der ersteren entnahm Petermann Pauli epistula ad Philemonem speciminis loco ad fidem versionum orientalium veterum una cum earum textu originali Graece edita (Berl.

1844). S. C. Malan benutzte sie 1862 für The Gospel according to S. John translated from the eleven oldest versions except the Latin (London). Frz. C. Alter, Über georgianische Litteratur, Wien 1798, gab S. 26—117 Varianten aus derselben. Eichhorns Bericht ist von Stephanus Autandil georgisch geschrieben, von Paulus Leoni 1780 ins Italienische übersetzt, durch Adler ihm zugekommen. Nach H. Sch.ch.rdts Anzeige von Tsagarelis Arbeit (LCBl 1895, 37) giebt auch diese noch kein festes Bild von der Geschichte dieser Übersetzung und ihrem Verhältnis zur Bibel von 1743. Aus der Athoshdf. Nr. 1 vom Jahr 978 hat Tf. das Hohelied mit den Varianten der Moskauer Bibel abgedruckt. Ein Psalter vom Sinai, wo, wie im Kreuzkloster in Jerusalem, viele iberische Hdff., sei aus dem 7.—8. Jahrhundert; Evangelienbücher, die Bakradze ins 5.—6. Jahrhundert setzte, seien jünger.

(O. F. Fritzsche †) Eb. Nestle.

11. Hebräische Übersetzungen des Neuen Testaments.

Hier ist nicht zu nennen die von der alten Tradition bezeugte hebräische Urschrift des Matthäusevangeliums, aber auch nicht das Evangelium secundum Hebraeos, obwohl dies aller Voraussicht nach auf den griechischen Evangelien beruhte und als ein Übersetzungswerk bezeichnet werden kann; denn es war nach dem Zeugnis des Hieronymus (Adv. Pel. 3, 1) „chaldaico quidem syroque sermone, sed Hebraicis litteris scriptum", d. h. es war in der Syrien und Mesopotamien gemeinsamen aramäischen Sprache geschrieben, deren Dialekte Hieronymus nicht weiter geschieden hat (s. dazu meine Gramm. des jüd. pal. Aram., 2 f.). Mit dem Verschwinden der historischen Ausläufer der jüdischen Urgemeinden Palästinas scheint auch die für sie anzunehmende Litteratur in hebräischer oder aramäischer Sprache spurlos verschwunden zu sein.

Sehr verschiedenen Zwecken haben die gegenwärtig existierenden hebräischen Übersetzungen des NT.s ihren Ursprung zu verdanken. Mit Übergehung einzelner bloßer Versuche sind folgende Arbeiten von größerer Bedeutung zu nennen:

I. Übersetzungen von Juden.

a) Evangelium Matthaei in lingua hebr. cum vers. lat. atque annotationibus Sebastiani Münsteri. Erste Ausg. Basel 1537, zweite Ausg. Paris 1541, dritte Ausg. (mit Beigabe des Hebräerbriefs hebr. und lat.) Basel 1557. Nach dem Vorwort vom Herausgeber handschriftlich vorgefunden und nur ergänzt.

b) Evangelium hebr. Matthaei recens e Judaeorum penetralibus erutum cum interpret. lat., herausgeg. von Jean du Tillet und Jean Mercier, Paris 1555. Dies entstammt der Evangelienübersetzung von Schemtob Schaprut vom J. 1385, welche einen Teil seines gegen das Christentum gerichteten 'Eben bochan bildete, s. A. Herbst, Die von Sebastian Münster und Jean du Tillet herausgegebenen hebr. Übersetzungen des Evangeliums Matthäi, Göttingen 1879. Das in der Bibliothek des Vatikans befindliche, alle vier Evangelien umfassende Manustript eines ungläubigen Juden (MS. Orient. 100) ist vielleicht das vollständige Werk Schapruts.

c) Eine vollständige Übersetzung des NT.s, teilweise von Ezechiel Rachbi (nicht Rakibi, so Delitzsch, Brief an die Römer 105 Anm. 1), gest. 1772, teilweise von einem aus Deutschland stammenden Gehilfen desselben, s. Delitzsch a. a. O. 22. 103—109; Schechter, Notes on Hebrew MSS. in Jew. Quart. Rev. VI 144 f.

II. Übersetzungen von Christen.

a) Das vollständige NT. edierte in eigener hebräischer Übersetzung Elias Hutter (s. über ihn Allgem. deutsche Biographie XIII 475 f.) in seiner 12sprachigen und in der viersprachigen Ausgabe desselben (Nürnberg 1599 und 1602). Verbesserte Ausgabe der hebr. Übersetzung von G. Robertson, London 1661, des Anfangs derselben von R. Caddick, London 1798. [Elias Schadäus (gest. 1626) ließ einige neutestamentl. Bücher deutsch mit hebr. Lettern drucken, verfaßte aber keine hebr. Übersetzung (so K. U. Nylander), s. W. Horning, Magister Elias Schadäus (1892) 12.]

b) Die vier Evangelien erschienen, übersetzt von Joh. Baptista Jona (gest. 1668), zu Rom 1668.

c) Ungedruckt blieb eine hebräische Übersetzung des Matthäus von Joh. Kemper (Mose b. Aaron aus Krakau), gest. 1714, mit latein. Übertragung von Andr. Borelius, welche die Universitätsbibliothek von Upsala verwahrt, s. darüber K. U. Nylander, Ett unicum från Upsala bibliotek, Kyrklig Tidskrift I (1895) 231—235.

d) Von F. A. Christiani erschien 1676 zu Leipzig der Hebräerbrief, von Imm. Frommann das Evangelium des Lukas (bis 22, 14) 1735 zu Halle.

e) Die Londoner Gesellschaft für Judenmission veranstaltete 1813—17 eine Übersetzung des ganzen N.T.s, welche 1821 zum erstenmale vollständig erschien. Durchgreifende Revisionen hatten statt 1837/38 (A. M'Caul, J. C. Reichardt, S. Hoga, M. S. Alexander) und 1857/63 (J. C. Reichardt, E. Margoliouth, Biesenthal), deren Resultat in den Ausgaben von 1840 und 1866 vorliegt, s. darüber F. Delitzsch, Brief an die Römer 21—38. Die Übersetzung hat den Vorzug leichter Verständlichkeit, während sprachliche Korrektheit und stilistische Eleganz ihr fehlen.

f) Das hebr. N.T. der britischen und ausländ. Bibelgesellschaft, nach Vorarbeiten, welche 1864 begannen, herausgegeben 1877 von Franz Delitzsch (gest. 1890) in Leipzig. Eine revidierte Ausgabe erschien 1885 (in Oktav), während die stereotypierte Ausgabe von 1881 (in 32mo) bis 1889 fast unverändert öfter abgedruckt wurde. Die abschließende Gestalt erhielt das Werk nach nochmaliger durchgreifender Revision Del.s in der Ausgabe von 1892, nach dem Tode des Verf.s herausgegeben vom Unterzeichneten. S. F. Delitzsch, The Hebrew New Testament, 1883, 12 Artikel im ThLB 1889 u. 1890; Eine Uebersetzungsarbeit von 52 Jahren, 1890; G. Dalman, Das hebr. N.T. von Fr. Delitzsch in Hebraica IX 226—231, ThLB 1891, 289ff.

g) Das hebr. N.T. der trinitarischen Bibelgesellschaft, verfaßt 1876—1882 von Isaak Salkinson (gest. 1883) im Dienst der Britischen Judenmissionsgesellschaft, zu Ende geführt und herausgegeben 1885 von Chr. Ginsburg; s. John Dunlop, Memories of Gospel Triumphs (1894) 378—386. Revidierte Ausgaben von 1886 und 1894. Diese Übersetzung strebt nach alttestamentlicher Klassizität auf Kosten der Treue, während Delitzsch mit Anwendung einer dem Hebräischen der Mischna sich nähernden Sprachform eine sehr korrekte Wiedergabe des Originals erreicht.   Gustaf Dalman.

12. Jüdisch-aramäische Übersetzungen (Targumim).

Die jüdisch-aramäischen Übersetzungen des A.T.s, welche in PRE² unter ihrer jüdischen Bezeichnung „Thargumim" in Bd 15 (1885) 365—377 von Volck behandelt worden waren, hier einzureihen, wird das natürlichste sein.

Litteratur: 1. Ueber die Targumim im allgemeinen zu vergleichen Hamburger, Real-Enc. II. Abt. 1167—95 „Targum"; Steinschneider, Encycl. Brit.⁹ 23, 62—65; Helvicus, de chaldaicis bibliorum paraphrasibus, Gießen 1612 (s. Lagarde, Mitt. 2, 164); daraus die Einleitungen ins Alte Testament; Eichhorn⁴, 2, 1—123; Zunz, Die gottesdienstl. Vorträge der Juden, Berlin 1832, S. 61—83; Gfrörer, Das Jahrh. des Heils (1838) I, 36—59; Fürsts Literaturblatt des Orients, 1840, Nr. 44—47; Frankel, Verhandlungen der . . Orientalisten 1844 (Lpz. 1845) S. 10—16; ders., Einiges zu den Targumim (Ztschr. f. die rel. Interessen des Judenthums 3. 1846, S. 110—120); Herzfeld, Gesch. d. Volkes Israel III (1857), S. 61ff. 551 ff.; Geiger, Urschrift und Uebersetzungen der Bibel in ihrer Abhängigkeit von der inneren Entwicklung des Judenthums (1857), S. 162—167; Langen, Das Judentum in Palästina (1866), S. 70—72, 209—218, 268ff. 418 ff.; Nöldeke, Die alttest. Literatur (1868) S. 255—262; Schürer, GdWJ II, 380. I, 115—121; Strack, Einleitung in das AT⁴, München 1895, § 84; Weber, System der altsynagogalen palästinischen Theologie = Lehren des Talmud (Leipz. 1880), S. XI—XIX; (2. Aufl. 1897 unter d. T. Jüdische Theologie auf Grund des Talmud, S. XVI—XXIV); Ed. Böhl, Forschungen nach einer Volksbibel zur Zeit Jesu. Wien 1873; derselbe, Grammatik des Biblisch-Aramäischen S. 12 f.; Gust. Dalman, Grammatik des jüdisch-palästinischen Aramäisch nach den Idiomen des palästinischen Talmud und Midrasch, des Onkelostargum (cod. Socini 84) und der jerusalemischen Targume zum Pentateuch. Leipzig, Hinrichs 1894; derselbe, Aramäische Dialektproben Lesestücke zur Grammatik des jüdisch-palästinischen Aramäisch zumeist nach Handschriften des Britischen Museums mit Wörterverzeichnis, ebend. 1896; ders., Kurzgefaßtes Aramäisch-Neuhebräisches Wörterbuch für Targum, Talmud und Midrasch, mit Vokalisation der targumischen Wörter nach südarabischen Handschriften. Frankfurt a. M., J. Kauffmann (Lief. 1 angekündigt). Aeltestes Spezialwörterbuch: Elias Levita († 1549), Meturgeman, Jsny 1541; vgl. Bacher ZdmG 43. 1889. 226—230. 269; Joh. Buxtorf 1639/40, neu von B. Fischer, Leipz. 1869—75; J. Levy, Chaldäisches Wörterbuch über die Targumim und einen großen Theil des rabbinischen Schriftthums. Leipzig, Baumgärtner 1867/68. 2 Bde. Noch unvollendet ist M. Jastrow, great Dictionary of the Targumim, the Talmud Babli and Jerushalmi, and the Midrashic Literature, London and New-York 1886 ff. (bis jetzt 6 Parts bis ייר). Aeltere Grammatiken von Fürst 1835, Winer 1824. ²42, (³von Fischer 82). Ueber ältere Ausgaben der verschiedenen Targume vgl. Le Long-Masch, Bibl. sacr. P. II, Vol. I; Steinschneider, Catal. libr. hebr. in bibl. Bodleiana Nr. 1075 ff.; J. H. Petermann, Brevis linguae chald.

11*

gramm. etc. S. 83 ff. Louis Hausdorff, Zur Geschichte der Targumim nach talmudischen Quellen. Sonder-Abdruck aus: „Monatsf. f. G. u. W. b. Judenthums", 38. Jahrg., Heft 5, 6 und 7. Breslau, Schottländer 37 S.

1. Ursprung und Benennung. Wie auf griechisch = ägyptischem Boden eine Übertragung des Gesetzes und der andern h. Schriften in die Landessprache notwendig wurde, so wurde es auch in Palästina, als das Hebräische mehr und mehr vom Ara= mäischen verdrängt wurde, Bedürfnis die Verlesung des Gesetzes und der prophetischen Abschnitte durch eine sie begleitende Übersetzung der Gemeinde verständlich zu erhalten. Ob man in Neh 8, 8 (מפרש in b Meg 3ᵃ מפרש) eine erste Spur dieser Sitte zu finden hat, ist fraglich. Über die späteren Vorschriften für den Meturgeman (daher: Traugemund, Dragoman), der wohl in der Regel dazu fest angestellt war, s. Zunz, Schürer: beim Gesetz nach einem Vers, bei den Propheten nach 3 Versen. Über das entsprechende kirchliche Amt des ἑρμηνευτής in christlichen Gemeinden mit sprachlich ge= mischter Bevölkerung s. Harnack, über den Ursprung des Lektorats ꝛc. IU 2, 5. Anfangs geschah diese Übertragung sicher nur mündlich, und im Gottesdienst sollte auch später noch keine Handschrift verwendet werden, wie denn noch Origenes und Hie= ronymus kein Targum erwähnen, doch wird ein geschriebenes Targum zu Hiob schon zur Zeit des ersten Gamaliel genannt (b Sabb. 115ᵃ). Falls Mt 27, 46; Mc 15, 34 die aramäische Fassung von Ps 22, 1 die ursprüngliche ist (vgl. dazu Lagarde, Mitt. 1, 116. 4, 18; Schreiner ZatW 6, 215), beweist der Kreuzesruf Jesu, daß dem Volk die Psalmen da= mals aramäisch geläufig waren; auch Eph 4, 8 berührt sich mit dem Targum von Ps 68, 4 näher als mit dem massoretischen Text. Ohne genügende Stütze sind Böhls Annahmen. Lagarde nimmt an, daß schon einzelne Teile der LXX nicht auf den masso= retischen Text sondern auf ein Targum zurückgehen (Übersicht 46. 76ʳ). — Über die Etymologie des Wortes s. Lagarde Mitt. 2, 177 (nicht 177: Brockelmann L. S. 412), der meturgeman für ein indoeuropäisches Fremdwort hielt, Friedr. Delitzsch (hebrew language 50 und Assyr. Hdwb. 612. 713), der assyrisch ragâmu sprechen, targumânu Sprecher vergleicht, Jensen ZfAssyr. 6, 55. In neuerer Zeit scheint es in Deutschland Sitte zu werden, nicht mehr das Targum, sondern der Targum zu sagen, als ob man ein semitisches Wort sächlicher Bedeutung, zu dem man kein bestimmtes deutsches Wort ergänzt, nicht besser als Neutrum beließe; vgl. το σαββατον, το πασχα, der Sabbat (sc. Tag), das Passa (sc. Fest). Doch vgl. der Talmud.

2. Zahl. Zu allen alttestamentlichen Büchern außer Daniel und Esra=Nehemia sind uns Targume erhalten (zur Frage, ob die aramäischen Teile der genannten Bücher nicht Bruchstücke ihrer Targume seien, s. die Kommentare über dieselben), zum Teil mehrere, nämlich

1. zum Pentateuch a) das sogenannte Targum des Onkelos.
             b) das Targum Jeruschalmi I, früher auch Targum Jo=
                nathan oder Pseudojonathan genannt,
             c) das Targum Jeruschalmi II, oder Fragmententargum
                (über Jeruschalmi III, s. u.);
2. zu den Propheten d) das Targum des Jonathan ben Uzziel,
             e) Bruchstücke eines zweiten Targums;
3. zu den Hagiographen; zum Buch Esther deren zwei.
Besser gruppiert man nach dem Dialekt, in dem sie abgefaßt sind.

3. Die Sprache der Targume. Die Targume gehören sämtlich zu demjenigen semitischen Sprachzweig, der in der Überschrift (nicht notwendig „Glosse") von Da 2, 4 ארמית oder ארמית aramäisch heißt, s. Opperts assyr. Gr. 1860. 68; Nestle, Marginalien 39. Durch Hieronymus war dafür lange Zeit die Bezeichnung chaldäisch üblich ge= worden, während die LXX genau die διαλεκτος χαλδαικη und χαλδαϊστι von συριστι unterscheidet, wie sie Dan 2, 4 dies ארמית wiedergibt; vgl. auch Josephus ant. 1, 6, 4 Αραμαιους, ους Ελληνες Συρους προσαγορευουσιν, Papyr. Flinders=Petrie II, p. 23 (III. Jahrh. v. Chr.) Απολλωνιον . . . παρεπιδημον ος και συριστι Ιουδας καλειται; Lagarde, proph. chald. p. XLIII. Am besten braucht man syrisch für das christliche Aramäisch. Das jüdische Aramäisch zerfällt nach den Untersuchungen Dalmans in 4 verschiedene Formen: 1. das judäische, 2. das galiläische, 3. das baby= lonische Aramäisch, 4. ein aus palästinisch und babylonisch gemischtes Aramäisch; ägyp= tisches Aramäisch zu unterscheiden reichen unsere Quellen nicht hin.

In judäischem Aramäisch ist das Targum des Onkelos und das Prophetentargum des Jonathan geschrieben, gemischten Sprachtypus zeigen die Targume der Hagiographen und die jerusalemischen Targume. Über das T. der Proverbien s. S. 169 a. E. Bei der sprachlichen Beurteilung dieser Texte ist aber zu beachten, daß sie nicht gesprochenes Aramäisch bieten, sondern, namentlich im Onkelos, eine möglichst genaue aramäische Nachbildung eines hebräischen Originals; es liegt also dasselbe Verhältnis vor, wie beispielsweise beim griechischen Sirach zwischen dem Text des Buches und seinem Prolog. Zweitens ist die bisherige Vokalisierung der jerusalemischen Targume zum Pentateuch wertlos und irreführend; nur die supralineare Punktation der südarabischen Handschriften zu befolgen (s. darüber Merx, Landauer, Dalman, Barnstein unten u. S. 166 oben). Endlich haben wir vom Text der Targume auch 1897 noch nicht die editionem novam ad codicum mss. fidem emendatam, die Lagarde in seiner Erstlingsschrift von 1847 versprach. Eine solche wäre um so nötiger, da der Text der Targume nicht die stereotype Form erhalten hat, wie der massoretische. Was man bisher in gutem Glauben als das oder den Targum citierte, ist nur die Lesart einer einzelnen Hds., im besten Fall einer Rezension, die sich zum ursprünglichen Text, selbst beim Onkelos, nur verhält wie der von Lagarde herausgegebene Lucian zur echten Septuaginta (Mitt. 2, 181). Nicht nur in orthographischen oder auch grammatikalischen Punkten (z. B. in der Verwendung des st. cstr., Ersatz durch ל) sondern auch in inhaltlich wichtigen Lesarten ("exegetischen Varianten") unterscheiden sich die Handschriften der bisher in Europa allein bekannten Rezension nicht bloß von einander viel mehr als man bisher annahm, sondern vollends groß ist ihr Unterschied von den südarabischen Handschriften, von denen bis jetzt durch Merx, Kautzsch, Barnstein, Dalman nur Proben gedruckt sind. Über die Verschiedenheit der Zeugen der tiberiensischen Redaktion s. z. B. L. Techen (das Targum zu den Psalmen, Wismar 1896), der, alles was nur die Grammatik und das Lexikon angeht ausschließlich, aus 3 Druckausgaben 45 Seiten mit Varianten füllt, indem z. B. in Ps 8, 9 der eine Zeuge רהלין liest, der andere רנחה, der dritte רבי, daneben zwei אסי־ט, der dritte א־ררה. Für Threni lag dem Unterzeichneten eine handschriftliche Kollation der 5 Handschriften Berlin Kennic. 150, Hamburg K. 162, London Or. 1476. 2375. 2377 vor; darnach fehlten beispielsweise in den Londoner südarab. Hdss. in 2, 20 verglichen mit Lagardes Druck 2 + 2 + 1 + 3 + 1 + 11 Worte. Was ist nun der Text des Targums? Die folgenden Ausführungen gründen sich auf die bisherigen Drucke.

a) Das Targum des Onkelos. Ueber Onkelos: G. B. Winer, De Onkeloso ejusque paraphrasi chaldaica (Lips. 1820); S. D. Luzzatto, Philoxenus (ארדא גר) sive de Onkelosi chaldaica Pentateuchi versione, dissertatio hermeneutico-critica in qua veteris paraphrastae a textu hebraico crebrae deflexiones in XXXII classes distribuuntur. Edidit S. D. Luzzato. Editio II. in qua CMIX emendationes adjunctae sunt. Cracoviae, 1895 ([1] Vien. 1830); Levy, Über Onkelos und seine Übers. des Pentateuch (in Geigers Wissensch. Zeitschr. für jüd. Theol. V, 1844, S. 175—198, Forts. in Fürsts Literaturblatt des Orients 1845, S. 337 ff. 354 ff.); Anger, De Onkelo Chaldaico quem ferunt Pentateuchi paraphraste et quid ei rationis intercedat cum Akila Graeco veteris testamenti interprete, 2 Partt., Lips. 1846, 4°; M. Friedmann, Onkelos und Akylas, Wien, Lippe 1896; Schönfelder, Onkelos und Peschittho, Studien über das Alter des Onkeloschen Targums, München 1869; Maybaum, Die Anthropomorphien u. Anthropopathien bei Onkelos und den späteren Targumim mit bef. Berücksichtigung der Ausdrücke Memra, Jekara und Schechintha (Breslau 1870); M. Ginsburger, Die Anthropomorphismen in den Targumim JpTh 1891. 262—280. 430—458; Abr. Geiger, Das nach Onkelos benannte babyl. Targum zum Pentateuch (Jüd. Zeitschr. 9, 1871, S. 85—104); A. Berliner, Die Massorah zum Targum Onkelos (Lpz. 1877) (s. Barth ZdmG 30, 188—195, Kautzsch ThLZ 1877, 137—139); S. Landauer, Die Mâsôrâh zum Onkelos, auf Grund neuer Quellen lexikalisch geordnet und kritisch beleuchtet. Amsterdam, 1896. X. 157; Sal. Singer, Onkelos und das Verhältniß seines Targums zur Halacha (Frankfurt a. M. 1881); Berliner, Das Targum Onkelos, herausgegeben und erläutert, 1. Tl., Text nach Editio Sabioneta [!] vom Jahr 1557, 2. Thl. Noten, Einleitung und Register, Berlin 1884; vgl. ThLZ 9 (1884), Nr. 17, N[öldeke] LCBl 1884, Nr. 39; Lagarde, GgA 1886. 22 = Mitt. 2, 163—182.

Ausgaben: Erster Druck: Bologna 1482 Fol., mit dem hebr. Text u. Raschis Kommentar; dann öfter im 15. u. 16. Jahrh., am besten Sabbioneta 1557, danach Berliner 1884 (s. o.); nach Hdss. in der Complutensis, den Bibeln Daniels von Bomberghe 1517 (1518). 26. 47—49; daraus in den drei großen Polyglotten und bei Buxtorf 1619. — Stücke aus T. O. nach Hdss. in J. Jahns Chaldäischer Chrestomathie (1800); A. Merx, Chrestomathia Targumica (Porta linguarum orientalium VIII) 1888; dazu Landauer, Studien zu Merx, Chr. T. in ZfAssyriologie 1888, 263—292; Gust. Dalman, Aramäische Dialektproben. 1896 (S. 6—9 Targum zum Pentateuch). — Zur Textkritik: E. Kautzsch, Mitteilung über eine alte Hdf. des Targum Onkelos (codex Socini Nr. 84) Halle'sches Osterprogramm. 1893. 4°; Henry Barnstein, The targum of Onkelos to Genesis [.] a critical enquiry into the value of the text exhibited by Yemen MSS. compared with that of the European recension together with some specimen chapters of the oriental text. London, Nutt 1896 (Gen 17, 26, 31. 41). Vgl. darüber Kautzsch ThLZ 1896, 22; Ab. Merx, Bemerkungen über die Vokalisation der Targume (Verhh. des 5. intern. Orient. Congr. II, 1. 142—188; Johannes Burtegs des Vaters Targumkommentar Babylonia ZwTh 1887. 280—299. 462—471. 1888. 41—48. — Uebersetzungen: Engl. von J. W. Etheridge, The Targum of Onkelos and Jonathan ben Uzziel on the Pentateuch, with the fragments of Jerusalem Targum: from the Chaldee. London 1862. 65. 2 vols. Eine lat. gab schon Paul Fagius: Thargum i. e. paraphrasis Onkeli chaldaica in sacra biblia ex chaldaeo in latinum fidelissime versa additis in singula fere capita succinctis additionibus. Tom. I. Pentateuchus Argent. 1546. Kl. Fol. Deutsche Uebersetzungsproben aus den Targumen zum ganzen AT. in Winter-Wünsche, Die jüd. Litteratur seit Abschluß des Kanons, Trier. Bd 1. 1894.

Ein Targum zum Pentateuch wird an mehreren talmudischen Stellen auf die Gehilfen Esras zurückgeführt, an anderen wird ein תרגום‎ — was bedeutet der Name? Axulas? — als Schüler und Freund des älteren Gamaliel genannt, an einer einzigen endlich (b Meg 3ᵃ) behauptet, daß Onkelos in Palästina das Targum „gesagt", d. h. mündlich formuliert habe. Die parallele Stelle der jerusalemischen Megilla zeigt, daß hier eine Verwechslung mit dem griechischen Bibelübersetzer Aquila vorliegt, daher sollte man die Bezeichnung Targum des Onkelos, die es im Drucke erstmals in der Bombergischen Bibel von 1517 bekommen hat, ganz aufgeben und nur vom judäischen Pentateuchtargum reden. Nach Berliner wäre es schon im 2. christlichen Jahrhundert abgefaßt, nach Volck (PRE²) hat es seine Schlußredaktion wohl nicht vor dem 4. Jahrh. erfahren, und zwar in babylonischen Schulen; doch läßt sich die auch von Nöldeke (semitische Sprachen 1887. 32) angenommene entstellende babylonische Einwirkung nach Dalman S. 9 nicht sicher nachweisen.

Der Text, den das Targum voraussetzt, ist wesentlich unser massoretischer; man vgl. wie selten in den kritischen Ausgaben, z. B. in Balls Genesis die Sigel Tᵒ in Gegensatz zu M tritt. Und wo dies der Fall ist, finden sich häufig in den Thdss. Varianten; vgl. Barnstein S. 40 ff. zu 26, 22. 30, 15. 45, 17. Daß bei der Vergleichung der Charakter des Targums zu berücksichtigen und nicht sogleich auf eine abweichende Vorlage zu schließen ist, hat Volck (PRE²) z. B. an Ex 14, 25. 34, 7. 32, 34; Le 7, 25 gezeigt. Das T. hat also für die eigentliche Textkritik mehr negative Bedeutung; sein Wert besteht darin, daß es der älteste Vertreter der jüdischen Exegese ist. Als solcher ist es nicht bloß geschichtlich interessant, sondern bietet zumal bei dunklen Stellen und Ausdrücken eine noch heute wertvolle Stütze, aber nicht überall, z. B. nicht (Gen 3, 15 שׁוּף‎ mit LXX = τηρειν, 4, 7. 41, 43, namentlich nicht bei poetischen Stücken, die es mehr umschreibt, als übersetzt. Messianisch gedeutet ist Gen 49, 10. Nu 24, 17. Dunkle hebr. Wörter werden unverändert herübergenommen, dagegen Eigennamen gedeutet (Sinear — Babel, Ismaeliten — Araber), bildliche Ausdrücke umschrieben (Gen 3, 15 Ferse und Kopf: Anfang und Ende, 49, 25 שׁדים‎ = Vater und Mutter. Größere Abschweifungen und Zusätze finden sich namentlich in Stücken wie Gen 49, Nu 24, Dt 32. 33, dagegen ist Ex 15 ziemlich wörtlich übersetzt. Ob die größere Freiheit von haggadischen Zusätzen (verglichen mit den übrigen Targumen) das Aeltere und Ursprüngliche oder Folge späterer Reinigung des Textes sei, ist streitig. Gegen Cornill, der die freiere Haltung für älter hält, verweist Dalman mit Recht auf Aquila. Wie die anderen Targume vermeidet auch dieses Anthropomorphismen, indem es das Subjekt Gott je nach dem Zusammenhang durch מימרא‎, שׁכינתא‎ oder יקרא‎ ersetzt, oder für die Handlung, die Gott beigelegt wird, würdiger scheinende Verba (Ex 32, 12. 16, 3. 15, 8) oder statt der aktiven die passive Konstruktion wählt. Auch die Patriarchen rücken in möglichst gutes Licht (Gen 20, 13. 27, 13. 48, 22. Wenn in unsern Texten eine doppelte Tradition vertreten ist, z. B. Gen 22, 13 die Lesart אחד‎ und אחר‎, so kann dies von früheren Glossen kommen, aber auch schon ursprünglich zur Wahl gestellt sein (Frankel, Monatsschrift 78—80). Daß das Targ. später wie der hebr. Text Gegenstand gelehrter massoretischer Bearbeitung geworden ist, hat nach Luzzatto vor allem A. Berliner gezeigt, der 1877 die erste vollständige Ausgabe dieser Massora veranstaltete; neuestens Landauer, s. S. 165. Wenn diese z. B. zu Gen 12, 2 hervorhebt, daß ברכה‎ in den 2 ersten Büchern des Pentateuchs durch בורכא‎, in den beiden letzten durch ‎ז־ ‎כ‎ überſetzt ſei, und andere lexikaliſche Zuſammenſtellungen giebt, ſo entſchädigt dies nicht für den Mangel einer targumiſchen Konkordanz, der bei der Schaffung der neueſten Bibelkonkordanz (Mandelkern) leider nicht befriedigt wurde.

b. **Prophetentargum**: Ueber Jonathan: Frankel, Zu dem Targum der Propheten (Breslau 1872); dazu Nöldeke GgA 1872, 828—834, Geiger, Jüd. Zeitſ. 1872, 198—201; W. Bacher, Kritiſche Unterſuchungen zum Prophetentargum, nebſt einem Anhang über das gegenſeitige Verhältnis der pentateuch. Targumim in ZdmG 28, S. 1—72; vgl. ebendaſ. 29, S. 157—161; 319—320; C. W. H. Pauli, The Chaldee Paraphrase on the prophet Isaiah (London 1871); H. S. Levy, Targum on Isaiah I. With commentary London 1889. Erſter Druck: Leiria 1494 mit hebr. Text und rabb. Kommentar; in Bombergs erſter Bibel 1517 (18); von de Lagarde 1872 nach dem codex Reuchlinianus: Prophetae chaldaice; vgl. dazu G. Hoffmann Academy 3, 338—340; Th. N[öldeke] LCBl. 1872, 1157—60; Lag. Mitt 2, 163; Baer-Delitzſch, Liber Jeremiae (1890) p. VI; A. Kloſtermann, ThStKr 1873, 731—767. Eine Kollation von Lagarde und Bomberg für Ezechiel bei Cornill, das Buch des Proph. Ez 1886. 110—136; derſ., das Targum zu den Propheten I. (zu Jeſ, Jer und den Zwölfen) ZatW 7. 1887. 731—767; Etheridge ſ. o. S. 166; Heinr. Weiß, die Peſchitta zu Deuterojeſaia und ihr Verhältnis zu MT, LXX und Targum. Diſſ. Halle 1893; M. Sebök (Schönberger), Die ſyriſche Ueberſetzung der zwölf kleinen Propheten und ihr Verhältnis zu . . . dem Targum, Breslau 1887.

Das Targum, welches wir über die prophetae priores et posteriores beſitzen, wird dem Jonathan ben Uzziel zugeſchrieben. Über ſeine Perſon vgl. Baba bathr. c. VIII f. 134 a (vgl. Succa f. 28 a): Tradunt Rabbini Nostri: octoginta discipuli fuere Hilleli seniori, quorum triginta digni erant, super quos habitaret Schechina, ut super Mosem praeceptorem nostrum p. m.; triginta autem digni propter quos sol consisteret, sicut propter Josuam filium Nun; viginti denique inter illos medii; maximus omnium fuit Jonathan, filius Usielis etc. Von ſeiner Überſetzerthätigkeit redet Megilla f. 3 a: Paraphrasin prophetarum scripsit J. f. U. ex ore Haggaei, Sachariae et Malachiae, tum commota est terra Israelis ad CCCC parasangas, egressa est filia vocis (‎בת קול‎) et dixit: Quis ille qui revelavit secreta mea filiis hominum? Constitit Jonathan filius Usielis super pedes suos et dixit: Ego sum ille, qui revelavi secreta tua filiis hominum etc. Da der Babylonier R. Joſeph nach talmudiſchem Zeugnis hervorragender Kenner der Targumtradition war, deſſen Meinung über die Überſetzung einzelner Stellen ſowohl des Pentateuchs als der Propheten gern gehört wurde, ſo hat man vermutet (Schürer, GdVJ I, 117; Buhl, Kanon 178), aber wie Dalman S. 11 zeigt, mit Unrecht, daß dieſer 333 geſtorbene R. Joſeph der Chija, Vorſtand der Akademie zu Pumbeditha (ſ. über ihn Bacher, Agada der Amoräer 1878 101—107), ein altes von Jonathan, dem Schüler Hillels, ſtammendes Targum überarbeitet und redigiert habe. Daß das Thora-Targum dem Verf. des Propheten-Targum vorgelegen habe, ſchließt man aus der Übereinſtimmung von Ri 5, 26 mit 5 Moſ 22, 5; 2 Kg 14, 6 mit 5 Moſ 24, 16; Jer 48, 45 und 46 mit 4 Moſ 21, 28. 29. Umgekehrt betrachtet Cornill die freiere Haltung des Prophetentargums als Kennzeichen höheren Alters. Eichhorn (Einleitung I, § 217) und Berthold (Einl. II S. 580 f.) haben aus der hie und da zu Tage tretenden Ungleichmäßigkeit in der Überſetzung auf verſchiedene Verfaſſer geſchloſſen; Hävernick findet den Beweis für die Einheit des Targums darin, daß nicht nur Parallelſtellen, wie Jeſ 36—39, vgl. 2 Kg 18, 13 ff.; Jeſ 2, 2—3, vgl. Mich 4, 1—3 wörtlich übereinſtimmen, ſondern auch in den hiſtoriſchen Büchern ſchon die dichteriſchen Stücke (Ri 5; 2 Sa 23) mit reichen Zuſätzen verſehen ſind, die oft wieder untereinander große Ähnlichkeit haben, etwa Ri 5, 8 mit Jeſ 10, 4; 2 Sa 23, 4 mit Jeſ 30, 26. Auch von Frankel (zu dem Targ. der Propheten S. 37 ff.) wird die Einheit des Targums behauptet.

Die Überſetzung iſt mehr paraphraſtiſch und weniger einfach als die des Onkelos. Schon zu den hiſtoriſchen Büchern macht das Targum oft den Ausleger (vgl. Ri 5, 24. 26. 31; 11, 39; 1 Sa 2, 1—10; 15, 23; 17, 8; 28, 16; 2 Sa 14, 11 ꝛc.; 1 Kg 5, 13 ꝛc.; 2 Kg 4, 1 ꝛc.); zu den Propheten, bei welchen die freiere Handhabung des Textes wegen ihrer dunkleren Sprache und ihren auf Israels Zukunft gedeuteten Inhalts ſtatthaft, ja geboten ſchien, geht dieſe zu wirklicher Haggada werdende Auslegung faſt ununterbrochen fort. Vgl. Jeſ 12, 3; 33, 22; 52, 7; 62, 10; Jer 10, 11 (wo ſelbſt der aramäiſche Vers erläutert wird; doch vgl. Lagarde z. St. p. XXXIV); 12, 5; Ez 11, 16; Kap. 16; Ho 3, 2; Am 8, 5; Mi 6, 4; Hab 3; Sach 12, 11. Vgl. Zunz a. a. O. S. 63 Note b. Lehrreich sind die eingewebten jüdischen Meinungen jener Zeit und die theologischen Vorstellungen, bei welchen man sich mit besonderer Vorliebe an das Buch Daniel anschloß. Dahin gehört die Deutung Stern Gottes durch Volk Gottes (Jes 14, 3; vgl. Da 8, 10; 2 Mal 9, 10); die Anwendung der Stelle Da 12, 1 bei Jes 4, 2; Jes 10, 32 bringt er eine die Erzählung Daniels Kap. 3 nachahmende Legende bei, welche dann spätere Targumisten wiederholen (vgl. jeruf. Targ. 1 Mof 11, 28; 16, 5; 2 Chr 28, 3); bei Jes. 22, 14; 65, 15 hat er die Lehre vom zweiten Tode eingewebt; Jes 30, 35 erwähnt er die Gehenna; besonders aber gehört dahin seine Messiaslehre, die er häufig auch in nichtmessianische Stellen einträgt, die aber bei ihm noch sehr einfach erscheint und der neutestamentlichen Auffassung bisweilen nahe steht (Jes 42, 1 ff.; Mt 12, 17 ff.; anders dagegen die LXX); doch auch anderwärts abweichend (Sach 12, 10). Er erkennt die Beziehung der Stelle Jes 53 auf den Messias und nimmt einen leidenden und büßenden Messias an, erlaubt sich jedoch auch hier wie anderwärts (Mich 5, 1) vielfache Verdrehungen. Vgl. auch Zunz a. a. O. S. 332. Manches jedoch mag von der Hand eines späteren Interpolators in den Text eingetragen sein. Zunz (S. 63 Note c) rechnet hierher alles Feindselige gegen Rom z. B. 1 Sa 2, 5; Jes 31, 9; Ez 39, 16; die Erwähnung des Armillus (Romulus) u. dgl. Von Zusätzen im Texte des Jonathan spricht schon Raschi zu Ez 47, 19. Daß solche vorliegen, beweisen besonders die doppelten Übersetzungen, deren dieses Targum viele aufzuweisen hat.

c) Vor dem Targum zu den Hagiographen sind die sogenannten Jerusalemischen Targume zum Pentateuch einzureihen, die nach Dalman 21 gemischten Sprachtypus aufweisen, neben solchem, was dem galiläischen Aramäisch eigentümlich ist, Berührungen mit der Sprache des Onkelos und mit der des babylonischen Talmuds. Schon dies weist auf Abhängigkeit von Onkelos und späteren Ursprung. Letzterer wird für ihre gegenwärtige Fassung vollends dadurch erwiesen, daß in dem einen zu Gen 21, 21 eine Frau und Tochter Muhammeds mit Namen genannt sind. Diese Targume sind

1. T. Jeruschalmi I. zum Pentateuch, auch T. Jonathan oder T. Pseudo-jonathan genannt, weil man seit dem 14. Jahrhundert die Sigel ´ד (= Jeruschalmi) falsch auflösend dasselbe dem Übersetzer der Propheten zumies.

2. T. Jeruschalmi II. zum Pentateuch oder Fragmententargum, weil nur zu einzelnen Abschnitten erhalten, wahrscheinlich nie vollständig gewesen; nach den meisten älter als Jer. I. Nach Baßfreund liegt beiden ein vollständiges jerusalemisches Targum zu Grunde, das selbst erst im 7. Jahrhundert oder noch später entstanden ist. Das Fragmententargum benutze späte exegetische Schriften, wie Midrasch Rabba, während man bisher annahm, daß es von ihnen benutzt werde, es sei einfach ein „Zusatz-targum zu Onkelos", daher der fragmentarische Charakter. (Pseudo-)Jonathan, welcher auffällige Berührungspunkte mit sehr jungen Haggadawerken aufweise, sei wohl noch jünger als das 8. Jahrhundert.

Über Thargum Jeruschalmi I. und II. zum Pentateuch: G. B. Winer, De Jonathanis in Pentat. paraphrasi chaldaica, Erlangen 1823; H. Petermann, De duabus Pentateuchi paraphrasibus chaldaicis P. I. De indole paraphraseos quae Jonathanis esse dicitur (Berlin 1829); Bär, Geist des Jeruschalmi (Pseudojonathan) in Frankels Monatsschrift für Geschichte u. Wissensch. d. Judenth. 1851/52, S. 235—242; Seligsohn und Traub, Über den Geist der Übers. des Jon. ben Usiel zum Pentateuch u. die Abfassung des in den Editionen dieser Übers. beigedruckten Targum Jeruschalmi ebenda 6. 1857, S. 69—114; 138—149; Seligsohn, De duabus Hierosolymitanis Pentateuchi paraphrasibus (Breslau 1858); S. Gronemann, Die Jonathansche Pentateuch-Übersetzung in ihrem Verhältnisse zur Halacha, Leipz. 1879; J. W. Etheridge (f. S. 166). Erste Ausgabe von Jeruschalmi I., Venedig 1591 (f. Dalman, Gr. S. 21. 340), von Jer II. teilweise im Pentateuch von Lissabon 1491; Bomberg 1517; Franc. Tayler, Targum Hierosolymitanum in quinque libros legis e lingua chaldaica in latinam conversum, London 1649, 4°.

Diese Übersetzung hat den Sinn des Textes bei schwierigen Stellen vielfach nicht getroffen, Anthropomorphismen werden selbstverständlich vermieden, von den Vätern Israels wird möglichst rühmend geredet. Was zu poetischen Kapiteln wie Gen 49; 5 Mof 32 geboten wird, kann man nicht mehr Übersetzung heißen, um so bezeichnender sind die Ausschmückungen für den Geist des späteren Judentums.

Die Haggada dieses Targums (Frankel S. 103 f.) berührt sich mit der Mischna, den Talmuden, den übrigen exegetischen Werken, Mechilta, Sifra und Sifri. Einen Hauptteil der Paraphrase machen die legendenartigen Erzählungen aus, mit welchen biblische Ereignisse, Charaktere, Israels Nationalgeschichte ausgeschmückt sind. Auch die ethische Haggada, welche die sittliche Weltordnung, sowie besonders Morallehren in ihren Kreis zieht, findet sich hier. Die Handlungen der Frommen werden als nachahmungswert, die Strafe eines jeden Vergehens als warnendes Beispiel aufgestellt. Ebenso wendet sich die Paraphrase des Übersetzers religiösen und metaphysischen Begriffen zu. „Die Thora ist vor dem Weltanfange geschaffen, mit ihr das Eden zur Belohnung der Frommen, das Gehinnom für die Sünder. Die Qualen der Hölle sind mit wahrhaft glühender Phantasie geschildert. Das Jenseits selbst berührt der Übersetzer nur im allgemeinen. — Lebendig, wie sein Glaube an die glückliche Zukunft seines Volkes, sind des Paraphrasten messianische Hoffnungen. An jenem großen Tage des Gerichts wird sich das göttliche Geheimnis offenbaren (5 Mos 32, 39) und Vergeltung geübt werden an Israels Drängern. Erst nach großen Kämpfen, bei denen Gog eine Hauptrolle spielt, wird jener heißersehnte Messiastag anbrechen". Frankel S. 106. Auch eine ausgebildete Angelologie hat das Targum: einen besonderen Todesengel; neben den Engeln Michael, Gabriel, Uriel die Engel Sagnuggel, Schachassai; siebzig Engel steigen mit Gott zur Besichtigung des Turmbaues zu Babel herab; Millionen verderbenbringender Engel ziehen mit Gott zu jener Unglücksnacht nach Ägypten. Henoch wird als Metatron in den Himmel versetzt; die Giganten (1 Mos 6, 4) werden namentlich genannt. Rhetorische oder poetische Digressionen finden sich, z. B. Gen 4, 8 ein Gespräch zwischen Kain und Abel, das Bayle in seinem Dictionnaire s. v. Abel als „bösen Anfang der Religionsdisputen" anführt (J. G. Meintel zur Stelle; Lag. Mitt. 2, 165); das Gebet Abrahams auf Moria; der Hymnus beim Tode Moses (5 Mos 34, 6); Parabeln 1 Mos 49, 4; 4 Mos 21, 34; 5 Mos 32, 50. „Auch der in der Haggada beliebte Derusch fehlt nicht; so 1 Mos 15, 12 die Deutung des איטה וחשכה וכ auf die vier Reiche; 4 Mos 21, 24 die Auslegung und historisch begründete Deutung des Gebotes über die Opfertiere שור או כבש או עז; 4 Mos 6, 24 der Priestersegen." Frankel S. 107. Nicht minder wendet sich die Paraphrase der Halacha zu und zieht ihre Resultate in den Kreis ihrer Darstellung. Frankel S. 108. 109.

3. Noch von einem dritten jerusalemischen Targum zum Pentateuch sind einzelne Stellen aufgefunden; s. Dalman Gr. S. 22; Perles, Monatsschrift 1876, 368; A. Epstein, Rev. des ét. juives 1895, 44—51; Baßfreund 40 ff. 99; Dalman schlägt dafür den Namen Jeruschalmi III. vor. Ebenso

4. von einem Targum zu den Propheten, namentlich am Rande der von Lagarde herausgegebenen Reuchlinschen Handschrift, doch auch an anderen Orten s. darüber W. Bacher, ZdmG 28. 1874. 4—22. Dalman 22.

d) Die Angabe, daß Joseph der Blinde, um das J. 322 Vorsteher der Akademie zu Sora, Verfasser der Targume zu den Hagiographen sei, wird bereits von Autoren des 13. Jahrhunderts widerlegt, Zunz a. a. O. 65. Dieselben sind vielmehr aus der Feder mehrerer Übersetzer geflossen und waren im Unterschiede von den Targumen zum Pentateuch und den Propheten „reine Privatarbeiten, an deren methodischer Gestaltung den Schulen nichts lag". Es sind zu unterscheiden 1. Psalmen, Sprüche, Hiob; 2. die 5 Megilloth (Hoheslied, Ruth, Klagelieder, Esther, Koheleth); 3. Daniel, Chronik, Esra.

Über die Targume zu den Hagiographen: W. Bacher, das Targum zu den Psalmen, in Grätz Monatsschrift 1872 S. 408—416. 462—473; derselbe, Das Targum zu Hiob, ebenda 1871 S. 208—223. 283 f.; Über die Targume zum Buch Esther: J. Reiß, Das Thargum scheni zu dem Buche Esther, Verhältniß des edierten Textes desselben zu einem handschriftlichen Codex ebenda 1876 S. 161/9. 276/84. 398/406; J. Reiß [!]. Zur Textkritik des Thargum scheni, ebenda 1881 S. 473/477; L. Munk, Thargum scheni zum Buch Esther nebst variae lectiones nach handschriftl. Quellen erläutert und mit einer literarhist. Einl. versehen (Berl. 1876); P. Cassel, Das Buch Esther I, Berlin 1878 (239—298 deutsche Übersetzung des zweiten Targ.); ders., Zweites Targum zum Buche Esther. Im vokalisierten Urtext mit sachlichen und sprachlichen Erläuterungen herausgegeben, Leipzig u. Berlin 1885 („Aus Litteratur und Geschichte"); S. Gelbhaus, Das Targum scheni zum Buche Esther, Frankf. 1893; M. Rosenberg u. K. Kohler, Das Targum zur Chronik, Geigers jüd. Zeitschr. 8. 1870. 72—80. 135—163. 263—978.

Erster Druck: zu Hiob, Psalmen, Sprüche und den Rollen: Bomberg 1517, wiederholt von Lagarde, Hagiographa chaldaice, 1873. Über das Targum zu den Sprüchen siehe J. A. Dathe, De ratione consensus versionis Chaldaicae et Syriacae proverbiorum Salomonis, Lipsiae 1764; Siegmund Maybaum, Über die Sprache des Targum zu den Sprüchen und dessen Verhältnis zum Syrer, Merx Archiv II 66—93; Th. Nöldeke. Das Targum zu den Sprüchen von der Peschita abhängig, ebenda 246—249; Baumgartner,

Étude critique sur l'état du texte du livre des Proverbes, Leipzig 1890, 267 269; Herm. Pinkuß, Die syrische Übersetzung der Proverbien textkritisch und in ihrem Verhältnis zu . . . . dem Targum untersucht ZatW 14. 1894, 65 141. 161 222; Armin Abelesz, Die syrische Übersetzung der Klagelieder und ihr Verhältnis zu Targum und LXX, Gießen Diss. 1896, 43 S.; A. Mandl, Die Peschittha zu Hiob nebst einem Anhang über ihr Verhältnis zu LXX und Targum, Diss., Leipzig 1892, 35 S.

Nach Dalman haben wir in sämtlichen Targumen zu den Hagiographen z. T. recht späte Kunstprodukte zu sehen, welche sich in ihrer sprachlichen Haltung an die älteren Targume anlehnen, auch ihre Herkunft gelegentlich durch Einmischung von Eigentümlichkeiten des Dialekts ihrer Heimat verraten, aber als sichere Grundlage für das Studium nicht zu verwerten sind. Das Targum zu den Sprüchen ist geradezu eine jüdische Bearbeitung des syrischen Peschitatextes. Das Targum zu den 5 Rollen ist nicht mehr eine Übersetzung, sondern ein haggadischer Kommentar, das zum Hohenlied eine Lobrede auf das jüdische Volk mit albernen Anachronismen. Daß es zum Buch Esther nicht bloß ein Targum giebt sondern zwei oder noch mehr (s. Catal. codd. Mss. bibl. Bodl. I p. 432, Eichhorn 437), ist begreiflich.

Das Targum zu den Psalmen schließt sich in manchen Psalmen eng an den hebräischen Text an (vgl. Ps 1. 3. 5. 6. 8. 11. 13 u. a.); in anderen hingegen betritt es die Jonathansche Bahn der Haggada (Ps 9. 18. 23. 49). An vielen Stellen folgen zwei, zuweilen drei Übersetzungen aufeinander, gewöhnlich mit der Bezeichnung אחר ד. i. תרגום אחר ein anderes Targum, angeführt. In dem Cod. Erpenii in Cambridge finden sich die Targume zu Ps, Hi und Pr mit solchen Einschiebseln als Randglossen versehen. Sie scheinen von da in den Text aufgenommen worden zu sein. So oft im Buch Hiob zwei solche Übersetzungen vereinigt sind, pflegt eine ziemlich wörtliche voranzugehen und eine haggadische zu folgen. Vgl. z. B. Hiob 14, 18:

$$\text{הוא יבל אבן ונפל ימות ואדם נבל כהר יפול ואולם}$$
$$\text{ואבן יעתק ממקום שטר הברות הברו האשר ואבן}$$, veruntamen mons cadens defluet et petra transferatur de loco suo. Thargum aliud: Veruntamen Lot, qui separatus est ab Abraham, qui similis erat monti excelso, difluxit, et fortis sustulit gloriam majestatis suae de Sodom, qui locus ejus erat; vgl. 14, 22; 15, 10. 20. 32; 24, 19. 20; 25, 2; 29, 15; 30, 4. 19 u. ö. Das Targum zu den Psalmen hat nach Bacher gleichen Verf. mit dem Targum zu Hiob. Es ist wegen 108, 11, wo in handschriftlichem Text beide Hauptstücke des geteilten Weltreiches genannt werden, vor 476 verfaßt. Interessant ist die Erwähnung der Goldschrift zu 45, 1.

Ein Targum zu den Büchern der Chronik wurde erstmals aus einer Erfurter Handschrift von Matthias Friedrich Beck (Aug. Vind. 1680 u. 1683) herausgegeben. Einen richtigeren und besonders im genealogischen Teile der Bücher der Chronik vollständigeren Text lieferte Willkins aus einer Hdf. der Cambridger Bibliothek: Paraphrasis chaldaica in librum priorem et posteriorem Chronicorum ed. David Wilkins, Amstelod. 1715, 4°. Eigentümlich ist diesem Targum seine Benutzung von Targum Jeruschalmi I und II, welch letzteres es zuweilen wörtlich ausschreibt, z. B. in der Völkertabelle des ersten Kapitels oder ib. V. 51 (vgl. Targum Jer. II 1 Mof 36, 39; Zunz S. 80, Anm. b). Rosenberg und Kohler setzen die Grundlage dieses Targums in das 4. Jahrhundert, den redaktionellen Abschluß der älteren in dem Erfurter Codex vorliegenden Rezension in die Mitte des 8., die des jüngeren im Cambridger Codex erhaltenen Textes in den Anfang des 9. Jahrh. n. Chr. Die Tendenz des Targums ist eine haggadische.

[Nachtrag: Die S. 164 oben noch erwähnte Arbeit von Hausdorff läßt das Prophetentargum Jonathans schon zwischen 10 und 20 n. Chr. entstehen und identifiziert den Bibelübersetzer Aquila und den Targumisten Onkelos mit dem Mann der Priscilla AG 18, 2. 18; Rö 16, 3, dessen Lebenslauf so angesetzt wird: 20 n. Chr. Geburt, 40—42 Übertritt zum Judentum, 42—50 Besuch der Schule R. Gamaliels, 50—55 in Italien, Vorbereitung der griech. Bibelübers, 55 60 in Korinth und Ephesus Vollendung derselben, 60—75 Rückkehr und Aufenthalt in Palästina, 75—80 Vollendung des aramäischen Pentateuchtargums. Eben so wenig Grund wie diese Annahme dürfte die andere haben, daß die Entstehung der griechisch-alexandrinischen Pentateuchübersetzung mit der Errichtung des Onias-Tempels in Leontopolis (S. 26 „Alexandrien") zusammenhänge.]   (Volck) Eb. Nestle.

13. Keltische Bibelübersetzungen.

Litteratur: John Reid, Bibliotheca Scoto-Coltica, Glasgow 1832; The Scottish-Celtic Review, Nov. 1881, S. 150 ff.; Llewelyn, An histor. account of the British and Welsh versions and editions of the Bible, London 1768; W. Rowlands, Llyfryddiaeth y Cymry, Llaniblocs 1869 (S. 10—21; 41—50; 93—97); Revue Celtique 6, 382; 11, 180—190. 368.

In keinem der 6 keltischen Dialekte, die es zu Litteratursprachen gebracht haben und von denen Denkmäler aus dem Mittelalter erhalten sind, liegt eine Übersetzung sei es der ganzen Bibel oder einzelner Bücher und Gruppen von solchen aus der Zeit vor der Reformation vor.

Das Irische, dessen erhaltene litterarischen Denkmäler bis ins 8. Jahrhundert zurück gehen, wurde in der Periode des Altirischen (8.—11. Jahrhundert) vielfach zu Kommentaren biblischer Bücher benutzt — erhalten ist ein ausführlicher Kommentar zu den paulinischen Briefen in einer Würzburger Hdf. des 9. Jahrhunderts, ein Fragment eines Psalmenkommentars aus dem 8./9. Jahrhundert in zwei jüngeren Hdff. —; auch apokryphe Schriften wie z. B. das Nicodemusevangelium u. a. wurden ins Irische übersetzt und sind in mittelirischen Hdff. erhalten. Von dem Text der Bibel selbst jedoch liegen nur einzelne Verse und Gruppen von zusammenhängenden Versen (z. B. Mt 6, 9—13; 21, 1—14; 26. 27) in mehr oder weniger getreuer Übersetzung in den zahlreichen irischen Homilien vor, die in mittelirischen Hdff. erhalten sind; jedoch fehlt noch eine Zusammenstellung dieser Citate, die es ermöglichte, den Umfang des biblischen Textes in irischer Sprache aus vorreformatorischer Zeit zu überschauen. Nachdem bald nach Elisabeths Regierungsantritt die englische Kirche 1560 als Staatskirche in Irland eingeführt war, suchte der prot. Bischof Walsh von Offory zuerst durch Übersetzung des Katechismus und der 39 Artikel der Hochkirche ins Irische (Dublin 1571) dem dringendsten Bedürfnis der neuen Lehre in Irland abzuhelfen. Teils von Walsh teils von anderen übersetzt erschienen dann in den nächsten dreißig Jahren einzelne biblische Bücher des N.T.s in neuirischer Sprache (so z. B. Mt 1595, Mc 1595, Lc 1595; Jo 1602, Acta apost. 1602), bis endlich Dublin 1603, von William O'Donnell protestantischem Erzbischof von Tuam übersetzt, das ganze NT. in irischer Sprache und mit irischen Typen gedruckt erschien. 1630 faßte Bischof Bedell von Kilmore den Entschluß mit Unterstützung mehrerer Iren das ganze AT. zu übersetzen, doch hinderten ihn sein Tod (1642) und die vorangehenden Zeitwirren den Druck auszuführen. Da allmählich das 1603 in Dublin gedruckte NT. sehr selten wurde, ließ der Engländer Boyle einen Neudruck desselben, London 1681, erscheinen und im Anschluß daran aus Bedells Nachlaß dessen Übersetzung des AT.s (London 1685) drucken. Diese Londoner Ausgabe der irischen Bibel ist die Grundlage der zahlreichen Neudrucke dieses Jahrhunderts, die teils mit gewöhnlichen lat. Typen teils mit irischen Typen gedruckt sind, nachdem die Britische Bibelgesellschaft für den Neudruck von 1827 dem Text eine Revision hatte angebellen lassen. Eine Neuübersetzung des NT.s durch Dr. R. O'Rane in den heutigen Munsterdialekt erschien Dublin 1858. Den Versuch, die ganze Bibel nach der Vulgata für die Katholiken ins Irische zu übersetzen, machte der kathol. Erzbischof von Tuam, John Mac Hale. Doch ist nur der erste Band (Genesis to Josua. Tuam 1861) erschienen.

Das Gälische in den schottischen Hochlanden ist ein dem Irischen sehr nahestehendes Idiom, woraus sich erklärt, daß der schottische Geistliche Robert Kirke den Bedürfnissen der protestantischen Hochländer glaubte vorderhand abhelfen zu können durch einen Abdruck von O'Donnells irischer Übersetzung des NT.s mit lateinischen Lettern und Beigabe eines irisch-gälischen Glossars (London 1690). Derselbe hatte schon vorher (1684) in Edinburgh eine metrische Version der Psalmen in Gälisch erscheinen lassen, welcher 1659 eine von der Synode von Argyle veranlaßte metrische Bearbeitung der 50 ersten Psalmen in Gälisch vorausgegangen war und 1694 die Übersetzung des Restes folgte. Diese Psalmenbearbeitung der Synode von Argyle hat vielfach (1715. 1738 u. s. w.) Neudrucke erfahren, noch mehr die auf ihr fußenden Bearbeitungen von Mac Pharlain (1753), J. Smith (1787) und Roß (1807). Die 1709 in Edinburgh gegründete Society for promoting Christian Knowledge in Scotland unternahm es, den gälisch redenden Hochländern die Bibel in einheimischem Idiom zu verschaffen; sie veröffentlichte (Edinburgh 1767) die von Dr. James Stuart, Pfarrer von Killin in Perthshire gemachte Übersetzung des NT.s ins Gälische und ließ (Edinburgh 1783—1801) in vier Teilen eine Übersetzung des AT.s folgen, von der Teil 1—3 durch John Stuart,

den Sohn des Übersetzers des N.T.s, und Teil 4 (die Propheten) durch John Smith
übersetzt wurden.　Da die gälischen Übersetzer mit der irischen Bibel von Jugend auf
vertraut waren, ist es begreiflich, daß zahlreiche Irismen in ihren gälischen Text übergingen.　Deren Ausmerzung ward in verschiedenen Revisionen versucht und der Streit
hierüber mit großer Heftigkeit geführt.　Die bemerkenswertesten dieser Revisionen sind
die von 1826, die von einem größeren Komitee ausgeführt wurde, und die von 1860
und 1880, welche für die National Bible society von Dr. Mac Lauchlan und Clerk
besorgt wurden.

Manx, d. h. der gälische Dialekt der Insel Man, hat keine alte Litteratur aufzuweisen.　Die verbreitete Angabe, daß der Übersetzer des Book of Common Prayer
ins Manx, der 1633 gestorbene Bischof Philipps von Man, auch die Bibel ins Manx
übersetzt habe, entbehrt der Begründung.　Auf Anregung der Londoner Society for
promoting Christian Knowledge hatte der 1773 gestorbene Bischof von Man
Dr. Hildesley im Anfang der 60er Jahre die Bibel in einzelnen Teilen unter den
Manx redenden Klerus der Insel Man behufs Übersetzung in dies gälische Idiom verteilt und beauftragte 1766 den Vorsteher der Grammar School von Douglas, Rev.
Philip Moore, und dessen Schüler John Kelly mit der Revision, Verbesserung und
Uniformierung der eingegangenen einzelnen Teile.　Von 1770—1772 ward die gesamte Bibel in Manx für die genannte Gesellschaft unter Aufsicht von J. Kelly in
Whitehaven gedruckt.　Alle späteren Drucke, sei es der ganzen Bibel oder des neuen
Testaments, sind Abdrücke dieser Editio princeps.

Ins Kymrische, welches für den britannischen Zweig (Kymrisch, Kornisch, Bretonisch) des Inselkeltischen litterarisch fast dieselbe Bedeutung hat wie das Irische für den
gälischen Zweig (Irisch, schottisch Gälisch, Manx) sind in vorreformatorischer Zeit schwerlich
größere Teile der Bibel übersetzt worden.　Erhalten sind uns in der Sprache des
13. 14. Jahrhunderts in mehreren Hdff. Prosaübersetzungen von Mt 26, 2—28, 7 (unter
dem Titel Y Groglith 'die Charfreitagslektion'), Lc 1, 26—38, Jo 1, 1—14 (mit Kommentar); in poetischer Bearbeitung, die dem in erster Hälfte des 14. Jahrhunderts
blühenden Dafydd Ddu o Hiraddug zugeschrieben wird, liegen als Teile einer kymrischen Bearbeitung des Officium B. Mariae vor: der Gesang der 3 Männer im feurigen
Ofen, der Lobgesang der Maria (Lc 1, 46—55) und des Zacharias (Lc 1, 68—79)
sowie der Ps 8. 9. 24. 63. 67. 93. 100. 110. 113. 120—130. 132—134. 147—150.
Das in einem Schreiben des Erzbischofs von Canterbury vom 14. Juli 1282 erwähnte ehrwürdige Evangelienbuch von St. Asaph ist sicher ein lateinisches Evangeliar
gewesen wie das bekannte Book of St. Chad; die 5 Bücher Moses in älterer kymrischer Sprache, die Dr. Richard Davies, Bischof von St. Davids, nach seinem Briefe
vom Jahre 1567 im Hause seines Onkels als werthloses Buch in seiner Knabenzeit
(er wurde 1501 geboren) will gesehen haben, haben weiter keine Gewähr als die angebliche Erinnerung eines alten Mannes aus seiner Kindheit.　Daß Thomas Llewelyn
um 1540 die Bibel auf Grund der englischen Übersetzung des W. Tyndall ins Kymrische übesetzt habe, beruht einzig und allein auf Angaben des im Anfang dieses Jahrhunderts lebenden unzuverlässigen Jolo Morganwg.　Im Jahre 1562 beschloß das
House of Commons, daß innerhalb eines Zeitraums von 4 Jahren die Bibel und
das Book of Common Prayer sollten ins Kymrische übersetzt werden und machte die
kymrischen Bischöfe (von Bangor, St. Asaph, Hereford, Llandaff, St. Davids) für die
Ausführung verantwortlich.　Die Folge war die Kymrische Übersetzung des N.T.s, die
London 1567 erschien; der Herausgeber und auch Übersetzer des größten Teils war
William Salesbury († 1570).　Diese Übersetzung ist Caernarvon 1850 neugedruckt
worden.　Größere Teile des noch nicht übersetzten N.T.s brachte (London 1586) die
kymrische Übersetzung des Book of Common Prayer.　Nur zwei Jahre später (Lond.
1588) folgte die ganze Bibel in kymrischer Sprache, herausgegeben von dem späteren
Bischof von St. Asaph, Dr. W. Morgan, der das AT. selbst ganz neu übersetzte und
Salesburys Übersetzung des N.T.s revidierte und verbesserte.　Morgans († 1604) Nachfolger auf dem Stuhl von St. Asaph, Dr. Richard Parry, gab durch eine durchgehende
Revision, die in vielen Stellen fast einer Neuübersetzung gleichkommt und die London
1620 erschien, der kymrischen Bibel die endgültige Form bis auf dem heutigen Tag.
Die weiteren Drucke im 17. Jahrhundert, sei es der ganzen Bibel (1630. 1651. 1671.
1677. 1689. 1690), sei es des N.T.s allein (1647. 1672. 1678), sowie die Drucke des
18. Jahrhunderts und die zahlreichen Neudrucke der britischen Bibelgesellschaft in diesem
Jahrhundert geben den Parryschen Text mit geringen orthographischen Abweichungen.

Eine Zusammenstellung der Abweichungen der englischen Revised Version des N.T.s von Parrys Text bietet J. D. Jones in Y Testament newydd diwygiedig (Dinbych 1892).

Das Kornische, das seit mehr als 100 Jahren ausgestorben ist, war offenbar bei der Einführung der Reformation in Cornwales schon soweit neben dem vordringendem Englisch zurückgetreten, daß ein Bedürfnis es als offizielle Sprache des protestantischen Gottesdienstes in Cornwales zu verwenden, nicht mehr vorhanden war. Es wurden daher auch weder die grundlegenden Werke der anglikanischen Kirche (Katechismus, 39 Artikel, Book of Common Prayer) noch die Bibel ins Kornische übersetzt. In einer Hdf. eines kornischen Sprachforschers (Gwavas) aus der ersten Hälfte des 18. Jahrhunderts ist eine Übersetzung von Genesis 1 u. 3, Mt 4. 6, 9—13 u. 7, sowie der 10 Gebote erhalten.

Ins Bretonische übersetzt finden sich vor Beginn dieses Jahrhunderts nur kleine Stücke wie Vater unser, Zehn Gebote, Gleichnis vom verlornen Sohn (Lc 15, 11—32). Der britischen Bibelgesellschaft fällt das Verdienst zu, die Übersetzung der Bibel in die neubretonische Schriftsprache, den Dialekt von Léon, veranlaßt zu haben. Sie gewann den bretonischen Grammatiker Le Gonidec, der ihr eine Übersetzung des N. und AT.s lieferte; erstere erschien Angoulème 1827. Da Le Gonidec als guter Katholik nur nach der Vulgata übersetzte, noch mehr aber, weil er von seinem puristischen Standpunkt eine Sprache schrieb, die den sprachgeschichtlich ungebildeten Bretonen wenig verständlich war, so entsprach dieses bretonische NT. ganz und gar nicht den Zwecken der Bibelgesellschaft; dieselbe sah daher von einem Neudruck sowie dem Druck des AT.s in Le Gonidecs Übersetzung ab und gewann den seit 1834 in der Bretagne wirkenden Baptistenmissionar John Jenkins, der ihr eine neue Übersetzung des NT.s lieferte, die zuerst 1847 und dann in vielen Auflagen (auch Brest 1851. 1870) erschien. Le Gonidecs Übersetzung der ganzen Bibel, durch Troude und Milin revidiert, wurde in Saint-Brieuc 1866 veröffentlicht. Schon vorher war in Guingamp 1853 eine sogenannte katholische Übersetzung des NT.s erschienen. In London wurde ferner 1883 durch die Trinitarian Bible Society eine neue, durch den bretonischen protest. Geistlichen G. Ar C'hoat veranstaltete Übersetzung des NT.s im Dialekt von Tréguier gedruckt, der 1889 die ganze Bibel folgte. Erwähnt sei noch die Übersetzung der Psalmen (Paris 1873), sowie die zu sprachlichen Zwecken durch C. Terrien im Auftrage von Lucian Bonaparte veranstaltete Übersetzung des Matthäusevangeliums in den Dialekt von Vannes (Lundann 1857).   H. Zimmer.

14. Litauische und lettische Bibelübersetzungen.

1. Litauische (vgl. L. J. Rhesa, Geschichte der litthauischen Bibel, Königsberg 1886). Ein Vorläufer der Bibelübersetzung für die protestantischen Litauer war die Übertragung der Sonntags- und Festtagsevangelien und -episteln durch Barthol. Willent (Königsberg 1579) aus dem Lutherschen Text (neu ediert, mit den Varianten der 2. Ausgabe durch Lazarus Sengstock, von Bechtel in „Litauische und lettische Drucke des 16. Jahrhunderts", herausgegeben von Bezzenberger, 3. Heft, Göttingen 1882). Der erste Bibelübersetzer im weiteren Sinne war Joh. Bretten (in litauischer Namensform Bretkunas), gestorben 1602 oder 1603, Prediger in Labiau, dann in Königsberg. Er übersetzte von 1579—90 die ganze Bibel. Die in der Universitätsbibliothek zu Königsberg befindliche Handschrift, Autograph Brettens, ist genau beschrieben von Bezzenberger (Beiträge zur Geschichte der litauischen Sprache, Göttingen 1877, S. VI fg.). Zu Grunde liegt Luthers Übersetzung, doch hat Bretten, wie Randglossen und einzelne Wendungen zeigen, den hebräischen Text, die Septuaginta und die Vulgata gelegentlich benutzt. Der geplante Druck kam nicht zustande. Allerdings erschien der Psalter (Königsb. 1625), auf dem Titel bezeichnet als zum ersten Mal ins Litauische übersetzt von Bretten; der Herausgeber, Joh. Rhesa, hat aber dessen Text stark verändert.

Die litauischen Reformierten waren, unterstützt namentlich von Boguslaw Radziwill (1620—70) im 17. Jahrhundert ebenfalls um eine Bibelübersetzung bemüht. Da der Druck im Lande nicht möglich war, wurde von der Synode in Kiejdan 1657 Samuel Boguslaw Chylinski nach England geschickt, um mit dort zu gewinnender Unterstützung die Bibel dort drucken zu lassen. Die sehr verwickelten Verhältnisse bei diesem Unternehmen sind genau untersucht von H. Reinhold, Die sogen. Chylinskische Bibelübersetzung (Mittheilungen der litauischen litterarischen Gesellschaft Bd 4, Heft 2, S. 105), und Die Bibelübersetzung von S. B. Chylinski, (ebenda Heft 3, S. 209, Heidelberg 1895 und 1896), wo auch die weitere Litteratur über den Gegenstand zu finden ist. Die Untersuchungen ergeben: der Wilnaer Synode lag 1663 das AT. bis zu den Psalmen gedruckt vor; der Druck hatte in England bis 1662 stattgefunden; weitere Teile lagen handschriftlich vor, entweder die ganze Bibel oder wenigstens das AT. Der Druck ist nicht weiter gediehen. Zugleich hat Reinhold den Zweifel beseitigt, daß Chylinski wirklich der Übersetzer gewesen sei, und nachgewiesen, daß nicht, wie angenommen war, seine Bibel eine Bearbeitung der Bretkenschen ist, sondern durchaus selbständig; daß aber der Übersetzer die polnische Danziger Bibel zu Grunde gelegt hat. Von diesem Bibeldruck sind nur drei, nicht vollständige Exemplare bekannt: in der Bibliothek der geistlichen Katholischen Akademie in Petersburg, im britischen Museum, auf der kgl. Bibliothek in Berlin.

Für die Lutheraner erschien erst 1701 (Königsberg, 4°) die Übersetzung des NT.s (auf dem Titel: „zum ersten Mal in die litauische Sprache übersetzt"). Übersetzer war Samuel Bythner, Senior der evangelischen Gemeinden im Großherzogtum Litauen. Bestimmt war dies NT. für die Litauer sowohl Preußens wie Großlitauens; da man aber fand, daß der „großlitauische" Dialekt von dem „preußisch-litauischen" im Gebrauch mancher Worte verschieden sei, fügte der damit beauftragte Pfarrer Schultehrus den preußisch-litauischen Dialekt geläufigere Worte an den betreffenden Stellen in Klammern hinzu, so daß die Ausgabe gewissermaßen glossiert ist (vgl. Bezzenberger a. a. O. S. 9 fg.). Ein Neudruck dieses NT.s ist die Ausgabe Berlin 1866 (Trowitzsch & Sohn). Manche Wendungen machen es wahrscheinlich, daß die polnische Danziger Bibel für die litauische Übersetzung mit benutzt ist. Unabhängig von Bretkens Handschrift wie von dem NT. von 1701 (wenigstens tritt eine Abhängigkeit nicht deutlich zu Tage) ist das NT. von 1727 (Königsberg, mit deutschem Paralleltext), übersetzt von mehreren Geistlichen; den größten Anteil daran hatte Phil. Ruhig. Hier liegt Luthers Text zu Grunde. In derselben Weise, von einer größeren Anzahl Geistlicher (unter ihnen namentlich Ruhig und Mielcke), auf Grund von Luthers Bibel (nach Rhesa a. a. O. S. 44 der von 1545) und mit genauem Anschluß an deren Ausdrucksweise wurde auch das AT. übersetzt; nur die Psalmen sind (nach Rhesa) dem von Bretken abhängigen Psalter von 1625 entnommen. So erschien dann die ganze Bibel (Königsberg 1735), deren NT. so gut wie unverändert das von 1727 wiedergiebt. Die zweite Ausgabe (Königsberg 1755) hat sachlich kaum nennenswerte Änderungen, dagegen orthographische und grammatische Verbesserungen. Das Bedürfnis nach einer neuen Bibelausgabe trat im Anfang des 19. Jahrhunderts ein und sie wurde mit Unterstützung der britischen Bibelgesellschaft ins Werk gesetzt. Bei der Gelegenheit wurde von einer Anzahl Geistlicher eine Revision des Textes in Bezug auf den litauischen Ausdruck vorgenommen, namentlich aber von L. J. Rhesa die Übersetzung an dem hebräischen und griechischen Grundtext geprüft. Das Verfahren beschreibt dieser a. a. O. S. 55: „Der aus Luthers Version ursprünglich geflossene Text ist mit dem hebräischen und griechischen Urtext des A. und NT.s genau verglichen worden. Wo eine Abweichung von dem Deutschen ein notwendiges Erfordernis war, sind die gründlichsten Kommentare alter und neuer Schriftausleger zuvor geprüft und nur bei völlig entschiedenen Stellen hin und her Berichtigungen (mit Beistimmung der Mitarbeiter) angebracht". Dazu ist, um den Ausdruck litauischer zu machen, die Bretkensche Handschrift zu Rate gezogen (vgl. über diese Revision Rhesa, Philologisch-kritische Bemerkungen zur litthauischen Bibel, Königsb. 1816). Rhesa gab dann eine neue Ausgabe dieser Bibel heraus (Tilsit 1824), in deren Vorrede „Anmerkungen zur litthauischen Bibel", 2. Tl. (Königsberg 1824) angekündigt werden. Von den weiteren Drucken der Bibel sei hier nur noch erwähnt die Ausgabe von 1865 (Halle, Cansteinische Bibeldruckerei), deren NT. Friedrich Kurschat revidiert und sprachlich verbessert hat.

Für die katholischen Litauer übersetzte Jos. Arnulf Giedraitis (poln. Giedroję), Bischof von Samogitien, das NT. nach der Vulgata (Wilna 1816).

2. Lettische Bibel. Der älteste lettische Druck, das „Enchiridion" (Königsberg 1586—87; in späteren Ausgaben auch Vademecum und Handbuch betitelt), enthält unter andern Schriften zum Kirchengebrauch auch die Sonn- und Festtagsperikopen für die evangelischen Letten (in späteren Ausgaben vermehrt durch Teile des AT.s). Die erste lettische Bibel, übersetzt von Ernst Glück (Pastor, dann Probst zu Marienburg) und Christ. Barth. Witten (Pastor zu Lennewarden) in einem Zeitraum von 9 Jahren, erschien in Riga 1685—89. Die zweite Ausgabe (Königsberg 1739), im Verein mit

andern Geistlichen besorgt vom Generalsuperintendenten Jak. Benj. Fischer giebt mit geringen Änderungen denselben Text, und dieser blieb so bis zu der eingehenden sprach= lichen und sachlichen Emendation durch A. Bielenstein (diese Bibel erschien Mitau 1877). Vgl. Napiersky, Chronologischer Conspect der lettischen Literatur, im Magazin der let= tisch=literärischen Gesellschaft, Bd 3 (1831); Bielenstein, Zum 300 jährigen Jubiläum der lettischen Literatur (Riga 1886).   Leskien.

15. Magyarische Bibelübersetzungen.

Franz Balogh, „A magyar protestáns Egyháztör tènelem rèszletei" (Magy. pro= testantische Kirchengeschichte). Debrezin 1872; die Seiten 161—183 bilden einen besonderen Abschnitt: „a magyar biblia törtènelme" (Geschichte der magy. Bibel); Broughton, „Histo= risches Lexikon über Religion" ins Magyarische übersetzt von Samuel Mindszenti I. Bd, Ko= morn 1792; Theodore Duka „The Kàroli Bible of Hungary in The Bible Society Monthly Reporter, 1892, Nr. 48; Franz Balogh, Ujabb lèpèsek a magyar biblia ügyèben" (Wei= tere Schritte in Sachen der magy. Bibel), „Debreczeni Prot. Lap." (Debreziner prot. Zeitg.) Nr. 30 und 31, 1886; Wolfgang Szöts, „A Kàrolyi Biblia revisioja" (Revision der Bibel Kàrolyis) in Nr. 15, 1896 des „Protestàns egyházi ès iskolai lap" (der prot. Kirchen= und Schulzeitung), Budapest; Peter Bod, „a szent biblia Historiájá" (Geschichte der heiligen Bibel), Hermannstadt 1748; E. Budai, „Propaedeumata Theologiae Christianae", De= brezin 1817; „A magyar biblia törtènelme" (Geschichte der magy. Bibel), Feuilletonartikel in Nr 204, 1872 des großen Tageblattes „a Hon" (das Vaterland), Pest.

Wie sonstwo, so ist auch in Ungarn die Übertragung der Bibel in die Sprache der Nation und die Gestaltung derselben zu einem Buche des Volkes ein Verdienst der Reformation.

I. Unter den Protestanten war es Johann Erdösi (Sylvester), der zuerst auf dem Gebiete der Bibelübersetzung thätig war. Seine Studien machte er in Wittenberg und zwar mit solchem Erfolg, daß Melanchthon in der Lage war, ihn, als er in die Heimat zurückkehrte (7. Okt. 1537), in einem eigenhändig geschriebenen Briefe dem magyarischen Magnaten Thomas Nádasdi empfehlen zu können als einen Mann „reich an Wissen und Weisheit". — Obengenannter Nádasdi errichtete dann auf seiner eigenen Be= sitzung in Uj = Sziget die erste magy.=protestantische Buchdruckerei, woselbst (1541) das neue Testament, von Erdösi ins Magyarische übertragen, im Druck erschien. Die 2. Aus= gabe erfolgte 1574 in Wien. — Seiner hohen sprachwissenschaftlichen Bildung zufolge wurde der Übersetzer 1544 als Professor an die Universität in Wien berufen, mußte aber bald (1551) dem Einflusse der Jesuiten weichen und seine Stelle aufgeben. Er kehrte in sein Vaterland zurück und ward 1552 Professor in Debrezin; 1558 Pfarrer in Leutschau. Erst 1896 trat ein Ausschuß zusammen, der es sich zur Aufgabe machte, dem ersten protestantischen Bibelübersetzer an der Stätte seiner Geburt eine Ehren und Gedenk=Säule zu errichten.

II. In ähnlicher Weise wirkte Kasspar Heltai, ein Schüler Melanchthons (1543). Seit 1545 Pfarrer in Klausenburg trat er 1556 zur calvinischen Glaubensrichtung über. Im Vereine mit seinen Kollegen im Amte (ihrer 4) übersetzte er das alte — mit Aus= nahme einiger Bücher — und das neue Testament und gab es in den Jahren 1552 bis 1565 in Klausenburg heraus.

III. Peter Juhász (Melius) studierte (1556) in Wittenberg; seit 1558 bis zu seinem Tode (1572) ref. Pfarrer in Debrezin, übertrug er die Bücher Sa, Kg und Job und das NT. ins Magyarische und gab sie 1565—1567 heraus. Leider hat sich kein einziges Exemplar seines NT.s in Ungarn erhalten. Wäre es doch in irgend einer Bibliothek Europas aufzufinden!

IV. Thomas Félegyházi. Nach sechsjährigem Studium im Auslande (in Breslau, Frankfurt und Wittenberg) in die Heimat zurückgekehrt, wurde er Professor der Theo= logie in seiner Vaterstadt Debrezin, nach Melius Tode Pfarrer daselbst. „Sein neues Testament unseres Heilandes Jesus Christus" erschien 1586 in Debrezin, geschmückt mit dem Wappen der Stadt. Dies ist zugleich das erste NT., das in Debrezin die Presse verließ.

Die erwähnten partiellen Übersetzungen der Bibel blieben im Grunde genommen nur Versuche. Doch ist ihr Wert nicht gering anzusetzen, da sie Anlaß gaben zu einer vollständigen Übersetzung der hl. Schrift, der es beschieden sein sollte, den gemein= samen Schatz der Nation zu bilden. Der Vollführer dieses Werkes war

V. Kaspar Károlyi. Nach Beendigung seiner Studien in der Schweiz, in Straß= burg und Wittenberg wurde er ref. Pfarrer in dem Städtchen Göncz. In dieser Eigen=

schaft machte er sich an das schwere Werk der Bibelübersetzung. Seine Bemühungen krönte der Erfolg: die ganze Bibel mit Einschluß der apokryphischen Bücher in magyarischer Sprache. Auf Kosten magy. Magnaten wie Sigismund Rákóczi — später Siebenbürgens Fürst — des Landesrichters Stephan Báthori u. a. ließ er sie 1590 in Visoly drucken. Diese Übersetzung nahm mit der Zeit die ganze magy. Kirche sowohl helvetischen als auch augsburgischen Bekenntnisses ohne jeden Zwang an, und auch jetzt wird sie ausschließlich benutzt.

Die magyarisch=protestantische Kirche feierte 1890 die 300malige Jahreswende des Erscheinens der Bibel Károlyis u. z. in würdiger Weise dadurch, daß sie dem trefflichen Übersetzer ein Bronze=Denkmal setzte, dessen Kosten von 8000 Gulden ö. W. auf dem Wege allgemeiner Sammlungen aufgebracht worden waren.

Der glückliche Übersetzer der Psalmen, Szenczi Molnár Albert, der seine wissenschaftliche Bildung auf der Universität zu Heidelberg sich erwarb und unter der hohen Gönnerschaft des Landgrafen Moritz von Hessen und des Pfalzgrafen Friedrich V. sich Jahre hindurch im Auslande aufhielt, in Oppenheim sogar die Stelle eines Professors bekleidete, gab die Károlyische Übersetzung in wenig veränderter Form (1608) in Hanau und (1612) in Oppenheim heraus. Die vierte Auflage bewirkte (1645) der reiche Buchdrucker Johann Janson in Amsterdam. Eine 5. Auflage suchte zwar Siebenbürgens Fürst Georg Rákoczi I. zu veranlassen, doch vergebens; erst nach seinem Tode wurde sie (1657—1661) in Großwardein in 10000 Exemplaren gedruckt, zum Gebrauche für Kirchen in Folio. Die 6. Auflage vollendete 1685 der allbekannte, geniale magy. Buchdrucker Nikolaus Kis in 4200 Exemplaren zu Amsterdam. Bei dieser Arbeit brachte er seine selbstgegossenen reichverzierten Buchstaben in Verwendung und erweckte durch die wahrhaft geschmackvolle Ausstattung allgemeines Aufsehen.

Alles folgt dem Drange der Zeit; auch die Sprache schreitet mit der Zeit fort, einer immer höheren Entwickelung entgegen. So war es denn kein Wunder, daß der allgemeine Wunsch laut wurde, an Stelle der, nun bereits 8 Jahrzehnte hindurch benutzten Károlyischen Bibelübersetzung in den Besitz einer vollendeteren Übersetzung zu gelangen. Um die Verwirklichung dieses Wunsches bemühte sich

VI. Georg Csipkés von Komorn, ref. Pfarrer und Professor in Debrezin (1653 bis 1678). Schon zur Zeit, als er noch in Utrecht studierte, hatte er sich unter der Leitung des berühmten Professors Johann Leusden die hebräische Sprache derartig angeeignet, daß er vor dem Professorenkörper der genannten Universität in hebräischer Sprache zu dissertieren vermochte (oratio hebrea, 15. Febr. 1651), so zwar, daß Leusden selbst ihn mit einem Begrüßungsschreiben beehrte. Es konnte somit der Erfolg kaum ausbleiben. 1675 war die vollständige Übersetzung der Bibel beendet, 1681 geprüft und für gut befunden. Siebenbürgens letzter ref. Fürst, Michael Apafi, wollte die Herausgabe derselben besorgen; doch die großen politischen Wirren und Wendungen der damaligen Zeit ließen die Durchführung seines Planes nicht zu. Ofen wurde den Händen der Türken entrissen, Siebenbürgen dem Teile Ungarns, der dem Hause Habsburg huldigte, einverleibt, hier wieder setzte eine vom Jesuitengeiste durchdrungene Regierung das Werk der Rekatholisation mit staatlicher Unterstützung und Macht fort, in schrecklicher Weise besonders seit dem Jahre 1711. Unter solchen Umständen übernahm denn die Stadt Debrezin und ihre ref. Kirchengemeinde die Herausgabe der Csipkésschen Bibelübersetzung und schloß (1715) mit dem Leydener Verleger Campegius Vitringa einen Vertrag, demzufolge letzterer 4000 Exemplare zu liefern hatte. Der Leydener Druck war 1718 beendigt; die erste Sendung (2915 Ex.) sollte über Polen nach Debrezin gelangen. Bevor sie jedoch die Grenze erreicht, wurden die Bibeln zufolge eines auf Betreiben des Klerus in Laxenburg (15. Mai 1719) gegebenen königlichen Befehles konfisziert und gleichsam als Gefangene nach Kaschau überführt, damit der Bischof von Erlau, Graf Gabriel Erdödi, die Übersetzung prüfe und beurteile. Die Kaschauer Jesuiten, denen es sehr an der Vernichtung der Übersetzung gelegen war, tadelten daran, daß die Apokryphen fehlten, daß ferner die Taufformel (Mt 28, 19) nicht dem Texte der Vulgata gemäß übersetzt sei, und sprachen sich aus diesen Gründen gegen die Verbreitung der Übersetzung aus. Vergebens wandte sich der Magistrat von Debrezin wiederholt mit Vorstellungen und Klagen über die widerrechtliche Inbeschlagnahme der Bibeln an den König; vergebens verfügte König Karl III., durch diese Klagen dazu bewogen, die Auslieferung der Bibeln (29. Juni 1723); der derzeitige einflußreiche Erlauer Bischof, Graf Franz Barkóczi, ein grimmer Feind des Protestantismus, gab sie entgegen dem Befehle seines Königs nicht heraus, überführte sie vielmehr nach Erlau, setzte sie in feuchten Kellern, als Kerkern, der langsamen Verwesung aus und ließ sie schließlich am 1. Nov. 1754 auf dem Hofe seines Bischofssitzes verbrennen. Ein Einbanddeckel, der verheerenden Kraft des Elementes entrissen, ist auch jetzt noch, als stummer Konfessor, in der Bibliothek des alten Debreziner Kollegiums zu sehen. Auf ihn schrieb der berühmte Professor Dr. Stephan Hatvani eigenhändig: „Das Buch alles Heiligen ward am Tage aller Heiligen ein Opfer der Flammen". Die Zeit eines Diokletian schien wiedergekehrt. Die 2. Sendung, die in Warschau liegen geblieben war, konnte erst in ruhigerer Zeit (1798) ihr Ziel, Debrezin, erreichen, mehr als Erinnerungszeichen, als zu allgemeinem Gebrauche. Und so ging der allgemeine Wunsch, die Károlyische Bibel durch eine vollendetere zu ersetzen, in Folge des tragischen Geschickes der Uebersetzung des Csiplés nicht in Erfüllung.

Unter den geschilderten Verhältnissen schmolz die Zahl der magy. Bibeln in der Art zusammen, daß einzelne Exemplare um den hohen Preis von 4—5 Dukaten kaum zu erhalten waren. Dieses „unglückselige Los" suchten die Utrechter Professoren Friedrich Lampe und Van Alphen den Magyaren zu erleichtern. Sie nahmen die Mildthätigkeit der Mitmenschen in Anspruch und sammelten einen Fond, mit dessen Hilfe dann die Übersetzung Károlyis in den Jahren 1730—1765 5mal in Utrecht herausgegeben wurde. Der Preis einer Bibel betrug 2 Gulden. Dieser Fond besteht auch jetzt noch; sein jährliches Erträgnis von 775 Gulden wird zur Unterstützung magyarisch-reformierter Theologen verwandt. Mit Unterstützung der Schweizer Glaubensgenossen erschien 1751 bis 1770 die magy. Bibel auch in Basel 3mal. In Debrezin konnte in diesem heillosen Jahrh. nur das NT. zum Schulgebrauche 1749, 1767 und 1789 verlegt werden.

Im 19. Jahrhundert war die „britische und ausländische Bibelgesellschaft" für die Verbreitung der Bibel bedacht. Als der am 12. Januar 1822 gegebene königliche Erlaß die Einfuhr von Bibeln verbot, ließ die Bibelgesellschaft dieselben in Ungarn drucken. Doch auch dies währte nicht lange, denn die nach der Revolution von 1848/49 im Jahre 1852 eingesetzte reaktionäre Regierung verwies die Agenten der britischen Bibelgesellschaft aus Wien und Budapest. Erst nach der Restitution der Verfassung und der Krönung Franz Joseph I. zum Könige von Ungarn (1867) gab die ungar. Regierung die Herausgabe und Verbreitung der Bibel völlig frei. Seit dem Inslebentreten der britischen Bibelgesellschaft bis 1892 wurden nach der Übersetzung Károlyis 235437 vollständige Bibeln und 548589 NT. gedruckt und verbreitet.

VII. Eine neue Übersetzung begann Maurus Ballagi (Bloch), ref. Professor der Theologie in Budapest. Die 5 Bücher Moses gab er 1841 in Ofen auch heraus; die Fortsetzung aber blieb aus.

VIII. Fast drei Jahrhunderte waren dahingerauscht seit dem Erscheinen der Bibelübersetzung Károlyis, als im Jahre 1886 auf die Initiative Theodor Dukas, eines in London lebenden magy. Gelehrten, und mit Hilfe der britischen Bibelgesellschaft die Revision des alten magyarischen Textes in Angriff genommen wurde. Teils Erkrankung teils der Tod mehrerer Mitglieder des dazu bestimmten Ausschusses verzögerten jedoch den Fortgang des Werkes, so daß erst 1896 der erste Teil, der Hexateuch, der revidierten Bibel in einer Stärke von 15¼ Bogen im Druck erscheinen konnte. Um die Umarbeitung hatten sich besonders bemüht: der ref. Pfarrer in Halas, Aaron Sziladi, der ref. Professor der Theologie in S.-Patak, Georg Radácsi, der Pfarrer A. B. in Käsmarkt, Stephan Limberger, und der Odenburger Professor der Theologie, Alexander Pozsvét. Selbstverständlich wurde bei dieser Umarbeitung die etwas veraltete Sprache Károlyis der Jetztzeit entsprechend umgeändert, wenngleich seine echt biblische, kraftvolle Ausdrucksweise beibehalten wurde. Die weiteren Teile befinden sich eben jetzt auf dem Wege der Vollendung.

IX. Die Revision des neuen Testamentes Károlyis führten der Debreziner ref. Professor der Theologie Johann Menghárt und Wilhelm Győri, ev. Pfarrer A. B. in Budapest aus. Diese neue Übersetzung erschien 1878 in 5000 Exemplaren in Budapest, ohne aber allgemeinen Beifall zu ernten.

Eine Übersetzung, welche die Károlyis in jeder Hinsicht zu ersetzen vermöchte, müßte ein Werk sein, das unter Mitwirkung beider evang. Kirchen zu stande gekommen.

X. Samuel Rámori, Professor der Theologie in Preßburg, ist der erste Lutheraner, der die ganze Bibel samt den apokryphischen Schriften übersetzte und in den Jahren 1870—1878 in Pest herausgab. Da ihm aber das eigentümlich Magyarische, die Kraft im Ausdruck abging, wurde seinem Werke keine größere Verbreitung zu teil; es blieb ein Versuch.

XI. Auch die röm.-kath. Kirche in Ungarn erwarb sich, angeeifert durch die frucht=
bare Thätigkeit der Protestanten, auf dem Gebiete der magy. Bibel Verdienste. Der
Jesuit Georg Káldi führte, den Text der Vulgata benutzend, eine vollständige Über=
setzung der Bibel zu Ende und ließ sie 1625 mit Hilfe und Unterstützung des Erz=
bischofs von Gran, Peter Pázmány, in Wien drucken. 2. Aufl. 1732. Baron Adalbert
Bartokovics, Erzbischof von Erlau, wünschte die alte Übersetzung in die neuere, schönere
magy. Sprache übertragen zu sehen. Mit dieser schweren Aufgabe betraute er

XII. Béla Tárkányi (obiit 1886) seinen damaligen Sekretär, der in der magy.
Litteratur einen klangvollen Namen besaß. Bei unermüdlichem Fleiß vollendete dieser in
9 Jahren die ihm gestellte Aufgabe, gab überdies der Übersetzung auch noch Anmer=
kungen bei. Das Werk, das auch des Papstes Beifall gefunden, wurde 1862—1865
zu Erlau in 10500 Exemplaren gedruckt. Der glückliche Übersetzer erhielt als Beloh=
nung die Stelle eines Domherrn. Die 2. Auflage von 5000 Ex. besorgte 1892 der
Erlauer Erzbischof Josef Samassa.

In der Zeit von 1541—1871 erschien die magy. protestantische Bibel in 78, die
magy. röm=kath. Bibel nur in 8 Auflagen.   **Franz Balogh.**

16. Neugriechische Bibelübersetzungen.

Helladius, Status praesens ecclesiae graecae 1713; Dositheus, Περὶ τῶν ἐν Ἱεροσολύμοις πατριαρχευσάντων, Bukarest 1715; Amadutius, Demetrii Pepani opera 1781. Prolegg.; Fabricius=Harles, Bibl. Graec. Koraïs, Ἄτακτα Bd III. 1830; Wenger, Beiträge zur
Kenntnis des gegenwärtigen Geistes und Zustandes der griech. Kirche ɛ. 1839; Κωνσταντίνου
Οἰκονόμου, τὰ Σωζόμενα, Athen 1864 τόμ. B'; Σάθας, Νεοελληνικὴ Φιλολογία, Athen 1868;
Reuß, Bibliotheca novi Testamenti graeci 1872; Gedeon, Κανονικαὶ διατάξεις κτλ. Konstantinopel, 2 Bde 1888—89; Legrand, Bibliographie Hellénique, ou description raisonnée
des ouvrages publiés en grec par des Grecs aux XV et XVI siècles, 2 Bde 1885 (Ab-
gekürzt mit Legrand a); derselbe, Bibl. Hell., ou descr. rais. d. ouvrag. publ. par des
Grecs au dix-septième siècle, 3 Bde 1894—95 (Abgekürzt mit Legrand b).

Die Anfänge der neugr. Bibelübersetzung reichen ins 16. Jahrh. Im Jahre 1547
wurde von den Konstantinopler Juden in einer dreisprachigen Ausgabe eine neugriech.
Übersetzung der fünf Bücher Mosis, der damaligen Haphtaren und der fünf Megilloth
herausgegeben. Neben der neugriechischen Übersetzung brachten die andern Kolumnen
eine spanische und die chaldäische Version des Onkelos, der der Kommentar des Raschi
beigefügt ist. Alle Kolumnen sind ebräisch gedruckt. Nach Amaduzzi S. LXXIV sind
auch das Buch Hiob und die Proverbien und zwar ebräisch und neugriechisch erschienen.
Die neugriechische Sprache dieser Übersetzungen ist jüdisch beeinflußt. Das ganze Werk
diente dem Interesse des Kultus. Bei den christlichen Griechen hat es keinen Eingang
gefunden. Näheres bei Legrand a II, S. 159 ff.

Seitens der griechischen Kirche erschien zwar im 16. Jahrhundert keine Übersetzung,
der Gedanke aber, dem Volk in seiner Sprache die Bibel nahe zu bringen, ward
lebendig erhalten durch die religiöse orthodoxe Volkslitteratur, namentlich durch
Joannikios Kartanos und durch Damaskinos Studites. Ersterer bringt in seinem ἄνθος
viele Stellen der Bibel in volksgriechischer Übersetzung. Die bis in unser Jahrhundert
maßgebende Übersetzung des N.T.s erschien dem Urtext erst im Jahre 1638 und
war ein Werk des Maximos Kalliupolites (Σάθας S. 309), nicht des Margunios,
wie noch ältere sagen, denn dieser starb bereits 1602 (Legrand a II S. LXIII). Nach
der bei Legrand b II S. 363 ff. auf Grund der neuesten Forschungen gegebenen Geschichte des Buchs verdankt dasselbe seine Entstehung der Verbindung der griech. K. mit
der reformierten, die durch Kyrillos Lukaris angeknüpft war. Der Druck geschah auf
Kosten der holländischen Regierung bei dem Genfer Buchhändler Pierre Aubert in
1500 Exemplaren, die teilweise im Orient, namentlich Konstantinopel und Smyrna, verteilt wurden, nachdem der Patriarch Parthenios dazu die Erlaubnis gegeben (Dositheos
S. 1173). Die Sprache der Übersetzung ist das gewöhnliche Vulgärgriechisch des
17. Jahrhunderts, in dem übrigens auch sonst viel gelesene Bücher geschrieben wurden
(Koraïs S. θ'). Die Übersetzung des Maximos erschien dann ohne Urtext in London,
παρὰ Βενιαμὶν Μορταίῳ 1703, besorgt von dem griech. Mönch Seraphim, dem sein
Volksgenosse, der allerdings aufgeblasene und schulmeisterliche Helladios ein schlechtes
Zeugnis ausstellt, das Σάθας nachschreibt (Hell. S. 249 ff., Σάθ. 451). Der Druck
geschah auf Kosten englischer Geistlicher. Die Übersetzung ist durch Seraphim eher
verschlechtert, als verbessert. Wiederum korrigiert und zwar durch den Griechen Ana=

stasios (Σάθας S. 450) und den zum Katholizismus übergetretenen Griechen Libe-
rios Kolettis (ebenda S. 459), der schon 1708 in Venedig eine Übersetzung soll
haben drucken lassen, worüber ich nur bei Reuß, Geschichte der heiligen Schriften
des N.T.s 1853 S. 469 eine Angabe finde, erschienen die Übersetzungen des Maximos mit dem Urtext in der Bibelanstalt von H. A. Francke im Jahre 1710
(Näheres bei Helladios S. 322 ff.). Sie wurde dann übernommen von Reineccius in
seine Tetraglotte von 1713 und 1747 (Reuß, Bibl. S. 151). Auch gehen wohl die
von J. H. Callenberg 1746 gedruckten einzelnen Schriften des N.T. auf die Übersetzung
des Maximos zurück. Die anfangs gegen diese Übersetzung günstige Stimmung in der
griechischen Kirche schlug bald um. Man betonte, daß dieselbe, als in einem der vielen
Volksdialekte geschrieben, nicht allen verständlich sei, was zweifellos wahr ist, man fürchtete
aber Eindringen des Protestantismus. Namentlich die Partei des Dosethos von Jerus.
und Meletios Syrigos erhob sich im bestgemeinten kirchlichen Interesse und mit richtigem historischen Verständnis. Der Patriarch Gabriel (1712—1707) verbot die Übersetzung des Seraphim, die des Maximos soll schon früher verboten sein (Gedeon, I
S. 106 ff.).

In ein neues Stadium trat die Frage durch die Einwirkung, die von der britischen
Bibelübersetzung ausging. Nachdem bereits 1813 in Rußland eine Bibelgesellschaft gegründet war, erwirkte der Gesandtschaftsprediger Lindsay 1851 bei dem Patr. Kyrillos VI.
in Konstantinopel die Erlaubnis, neugriechische Testamente zu verbreiten. Für eine
etwaige Übersetzung des AT.s wurde 1819 ausgemacht, daß dieselbe sich an die Septuaginta halten müsse. Außer dem Vorbilde Rußlands wirkte hier mit der Einfluß des
Koraïs, der sich bereits 1808 an die Bibelgesellschaft gewandt, wie er denn später selbst
die Probe einer Übersetzung herausgab und die Aufgabe gut würdigt (Άτακτα S. 282 ff.),
wenn bei ihm auch das nationale Interesse vorwiegt. Die Bibelgesellschaft druckte nun
mit mehr oder weniger Korrektur die Ausgabe des Maximos wieder ab, so 1810 in
London und Chelsea, London 1814, mit wenig Unterschied auch London 1819, 1824,
1827, 1829, 1830 (Reuß S. 113. 119). Die Mängel der Übersetzung erkennend,
ging man aber schon in den zwanziger Jahren daran, eine bessere herzustellen. Sie
sollte sich mehr dem Altgriechischen nähern. Die Arbeit war namentlich dem Mönch Hilarion übertragen, die Durchsicht besorgte der gelehrte Erzbischof Konstantios vom Sinai,
der nachherige Patriarch. Die Übersetzung sollte auch das alte Testament begreifen.
Schon war diese fertig und das N.T. sogar bereits im Druck (London 1828, Reuß
S. 119), als der Apokryphenstreit (1825—27) ausbrach. Auch für die neugriechischen
Bibeln sollten danach die Apokryphen wegfallen; die Septuaginta konnte daher nicht
mehr zu Grunde gelegt werden. Den griechischen Gelehrten Typaldos und Bambas
(Σάθας S. 728) wurde mit einigen Missionären die neue Bearbeitung übertragen.
Das N.T. erschien 1838 (Titel bei Oekonomos S. 386), das AT. nach und nach von
1833 an. Die Sprache dieser Übersetzung nähert sich im N.T. sehr dem Grundtext und
im AT. trotz der durch die Abhängigkeit vom ebräischen Texte bedingten Unterschiede
den Septuaginta. Doch konnte die griechische Kirche diese Arbeit nicht annehmen, denn
ihre Bibel war ja im AT. verlassen. Außerdem war aber schon längst die frühere günstige Stimmung umgeschlagen. Das Königreich Griechenland brauchte das Abendland
nicht mehr. Dazu wollte man sich der überall eindringenden Missionare von England
und Amerika erwehren. Mit diesen lehnte man auch die von ihnen verbreitete Bibelübersetzung ab. In Griechenland begannen die Angriffe der Synode von 1833 an
(Oekonomos S. 300—386), in der Türkei reagierte die Kirche unter dem Patriarchen
Gregorios VI. von 1835 an. (Seine Erlasse bei Gedeon). Seit der Zeit sind die
Bibelübersetzungen in der orthodoxen Kirche verboten. Die britische Bibelgesellschaft
aber fährt mit der Verbreitung fort. Die beiden letzten mir bekannten Ausgaben sind
von 1861 und 1872.   Philipp Meyer.

17. Niederländische Bibelübersetzungen.

Hauptwerk: Isaac Le Long (nicht zu verwechseln mit dem Verf. der Bibliotheca Sacra,
Jacob Le Long), Boek-zaal der nederduitsche Bybels, geopent, in een Historische Verhandeling van de Overzetting der Heilige Schrifuure in de Nederduitsche Taale, sedert dezelve eerst wierdt ondernomen; beneffens de Veranderingen,
welke daar omtrent door de Gereformeerde, Luthersche, Mennoniten en Roomschge-
zinde, van tyd tot tyd tot nu toe gemaakt zyn. Met een omstandig bericht, van meer
dan Hondert Oude Handschriften, van Bybels en Bybelsche Boeken des Ouden en

Nieuwen Testaments, tot op de Vindinge van de Druk-Konst; als mede van meer
dan duizendt diergelyke Exemplaaren, van verschillende Drukken, sedert de Vindinge
der Druk-Konst, tot nu toe; alle in de Nederduitsche Taale. Doormengt Met Historische, Taalkundige, Geestelyke en Wereldtlyke Aanmerkingen, en met een meenigte
van heerlyke en Egte bewys-stukken gestaaft, daar van veele nooit het licht gezien
hebben. Met veel naauwkeurigheid, moeite en kosten, sedert veele Jaaren verzameld en
beschreven, door Isaac le Long, Amster. 1732, Tweede Uitgave Te Hoorn 1764. 863 S. 4°
(Einl. und Reg). — Auf 1. Jan. 1892 (f. Walther Sp. 647) schrieb **Teylers** Godgeleerd
Genootschap als Preisaufgabe eine Geschichte der niederländischen Bibelübersetzung vor der
Staatenbibel aus und wieder auf 1. Jan. 1895 eine solche bis zum Erscheinen von Luthers
Uebersetzung von 1523, die zu keinem Ergebnis führte. Dagegen hat H. van Druten ange-
fangen, diese Geschichte zu schreiben: Geschiedenis der Nederlandsche bijbelvertaling;
Teil I, die Zeit bis etwa 1450 umfassend erschien Leiden 1896. — Die Spezialwerke zur niederländischen Buchdruck- und Litteraturgeschichte, wie M. F. A. G. Campbell, Annales de la
typographie néerlandaise au XVe siècle. Avec 2 suppléments La Haye 1874—84; J.
G. Holtrop, Monuments typogr. des Pays Bas au XVme siècle. Collection de facsimile etc. La Haye 1868 fol.; P. L. van der Meersch, Recherches sur la vie et les traveaux des imprimeurs belges et néerlandais etc; Deede, Einige Nachrichten von den im
15. Jahrh. zu Lübeck gedruckten niedersächs. Büchern. Lübeck 1834. 28 S. 4°; Walther, (f.
S. 121 a. E.) Sp. 634 ff. Besonders reich ist die Abteilung Biblia Batava in der Stuttgarter,
einst Lorckschen Sammlung; ein Verzeichniß der im Brit. Museum befindlichen Drucke im
Archief voor Ned. Kerkgesch. 1885. I. 136, De Hoop Scheffer, Gesch. der Kerkher-
vorming 256 ff.; Doedes, Bibliogr. histor. ontdekkingen, Utrecht 1872. 76. Privatmit-
teilungen aus Amsterdam.

Mit Rücksicht auf die Teylersche Preisaufgabe von 1892 hat Walther die eigentlich
holländischen Übersetzungen von seiner Untersuchung der niederdeutschen Arbeiten ausgeschlossen; nur kurz erwähnt er von Hdss. (Sp. 647) einen niederländischen Psalter in
Berlin (ms. germ. 331. 8°), Gebetbücher in Celle (Oberlandesgerichtsbibliothek ms.
15. 16), AG und Briefe in Hamburg (ms. theol. 1004), die mit der Wiener Hds.
(2771. 72) und dem Leydener Druck der AG u. Apt von Jan Zeuer zu vergleichen
wären; etwas ausführlicher bespricht er die genannte Wiener Hds. aus dem XIV s.,
drei Münchener (cgm 1102. 5150 f. 5062 von 1439. 45. 68), die zu den 24 Hdss.
hinzukommen, die Le Long (229—259) von dieser Übersetzung beschrieben hat. Dieselbe
ist als die erste durch die Presse vervielfältigte holländische Bibel schon 1477 in Delft
gedruckt worden (durch Jacob iacobs soen eñ mauritius yemants zoen van mid-
delborch. fol. Hain 3160, Meersch 141—144, Le Long 365—376), merkwürdigerweise ohne Pf und NT. Beides enthält die Wiener Hds. in ihrem zweiten Bande;
ob von einem andern Übersetzer muß noch untersucht werden. Nach Walthers Urteil
kann diese Übersetzung in mancher Hinsicht nicht leicht eine Leistung aus hochdeutschem
Sprachgebiet an die Seite gestellt werden. Ihr Verfertiger war ein Laie, nach Le Long
wahrscheinlich ein Vlaaming, um 1300, aber ein theologisch gebildeter Laie, dem die
historische Erklärung der Bibel das Fundament, die allegorische die Wände, die tro-
phologie, hoe wi gheestelic sculdich siin to leuen das Dach des Hauses bildet.
Er begnügt sich, das Fundament, die Historie aus dem Latein zu Deutsch zu ziehen,
daß es manchen Ungelehrten nützlich sein soll, vor allem an den heiligen Tagen, die
zu feiern gesetzt ist, trotz der Ansicht mancher Kleriker, daß man die Heimlichkeiten der
Schrift dem gemeinen Mann vorenthalten soll. Bei schweren Stellen ist eine Erklärung beigegeben, hauptsächlich nach der Historia scholastica des Petrus Comestor,
aber durch rote Striche, die jeder Abschreiber, um das Werk nicht zu schänden, genau
beibehalten müsse, vom Bibeltext abgetrennt. Im Delfter Druck sind diese Erklärungen
weggelassen, auch die Einleitung ist gekürzt. Aus Zartgefühl wurden einzelne Stellen
weggelassen wie 5 Mos 22, 13—21, aber stets bemerkt: van dit capittel sla ic een
deel over; soe wie dat lesen wil, soeket in die latiinsche bibel. Über die Verwertung des Delfter Drucks für die Kölner Bibel f. Walther Sp. 662 f., oben
S. 129 ff.

2. Nicht geringeres, eher noch höheres Lob gebührt nach Walther (Sp. 700) demjenigen, der die holländische Übersetzung der Psalmen fertigte, in 4 Wiegendrucken
(Hain 13521—24 von 1480. 87. 91. 98), außerdem u. J. zu Leyden bei Jan Suerse,
in Antwerpen 1504 u. 08, und in mehreren Hdss. z. B. in Wernigeröde (Zᵇ 30. 31. 13)
erhalten ist (f. Le Long 377, der statt der Ausgabe von 1508 aus unsicherer Quelle
eine von 1500 aufführt, und Josua van Iperen, Kerkelyke Historie van het Psalm-
Gezang der Christenen, Amster. 1777, I, 91 ff.).

3. Älter als dieſe wörtlichen Überſetzungen bibliſcher Stücke ſind auch auf hollän=
diſchem Boden die Bearbeitungen des Inhalts, die Reimbibeln, deren erſte (früher
die Bibel der Waldenſer genannt) von Jakob van Maerlant herrührt (Le Long 155
bis 232); Rijmbibel uitgeg. d. J. David Brüſſ. 1858 in 3 Teilen.

4. Für das NT. fallen die erſten holländiſchen Überſetzungsverſuche in die Zeit
um 1300 (Le Long 270 ff.); über ihre Verbreitung in den Klöſtern (S. 333 ff.), über
die erſten Ausgaben der evangeliſchen und apoſtoliſchen Perikopen (S. 379 ff.; dazu
Boek van den leuen ons heeren J. Chr. Amſt. 1487, Paſſion, Amſt. 1488). Den
Übergang zu den eigentlichen Bibelüberſetzungen mag den Bibel in 't corte bilden
(Antw. 1513 Fol. 16 Fol; ergänzt 1518 Fol.), die Le Long als „die verfälſchten
niederdeutſchen Bibeln der Römiſchgeſinnten kurz vor der Reformation" (S. 406—457.
458 ff.) beſchreibt: der Inhalt des A. (u. N.) T.s in 251 Kapiteln, mit legendariſchen
Zuthaten, z. B. c. 202 van de Koninginne van Scheba, c. 203 Of Sàlomon Zaa-
lig is geworden?, und den Übergang zu den proteſtantiſchen Arbeiten die Über=
ſetzung des Erasmiſchen NT.s, die 1524 zu Delft erſchien (dat Niewe Testament . . .
met groter naerſticheyt ouergeſet, ende gheprent, in goede platte Duytſche;
Le Long 497 ff.). Über die handſchriftlich noch erhaltenen Überſetzungen ſ. jetzt van
Druten.

5. Von Luthers Überſetzung erſchienen trotz dem ſtrengen Verbot Karls V. gegen
die lutheriſchen Schriften vom Jahre 1521, eine holländiſche Übertragung ſchon 1522
in Antwerpen bei Hans van Roemundt (Le Long 512), 2 Ausgaben in Baſel 1525
und 26 (Dat Gants Nyewe T., recht grondelick verduytſchet, met ſeer geleer-
den ende richtigen Voerreden, ende der swaerſter plaetſen Korte, mer Goede
Verklaring), etwas geändert Amſterd., Doen Pieterſoen 1526. Das AT. erſchien
erſtmals 1525 in 4 Bdben kleinſten Formats (16°, Antw., H. v. Roemundt; Le Long 533),
1—5 Moſ und Pſ nach Luther, das übrige mit Beſſerungen nach der Delfter Bibel,
die erſte vollſtändige Bibel das Jahr darauf, 1526, bei Jakob van Liesveldt (Le Long
562); wiederholt und verbeſſert 1532 (hier auch die Propheten nach Luther) 34. 35.
38. 42. Letztere Ausgabe, von Karl V. 1546 verboten, koſtete Liesveldt das Leben
(Le Long 567).

Im erſten Teil ſchließt ſich an Luther auch Pieterſoens Amſterdamer Ausgabe von
1527 (ohne NT.) an, während Wilh. Vorſterman (erſtmals 1528 in 2 verſchiedenen
Ausgaben Fol.) die Liesveldtſche mit Hilfe der Complutenſiſchen Polyglotte verbeſſert;
mit intereſſanter Vorrede über die mancherlei Formen der holländiſchen Sprache als
Brabands, Vlaams, Guliks, Cleefs, Gelders; öfters wiederholt (32. 33/4. 42. 44)
und mehrfach von Karl V. und Philipp II. verboten (über dieſe Plakate von 29. 31. 40.
46. 50. 69 ſ. Le L. 595 ff.).

Über katholiſche Ausgaben des NT.s von 1527. 30. 33, namentlich die lateiniſch=
holländiſche Diglotte von 39, ſ. Le L. 588; die ganze Bibel erſchien von katholiſcher
Seite erſt nach dem Trienter Konzil, dann aber zweimal in einem und demſelben Jahr,
1548, in Köln (wederom met grooter nerſticheit overſien ende gecorrigeert . . .
ende collacioneert met dē oudē Latinſchē, ongefalsſtē Bibliē. Duer B. Alexander Blánckart, Carmelit.) und in Löwen (Met grooter naerſticheyt ende arbeyt
nu corts in duytſche na nyews overgheſtelt wt den Latijnſchen ouden text,
die ouer duysent jaren in die heylighe Roomſche Kerſten kercke ghehouden
is gheweeſt), von Nicolaus van Winghe mit ſcharfer Vorrede gegen die gefälſchten
proteſtantiſchen Bibeln; öfters aufgelegt 53. 54. 56. 59. 60; 1599 (naer den leſten
Roomſchen text [von 1592] verbetert door ſommighe Doctoren), nach ihrem
Verleger die Moerentorf=Bibel genannt, noch in unſerem Jahrh. mehrfach aufgelegt.

6. Die Spaltung der Proteſtanten auf niederländiſchem Boden in Reformierte,
Lutheraner, Mennoniten und Remonſtranten erſtreckte ſich auch auf die Bibelüberſetzungen.

1558 bekamen die Lutheraner, die bisher wie die andern die Liesveldtſche Bibel
gebraucht hatten, eine eigene nach der Magdeburger niederdeutſchen Ausgabe, die Bugen=
hagen beſorgt hatte (Emden, Steuen Mierdman ende Jan Gheillyart, fol., letzterer
wahrſcheinlich der Bearbeiter); 1648 wurde ſie von Adolf Viſſcher revidiert (tot dienst
van de Chriſtelijcke Gemeynten, d'onveranderde Augsburgsche Confeſſie toe-
gedaen in deſe Nederlanden), 1701 van verſcheyde drukfoutē verbetert
(Amſterd. 12°), 1725 mit nieuwe — Aanteekeningen . . . geſchickt volgens de
Annotatien van . . . N. Haas (überſetzt von J. Le Long; Amſt. 4°), 1734 nu op
niews . . . gerevideert . . . en voorzien met summarien en gelykluidende tex-

ten, geschickt na die van de Latynsche Bybel, door D. Sebastian Schmid in't licht gegeven (Amsterdam 4°), 1750 gezuivert, en voorzien met summariën (Amst. 12° nach N. Haas) und noch 1823 op last van de Synode der Evang. Luthersche Kerk . . . op nieuw herzien en in het licht gegeven (Amst.=Harl. [Druck] 8°); spätere Abbrücke 1851/52.

Für die Mennoniten hat Nicolaes Biestkens, Buchdrucker von Embden 1560 eine Bearbeitung veranstaltet (Fol. und 4°, die erste holländische Ausgabe mit Verseinteilung und oft), ebenso vom NT. eine 1562, oft wiederholt, in Amsterd., Leeuwarden, Harlingen und (für die holländisch redenden Mennoniten in Preußen) in Schottland bei Danswijck (Danzig) 1585.

Kurz zuvor bekamen auch die Reformierten ihre eigene Ausgabe, durch dieselben Drucker wie die Lutheraner (den Bibel in duyts dat is alle boeken . . . na de orsprongelijcke spraken opt alder getrouwelijcste verduytst. Emden 1556. 4°). Auch hier wird Jan Ghenlliaert der Bearbeiter sein, der für Gen—Hi die Liesveldtsche Bibel nach der Züricher von 1548/9 verbesserte, alles übrige aus der letzteren übersetzte und zum NT. auch noch die neueste Züricher Ausgabe von 56 beizog. Das gleiche Jahr brachte auch das erste reformierte NT. (1556 bei Gellius Ctematius b. h. Gillis van der Erven nach dem Ex. des Rob. Stephanus von 1550), mit Verseinteilung, durch van Winghen und Utenhoven; später öfters neubearbeitet; aber 1562 adoptierten die Reformierten eine auf Luther ruhende neue Bearbeitung (Biblia: dat is, de gantsche Heylighe Schrift, grondelick ende trouwelick verduydtschet, Met verklaringhe duysterer woorden . . . Emden 1561/62 fol.). Das ist die sogenannte Deux Aes oder Eulenspiegel=Bibel. Den ersteren Namen bekam sie von der Rand=bemerkung zu Neh 3, 5: De Armen moeten het Cruyce draghen, de Rycke en geuen niets. Deux Aes en heeft niet, Six Cincque en geeft niet, Quarter Dry, die helpen vry, den andern von der zu Si 19, 5, Vlenspiegel, Vincentius, de Pape van Kalenberghe. Beide Bemerkungen sind übrigens mit vielen andern ein=fach aus Luthers Bibel herübergenommen (in der Ausgabe von 1545: Taus Ess hat nicht, Sees Zing gibt nicht, Quater Drey die helffen frey; vgl. z. B. am Rand von Pr 31, 10: Nicht liebers ist auff Erden, denn Fraw=lieb, wems kan werden, oder zu Gen 41, 43: Was Abrech heiße, lassen wir die Zender [de Kyvers] suchen bis an den Jüngsten=Tage, wollens dieweil verstehen, wie es gedeutscht ist. Es ist seltsam, beiläufig bemerkt, daß es aus neuerer Zeit gar keine Zusammenstellung dieser köstlichen Bemerkungen Luthers giebt).

In einzelnen Ausgaben ist die Bemerkung Deux Aes weggelassen, in der von 1568/69 (du und ghij durch ghij und ghijlieden ersetzt, 1572 (Dordrecht) wurden die Psalmen des Marloratus beigegeben (s. PRE² 9, 338) 1579 erstmals ein Privilegium durch die Staaten von Holland, 1581 verbessert durch Peter Hack, 1581(82) erstmals in kleinem Format 8°.

Die Remonstranten benützten die Staatenbibel (s. u.), doch besorgte unter ihnen Hartsoeter eine neue Übersetzung des NT.s 1680, wie unter den Collegianten der Arzt Dr. Rooleeuw 1694 und aus verwandtem Kreise Carel Catz 1701.

7. Einer der ersten, die eine gründliche Verbesserung der holländischen Bibel an=strebten war Wilh. Baudartius, reform. Prediger in Zütphen, der 1606 einen Wech=bereyder op de Verbederinge van den Nederlandtschen Bybel, die, door de Gnaade des Heeren korts aan den dach sal gegeven worden (Arnheim 8°) er=scheinen ließ. Diese verbesserte Bibel folgte 1614 na de Hebreusche ende Griek-sche Waarheit getrouwelyck verduytschet. Met verclaringen ende Annotatien van E. Tremellius, F. Junius, T. Beza ende J. Piscator. Ende nu in onse Nederlantsche Taale overgeset, door Abraham à Doreslaer, Bedienaar des h. Evangelii (Amst. fol.). 1623 veröffentlichte Sixtinus Amama von Franeker seine Bybelsche Conferentie, in welke de Nederländtsche Oversethinge des Bybels . . . van Capittel tot Capittel aan de Hebr. Waerheit beproeft en met de beste Oversettingen vergelecken wordt (Pagninus, Zürich, Junius und Tremellius, franz. von Genf, Piscator, spanische von Cyprianus de Valera, italienische von Deodatus, englische, Ausgaben von Biestkens und Liesvelt) tot Aanwysinge van de nootwen-digheit der Verbeteringe deser Oversettinge (Amsterd. 1623. 4°). Seine Ver=besserungen brachte er, was die Zuthaten aber nicht den Text betrifft, in einer Ausgabe von 1625 an (Le L. 761), die 1630 door Jacobus Laurentius, Bedienaar des Woords Godts binnen Amstelredam, und im NT. durch Herm. Fautelius 1632

nochmals verbessert wurde. Letzter Druck 1632. (Über Ausgaben des N.T.s mit den Anmerkungen des Marloratus, oder nach Beza und Arias Montanus durch Servaes Jan van Neersoon (Naeranus) 1604, Joh. Boegaert 1615, Herm. Faukelius 1617, s. Le Long).

8. **Die Staatenbibel.** Litt. Hinlopen, Historie v. d. nederl. overzetting des bijbels, Leiden 1777; Posthumus Meyjes, Jakobus Revius, Amsterd. 1895.

Schon im Oktober 1594 beschlossen de Staaten generaal — über das Wort s. Lagarde, Deutsche Schriften, Ges. Ausg. 114 — das Werk der Übersetzung der Bibel aus den Grundsprachen in das Niederländische in die Hand zu nehmen, beauftragten damit zuerst Philipp Marnix (PRE² 9, 344), dem 1596 Joh. Drusius beigegeben wurde (PRE² 3, 721); die Synode von Dortrecht behandelte die Frage in der 6.—13. Sitzung (Nov. 1618) und wieder in der 177. (Mai 1619). Aber erst 1628 konnten die Übersetzer des A.T.s, 1629 die des N. in Leyden mit ihrer Arbeit beginnen, die sie 1632 beendeten. Im Sept. 34 war die Revision des A., am 10. Okt. 35 die des N.T.s beendet; über den Anteil, den der Deutsche Casp. Sibel daran hatte, s. PRE² 14, 177. In die Arbeit am ersteren hatten sich Bogerman, Baudert, Bucer und nach dessen frühem Tod Thysius geteilt, in die am N. und den Apokryphen Waläus, Hommius und Jak. Roland, der bald starb. In sprachlicher Hinsicht richteten sie sich nach der von ihnen aufgestellten Nederduitsche Spraak-Kunst (s. darüber Le Long S. 800). Die Originalakten sollten in sicherer Kiste auf dem Stadthaus in Leiden aufbewahrt, und wie die der Dortrechter Synode, alle 3 Jahre von 21 Prädikanten eingesehen werden; das ist noch regelmäßig geschehen als Le Long seinen Büchersaal der niederdeutschen Bibel abschloß und seiner Verwunderung Ausdruck gab, daß in einem Land, wo alles durch Prägung von Medaillen gefeiert werde, in dieser ganzen Reihe von Jahren auf dies Ereignis niemand den mindesten Gedenkpenning heeft gemaakt. Die erste Ausgabe wurde im Jahr 1636 von P. Aertsz van Ravensteyn in Leyden in 2 Folioausgaben mit und ohne Anmerkungen gedruckt, aber erst nach dem 29. Juli 1637 ausgegeben (von diesem Tag die Approbation der vom 10. Juni 1637 datierten Autorisation). Im gleichen Jahr 37 noch Drucke von Amsterdam und Gouda, 39 Haag, 40 Haarlem, 41 Arnheim, 45 Dortrecht, 55 Gorinchem. Drucke des N.T.s an all diesen Orten, außerdem in Hoorn und 'sGravenhage 43, Rotterdam 44, Utrecht 48, Enkhuysen 50, Steenwyk und Campen 58, Delft und Schiedam 60, 'sHertogenbosch 66. Ein amtliches Register van de Verbeteringe der Druckfauten ende Misstellingen folgte 1655, der erste Druck der darnach verbesserten Ausgabe 1657, 1711 der erste Stereotypdruck auf Grund der Erfindung des deutschen Prädikanten von Leyden, Johs. Müller (Le Long 825). In der deutsche Biblia Pentapla (Wandsbeck und Schiffbeck 1710—12) ist sie aufgenommen. Eine Merkwürdigkeit ist die Ausgabe des N.T.s door Last van zyn Czaarse Majesteyt, Petrus den Eersten, Keyser van Groot en Kleyn Russlandt etc. ('s Gravenhage 1717 fol.), der sich eine gleiche Ausgabe des A.T.s in 5 Teilen anschloß (Amsterdam 1721 Fol.); in gespaltenen Kolumnen, deren eine weiß blieb, um in Petersburg den russischen Text aufzunehmen, nur in 500 Exx. gedruckt (Le L. S. 829). Eine Amsterdamer Ausgabe von 1728 wurde von Bürgermeister und Regierung wegen vieler Druckfehler verboten, door versuym van behoorlike Correctie veroorsaakt. Polyglotten kommen vom N.T. früh vor (franz. und h., Amst. 1661, franz., engl., h. 1684. 1700, griech. und h. von Leusden 1699, malaisch und h., Gen 662. 687 von Daniel Brower, Ps. 652, „N.T.“, in Wirklichkeit nur Mt von Hassel und Heurnius 39, Mt und AT 38, Lc und Joh 46, Evv und AG 51. 92; Mt und Jo auch h. und formosanisch). — Über die verschiedene Beurteilung, die das Werk zumal bei Katholiken und Remonstranten fand, s. Le L. 846 ff. Karten wurden den holländischen Bibeln schon sehr früh beigegeben. 1762 erschien in Gorcum eine Ausgabe met notige verbeteringen van het gene door ten tyd in de Nederlandsche spraak en spelling merklyk veranderd is; in ihr ist auch Gods Gedenk-naam Jehovah onvertaald gehouden. Eine Revision veranstaltete neben vielen andern Henricus Cats und nach seinem Tod W. A. van Hengel (Arnhem en Nijmegen 1834). Auch die englische und niederländische Bibelgesellschaft folgten in ihren Ausgaben dem neueren Sprachgebrauch, nicht ohne viel kleinlichen Zank (s. Geloof en Vrijheid IV, 579), die streng Konfessionellen suchten so viel als möglich die Ausdrucksweise des 17. Jahrhunderts beizubehalten, so neuestens A. Kuyper (naar de Uitgave der Statenoverzetting in 1657 ... in de thans gangbare taal overgebracht door A. K., onder mede-

werking van H. Bavinck en F. L. Rutgers (Middelharnis 1891 ff. 4°). Erster
Druck der engl. Bibelgesellschaft: London 1812.

9. Auch an völlig neuen Übersetzungen fehlt es nicht. 1732 druckten Glieder der
Utrechter Kirche mit Approbation des Erzbischofs von Utrecht, C. J. Barchman Wuytters die
Biblia sacra . . naer de laetste Roomsche Keure der gemeine Latijnsche over-
zettinge in nederduitsch vertaeld (Utrecht 2 Teile Fol., übersetzt und erklärt von
Andreas van der Schuur und D. van Rhijn, herausg. von W. Kemp); aus den Ur-
texten übersetzte das ganze A.T., Apokryphen und N.T. aufs neue H. van Hamelsveld
(Tweede Uitgave in 8 Teilen, Amsterd. 1802 03. 8°). Großer Popularität erfreute
sich in den Jahren 1830—60 bei den gebildeten Klassen die mehr geschmackvolle als
genaue Übersetzung des Prof. J. H. van der Palm (4° und 8" Leyden 1825 u. s. w.).
Das N.T. wurde aufs neue übersetzt unter andern von dem mennonitischen Pfarrer
G. Vissering (Amst. 1854. 59), von dem Katholiken D. juris S. P. Lipman (1861),
von dem Reformierten Dr. G. J. Vos (Amsterd. 1895). Von einzelnen Büchern
wurden übersetzt die Psalmen von Herm. Muntinghe (Leiden 1790 91), später von
J. Dyserinck, von demselben de klageliederen (ThT. 1892. 4. 359—380); die kleinen
Profeten von Kemink (Utrecht 1854), Hiob von Matthes u. s. w.

10. Unterdessen war von der Synode der in Holland zahlreichsten protestantischen
Kirche, der reformierten eine neue Übersetzung geplant worden, woran die tüchtigsten
theologischen Kräfte ohne Unterschied der Konfession arbeiten sollten; 1848 angeregt,
wurde das Unternehmen 1852 endgiltig beschlossen. Mitglieder der Leidener theologischen Fakultät van Hengel, Scholten, Kuenen, Prins wurden mit der Leitung beauftragt; überwiegend Vertreter der freisinnigen Schule beteiligten sich an der Arbeit; schon
dies genügte, um dem Unternehmen Mißtrauen zu erweden (s. Dr. G. J. Vos, de
nieuwe synodale bijbelvertaling, Utrecht 1870). Als endlich 1866 das N.T. fertig
war (gr. 8° mit Einleitungen und Anmerkungen, Text allein 16°) gingen die Wogen
des kirchlichen Parteistreites so hoch, daß für die neue Übersetzung kaum noch Interesse
zu finden war. Dieselbe wird auch jetzt noch — z. T. wegen zu hohen Preises, 1 Mk.
50 Pf. die Sedezausgabe — wenig benutzt. Die Arbeit am A.T. stockte ganz, erst 1884
wurde sie wieder aufgenommen, von Kuenens drei bedeutendsten Schülern H. Oort,
W. H. Kosters (damals ref. Pfarrer in Deventer, jetzt sein Nachfolger in Leiden) und
J. Hooykaas, Remonstrantenpfarrer in Rotterdam. Nach Kuenen und Hooykaas Tod
führen Oort und Kosters die Arbeit weiter. Im Herbst 1897 soll bei Brill in Leiden
das A.T. mit Einleitungen und Anmerkungen zu erscheinen beginnen.

Als Druckorte der niederl. Bibel ist außer Basel 1525, Genf (1530?) und
Schotland bij Danswijck (Danzig) 1598, vielleicht Frankfurt (1565), jedenfalls Viaanen
zu nennen (1544 unter dem Schutz der Herrn von Brederode), in unserem Jahrhundert wohl auch Nordamerika und Südafrika.   Eb. Nestle.

18. Persische Bibelübersetzungen.

Waltons Polyglotte, Prol. 16 u. Sam. Clericus in Bd 4; E. F. K. Rosenmüller, de
versione Pentateuchi Persica commentatio, Lips. 1813, 4; dazu Lorsbach, Jen. Allg.L.Z.
1815, 58. 59; Alex. Kohut, Beleuchtung der persischen Pentateuchübersetzung, Leipzig und
Heidelberg 1871; [Konr. Dietr.] Haßler. Nachricht von einer bisher noch unbekannten persischen Uebersetzung der salomonischen Schriften, ThStK 1829. 469—480; Sal. Munk, notice
sur Saadia Gaon . . . . et sur une version persane manuscrite de la bibliothèque
royale, Paris 1838 (extr. du t. IX de la Bible de M. Cahen p. 134—159) 62—87;
Herm. Zotenberg, Geschichte Daniels. Ein Apokryph. Herausgegeben und aus dem Persischen
übersetzt in Merx Archiv I, 385—427; Lagarde, Persische Studien (I u. II). Aus dem
31. Bande der AGG 1884; Scrivener 4 2, 165 f.; Gregory 3, 923-928; Ludwig Blau, Zur
Einleitung in die heilige Schrift, Budapest (17. Jahresbericht der Landesrabbinerschule, auch
Straßburg, Trübner) 1894, S. 81—99.

Ob es wirklich schon zur Zeit des Chrysostomus, der zu Jo 1 Syrer, Ägypter
Perser, Äthiopier und andere barbarische Nationen im Besitz der Schrift sein läßt
etwas von einer persischen Bibelübers. gab, muß dahingestellt bleiben. Noch unter
Chosroes II. war die Syrische vorwiegend, doch ist merkwürdig, daß dieser heilige
Schriften aus Edessa kommen läßt (ThLZ 1896 Sp. 422), vgl. auch Theodoret l. 5,
citiert von Walton, praef. p. 2, prol. p. 34a. Was bis 1700 an biblischen (und an-
deren) Texten in Europa persisch vorhanden war, verzeichnet Lagarde mit lehrreichen
Nachweisen S. 3—8.

1. Die schon bei Saadia (S. 152) erwähnte Pentateuch=Polyglotte von Konstantinopel 1546 fol., welche eine von dem persischen Juden Jakob, ben Josef, Tawus (d. h. Pfau) gefertigte Übersetzung in hebräischen Typen enthält. Thomas Hyde schrieb sie für die Londoner Polyglotte in persische Schrift um (Bd 4) und fertigte die dort beigegebene lateinische Übersetzung.

2. a) eine persische Übersetzung der (griech.) Evv. erschien auf Kosten des ge= wesenen Lord Major von London Sir Thomas Adam aus dem Nachlaß Abraham Wheloc's durch Pierson 1657 in London (II. Fol.); b) eine andere aus dem Syrischen geflossene kam aus der auch schon von Wheloc benutzten Hdf. Ed. Pocockes in den 5. Band der Londoner Polyglotte. Wiederholt von C. A. Bode, Helmst. 1750. 51 in vier Teilen, woher Tischendorf seine Noten nahm.

[3. Eine Historia Christi (und Petri), die Hieronymus Xavier 1602 für Kaiser Akbar portugiesisch schrieb und ein Einwohner Lahores ins Persische übersetzte, gab L. de Dieu 1639 heraus].

Eine handschriftliche Historia Judith verwertet Castle im Lexicon Heptaglotton, wohl aus Uri 5 auf der Bodleiana, auf welcher 1787 4 persische Psalter waren; 2 be= spricht Walton, Prol. 16, 8.

Wohin die Abschrift der salomonischen Bücher kam, über die Haßler 1829 Nach= richt gab (s. über ihn Dr. K. D. H., geschildert von seinem Sohne Prof. Dietrich H. in Hall, Münsterblätter, 5. Heft, Ulm 1888, 1—29; bei Lagarde, Symm. 2, 14, falsch: „1839 hat dann") ist unbekannt. (Der Wiesbadener Antiquar [Lagarde, persi. Studien S. 68] hieß Killinger. Durch seinen Schüler Ph. Wolff [s. ZdPV 17 p. III] bekam H. später Nachricht von den Pariser Hdff. des Fonds St. Germain: 14 Pr, 15 Jes, 514 Pf, 224 Efth, 236 Apokr. Um sie herauszugeben, wollte er nach einem in seinem Nachlaß von dem Unterzeichneten gefundenen Schreiben [1834 oder 35] von der württ. Regierung Urlaub und Unterstützung nachsuchen: „In anderen Ländern ist gerade für diesen Zweig der Litteratur schon so viel geschehen. — Sollte nicht auch Württemberg für denselben einiges thun wollen"? Da es nicht so weit kam, sind erst 50 Jahre später durch Lagarde einige dieser Texte zugänglich geworden).

Nach Zotenberg gehören die in 16 Nummern der Pariser Bibliothek (Catalogue des mss. hébreux et samaritains) erhaltenen Stücke zwei verschiedenen Übersetzungen an, von denen die eine aus dem hebr., die andere aus dem chald. Text geflossen ist. Letzteres bestätigt Lagarde (Symm. 2, 14—17) für das von Neubauer herausgegebene Stück Jes 53 (The fifthy-third chapter of Isaiah according to the Jewish interpreters. Vol. I texts, Oxford, Parker 1877). Aus einer der Pariser Handschrr. hat Lagarde selbst in Teil II seiner persischen Studien Jes, Jer, Ez 1—10, 4 zum Abdruck gebracht, in Teil I S. 69 die interessanten Fragen andeutend, die sich an diese Versionen knüpfen. Die von Zotenberg (Archiv I) in Aussicht gestellte Untersuchung scheint nicht erschienen zu sein. S. 6 bei Lagarde eine Aufzählung der neutestament= lichen Teile, die handschriftlich in Florenz, Leiden, London, Oxford, Petersburg, Rom und Wien sich finden, darunter die Evv. 1616 für Ludwig XIII. von Frankreich an= gefertigt, und das ganze NT. von Henry Martin; Gregory 925—928 verzeichnet 27 Hdff. Der Bibelkatalog des Brit. Museums verzeichnet 1892 nur einen einzigen persischen Bibeldruck (London 1878 das AT. von William Glen, dritte A., das neue von H. Martyn 7. A.). Die durch Firkowitsch nach Petersburg gekommenen Stücke ver= zeichnen Harkavy=Strack § 139—142.

Über die jüdischen Nachrichten vom Vorhandensein des AT.s in „elymaischer und medischer Sprache" s. das interessante Kapitel Blau's „Untergegangene Übersetzungen der Bibel" (auch das vorhergehende „über hebr. Codices in fremden Charakteren" S. 80—83), das schon bei der ägyptischen Übersetzung hätte angeführt werden sollen.

(D. F. Fritzsche †) Eb. Nestle.

19. Romanische Bibelübersetzungen.

Litteratur: J. Lelong, Bibliotheca sacra, I, Paris 1723 fol.; J. Rodriguez de Castro, Biblioteca española, I, Madrid 1781 Fol.; J.=L. Villanueva, De la leccion de la S. Escri= tura en lenguas vulgares, Valenzia 1791 Fol.; E. Reuß, Fragments littéraires et critiques relatifs à l'histoire de la Bible française (Straßburger Revue de théologie et de philosophie, II, 1851; IV u. V, 1852; VI. 1853; XIV, 1857; N.F. III, 1865; IV, 1866; V, 1867); ders., Gesch. d. hl. Schriften NT.s, 6. Aufl., 1887, § 465 ff.; J.=M. de Eguren, Memoria de los códices u. s. w., Madrid 1859; D. Douen, Catal. de la biblioth. de la

Soc. bibl. de Paris, 1862; E. Berger. La Bible française au moyen âge. Paris 1884 (vgl. die Rezenſionen v. P. Meyer, Romania XVII. 121 u. v. H. Suchier, ZromPh III 412); derſ., Les bibles provençales et vaudoises (Romania, XVIII. 1889), Nouvelles recherches sur les bibles provençales et catalanes (daſ., XIX. 1890) u. La Bible italienne au moyen âge (daſ., XXIII. 1894); J. Carini, Le versioni della Biblia in volgare italiano, S. Pier d'Arena 1894.

So lange man in den iſagogiſchen Handbüchern zur Bibel, den ſogenannten Einleitungen, hauptſächlich die Intereſſen der Kritik, beſonders auch der niederen oder Textkritik ins Auge zu faſſen gewohnt war, gehörten eingehendere Forſchungen über die Bibelausgaben in lebenden Sprachen zu den Ausnahmen. Sie wurden etwa da unternommen, wo ein lebendiges Intereſſe an der Geſchichte der Sprache ihnen einen gewiſſen Impuls gab, und man kann füglich ſagen, daß die Philologen bis auf die neueſte Zeit auf dieſem Felde mehr geleiſtet haben, als die Theologen. Dies war aber nur in denjenigen Kreiſen der Fall, wo die Bibel ſelbſt den Gebildeten wie den Maſſen überhaupt näher gelegt und empfohlen war, alſo in proteſtantiſchen Ländern; die katholiſchen Sprachforſcher, namentlich denn auch in Frankreich, hielten ſich von dieſen beſonderen Studien fern und ſind bis jetzt, mit ſehr geringen Ausnahmen, nicht über die Schwelle einer Wiſſenſchaft getreten, welche gerade ihnen die reichſte und reizendſte Ausbeute geboten hätte. Und doch könnte es auf dem weiten Gebiete der Kirchengeſchichte kaum ein intereſſanteres Kapitel geben, als dasjenige, welches der Betrachtung des Einfluſſes gewidmet wäre, den das geſchriebene und überlieferte Wort auf die chriſtliche Bildung der Maſſen gehabt hat. Erſt ſeit wenigen Jahrzehnten hat ſich die wiſſen=ſchaftliche Forſchung dieſer Aufgabe zugewandt, mit dem Beſtreben, das ganze Gebiet derſelben, ſoviel wie nur möglich, mit einer wahrhaft kritiſchen Methode zu bearbeiten. Was auf dieſem Gebiete neuerdings geleiſtet worden iſt, iſt größtenteils eine Frucht der Arbeit der Straßburger theologiſchen Schule.

Wenn man von den bei dem Entſtehen des Chriſtentums griechiſch redenden Völkern abſieht, welche aber nach wenigen Jahrhunderten ihre Civiliſation ins Stocken geraten ließen oder ſelbſt in großen Ländergebieten ganz untergehen ſahen, ſind für die ältere Kirchengeſchichte bis über das Ende der Kreuzzüge hinaus die romaniſchen ohne Frage die wichtigſten. Unter romaniſchen Völkern verſteht man bekanntlich diejenigen, deren im Laufe der mittleren Jahrhunderte ausgebildete Sprachen nichts weiter als Abarten der römiſchen ſind. Ihrem Urſprunge nach gehörten ſie verſchiedenen Zweigen der indo=germaniſchen Völkerfamilie an, zumeiſt dem keltiſchen, iberiſchen, italiſchen; auch ger=maniſche Elemente in nicht unbedeutendem Verhältniſſe hatten ſich damit vermiſcht, aber alle überwog das mächtige römiſche, und weit über die Epoche des gänzlichen Verfalls und Untergangs des großen Weſtreichs hinaus wirkte der Einfluß ſeiner einſt bahn=brechenden Civiliſation. Die Römerſprache blieb die herrſchende in allen älteren Teilen dieſes Reichs, diejenigen ausgenommen, wo ſich der Islam ſpäter dauernd feſtſetzte, und was von anderem Sprachgute ſporadiſch ſich erhalten oder einbürgern konnte, kommt hier nicht in Betracht. Was jene erhielt, war aber nicht allein die angelernte ſtaatlich=heid=niſche Civiliſation, ſondern wohl mehr noch die kirchlich=religiöſe. Daß zur Zeit der deutſchen Völkerwanderung der chriſtliche Prieſter auf der Seite des beſiegten Volkes ſtand und bereits gewöhnt war, ſeinen Stützpunkt in Rom ſelbſt zu erkennen, hat gewiß nicht wenig dazu beigetragen, die ohnehin rohere und ſomit ſchwächere fremde Mundart in Schranken zu halten und zuletzt ganz verſchwinden zu laſſen. Indeſſen iſt es hier nicht unſere Aufgabe, eine Geſchichte der Sprachen zu ſchreiben, ſondern ein Stück Bibelgeſchichte, und wir beſchränken uns daher billig im Folgenden, was das philologiſche Element betrifft, auf das ſtreng notwendige. Wir haben alſo zu erzählen, welches die Schickſale der Bibel bei den Nationen romaniſcher Zunge geweſen ſind, Spaniern, Italienern, Fran=zoſen und ſonſtigen verwandten Völkerſchaften, und wir beginnen mit den Franzoſen nicht nur aus chronologiſchen Gründen, ſondern auch, weil dieſer Teil unſeres Berichtes der intereſſanteſte und reichhaltigſte werden wird.

Nächſt den Deutſchen darf ſich kein Volk der Neuzeit eines größeren Reichtums und Alters ſeiner bibliſchen Litteratur rühmen, als die Franzoſen, aber keines hat in den letzten Jahrhunderten eine größere Gleichgiltigkeit gegen dieſelbe an den Tag gelegt. Als Richard Simon ſeine Geſchichte des A.T.s ſchrieb (1678), mußte er von einer einzigen Genfer Handſchrift zu reden und ſagt kein Wort von den vielen, die er zu Paris ſelbſt hätte haben können! Erſt in ſpäteren Werken hielt er ſich im Vorbeigehen auch bei letzteren auf, doch nur als bei litterariſchen Kurioſitäten ohne wiſſenſchaftlichen

Wert, und ſelber ohne Ahnung ihrer kulturgeſchichtlichen Bedeutung. Und die jüngeren Arbeiten ſeiner Zeit behandelt er nur als Kritiker oder, beſſer geſagt, als Krittler, überall ſeinen Ruhm als freiſinniger Forſcher durch die kleinmeiſterliche Eiferſucht des Parteimannes verdunkelnd. Sehr lehrreich als bibliographiſches Hilfsbuch wäre der betreffende Abſchnitt von Jacques Le Long's Bibliotheca sacra, wenn man daraus etwas anderes als Büchertitel lernte und in den litterariſchen Angaben nicht ſo viele Fehler mit unterliefen. Seitdem haben jedoch einige Gelehrte Hand ans Werk gelegt.

Die halb= und falſch=gelehrte proteſtantiſche Überlieferung ſeit der Reformationszeit, im Eifer gegen Katholizismus und Bibelverbot, behauptet, der Anfang der Bibelüberſetzungen in dem uns hier beſchäftigenden Kreiſe gehöre in die Zeit und Wirkſamkeit der erſten karolingiſchen Kaiſer. Ich habe ausführlich bewieſen (in der Straßburger Revue, Bd II), daß dieſe Vorſtellung eine irrtümliche ſei, auch abgeſehen von der Thatſache, daß wir auf keinen Fall dabei an romaniſche Überſetzungen zu denken hätten. Denn alles, was aus der Zeit der Karolinger von bibliſcher Schrift auf uns gekommen iſt, der Heliand, Otfrids Kriſt, der ſogenannte Tatian u. ſ. w. iſt ja bekanntlich deutſch. Nur ſo viel iſt gewiß, daß bereits im Beginne des 9. Jahrhunderts das gemeine Volk im eigentlichen Gallien, nordwärts bis in das Gebiet zwiſchen Loire und Seine, nicht mehr lateiniſch ſprach, vorausgeſetzt, daß dies je vorher der Fall geweſen, ſondern jene verderbte Mundart, lingua rustica den den Gelehrten, romana von den Deutſchen oder auch vom Volke ſelbſt genannt (ſ. G. Paris, Romania, I, 1872 u. F. Brunot, in der Hist. de la langue et de la litt Franç. v. L. Petit de Julleville, I, 1896), und welche ſpäter zur Zeit Karls des Kahlen zur Dignität einer weltlichen Hofſprache erhoben wurde. Angeſichts dieſer Verhältniſſe verordnete auch ſchon eine Synode von Tours 813, daß die Biſchöfe, die damals angehalten waren, dem Volke Homilien (lateiniſche) vorzuleſen, welche ſie meiſt ſchon nicht mehr ſelbſt ausarbeiten konnten, ſelbige nachher nach Bedürfnis in rusticam romanam linguam aut theotiscam überſetzen ſollten, damit das Volk ſie auch verſtünde (Concil. turon. III. can. 17. ap. Mansi XIV. 85). Offenbar iſt hier nur von mündlicher Überſetzung aus dem Stegreif die Rede, und ſelbſt daß auch nur die Perikopen, welche den Homilien zum Grunde gelegt ſein mußten, ſchriftlich überſetzt geweſen wären, wie man vermutet hat, iſt weder wahrſcheinlich, noch dort angedeutet.

Ihrem Urſprunge nach reicht die franzöſiſche Bibelüberſetzung wenigſtens bis in den Anfang des 12. Jahrhunderts hinauf. Aller Wahrſcheinlichkeit nach wurde in irgend einer Kloſterſchule Süd=Englands zum erſten Male der Pſalter, von Schülern des berühmten Lanfrank, in die franzöſiſch=normanniſche Landesſprache übertragen. Damals exiſtierte noch kaum ein Unterſchied zwiſchen dem normanniſchen und dem eigentlich franzöſiſchen (d. h. dem in der Provinz Ile=de=France üblichen) Dialekt. Dieſes Überſetzungswerk wurde in der Weiſe ausgeführt, daß der Pſalter, ſamt den ſtets damit im kirchlichen Gebrauche verbundenen Cantica, dem franzöſiſch redenden Volke in doppelter Geſtalt dargeboten wurde, nämlich 1. nach dem psalterium hebraicum, d. h. nach dem von Hieronymus direkt aus dem hebräiſchen Texte überſetzten Pſalter (Le livre des Psaumes, nach dem Eadwiniſchen Cambridge=Pſalter herausgegeben von F. Michel, Paris 1876, 4°) 2. nach dem psalterium gallicanum, d. h. nach der früheren, von demſelben Kirchenvater ſorgfältig revidierten, im kirchlichen Gebrauch allein üblichen Überſetzung des Pſalmentextes der LXX (Libri Ps. versio antiqua gallica, ed. F. Michel, Oxford 1860; vgl. Delisle, Notices et extraits des mss., t. XXXIV, I, S. 259). Beide Überſetzungen entſtanden urſprünglich in der Geſtalt einer interlinearen Gloſſe, d. h. in der Weiſe, daß der lateiniſche Text Wort für Wort zwiſchen den Zeilen ins Franzöſiſche überſetzt wurde. Das alte dem gallikaniſchen Pſalter entnommene Pſalmenbuch erfreute ſich eines ſolchen Beifalls, daß kaum ein Menſch, bis auf die Reformationszeit herunter, es für angemeſſen hielt, die Pſalmen aufs Neue ins Franzöſiſche zu übertragen. Die 100 und noch mehr Hdſſ. des franzöſiſchen Pſalters, welche uns vorliegen, gehen alle, ohne Ausnahme, auf den alten normanniſchen Pſalter zurück.

Etwa 50 Jahre nachher wurde auch in den normanniſchen Ländern die Apokalypſe ins Franzöſiſche überſetzt. Doch iſt dieſer alten Überſetzung wohl kein anderer Wert beizulegen, als der eines Begleitungstextes für herrliche Miniaturen. Höchſt anziehend iſt dagegen die urwüchſige, poetiſch gefärbte Sprache der Bb Samuelis und der Könige (Le quatre livres des Rois, herausgegeben von Le Roux de Lincy, Paris 1841, 4°), welche um dieſelbe Zeit in der Normandie oder in der Ile=de=France in franzöſiſchem Sprachgewand auftauchen.

Aber ſchon fing ein neuer Geiſt an ſich zu regen. Überall, von den Rhoneufern
bis zu den Endungen der Maas, treten Bibelüberſetzungen in der Volksſprache ans
Licht, die vorzugsweiſe der Förderung der Frömmigkeit im gemeinen Volke, zum Teil
auch der religiöſen Aufklärung zu dienen beſtimmt waren. Auf die zahlreichen gereimten
Bibelüberſetzungen, welche im 12. und 13. Jahrhundert entſtanden, kann ich mich hier
nicht einlaſſen (ſ. G. Paris, La litt. franç. au moy. âge, 3. A., §. 136; J. Bonnard,
Les trad. de la Bible en vers français, Paris 1884; Le romanz de S. Fanuel,
herausgg. von C. Chabaneau, Paris 1889 und zahlreiche Notizen von P. Meyer, in der
Romania, zuletzt XXV, 546). Nur eins iſt hier hervorzuheben. Als gegen 1170 Pet. Waldus,
das Oberhaupt der pauperes de Lugduno (ſ. u.) es ſich zur Aufgabe ſtellte, verſchiedene
Teile der HS. in die Volksſprache überſetzen zu laſſen, ruhte Papſt Innozenz III.
nicht, bis dieſe verdächtigen Schriften in allen Ländern durch das Inquiſitionsgericht
unterdrückt worden waren. Doch ſcheinen einige, aus den Händen der Metzer und
Lütticher Inquiſitoren errettete Überreſte dieſer altwaldenſiſchen Litteratur, als wert=
volle Denkmäler dieſer Zeiten auf uns gekommen zu ſein.

Trotzdem kam es endlich, in Folge der Bewegung der Geiſter im Zeitalter
Ludwigs d. hl., dahin, daß Frankreich eine vollſtändige Bibelüberſetzung zu teil wurde.
Gegen die Mitte des 13. Jahrhunderts wurde, zwar nicht auf offiziellen Befehl der
Pariſer Univerſität, aber doch in den Werkſtätten ihrer Buchhändler und gewiß mit
Beihilfe nicht weniger Dozenten, die ganze hl. Schrift zum erſten Male in die Landes=
ſprache übertragen. Aber erſt nachdem die Pariſer Bibelüberſetzung ſich auf eine
ſonderbare Weiſe mit der ſogen. historia scholastica ſo gut als verſchmolzen hatte,
entſtand daraus ein wirklich populäres, dem Zeitgeſchmack entſprechendes Bibelwerk. Eine
mehrjährige Beſchäftigung mit dieſem merkwürdigen, in zahlreichen Handſchriften und
Drucken vorliegenden Buche ſetzt mich in den Stand, zum erſten Male ſichere Kunde
von demſelben zu geben, wobei ich mir erlaube, für die weitere Ausführung auf meine
größere Abhandlung im 14. Bande der Straßburger Revue de théologie zu verweiſen.

Der gelehrten Welt iſt es nicht unbekannt, daß unter den litterariſchen Erzeug=
niſſen des Mittelalters wenige ſich eines größeren Rufes erfreuen, als jenes Kom=
pendium der Geſchichte, welches ums Jahr 1170 von dem damaligen Kanzler der Kirche
zu Paris, früherem Kapitelsdekan zu Troyes in der Champagne, Peter, genannt Co=
meſtor (le Mangeur, der Freſſer), unter dem Titel „historia scholastica“ verfaßt
worden iſt. Das Werk iſt weſentlich was wir jetzt eine Hiſtorienbibel nennen würden,
da die geſchichtliche Subſtanz der hl. Schrift, beſonders des AT.s, den eigentlichen In=
halt desſelben ausmacht, doch ſo, daß an geeigneten Orten ganz kleine Exkurſe über die
gleichzeitige Profangeſchichte eingeſchoben ſind, daneben auch hin und wieder einiger
Raum der ſcholaſtiſchen Gelehrſamkeit, traditioneller, hiſtoriſcher und exegetiſcher Zuthat,
und manchmal auch (beſonders am Anfange der Geneſis) metaphyſiſcher Wiſſenſchaft
vorbehalten iſt. Der rein didaktiſche Teil der Bibel, Pſalmen, Propheten, Weisheits=
bücher, Epiſteln, Apokalypſe fehlt ganz; was von gleichem Inhalt in hiſtoriſchen Büchern
vorkommt, Hiob, Reden Jeſu u. ſ. w., iſt ebenfalls weggelaſſen oder ſehr ins Kurze
gezogen. Das Werk wurde nicht nur in Frankreich ſehr populär, ſondern verbreitete ſich
auch außerhalb, wie denn gegen das Ende des 15. Jahrhunderts namentlich in Deutſch=
land viele Drucke davon veranſtaltet wurden und früher ſchon Bearbeitungen desſelben
in anderen Sprachen exiſtiert haben. Die histoire écolâtre, wie ſie gemeinhin ge=
nannt wurde, iſt nun die Baſis eines franzöſiſchen Bibelwerkes geworden, das ſehr
eigentümliche Schickſale gehabt hat und von welchem ſich eine ſehr verworrene und irrige
Vorſtellung unter den franzöſiſchen Gelehrten ſelbſt gebildet und verbreitet hat. Ein ge=
wiſſer Guyard des Moulins, Kanonikus an St. Peter zu Aire im Artois, an der
Grenze von Flandern, überſetzte den Comeſtor ins Franzöſiſche, nach ſeiner Vorrede
zwiſchen 1291 und 1295. Dieſe Überſetzung war aber mit einer gewiſſen Freiheit ge=
macht, inſofern zwar die hiſtoriſierende und gloſſierende Methode des Originals im all=
gemeinen beibehalten wurde, dabei aber der eigentliche authentiſche Bibeltext vielfach
treuer und ausführlicher eingeſchoben war, ebenfalls mit Übergehung alles deſſen, was
nicht wirkliche Erzählung war, z. B. der Geſetze und Gedichte. Änderungen von
geringerem Belang, zugeſetzte oder geſtrichene Gloſſen, ausgelaſſene Profangeſchichte
wollen wir hier nicht weiter berückſichtigen. Wichtiger iſt, daß Guyard nach ſeiner
eigenen Erklärung das Werk des Comeſtor bereicherte 1. durch eine kurze Geſchichte
Hiobs, 2. durch einen Auszug aus den ſalomoniſchen Sprüchen (les paraboles Sale=
mon molt abregiés) und durch verſchiedene hystoires, 3. durch die Evangelien=

harmonie aus dem lateinischen Text der Vulgata. Die Propheten, die Episteln und die Psalmen fanden so wenig wie die Apolalyse Platz im Guyardschen Werl. Dieses schloß jedoch mit der Evangelienharmonie nicht. Die in einer einzigen Londoner Hdf. auf uns gekommene Apostelgeschichte und einige merkwürdige Exzerpte aus den Apo= kryphen (Traité de la vraie croix oder Penitence Adam und Vie de Pilate), bildeten den Schluß des mehr volkstümlichen als zu gelehrten Zwecken bestimmten Bibelwerks. Indes die echte Arbeit Guyards ist in keinem bis jetzt bekannten Manustript ganz und ausschließlich erhalten. Alle Handschriften scheinen mit Zusätzen bereichert zu sein, welche sich dadurch von der Urschrift unterscheiden, daß sie wörtliche Übersetzungen aus der Vulgata sind, fast ohne alle Glossen; daß sie öfters das Werk des Guyard nicht bloß erweitern, sondern verdoppeln (Hiob, Daniel u. s. w.); daß sie nicht in allen Hand= schriften die gleichen sind und in unendlich wechselnder Ordnung stehen, endlich auch zum Teil die echte Arbeit des Guyard verdrängen, z. B. in der Geschichte der Mat= tabäer und in den Evangelien, wo eine wörtliche Übersetzung der vier Evangelien an die Stelle der Harmonie getreten ist. Daraus geht zugleich hervor, daß die Erweite= rungen nicht alle von derselben Hand sein können.

Es finden sich demnach aus der Zeit vor der Erfindung des Buchdrucks teils in den Exemplaren des Guyardschen Werkes, teils unabhängig von demselben: 1. wörtliche Übersetzungen verschiedener historischer Bücher des A.T.s In den Handschriften des Guyard finden sich davon die Chr, Esr und Neh, obgleich die Substanz dieser Bücher sowohl im französischen als im lateinischen Comestor schon daneben verarbeitet ist; außer= halb in verschiedener Bearbeitung das Übrige. Einen ganz vollständigen Kodex dieses Teils der Bibel, der in einzelnen Büchern auch die Glossa ordinaria exzerpiert (s. PRE² Bd V, S. 192, A. „Glossen"), habe ich im 4. Bande der Revue ausführlich be= schrieben. 2. Ein vollständiger Hiob, zum Teil neben Guyards historischem Bericht (petit Job); sodann auch uralte moralités darüber, welche wohl aus dem bekannten Werke Gregors des Großen stammen. 3. Viele Psalter, die ursprünglich gewiß für sich besonders bestanden haben, wie man schon aus den liturgischen Anhängen und sonstigen für den asketischen Gebrauch bestimmten Notizen sehen kann. In den von mir ver= glichenen Handschriften steht der Psalter an sehr verschiedenen Orten, bald mitten unter den historischen Büchern des A.T.s, bald ganz am Ende des A.T., und die Texte selbst sind sehr verschieden von einander. 4. In mehreren Handschriften finden sich des Hieronymus Prologe zu lesen; eine andere Übersetzung derselben wird in einer Lau= sanner Hdf. Peter Aronchel und Martin Lefranc zugeschrieben. 5. Die vollständigen Propheten nach der Vulgata, mit Klagliedern, Baruch und Pseudo=Daniel, was also zum Teil Wiederholung der historia scholastica ist, welche die geschichtlichen Elemente der drei letzten großen Propheten auch enthält, befinden sich in einigen Handschriften erst hinter dem N.T., wodurch also der gesonderte Ursprung hinlänglich bezeichnet ist. 6. Die Mattabäerbücher in wörtlicher Übersetzung bestanden unabhängig von Guyard und er= setzten in einzelnen Handschriften die resumierende Arbeit des letzteren, oder den Comestor. 7. Von der neuen Bearbeitung der Evangelien ist schon die Rede gewesen. 8. Die Episteln und Apostelgeschichte sind ebenfalls neu und befinden sich nicht in allen Manu= stripten. 9. Von der Apolalypse existierten im 13. und 14. Jahrhundert mehrere ganz unabhängige Übersetzungen, unter aber alle dem Guyard fremd sind. In den Handschriften dieses letzteren steht sie bald hinter der Evangelienharmonie, bald zwischen Esther und Psalmen, bald an ihrer rechten Stelle, bald fehlt sie ganz. Ich unterscheide wenigstens drei oder gar vier ganz verschiedene Bearbeitungen, teils in reiner Übersetzung, teils mit Glossen mehrerer Form und Art. Es ist gewiß nicht ohne Interesse, zu sehen, daß gerade dieses Buch auch in Frankreich sich einer besonderen Beachtung erfreute, wobei jedoch zu bemerken ist, daß die Glossen überwiegend patristischen Ursprungs sind, also mystischer Auslegung huldigen und nicht der häretisch=eschatologischen Richtung angehören. 10. Sämtliche, dem ursprünglichen Werke des Guyard fremde, wörtliche Zugaben aus der hl. Schrift, sind, mit einem Wort gesagt, nichts anderes als Exzerpte aus der älteren Bibelübersetzung aus der Zeit Ludwigs d. hl. Diese verschiedenen Bestandteile bilden zusammen die sogen. bible historiale. Eben dieses so entstandene und vervollständigte Bibelwerk wurde nun auch, nach der Erfindung des Bücherdrucks, zuerst in Frankreich und längere Zeit allein durch die Presse vervielfältigt. Die hier zu nennende editio princeps ist ein undatiertes, um 1477 zu Lyon gedrucktes N.T., welches aber von der echten Arbeit des Guyard nichts enthält, sondern ganz aus den eben beschriebenen Extratten aus dem früheren Bibelwerk zusammengesetzt ist. Als Herausgeber und Ver=

fasser der sehr ausgedehnten Summarientabelle, nicht als Übersetzer, nennen sich zwei Augustinermönche, Julian Macho und Peter Farget. Dasselbe Buch wurde bald noch einmal gedruckt; die eine Ausgabe ist in Kolumnen, die andere hat auslaufende Zeilen; ich wage aber nicht, zu entscheiden, welche von beiden die ältere sei. Die erste vollständige Bibel erschien (um 1487) in zwei großen Folianten zu Paris bei Anton Vérard und ist dem Könige Karl VIII. gewidmet von dem Herausgeber, seinem Beichtvater, Jean de Rély, nachmaligen Bischof von Angers. Diese Bibel enthält nun im AT. wirklich den ganzen echten Guyard mit der Vorrede und Widmung des Comestor, außerdem die nachträglich eingefügte wörtliche Übersetzung der Chronik, dreier Bücher Esra und Hiob, im ersten Bande und am Schlusse desselben den Psalter als ein besonderes Werk ohne Pagination; im zweiten Bande den Rest, von den Sprüchen Salomos an, zum Teil mit Glossen und überdies in manchen Stücken, was die äußere Anlage und die Beigaben betrifft, vielfach von großem Interesse für die Geschichte der Bibelkunde. Im ganzen ist dieses Bibelwerk wenigstens zwölfmal aufgelegt worden (einige weitere Ausgaben sind zweifelhaft), meist zu Paris, einigemale zu Lyon, zuletzt 1545. Interessant ist, daß die späteren Drucker sowohl die Widmung des Comestor als die Vorrede des Guyard wegließen, natürlich um dem Publikum das Werk leichter für eine echte Bibel verkaufen zu können zu einer Zeit, wo nach dieser bereits größere Nachfrage war. Noch charakteristischer ist es, daß das Werk ungehindert scheint verbreitet worden zu sein und daß es wohl erst in jüngerer Zeit in der Stille beseitigt wurde und durch Nachlässigkeit verschwand, während jede bessere Arbeit mit den größten Schwierigkeiten zu kämpfen hatte. Übrigens sind heute die sämtlichen Ausgaben, auch die jüngsten, von der größten Seltenheit; auf dem Büchermarkte kommen sie beinahe gar nicht mehr vor. Die Herausgeber nannten das Werk die große Bibel, zum Unterschiede von einem andern Werke von kleinerem Umfange, das man la bible pour les simples gens nannte und welches bloß die Geschichte des AT.s umfaßte, so zwar, daß auf die Erzählung von Erschaffung der Welt bis ans Ende der Bücher der Könige noch Jonas (der im Comestor fehlt), Ruth, Tobias, Daniel, Esther und Hiob folgen. Ich kenne von diesem Werke fünf Ausgaben, vier undatierte, eine von 1535. Es hat mit dem vorigen nichts gemein.

Von vielen anderen, meistens auf Kosten der Könige oder anderer vornehmer Herren zustande gebrachten Bibelübersetzungen (Jean de Sy, für König Johann, 1355; Raoul de Presles, im Auftrag von Karl V.; Christine de Pisan u. s. w.), kann hier nicht ausführlich gehandelt werden (s. auch Die beiden Bb der Maklabäer, herausgegeben von E. Görlich, Halle 1889, und F. Bonnardot, Le psautier de Metz I, Paris 1884). Kaum hat es, in und außer Frankreich, ein fürstliches Schloß, eine librairie de château gegeben, in welchen eines dieser, oft wunderschön ausgestatteten, Exemplare der hl. Schrift gefehlt hätte. Nur eines sei hier bemerkt, daß die herrlich verzierten Hdss. der bible historiale schwerlich beim Volke Eingang gefunden haben, und daß Kirche und Inquisition so reich geschmückte Bibelexemplare wohl ohne Gefahr ignorieren konnten.

Auch in Frankreich führte die reformatorische Bewegung gleich in ihren allerersten Anfängen zu einer eifrigeren Beschäftigung mit der Bibel. Doch ist die in chronologischer Ordnung hier zuerst zu nennende Übersetzung nicht eigentlich, wie dies anderswo der Fall war, ein Werk der Reformation selbst, kaum ein ihr dienendes gewesen. Das ist die 1523 bei Simon de Colines, dem Stiefvater des berühmten Buchdruckers Robert Estienne, ohne Namen des Verfassers erschienene, später noch öfter aufgelegte Übersetzung des NT.s, zu welcher in demselben Jahre der Psalter kam, 1528 die übrigen Teile des AT. (alles zusammen 7 Teile in 8"), letztere aber zu Antwerpen bei Mart. Lempereur, weil mittlerweile das Buch von der geistlichen Polizei mit Beschlag belegt worden war. Nicht zu bezweifeln ist es (s. Graf, ZhTh 1842, die Pariser Thesen von P. Quiévreux, La trad. du NT. de Lefèvre d'Etaples, 1894, und A. Laune, La trad. de l'AT. de L. d'E., 1895, und Rev. hist. relig., XXXII, S. 56), daß der Verfasser des ganzen Werkes der bekannte Humanist und Theolog Jacques Le Fèvre von Etaples in der Picardie (Jac. Faber Stapulensis, gest. 1536) gewesen sei, der vorher schon durch eine lateinische Übersetzung der paulinischen Briefe und exegetische Schriften über die Psalmen sich auf diesem Gebiete ausgezeichnet hatte. Seine französische Übersetzung beruht übrigens durchaus auf der Vulgata (mit sehr geringen Abweichungen nach dem Griechischen im NT.) und machte schon darum und um ihrer ängstlichen Buchstäblichkeit willen keinen Anspruch darauf, ein Buch der Zukunft zu werden.

Indessen erfordert die Billigkeit, daß wir sie zunächst nicht mit dem Maßstabe der Theorie und unserer gereiften Ansprüche messen, sondern im Vergleich mit dem, was vor und neben ihr herging, beurteilen. Die ganze also nach und nach vervollständigte Bibel wurde zum ersten Male 1530 in Folio zu Antwerpen gedruckt und später noch einigemal. Indessen entging auch in Belgien diese Bibel den Angriffen der Klerisei nicht lange, weniger wohl um des Textes selbst willen, als der häufig nach dem Luthertum schmeckenden Randglossen und sonstigen Beigaben. Das anfangs vom Kaiser Karl privilegierte Werk kam 1546 auf den Index. Allein es wurde darum nicht ganz aufgegeben. Um die Mitte des 16. Jahrhunderts, wie jeder aus der Kirchengeschichte weiß, wäre es eine übelberatene Politik gewesen, in Ländern, die wie Frankreich und Deutschland von dem Geiste der Reformation in höherem Maße ergriffen waren, diese Richtung durch einfaches Bibelverbot ändern, die Bewegung hemmen zu wollen. Wir sehen im Gegenteil um jene Zeit die besonnenen Katholiken ihr Augenmerk darauf richten, daß dem Volke eine von ihrer Kirche anerkannte, wenigstens zugelassene Übersetzung geboten würde, um ihm die Versuchung oder die Notwendigkeit zu ersparen, nach einem Buche ketzerischen Ursprungs zu greifen und so, dem natürlichen Laufe der Dinge nach, in eine nähere geistige Berührung mit der Häresie selbst zu kommen. Die Löwenschen Theologen, welche 1547 bereits eine Ausgabe der Vulgata besorgt hatten, als ersten Versuch, den Text derselben kritisch herzustellen und so die Wünsche des Konzils von Trident hinsichtlich einer beglaubigten Rezension der für normierend erklärten Kirchenübersetzung zu erfüllen, unternahmen nun etwas Ähnliches in betreff der französischen Bibel, und konnten es um so eher damit wagen, als der Ruf ihrer Orthodoxie hinlänglich feststand in der katholischen Welt. Zwei aus ihrer Mitte, Nikolaus de Leuze und Franz van Larben, besorgten demnach eine Revision der sogenannten Antwerpener Bibel, in welcher der Text eigentlich nur nach Stil und Ausdruck ausgebessert wurde, was bei der damaligen raschen Umwandlung der französischen Schriftsprache notwendig war, im übrigen aber die Beseitigung des verdächtigen Beiwerks die Hauptsache war. Diese Löwensche Ausgabe (1550 bei Barth. de Grave, Fol.), erhielt ein kaiserliches Privilegium und zirkulierte dann von da an unbehelligt unter den Katholiken französischer Zunge, obgleich man sie füglich als eine wenig veränderte Le Fèvresche bezeichnen kann. Sie hat sich, wie es scheint, einer Art von kirchlicher Beglaubigung erfreut, soweit dies unter der Herrschaft des katholischen Prinzips der Fall sein konnte, und suchte sich durch zeitweise Nachbesserung der Sprachform auf der Höhe der Zeit zu erhalten. Die Drucke derselben sind sehr zahlreich, meist von Antwerpen, Paris, Rouen und Lyon, und ihre Reihenfolge erstreckt sich weit über ein Jahrhundert. Selbst die versuchten Revisionen von Pierre Besse 1608, Pierre Frizon 1621, Franz Véron 1647 beweisen, wie sehr die Übersetzung sich geltend gemacht hatte. Indessen kam eine Zeit, wo trotz aller Hilfe ihre Sprache schlechterdings nicht mehr den Ansprüchen eines Geschlechtes genügen konnte, welches das Bewußtsein hatte, der seinigen eine klassische Vollendung gegeben zu haben. Die Löwener Bibel verschwindet so allmählich aus dem Gebrauche und aus den Jahrbüchern der Bücherkunde, ohne jedoch eigentlich durch eine andere ersetzt zu werden, welche in ähnlicher Weise eines gewissen kirchlichen Patronats sich erfreut hätte.

Ehe wir indessen zusehen, was eine jüngere Zeit in katholischen Kreisen an ihre Stelle setzte, wenden wir uns zurück zu den Anfängen der französischen Reformationsbewegung, um auch das auf protestantischer Seite Geschehene nachzuholen. Die äußere Geschichte des Ursprungs der unter den französisch redenden Protestanten bis heute gangbaren (übrigens sich selbst längst nicht mehr gleichenden und hundertfach umgewandelten) Bibelübersetzung ist bekannt genug, aber von dem inneren weiß die Wissenschaft im allgemeinen noch viel zu wenig, weil eine eingehende Kollation der Texte noch nirgends versucht ist und diese fehlt, weil die älteren Exemplare nirgends in größerer Anzahl gesammelt sind und schon der Sprache wegen kein kirchliches Interesse mehr wecken, wie groß auch das historische und philologische ist, daß sich daran knüpft.

Ein Vetter Calvins, ebenfalls aus Noyon in der Picardie, Peter Robert (bekannter unter dem Beinamen Olivetanus, dessen Bedeutung und Ursprung ungewiß), der sich in Genf als Hauslehrer aufgehalten hatte und von dort mit den Waldensern in Verbindung getreten war, unternahm die zu jeder Zeit, besonders aber damals eines Einzelnen Kräfte übersteigende Arbeit einer Bibelübersetzung aus den Grundtexten. Er rühmt sich selbst, auf diese Arbeit nur ein einziges Jahr verwendet zu haben. Sein Werk wurde 1535 von Peter de Wingle, gleichfalls einem Picarden, in dem Dorfe

Serrières bei Neuchâtel auf Koften der Waldenfer gedruckt. Die katholifchen Kritiker und Kontroverfiften haben dem Buche hinfichtlich feines wiffenfchaftlichen Wertes einen fchlimmen Namen gemacht, befonders Richard Simon klagt den Überfetzer einer groben Unwiffenheit in philologifchen Dingen an. Die proteftantifche Verteidigung war fchon durch den Umftand gelähmt, daß die reformierte Kirche faft unmittelbar nach dem erften Erfcheinen des Werkes anfing, daran zu beffern und zu ändern, und diefes Gefchäft eigentlich nie aufgab. Indeffen ift das Wahre an der Sache folgendes: Olivetan war des Hebräifchen wirklich nicht unkundig, und wenn man ihm auch nachweifen kann, daß er die damaligen exeget. Hilfsmittel benützte, namentlich die lat. Überfetzung des Urtextes durch den gelehrten Dominikaner von Lucca, Santes Pagninus (1528), fo wird ihm niemand daraus ein Verbrechen machen dürfen, um fo weniger, als aus unzähligen Stellen erhellt, daß er felbftftändig auf das Original zurückgegangen ift und dabei leiftete, was feine Zeit überhaupt vermochte. Im NT. ift die Sache eine andere. Sei es, daß die Zeit drängte, fei es, daß Olivetan des Griechifchen nicht mächtig war, es ift un= verkennbar, daß hier im wefentlichen Le Fèvres Überfetzung abgefchrieben wurde. Und dies ift um fo bedenklicher, als der Verfaffer in feiner Vorrede in einer Aufzäh= lung aller vorhandenen oder doch von ihm benützten Überfetzungen in ältere und neuere Sprachen mit keiner Silbe der franzöfifchen gedenkt, fodaß er fich den Anfchein giebt, der allererfte franzöfifche Überfetzer zu fein. Hin und wieder weicht er allerdings von Le Fèvre ab, indem er den Erasmus zu Rate zieht, und zwar mehr deffen Überfetzung als den Urtext, aber dies gefchieht nicht durchgreifend und verrät auch keine Meifter= fchaft. Die Apokryphen des AT.s find gar nicht neu überfetzt, fondern einfach, mit höchft geringfügigen Nachbefferungen aus der Antwerpener Bibel von 1530 abgefchrieben (vgl. meine ausführliche Abhandlung in der Revue in 1865). So war allerdings die franzöfifche Bibel der Proteftanten (zwar nur Privatunternehmen, aber nach der Natur der Sache fofort Volks= und bald Kirchenbuch), gleich in ihrer erften Anlage ein viel unvollkommeneres Werk, als dies von irgend einem anderen derfelben Gattung und desfelben Jahrhunderts gefagt werden kann, und leider fand fich in der nächften Zeit der rechte Mann nicht, der etwas ganz neues an die Stelle hätte fetzen wollen, obgleich fowohl Calvin als Beza dazu befähigt gewefen wären; man griff zu dem Syftem der Revifionen und blieb dabei, fodaß heute gerade die Franzofen, trotz ihrer Anfprüche auf den Befitz der klarften und durchgebildetften Sprache, die denkbar fchlechtefte Kirchenverfion haben, oder richtiger es nicht einmal zu einer wirklichen folchen haben bringen können. Darauf müffen wir nun etwas näher eingehen.

Ob die Urausgabe von Serrières, welche nur in wenigen Exemplaren auf öffent= lichen Bibliotheken erhalten ift, noch einmal unverändert abgedruckt worden fei, wie be= hauptet wird, wage ich nicht zu entfcheiden (von Olivetan felbft erfchienen revidierte Editionen des NT.s und der poet. Bücher des AT.s 1533 f. unter dem Namen Be= lifem de Belimakom, d. i. Anonymus von Utopia, hebr.), da ich keinen älteren Nachdruck befitze, als vom Jahre 1546, von dem da an eine gewiffe Suite (felbft in Genf habe ich keine ältere gefunden), und fchon hier die Überfetzung ganz durchkorrigiert erfcheint. Und diefe Veränderung des Textes geht von da an faft von Ausgabe zu Ausgabe fort, fo daß ich, nach Anficht meines eigenen Vorrats (denn eine ältere Notiz darüber habe ich nicht gefunden), die Behauptung aufzuftellen wage, daß bei jeder neuen Aus= gabe (deren ziemlich viele und rafch fich folgten, alle zu Genf oder Lyon) irgend eine gelehrte Hand thätig gewefen ift. Im allgemeinen fchreibt man nun diefe Nachbeffe= rung dem Calvin felbft zu, und daß er dabei beteiligt gewefen, wird auch wohl nicht in Abrede zu ftellen fein (fiehe den Index zu dem Thesaurus epistolicus Calvins in der Ausgabe von mir und Cunitz Bd XXXI u. Bd LVI, S. IV). Allein es will mich doch bedünken, als ob hier fein Name, als der berühmtere, gleichfam das Verdienft vieler ab= forbiert habe, und es dürfte wohl die Anficht manches für fich haben, daß von Anfang an die Genfer Theologen das Gefchäft als ein gemeinfames und fortdauerndes betrachteten und betrieben, wie dies für die fpätere Zeit gewiß ift. Ich gehe längft mit dem Ge= danken um, diefen Punkt durch eingehendere Vergleichung der Ausgaben näher zu be= leuchten, für jetzt genügt mir aber dazu meine Sammlung noch nicht; und bei der großen Seltenheit der Drucke des 16. Jahrhunderts, welche wohl durch die Verfolgungen jener Zeit fich erklärt, vermehrt fie fich auch nur langfam. Nach anderen Nachrichten hätten auch Beza, L. Budé und andere Genfer Zeitgenoffen einzelne Teile der Bibel einer fpeziellen Bearbeitung unterworfen. Ich hoffe einen, foviel möglich echten, cal=

vinischen Text nebst Varianten aus den Genfer Ausgaben vor 1564 als Zugabe zu den Opera Calvini (Bd LVI u. LVII, auch separat: La Bible française de Calvin, Braunschweig 1897) zu liefern.

Einen bestimmten Abschnitt in dieser Geschichte bringt das Jahr 1588, in welchem die Genfer Geistlichkeit (la Vénérable Compagnie) eine gründlich durchgearbeitete Revision erscheinen ließ, bei welcher sich besonders der gelehrte (später in der Pfalz angesiedelte) Bonav. Corn. Bertram beteiligte, unter Mitwirkung von Beza, Simon Goulart, Ant. Fay u. a. Er giebt selbst Rechenschaft über seine Arbeit in der Vorrede zur ersten Ausgabe seiner Lucubrationes Frankethalenses, woraus man sieht, daß er sich den Hauptanteil zuschreiben durfte und daß vorzüglich seine hebräische und rabbinische Gelehrsamkeit dabei sein Werkzeug war. Ich will bei dieser Gelegenheit eines Umstandes erwähnen, der nicht ganz ohne Interesse für die Wissenschaft ist, so unbedeutend er scheinen mag. Der Gottesname Jhwh im AT. war von den Juden und Christen altherkömmlich mit „Herr" gelesen und übersetzt worden, und die meisten protestantischen Bibelübersetzer blieben hierin der Überlieferung treu. Olivetan zuerst setzte an einzelnen Stellen dafür l'Eternel, obgleich auch er meist le Seigneur schrieb, häufiger so Calvin. Die Ausgabe von 1588 war nach Calvins Vorgang die erste, welche überall ohne Ausnahme den ersten Ausdruck brauchte, was denn auch bis auf den heutigen Tag von den französischen Protestanten beibehalten und in die Kirchensprache übergegangen ist. Dieselbe Ausgabe ist noch darum merkwürdig, weil sie für lange Zeit einen Stillstand in den Revisionsarbeiten herbeiführte. Bei genauerer Betrachtung erscheint sie fast als eine eklektische, insofern sie viele ihrer Änderungen, aus den einzelnen früheren Ausgaben auswählend, bald da bald dort her genommen hat, gewissermaßen also bereits die Epoche bezeichnet, wo man von eigentlicher Neuerung schon glaubte mehr absehen zu müssen.

Die berührten Umstände brachten es also mit sich, daß die unter den Protestanten französischer Zunge zu kirchlichem Ansehen gelangte Übersetzung insgemein die Genfer Bibel hieß, obgleich auch in Frankreich selbst an verschiedenen Orten Nachdrucke derselben veranstaltet wurden, z. B. zu Lyon, Caen, Paris, La Rochelle, Saumur, Sedan, Charenton, Niort u. a. O., die meisten Ausgaben jedoch lieferten Holland und die französische Schweiz nebst Basel. Nach der Widerrufung des Edikts von Nantes hörten die protestantischen Bibeldrucke in Frankreich ganz auf, dafür erschienen nun auch norddeutsche Städte als Druckorte. Es ist wohl auch zum Teil den düsteren Verhältnissen des Mutterlandes zuzuschreiben, daß die Epoche der vollendeten Klassizität der französischen Schriftsprache, das Zeitalter Ludwigs XIV, auf dieses Bibelwerk ohne merklichen Einfluß blieb, sodaß es bereits am Schlusse des 17. Jahrhunderts als ein veraltetes angesehen werden konnte. Vergeblich bemühten sich einzelne Geistliche nachzuhelfen; man unterscheidet in der jüngeren Zeit Ausgaben nach der Rezension von J. Diodati (Genf 1644), von Sam. Desmarets (Amsterdam 1669), von Dav. Martin (Utrecht, N. T. 1696, Bibel 1707); sodann legte auch die Vénérable Compagnie zuletzt Hand an und lieferte neuerdings einige revidierte Stammausgaben (1693. 1712. 1726). Allein mit allem diesem Nachhelfen im einzelnen war weiter nichts gewonnen, als daß die veralteten Wörter durch neue ersetzt wurden, hin und wieder ein Satz anders gefaßt, eine Phrase modernisiert wurde, im ganzen aber nicht nur dem Geiste der Sprache, wie er seitdem sich gebildet, kein Genüge geschah, sondern auch die einzelnen unter dem Volke kursierenden Exemplare einander mehr und mehr unähnlich wurden, und zwar zu einer Zeit, wo das Dogma und die ganze theologische Wissenschaft sich stereotypiert hatten. Bei keinem der gebildeteren europäischen Völker ist das Mißverhältnis zwischen der Bibel- und Gesellschaftssprache ein stärkeres geworden als bei den Franzosen, und wir erwähnen dies bei Gelegenheit der Protestanten, weil die Katholiken (doch nur was den Stil betrifft) bessere Übersetzungen haben, aber sie nicht lesen. Von den genannten Rezensionen hat sich bis auf unsere Zeit herab nur eine erhalten, die von Martin, welche nochmals 1744 von einem Baseler Prediger, Peter Roques, durchgesehen wurde und heute noch neben anderen von Bibelgesellschaften verbreitet wird. Trotz der Thatsache, daß je von einer Rezension zur anderen der Schritt nie sehr weit war, kann man sagen, daß zwischen dem calvinischen Urtext und dieser Martinschen Ausgabe, wenn man nur die beiden Endformen nebeneinander stellt, kaum noch eine Ähnlichkeit, geschweige denn eine Abhängigkeit dem oberflächlichen Beobachter erkennbar wird. Und doch ists im Grunde immer dieselbe Übersetzung gewesen.

Aber dabei blieb es nicht. Es wurden auch solche Arbeiten unternommen, welche den alten französischen Kirchentext sehr wesentlich umgestalteten, ja, genau betrachtet, völlig beseitigten. Hier ist zunächst die Bibel von J. Friedrich Ostervald zu erwähnen. Dieser, ein Prediger in Neuchâtel und in der Geschichte der Theologie als ein Beförderer milderer theologischer Ansichten oder, wenn man lieber will, des Latitudinarismus bekannt, hatte 1724 den Genfer Text mit Summarien und Réflexions herausgegeben (2 Tom. fol.), später aber überarbeite er den Text selber und ließ 1744 eine Ausgabe desselben erscheinen, in welcher nicht nur auf die französische Sprachform, sondern auch auf die damaligen Ergebnisse der Exegese sorgfältig Rücksicht genommen wurde, so daß also dadurch eigentlich eine wesentlich modernisierte Bibel entstand. Daß nun dem Bearbeiter noch keine fertige Wissenschaft zu Gebote stand und so in exegetischer Hinsicht, besonders im AT., unzählige Mißgriffe mit unterlaufen, dürfen wir hier nicht groß in Anschlag bringen, da Ostervalds Vorgänger in diesem Stücke sich keines besseren Erfolges rühmen können; aber sehr zu beklagen ist es, daß unter seinen Händen die französische Bibelsprache einerseits vollends alles abgestreift hat, was ihr von altertümlichem Reichtum und angeborener Kraft übrig geblieben war, andererseits dafür nicht das geringste an moderner Eleganz und Feinheit erworben hat, vielmehr durch schleppendes Wortgefüge und prosaische Breite und Spießbürgerlichkeit, ohne allen Gewinn für die Deutlichkeit des Sinnes, wo das Original Schwierigkeiten bot, die denkbar ungenießbarste geworden ist. Und diese Ostervaldsche Bibel ist es, welche jetzt, in Frankreich wenigstens, die herrschende geworden ist. Die Bibelgesellschaften druckten sie beinahe ausschließlich, obgleich ihr kein offizielles Ansehen zukommt. In der jüngsten Zeit haben sie sich zum Teil anders besonnen und auch andere neuere Übersetzungen ausgegeben.

Diese Vorliebe des streng orthodoxen Frankreichs für ein Werk, das seine Entstehung einem übrigens überaus frommen und achtbaren Latitudinarier verdankt, erklärt sich ganz einfach aus dem Umstande, daß die Genfer Theologen in demselben Frankreich in dem allerübelsten Rufe standen, was ihre Orthodoxie betrifft, und deshalb, was von ihnen direkt kommt, höchst verdächtig ist. In der That aber müssen wir bekennen, daß, abgesehen von aller möglichen Neologie, diejenigen unter ihnen, welche im Anfange des gegenwärtigen Jahrhunderts das von den Vätern ererbte Geschäft der Bibelrevision (ein, wie gesagt, in anderen protestantischen Ländern in dieser Weise unbekanntes) wieder aufnahmen, dabei Methoden und Grundsätze befolgten, welche nur wenig geeignet waren, ihrer Arbeit Eingang zu verschaffen. Für sie war nun plötzlich die französische Sprache die Hauptsache, und erst in zweiter Reihe kam das Textverständnis, für welches, sechzig Jahre nach Ostervald, in Genf eben keine riesenmäßigen Anstrengungen waren gemacht worden. Die Bibel sollte endlich einmal für die gebildete französische Welt lesbar werden und „le patois de Canaan" sich ein bischen nach dem Dictionnaire de l'Académie modeln. Im NT. ließ sich dies nun noch erträglich an, da hier die Schwierigkeiten aller Art geringer waren und der Sprachgebrauch sich früher schon abgeschliffen hatte. Der Text, wie er 1835 gedruckt worden ist, verdiente im allgemeinen das Zelotengeschrei nicht, das gegen denselben erhoben worden ist. Anders aber ists mit dem AT., dessen jüngste Revision oder besser Umgestaltung 1805 veröffentlicht wurde. Hier ist in den poetischen und prophetischen Büchern, vielfach auch außerdem, der ungefähre Sinn der Urschrift in gutem Französisch ausgedrückt und die alte unverständliche Buchstäblichkeit so sehr vermieden, daß man wohl sagen darf, sie sei in ihr Gegenteil umgeschlagen und habe viel zu viel der Paraphrase sich genähert, wobei namentlich das Kolorit des orientalischen Stils ganz verwischt ist. Vor wenigen Jahren endlich hat die Genfer Geistlichkeit die Arbeit in die Hände einzelner Gelehrten gelegt, und so ist das AT. von Professor L. Segond (1874, Bibel 1880), das Neue von Professor H. Oltramare (1872) in ganz neuer unendlich besserer Gestalt erschienen.

So ist es gekommen, daß die französischen Protestanten unter allen ihren Glaubensgenossen allein keine nationale Bibelübersetzung haben, weil mehrere einander ganz unähnliche Werke, obgleich aus derselben, schon in ihrer ersten Form verfehlten Grundlage erwachsen, sich gegenseitig verdrängen oder doch beschränken, und daß sie, trotz allem Nachbesserns, vielleicht sogar wegen desselben, unter allen die am wenigsten brauchbare, am weitesten hinter den Anforderungen der Zeit zurückgebliebene, in der Form unbeholfenste, in der Sache unzuverlässigste Bibel in Händen haben, dazu leider auch bei weitem die wenigsten wissenschaftlichen Mittel in sich und um sich, um zu etwas besserem zu gelangen.

Das Interesse, welches sich an die Übersetzungen der Bibel knüpft, mißt sich natürlich nach dem Grade des Einflusses, welchen sie auf die Gemeinde ausgeübt haben mögen. Kirchlich beglaubigte und offiziell eingeführte oder durch die Gewohnheit empfohlene und verbreitete sind also für die Geschichte ungleich wichtiger als solche, die sich höchstens einem engeren Kreise empfohlen haben, oder welche als bloße exegetische Versuche aufgetreten sind. Indessen dürfen doch auch die letzteren nicht ganz mit Stillschweigen übergangen werden, teils im allgemeinen, weil sie dazu beitragen, den Geist der Zeit und Wissenschaft zu kennzeichnen und das Bewußtsein etwaiger Mängel des Vorhandenen zu bezeugen, teils im besonderen, weil Privatarbeiten in dem Maße wichtiger sind, als die gangbaren Bücher unvollkommener, oder selbst unselbständiger und veränderlicher. Aus allen diesen Rücksichten ist ein summarischer Bericht, vorzüglich über die französischen Werke dieser Art, unerläßlich. Wir beginnen mit den katholischen Versuchen.

Vereinzelt begegnet uns zuerst die Bibel des René Benoist, Mitglied der theologischen Fakultät zu Paris (1556, Fol.), welche zu einem langwierigen Streite Anlaß gab, der bis vor den König und nach Rom verschleppt wurde, die Absetzung des Verfassers zur Folge hatte und schließlich nach mehr denn 20 Jahren mit seinem Widerruf und seiner Rehabilitation endigte. Ob er in den Punkten, die den Anstoß erregten, wirklich eine an protestantische Ideen sich anlehnende Überzeugung aussprach, steht dahin. Spätere Katholiken (wie z. B. Richard Simon) stellten die Sache vielmehr so dar, als habe er, in Sprachen ein sehr unwissender Mann, sich den wohlfeilen Ruf erwerben wollen, die Bibel aus dem Grundtext übersetzt zu haben und zu diesem Behuf ein leicht verändertes Exemplar der Genfer Übersetzung ohne weiteres in die Druckerei geschickt, wobei ihm manches entschlüpft wäre, was den Ursprung zu deutlich verriet. Die Vergleichung der Texte ist dieser Darstellung sehr günstig; die beigefügten Anmerkungen zeigen indessen eben so leicht, daß eine bewußte Neigung zur Ketzerei bei dem Manne nicht vorhanden war. Merkwürdig ist, daß das Werk, wenigstens das NT., ohne die Anmerkungen, während jener Kontroverse noch öfter gedruckt wurde trotz der Zensur und der verbietenden Edikte.

Eine ganze Reihe von neuen Übersetzungen sehr verschiedener Währung brachte das Zeitalter Ludwigs XIV., und seitdem ist im Grunde in dieser Arbeit bis heute nie ein völliger Stillstand eingetreten. Einige derselben sind zu größerer, ja zu europäischer Berühmtheit gelangt. Nur im Vorbeigehen erwähnen wir die von dem Pariser Parlamentsadvokaten Jacques Corbin aus der Vulgata gefertigte, mehr lateinische als französische (1643), und das NT. von Michel de Marolles, Abbé de Villeloin (1649 u. öfter), welcher die lateinische Übersetzung des Erasmus zu Grunde legte, der aber nachher bei der Bearbeitung des Alten Testaments auf kirchliche Schwierigkeiten stieß, welche er nicht überwinden konnte. Der Druck wurde unterbrochen und konnte nicht wieder aufgenommen werden (1671). Schon 1644 hatte er die Psalmen einzeln erscheinen lassen. Ferner das NT. von Denys Amelote, einem Oratorianer (1666 u. ö.), der sich mit seinen kritischen Vorstudien sehr breit machte, in der That aber die Vulgata in ein sehr gutes Französisch übertrug; das NT. des Jesuiten Dom. Bouhours (1697 u. ö.) u. s. w. Alle diese Arbeiten, an die sich dann im folgenden Jahrhundert die von Ch. Huré (1702), von Augustin Calmet (1707), dem berühmten Benediktiner von Senones und gelehrten Kommentator der Bibel, ferner die von Nic. Le Gros (1739 u. ö. bis in die neuere Zeit herab) und mehrere andere jetzt vergessene anreihten, deren Aufzählung nach dem Kataloge meiner eigenen Bibelsammlung ein eben so leichtes als überflüssiges Geschäft wäre, sind zwar, als von der Vulgata mehr oder weniger abhängig, in den Augen der Wissenschaft unbedeutend, für die Kirchengeschichte aber insofern wichtig, als sie im Schoße der katholischen Kirche ein ziemlich reges Bedürfnis voraussetzen, dem die Geistlichkeit nicht ungeneigt war, helfend entgegen zu kommen. Daß keine derselben zu offizieller Geltung kam, versteht sich, und verschlägt in der Sache selbst nichts.

Zwei Werke indessen müssen hier noch besonders hervorgehoben werden, und zwar aus sehr verschiedenen Gründen. Das ist die Übersetzung des NT.s, welche 1702 ohne Namen des Verfassers zu Trévoux herauskam, von der es aber über allen Zweifel erhaben ist, daß sie von dem Oratorianer Richard Simon (s. d. A. PRE² Bd XIV, S. 257) herrühre. Wir verweisen ihretwegen auf das in der Biographie des Verfassers zu Sagende, da das Werk selbst ohne kirchlichen Einfluß geblieben ist, so sehr es sich zu seinem Vorteile vor allen bisher genannten auszeichnete (s. A. Bernus, Not. bibliogr. sur R. Simon, Basel 1882). Unendlich wichtiger, ja von allen französischen Übersetzungen der Katholiken weitaus die wichtigsten sind die von Port-Royal und überhaupt vom Jansenismus ausgegangenen, bei welchen wir uns etwas länger aufhalten müssen. Wir setzen die Geschichte des Jansenismus als bekannt voraus und verweisen überhaupt wegen des hier nicht anzuführenden Details auf die ausführlicheren Spezialwerke. Es herrscht in den Berichten über die jansenistischen Bibelarbeiten noch eine gewisse Unklarheit, weil niemand noch eine kritische Vergleichung der unzähligen Ausgaben, ja nur ein ordentliches Verzeichnis derselben veranstaltet hat. Schon seit der Mitte des 17. Jahrhunderts erschien, zuerst stückweise, sodann vollständig die Übersetzung von Ant. Godeau, Bischof von Vence, welche in Stil und Manier mit den gleich zu nennenden eine große Verwandtschaft verrät. Im Jahre 1667 folgte das N.T. von Mons, weil auf dem Titel der Name eines dortigen Buchhändlers als des Verlegers steht; gedruckt wurde es von den Elzeviren zu Amsterdam. Die Übersetzer waren die Brüder Anton und Louis Isaac Le Maître de Sacy, denen außerdem die übrigen Häupter der jansenistischen Partei, Anton Arnauld, Peter Nicole, Claude de Sainte-Marthe und Thomas du Fossé, als Gehilfen zur Seite standen. Später kam auch das A.T. dazu, wesentlich von Isaac Le Maître bearbeitet, und daneben die Evangelien (1671) und das N.T. (1687) von Pasquier Quesnel. Diese verschiedenen Werke erwarben sich einen ungemeinen Einfluß teils schon durch ihre größere Vollendung in der französischen Sprachform, teils aber auch durch die beigefügten Anmerkungen, welche wesentlich der Erbauung dienten. Ihre Methode ist eine verhältnismäßig freiere, zum teil sogar ans Paraphrastische anstreifende, so daß man sie vielleicht der Luthers vergleichen dürfte; das Griechische blieb, wenigstens in Randglossen, nicht unberücksichtigt, und die Verfolgung, welche bald über die Partei erging, an deren Spitze die Verfasser glänzten, trug wohl nicht wenig dazu bei, ihre Bibeln populär zu machen. Sie sind es in dem Grade geworden, daß sie nicht nur im vorigen Jahrhundert öfter aufgelegt wurden, sondern noch heute häufig wiedergedruckt werden, zum Teil in illustrierten Prachtausgaben, was allein schon die Vorliebe des Publikums für dieselben bekundet, wobei freilich nicht zu übersehen ist, daß das gemeine Volk im katholischen Frankreich die Bibel nicht liest. In der Regel wird die also verbreitete Übersetzung ohne weiteres die Sacysche genannt und geht der Text meist auf die Rezension zurück, in welcher er nach Isaac Le Maîtres Tod 1696 erschien. Es erscheint mit und ohne Vulgata, mit und ohne die alten jansenistischen Anmerkungen; doch meist ohne letztere. Ja sogar die Protestanten haben 1816 eine schöne Ausgabe des N.T.s von Sacy als erste Frucht einer sich unter ihnen bildenden Bibelassoziation veröffentlicht, zu einer Zeit, wo die strengeren theologischen Prinzipien die Wahl noch nicht bestimmten und die Beschaffenheit der vorhandenen protestantischen Übersetzungen, verbunden mit einer zersplitternden Kirchenverfassung, dieselbe nicht leicht machte.

Indessen haben noch in unseren Tagen mehrere katholische Geistliche neue Versuche oder auch größere Arbeiten herausgegeben. Öfters sind namentlich die Psalmen übersetzt worden, auch Hiob. Doch gehört dies wohl mehr in die Geschichte der Exegese. Die Übersetzungen (auch des ganzen Neuen Testamentes und zuletzt der Bibel 1821) von Eug. Genoude haben sich besonders eines bedeutenderen Erfolges zu erfreuen gehabt. Die Evangelien von La Mennais (1846) sind als Stilarbeit ausgezeichnet, die beigegebenen Anmerkungen machen sie zu einer sozialistischen Parteischrift. Im allgemeinen wäre es unbillig, wenn man diese Bestrebungen nicht anerkennen oder in Anschlag bringen wollte bei der Beurteilung der katholischen Zustände in Frankreich; freilich aber darf nicht vergessen werden, daß die Kirche als solche die Verbreitung der Kenntnis der h. Schrift nicht fördert und daß die Geistlichkeit nur zu sehr beteiligt ist bei manchen Dingen, welche aus einer entgegengesetzten Quelle fließen, namentlich denn auch bei dem zeitweiligen Auftauchen apokryphischer mittelalterlicher Machwerke, wie des Briefs des Lentulus und ähnlicher, selbst dem gelehrten Fabricius unbekannt gebliebener „Aktenstücke" zur heiligen Geschichte, mit welchen das gläubige Volk abgespeist wird, dem oft sonst kein Blatt eines französischen Evangeliums in die Hand kommt. Einen glänzenden Versuch hat zwar H. Lasserre gemacht, die Evangelien katholischerseits in die Laiensprache zu übersetzen (1887), und dieses revolutionäre Vornehmen ist anfangs von mehreren Kirchenfürsten gebilligt worden; doch es dauerte nicht lange, bis der Index alle dem Bestreben ein Ende machte.

Zum Schluſſe müſſen wir unſeren Leſern noch eine Anzahl Arbeiten einzelner unter den Proteſtanten vorführen, wodurch dem tief gefühlten Bedürfniſſe abgeholfen werden ſollte, etwas beſſeres an die Stelle der unvollkommenen und veränderlichen Genfer Bibel zu ſetzen, welche aber dieſe letztere im öffentlichen Gebrauche nicht verdrängen konnten. Die erſte und merkwürdigſte dieſer Art war noch eine Frucht der Refor=mationsbewegung ſelbſt. Der in der Geſchichte der ſchweizeriſchen Kirchenverbeſſerung viel genannte wackere und unglückliche Seb. Chaſtillon (Caſtalio), der auch eine ſchöne lateiniſche, bis auf die neuere Zeit oft gedruckte Bibelüberſetzung verfertigte, gab 1555 (Baſel, 2 Bde, Fol.) eine franzöſiſche heraus, worin er den Verſuch machte, die Bibel nach dem Genius der franzöſiſchen Sprache, dieſe aber nach ſeinem eigenen zu geſtalten. Beides mißglückte in ſeltſamer Weiſe, wenn auch der Verſuch weder den klaſſiſchen Hohn H. Eſtiennes, noch die dogmatiſche Rüge der calviniſtiſchen Eiferer verdiente. Das Werk war bald verſchollen; die Exemplare, deren wohl überhaupt nicht allzuviele waren, ſind vom Markte ganz verſchwunden und erſt der neueſte Biograph Chaſtillons (F. Buiſ-ſon, 1892) hat dem Buche die gebührende Aufmerkſamkeit geſchenkt. In der Zeit der beginnenden Reaktion gegen die Orthodoxie gehören zwei andere Werke, das NT. von J. Le Clerc (Clericus), Amſt. 1703, 4°, und die Bibel von Charles Le Cène, welche erſt 40 Jahre nach ihrer Abfaſſung und nach des Autors Tod, Amſt. 1741, Fol., herauskam. Das erſtere, von einem berühmten, den arminianiſchen Glaubensanſichten zugethanen Gelehrten, drang nicht nach Frankreich hinein, ſondern verbreitete ſich unter den in Holland und Deutſchland angeſiedelten Réfugiés, doch weniger um ſeiner inneren Vorzüge willen als wegen des dawider erhobenen Lärms und eines in Berlin erwirkten Verbotes. Die dogmatiſche Verdächtigung, welche hier, im ganzen genommen, von Überfluß war, traf ſicherer und mit mehr Grund das andere Werk, deſſen Verfaſſer, ein geflüchteter Prediger, 1703 zu London geſtorben war. Hier war in der That dem Texte durch den Rationalismus des Überſetzers vielfach und auf eine mehr als naive Weiſe Gewalt angethan worden, namentlich in Stellen, welche ſociniſchen und pelagianiſchen Anſichten direkt in den Weg traten. Für die Geſchichte der Bibelüberſetzungen hat das Buch, das glänzend ausgeſtattet iſt, weiter kein Intereſſe, da es in keiner Weiſe populär werden konnte; aber für die Geſchichte des erwachenden Antagonismus der deiſtiſchen Aufklärung und der kirchlich=dogmatiſchen Überlieferung iſt es ſchon um ſeiner chrono-logiſchen Stelle willen von großer Bedeutung und viel zu wenig beachtet. Wichtiger für unſeren gegenwärtigen Zweck iſt die Überſetzung des Neuen Teſtaments durch die zwei berühmteſten Gelehrten der franzöſiſchen Diaspora im Anfange des vorigen Jahrhunderts, Iſ. de Beauſobre und Jak. Lenfant. Sie iſt mit Sorgfalt ausgearbeitet was den Stil betrifft, und mit Anmerkungen unter dem Text ſowie hiſtoriſchen Einleitungen verſehen. Sie wurde zuerſt 1718 zu Amſterdam in Quart, ſpäter häufig in Deutſchland und der Schweiz gedruckt, auch mit begleitender deutſcher Überſetzung, und hat ſich im Auslande ſehr lange im Gebrauch erhalten. Aber auch ſie drang nicht nach Frankreich zur Zeit ihres größeren Anſehens, und in unſeren Tagen, wo ihr der Weg offen geſtanden hätte, war ſie denn doch der Welt ſchon zu ſehr aus den Augen gerückt.

Dagegen iſt es ein merkwürdiges und erfreuliches Symptom unter ſo vielen ande-ren, daß in unſeren Tagen das Bewußtſein der Mangelhaftigkeit der gangbaren Kirchen-bibeln mehr und mehr Verſuche zu neuen Arbeiten auf dieſem Gebiete hervorruft. Sie fangen ſchon an ſo zahlreich zu werden, daß der Bibliograph oder Sammler in Gefahr kommt, unvollſtändig zu werden. Ich will nur das Wichtigſte hier anführen und einige allgemeine Bemerkungen daran knüpfen. Ich halte es für einen großen Mißgriff, daß die Männer oder Geſellſchaften, welche ſolche Werke unternehmen, entweder ausſchließ-lich oder doch viel zu ſehr den Geſichtspunkt feſthalten der Kirche, d .h. für den öffentlichen Gebrauch arbeiten zu wollen, eben weil die angenommene Überſetzung durch eine beſſere erſetzt werden ſoll. Dadurch geraten ſie von vornherein, auch abgeſehen von den vorherrſchenden theologiſchen Überſetzungen, in eine viel zu große Abhängigkeit von der bereits gegebenen Form, und unzählige Stellen, Wendungen, Ausdrücke wagt man gar nicht anzutaſten, um ja keinen Anſtoß zu erregen oder etwas allzu Fremdklingendes vorzubringen. Damit verbindet ſich ſofort das echt calviniſtiſche Prinzip der größtmög-lichen Buchſtäblichkeit, welches, verbunden mit der bekannten Sprödigkeit der franzöſiſchen Sprache, immer wieder unter den Zwang der alten Mängel zurückführt. Würde man einmal, frei und frank von ſolchen Rückſichten, die Ergebniſſe einer geſunden Exegeſe und die Natürlichkeit des vaterländiſchen Sprachgebrauches in harmoniſchen Einklang mit dem Genius des bibliſchen zu bringen ſuchen, ſo würde man allerdings zunächſt für die häusliche Lektüre und nicht für die Kanzel gearbeitet haben, aber bei der glücklicherweise sehr verbreiteten Sitte der ersteren unzähligen Laien, besonders auch in denjenigen Klassen, wo man das Bessere sucht und würdigen kann, einen wesentlichen Dienst leisten. Die Kanzel nimmt ja doch auf neue Rezensionen nicht Rücksicht, und kann es auch nicht, wären sie noch so vortrefflich. Aus diesen Gründen halte ich die zwei verhältnis= mäßig wichtigsten, weil kollegialisch verfaßten Werke, die hier zu nennen sind, für ganz ungeeignet, dem allgemein gefühlten Mangel abzuhelfen. Das eine ist von einer Anzahl waadtländischer Geistlichen begonnen, welche seit 1839 zuerst das NT. und seitdem einen Teil des AT.s gegeben haben, wobei anzuerkennen ist, daß die Ergebnisse der neueren Exegese im einzelnen vielfach verwertet sind; aber das Streben nach sklavischer Treue gegen den Buchstaben (und zwar den elzevirischen, mit absoluter Ausschließung jeder kritischen Neuerung) geht in der That weiter als in jeder früheren Übersetzung, so daß auf der einen Seite eben so viele Rückschritte, als auf der anderen Fortschritte gemacht sind. Das andere hier zu nennende Unternehmen ging von England aus, wo denn nach der Natur der Sache das timeo Danaos noch viel sicherer seine Anwendung leidet. Es wurde 1834 in Paris unter dem Vorsitze des anglikanischen Bischofs Luscombe ein Komitee für eine neue französische Bibelübersetzung gebildet, in dessen Auftrag und wesentlich unter der Leitung des damals in Paris angestellten Kirchenhistorikers und Philosophen J. Matter, das Werk von einer Anzahl jüngerer, meist elsässischer Kandi= daten in Angriff genommen wurde, die einander dabei, je nach der Dauer ihres zu= fälligen Aufenthaltes in der Hauptstadt, ablösten. Des Durch= und Nachkorrigierens von Seiten aller theologischen und kirchlichen, möglicherweise auch stilistischen Interessen, war dabei kein Ende, und das Resultat (Neues Testament 1842 im riesigsten Format, nebst Handausgabe, 1849 die ganze Bibel) muß den Unternehmern selbst sehr wenig befrie= digend geschienen haben, da für die Verbreitung desselben nichts geschehen ist. Doch soll erwähnt werden, daß nachdem die Société biblique de France 1881 das her= kömmliche AT. einer eingehenden Neubearbeitung unterzogen hatte, eine reformierte Synode, unter Bersiers Leitung, endlich einen entschiedenen Schritt auf dem Wege einer wissenschaftlichen Revision des hergebrachten Textes gemacht hat (Ps 1893, NT. 1894).

Neben diesen von mehreren gemeinschaftlich unternommenen Arbeiten sind aber auch einige von einzelnen Verfassern zu nennen, wobei wir billig, was mehr in die eigentliche Schrifterklärung gehört, Werke über einzelne Bücher übergehen. Vorzüglich günstig ist beurteilt worden die Übersetzung des AT.s durch den Prediger Perret=Gentil von Neuchâtel (1847 ff.); vom NT. haben wir zwei fast gleichzeitig erscheinen sehen, eine von Eug. Arnaud, Pfarrer im Ardèche= (jetzt Drome=) Departement (1858) und eine von A. Rilliet in Genf (1859), auch eine spätere von Edm. Stapfer in Paris (1889). Alle drei legen einen kritisch=revidierten Text zu Grunde und zeigen schon von dieser Seite ein löbliches Bestreben, die Fesseln des Herkommens abzuschütteln. Es muß sich nun zeigen, und darüber kommt natürlich uns ferner Stehenden kein Urteil zu, inwie= fern diese Werke geeignet sind, sich Bahn zu brechen und überhaupt ein lebendiges In= teresse im größeren Publikum für die Neugestaltung der französischen Bibel zu wecken. Schließlich darf ich vielleicht erwähnen, daß ich selbst ein französisches Bibelwerk (Über= setzung, Einleitungen und Kommentar) veröffentlicht habe, welches aber nur dem Privat= studium zu dienen bestimmt ist (La Bible, Paris 1874 ff., 16 Bde gr. 8).

Als Frucht der jüdischen Gelehrsamkeit soll S. Cahens Bibelwerk (1831 ff., 19 Bde) nicht unbeachtet bleiben. Die noch unvollendete Bibelübersetzung aus den Grundtexten, von dem früheren kath. Geistlichen E. Ledrain (Paris 1886 ff.), soll hier nur erwähnt werden.

Man wird mir verzeihen, daß ich mich so lange bei einem dem Auslande fast gleichgiltigen Gegenstande aufgehalten habe. Meine Entschuldigung mag in der That= sache liegen, daß derselbe noch nie und nirgends mit gründlicher Vollständigkeit behan= delt ist, sodaß ich auf eine vorhandene Litteratur verweisen könnte, und in der Über= zeugung, daß die Geschichte der neueren Bibelübersetzungen mit großem Unrecht, trotz ihrer Bedeutung für die christliche Sitten= und Kirchenhistorie, in den gewöhnlichen Werken zur biblischen Litteratur übergangen wird. Ich werde mich nun in betreff der übrigen romanischen Sprachen desto kürzer fassen, und zwar umsomehr, als hier unser Wissen noch an manchem Mangel leidet.

Wir wenden uns zunächst nach Südfrankreich und der Sprachgrenze zwischen Frankreich und Italien. In einer Reihe von Abhandlungen in der vorhin genannten

Zeitschrift (Bd II, V, VI) habe ich mich zunächst mit den vorhandenen Übersetzungen
in südfranzösischen Mundarten (langue d'oc) beschäftigt, woraus ich das Wesentlichste
in der Kürze mitteilen will. Daß die volkstümlichen Bibelstudien in jenem Kreise in
unmittelbarem Zusammenhange standen mit den religiösen Bewegungen des 12. und
13. Jahrhunderts, welche in den Sekten der Waldenser und Katharer zu ihrem kon=
kreten Ausdruck gekommen sind, ist über jeden Zweifel erhoben durch hinreichende Belege
aus gleichzeitigen Schriftstellern und öffentlichen Aktenstücken; ebenso fest steht aber auch
das andere Ergebnis, daß alles, was teils aus falsch verstandenen Stellen waldensischer
Schriftdenkmäler, teils namentlich aus antedatierten oder irrigerweise in ein höheres
Altertum hinaufgerückten Dokumenten dieser Sekte hinsichtlich älterer Bibelübersetzungen
erschlossen worden ist, ins Reich der Fabel verwiesen werden muß. Ferner macht es
eine genaue Erwägung der gleichzeitigen Berichte über Petrus Waldus (die ursprüngliche
Form sowie die Bedeutung dieses Namens ist ungewiß) im höchsten Grade wahrschein=
lich, daß auf den Namen dieses wirklichen Stifters der Sekte sich in der That gar keine
eigentliche Bibelübersetzung in unserem Sinne des Worts zurückführen läßt; für ihn,
nicht durch ihn, mögen nach den ältesten Zeugnissen verschiedene Teile der hl. Schrift
in die Volkssprache umgeschrieben worden sein, aber nach damaliger Sitte nicht ohne
patristische, glossierende Zuthat; und daß, sobald einmal von dem Geiste, der diese Be=
wegung der „Armen von Lyon" hervorgerufen, der Anstoß in dieser Richtung ausge=
gangen war, größere, vollständigere, mannigfaltigere Versuche nicht lange werden auf
sich haben warten lassen, liegt in der Natur der Sache. So finden wir schon in den
letzten Jahren des 12. Jahrhunderts und später in den verschiedenen Teilen Frankreichs,
namenlich in der Diöcese von Metz, Spuren einer auf Bibelstudien gestützten religiösen
Bewegung unter den Massen, wichtig genug, daß selbst Papst Innocenz III. sich mit
dem dortigen Bischof darüber ins Vernehmen setzte. Die gleichzeitigen Berichte und
Prozeßakten erzählen vieles, freilich auch sehr Unklares und zum Teil Widersprechendes
von ketzerischen Bibelübersetzungen. So viel ist ganz gewiß: diejenigen Handschriften
des waldensischen N.T.s, welche jetzt noch existieren, haben mit Peter Waldus und dem
Lyoner Kreise des 12. Jahrhunderts nichts unmittelbar zu thun. Man kennt deren
fünf: zu Dublin, Grenoble, Cambridge, Zürich und Carpentras; sie sind in einem
ans Italienische streifenden Dialekte geschrieben, den die Philologen für den walden=
sischen der piemontesischen Thäler erkennen (s. W. Förster, GgA 1888, S. 753 und
G. Moroni, Archivio glottologico XI, 1890), bieten aber verschiedene Rezensionen
des Textes dar, deren Charakter im einzelnen der Kritik schwer zu lösende Probleme
entgegenbringt. Das Dubliner Manuskript hat der verstorbene Herausgeber dieser En=
cyklopädie in eigenhändig gefertigter Kopie auf der Berliner Bibliothek niedergelegt.
Das von Zürich (welches nun in der Ausgabe von C. Salvioni, Arch. glottol. XI,
vorliegt) habe ich selbst genau untersucht und den unwiderleglichen Beweis geliefert, daß
es einem bedeutenden Teile nach eine Arbeit enthält, welche nach einem gedruckten eras=
mischen griechischen Texte gefertigt ist, während in einem anderen Teile die Bulgata, aber
in einem vom clementinischen vielfach abweichenden Texte zum Grunde liegt. Daraus er=
hellt, daß die Handschrift, welche die älteren Gelehrten ins zwölfte Jahrhundert setzten,
etwa aus der Mitte des 16. stammt, wenn auch ihr Text in seiner Urform einer älteren
Zeit mag angehören. Ferner bemerke ich, daß die Carpentras=, Dublin= und Grenoble=
Hdss. außer dem N.T. noch die fünf libros sapientales (Sprüche, Prd, HL, Wei,
Sir) enthalten. Gewiß reicht die älteste unter den waldensischen Hdss., die von Car=
pentras, in das 14. Jahrh. hinauf. Auch ist wohl zu merken, daß die Grenoble=Hdf.
ein Verzeichnis der Evangelien und Episteln für die Sonn= und Festtage enthält, wel=
ches (auffällig genug, und dennoch für Geschichtskenner nicht unerwartet) seinem Ur=
sprunge nach auf die Prager Diöcese zurückweist. Es ist eine bekannte Thatsache, daß
in der waldensischen Litteratur, vom Anfange des 15. Jahrh. an, eine durch und durch
böhmische Luft weht. Über die im waldensischen Dialekte verfaßten Übersetzungen ein=
zelner Teile des A.T.s, welche in Cambridger Hss. aufbewahrt sind (HL, Gen 1—9,
Anfang und Ende des B. Hi und Io) brauchen wir hier nicht weiter einzugehen.
Bald wird uns, bei Gelegenheit der italienischen Übersetzungen, der Name der Wal=
denser wieder begegnen.

Neben dieser waldensisch zu nennenden Übersetzung ist nun aber aus derselben
Gegend, allein, nach der Sprache zu urteilen, aus einem westlicheren Landstriche, in der
Mundart von Languedoc, eine zweite vollständige des N.T.s erhalten in einem einzigen
Lyoner Kodex aus dem 13. Jahrh. (Facsimile-Ausgabe von L. Clédat, Le N.T.

traduit au XIIIe s. en langue prov., Paris 1887). Eine genaue Untersuchung dieses Buches hat unwiderleglich dargethan, 1. daß es aus den Händen der katharischen Sekte stammt, deren Liturgie am Ende, von derselben Feder geschrieben, angefügt ist; 2. daß die Übersetzung selbst durchaus eine andere ist, als die vorhin beschriebene, nicht nur der Sprache nach, sondern auch nach dem Verständnis des Textes, und 3. daß letzterer dem Verfasser vielfach in anderer Gestalt vorlag, als dem des waldensisch genannten Werkes. Aber es ist nirgends auch nur die leiseste Spur einer Ketzerei zu entdecken, welche etwa, bewußt oder unbewußt, bei der Arbeit mit eingeflossen wäre; und ohne die Anwesenheit der Liturgie, in welcher viele biblische Sprüche angeführt werden, welche meist buchstäblich ebenso und namentlich in derselben Mundart im Texte selbst zu lesen sind, würde kaum ein Beweis für den katharischen Ursprung des Werkes zu finden sein. Diese Liturgie, das bis jetzt fast einzige aufgefundene Denkmal katharischer Theologie, hat mein Kollege Cunitz in den Straßburger theolog. Beiträgen Th. IV, 1852 abdrucken lassen und kommentiert. „Noch zwei andere, wesentlich von dieser, sowie von einander verschiedene, provenzalische Übersetzungen des NT.s, bezw. der Evangelien, liegen uns vor in zwei Pariser Hdff., deren eine waldensischen zwar nicht Ursprung, aber doch Gebrauch bezeugt. P. Meyer hat festgestellt (Romania, 1889) daß das Lyoner NT. der Sprache nach auf das jetzige département de l'Aude hinweist, während die Pariser Hdff. einen süd=provenzalischen Ursprung verraten. Endlich besitzen wir noch die historischen Bücher des AT.s in provenzalischer Sprache. Dieselben sind einfach aus einem französischen Sammelbuch übersetzt, in welches die Quatre livres des Rois und die von einem Tempelherrn, auf Wunsch von maistre Richart und frere Othon verfaßte Übersetzung der Richter (s. P. Meyer, Romania 1888, S. 133 und Not. et extr. des Mss. XXXV, II 1896) aufgenommen worden sind. Übrigens reicht die provenzalische biblische Litteratur höher hinauf als das 13. Jahrhundert. Aus dem 12. Jahrh. stammt die Übersetzung von Jo 13—17 in dem limosinischen Dialekt, welche uns in einer Londoner Hdf. vorliegt (hgg. v. C. Hofmann, 1858, F. Michel, P. Meyer und K. Bartsch). Ob zwischen den provenzalischen und den waldensischen Bibelübersetzungen irgend ein Abhängigkeitsverhältnis besteht, mag beim heutigen Stande der Wissenschaft, als zwar nicht unwahrscheinlich, doch als nicht genügend bewiesen, dahingestellt bleiben.

Jetzt führt uns unser Weg nach Italien, der Wiege der modernen Kultur. Daß auch die Bibel hier, lange vor der Reformationszeit, in das Gewand der Sprache Dantes und Boccacios gekleidet worden, unterliegt keinem Zweifel, wenngleich der italienische Patriotismus, der sonst so viel Lärm in der Welt macht, in unseren Tagen nie darauf ausgegangen ist, den Ruhm der Nation durch die Erinnerung an verborgene Schätze und vergessene Mühen zu erhöhen. Zwar die Sage, daß schon Jacobus de Voragine († 1298), Bischof von Genua und Verfasser der bekannten Legenda aurea, eine italienische Bibelübersetzung verfaßt habe, ist bis jetzt durch nichts zur Gewißheit erhoben worden; nichtsdestoweniger gehen auch hier die ersten Versuche über die Erfindung des Bücherdrucks weit hinauf, wie denn die Bibliographen Nachricht von einzelnen auf Bibliotheken verwahrten Handschriften geben. Wohl ist manches vereinzelte von italienischen Bibliographen, per nozze oder sonst, als testo de lingua herausgegeben worden, allein erst kürzlich hat es die ausländische Wissenschaft versucht, das reiche hauptsächlich in Florenz, aber auch anderswo, z. B. in Paris, befindliche Material zu sammeln. Keine italienische Bibel=Hdf. ist älter als das 14. Jahrh., doch ist die Übersetzung selbst ohne Frage ins 13. Jahrh. zurück zu verlegen. Von verschiedenen, teilweise venezianischen Bibelfragmenten abgesehen, läßt sich in den italienischen Bibel=Hdff. ein doppelter Zug wahrnehmen. In den jüngsten liegt eine wörtliche und zugleich sprachlich abgeglättete italienische Übersetzung vor, während die älteren Texte, welche den jüngeren offenbar zu Grunde liegen, freier mit dem Urtexte umgehn. Aber eins fällt uns bei diesen alten Übersetzungsversuchen auf, daß nämlich die italienische Bibel ursprünglich nicht ganz auf dem Text der lateinischen Vulgata, sondern auch teilweise auf den französischen und provenzalischen Bibelübersetzungen beruht (auch eine venezianische Evangelienübersetzung trägt unzweideutig den Stempel der französischen Urtextes an sich). Ja, selbst der lateinische Bibeltext, welcher der italienischen Bibel zu Grunde liegt, enthält manche in den Hdff. selten zu findende, in Südfrankreich einheimische Lesarten. Es liegt der Schluß nahe, daß die ersten Urheber der italienischen Bibelübersetzung aus Frankreich übergesiedelte waldensische Missionare gewesen sind. Solche fanden sich im 13. Jahrh. in großer Anzahl in Norditalien. Überhaupt ist es kaum anzunehmen, daß es den italienisch-waldensischen Predigern an einer Bibelübersetzung in der Volkssprache gefehlt habe. Aber es handelt sich damit bis jetzt nur um eine höchst wahrscheinliche, noch nicht zur vollkommenen Gewißheit erhobene Vermutung.

Noch eine andere Beziehung ist zwischen den provenzalisch-waldensischen und den italienischen Bibelübersetzungen nachzuweisen. Schon Herzog hat bemerkt, daß in zwei Hdss. des waldensischen NT.s ein Teil der AG eine von der gewöhnlichen gänzlich verschiedene Übersetzung enthält. Der Grundtext dieser abweichenden Teile ist kein anderer als der der paraphrasierten Übersetzung der AG, welche der Pisaner Predigermönch Domenico Cavalca nach der alten italienischen Bibel neu verfaßte. Die Waldenser haben sich also nicht versagt, das Gute zu nehmen, wo sie es eben zu finden glaubten. Aber auch in den italienischen, vermutlich auf waldensischen Ursprung zurückzuführenden Bibelübersetzungen, ist nicht ein Satz zu finden, der einigermaßen dogmatische Färbung an sich trüge. Auffallenderweise scheint die Kirche in Italien gegen die Bibelübersetzungen in der Volkssprache im Mittelalter nie feindselig vorgegangen zu sein.

Die Geschichte der gedruckten italienischen Bibeln beginnt mit zwei in demselben Jahre (1471) zu Venedig erschienenen Drucken, wovon jedoch der erstere, nämlich die von dem Camaldulenserabt Nicolò di Malherbi unterschriebene, bei Wendelin von Speier am 1. August herausgekommene, bis 1567 öfters neu aufgelegte Bibel, eine weit größere Berühmtheit erlangt hat. Die Sprache Malherbis ist übrigens nicht die reine klassische, wie sie damals schon sich ausgebildet hatte. Die andere Bibel, am 1. Oktober desselben Jahres aus der Presse N. Jensons herausgegangen (Neudruck v. C. Negroni, Bologna 1882 ff., 12 Bde), beruht wesentlich auf der handschriftlichen Textüberlieferung der mittelalterlichen Übersetzung, nur mit Einschiebung einzelner Teile des Malherbischen Textes. Die weiter zunächst zu nennende Übersetzung nimmt ungefähr für Italien die Stelle ein, welche Lefèvres Arbeit für Frankreich, wir meinen die des Florentiners Antonio Bruccioli. Er eifert in seiner Vorrede gegen das Bibelverbot und jegliches der Verbreitung des göttlichen Wortes in der Volkssprache bereitetes Hindernis, behauptet auch auf den Grundtext zurückgegangen zu sein (NT. 1530 zu Venedig, Psalter 1531, Bibel 1532 und seitdem öfters). Indessen sind in dieser Hinsicht seine Ansprüche wohl sehr einzuschränken, und außer dem Venetianischen, wo damals das päpstliche Ansehen nicht eben im Flor stand, scheint sein Werk wenig Eingang gefunden zu haben und mußte sich bald ins Ausland flüchten, was mit dem Schicksal der protestantischen Bewegung in Italien aufs engste zusammenhängt. Auch hört mit Bruccioli bereits die katholische Thätigkeit auf diesem Felde und in diesem Lande für ganze Jahrhunderte auf, wenn man nicht auf die fast unbekannt gebliebenen Ausgaben des NT.s von dem Dominikaner Zaccaria (1532) und von Domen. Giglio (1551) Rücksicht nehmen will, welche beide ebenfalls zu Venedig erschienen.

Von dieser Zeit an siedelt, wie gesagt, die Geschichte der italienischen Bibel sich im Auslande an, zunächst in Genf, wo sich um die Mitte des 16. Jahrhunderts eine Flüchtlingsgemeinde bildete, für welche ein ehemaliger Benediktiner von Florenz, Massimo Teofilo, das NT. aus dem Griechischen übersetzte (zuerst Lyon 1551), welches öfters, auch mit dem französischen oder lateinisch-erasmischen Texte verbunden, gedruckt worden ist, und an dessen Verbesserung Beza und Nic. des Gallars sich beteiligten. Für das AT. sah man Brucciolis Übersetzung durch, und so erschien 1562 ohne Druckort (in Genf) die erste protestantische Bibel in italienischer Sprache. Ganz außer Gebrauch wurde dieselbe gesetzt durch die 1607 ebenfalls ohne Druckort (Genf) erschienene Bibel von Joh. Diodati von Lucca, der als Professor der hebräischen Sprache, später der Theologie, in Genf lebte und wirklich eine Arbeit lieferte, welche nach dem damaligen Stande der Wissenschaft zu den besten gerechnet werden darf, welche die Reformation hervorgebracht hat. Auch hat sie sich bis heute, wenn auch zum Teil in neuen Rezensionen, im Gebrauch erhalten und wird noch jetzt durch Bibelgesellschaften verbreitet. Denn die seitdem in Deutschland gedruckten italienischen Bibeln oder NT. (von Matthias von Erberg 1711, Fol.; von J. Dav. Müller 1743 u. ö.) sind mehr oder weniger treue Wiederholungen derselben oder doch von ihr sehr abhängig. Selbstständiger ist die Übersetzung des NT.s von J. Gottlob Glück (Glicchio) 1743; namentlich aber das von den Konvertiten Berlando della Lega und Jac. Phil. Ravizza 1711 zu Erlangen herausgegebene NT., welches letztere fast in der Weise Le Cènes dogmatische Texte abzuschwächen sich erlaubt. Daß alle diese Werke für Italien selbst gar keine historische Bedeutung gehabt haben, bedarf für den Kenner der Kirchengeschichte keiner Erinnerung. Sie müssen je länger desto mehr einen äußerst beschränkten Leserkreis gefunden haben, und sind somit, abgesehen von ihrem exegetischen Werte, von verhältnismäßig geringer Wichtigkeit.

Die josephinische Zeit und deren Geist, welche namentlich in Deutschland die Schranken des kirchlichen Herkommens in betreff des volkstümlichen Bibelgebrauchs durchbrochen hatten, übten auch in den Ländern romanischer Zunge, die eigentlich für diesen Anbau noch ganz brach lagen, einigen Einfluß aus. Von dem Erzbischof von Florenz, Anton Martini, erschien zu Turin 1776 eine italienische Bibel, welche seitdem mehrmals gedruckt und revidiert worden ist; da sie den Namen eines katholischen Kirchen-fürsten an der Stirne trug und aus der Vulgata geflossen ist, so hatte sie, selbst seit der ultramontanen Reaktion gegen jenen aus Deutschland stammenden Geist der Aufklärung, allerdings mit geringeren Hindernissen zu kämpfen, als jede protestantische, und des-wegen hat sich die Londoner Bibelgesellschaft derselben angenommen und dieselbe seit 1813 (NT.) und 1821 (Bibel) öfter wieder gedruckt und in Massen nach Italien ein-geführt. Aus der jüngsten Zeitgeschichte ist wohl jedem unserer Leser bekannt, daß an dieselbe und an die damit verbundene englische Missionsthätigkeit sich religiöse Be-wegungen geknüpft haben, deren Bedeutung weniger nach einzelnen Aufsehen erregen-den Auftritten als nach künftigen Ergebnissen gemessen werden muß, sodaß dem jetzigen Geschlechte noch kein Urteil darüber zusteht. Wir können damit die Notiz in Verbin-dung bringen, daß in der jüngsten Zeit und durch Vermittlung derselben Gesellschaft verschiedene Bibelteile, wirklich für die seit 1532 wirklich zum Protestantismus über-getretenen Waldenser in den italienischen Alpenthälern (Lukas, v. P. Berti 1837), andererseits für das piemontesische katholische Volk (NT., v. Berti und Geymet, 1835) gedruckt worden sind nach dem richtigen Grundsatze, daß wenn die Bibel wirken soll, sie die Sprache des Volkes reden müsse, wobei freilich die Frage, ob sie dies könne, bei Festhaltung des calvinistischen Grundsatzes der Buchstäblichkeit, eine offene bleibt. Von dem katholischen Buchhändler Sonzogno in Mailand ist 1889 ff. eine illustrierte Aus-gabe der Martinischen Bibel mit ungeheurem Beifall aufgelegt worden. Ist das wohl als ein Zeichen der Zeit zu betrachten?

Auch in Spanien war einmal im Mittelalter eine Zeit, wo der Trieb nach christlicher Erkenntnis die ersten Knospen eines volkstümlichen Bibelstudiums hervor-lockte, denen leider noch viel weniger Blüte und Frucht vorbehalten war, als selbst in dem leichtsinnigen Italien. Aber auch hier sind die Anfänge lange Zeit in tiefes Dunkel gehüllt geblieben und klangen wie verschollene Sagen. Doch ist auch hier schon manches aus den Schätzen der Bibliotheken bekannt geworden, und was noch zu untersuchen bleibt, ist uns zum Teil nicht mehr ganz unbekannt. Hier ist zwischen dem katalonischen und dem kastilianischen Kultur- und Sprachgebiete zu unterscheiden. Ka-taloniens Sprache hängt mit der provenzalischen so enge zusammen, daß oft beide, auch von Gelehrten, mit einander verwechselt worden sind. Doch ist der Charakter der katalonischen Litteratur ein von dem provenzalischen Geiste wesentlich verschiedener. Der provenzalische Geist ist ein durchaus schöpferischer, während die katalonische Litteratur beinahe gänzlich auf fremdem Grunde beruht. Katalonische Hdss. giebt es manche, meist aus dem 15., eine Hds. des NT.s. aus dem 14. Jahrh. (Auch hier hat, wie für die Provence und für Italien, die Pariser Nationalbibliothek, zum Teil aus dem Nachlasse des berühmten südfranzösischen Gelehrten Peiresc, manches wertvolle vorzuzeigen). Daß der gelehrte Dominikanerprovinzial Romeu Sabruguera aus Mallorca († 1313), welcher als Verfasser einer katalonischen Psalmenübersetzung bekannt ist, an der Übersetzung der ganzen hl. Schrift gearbeitet habe, kann nicht bewiesen werden. Aber folgende Ergeb-nisse können als durch die neuesten Untersuchungen gesichert gelten: 1. Ein großer Teil der katalonischen Übersetzung sowohl des A. als des NT.s (Sprüche, Propheten, AG, Paulinische und kath. Episteln), beruht abwechselnd auf der Vulgata und auf der fran-zösischen Übersetzung aus dem 13. Jahrh., sogar mit Einschluß der leicht zu erkennenden Glossen dieser letzteren. 2. Eine katalonische Psalmenübersetzung (wahrscheinlich die älteste) hat nicht einen lateinischen, sondern einen französischen Text zum Originale; dasselbe gilt vielleicht auch teilweise von der Psalmenübersetzung Sabrugueras. 3. Die-jenige Evangelienübersetzung welche uns in der ältesten Hdf. (aus Marmoutier, v. Libri gestohlen, jetzt in Paris) vorliegt, ist nicht dem lateinischen Texte, sondern einer schon erwähnten südprovenzalischen Übersetzungen nachgebildet. Wer hätte wohl früher geglaubt, daß die französische Bibel schon im Mittelalter in so manchen der umliegenden Länder einen so weitgehenden Einfluß ausgeübt hätte!

Auch in der Periode der Incunabeln gelangen wir hier nicht zu klarem Wissen. Die Bibliographen verzeichnen zwar eine 1478 zu Valencia in limosinischer (d. h. valenzianisch-katalonischer) Mundart gedruckte Bibel, und nennen sogar den Verfasser, einen Karthäuser Bonif. Ferrer, allein es scheint auf keiner europäischen Bibliothek ein Exemplar davon zu existieren, in Spanien selbst haben sich nur wenige kümmerliche Reste erhalten (s. Villanueva, a. a. O.).

Grundverschieden ist der Charakter der kastilianischen Bibelübersetzungen. Von den Anfängen der Bibelübersetzung in Kastilien weiß man noch so viel wie nichts, denn die diesbezüglichen Hdss.-Schätze Spaniens sind noch nicht wissenschaftlich untersucht worden. Verschiedene Könige vom 13. Jahrhundert an, unter denen ein Alphons von Kastilien und ein Johann von Leon genannt werden, sollen für ihre Landesteile und deren Mundarten derlei Arbeiten begehrt oder gefördert haben. Welcher Art diese aber gewesen sein mögen, davon wissen uns auch die spanischen Geschichtschreiber wenig zu sagen, und Theologen, bei welchen man sich darüber Rats erholen könnte, giebt es ohnehin nicht dort. Dagegen steht fest, daß im späteren Mittelalter, im Reiche Kastiliens, die hl. Schrift des AT.s, sei es von getauften oder ungetauften Juden, sei es direkt aus dem Urtexte oder in der Form einer sorgfältigen Korrektur, mehrmals aus dem Hebräischen übersetzt worden ist. So gebührt Kastilien, unter allen christlichen Staaten, allein das Lob einer verhältnismäßig weitgehenden religiösen Toleranz und wissenschaftlicher Bemühung um das richtige Verständnis der hl. Schrift. Als ein rührendes Beispiel solcher gemeinsamer Arbeit jüdischer und christlicher Gelehrten auf Anregung eines großen Kirchenfürsten, ist die prächtige Albe-Hdf. in Madrid anzuführen. D. Luis von Guzman, Großmeister des Ordens von Kalatrava, beauftragte 1422 den gelehrten Rabbi Mose Arragel aus Maqueda mit der Übersetzung und Glossierung der hl. Schrift, unter Mitwirkung und Aufsicht des Toletaner Franziskanerkustos Arias de Enzinas und anderer geistlicher Herren. Der höchst interessante Briefwechsel zwischen dem Großmeister, dem Franziskaner und Raby Mose amigo, welcher am Anfang der Hdf. zu lesen ist, gereicht allen daran Beteiligten zu großer Ehre. Gleichwie in einigen Hdss. der älteren spanischen Übersetzungen aus dem Hebräischen, sind hier die biblischen Bücher meistens nach der Reihenfolge des hebräischen Kanons geordnet (über die jetzt verlorene, auf Befehl des Großmeisters des Johanniterordens J.-F. de Heredia kopierte Hdf. der Bibel en vulgar, s. C. Douais, Bull. crit., 1886 S. 10).

Aus dem Mittelalter heraus führt uns die Geschichte sofort über die Grenzen Spaniens zu Männern, welche den neuen Ideen zugänglich waren, und zu Werken, welche denselben Eingang verschaffen sollten. Dahin gehören das NT. von Franz de Enzinas (Dryander, Antwerpen 1543), das von Juan Perez (Venedig — d. i. Genf — 1556), die Bibel von Cassiodoro de Reina (ohne Druckort, Basel 1569) und die neue Rezension der letzteren von Cypr. de Valera (Amsterd. 1602). Sie gehen sämtlich mit ungleichem Geschicke auf den Grundtext zurück, wobei natürlich besonders im AT. viel mit fremdem Kalbe gepflügt werden mußte. Alle diese Werke haben wohl selten oder nie den Weg in ihre rechte Heimat gefunden und sind daher ohne große Bedeutung für die Kirchengeschichte. Sie dienten zunächst mehr einer Hoffnung als einem Bedürfnisse, und jene ging nicht in Erfüllung. Auf die von spanischen Juden gefertigten Übersetzungen des ganzen AT.s. oder einzelner Teile desselben wollen wir hier nur im Vorbeigehen aufmerksam machen. Sie erschienen von verschiedenen Verfassern im 16. und 17. Jahrh. sämtlich außerhalb Spaniens (zu Ferrara, Amsterdam, in der Türkei), zum Teil das Spanische mit hebräischer Schrift gedruckt, und gehören in die reiche Reihe der für die Synagoge berechneten Werke, welche einst mit den LXX begonnen hatte. Die berühmte, in Ferrara 1553 von Juden und Christen in 2 Zwillingsausgaben gedruckte spanische Bibel scheint großenteils auf den mittelalterlichen Übersetzungen zu beruhen. Merkwürdig ist, daß während die von Hier. de Vargas unterzeichneten Exemplare Es 7, 14 übersetzen: he la virgén concíbien, der Jude Abr. Usque das Wort la alma im spanischen Texte unübersetzt läßt.

Erst zu Ende des vorigen Jahrhunderts, wofern unsere leicht entschuldbare Unkenntnis nichts Älteres vergessen ließ, hat endlich Spanien selbst durch einen katholischen Geistlichen, Phil. Scio de S. Miguel, ein Bibelwerk erhalten, welches gleich nach großem Maßstabe angelegt war, lateinischen und spanischen Text nebst Kommentar, Valencia 1790, in 10 Teilen. Die hier gegebene Übersetzung ist nun seit 1828 von der Londoner Bibelgesellschaft wieder gedruckt worden, und dient nun, wie die Martinische in Italien, der protestantischen Propaganda. Es muß bei dieser Gelegenheit an das bekannte, ſoviel ich weiß auch) ins Deutſche überſetzte Werk des thätigen Agenten der britiſchen Bibelgeſellſchaft J. Borrow (Bible in Spain 1843) erinnert werden, welches durch ſeinen anziehenden Inhalt wie wenige geeignet iſt, die hohe Bedeutung der Bibelüberſetzungen und ihrer Schickſale für nationale Kulturgeſchichte in ein helles Licht zu ſetzen und den Beweis dafür zu liefern, wie eng und ungenügend der Kreis der geſchichtlich-litterariſchen Thatſachen iſt, auf welchen ſich unſere herkömmlichen ſog. „Einleitungen" zu beſchränken pflegen.

Auch für Spanien hat der britiſche Eifer bereits einen Anfang mit den Volksdialekten gemacht. Wenigſtens liegt mir ein NT. in kataloniſcher Mundart vor, welches 1830 in London gedruckt iſt (überſ. v. J.-M. Prat). Von Bibeldrucken in biscaniſcher Mundart rede ich nicht, da dieſe bekanntlich keine romaniſche, ſondern eine baskiſche iſt, wie ſchon der Name bezeugt.

Sehr wenig iſt von portugieſiſchen Überſetzungen zu ſagen. Die Geſchichte derſelben beginnt, ſoviel mir bekannt, erſt im 18. Jahrhundert mit dem NT. eines ehemaligen katholiſchen Geiſtlichen Jo. Ferreira d'Almeida, welcher ſpäter in Batavia lebte und, wie es ſcheint, dort ſeine Arbeit auch auf das AT. ausgedehnt hat. Das NT. erſchien zu Amſterdam 1681, Pentateuch und hiſtoriſche Bücher 1719 und ſpäter zu Tranquebar, wo ſich die däniſchen Miſſionen der Sache annahmen, die ſie ſpäter auch fortſetzten. Auch die ſonſt als Bibelüberſetzer in oſtindiſchen Sprachen genannten Deutſchen, Barth. Ziegenbalg, Johann Ernſt Grundler und Benjamin Schulze beteiligten ſich bei der Arbeit, welche ſomit weſentlich für die portugieſiſche Diaſpora in jenen entfernten Ländern, nicht zunächſt für deren europäiſche Heimat beſtimmt war. In letzterer erſchien erſt 1778 zu Liſſabon eine Bibel von Anton Pereira de Figueiredo, deren ſich, wahrſcheinlich ebenfalls aus Mangel einheimiſcher Pflege, die Londoner Bibelgeſellſchaft angenommen hat. Die Zeit muß lehren, ob dieſe ausländiſchen Bemühungen ein fühlbares Ergebnis erzielen und ob ſich dem Boden ſüdeuropäiſcher Geſittung ſo raſch, als man es wünſcht und weiſſagt, die immerhin ziemlich exotiſche Pflanze akklimatiſieren werde.

Wir ſchließen mit einigen kurzen Notizen über beſchränktere Sprachgebiete romaniſcher Zunge. Vor allen iſt hier Graubündten zu erwähnen, in welches Land die Reformation ſchon frühe eindrang und mit ihr die Volksbibel. Von 1560 herab bis auf unſere Tage ſind Bibeldrucke in den Mundarten des oberen und unteren Engadin häufig geweſen, namentlich zu Chur, und es knüpfen ſich an das Werk die Namen vieler rhätiſcher Prediger, Jak. Bifrun im 16. Jahrh., Joh. Gritti, Luk. Gabriel, Joh. Pitſchen Saluz, Jak.-Ant. Vulpi und Jak. Dorta a Vulpera im 17., Janet Menni und Otto Cariſch im 19. (ſ. F. Rauſch, Geſch. d. Lit. des Rhäto-Roman. Volkes, Frankf. 1870). Die älteren Exx. ſind ſelten geworden auf dem Büchermarkt und erzielen hohe Preiſe. Bekanntlich hat ſich gerade an den Dialekt dieſes winterlichen Winkels der Erde der Name romaniſch im engſten Sinne angeheftet. Hier handelt es ſich indeſſen immer noch um ein von ſeinen Nachbarn ringsum getrenntes Volkstum, und ſeine Sprache, wenn auch von geringerer Verbreitung, darf als ein beſonderer Zweig der Familie gelten. Anders verhält es ſich mit den zahlreichen provinziellen Dialekten, welche, z. B. in Frankreich, neben der Schriftſprache im Munde des niederen Volkes ſich erhalten haben und oft allein am häuslichen Herde verſtanden werden. Auch auf ſie iſt bereits von Freunden der bibliſchen Volkserziehung mehrfach Rückſicht genommen worden und dürfte vielleicht künftig noch mehr werden, da dieſe patois zum Teil ſehr zäher Natur ſind und der höhere Volksunterricht ſie nicht ſo leicht verdrängen wird. So liegen mir z. B. die Pſalmen und andere liturgiſche Stücke nach der Ordnung des Breviers in provenzaliſcher Sprache (Aix 1702) vor, ferner ein Evangelium Johannis im Dialekt von Toulouse (1820), das Buch Ruth in der Mundart der Auvergne (1831), eine bibliſche Geſchichte im alten bearniſchen Dialekt (1876) u. ſ. w. Wie unendlich weit das Feld für ſolche Arbeit in philologiſcher Hinſicht ſein könnte, wie wenig aber zugleich die Grenzen des Zweckmäßigen und die Regeln der Methode bereits feſt beſtimmt ſind, können zwei in dieſem Jahrhundert erſchienene Werke zeigen, Stalders Landesſprachen der Schweiz, 1819, und Coquebert de Montbret, Mélanges sur les patois de France, 1831, worin die Parabel vom verlorenen Sohn in allen örtlichen Mundarten, und zwar, nach richtigem Gefühle, nicht in allzu ſklaviſcher Buchſtäblichkeit abgedruckt iſt. Im erſteren Werke kommen 15 franzöſiſche Überſetzungen derſelben und 8 italieniſche vor; im letzteren außer 68 auf franzöſiſchem Boden erwachſenen, 4 aus Belgien, 10 aus der weſtlichen Schweiz, und 2 rhätiſche. In den franzöſiſchen Bibliothelen liegt noch manches wertvolle dieser Art, 1807 auf amtlichen Befehl gesammelt. Ja, für Südwest=Frankreich allein hat man neulich die Unmasse von 4444 Übersetzungen derselben Parabel in der Volkssprache zusammengebracht (s. B. Meyer, Romania, 1895, S. 348 und 531). Solche Sammlungen sind nicht ausschließlich für den Philologen von Bedeutung, da sie auch für das Studium des Volksgeistes ein reiches Material darbieten. Und dies ist auch der Grund, warum an der Geschichte der Bibelübersetzungen in der Volkssprache ein so reges Interesse haftet.   E. Reuß † (S. Berger).

20. Samaritanische Pentateuchübersetzung.

Litteratur: Joh. Morinus, Exercitationes in utrumque Samaritanorum Pentateuchum, Paris 1631, 4°, auch schon in der Praefatio der LXX von 1628. — Opuscula Hebraeo-Samaritana 1657; W. Gesenius, de Pentateuchi Samaritani origine, indole et auctoritate, Halle 1815, 4°; G. B. Winer, de versionis Pentateuchi Samaritanae indole, Leipzig 1817; Sam. Kohn, de Pentateucho Samaritano eiusque cum versionibus antiquis nexu, Lpz. 1865; ders., Samaritanische Studien. Beiträge zur samarit. Pentateuch=Uebersetzung und Lexiko-graphie, Breslau 1868; ders., Zur Sprache, Litteratur und Dogmatik der Samaritaner, Lpz. 1876 (= Abhandlungen für die Kunde des Morgenlandes, hrsg. v. d. D. m. Ges. V, 4); ders., Zur neuesten Litteratur über die Samarit. ZdmG 39, 1885, 165—226 (dazu M. Heiden-heim: Die neue Ausgabe der Vers. Sam. zur Genesis [Bibl. Sam. I] Bd 40, 1886, 516—522); ders., Die samarit. Pentateuchübersetzung nach der Ausgabe von Petermann u. Vollers, Bd. 47, 1893, 626—697; A. Cowley, Samaritan Literature and religion. Jew. Quart. Rev., 1896, 562/575; Wilh. Ant. Neumann, Studien über zwei Blätter aus einer alten samaritanischen Pentateuchhandschrift. Aus: Jahrbuch der Leogesellschaft Wien (St. Norbertus) 26 S. Ed. Pr. Pariser Polyglotte 1642; Londoner 1657. Decalogus ex fonte hebraeo et rivulo Samaritano . . . a M. Dan. Waymaro, Jenae 1620, 4°. — Gen. 1—4 von Fr. Eb. Collino, Francof. 1704, 4°; J. F. Müller, Disputatio philol. crit. de utilitate novae Pentateuchi Samaritani editionis, Wittenb. 1728. — Versio samarit. primi libri Mosis (nur Gen 1—18) Halle 1750, 4°; Codex Samaritanus Parisinus Sanctae Genovefae . . . . Joh. Mich. Lob-stein, Francof. 1781; J. F. L. Bargès, Notice sur deux fragments d'un Pentateuque hébreu-samaritain, Paris 1865; A. Brüll, Das samarit. Targum zum Pent. (mit hebr. Typen), Frankf. 1873—75, Dazu: I. Anhang: Kritische Studien über Orforder Manustript-Fragmente, 1875. II. Anhang: Zur Gesch. und Lit. der Samaritaner nebst Varianten zum Buche Genesis, 1876. Pentateuchus Samaritanus ad fidem librorum manuscriptorum apud Nablusianos reper-torum edid. et varias lectiones adscripsit H. Petermann. I. Genesis 1872, II. Exodus 82, III. Levit. rec. C. Vollers 1883, IV. Numeri 85, V. Deut. 91; J. W. Nutt, Fragments of a Samaritan Targum, London 1874. Die samaritanische Pentateuchversion, die Genesis in der hebräischen Quadratschrift unter der Barberinischen Triglotte herausgegeben von M. Heidenheim (Bibliotheca Samaritana I. Leipzig 1884 nur Genesis!); Field, Origenis Hexaplorum quae supersunt I (1875) p. LXXXII—LXXXIV Quid sibi velit τὸ Σαμα-ρειτικόν; Kohn, Samareitikon und Septuaginta: Monatsschrift f. Gesch. u. Wiss. des Jud., 1894, 1—7, 49—67. Die Bibliothek der DmG verzeichnet unter 1837 „4 Blatt eines lithogr. samaritanischen Pentateuchs, enth. Ex 20, 2—17, (Gen 10, Nu 34, 1—12, Ex 25, 10—16. Jerusalem 1859/60".

Nicht zu verwechseln mit dem hebräischen in samaritanischer Schrift überlieferten Pentateuch, noch mit der arabischen später von den Samaritanern gebrauchten Übersetzung des Pentateuchs ist die Übersetzung desselben in den samaritanischen Dialekt, die sama-ritanische Pentateuchversion oder das samaritanische Targum. Alle drei sind vereinigt in der berühmten barberinischen Triglotte vom Jahre 1227 (Faksimile von Bianchini hinter dem Evangeliarium quadruplex, neuestens verkleinert in F. G. Kennyon, Our Bible 1896 Plate V). Das Targum wurde erstmals gedruckt aus einer Hds. vom Jahr 1514 in der Pariser Polyglotte 1645, darnach 1657 in der Londoner mit einzelnen Verbesserungen und Berichtigungen durch Edm. Castle; siehe in Bd VI dessen Animadversiones Samaritanae und sein Lexicon Heptaglotton. 1873—75 hat A. Brüll diesen Text in hebr. Quadratschrift mit Verbesserungen wiederholt. 1872 be-gann H. Petermann († 10. Juni 76) eine kritische Ausgabe dieses Targums (nicht des hebräischen Pentateuchs! als dessen bequemste Ausgabe sie bei Cornill, Einl.[3.4] S. 328 angeführt ist), die C. Vollers bis 1891 zu Ende führte (das Titelblatt der 2. Lieferung trägt die Jahreszahl 1882, ist aber schon 1873 gedruckt! s. ZdmG 1893, S. 626).

Mit ungenügenden Kenntnissen und Materialien hat M. Heidenheim im ersten Teil seiner Bibliotheca Samaritana die samarit. Pentateuchversion zu veröffentlichen begonnen, aber nicht über die Genesis hinausgeführt. Dagegen sind die Petersburger von Nutt veröffentlichten Fragmente wertvoll. Über die sprachlichen Eigentümlichkeiten, den

Charakter dieser Übersetzung und die bisherigen Ausgaben ist hier auf Kohn zu ver=
weisen.

Die Entscheidung über das Alter dieses Targums hängt von der Frage ab, ob und
wie das in den hexaplarischen Scholien gegen 50 mal zitierte Σαμαρειτικον mit dem=
selben zusammenhängt. Zu den von Field gesammelten Stellen ist Le 15, 8, Dt 8, 22,
34, 1—3 nachzutragen. Daß το Σαμαρειτικον unser Targum zitiere, war die Ansicht
schon von Castle, ähnlich von Field, neuestens von Kohn, nur daß dieser die Anführungen
(s. ZdmG 47, 650) nicht direkt aus dem samaritanischen Targum, sondern aus einer
vollständigen in Ägypten gemachten griechischen Übersetzung desselben entnommen glaubt.
Nach der Unterschrift des Syr.=Hexaplaris zum Exodus hat vielleicht Eusebius, nicht
schon Origenes die Vergleichung des hebräischen Pentateuchs (der Juden) mit dem
„Hebräer der Samaritaner" vorgenommen; s. die Stellen am Rand von Lagardes
Bibliotheca Syriaca. Jedenfalls gewinnt dadurch diese Übersetzung viel größere Be=
deutung, als man ihr bisher zuzuschreiben pflegte. Vgl. auch noch Lagrange = de Vogüé,
nouvelle inscription samaritaine d'Amwas (Revue biblique V, 3. 1896. 433),
wo ריׁׁטׁׁ = ריׁׁחׁׁטׁׁ Ex 12, 23 die samaritanische (u. galiläische) Vernachlässigung
der Gutturale und die einstige größere Verbreitung der Samaritaner inschriftlich bestätigt.
                                                                                    Eb. Nestle.

21. Skandinavische Bibelübersetzungen.

Quellen: Christian Molbech, Bidrag til en Historie og Sprogskildring af de
danske Bibeloversättelser, Kopenhagen 1840; Engelstoft, Om Udgaverne af de danske
Bibeloversättelser etc., Nyt theologisk Tidskrift 1856; Bidrag til vor Bibeloversättel=
ses Historie af J. Belsheim, Luthersk Ugeskrift 1879, Nr. 17—19; Veiledning i Bibelens Historie von demselben, Christiania 1880; P. Wiselgren, Svenska Kyrkans sköna
Litteratur; A. E. Knös'k Skriften, I, 2, Upsala 1844; Bibelens Historia, Örebro 1864;
Nordisk Familjebok, Artikel Bibelöversätning und Bibelcommission; Salmonsens
store illustrerede Conversationslexicon for Norden. Artikel Bibeloversättelser.

A. Die Zeit vor der Reformation. Für nicht skandinavische Leser ohne
Kenntnis der alten skandinavischen Litteraturen vor allem eine sprachliche Bemerkung:
Im 10. Jahrhundert und länger zurück, als man in den skandinavischen Ländern keine
andere Schrift hatte, als die Runen, läßt sich zwischen den in Dänemark, Schweden
und Norwegen herrschenden Sprachformen nicht unterscheiden. Aber von der Zeit an,
als man — nicht lange nach der Einführung des Christentums in diesen Ländern —
die lateinische Buchstabenschrift annahm und Bücher zu schreiben anfing, zeigt sich als=
bald in den daselbst verfaßten Schriften ein nicht unwesentlicher Unterschied in der
Sprache. — Norwegen mit seinem Koloniallande Island bekam nach und nach eine
reiche Nationallitteratur, vornehmlich an historischen Schriften (Snorre Sturlesons
Heimskringla u. a.), wogegen in den beiden anderen Ländern die Nationallittera=
turen lange Zeit ziemlich unbedeutend blieben, indem hier die meisten Schriften, in
Dänemark sogar bedeutende historische Schriften (z. B. das Werk des Saxo Grammaticus) lateinisch abgefaßt wurden. Die altnorwegisch=isländische Litteratur altnordisch
zu nennen, wie man in Dänemark und, den Dänen folgend, zum Teil auch anderwärts
gethan, ist daher irreführend. Es sind von den Dänen und Schweden niemals Bücher
in dieser Sprachform geschrieben worden. Auch werden durch diese Bezeichnung die
altschwedische und altdänische Litteratur, die mit gleichem Rechte altnordisch genannt
werden können, ausgeschlossen. Wir reden also hier in Übereinstimmung mit den histo=
rischen Verhältnissen von Altnorwegisch=Isländischem, Altschwedischem und Altdänischem.
Hiebei nennen wir der Kürze wegen das erste nach dem Hauptlande Norwegen alt=
norwegisch, ungeachtet das meiste im Nebenlande Island geschrieben wurde.

Da Norwegen nebst Island am frühesten eine Nationallitteratur erhielt, war es
natürlich, daß man daselbst auch zuerst den Anfang zu einer Bibelübersetzung machte.
Es giebt eine hierhergehörige größere Schrift Stjorn (Leitung, Haushaltung, nämlich
Gottes). Dieses Buch beginnt mit dem ersten Buch Moses und reicht bis zum zweiten
Buch der Könige. Doch ist es seinem größten Teile nach nicht eine eigentliche Bibel=
übersetzung, sondern vielmehr eine Paraphrase der historischen Bücher des AT.s nach
der Vulgata mit vielen eingeschobenen erläuternden Bemerkungen aus den Schriften
mehrerer Verfasser, z. B. Josephus' und Augustins, und insbesondere aus der Historia
scholastica des Petrus Comestor († 1198) und dem Speculum historiale des Vincentius von Beauvais († 1264). Stjorn besteht in der Gestalt, in welcher die Schrift

gegenwärtig in Kopenhagener Handschriften aufbewahrt wird, aus drei Bestandteilen:
1. aus einer paraphrastisch erweiterten Zusammenstellung, die mit 1 Mos beginnt und
mit 2 Mos 18 schließt, 2. aus 2 Mos Kap. 19 bis 5 Mos K. 34, einem Abschnitt,
der sich allein in der vollständigen Handschrift findet und eine Übersetzung des ange-
gebenen Teils des Pentateuchs ist, doch in etwas abgekürzter Gestalt, indem die Wiederholungen weggelassen sind (ein Blatt auf der Bibliothek zu Stockholm enthält 2 Mos
4, 24—7, 15); 3. einer paraphrastischen Darstellung des Inhalts von Jos K. 1 bis
2 Kg K. 25. Der zweite Abschnitt muß der Rest einer älteren Bibelübersetzung nach der
Vulgata sein, vermutlich aus der Mitte des 13. Jahrhunderts. In einer Vorrede zum
Werke erhalten wir die Nachricht, daß es von König Haakon V. Magnusson (1299
bis 1319) veranstaltet worden ist. Nach einer Notiz in einer der Handschriften hat
der Priester Brand Jonson (später, 1263, Bischof von Hole auf Island, † 1264) die
Übersetzung besorgt. Ist diese Notiz richtig, so hat Brand vielleicht den mittelsten und
ältesten Bestandteil spätestens unter dem König Magnus Haakonson (1263—1280) übersetzt. Stjorn ist von C. R. Unger, Professor an der Universität zu Christiania, herausgegeben worden (1862).

In der altnorwegischen Litteratur giebt es viele Homilien, Heiligenlegenden, apo-
kryphische Acta apostolorum (Postulasögur) und ähnliches. Hier finden sich viele
Bibelcitate. Diese hat der Unterzeichnete zusammengestellt und sie 1884 unter dem
Titel: Af Bibelen i Norge og paa Island i Middelalderen herausgegeben.

Die älteste Spur von etwas aus der Bibel auf Altschwedisch Übersetztem findet
sich in den Offenbarungen der heiligen Birgitta in einer Lebensbeschreibung derselben,
sowie in einer ähnlichen Beschreibung ihres Lebens in lateinischen Versen. In beiden
ist davon die Rede, daß sie sich die Bibel auf Schwedisch habe schreiben lassen. Gleichzeitig (um 1340) wird im Testament des Königs Magnus Smek eine große Bibel in
schwedischer Sprache erwähnt. Man nimmt mit Recht an, daß dies dieselbe Bibel gewesen sei, welche Birgitta ihrem Verwandten, dem König, verehrt hatte, glaubt jedoch,
es sei keine vollständige Bibel gewesen, sondern nur eine von Birgittas Beichtvater
Magister Matthias in Linköping († 1350) verfaßte Auslegung der fünf Bücher Mosis.
Diese Auslegung existiert noch in zwei Handschriften, einer zu Kopenhagen und einer
zu Stockholm, und gilt für eine von Matthias selbst herrührende Übersetzung des Anfangs eines größeren verloren gegangenen Werkes, das er lateinisch abgefaßt hatte, und
das Erklärungen zur ganzen Bibel enthielt. Später wurde das Buch Josua und das
Buch der Richter von Nils Ragnvaldson übersetzt, der 1476 in das Vadstenakloster
eintrat, 1501 Confessor generalis wurde und 1514 starb. Die Bücher Judith, Esther,
Ruth und der Makkabäer wurden von Jöns Budde in Nädendalskloster nicht weit von
Åbo in Finland 1484 übersetzt. Auch die Offenbarung Johannis besitzen wir in einer
zwischen 1470 und 1520 verfaßten Übersetzung. Alle diese biblischen Arbeiten folgten
der Vulgata. Sie sind unter dem Titel: Svenska Medeltidens Bibelarbeten (die
Bibelarbeiten des schwedischen Mittelalters), Stockholm 1848—1855, vom Oberbiblio-
thekar G. E. Klemming daselbst herausgegeben. Schwedische Übersetzungen anderer
biblischer Bücher aus dieser Zeit kennen wir nicht. Dagegen finden sich Bruchstücke
mehrerer biblischer Bücher, insbesondere der Evangelien, in verschiedenen Homilien.

Von Bibelübersetzungen auf Altdänisch weiß man noch weniger. Huidtfeldt († 1609)
berichtet in seiner „Danmarks Krönike“, daß sich an vielen Orten in den Klöstern
Übersetzungen des A.T.s, insbesondere der Psalmen und Propheten, gefunden. Eine
solche Übersetzung, enthaltend die zwölf ersten Bücher des A.T.s nach der Vulgata,
findet sich in einer Handschrift, die den Birgittermönchen in Mariager Kloster in Jüt-
land und der Zeit zwischen 1450 und 1480 beigelegt wird. Von dieser sind die acht
ersten Bücher von Prof. Christian Molbech, Kopenhagen 1828, herausgegeben. Von
den Psalmen finden sich Übersetzungen in mehreren Handschriften ungefähr aus derselben Zeit. Aus diesen sind gedruckt Ps 6, 31, 60, 69 (außerdem auch 1 Sam. 17)
in C. J. Brandts Gamle danske Läsebog, Kopenhagen 1857. Auch auf Altdänisch
finden sich Bruchstücke verschiedener biblischer Bücher und Homilien.

B. Nach der Reformation. Auch hier wird es das Richtigste sein, mit einer
sprachlichen Bemerkung zu beginnen. In der Zeit, da die skandinavischen Reiche mit-
einander vereinigt waren (1397—1523, doch mit einigen Unterbrechungen in betreff
Schwedens), gehörte das Fürstenhaus zunächst Dänemark an. Sowohl deshalb, als
weil es den größeren europäischen Kulturländern am Nächsten lag, besaß Dänemark
eine Art Hegemonie über die beiden anderen Länder. Die dänische Sprache war da

nahe daran, die beiden anderen ſtandinaviſchen Sprachen als Schriftſprache zu verdrängen. Dies glückte in Norwegen, das mit Dänemark bis 1814 vereinigt blieb, ſo daß ſich die altnorwegiſche Sprache allein auf Island als Schriftſprache erhielt. Dänemark und Norwegen bekamen dagegen eine gemeinſame Schriftſprache, das Däniſche, und haben ſie weſentlich noch jetzt. Wenn man in Norwegen dieſe Sprache norwegiſch genannt hat, ſo iſt das nicht ganz richtig. Schweden dagegen entwickelte, nachdem es ſich end= lich im Jahre 1523 von den beiden anderen Ländern losgeriſſen hatte, aus ſeiner eigenen alten Sprache das jetzige Schwediſch.

Dänemark (mit Norwegen) und Schweden bekamen in der Reformationszeit bei= nahe gleichzeitig eigentliche und vollſtändige Bibelüberſetzungen, und zwar ging der An= ſtoß zu denſelben von ihren Königen aus. Da die Bibel zuerſt auf Däniſch überſetzt wurde, wollen wir zuerſt die däniſchen Bibelüberſetzungen beſprechen, um ſobann von den isländiſchen und hierauf von den ſchwediſchen zu reden.

Chriſtian II. hatte ſchon 1520 Schritte zur Einführung der Reformation in ſeinen Ländern gethan, indem er zuerſt den Deutſchen Reinhardt und nachher den bekannten A. B. Carlſtadt berief. Als er ſpäter, allgemein verhaßt geworden, nach den Nieder= landen flüchten mußte und hier ſeine Reiche mit fremder Hilfe wiedergewinnen zu können dachte, wollte er zu künftiger Einführung der Reformation in denſelben die Bibel überſetzt erhalten. Der Mann, den er ſich zu dieſer Arbeit auserſah, und der ſie dann auch für ihn leitete, war der Bürgermeiſter Hans Mikkelſen in Malmö, der früher in Wittenberg Luther gehört hatte, nun dem König in die Verbannung gefolgt war und 1532 in Hardervijk in Geldern ſtarb. An dieſer Bibelüberſetzung nahmen auch Povel Kempe, Chriſtian Vinter und Henrik Smith teil. Der König verſuchte auch ſelbſt das AT. zu überſetzen und ſah zum wenigſten mehrere Stücke des NT.s, darunter das Evangelium Johannis, durch. Das NT., überſetzt von Hans Mikkelſen, kam in Leipzig (vti Lijbss i landt til Mijssen) im Auguſt 1524 heraus (auf dem Titel des zweiten Teils ſteht 1523). Die Vorrede von Hans Mikkelſen iſt datiert Antwerpen (Andorp). Dem Titel zufolge iſt die Bibelüberſetzung aus dem Lateiniſchen. Dies iſt doch nur noch bei der Überſetzung der hiſtoriſchen Bücher der Fall, die nach der des Erasmus (nicht nach der Vulgata) gemacht iſt. Die Briefe und die Offenbarung ſind zunächſt aus Luthers Überſetzung gefloſſen. Die Überſetzungsarbeit muß ſchon, bevor der König mit Hans Mikkelſen und mehreren anderen Dänemark verließ (im April 1523), begonnen haben. Dieſe erſte däniſche Überſetzung des NT.s wurde nicht wohl aufgenommen. Die Sprache war holperig und ſchwer verſtändlich und wurde Flensburgdäniſch (eine Miſchung von Däniſchem und Plattdeutſchem) genannt. Hiezu kamen noch ſcharfe Ausfälle gegen König Friedrich I. in der Vorrede. — Die erſte Überſetzung der Pſalmen erſchien 1528 in Roſtock, beſorgt von Frans Wormordſen, Lektor in Malmö, einem Holländer. Sie war nach dem hebräiſchen Original, fünf lateiniſchen und zwei deutſchen Überſetzungen (die eine Luthers) gemacht. Auch dieſe Überſetzung war, namentlich in ſprachlicher Hinſicht, wenig begnügend. Mikkelſens und Wormordſens Überſetzungen wurden bald durch die Arbeiten eines Mannes abgelöſt, der die ähnliche Bedeutung für die däniſche Litteratur hat, wie Luther für die deutſche, nämlich Chriſten Pederſen (geb. 1480, † 1554), der ebenfalls mit Chriſtian II. ins Exil gegangen war. Nachdem dieſer Mann früher (vor 1515) mehrere katholiſche Schriften herausgegeben und die Editio princeps der Historia danica des Saxo grammaticus beſorgt hatte, gab er, nachdem er für die Reformation gewonnen worden war, 1529 eine Überſetzung des NT.s heraus (gedruckt zu Antwerpen, Andorp) mit einer Vorrede, in der er ſeinen früheren Irrtum beklagt und ſein evangeliſches Bekenntnis ablegt. Er folgte zwar zunächſt der Vulgata, aber doch auch „den allerbeſten und vor= züglichſten jetzt exiſtierenden Kirchenmännern" (Klerke), natürlich Erasmus und Luther, die er doch vorſichtigerweiſe nicht nennt. Von ſeiner Überſetzung erſchien ſchon 1531 eine neue und verbeſſerte Auflage (ebenfalls zu Antwerpen). In demſelben Jahre gab er auch eine neue Überſetzung der Pſalmen heraus. Der däniſche Reformator Hans Tauſen († 1561 als Biſchof von Ribe, Ripen) überſetzte die fünf Bücher Moſis (Magdeburg 1535, 1536 und 1537) nach Luthers Überſetzung, und P. Tidemand das Buch der Richter (Kopenhagen 1539), das Buch der Weisheit und das Buch Sirachs (Magdeburg 1541). Erſt 1550 erſchien die ganze Bibel auf Däniſch. Nach dem Be= fehle Chriſtians III. ſollte Luthers deutſcher Überſetzung ſo genau gefolgt werden, als es die däniſche Sprache nur immer erlaubte. Das wichtigſte bei dieſer ganzen Arbeit wurde dem alten Chriſten Pederſen überlaſſen. Doch wurde das Werk von den Pro=

fessoren Christian Morsing, J. Macalpin (Maccabäus), A. Knoppert, P. Plade (Palladius), D. Chrysostomus (Gyldenmund) und Niels Hemmingsen revidiert. Gedruckt wurde diese Bibel in Kopenhagen von Ludwig Dietz aus Rostock. Ein neuer Abdruck mit einigen wenigen Veränderungen erschien 1589. Erst unter Christian IV. dachte man daran, eine Bibelübersetzung nach den Grundtexten zu stande zu bringen. Sie wurde von dem Bischof Hans Povelsen Resen († 1638) besorgt. Das NT. erschien 1605 und die ganze Bibel 1607. Als Übersetzung nach den Grundtexten ein Fortschritt, war diese Bibel in sprachlicher Hinsicht ein Rückschritt. Die ältere Bibel vom Jahre 1550 fuhr fort, beim Volke in Gunst zu stehen und wurde daher 1633 mit einigen Veränderungen von Resen unter dem Namen der Bibel Christians IV. wieder abgedruckt. Auch später erschien sie noch einigemale. Was die Übersetzung nach den Grundtexten von 1607 betrifft, so wurde sie später vom Bischof H. Svane (Svaning), dem jüngeren Resen und P. Winstrup revidiert. Diese revidierte Übersetzung kam 1647 heraus und ist mit wenigen und unwesentlichen Veränderungen in Dänemark und Norwegen bis auf unsere Tage gebraucht worden. Um die Zeit des Reformationsjubeljahres 1717 wurde es dem sogenannten Missionskollegium überlassen, neue Auflagen von Bibeln und Neuen Testamenten zu besorgen. Dieses Kollegium betrachtete sich von nun an als ein Bibelrevisionskomitee und nahm als solches nicht nur Veränderungen in der Orthographie, sondern auch in anderen Dingen vor. Das Waisenhaus in Kopenhagen erhielt 1727 das Privilegium, Bibeln für Dänemark und Norwegen drucken zu lassen, und besaß es seit dieser Zeit. Für Norwegen fiel jedoch dieses Privilegium seit der Trennung von Dänemark (1814). Von dieser Zeit an ging man auch in beiden Reichen in Bezug auf Bibelrevision seinen eigenen Weg. In Dänemark wurde das NT. vom Bischof Münter und den Professoren P. E. Müller, J. Möller, B. Thorlacius und dem (damaligen) Pastor J. P. Münster revidiert (1819). Nach mehreren Vorarbeiten erschien 1872 eine Revision der ganzen Bibel, besorgt vom Stiftspropst C. Rothe und Dr. Kalkar unter Oberaufsicht des Bischofs Martensen und des Prof. Hermansen. Außerdem erschienen seit 1780 noch mehrere neue Privatübersetzungen, teils des NT.s (von Chr. Bastholm 1780 und dem Staatsminister O. H. Guldberg 1794), teils der ganzen Bibel (vom Grundtwigianer J. Chr. Lindberg 1837—1856), von Professor Hermansen, Fr. Helveg, C. Levinsen und Dr. Kalkar 1847), teils einzelner biblischer Bücher (der vier Evangelien von K. F. Viborg 1863, der Psalmen und des Jesaias von Professor C. Hermansen 1865 und 1867, der Psalmen, des Buches Hiob und des Jesaias von Bischof Monrad zu derselben Zeit). Von dem Orientalisten Th. Skat Rördam, seit 1895 Bischof in Kopenhagen, erschien das NT. übersetzt mit Anmerkungen 1886, 2. Ausgabe 1894—95; bis zum Jahre 1897 sind 15 Lieferungen einer illustrierten Prachtausgabe dieser Übersetzung, enthaltend die 4 Evangelien, erschienen.

In Norwegen sind von 1814 an drei Revisionen des neutestl. Teils der seit 1647 gebräuchlichen Bibelübersetzung vorgenommen worden, von denen die 1830 von Prof. Herbleb erschienene mittelste, ziemlich durchgreifend ist. Außerdem begann hier 1842 die Ausarbeitung einer neuen Übersetzung der kanon. und apokryph. Bücher des AT.s, besorgt von Adjunkt Thistedahl und den Professoren Kaurin, Holmboe, Caspari und Nissen. Von 1857—1869 erschien die neue Übersetzung in einer Reihe Probeheften. Später sind diese Probehefte einer Schlußrevision unterworfen worden, an welcher die Professoren Nissen, Dietrichson, Caspari und Johnson beteiligt gewesen sind. Diese Schlußrevision wurde fertig, und das ganze AT. erschien 1890. Nach einer neuen Übersetzung des NT.s, von F. W. Bugge, Bischof in Christiania, wurde die endliche Revision von ihm und den Professoren Caspari und Johnson angefangen. Nach ihrem Tode (1892 und 1894) wird die Revision von F. W. Bugge († 1896), Dr. A. Chr. Bang und Prof. Joh. Storm fortgesetzt. — Wie schon bemerkt, haben Dänemark und Norwegen gemeinsame Schriftsprache. Von dieser ist in Norwegen die Sprache des Volks, die im Altnorwegischen wurzelt, nicht wenig verschieden. In den letzten Jahrzehnten hat man in Norwegen angefangen, die Volkssprache in verschiedenem Grade und in verschiedener Weise als Schriftsprache anzuwenden. Eine Partei begnügt sich damit, norwegische Wörter und Wendungen in die dänische Schriftsprache aufzunehmen, während eine andere weitergeht und eine Sprache mit einem den verschiedenen Mundarten des Landes entlehnten Wortvorrat schreibt, hierbei das Altnorwegische als eine Art Regulator gebrauchend. Es ist denkbar, daß diese beiden Parteien nach und nach einander begegnen und mit einander verschmelzen werden. Die weitergehende Partei arbeitet auch an einer Übersetzung der Bibel in dieser Volkssprache. Im Jahre 1870 erschien in derselben das Markusevangelium in Bergen, 1871 das Johannesevangelium in Christiania, im Jahre 1882 der Brief an die Römer, übersetzt von E. Blix, Professor des He= bräischen und dem Sprachforscher Ivar Aasen, und im Jahre 1883 das Markusevan= gelium von neuem übersetzt von Blix, M. Skard und J. Belsheim. Die letzteren Arbeiten sind mit Staatsunterstützung herausgekommen. Das ganze N.T., von diesen Männern besorgt, wurde fertig und erschien 1889. Einige Vorbereitung zur Über= setzung von Teilen des A.T.s ist getroffen.

In Norwegen wurde in der Reformationszeit nichts von der Bibel übersetzt. Da= gegen erhielt Island seine Bibelübersetzung in seiner alten norwegisch=isländischen Sprache, die mit einigen Abweichungen noch heute gebraucht wird. Ein Mann Namens Odd Gottskalkson, der aus Norwegen stammte, war in Deutschland gewesen und hatte dort Luther kennen gelernt. Nach Hause gekommen wurde er Famulus beim Bischof Ögmund in Skaalholt. Hier übersetzte er das N.T. in seinen Freistunden, mußte aber mit dieser Arbeit in einem Viehstall versteckt sitzen. Seine Übersetzung kam 1540 in Roskilde auf Kosten König Christians III. heraus. Der erste lutherische Bischof in Hole, Olaf Hjalteson, gab 1552 die evangelischen und epistolischen Perikopen in Über= setzung heraus, und der erste lutherische Bischof in Skaalholt, Gissur Einarson, ließ 1580 die Sprichwörter, den Prediger und das Hohelied nach Luthers Übersetzung er= scheinen. 1584 wurde die ganze Bibel auf Island gedruckt, besorgt von Bischof Gud= brand Thorlakson in Hole. 1644 kam wieder eine neue Ausgabe der Bibel heraus, etwas nach Resens dänischer Übersetzung von 1607 modifiziert und von Thorlak Stule= son besorgt. Neue Ausgaben erschienen 1728, 1747 (das N.T. 1750), 1807, 1813 und 1841, und eine neue Bibelübersetzung, besorgt von Bischof Pjetur Pjeturson und Sigurd Melsted kam 1866 in London heraus, das N.T. 1864 in Oxford. — 1823 erschien in Randers eine Übersetzung des Evangeliums Matthäi im Färöischen Dialekt.

Wie die dänischen Könige Christian II. und Christian III., so gab auch der schwedische König Gustav Wasa den Anstoß, um die Bibel übersetzt zu bekommen. Nachdem er die dänische Herrschaft in Schweden gestürzt hatte, wollte er dasselbe auch mit der Herrschaft der dänischen Sprache thun und auch zu dem Ende dem schwedischen Volke die Bibel in seiner Muttersprache schaffen. Da er noch nicht mit der katholischen Geistlichkeit gebrochen hatte, wendete er sich in der Sache an den Erzbischof von Upsala, Johannes Magni. Dieser richtete ein Cirkularschreiben an die Domkapitel und die Klöster, worin er sie aufforderte, die Arbeit unter sich zu verteilen. Der Brief an die Brüder in Wadstena, datiert Trinitatissonntag 1525, hat sich noch erhalten. Wir ersehen aus ihm, daß das Domkapitel in Upsala das Evangelium Matthäi und den Brief an die Römer übersetzen sollte, das in Linköping das Evangelium Marci und die Briefe an die Korinther, das in Skara das Evangelium Lucä und den Brief an die Galater, das in Strengnäs das Evangelium Johannis und den Brief an die Epheser, das in Westerås die Apostelgeschichte, das in Wexiö die Briefe an die Phi= lipper und Kolosser, das in Abo die Briefe an die Thessalonicher und an Thimotheus, die Dominikaner den Brief an Titus und den Hebräerbrief, die Franziskaner die Briefe Jakobi und Judä, die Birgittiner in Wadstena die Briefe Petri und Johannis und die Kartheuser in Mariefred die Offenbarung. Der Bischof Hans Brask in Linköping, eine der eifrigsten Stützen des Katholizismus, widersetzte sich dem Vorhaben. „Es wäre besser", sagte er unter anderem, „Paulus wäre verbrannt als jedermann bekannt". Natürlich wurde nichts aus der Sache. Der König hatte auch schon 1523 seinen Kanzler Laurentius Andreä (geb. 1482, † 1552) beauftragt, mit Hilfe von Olaus Petri (geb. 1497, † 1552) das N.T. zu übersetzen; es kam 1526 in Stockholm und dann wiederholt heraus. Es folgte Luthers Übersetzung und wurde von den Katholiken als ketzerisch verschrieen. Der Erzbischof wollte ihm eine andere von Petrus Benedicti in Linköping verfaßte entgegensetzen, in der bewiesen werden sollte, daß Andreäs Über= setzung an mehr als tausend Stellen falsch sei. Diese Übersetzung kam doch niemals heraus. Die ganze Bibel auf Schwedisch erschien 1540—1541 in Upsala, nachdem eine Übersetzung der Psalmen, der Sprichwörter, des Buchs Sirachs und des Buchs der Weisheit schon 1536 ans Licht getreten war. Sie war vom Erzbischof Laurentius Petri (geb. 1499, † 1573) mit Hilfe der Brüder Olaus Petri und Laurentius Andreä ausgearbeitet und folgte Luthers Übersetzung von 1534. Diese Übersetzung ist im wesent= lichen bis in neuerer Zeit Schwedens Kirchenbibel gewesen, wiewohl sie oft durchgesehen worden ist. In den nächsten Jahren nach 1541 wurden oft einzelne biblische Bücher gedruckt. Man hat in Schweden oft daran gearbeitet, neue Übersetzungen zu stande zu bringen. Schon Gustav Wasas Sohn, Karl IX., setzte 1600 in Strengnäs ein aus vier Mitgliedern bestehendes Übersetzungskomitee nieder. Das Werk dieses Komitees ist unter dem Namen Observationes Strengnenses bekannt. Zu einer neuen Bibel= übersetzung kam es jedoch nicht. Dasselbe, was sein Vater gethan, that 1615 Gustav Adolf von neuem. Eine von ihm niedergesetzte viergliedrige Übersetzungskommission sollte eine mit dem Hebräischen und Griechischen konforme Übersetzung ausarbeiten. Die Arbeit blieb doch wesentlich beim Alten. Unter den folgenden Regenten kamen ver= schiedene vorsichtig revidierte Bibelausgaben heraus. Die wichtigste von diesen war die von den beiden Johann Gezelius, dem Vater und dem Sohne, beide Bischöfe von Åbo (geb. 1615 und 1647, † 1690 und 1718), besorgte. Die Arbeit an dieser Bibel, die mit ausführlichen Anmerkungen begleitet war, begann 1674 und sie war 1724 fertig gedruckt. Später, 1773, setzte Gustav III. eine Bibelkommission von 21 Mitgliedern nieder, die eine sehr ausführliche Instruktion erhielt. Das Resultat entsprach jedoch diesem großartigen Apparat nicht. Die zahlreiche Kommission hatte in 20 Jahren sieb= zehn Zusammenkünfte. Die Arbeit war unter die Mitglieder verteilt, und an die Stelle der mit Tod abgegangenen wurden andere gesetzt. Die einzelnen Bücher er= schienen nach und nach. Alles sollte zum Jubeljahre 1793 fertig sein, wo auch die „Probebibel" herauskam. Aber das Werk fand keinen Beifall, es war zu rationa= listisch, und aus dem ganzen wurde schließlich nichts. Die Kommission wurde nie auf= gelöst. Zu ihren späteren Mitgliedern gehörten S. Ödmann, Tingstadius und der Erzbischof von Troil. 1805 wurde die Arbeit wieder aufgenommen. 1816 erschien eine Probeübersetzung des NT., die aber ebenfalls keinen Beifall fand. Zu ihren tüchtigsten Gegnern gehörte der spätere, berühmte Erzbischof J. O. Wallin († 1839). Von einem paar neuen Mitgliedern in der Kommission kamen nach 1834 mehrere Bücher des NT.s heraus. Im Jahre 1844 wurde die Kommission umgebildet. Professor A. Knös ward nun ihr thätigstes Mitglied. 1853 kam das NT. in Probeüber= setzung aufs neue heraus, dann, wiederum revidiert 1861, 1873 und 1877. Ebenso erschienen in Probeübersetzungen die kanonischen und apokryphischen Bücher des AT.s, bearbeitet von den Professoren Thorén, Lindgren und Melin († 1879). Die jüngste Übersetzung des NT.s, ausgearbeitet vom Erzbischof von Upsala, Sund= berg, und den Professoren Thorén und Johanson, kam 1882 heraus, wurde 1883 mit einigen unwesentlichen Veränderungen von der in diesem Jahre abgehaltenen Kirchen= versammlung gebilligt und hierauf vom Könige bestätigt. Sie gilt nun als die Über= setzung der schwedischen Kirche. Von Prof. Melin ist eine treffliche Übersetzung des AT.s mit Anmerkungen erschienen (1865—1869).   J. Belsheim.

22. Slavische Bibelübersetzungen.

I. Die kirchenslavische Übersetzung der Slaven der orientalischen Kirche (Bulgaren, Serben, Russen).

Die Geschichte der Bibelübersetzungen in slavische Sprache beginnt in der zweiten Hälfte des 9. Jahrhunderts. Die älteste, gewöhnlich kirchenslavisch genannte Über= setzung hängt aufs engste zusammen mit der Thätigkeit der beiden sogen. Slavenapostel, der Brüder Konstantinos (meist nach seinem Mönchsnamen Kyrillos genannt) und Methodios. Ihre gemeinsame Missionsthätigkeit in Mähren, d. h. dem damaligen mährischen Fürstentum Rastislavs und seines Nachfolgers Svatopluk, währte von 864 bis 867, die des Methodios allein, nachdem Konstantin 869 in Rom gestorben war, bis zu seinem Tode 885. Es ist sicher, daß während dieser Zeit in Mähren slavischer Bibel= text im Gottesdienst gebraucht wurde, die nähere Untersuchung stößt aber auf manche Schwierigkeiten. Es handelt sich darum zu bestimmen: wie viel war bis zum Tode des Methodios übersetzt, in welche slavische Sprache ist übersetzt und welche Schrift ist da= bei angewendet, wann und wo hat die Übersetzerthätigkeit begonnen. Über den Umfang der Übersetzung berichten die sogenannten pannonischen Legenden, Vita sancti Methodii (russico-slovenice et latine ed. Fr. Miklosich, Wien 1870; dazu Dümmler, Die pannon. Legende vom h. Method, Archiv für Kunde österr. Geschichtsquellen, Bd XIII) und die Legende vom heil. Cyrillus (herausgegeben von Dümmler und Miklosich, Denk= schriften der phil.=hist. Cl. d. Wiener Ak. Bd 19, 1870, ebenfalls mit latein. Übersetzung). In der Kyrilloslegende § 14 (die Citate beziehen sich auf die Einteilung in dem ge=

nannten Ausgaben) heißt es: Kyrillos habe, nachdem er den Entschluß gefaßt nach
Mähren zu gehen, sich sogleich daran gemacht, die Schrift (für slavische Sprache) zu-
sammenzustellen und das Wort des Evangeliums niederzuschreiben: im Anfang war das
Wort und das Wort war bei Gott und Gott war das Wort u. s. w. Zu verstehen ist
das so, daß Kyrillos die vier Evangelien übersetzt hat, aber nicht dem fortlaufenden
Context nach, sondern als Lektionarium ($\varepsilon\dot{v}\alpha\gamma\gamma\dot{\varepsilon}\lambda\iota o v$ $\ddot{\alpha}\pi\iota o\kappa o\varsigma$, $\varepsilon\dot{v}\alpha\gamma\gamma\varepsilon\lambda\iota\sigma\tau\dot{\alpha}\varrho\iota o v$, oft
auch einfach $\varepsilon\dot{v}\alpha\gamma\gamma\dot{\varepsilon}\lambda\iota o v$ genannt), also den Text aufgelöst in die für die Sonn- und
Festtage des Kirchenjahrs bestimmten Lektionen. Deren erste, auf den Ostersonntag
fallende ist eben der Anfang des Ev. Johannes (übrigens sind unter den ältesten Handschriften auch Tetraevangelien, d. h. die vier Evangelien nach fortlaufendem Context).
Unbestimmter heißt es dann § 15, er habe bald die gesamte Liturgie übersetzt (mox
vero totum ordinem ecclesiasticum vertit). Die Methodioslegende (§ 15) giebt
erweiterte und genauere Auskunft: Methodios zog zwei im Schnellschreiben geübte
Priester aus seinen Schülern hinzu und übersetzte in der kurzen Zeit von 6 Monaten,
vom März bis 26. Oktober, alle Bücher (die gesamte Schrift, nämlich des AT.) außer
den Makkabäerbüchern aus der griechischen Sprache vollständig in die slovenische . . .,
denn früher hatte er nur den Psalter, das Evangelium mit dem Apostolos und ausgewählte kirchliche Offizien (selecta officia ecclesiastica) zusammen mit dem Philosophen (d. h. Kyrillos) übersetzt. Unter Psalter ist das alttestamentliche Psalterbuch,
unter Evangelium das oben beschriebene Lektionarium, unter Apostolos ($\pi\varrho\alpha\xi\alpha\pi\dot{o}\sigma\tau o\lambda o\varsigma$,
$\pi\varrho\alpha\xi\dot{\varepsilon}\omega v$, oft auch bloß $\dot{\alpha}\pi\dot{o}\sigma\tau o\lambda o\varsigma$) der in gleicher Weise in Lektionen aufgelöste Text
der Apostelgeschichte und der Briefe zu verstehen. Darnach hätte Kyrillos außer dem
Psalter das ganze NT. mit Ausnahme der Apokalypse übersetzt (von dieser giebt es
überhaupt keine Handschriften vor dem 13. Jahrhundert, vgl. Oblak, Die kirchenslav.
Übersetzung der Apokalypse, Archiv für slav. Phil. Bd 13). Es sind das eben die Teile
der Bibel, die für die Liturgie der orientalischen Kirche zunächst und vor allem in Betracht kommen. Die selecta officia werden gedeutet auf die beim Gottesdienst gebrauchten Lektionen aus dem AT. (deren Sammlung heißt slav. parimejnik, von
$\pi\alpha\varrho o\iota\mu\dot{\iota}\alpha$). Zu den Nachrichten der Methodioslegende stimmen im ganzen die Angaben
des bulgarischen Exarchen Johannes (der Zeit des Zaren Symeon 893—927 angehörend)
im Vorwort seiner slavischen Bearbeitung der Theologie des Johannes Damascenus
(herausgegeben Moskau 1878): Kyrillos habe übersetzt vom Evangelium und vom
Apostolos eine Auswahl (izborŭ, $\dot{\varepsilon}\kappa\lambda o\gamma\dot{\eta}$), d. h. eben die Evangelien, die Apostelgeschichte und die Briefe in der Form des Lektionariums; Methodios und sein Bruder
die 60 kanonischen Bücher, d. h. die ganze Bibel.

Daß die Überlieferung, was Kyrillos betrifft, richtig ist, kann keinem begründeten
Zweifel unterliegen: Evangelium, Apostolos und Psalter liegen uns als fertige und
vollständige Bücher in sehr alten Handschriften vor. Weniger sicher sind die Angaben
über die Thätigkeit des Methodios an der Bibelübersetzung. Sieht man von dem
legendenhaften Zug der übermäßig schnellen Vollendung der Arbeit ab, so ist es an sich
wohl möglich, daß bis zum Jahre 885 das AT. so gut wie vollständig übersetzt war.
Allein die vor 1500 (s. u.) liegende handschriftliche Überlieferung giebt wohl Kunde
von dem Vorhandensein alttestl. Bücher in kirchenslav. Sprache, aber lange nicht deren
vollständige Reihe. Das ist selbst bei Erwägung der minder wichtigen Rolle des AT.
in der Liturgie auffallend genug, um Zweifel an der Richtigkeit der Angaben über eine
so ausgedehnte Thätigkeit des Methodios an der Bibelübersetzung zu erregen und zu
der Vermutung zu führen, daß die annähernd vollständige Übersetzung des AT. sich
durch einen längeren Zeitraum hingezogen hat.

Eine weitere Frage ist die, in welche Sprache Kyrillos und Methodios übersetzt
haben. Die Brüder wirkten zuerst in Mähren, bald auch unter den südlich von der
Donau wohnenden sogen. pannonischen Slovenen im heutigen westlichen Ungarn in der
Gegend des Plattensees. Eine lange Zeit von vielen festgehaltene, namentlich durch
die Autorität Miklosichs gestützte Ansicht war, daß die Sprache der ältesten Bibelübersetzung der Dialekt dieser nach dem 9. Jahrhundert verschwindenden pannonischen Slovenen sei (eine letzte Zusammenfassung der Gründe für diese Hypothese gab Miklosich
in der Einleitung seiner „Altslovenischen Formenlehre in Paradigmen", Wien 1874).
Darnach wurde die Sprache alt- oder pannonischslovenisch genannt. Da nun
in Mähren, dem ersten Arbeitsfelde der Slavenapostel, das Volk eine westslavische,
zum čzechischen Zweige des Slaventums gehörende Sprache redete, die Sprache der
Bibelübersetzung aber zweifellos zu den südslavischen Sprachen gehört, mußte sich

ergeben, daß Methodios und Kyrillos für die Mährer nicht deren Volksſprache ſondern
einen ihnen fremden Dialekt als liturgiſche Sprache angewendet hätten. Dieſem Wider=
ſpruch begegnete Dümmler (a. a. D.) durch die Annahme, daß die alten Mährer Slo=
venen geweſen ſeien, erſt im Laufe der Zeit, alſo nach dem 9. Jahrhundert, ihre Na=
tionalität verloren hätten und cʒechiſiert worden ſeien. Geſchichtliche Überlieferung giebt
es über einen ſolchen Vorgang nicht; Dümmler mußte aber ʒu dieſer Löſung des
Widerſpruchs kommen, da ihm der pannoniſch=ſloveniſche Urſprung der Sprache auf
Mikloſichs Beweisführung hin feſtſtand. Völlig war die pannoniſch=ſloveniſche Hypo=
theſe nie durchgedrungen, Schaffarik u. a. hatten ſtets daran feſtgehalten, daß die Heimat
der Sprache der älteſten Bibelüberſetʒung auf der Balkanhalbinſel ʒu ſuchen ſei, und
gegenwärtig dürfte ſie faſt allgemein aufgegeben ſein. Es ſteht feſt, daß die Mährer des
9. Jahrhundert demſelben cʒechiſchen Stamme angehörten wie die heutigen; daß die
Slovenen des weſtlichen Ungarns aufs engſte ʒuſammenhingen mit ihren nächſten weſt=
lichen Nachbarn, den heute Slovenen genannten ſlaviſchen Bewohnern von Steiermark,
Kärnten und Krain; daß endlich die Sprachen beider Stämme weder damals mit der
von den Slavenapoſteln angewandten Sprache identiſch waren noch aus ihr als ſekun=
däre Formen abgeleitet werden können. Die Schwierigkeiten löſen ſich nur durch die
Annahme, daß Kyrillos und Methodios einen ihnen von Haus aus bekannten ſla=
viſchen Dialekt für ihre litterariſche Thätigkeit anwandten. Sie waren Griechen, in
Theſſalonich geboren, konnten alſo nur das um dieſe Stadt in Macedonien geſprochene
Slaviſch kennen und wurden auf Grund ihrer Kenntnis des Slaviſchen, das eben nur
jenes Slaviſch ſein konnte, nach Mähren geſandt. Der geſamte grammatiſche Bau der
Kirchenſprache beweiſt außerdem, daß ſie in den Bereich der Dialekte gehört, die jetʒt
als bulgariſche Sprache in weiterem Sinne ʒuſammengefaßt werden und die ʒum Teil
ſicher direkte Weiterentwickelungen ihrer Form ſind; daher die Beʒeichnung der
Sprache des Kyrillos und Methodios als altbulgariſch. Die Beʒeichung der Sprache
als kirchenſlaviſch (altkirchenſlaviſch) iſt lediglich nach dem Gebrauche in der
Liturgie gegeben. Es möge aber ausdrücklich hervorgehoben werden, daß die Be=
nennungen von Texten als altſloveniſch, pannoniſchſloveniſch, altbulgariſch, kirchenſlaviſch,
altkirchenſlaviſch keine Verſionen in verſchiedene Sprachen bedeuten.

Die älteſten Handſchriften ſind in ʒwei Schriftarten überliefert, der ſog. kyrilliſchen
(benannt nach Kyrillos) und der ſog. glagolitiſchen. Jene iſt die griechiſche Majuskel=
ſchrift des 9. Jahrhunderts mit Hinʒufügung neuer Charaktere für ſlav. Laute, die im
Griechiſchen jener Zeit nicht vorkamen; dieſe nach der wahrſcheinlichſten Annahme eine
Stiliſierung der griechiſchen Minuskel mit Hinʒunahme neuer Zeichen wie im kyrilliſchen
Alphabet. Die älteſten Handſchriften (ſ. u.) ſind glagolitiſch geſchrieben und man neigt
ʒu der Annahme, dieſe Schrift ſei überhaupt die ältere, die kyrilliſche, wenn auch ſchon
früh angewendet, die jüngere. Ein ſtrikter Beweis dafür iſt nicht ʒu erbringen; es ver=
hält ſich wahrſcheinlich ſo, daß wie die Griechen jener Zeit neben der allgemein ge=
brauchten Minuskel gelegentlich und ʒu beſtimmten Zwecken die Majuskelſchrift ver=
wendeten, ſo auch in der älteſten Zeit des altbulgariſchen Schriftweſens kyrilliſche und
glagolitiſche Schrift neben einander gebraucht wurden.

Weiter iſt die Frage ʒu erörtern, an welchem Orte und ʒu welcher Zeit die
Überſetʒungen entſtanden ſind. Die Angabe der Kyrilloslegende (ſ. o.), daß Kyrillos
noch vor dem Aufbruch nach Mähren die Schrift ʒuſammengeſtellt und das Evangelium
überſetʒt habe, läßt ſich durch weitere ſichere hiſtoriſche Zeugniſſe nicht erhärten (die
Stellung der größeren Vita S. Clementis episcopi Bulgarorum, graece ed. Fr.
Miklosich, Vindob. 1847, die das beſtimmt angiebt, iſt ʒu unſicher), aber innere
Gründe machen ſie durchaus wahrſcheinlich. Die Schrift iſt der Sprache vorʒüglich an=
gepaßt, die Wiedergabe der Laute gerade in unſern älteſten Handſchriften ausgeʒeichnet;
eine ſolche Vollendung kommt aber nicht auf einmal, ſie kann nur das Reſultat ge=
lehrter Arbeit und der Schluß einer Entwicklung ſein. Daß nun Kyrillos während
ſeiner kurʒen Thätigkeit in Mähren neben der Einrichtung des Kirchenweſens für das
mähriſche Reich, im Kampfe mit widerſtrebenden Gewalten von römiſch=deutſcher Seite
dieſe Arbeit gethan habe, iſt unwahrſcheinlich. Die Bekehrungsgeſchichte der Slaven im
öſtlichen Teile der nördlichen Balkanhalbinſel iſt überaus dunkel, allein, daß vor dem
ſoʒuſagen offiʒiellen Übertritt der Bulgaren ʒum Chriſtentum (864 unter dem Zaren
Boris) die griechiſche Kirche eine Menge Slaven in Macedonien und Thraʒien bekehrt
hatte, liegt in der Natur der Sache, und die Vermutung liegt nahe, daß wenigſtens
der Anfang der Überſetʒungsthätigkeit Kyrills urſprünglich für die Slaven ſeiner Heimat

bestimmt war, ehe an den Zug nach Mähren gedacht wurde. Daß die Legende sie an die Berufung dahin anknüpft, ist natürlich, weil erst dadurch die Thätigkeit der Slaven= apostel eine weitreichende Bedeutung bekam.

Die Frage nach der handschriftlichen Überlieferung der ursprünglichen Übersetzung hängt zusammen mit ihrer Verbreitung über die ursprüngliche Heimat hin= aus; diese muß daher charakterisiert werden. Die Übersetzung der Slavenapostel wurde der kirchliche Text für alle der orientalischen Kirche angehörenden Slaven, d. h. der Bulgaren, Serben und Russen (auch eines Teils der nach der Kirchentrennung der römischen Kirche zugefallenen Kroaten, s. u.), und ist es, wenn auch mit weit= gehenden Umbildungen, bis heute geblieben. Man kann daher nicht im eigentlichen Sinne von einer bulgarischen, serbischen, russischen Bibelübersetzung reden, abgesehen natürlich von den kirchlich nicht gebrauchten Übersetzungen in die Volkssprachen dieser Stämme aus neuester Zeit (s. u. II). Es war aber unvermeidlich, daß auf die Abschriften des ursprünglich altbulgarischen Textes die Nationalsprachen der Schreiber einwirkten und das Überkommene sich nach diesen modifizierte. Es bildete sich so ein be= stimmter Typus des Russisch=kirchenslavischen, des Serbisch=kirchenslavischen, und in Bul= garien eine dem späteren Bulgarischen (sog. Mittelbulgarischen) angelehnte Form aus, demnach auch entsprechend zu benennende, in der sprachlichen Form (nicht notwendig auch in anderen Beziehungen) verschiedene Gestalten des Bibeltextes. Es sind nun nicht alle biblischen Bücher in der ursprünglichen altbulgarischen Gestalt erhalten. Von einigen, zum Teil nicht sicher bestimmbaren Fragmenten abgesehen, gehören der ältesten altbulgarischen Überlieferung an:

1. ein glagolitisch geschriebenes Tetraevangelium, früher in dem Athoskloster Zo= graphu, jetzt in Petersburg, in kyrillischer Transskription herausgegeben von Jagić u. b. T. Quatuor evangeliorum codex glagoliticus olim Zographensis nunc Petropolitanus, Berlin 1879;

2. ein glagolitisches Tetraevangelium, früher in der Stete der h. Jungfrau auf dem Athos, jetzt in Moskau, in kyrillischer Transskription herausgegeben von Jagić u. b. T. Quatuor evangeliorum versionis palaeoslovenicae codex Marianus glagoliticus, Berlin 1883;

3. das glagolitische sog. Vatikanische oder Assemanische Evangelium (ein Lektio= narium), von J. S. Assemani im vorigen Jahrhundert aus Jerusalem in den Vatikan gebracht; herausgegeben in glagolitischen Typen von Rački u. b. T. Assemanov ili Vatikanski evangelistar, Agram 1865; genauer in lat. Transskription von Crnčić u. b. T. Assemanovo izborno evangelije, Rom 1878;

4. das sog. Evangelium (Lektionarium) des Priesters Sabbas (Sava), kyrillisch, nicht vollständig erhalten, herausgegeben von Sreznevskij in Drevnie slavjanskie pamjatniki jusovago pisma, Petersburg 1868; die ganz ungenügende Ausgabe ist nur zu brauchen mit der im Archiv für slav. Philologie Bd 5 herausgegebenen neuen Kollation.

5. ein glagolitisches Psalterium, in der Bibliothek des Sinaiklosters, herausgegeben von Geitler u. b. T. Psalterium, glagolski spomenik manastira Sinai brda, Agram 1883.

Von diesen Handschriften ist keine datiert, paläographische und sprachliche Gründe machen es aber wahrscheinlich, daß die glagolitischen nicht jünger sind als der Anfang des 11. Jahrhunderts, zum Teil vielleicht noch dem 10. Jahrhundert angehören. Der Apostolos fehlt in seiner ursprünglichen sprachlichen Gestalt; er ist nur in mittelbulgarischer, russisch=kirchenslavischer und serbisch=kirchenslavischer Form erhalten. Die große Zahl mehr oder minder vollständiger Handschriften des Evangeliums, Apostels und Psalters in mittelbulgarischer, serbisch=kirchenslavischer und russisch=kirchenslavischer Sprachform auch nur annähernd aufzuzählen, würde über den Rahmen dieser Encyklopädie hinausgehen; es sei daher nur erwähnt, daß der älteste russisch=kirchenslavische Text das sog. Ostromirsche Evangelium (Lektionarium) ist, geschrieben 1056—57 für den damaligen Posadnik von Nowgorod Ostromir (herausgegeben von Vostokov, Petersburg 1843, photo= lithographisch ebb. 1884; die Handschrift ist in der kaiserlichen öffentlichen Bibliothek in Petersburg).

Die in kirchenslavischer Sprache erhaltenen Handschriften des Evangeliums, Apostels und Psalters bieten nun bei aller Übereinstimmung, die sicher bezeugt, daß sie auf einen und denselben Grundtext zurückgehen, doch keine völlige Gleichheit. Auch ab= gesehen von der Umsetzung der sprachlichen altbulgarischen Form in die mittelbulgarische,

serbische, russische Form der Kirchensprache, die nicht notwendig sachliche Unterschiede be=
dingt, und abgesehen von den bei aller handschriftlichen Tradition unvermeidlichen
Verderbnissen, zeigen sich Differenzen, die auf absichtlichen Änderungen beruhen
müssen. Vondrák (Altslovenische Studien, SWA phil. hist. Cl. Bd 122, 1890) nimmt
für die oben angeführten ältesten Evangelien drei Redaktionen an: einerseits Cod.
Zogr. und Marianus, andererseits Cod. Assem. und Ostrom., und zwischen beiden
stehend Sava=Evangelium. Vom 9.—16. Jahrhundert ist beständig an dem Text ge=
ändert und gebessert worden: erstens sind veraltete oder z. B. bei der Überführung nach
Rußland dort unverständliche Worte durch jüngere und verständlichere ersetzt worden,
zweitens hat man auch eine gewisse kritische Thätigkeit geübt, indem man nach dem
griechischen Urtext und dessen Lesarten Stellen verbesserte oder neu übersetzte. So
haben die slavischen orientalischen Kirchen des Mittelalters einen festen einheitlichen,
kirchlich autorisierten Text überhaupt nicht besessen. Man hat den Versuch gemacht,
die erhaltenen Handschriften nach Familien oder Redaktionen zu ordnen, so für das
Evangelium Voskresenskij (Charakterističeskie čerty četyrech redakcii slav-
janskago perevoda evangelija ot Marka, Moskau 1896; derselbe hat 1894
den Text des Markusevangeliums in den verschiedenen Redaktionen nach 108
Handschriften vom 11.—16. Jahrhundert herausgegeben). Er unterscheidet vier
Redaktionen: 1. die älteste südslavische, mehr oder minder ursprüngliche, dahin ge=
hören die oben genannten Evangelien, das Ostromirsche u. a.; 2. die altrussische
Redaktion aus dem 11. und dem Anfang des 12. Jahrhunderts; 3. die russische
Redaktion des 14. Jahrhunderts; 4. die russisch = bulgarische von 1383 in dem sogen.
Konstantinopolitanischen Evangelium; die zu jeder Redaktion gerechneten Hand=
schriften sind a. a. O. Kap. 1 aufgezählt. Es ist indes nachweisbar, daß manche Ab=
weichungen in den russischen Redaktionen schon auf südslavischem Boden entstanden
waren (Valjavec, Trnovsko tetrajevandjelje, in den Starine der Agramer Akademie
Bd 20 u. 21; s. Archiv für slav. Phil. Bd 13, 241). Von Voskresenskij ist auch der
Versuch für den Apostolos gemacht worden (Drevnij slavjanskij perevod apostola
i jego sudby do XV. v., Moskau 1879; die Handschriften gruppiert S. 47 fg. in
vier Redaktionen); für den Psalter von Vjac. Sreznevskij (Drevnij slavjanskij perevod psaltyri, Petersburg 1877; die Handschriften aufgezählt S. 9 fg.), unterscheiden
werden zwei Hauptredaktionen. Spuren handschriftlicher Überlieferung von Büchern
des AT. in kirchenslavischer Sprache gehen bis ins 11. Jahrhundert zurück, das genauere
Verhältnis der einzelnen Texte, denen selbstverständlich nicht der hebräische Urtext, son=
dern der Septuagintatext zu Grunde liegt, ist noch unbekannt. Daß im allgemeinen der
kirchenslavischen Übersetzung der griech. Text der Lucianischen (Antiochenisch=konstantino=
politanischen) Rezension zu Grunde liegt, ist sicher; das Verhältnis im einzelnen ist,
was die gesamten alten Texte betrifft, noch zu untersuchen.

Die erste vollständige Sammlung der biblischen Bücher in kirchenslavischer
Sprache ist im letzten Jahrzehnt des 15. Jahrh. in Rußland entstanden (drei Hand=
schriften, die älteste von 1499 in der Synodalbibliothek zu Moskau, vgl. Gorskij und
Nevostrujev, Opisanie slavjanskich rukopisej Moskovskoj sinod. bibl. I, No. 1—3,
mit ausführlicher Untersuchung über die Bestandteile, ihr relatives Alter u. s. w.).
Ihr Veranstalter war der Novgoroder Erzbischof Gennadius. Daß er kein vollständiges
Korpus der alttestamentlichen Bücher in kirchenslavischer Übersetzung hatte oder kannte,
geht erstens hervor aus einem 1489 an den Erzbischof Joasaph von Rostov gerichteten
Schreiben, worin er diesen um Exemplare einzelner Bücher (Genesis, Könige u. a.)
bittet, zweitens daraus, daß eine Anzahl Bücher in slavischer Übersetzung überhaupt
nicht vorhanden waren oder nicht gefunden werden konnten, sondern neu übersetzt werden
mußten und zwar aus der Vulgata, endlich daraus, daß Lücken der slavischen Texte
nach der Vulgata ausgefüllt sind und daß die Ordnung der Bücher die der Vulgata
ist. So bietet denn das AT. der Gennadiusbibel ein buntes Bild von Texten
verschiedener Übersetzer, verschiedener Zeit und verschiedenen Wertes in Bezug auf die
Überlieferung. Aus der Vulgata sind übersetzt: Paralipomena I II, Esdra I II
(Neh) III, Tob, Jud, Weisheit Salomonis, Mal I II, Esdr.) c. 10—16 (die ersten
9 Kapitel nach Gorski unmittelbar aus dem Hebräischen), Jer 1—25, 46—51; alles
übrige ist älteren kirchenslavischen Vorlagen entnommen, beruht also auf dem Septuagintatext, ist aber der Ausdrucksweise und Sprache nach verschiedenen Alters und gehört
verschiedenen Redaktionen der altkirchenslavischen Übersetzung an. Das in die Gen=
nadiusbibel aufgenommene NT. beruht auf der altkirchenslavischen Übersetzung.

Ein lebhafteres Interesse für die Bibel erwachte im 16. Jahrhundert im (heutigen) Süd- und Westrußland, das zusammenhängt mit dem dort wogenden Streit der Anhänger der orthodoxen Kirche mit Katholiken und Unierten und den reformatorischen Bewegungen in Polen, zu dem damals Süd- und Westrußland größtenteils gehörten. In der zweiten Hälfte des 16. Jahrhunderts wurden in Lemberg und Wilna Evangelium, Apostolos und Psalter zum Teil öfter gedruckt; der älteste Druck, ein Apostolos, ist indes 1564 in Moskau gemacht. Die wichtigste That war jedoch der Fürsten Konstantin Konstantinovič Ostrožkij unternommene Druck der Gesamtbibel. Ihm wurde 1575 von Moskau eine Kopie der Gennadiusbibel gesandt; die Bibel erschien 1581 in Ostrog (daher die Bezeichnung Ostroger Bibel). Für die meisten Bücher liegt der Text der Gennadiusbibel zu Grunde, doch so, daß sowohl bei den Büchern, die aus altkirchenslavischen Vorlagen in diese übergegangen waren, als bei den aus der Bulgata neu übersetzten eine mehr oder minder, oft nur unbedeutend eingreifende Revision nach dem griech. Urtext stattgefunden hat. Bei Esther liegt in der Ostroger Bibel der griech. Text zu Grunde, ebenso repräsentiert das Hohelied und die Weisheit eine andre Übersetzung aus dem Griechischen als die Gennadiusbibel (für das letztere Buch indes mit Benutzung des Gennadiustextes). Daß die Bearbeiter auch andere slav. Bibeltexte außer der Abschrift der Gennadiusbibel zur Hand hatten, geht aus ihren eigenen Äußerungen hervor und zeigt sich außerdem durch einen gewissen Einfluß der Ausgaben Skorinas (s. u. II, 1) auf den Text der Ostroger Bibel.

Die Gennadiusbibel wie die Ostroger waren nach ihrer ganzen Entstehungsweise weit entfernt einen kritisch befriedigenden oder auch nur überall verständlichen Text zu bieten. Es beginnen daher schon im 17. Jahrhundert die Ansätze einen verbesserten Text zu gewinnen, zumal bei den fortgesetzten Drucken biblischer Bücher (Evangelium, Apostolos, Psalter) nach kirchenslavischen Handschriften deren Verderbnisse nicht bloß wiederholt, sondern durch die den Griechischen gänzlich unkundigen Korrektoren und Verbesserer noch neue hineingebracht wurden. So nahm Nikon (Metropolit von Novgorod, seit 1652 Patriarch der russischen Kirche) im Zusammenhang mit seiner Verbesserung der gottesdienstlichen Bücher überhaupt auch die Revision des Bibeltextes in Angriff. Russische Theologen aus Kijew wurden dazu herangezogen, allein nach der Entfernung Nikons aus Moskau (1658) kam die Sache ins Stocken und es wurde nur 1663 in Moskau die Ostroger Bibel mit geringen Änderungen neu gedruckt. Der im Zusammenhang mit den Nikonschen Bestrebungen entstandene Raskol, wie er überhaupt alles neuere verwarf, braucht bis jetzt nur vornikonische Texte. Die Aufgabe, einen verbesserten und als feststehend anzuerkennenden Bibeltext herzustellen, blieb bestehen. Erst unter Peter dem Großen wurde in Verbindung mit seinen andern zivilisatorischen Bestrebungen das Werk wieder aufgenommen: in einem Ukas von 1712 verfügte er: der Archimandrit des Zaikonospastischen Klosters Theophylakt Lopatinskij und der Lehrer an der hellen.-griech. Schule Sophronius Lichuda (ein Grieche) sollten mit andern Mitarbeitern die bis dahin in Gebrauch befindliche Bibel von 1663 mit dem griechischen Urtext vergleichen und sie verbessern zum Zweck einer Neuausgabe. Die Arbeit war 1724 beendet, der schon verfügte Druck kam aber nach Peters Tode (1725) nicht zu stande. Die Handschrift des AT. dieser Revision befindet sich in der Synodalbibliothek in Moskau, vgl. Gorski und Nevostrujev a. a. O. S. 164 fg., wo auch das Verfahren und die Ziele der Revisoren ausführlicher beschrieben sind. Der definitive Abschluß der Arbeit wurde erst unter der Kaiserin Elisabeth erreicht. Sie erließ 1744 eine Verfügung an den Synod, die Bibelrevision schleunig zu beenden, und noch im selben Jahre die weitere, die von Lopatinskij verbesserte Bibel zum Druck zu bringen, falls aber der Synod sie in irgend welcher Beziehung unzureichend fände, sein Urteil abzugeben. Die Sache zog sich indes hin; der Synod übertrug die weitere Revision den gelehrten Kijewer Mönchen Hilarion Grigorovič, Jakob Blonnickij und Barlaam Ljaščevskij, Lehrer des Griechischen, Hebräischen und der Theologie an der geistlichen Akademie zu Kijew; der letzte war der Hauptarbeiter, der alle früheren Arbeiten noch einmal revidierte. Die Bibel (Elisabethbibel genannt) konnte endlich 1751 erscheinen. Im Vorworte Ljaščevskijs wird gesagt: „die einzige Sorge hatten wir bei dem Werke der Revision dieser Bibel, die slavische Übersetzung in allem übereinstimmend mit der griech. Übersetzung der 70 herauszugeben." Das will besagen, daß alles was in der Ostroger Bibel fehlerhaft befunden wurde, nach dem griech. Text verbessert ward. Drei weitere Ausgaben erscheinen 1756, 1757, 1759, die zweite in einigem verbessert; alle weiteren Drucke der russisch-kirchenslavischen Bibel, die also jetzt den von der

Kirche als feststehend anerkannnten Text darbietet, sind Wiederholungen des zweiten Druckes.

Weder bei den Bulgaren noch bei den Serben sind die bei ihnen, also in mittel= bulgarisch=kirchenslavischer und serbisch=kirchenslavischer Gestalt, vorhandenen biblischen Bücher der altkirchenslavischen Übersetzung zu einem Korpus vereinigt worden; es wird bei diesen Völkern die Bibel in russisch=kirchenslavischer Form (die Elisabethbibel) gebraucht (die sogen. Ofener Bibel, gedruckt in 5 Bänden, Ofen 1804, ist nach dem Kijewer russischen Druck von 1788 gemacht).

Eigentümlich war das Schicksal der altkirchenslavischen Übersetzung bei den der römisch= katholischen Kirche zugefallenen Kroaten. Zu ihnen kamen die gottesdienstlichen Bücher nach der Vertreibung der Schüler Methods aus Mähren (nach 885) und zwar in gla= golitischer Schrift, die dort im Laufe der Zeit einen besonderen eckigen Duktus annahm. Noch jetzt werden mit besonderer Erlaubnis des römischen Stuhls diese glagolitischen liturgischen Bücher in einigen Gemeinden gebraucht. Was sich von dem Bibeltext in den Missalen und andern gottesdienstlichen Büchern verstreut erhalten hat, zum Teil beeinflußt von der Bulgata, ist aus Handschriften und Drucken (vor dem 16. Jahrh.) zusammengestellt von Ivan Berčić u. d. T. Ulomci svetoga pisma (= Bruch= stücke der h. Schrift), 5 Tle, Prag 1864—71. Über protestantische und katholische Bibel= übersetzungen späterer Zeit für die Kroaten und Serben s. u. III.

II. Übersetzungen in die Volkssprachen der Russen, Bulgaren und Serben.

1. **Russische Übersetzungen.** Das Kirchenslavische ist trotz der Verwandtschaft des Altbulgarischen mit dem Russischen und trotz der Annäherung des späteren Kirchen= slavischen an die Volkssprache doch eine dem Volke fremdartige, keinesweges ohne weiteres verständliche Sprache. Es fehlt daher auch bei den der orientalischen Kirche angehören= den Slaven nicht an Versuchen, Bibelübersetzungen in den wirklich gesprochenen National= sprachen herzustellen. Ein Streben sich mehr von dem Kirchenslavischen zu Gunsten der Volkssprache los zu machen zeigt in Rußland zuerst die Thätigkeit des Dr. Franciscus Skorina (vgl. Vladimirov, Francisk Skorina, ego perevody etc., Petersburg 1888; ausführliches Referat im Archiv für slav. Phil. Bd 12, 243), geboren in Polozk (also im westlichen, weißrussischen Gebiete); er lebte bis wenigstens 1535. Er gab von 1517—19 im ganzen 22 alttestamentliche Bücher in „russischer Sprache" (kyrillische Schrift) in Druck: Psalter, Hi, Pr, Sir, Ekklesiastes, HL, Wei Salomonis, die vier Bücher Kge, Jos, Jud, Ri, Pt, Est, Jer, Dan; andere Teile der Bibel waren nur handschriftlich verbreitet. Die (weißrussische) Volkssprache in dem uns geläufigen Sinne des Wortes herrscht indes in dieser Bibel nicht, sondern das Gepräge ist im ganzen das derjenigen kirchenslavischen Schriftsprache, wie sie damals im heutigen Westrußland üblich war; die größte Annäherung an die Volkssprache besteht in der Wahl der Worte und in der Syntax. Der Text ist in hohem Grade beeinflußt von der čech. Bibel von 1506 (s. u. III, 2). Im westlichen und südlichen Rußland (nach heutiger politischer Zuge= hörigkeit), also in weiß= und kleinrussischem Sprachgebiete, sind im Laufe des 16. und 17. Jahrh. noch verschiedene Ansätze zu Übersetzungen in volkstümlicherer Sprache ge= macht worden, wobei indes immer das Kirchenslavische eine starke Rolle spielt. (Über die westrussischen Psalterien vgl. Karstij, Zapadnorusskie perevody psaltyri v. XV bis XVII v., Warschau 1896). Übersetzungen in die wirkliche kleinrussische Volks= sprache fallen erst in die neueste Zeit. Mit Übergehung unbedeutenderer Versuche sei hier genannt die Übersetzung des NT. in die ukrainisch=kleinrussische Sprache von Kulisch und Puljuj (Wien 1880); Kulisch hatte schon früher einzelne Teile übersetzt, außerdem Ps, Hi und Pt.

Für die Masse des russischen Volkes hatte schon Peter der Große das Bedürfnis nach einer Bibel in der wirklichen Volkssprache erkannt, hatte auch den Pastor Glück, der 1703 nach der Eroberung Marienburgs von da nach Moskau gebracht wurde und sich schon früher mit der Umsetzung der kirchenslavischen Bibel ins Russische befaßt hatte, beauftragt, die Bibel in die Volkssprache zu übersetzen. Glück starb aber schon 1705 und von seiner Arbeit ist nichts bekannt geworden.

Das Werk, die Bibel in die gemeinrussische (großrussische) Umgangs= und Schriftsprache zu übertragen, fällt erst dem 19. Jahrh. zu und steht im Zusammenhang mit der russischen Bibelgesellschaft, die mit Billigung Alexanders I. 1812 in Petersburg nach dem Muster und den Prinzipien der Britischen Bibelgesellschaft gegründet wurde.

Außer der Ausgabe, die Bibel der verschiedenen Bekenntnisse und in den verschiedenen Sprachen des russischen Reiches zu verbreiten, setzte sie sich auch die, die kirchenslavische Bibel in billigen Ausgaben unter das Volk zu bringen. Aber man ging bald weiter. 1816 unterbreitete der Präsident der Gesellschaft, Fürst Golicyn, zu gleicher Zeit Ober-prokuror des Synods, diesem den kaiserlichen Wunsch, „auch den Russen die Möglichkeit zu verschaffen, das Wort Gottes in der ihnen angeborenen russischen Sprache zu lesen als einer, die ihnen verständlicher sei als der (kirchen)slavische Dialekt, in dem die Bücher der h. Schrift bei uns herausgegeben werden". Der Synod beschloß, daß an der Pe-tersburger geistlichen Akademie die zu diesem Werke geeigneten Männer ausgewählt, die Ausgabe des Textes, zugleich mit dem kirchenslavischen, der Bibelgesellschaft an-heimgestellt werden solle. Die Arbeit wurde dem damaligen Rektor der geistlichen Akademie Philaret (später Metropolit von Moskau) im Verein mit andern Mitgliedern übertragen. Schon 1818 erschienen so die Evangelien, 1819 mit deren dritter Ausgabe zugleich die AG. Die Vorrede spricht u. a. aus: „die gegenwärtig herrschende russische Sprache hat sich soweit von der kirchenslavischen, in der alten Übersetzung der h. Schrift angewandten, entfernt, daß es nicht genügt hätte, einige alte ungebräuchliche Worte durch neue gebräuchliche zu ersetzen, sondern daß eine Erneuerung im Einklang mit dem gegenwärtigen Stande der russischen Sprache nötig war". 1822 wurde das gesamte NT. herausgegeben, 1824 dies zum ersten Mal ohne den kirchenslavischen Paralleltext. Seit 1820 war auch die Übersetzung des AT. in Angriff genommen, die Arbeit verteilt unter die drei geistlichen Akademien in Petersburg, Moskau und Kijew; außer Philaret war namentlich Pavskij daran beteiligt: 1822 erschienen die Psalmen, von Philaret übersetzt. Bei der Übersetzung des AT. galt als Grundlage der hebräische Urtext, zu dem der Septuagintatext und neuere Übersetzungen als Hilfsmittel herangezogen wurden. 1825 waren übersetzt und gedruckt: Pt, Jos, Ri, Ruth. Inzwischen hatte sich aber gegen die russ. Bibelgesellschaft starke Opposition erhoben, veranlaßt durch eigentümliche mystische Richtungen einiger sie vertretenden Personen, durch prinzipielle Abneigung streng ortho-doxer Geistlichen gegen das Bibellesen der Laien überhaupt, durch das Mißfallen an der Beteiligung von Gliedern der katholischen Kirche und der protestantischen Bekennt-nisse an der Leitung der Gesellschaft. Dazu kam in jener Zeit noch das Mißtrauen der Staatsbehörden nicht bloß gegen politische, sondern gegen jede Art von Privatgesell-schaften, und 1826 verfügte Kaiser Nikolaus, die Bibelgesellschaft habe ihre gesamte Thätigkeit einzustellen. Damit hörte auch die öffentliche Thätigkeit an der Bibelübersetzung auf und wurde erst unter Alexander II. wieder aufgenommen. Was inzwischen geschah, beruhte auf Privatarbeit einzelner Männer. Philaret (jetzt Metropolit von Moskau) regte wiederholt, doch vergeblich die Wiederaufnahme der Bibelübersetzung an; zwei seiner Schüler indes aus der Zeit seines Rektorats der Petersburger geistlichen Aka-demie machten sich an die Arbeit. Gerasim Pavskij, Professor des Hebräischen an dieser Akademie, übersetzte den Studenten in seinen Vorlesungen das AT.; die litho-graphierten Hefte wurden weiter verbreitet, aber nach einer Klage gegen Pavskij (1841) die vorgefundenen Exemplare zur Vernichtung verurteilt (Teile wurden später gedruckt in dem Journal Duch Christianina). Ebenso hatte Makarius (Glucharev), ge-storben 1847, längere Jahre Missionar am Altai, das ganze AT. übersetzt (später ge-druckt in dem Journal Pravoslavnoe obozrěnie 1860—67). Die Thronbesteigung Alexanders II. (1856) gab die Möglichkeit, auch von kirchlicher Seite die Bibelüber-setzung wieder aufzunehmen. Philaret gab schon 1856 auf der Versammlung des Sy-nods in Moskau die Anregung, und nach manchen Schwierigkeiten und Bedenken beschloß 1857 der Synod: „Die Übersetzung der h. Schrift, zuerst des NT.s, dann nach und nach auch des AT.s ist notwendig und heilsam, aber nicht zum Gebrauch in den Kirchen, für die der kirchenslavische Text unangetastet bleiben muß, sondern zum Zwecke des bessern Verständnisses der h. Schrift". Der Kaiser bestätigte 1858 diesen Beschluß, und die Anordnung der Arbeit wurde den vier geistlichen Akademien Petersburg, Mos-kau, Kijew, Kasan übertragen, die Gesamtredaktion dem Professor des Griechischen an der Petersburger Akademie, Lovjagin. So erschienen denn 1860 die Evangelien, 1862 der übrige Teil des NT. Seit 1860 hatte man auch am AT. gearbeitet: die Peters-burger geistliche Akademie wählte dazu ein Komitee, bestehend aus dem Theologen Go-lubev (nach dessen Tode Savvaitov), dem Professor des Hebräischen Chwolson und dem des Griechischen Lovjagin; der eigentliche Übersetzer war indes Chwolson. Die Über-setzung wurde zuerst gedruckt in dem Journal Christianskoe čtenije (1861 ff.). 1863 beschloß der Synod, seinerseits die Bibelausgabe in die Hand zu nehmen: 1868 erſchien der erſte Teil (Pentateuch), 1875 der letzte, 1876 die Geſamtbibel in einem Bande. Die Überſetzer gaben dieſe ruſſ. Bibel AT.s in derſelben Ordnung und dem=ſelben Beſtande wie die griech. und kirchenſlaviſche Bibel; obgleich alſo die Überſetzung nach dem hebräiſchen Texte gemacht iſt, ſind doch darin aufgenommen alle Stellen und Sprüche, die in der griechiſchen Bibel ſtehen, in der hebräiſchen aber nicht enthalten ſind; auch ſind die apokryphiſchen Bücher, überſetzt aus den Sprachen (griechiſch und lateiniſch), in denen ſie überliefert ſind, mit aufgenommen und zwar an den Stellen, wo ſie in der griechiſchen und kirchenſlaviſchen Bibel ſtehen. (Vgl. Aſtaſjev, Opyt iſtorii biblii v Rossii im Žurnal miniſterſtva narodnago proſvěščenija 1888 und 1889, Bd 252—261, und die dort verzeichnete Litteratur).

Zu gleicher Zeit hatte auch die britiſche Bibelgeſellſchaft eine Überſetzung des AT. aus dem hebräiſchen Grundtext ins Ruſſiſche unternommen. Überſetzer waren Levinſon und Chwolſon, der Druck (in London) 1875 beendet. Da aber die Verbreitung in Ruß=land verboten war, erbat und erlangte die Geſellſchaft die Erlaubnis, in der Synodal=druckerei die ruſſiſche Bibel des Synod (die von 1868—75) mit Weglaſſung der Apo=kryphen für ſich zu drucken.

2. Bulgariſche Überſetzungen. Auch für die Bulgaren exiſtieren aus dem 19. Jahrh. Überſetzungen bibliſcher Bücher in die Volksſprache. Von Drucken einzelner Teile der Bibel hier abgeſehen, erſchien das NT. 1828 in Bukareſt (2. Ausg. 1833), überſetzt von den Geiſtlichen Sapunov und Seraphim. Für die britiſche Bibelgeſell=ſchaft hatte der Archimandrit Theodoſius, Abt des Kloſters Biſtrica, das NT. überſetzt, gedruckt in London 1828, die ganze Ausgabe ſoll aber nach Petersburg geſchickt und dort vernichtet worden ſein. Das vom Hieromonachen Neophyt vom Rilakloſter aus dem Kirchenſlaviſchen in die Volksſprache umgeſetzte NT. erſchien in Smyrna 1840 (2. Ausg. ebb. 1850, 3. in Bukareſt 1853, der noch weitere Ausgaben folgten); ferner 1867 in Newyork das NT. von der Amerikaniſchen Bibelgeſellſchaft, nach dem Titel „getreu und genau nach dem Urtext". Drucke des NT. mit derſelben Angabe auf dem Titel ſind auch in Konſtantinopel 1866 und 1872 erſchienen. Das AT., „überſetzt aus dem Ur=text", wurde in Konſtantinopel in drei Teilen (1862—64) ohne die Apokryphen heraus=gegeben; die ganze Bibel von der amerikaniſchen Bibelgeſellſchaft, „getreu und genau überſetzt aus dem Urtext", in Konſtantinopel (1868, 2. Ausg. 1871, 3. 1874).

3. Serbiſche Überſetzungen. Für die Serben unternahm zuerſt der Begründer der heutigen ſerbiſchen Schriftſprache, Vuk Stefanović Karadžić, die Überſetzung des NT. in die ſerbiſche Volksſprache (erſchienen zuerſt Wien 1847). Vuk hat nicht un=mittelbar aus dem Griechiſchen überſetzt, ſondern zehn beſte Überſetzungen in moderne Sprachen zu Grunde gelegt und bei Zweifeln Kopitar und Mikloſich nach Wortlaut und Sinn des Urtextes gefragt (ſ. ſeine Vorrede). Das AT. hat dann Vuks nächſt=ſtehender Schüler Djuro Daničić in derſelben Weiſe überſetzt (Belgrad 1868). Die Sprache beider Bücher iſt ausgezeichnet. Die ſerbiſche Bibel von Stojković (gedruckt 1824 in Petersburg von der ruſſiſchen Bibelgeſellſchaft) iſt nicht in der Volksſprache ge=ſchrieben, ſondern in einem Gemiſch von Kirchenſlaviſch und Serbiſch. — Über eine Bibelüberſetzung für katholiſche Serben ſ. u. III, 1.

III. Bibelüberſetzungen der übrigen, der römiſch=katholiſchen oder den proteſtantiſchen Kirchen angehörenden ſlaviſchen Völker (Slovenen und Kroaten, Czechen, Polen, Wenden).

1. Überſetzungen ins Sloveniſche (und Kroatiſche). Die Bibelüber=ſetzungen für die Slovenen (deutſch auch Winden genannt, die Slaven der Steier=mark, Kärntens und Krains) ſtehen in engſter Verbindung mit der Thätigkeit des krainiſchen Reformators Primus Truber (1507—1586) und ſeiner Genoſſen und Nachfolger. Dieſe Überſetzungen waren alſo für die evangeliſchen Slovenen be=ſtimmt (vgl. Schnurrer, Slaviſcher Bücherdruck in Württemberg im 16. Jahrhundert, Tübingen 1799; Koſtrenčić, Urkundliche Beiträge zur Geſchichte der proteſtantiſchen Litteratur der Südſlaven in den J. 1559—65, Wien 1874; Th. Elze, Die ſloveniſchen proteſtantiſchen Druckſchriften des XVI. Jahrh., aus „Jahrbuch der Geſ. für die Geſch. des Proteſtantismus in Öſterreich", Jahrg. 13 ff. Venedig 1896, und den A. Truber in dieſer Encykl.). Die Bücher ſind durch die maſſenhafte Vertilgung während der Gegen=reformation bibliographiſche Seltenheiten geworden (vgl. Fr. Ahn, Bibliographiſche Seltenheiten der Truberlitteratur, Leipzig 1894). Den Anfang machte Truber mit dem Evangelium Matthäi (gedruckt in Reutlingen 1555; die Vorrede iſt unterzeichnet V.T.,

d. i. Truber und Vergerius, die Übersetzung ist aber von Truber). Bald darauf (Tübingen 1557, in 4°) ließ er den ersten Teil des NT. erscheinen; der deutsche Titel,
der zugleich zeigt, auf welcher Grundlage die Übersetzung ruht, lautet: „der erst halber
Teil des newen Testaments, darinn seind die vier Euangelisten vnd der Apostel Ge-
schicht, auß den fürnembsten vnd approbierten Lateinischen, Teutschen und Wälschen Alten
vnd Newen Translationen . . . verdolmetscht". Der zweite Teil (Tübingen 1560, 4°)
enthält, obwohl auf dem Titel steht, daß „alle Episteln und (Geschriften der h. Apostel"
darin sein werden, nur den Römerbrief. Die Fortsetzung (1, 2 Ko und Ga) ist Tübingen 1561 (4°) gedruckt, aber kein Exemplar bekannt; die weitere Fortsetzung, ein
Druck von 1567 (Tübingen, 4°) enthält Eph, Phi, Kol, Th, Tim, Tit, Philem. (das
einzige bekannte Exemplar in der Göttinger Universitätsbibliothek). Außerdem existiert
noch ein Druck (Tübingen 1577, 8°), bezeichnet auf dem Titel als letzter Teil des
NT., enthaltend Hebräerbrief, die Briefe Jakobi, Petri, Johannis, Judae und die Apk;
er ist in der That der letzte Teil von Trubers 1557 begonnener Übersetzung des NT.,
obwohl die andern obengenannten Teile ihm in Druck und Format nicht entsprechen.
Das gesamte NT. Trubers wurde dann 1582 (Tübingen, 8°) in zwei Teilen, deren
erster Evangelien und AG enthält, neu gedruckt; in der Vorrede sagt Truber, daß er
seine frühere Übersetzung unverändert wieder hier aufgenommen habe. Daß die Übersetzung des NT. nicht aus dem Grundtext gemacht ist, ergeben die oben angeführten
Worte der Titel. Ebenso wenig ist das der Fall bei dem einzigen Buche des AT.,
das Truber übersetzt hat, dem Psalter (Tübingen 1566, 8°).

Die Fortsetzung des Übersetzungswerkes fiel auf Georg Dalmatin (1550—1589).
Von ihm ist die in Laibach 1575 gedruckte Übersetzung des Sirach, obwohl sein Name
nicht genannt ist; die der (Sprüche Salomonis (gedruckt Laibach 1580) bezeichnen ihn
auf dem Titel ausdrücklich als Übersetzer. Der von ihm übersetzte Pentateuch erschien
als Biblie to ie vsiga Svetiga Pisma pervi deil = Bibel, d. i. der ganzen heil.
Schrift erster Teil, Laibach 1578 (II. Fol.); der Titel besagt u. a., die fünf Bücher
Mosis seien hier zum ersten Mal aus andern Sprachen ins Slovenische übersetzt. An
eine Übersetzung aus dem hebräischen Grundtext, selbst wenn dieser dabei eingesehen ist,
darf man auch hier nicht denken. Endlich erschien die ganze Bibel (A und NT.) Dal-
matins Wittenberg 1584 (Fol.). In der Vorrede heißt es, die Bibel sei übersetzt aus
den Originalsprachen und andern Interpreten, namentlich aus Luthers Verdeutschung.

Zu den protestantischen Übersetzungen gehört auch das für die ungarischen Slovenen in ihrem Dialekt herausgegebene NT. von Stephan Küzmics (dem Titel nach
aus dem Griechischen übersetzt; zuerst Halle 1771, dann Preßburg 1818; eine mir bekannte Ausgabe, Güns [Köszeg] 1848, enthält als Anhang die Psalmenübersetzung
von Alex. Terplan).

Von katholischer Seite begann man im Anfang des 17. Jahrh. zunächst
Übersetzungen der Lektionen aus dem NT. für die Sonn- und Festtage. Ein solches
Lektionarium gab der Laibacher Bischof Thomas Chrön (Hren) heraus (Graz 1612
bis 1613); bemerkenswert ist dabei, daß die dalmatinische Bibel sehr stark benutzt ist
(vgl. darüber, wie über ein handschriftlich gebliebenes, ebenfalls mit Benutzung des
dalmatinischen Textes verfaßtes Lektionarium, Archiv für slavische Phil. Bd 11, 259
und 582). Solche Lektionarien erschienen vom 17—19. Jahrh. noch oft, darunter eins
im sogenannten kajkavischen Dialekt der den Slovenen zunächst stehenden Bewohner
Provinzialkroatiens vom Agramer Bischof Petretić (Graz 1651). Eine vollständige katholische Bibelübersetzung kam erst am Ende des 18. Jahrhundert zu stande. Das NT.
wurde von den Geistlichen Georg Japel und Blasius Kumerdey übersetzt (1. Tl. Laibach 1784; 2. T. ebd. 1786); das AT. folgte in 9 Teilen (Laibach 1791—1802),
übersetzt von den Geistlichen Japel, Kumerdey, Modestus Schrey, Anton Traun, Jos.
Schkriner, Matth. Wolff, Joh. Richer. Da das NT. von 1784—86 vergriffen war,
wurde eine neue Ausgabe davon gemacht (2 Tle, Laibach 1800 und 1804) und so die
Bibel vollständig. Der Übersetzung liegt die Vulgata zu Grunde; nach Dobrowsky
(Slavin 1808, S. 18) ward den Übersetzern die Rosalino'sche deutsche Übersetzung zum
Muster empfohlen und sie bedienten sich als weiterer Hilfsmittel auch der russisch-kirchenslavischen Ostroger Bibel (s. o.) und des Hutterischen NT. in 12 Sprachen, das auch
eine böhmische und polnische Übersetzung enthält.

Als Anhang an das Slovenische muß hier erwähnt werden der Versuch, auch für die
evangelischen oder dem evangelischen Glauben zu gewinnen Kroaten (im Königreich Kroatien und dem dalmatinischen Küstenlande) eine Bibelübersetzung zu schaffen,

weil er wieder zuſammenhängt mit der Thätigkeit der krainiſchen Reformatoren unter den andern den Slovenen benachbarten Südſlaven. In der kroatiſchen Volksſprache (alſo nicht kirchenſlaviſch) gab es bereits Überſetzungen des Lektionariums aus den Evangelien und Epiſteln, ſo das des Prieſters Bernardin von Spalato (gedruckt 1495, neu herausge= geben u. d. T. Lektionarij Bernardina Spljećanina, Agram 1885, von Maretić), ferner das Zaraer und das Ranjinaſche Lektionarium (herausg. u. d. T. Zadarski i Ranjinin lektionar, Agram 1894, von Reśetar). Das zuſammenhängende NT. wurde von Anton Dalmata und Stephan Conſul (Istrianus) überſetzt und in glagolitiſcher Schrift gedruckt (2 Tle, Tübingen 1562 und 1563). In der Vorrede heißt es: „wir haben und gebrauchen mehr denn eine lateiniſche, deutſche und wälſche (und von wegen etlicher alten windiſchen Wörter eine böhmiſche) Dolmetſchungen der Bibel, aber wir halten uns und folgen am meiſten des Erasmi und Lutheri Translation". Doch ſteht es feſt, obwohl die Überſetzer es nicht erwähnen, daß ſie die in den oben erwähnten volksſprachlichen Lektionarien enthaltenen Abſchnitte des NT. ſtark benutzt, zum Teil wört= lich aufgenommen haben (vgl. Leskien, Das dalmatiniſch = ſerbiſche Missale romanum der Leipziger Stadtbibliothek, Berichte der k. ſächſ. Geſellſchaft der Wiſſenſch. 33. Bd, 1881). Man kann alſo hier nur bedingt von einer neuen Überſetzung reden. Dem glagolitiſchen NT. wurde von denſelben Männern (die Vorrede des zweiten Teils iſt außerdem von Georg Jurićić unterſchrieben) ein kroatiſches NT. in kyrilliſcher Schrift (2 Tle, Tübingen 1563) zur Seite geſtellt, das jedoch nicht buchſtäblich den gleichen Text bietet.

Verſuche den katholiſchen Kroaten und Serben eine zuſammenhängende Bibel= überſetzung zu geben, beginnen im 17. Jahrh. Die Sprache wurde gewöhnlich als illy= riſch bezeichnet, womit aber keine beſondere ſlav. Sprache, ſondern das Serbo = kroatiſche gemeint iſt. In der Widmung ſeines in Illyriſche überſetzten Rituale romanum (Rom 1640) ſpricht Barth. Kaſić dem Papſte Urban VIII. den Wunſch aus: utinam aliquando etiam lucem aspiciat selecta a me ex antiquis illyricis codicibus versio illyrica Novi Testamenti. Eine Handſchrift der von Kaſić nach der Vul= gata überſetzten Bibel befindet ſich in Rom bei der Propaganda (Šafařik, Geſchichte der ſüdſlav. Lit. II, 203). Gedruckt iſt nichts davon. Erſt in unſerm Jahrhundert wurde für die katholiſchen Serben eine Bibel gedruckt (Ofen 1831 in 6 Teilen, in latein. Schrift, mit der Vulgata als Paralleltext), überſetzt in „die illyriſche Sprache bosniſchen Dialekts" (d. h. ins Serbiſche) von Peter Katančić. Die Überſetzung folgt der Vulgata buchſtäblich und iſt daher von Ausdrucksweiſe und Stil der Volksſprache weit entfernt.

2. Überſetzungen ins Czechiſche (Böhmiſche). Die czechiſche Litteratur des Mittelalters iſt außerordentlich reich an Überſetzungen bibliſcher Bücher, denen ſelbſtverſtändlich die Vulgata zu Grunde liegt (vgl. die Aufzählung der Handſchriften und Drucke bei Jungmann, Historie literatury české, 2. Ausg. Prag 1849; ferner Jireček, Rukovět k dějinám literatury české II, 116; ſ. auch die Litteratur= angaben bei Vlček, Dějiny české literatury p. 278. Als älteſte Spur galten lange Zeit die von Hanka 1828 ans Licht gebrachten Fragmente eines böhmiſchen Ev. Jo= hannis, angeblich aus dem 10. Jahrh. (herausg. von Šafařik und Palacky in „Die älteſten Denkmäler der böhm. Sprache", Prag 1840); ſie gehören aber zu Hankas vielen Fälſchungen (vgl. darüber Archiv für ſlav. Philol. Bd 10, 103). Die erſten echten Ueberſetzungen ſind ſolche einzelner bibliſcher Bücher; im Laufe des 14. Jahrh. ſind alle Teile der Bibel überſetzt worden, aber zu verſchiedenen Zeiten und von vielen verſchiedenen Überſetzern. Der Pſalter, der zu den älteſten Überſetzungen gehört, iſt vertreten durch den Wittenberger Pſalter (Handſchrift der Seminarbibliothek in Witten= berg, herausg. von Gebauer, Žaltář Wittenberský = Památky staré literatury české Nr. 7, Prag 1880, mit kritiſcher Einleitung). Die Handſchrift enthält den la= teiniſchen Pſalter und die böhmiſche Interlinearverſion, beides wohl gleichzeitig geſchrieben, und gehört wahrſcheinlich der erſten Hälfte des 14. Jahrh. an. Die kritiſche Unter= ſuchung hat ergeben, daß die böhm. Überſetzung, wenigſtens zu einem bedeutenden Teile, die Abſchrift einer älteren Vorlage, wahrſcheinlich eines gloſſierten Pſalters ſein muß (ein Beiſpiel eines ſolchen liegt vor in einer Handſchrift des Böhm. Nationalmuſeums, aus dem 13. Jahrh., herausg. von Patera im Časopis českého musea 1879). Die Überſetzung iſt recht unvollkommen und enthält zahlreiche Mißverſtändniſſe des latein. Textes. Ebenfalls aus der Mitte des 14. Jahrh. ſtammt der ſog. Clementiner Pſalter (Handſchrift der Prager Univerſitätsbibliothek, herausg. von Patera, Žaltář klemen-

tinský = Památky st. I. č. Nr. 10). Auf Grund dieſer und anderer Pſalmentexte des 14. Jahrh. (aufgezählt von Gebauer in der Einleitung zum Wittenberger Pſalter, S. XXVII—XXX) werden vier Rezenſionen, d. h. vier verſchiedene Überſetzungen an= genommen.

Die altczechiſche Evangelienüberſetzung ſteht in gewiſſem Zuſammenhang mit der altkirchenſlaviſchen Überſetzung (vgl. Vondrát, Die Spuren der altkirchenſlaviſchen Evan= gelienüberſetzung in der altböhm. Litteratur, Wien 1893, SWA phil.=hiſt. Kl. Bd 129), d. h. die nach der Vulgata gemachte böhm. Überſetzung zeigt eine Mitbenutzung des kirchenſlav. Textes. Zunächſt hat man auch hier gloſſierte Texte gehabt, dann dem kirchlichen Bedürfnis gemäß Lektionarien (Evangeliſtarien); Fragmente ſolcher ſind aus dem 14. Jahrh. vorhanden (ſ. Menčík, Dva evangelistáře, Prag 1893, wo in der Einleitung überhaupt über die Evangeliſtarien gehandelt wird). Aber ins 14. Jahrh. fallen auch die erſten zuſammenhängenden Überſetzungen der Evangelien. Nach einer Mitteilung Wiclefs wurde 1381 der Tochter Karls IV. Anna bei ihrer Verheiratung mit Richard III. von England als Mitgift auch ein böhm. NT. gegeben; das NT. in der Kollegiatkirche des h. Wenzel in Nikolsburg iſt von 1406. Die Bücher des AT.s ſind ebenfalls im 14. Jahrh. überſetzt (vgl. Joſ. Jireček, Rozbor českého překladu sta- rého zákona, CCM 1864, Bd 38, und derſ., K rozboru staročeského překladu starého zákona, ib. 1872, Bd 46; ferner über Teile des Pentateuchs Patera im CCM 1890, Bd 64, und 1895, Bd 69).

So konnte denn die vollſtändige Bibel zuſammengeſtellt werden. Man pflegt nach Dobrowskys Vorgang verſchiedene Rezenſionen des Textes zu unterſcheiden. Zu der erſten, zugleich älteſten werden gerechnet: die Dresdner oder Leskowetzer Bibel (Hand= ſchrift der k. Bibliothek in Dresden), aus den Jahren 1390—1410; die Leitmeritzer (Handſchrift der biſchöfl. Bibliothek in Leitmeritz, z. T. der gräflich Bratislaviſchen in Prag), aus den J. 1411—1414; die ſog. zweiteilige Olmützer (Handſchrift der Lyceums- bibliothek dort) von 1417; die in glagolitiſcher Schrift geſchriebene ſog. Emmausbibel (geſchrieben für die Benediktiner des ſlav. Kloſters Emmaus in Prag) von 1416, u. a. (ſ. Jireček CCM 1872). Eine Rezenſion können dieſe Texte nur uneigentlich genannt werden, inſofern keine einheitliche Bearbeitung oder Verbeſſerung des ganzen Korpus ſtattgefunden hat. Die Geſamtbibel iſt vielmehr ein Konglomerat der bereits vorhan= denen älteren Überſetzungen einzelner bibliſcher Bücher von verſchiedenen Perſonen aus verſchiedenen Zeiten in verſchiedenen Rezenſionen. Der Text dieſer Bibeln iſt aber, und das iſt weſentlich, vorhuſſitiſch.

Huß lag alſo die böhm. Bibel ſchon als Ganzes vor und er wie ſeine Nach= folger unternahmen eine Reviſion des Textes nach dem Originaltext (der Vulgata), die zugleich dahin gerichtet war, veraltete Sprache durch neuere zu erſetzen. Schon 1406 hatte ein unbekannter Geiſtlicher eine ſolche Reviſion vorgenommen (NT. mit Teilen des AT.s erhalten in einer Handſchrift des Kapitels in Nikolsburg). Huß' Thätigkeit an dem Bibeltext fällt vor 1412; der Text iſt erhalten in der Handſchrift der böhm. Bibel in Schaffhauſen (um die Mitte des 15. Jahrh. geſchrieben). In dieſe iſt der 1406 verbeſſerte Text übergegangen. Während des 15. Jahrh. iſt dann der Bibeltext Gegenſtand wiederholter revidierender und verbeſſernder Thätigkeit geweſen. So ver= beſſerte der Huſſit Martin Lupáč (geſt. 1468) das NT. (erhalten nach Dobrowský, Geſchichte der böhm. Sprache S. 220, Nr. 19 in einer Handſchrift der Hofbibliothek zu Wien, nach Jireček, Rukovět S. 118, in der ſogen. Lobkowitziſchen Bibel, jetzt in Stockholm, geſchrieben 1476—80). Dieſer Text iſt dann übergegangen in den erſten vollſtändigen Bibeldruck (Prag 1488) und mit geringen Abweichungen in den Kutten= berger (1489) und den Venediger (1506). Auf dieſen Drucken beruhen wieder die Ausgaben der ganzen Bibel in Prag (bei Paul Severin, 1537), in Nürnberg (gedruckt von Linhart Milchthaler, daher nach ihm bezeichnet, im Verlag von Koburger, 1540), in Prag (1549, im Verlage von Heinrich Melantrich, daher die Bibel nach ihm be= zeichnet wird; Melantrich war in Wittenberg Schüler Melanchthons geweſen; über die Drucke dieſer Offizin vgl. Rybička, Melantrichové z Aventina a tiskárna jejich, CCM 1865). In der letztgenannten Ausgabe iſt das NT. etwas nach dem griech. Text revidiert. Die Melantrichſche Bibel wurde in derſelben Offizin noch öfter im Laufe des 16. Jahrh. gedruckt, ebenſo das NT. allein, und aus einem dieſer Drucke ſtammt der böhmiſche Text in dem zwölfſprachigen Hutteriſchen NT. (Nürnberg 1599).

In ein neues Stadium trat die Bibelüberſetzung durch die Brüderunität. 1518 erſchien ein NT. in Jungbunzlau (cum gratia et privilegio reverendissimi generalis in ordine) als überhaupt erste Ausgabe des N.T.s von seiten der Brüder-unität auf Anordnung des damaligen Hauptes Lukas von Prag (gest. 1528). Die Vorrede macht auf die Fehler der älteren Bibeln aufmerksam; diese Ausgabe enthält also eine Revision, aber sie war ungenügend, und auch die bessere von Bened. Optat und Peter Gzell nach Erasmus' lateinischem Text verfaßte Übersetzung (1533) befriedigte nicht. Erst der von der Unität damit beauftragte Joh. Blahoslav übersetzte das Neue Testament unmittelbar aus dem griech. Urtext und zwar in ausgezeichneter Weise (zuerst erschienen 1564, zum zweiten Mal 1568). Sehr bald unternahm dann die Brüderunität die Übersetzung auch des A.T.s aus dem Grundtext und wählte zu dieser Arbeit außer Blahoslav: Andreas Stephan, Johann Aeneas, Jesaias Caepolla, Joh. Capito, Joh. Ephraim, Paul Jesenius, Georg Vetter (Streiz), zu diesen als besondere Kenner des Hebräischen Albrecht Nikolai und den jüdischen Konvertiten Lukas Helitz. Als Vorlage benutzten sie für das A.T. den Text der Antwerpener (Königlichen) Poly-glotte; bei der großen Anzahl schon vorhandener böhmischer Bibeln verstand es sich eigentlich von selbst, daß sie deren Text für den sprachlichen Ausdruck zu Rate zogen, und ausdrückliche Zeugnisse wie eine Vergleichung mit den Bibeln von 1488, 1489, 1506 bestätigen das. Die Arbeit wurde von 1577—93 beendet und die Bibel von 1579—93 in Kralitz in Mähren (daher der Name Kralitzer Bibel) in 6 Teilen (4°) ge-druckt; sie wird auch als sechsteilige und als Brüderbibel bezeichnet. Das N.T. wurde in der Übersetzung Blahoslavs übernommen; die ganze Übersetzung ist sowohl sachlich wie sprachlich als eine ausgezeichnete Leistung anerkannt. 1596 war schon die ganze Bibel in kleinerem Format (8°) nochmals gedruckt; 1601 erschien für sich noch einmal das N.T. mit geringen Änderungen (von Zachar. Ariston) und endlich 1613 die ganze Bibel von neuem in Folio, in der das N.T. dem von 1601 entspricht (vgl. Smaha, Kra-lická bible, im ČČM 1878 und 1879 Bd 62 und 63). Auf dem Bibeldruck von 1613 beruhen dann die Ausgaben in Halle von 1722, 1745, 1766, auf den Hallenser Drucken die Ausgabe in Preßburg 1787, in Berlin 1807.

Von 1620 an mußte in Böhmen und Mähren die Ausgabe nichtkatholischer Bibeln aufhören; es folgen dann aber Bestrebungen, die Bibel für die Katholiken ein-zurichten. Nach einigen vergeblichen Ansätzen wurde die Arbeit den Jesuiten Georg Konstanz (gest. 1673), Matth. Steyer (gest. 1692), Joh. Barner (gest. 1708) über-tragen. Sie nahmen als Grundlage den Venediger Druck von 1506, benutzten aber stark die Brüderbibel, namentlich beim A.T.; das N.T. erschien 1677, Propheten und Makkabäer 1712, die übrigen Teile des A.T.s 1715. Die Bibel führt den Namen Bibel des h. Wenzel, weil sie auf Kosten einer auf den Namen des h. Wenzel ge-machten Stiftung herausgegeben wurde. Ein Neudruck ist 1769—71 in Prag erschienen. Diese in vielen Punkten, sachlich wie sprachlich, ungenügende Übersetzung unterzogen Durich und Prochaska einer durchgreifenden Revision mit Benützung des Textes der Brüderbibel (gedruckt Prag 1778—80). Noch mehr wurde der Text dem der Brüder-bibel genähert in dem von Prochaska von neuem verbesserten N.T. (Prag 1786) und in der Ausgabe der ganzen Bibel (ebenda 1804). Die Ausgaben Prag 1851 und (zum zweiten Mal) 1857 beruhen auf Prochaskas Text mit gewissen Änderungen. Auf der Ausgabe von 1851 beruht dann die Bibel von Frencl und Desolda (Prag 1864), die aber die älteren böhm. Bibeln (von 1506 u. a.) zur Herstellung des Textes zu Rathe zogen. Die von Besděta (Prag 1860) herausgegebene Bibel bietet den Text der Brüderbibel mit geringen Änderungen.

Ins Slovakische (die dem Böhmischen nächstverwandte, dem Czechischen im weitern Sinne angehörende Sprache) übersetzte Palkovič die Bibel nach der Vulgata (2. Tle., Gran 1829).

3. Übersetzungen ins Wendische (Sorbische) für die slav. Bewohner der Ober- und Niederlausitz.

A. Niederlausitz-wendische Bibel. Die älteste sorbische Bibelübersetzung überhaupt ist die des N.T.s von 1547 in einen seitdem ausgestorbenen Dialekt des Niedersorbischen (den Sorauer), deren Handschrift sich auf der kgl. Bibliothek in Berlin befindet. In einem Nachwort nennt sich als Übersetzer Miklawusch Jakubiza, von dem sonst nichts bekannt ist. Die Übersetzung ist nach dem lutherschen Text gemacht mit sehr starker Benutzung einer böhmischen Bibel, so daß die Sprache von Czechismen wimmelt. Herausgegeben ist von diesem N.T. nur der Jakobusbrief (von Lotze, Leipz. 1867) und das Markusevangelium (von Leskien, im Archiv für slav. Phil. Bd 1). Diesem ersten Versuche folgten andere erst anderthalb Jahrhunderte später. Ins Niedersorbische (Kottbuser Dialekt) übersetzte Gottlieb Fabricius (Prediger in Kahren, gestorben 1741 als Superintendent in Kottbus), ein geborner Deutscher, der das Wendische erst lernen mußte, das NT. (gedruckt 1709 mit deutschem und wendischem Text). Es ist im 18. u. 19. Jahrhundert noch mehrmals gedruckt worden; 1860 nach einer Revision des Pfarrers Teschner für die Britische Bibelgesellschaft (Berlin bei Trowitzsch u. Sohn). Von alttestamentlichen Büchern waren im 18. Jahrhundert übersetzt der Psalter (Guben 1753, 2. Ausg. 1764) und Sirach (Guben 1764), beide vom Pfarrer Wille in Briesen, nach dem lutherschen deutschen Text. Vollständig wurde das AT. übertragen und zwar in sprachlich gelungener Weise von Johann Gottlieb Fritz, Pfarrer in Kolkwitz und Gulben (Kottbus 1796 gedruckt). Zur ganzen Bibel wurden die beiden Testamente vereinigt durch einen Druck auf Kosten der preuß. Bibelgesellschaft: das AT. in Berlin 1824, das NT. in Kottbus 1822 gedruckt; die Gesamtbibel endlich 1868 (Halle, Cansteinsche Bibeldruckerei) auf Kosten der preuß. Hauptbibelgesellschaft herausgegeben von Pfarrer Haussig in Kolkwitz mit Beihilfe mehrerer andrer Geistlichen.

B. Oberlausitzisch-wendische Bibel. In das Oberlausitzisch-wendische (Obersorbische) übersetzte zuerst Michael Frentzel (gest. 1706 als Pfarrer in Postwitz) die Evangelien Matthäi und Marci (erschienen Bautzen 1670); 1693 gab er den Römer- und Galaterbrief heraus; 1706 erschien in Zittau das gesamte NT. in seiner Übersetzung, herausgegeben von seinem Sohne Abraham Frentzel. Über das Verfahren berichtet die deutsche Vorrede, Michael Frentzel habe zu der deutschen Version Luthers den griechischen Grundtext und die böhmische Bibel verglichen; was bisher von der Bibel NT.s übersetzt war, wurde beibehalten, das ganze aber noch einmal von dem Sohne revidiert, so daß der Text „aufs fleißigste mit des Herrn Lutheri teutscher Interpretation, als welche, so weit die wendische Redensart leidet, treulich beibehalten, conferieret, der griech. Text, kein Wort, auch nicht eine particula ausgenommen, genau betrachtet und überdies die polnische, böhmische, slavonische Versiones consultieret" wurden. Vom AT. erschien der Psalter (Bautzen 1703), übersetzt von Paul Prätorius, Archidiakonus in Bautzen, Michael Frentzel und Michael Räße, Diakonus in Bautzen; Sirach (Bautzen 1719) von Georg Matthäi, Pfarrer in Kollm; Sprüche, Prediger, Hohelied, Sirach (Löbau 1719) von Georg Dumisch, Archidiakonus in Senftenberg, und Christian Leonhardi, Pfarrer in Kleinbautzen. Die ganze Bibel erschien zuerst in Bautzen 1728 (4°). An der Arbeit waren beteiligt die Pfarrer Joh. Lange in Mildel, Matth. Jockisch in Gebeltzig, Joh. Wauer in Hochkirch. In der deutschen Vorrede schreiben sie über ihr Verfahren: „Wir sind vorher in der Haupt-Sechsstadt Budissin zusammengekommen und die Eintheilung gemacht, was ein jeder übersetzen sollte; welches jedes membrum zu Hause bei Nebenstunden mit allem Fleiß verrichtet, und sodann ferner collegialiter in Budissin revidieret, dergestalt, daß ein jeder sein Pensum hergelesen, der andere den deutschen Text Lutheri, der dritte andere Versiones aufgeschlagen und bei vorfallenden dubiis die polnische, böhmische und slavonische, die niedersächsische, Pentapla, auch gute Commentatores aufgeschlagen". Außerdem berichten sie, daß sie „den Wustischen Bibeldruck zu Wittenberg zum Fundament ihrer Version geleget" haben. Dabei haben sie die bereits gedruckten wendischen Übersetzungen biblischer Bücher übernommen, das übrige neu übersetzt und alles sprachlich „nach dem rechten budissinischen Dialecto" gegeben. Einen zweiten Druck (Bautzen 1742, 8°) dieser Bibel besorgte der Pfarrer Joh. Gottfr. Kühn und berichtet in der Vorrede, er habe an voriger Übersetzung (der von 1728) weiter nichts geändert, als daß die Fehler verbessert und was ausgelassen worden (welches zuweilen ganze Verse betroffen) in diesem Drucke hinzugethan sei, daß also nunmehr in der ganzen Bibel kein einziges Wort fehle. Diese Ausgabe ist indes, da Kühn das Wendische nicht vollkommen beherrschte, sprachlich verschlechtert, die Mängel erst wieder verbessert in der von Joh. Jak. Petschke revidierten dritten Bibelausgabe (1797). Die weiteren Drucke im 19. Jahrhundert mögen hier unerwähnt bleiben, genannt sei nur noch die 9. Ausgabe der Gesamtbibel (Bautzen 1881), revidiert von H. Immisch u. a., mit einer Einleitung von diesem über die Geschichte der oberlausitzisch-wendischen Bibelübersetzung.

Die katholischen Wenden der Oberlausitz besaßen bis in die neueste Zeit keine gedruckten Übersetzungen des zusammenhängenden Bibeltextes; einige Versuche aus dem 17. und 18. Jahrhundert blieben handschriftlich. Das NT. wurde nach der Vulgata übersetzt von Georg Luscanski und Michael Hornik (Bautzen 1887—92); die Psalmen übersetzte aus dem Hebräischen Joh. Laras (Bautzen 1872).

4. Überſetzungen ins Polniſche. Die Geſchichte der poln. Bibelüberſetzung beginnt mit dem Pſalter (vgl. Nehring, Altpoln. Sprachdenkmäler, Berlin 1886). Ab=geſehen von einer Nachricht über eine ſchon im 13. Jahrhundert vorhandene Pſalter=überſetzung und einigen Fragmenten ſpäterer Zeit ſind die vollſtändigen Texte: der ſog. Florianer Pſalter (Pergamenthandſchrift der Abtei St. Florian bei Linz) aus der zweiten Hälfte des 14. Jahrhunderts, enthält den Text lateiniſch, polniſch und deutſch (der poln. Text herausg. von Dunin=Borkowſky u. d. T. Psalterz krolowéj Malgorzaty, Wien 1834, nach der irrigen Meinung, der Pſalter ſei für Margareta, Tochter Karls IV., Gemahlin des Königs Ludwig von Ungarn und Polen, beſtimmt geweſen; in kritiſch vorzüglicher Weiſe von Nehring u. d. T. Psalterii Florianensis pars polonica, Poſen 1883, mit ausführlicher Einleitung, vgl. dazu deſſen Iter Florianense, Poſen 1871). Der poln. Text verrät ſich als Abſchrift einer älteren polniſchen Überſetzung, deren Sprache noch ungelenk ſich möglichſt dem lateiniſchen Text anzupaſſen ſucht und bei der eine böhmiſche Überſetzung benutzt iſt (über die Abhängigkeit poln. Texte über=haupt von altböhmiſchen vgl. die Abhandlungen Nehrings, Über den Einfluß der alt=czechiſchen Litteratur auf die altpolniſche, Archiv für ſlav. Phil. Bde 1, 2, 5, 6). Ferner der Pſalter von Pulawy (benannt nach dem früheren Aufbewahrungsort, jetzt in Krakau) aus dem Ende des 15. Jahrhunderts (herausgegeben in homographiſchem Druck im Verlage der Bibliothek von Kornik, 1880). Der Text ſtimmt zu dem des Florianer Pſalters, iſt aber keine Abſchrift davon, ſondern beide gehen auf eine ältere Vorlage zurück.

Polniſche Bibeln in weiterem Umfange beginnen ſeit Mitte des 15. Jahrhunderts: die nur fragmentariſch erhaltene ſog. Sophienbibel (benannt nach der Königin Sophie, für die ſie nach einer Notiz aus dem 16. Jahrhundert beſtimmt geweſen ſein ſoll, auch nach dem Aufbewahrungsort Szarospataker Bibel) enthält Geneſis, Joſua, Ruth, Könige I, III, IV, Paralipomena I, II, Esdra I, Nehemia, Esdra II (III), Tobias, Judith (herausgegeben von Malecki u. d. T. Biblia krolowéj Zofii, Lemberg 1871). In dem Codex werden fünf Schreiber unterſchieden und es beſteht die Anſicht (ſ. Arch. für ſlav. Phil. 6, 173), daß er eine Abſchrift aus einer älteren fertigen polniſchen Bibel ſei. Der Text iſt entſchieden nach einer böhmiſchen Vorlage hergeſtellt mit ober=flächlicher Reviſion an der Hand der Bulgata.

Mit dem Reformationszeitalter beginnt ein Aufſchwung der Überſetzungsthätigkeit, da die verſchiedenen Bekenntniſſe ihre Anhänger mit Bibeltexten zu verſehen ſtrebten (über die polniſchen Bibeln vom 16. Jahrhundert an vgl. Ringeltaube, Gründliche Nachricht von polniſchen Bibeln, Danzig 1744; Wiszniewski, Historya literatury polskiéj, Bd 6 [Krakau 1844], von p. 549 an, und die dort angeführte Litteratur). Von lutheriſcher Seite hatte ſchon Herzog Albrecht von Preußen in einem Schreiben, das in ſeinem Auftrage an Melanchthon gerichtet war, die Anregung zu einer Bibel=überſetzung ins Polniſche gegeben. Betraut wurde damit Joh. Seclutianus (Sieklucki), geſt. 1578 als Prediger in Königsberg. Er gab 1551 (Königsberg, in 4°) das Evan=gelium Matthäi „aus der griechiſchen Sprache in die polniſche" mit Heranziehung der lateiniſchen und einiger Überſetzungen in andre Sprachen (ſo auf dem Titel) überſetzt heraus, das geſamte NT. in zwei Teilen (Königsberg 1551 u. 1552), mit der gleichen Bemerkung auf dem Titel.

Die polniſchen Reformierten (Calviniſten) erhielten die Bibelüberſetzung durch den Fürſten Nikolaus Radziwill (1515—1565). Er beauftragte damit eine ganze Geſellſchaft polniſcher und ausländiſcher Theologen und Gelehrten, und dieſe, von Michael Oles'nicki auf ſeiner Beſitzung Pincow (in der Nähe von Krakau) aufgenommen, brachten in ſechs Jahren das Werk ausgezeichnet zuſtande. Die Bibel erſchien auf Koſten Radziwills 1563, gedruckt in Breſt Litewski (daher Breſter oder Radzwilliſche Bibel genannt). Die Über=ſetzer berichten, daß ſie beim AT. den hebräiſchen Urtext zu Grunde gelegt, dabei aber die alten Überſetzungen und verſchiedene neuere lateiniſche zu Rate gezogen haben; daß ſie auch beim NT. ſich nach dem griechiſchen Grundtext gerichtet und dabei Überſetzungen, die für benachbarte Völker in deren Mutterſprache gemacht waren, eingeſehen haben. Das NT. aus der Breſter Bibel wurde im Laufe des 16. Jahrhunderts wiederholt neugedruckt.

Die Breſter Bibel fand nicht unbedingte Anerkennung; von Reformierten wurde ſie ſocinianiſcher Auslegungen verdächtigt (unter den Bearbeitern befanden ſich Männer, denen man Hinneigung zum Socinianismus zuſchrieb), blieb aber doch bei ihnen lange in Gebrauch. Indes wurde ſie auch von den Socinianern angegriffen und der Ungenauigkeit beschuldigt; es entstand daher bei diesen der Wunsch nach einer neuen Übersetzung. Namentlich der Socinianer Simon Budny macht der Brester Bibel den Vorwurf, sie sei in der That nicht, wie ihr Titel besage, nach den Originaltexten, sondern nach der Vulgata und andern neuern Übersetzungen gemacht, die Übersetzer hätten mehr auf ein gutes Polnisch als auf getreue Wiedergabe gesehen und die Bibel enthalte daher beklagenswerte Fehler. Er unternahm also eine neue Bearbeitung. Seine Bibelübersetzung (auf dem Titel: „von neuem aus dem Hebräischen, Griechischen und Lateinischen ins Polnische übersetzt") wurde 1572 in Nieswiez gedruckt (daher Nieswiezer oder Budny=Bibel genannt). Da bei diesem Druck von Budny nicht gebilligte Änderungen vorgenommen waren, erkannte er das darin enthaltene N.T. nicht als das seinige an und gab selbst ein verbessertes N.T. (auf dem Titel: von neuem übersetzt und von Zusätzen gereinigt) heraus (1574). In der Vorrede geht Budny sehr scharf mit der Textüberlieferung des N.T.s überhaupt wie seinen Übersetzungen ins Gericht. Bemerkenswert ist, daß er, aus dem russischen Litauen stammend, die kirchenslavische Bibel kannte und ihr nachrühmt, daß er viel daraus gelernt habe, sie werde jedem Über= setzer des N.T.s in eine slav. Sprache von großem Nutzen sein. Aber auch Budny be= gegnete demselben Tadel, den er der Brester Bibel angehängt hatte, und der Socinianer Adam Czechowicz gab eine neue oder, wie er selbst in der Vorrede sagt, gegen die bis= herigen verbesserte Übersetzung des N.T.s heraus (Rakow 1577). Die interessante Vor= rede bezeugt, daß Czechowicz bemüht war genau zu übersetzen, aber seine socinianischen Ideen zum Ausdruck brachte, z. B. wenn er für Taufe nicht das gewöhnliche polnische Wort krzest, sondern ponurzenie (Untertauchung) anwandte. Zu den socinianischen Ausgaben gehört auch noch das N.T. des Valentin Smalcius (Rakow 1606).

Die Brester Bibel wurde im Gebrauch der Reformierten abgelöst durch die sog. Danziger Bibel (die dann überhaupt die Bibel aller evangelischen Polen wurde). Auf der Synode in Dzarowiec 1600 wurde eine neue Ausgabe der Bibel in Aus= sicht genommen und das Werk dem reformierten Pastor Martin Janicti aufgetragen, der schon die ganze Bibel aus dem Urtext übersetzt hatte; 1603 der Druck dieser Über= setzung beschlossen, nachdem sie vorher noch einmal genau revidiert sei. Diese Revision wurde Männern des reformierten, des lutherischen Bekenntnisses und der Brüder= gemeinde übertragen (1604), namentlich Daniel Mikolajewski (gest. 1633, Superintendent der reformierten Kirchen in Großpolen) und Joh. Turnowski (Senior der Brüder= gemeinde in Großpolen, gest. 1629). Nachdem diese die Janictische Übersetzung mit der Brester, der böhmischen, der Pagninschen Bibel und der Vulgata verglichen hätten, sollte die Bibel gedruckt werden. Als solche ist die Janictische Übersetzung indes nicht gedruckt worden, und es ist unsicher, wie weit sie in die neue Bibel übergegangen ist. Zuerst erschien von dieser (Danzig 1606) das N.T. („aus dem Griechischen ins Polnische übersetzt"); die Vorrede besagt, daß zwar auch polnische Übersetzungen zu Rate gezogen seien, als Regel und Richtschnur aber überall der griechische Grundtext gedient habe. Dies N.T. ist dann öfter, auch für die Lutheraner, im 16. u. 17. Jahrhundert wieder gedruckt worden. Die ganze Bibel erschien in Danzig 1632; sie ist dann öfter neu gedruckt: Amsterdam 1660, Halle 1726 (in der Einleitung bemerkt der bei der Druck= legung beteiligte cand. theol. Gryschow, daß wohl die Bibel mit Recht nach einiger Ansicht Verbesserungen bedürfe, da aber nicht alle Lehrer der evangelischen Kirche darin übereinstimmend dächten, müsse man einen einstimmigen Beschluß der Kirche abwarten, bis dahin könne sie aber für die um ihre Seligkeit Besorgten ruhig gebraucht werden), Königsberg 1778, Berlin 1810 u. s. w. Die Danziger Bibel ist so stark von der Brester verschieden, daß sie als eine neue Übersetzung anzusehen ist. Fälschlich wird sie auch als Bibel des Paliurus bezeichnet (eines Mährers, der 1632 starb, Senior der evang. Kirchen in Großpolen); er war an dem Werke nicht beteiligt.

Von katholischer Seite wurde die Bibel nach der Vulgata, wie der Übersetzer ausdrücklich bezeugt, übersetzt durch Johann von Lemberg (Leopolita, daher die Be= nennung: Bibel Leopolitas) und erschien 1561 (Fol. bei Scharffenberger in Krakau; ferner 1574 und 1577, diese Ausgabe sprachlich geglättet). Man hatte eine auf= fallende Übereinstimmung dieser Bibel mit der altpolnischen Sophienbibel bemerkt (Malecki in den Prolegomena seiner Ausgabe dieser Bibel, s. o.) und einen unmittel= baren Zusammenhang angenommen; es beruhen aber die Gleichheiten auf der Abhängig= keit beider vor einer böhmischen Übersetzung (s. Brückner im Archiv für slav. Phil. 10, 393). Außer der Leopolitabibel erschien noch mehrmals das N.T. nach der Vul= gata (in Krakau bei Scharffenberger 1556, 1564, 1568). Leopolitas Bibel trat dann in den Hintergrund durch die neue Überſetzung von Jak. Wujek (geb. um 1540, Jeſuit, geſt. in Krakau 1593). Wujek kritiſiert die vorhandenen akatholiſchen wie katholiſchen Bibelüberſetzungen, ſpricht ſich über die polniſche Sprache der Breſter Bibel günſtig aus, ſie ſei aber voll Irrtümer und Ketzereien. Zuerſt erſchien mit Bewilligung des h. Stuhls das NT. (Krakau 1593), nach dem Tode Wujeks das AT. (1599). Dieſe Bibel iſt dann oft wieder gedruckt. Daß Wujek nach der Vulgata überſetzt hat, be= zeugt er ſelbſt ausdrücklich, wenn er auch den Grundtext und namentlich der ſprach= lichen Form wegen auch andere polniſche Überſetzungen einſah.   Leskien.

23. Syriſche Bibelüberſetzungen.

Litteratur. 1. Die gedruckten Ausgaben (inkl. Teile 155 Nummern) bis 1888 auf= gezählt in Neſtle, litteratura syriaca, Berlin 1888 p. 17—28 (aus Syriſche Grammatik²); A. Ceriani, le edizioni e i manoscritti delle versione Siriache del vecchio testamento, 1869 (aus den atti dei lombardiſchen Inſtituts); Beck, editiones principes NT. Syr. Basil. 1771 ; Le Long=Maſch, Bibliotheca sacra, Pis IIᵃᵉ, vol. I, Halae 1781, Sectio IV de ver- sione Syriaca p. 54—102. Eine Ausgabe der ganzen ſyriſchen Bibel, des A. u. NT.s, iſt im Bibelkatalog des Brit. Muſeums noch nicht aufgeführt. Die erſte und zur Zeit noch ein- zige iſt die der Dominikaner von Moſul 1887—91 (andere Angabe: 1888--92, 3 Bände 712. 681. 426 S. 70 M.). Eine Geſamtausgabe wurde hergeſtellt durch Verbindung des AT.s der Londoner Bibelgeſellſchaft von 1823 (24) mit ihrem Neuen von 1826 (Neſtle, Nr. 3. 7. 63) und läßt ſich ſo auch aus dem Urmiaer alt= u. neuſyriſchen AT. von 1852 mit dem alt= u. neuſyriſchen NT. von 1846 bilden (Nr. 8 u. 65); aber die alttteſtamentlichen Teile ſind beiderſeits vergriffen u. koſten antiquariſch 30—35 M, und enthalten die Apokryphen nicht, für die allerdings durch Lagarde (1861) einſtweilen geſorgt iſt. Eine praktiſche Ausgabe des ſyriſchen AT.s iſt dringendes Bedürfnis.

The printed editions of the Syriac New Testament. Church Quarterly Review, 1888, July. 257—297. The Syriac NT. translated into English from the Peshitto Ver- sion by James Murdock .. with . . . a bibliographical appendix by Isaak H. Hall. Sixth Edition, Boſton [1893]; G. H. Gwilliam, the materials for the criticism of the Peshitto New Testament, with specimens of the Syriac Massorah. Studia biblica et ecclesiastica, Oxford. III. 1891, vgl. auch Gwilliam, the Ammonian Sections, Euse- bian Canons and Harmonizing tables in the Syriac Tetraevangelium; ibid. II. 1890. Seine Ausgabe der Peshitto Version of the Gospels (von der Clarendon Press 1891 an= gekündigt Academy 12. Sept. 1891) wird auf c. 40 ſehr alten Hbſſ. ruhen. — Von neu= teſtamentl. Einleitungen vgl. Gregory III, 813—822, Scrivener⁴ II, 6—40 (mit Hilfe von Gwilliam u. Deane).

Im folgenden die Nachträge zur oben genannten Bibliographie der ſyriſchen Bibel. 1. Zum AT.: 10ᵃ 1747 kündigte der Schweizer J. D. Ammon den Druck des Pentateuchs aus den Polyglotten an. Die Typen auf Tertia, wohl von Haas geſchnitten; 2 Quart- blätter, ſ. v. Murr, Von ſyriſchen, ſamaritaniſchen und koptiſchen Typen: Literariſche Blätter Nürnberg 1805, Nr. VIII, Sp. 266—272.

12ᵃ Nach Abraham Ecchellenſis muß vor 1647 eine Ausgabe des Buchs Ruth irgendwo erſchienen ſein.

24ᵇ Psalterium syriacum iuxta versionem simplicem, Pschittam vulgo dictam Mausili 1885. 363 pp., von C. J. David und J. G. Schelhot bearbeitet.

— ᶜ — Von Bebjan, Paris 1886, 336 pp. [ob ᵇ und ᶜ identiſch?].

32. Jonas Propheta, Syriacᵉ, stylo stranghelico. Lut. Pariſiorum 1802, 96 S. k. 8° („hunc textum ex codicibus impressis et manuscriptis collatis edidit, typisque a se exsculptis impressit Joh. Jos. Marcel, Parisinus typographaei Aegyptiaci quondam Praeses et Administer generalis").

2. Zu den altteſtamentlichen Apokryphen und Pſeudepigraphen : The fourth book of Maccabees and Kindred Documents in Syriac. Edited by the late R. L. Bensly. With introduction and translations by W. E. Barnes, Cambridge, Univ. Press. 1896.

The Apocalypse of Baruch translated from the Syriac[.] chapters I—LXXVII. from the sixth cent. ms. in the Ambrosian Library of Milan and chapters LXXVIII —LXXXVII. — the Epistle of Baruch from a new and critical text based on ten mss. and published herewith[.] Edited, with introduction, notes and indices, by R. H. Charles, London A. u. Th. Black 1896.

37ᵇ Parva Genesis wiederholt von R. H. Charles in the Ethiopic Version of the Hebrew book of Jubilees, Oxford 1895, App. III, p. 183 (Anecdota Oxoniensia. Semitic Series, pars 8.

The Colloquy of Moses on Mount Sinai. By Isaak H. Hall [text and translation] Hebraica 7, 3. April 1891. 161—177.

3. Zum NT.: 39ᵃ Chr. B. Michaelis erwähnt bei Bengel app. crit.² p. 772 eine Aus= gabe Antwerpiae per Guid. Fabricium a. 1567; giebt es dieſe ?

43 Scrivener p. 9 mit „reprints of 1583".
60ᵇ Schafs Text wiederholt von Jones, Oxford 1805, 4°.
63 Nach Hall-Murdod giebt es einen Neudruck von 1828.
64 ist das Syrische N.T. aus Bagsters Polyglotte, das ohne Datum oder mit verschiedenen Jahreszahlen erscheint; frühstes 1828 s. Nr. 72*.
4. Teile des N.T.s: 67 Stellen des N.T.s sollen auch schon in des Ambrosius Thesens 1537 begonnener introductio in chaldaicam linguam, syriacam atque armenicam [Papiae] 1539 fol. stehen und wären die ersten in syr. Sprache gedruckten Teile der Bibel [nicht gesehen].
70 Die Excerpta NT. syriaci des Cellarius von 1682 sind unter diesem Titel in Joh. Conr. Geißhirts Schmalcaldia literata (Ztschr. des Vereins für Hennebergische Geschichte und Landeskunde in Schmalkalden Heft 12, 1894, 4°) nicht aufgeführt, dagegen
a) Mysterium incarnationis filii Dei syriace cum interpretatione latina 1680, 4°.
b) Messias exinanitus et exaltatus syriace et arabice descriptus latina interpretatione, Ciz. 1680, 4°.
Eine kath. Ausgabe von Evv. und AG alt- und neusyrisch soll 1877 in Urmia erschienen sein, daselbst von den Amerikanern 1841 12° eine Ausgabe der AG mit den Briefen und eine solche des Römerbriefs.
Von den Polyglotten enthält das syr. N.T. die Pariser von 1645 (in dieser auch ein Abdruck von Porode's Ausgabe der Antilegomena von 1630), die Londoner 1657, eine Hexaglotte von Didinson 1876, eine Triglotte desselben von 1890 [letztere beiden nicht gesehen].
5. Lewis-Text: Ed. Pr.: The four Gospels in Syriac transcribed from the Sinaitic Palimpsest by the late Robert L. Bensly M. A.... and by J. Rendel Harris M. A... and by F. Crawford Burkitt M. A. With an introduction by Agnes Smith Lewis[.] edited for the syndics of the University Press, Cambridge at the University Press 1894, XLVIII, 318, 4°.
Some pages of the four Gospels re-transcribed from the Sinaitic Palimpsest with a translation of the whole text by Agnes Smith Lewis, London: C. J. Clay and Sons 1896, XXIII, 144. 139 S. 4°.
6. Neutestamentliche Apokryphen: Von 108 Renans Ausgabe der Apocalypse d'Adam giebt es einen Sonderdruck, 1854, 47 Seiten.
Zu 108ᵇ Visio Pauli, englisch von Perkins im Journ. of Sacr. Lit. 1, 372 f. jetzt James, Apocrypha anecdota Texts and Studies II, 3, 1893.
Zur Διαθήκη του κυριου Ιησου Χριστου δια Κλημεντος vgl. Lagarde, reliq. syr. p. 8. 9, gr. p. 83; James, l. c.
7. Philoxeniana und Harclensis: 113ᵇ The Harklean Version of the epistle to the Hebrew chap. XI, 28—XIII, 25 now edited for the first time with introductions and notes on this version of the Epistle by Robert L. Bensly, Cambridge: at the University Press, 1889, 27 u. 29 S. (Die 19 Seiten Praefatio et Praemonitio stehen in der unter 113 beschriebenen Ausgabe von White bald im ersten, bald im zweiten Band).
8. Die syrische Hexapla: 126ᵇ. Bibliothecae Syriacae a Paulo de Lagarde collectae quae ad philologiam sacram pertinent, Gottingae 1892, 4°, p. 1—256. Veteris Testamenti Graeci in sermonem syriacum versi fragmenta octo.
9. Der palästinische Syrer: Lagarde, Bibliotheca syriaca [s. 126ᵇ] p. 257—403 Evangeliarium Hierosolymitanum.
J. R. Harris, Biblical fragments from Mount Sinai, London 1890, 4°, Nr. 16 (aus Gal 2. 3); wiederholt in Fr. Schwally, Idioticon des christlich palästinischen Aramaeisch, Gießen 1893 p. 131—134.
Anecdota Oxoniensia[.] The Palestinian Version of the Holy Scriptures[.] Five more Fragments recently acquired by the Bodleian Library edited with introduction and annotations by G. H. Gwilliam, Oxford 1893, 4°. (Anecdota Oxoniensia. Semitic Series, Vol. I — Part V.
Anecdota Oxoniensia[.] Biblical and Patristic Relics of the Palestinian Syriac Literature from mss. in the Bodleian Library and in the Library of Saint Catherine on Mount Sinai edited by G. H. Gwilliam ..., F. Crawford Burkitt ... and John F. Stenning. With three facsimiles, Oxford 1896 (Anecdota etc. Vol. I — Part IX).
Auf dem Umschlag von Studia Sinaitica N. V ist als in course of preparation angekündigt: A. Palestinian Syriac lectionary, containing Readings from the Pentateuch, the Prophets, the Acts and the Epistles. Edited by Agnes Smith Lewis, with Critical Notes by the Rev. Professor Nestle DD.
Von einer neuen, mit 2 Sinai-Hdss. verglichenen Ausgabe des Evangeliarium Hierosolymitanum, welche gleichzeitig von Mrs. Lewis vorbereitet wird, sind zur Zeit (Nov. 1896) mehr als 30 Bogen gedruckt.

Am frühesten, häufigsten und mit am besten ist von den Syrern die Bibel in ihre Sprache übertragen worden; trotzdem giebt es noch keine kritische Ausgabe der syrischen Bibel, und kein zusammenfassendes Werk über ihre Geschichte und Bedeutung.

1. Ursprung der syrischen Kirchenbibel. Nach der einheimischen Tradition ist ein Teil des A.T.s unter Salomo auf Bitten Hirams übertragen worden: Jesubad, Bischof von Hadeth um 852, zählt die dahin gehörigen Bücher auf.

Eine zweite Tradition schreibt diese Arbeit dem Priester Asa (אסא) oder Asja (אסיא) oder Esra zu, den der König von Assyrien nach Samarien schickte; das N.T. mit dem Rest der alttestamentl. Bücher sei in den Tagen des Apostels Abbai (Thaddäus) und des Königs Abgar hinzugekommen (s. P. Martin, Introduction à la critique textuelle du NT. 1883; Journ. As. 72, 458; Zacharias Rhetor bei Land, Anecd. Syr. 3, 11; Barhebräus zu Ps 10; Epiphanius ed. Pet. 1, 23; 2 Rg 17, 24; 1 Chr 15, 18 ed. Lee und Ceriani). Nicht ganz erklären kann ich die Angabe des Barh., daß nach Eusebius Origenes die syr. Bibel bei einer Witwe in Jericho gefunden habe, [nach hist. eccl. 6, 16.17 vielmehr den Symmachus bei einer Frau Juliana, und eine der 3 ungenannten in einem Faß in Jericho] oder die Arnolds (1. Aufl.), daß die meisten Syrer die Übersetzung des N.T.s dem Achäus [Aggai] einem Schüler des Thaddäus zuschreiben, oder die des Gualterperius und anderer bei Gutbir: Syri Marcum esse Nᵢ Tᵢ paraphrasten ex avita traditione constanter affirmant. Noch seltsamer ist die Angabe, die in manchen Hdss. vor den Psalmen steht, daß sie aus der palästinischen Sprache in das Hebr., aus dem Hebr. in das Griech., aus diesem in das Syr. übersetzt worden seien, so schon im cod. Ambr. (VI—VII s.); Brit. Mus. 14436a u. b. In cod. Hunt. 109 (Oxford) wird dieselbe auf die ganze syrische Übersetzung übertragen, während es in cod. Rich. 7154 umgekehrt heißt, daß der [syr.] Psalter aus dem Hebräischen in das Palästinische nach der Übersetzung des Samaritaners Symmachus übertragen worden sei. Unter den Alten hat wie so oft auch hier Theodor von Mopsuestia recht (comm. in Soph. 1, 6, Mai, N. P. B. 1854, VII): ἡρμήνευται δὲ ταῦτα [τὰ βιβλία] εἰς μὲν τὴν τῶν Σύρων παρ' ὅτου δή ποτε· οὐδὲ γὰρ ἔγνωσται μέχρι τῆς τήμερον ὅστις ποτὲ οὗτός ἐστιν.

2. Einzelne Gelehrte glaubten früher, daß der syrischen Kirchenbibel die lateinische Bibel zu Grunde liege, wenigstens im N.T. (Fuller, Grotius, Fabricius, Wetstein, Branca 1781), oder daß sie erst spät entstanden sei, im 6. oder 7. Jahrhundert. Die Menge der sehr alten Handschriften und die Übereinstimmung der östlichen und westlichen Syrer, Nestorianer und Jakobiten, sowie die Citate der ältesten syrischen Väter widerlegen dies. Umgekehrt nahmen andere für das A.T. oder wenigstens für einzelne Teile desselben vorchristlichen oder jedenfalls jüdischen Ursprung an (schon Rich. Simon, Hug, Geiger, Perles 1860); widerlegen läßt es sich nicht, aber ebenso wenig beweisen.

3. Als Heimat derselben sahen die alten Syrer selbst Jerusalem und Palästina an und stützten dies auf sprachliche Beobachtungen (Elias I. † 1049. Journ. As. 72, 458; Barhebr. Gr. I, 73); die abendländischen Gelehrten dachten zuerst ausschließlich an Antiochien, weil sie die syr. Bibel durch Jakobiten kennen lernten, später ebenso ausschließlich an Edessa wegen seines überwiegenden litterarischen Einflusses; entscheiden läßt sich nichts. Das Syrische war weiter verbreitet, als man gewöhnlich glaubt.

4. Die Bezeichnung, welche seit der Bekanntschaft mit Barhebräus für die syrische Bibel geläufig wurde, Peschittho, ist bis jetzt bei keinem syr. Schriftsteller vor Moses bar Kephas († 913) nachgewiesen, der sagt: „man muß wissen, daß es im Syrischen zwei Übersetzungen des A.T.s giebt: eine, diese פשיטתא, in der wir lesen, wurde aus dem Hebr. ins Syr. gedolmetscht, die andere aber, die der 72, wurde aus dem Griech. ins Syr. gedolmetscht. Und zwar wurde diese פשיטתא aus dem Hebr. ins Syrische um die Zeit des Königs Abgar gedolmetscht. Es sagt nämlich Jakob [von Edessa † 708]; »der Apostel Abbai und der gläubige Abgar schickten Männer nach Jerusalem und dem Land Palästina und sie übertrugen das A.T. aus dem Hebr. ins Syrische.« Die der 72 aber übersetzte aus dem Griech. ins Syr. Paul Bischof von Tella Mauselath" (so nach Ms. de Paris 241 in Martins autographierter Introduction à la critique textuelle du NT. 1883, p. 101 n.). Thomas von Heraklea, Zacharias Rhetor (oder sein syr. Bearbeiter vom Jahre 570) und noch Jakob von Edessa sagen einfach (die alte syrische" oder „das syrische Exemplar" oder noch kürzer „der Syrer". In massoretischen Hdss. des 9. u. 10. Jahrhunderts steht diese Bezeichnung vom N.T. im Gegensatz zu der Arbeit des Thomas von Heraklea (Wisemann, horae syriacae 223; Nestle, LCBl 1879 Nr. 36; Nöldeke, ZdmG 32, 589. Soviel ist sicher, daß dieselbe — פשיטתא,

iſt weiblicher status emphaticus des Adjektivs ܦܫܝܛ simplex, zu dem das feminine Sub=
ſtantiv ܡܦܩܬܐ *ἔκδοσις*, versio zu ergänzen iſt, — die Überſetzung als die „einfache"
d. h. die gewöhnliche „in der wir leſen", „die überall in den Händen der Leute iſt"
(Barh.), den andern gegenüberſtellt, aber nicht ſpeziell als die *ἁπλῆ* der *ἔκδοσις ἑξαπλῆ*,
wie manche nach einem richtigen Fingerzeig Fields annehmen, noch weniger als die
wörtliche gegenüber den paraphraſierenden oder allegoriſierenden. Über Schreibung,
Ausſprache und Bedeutung des Namens vgl.
  A. Geiger, in Verhandlungen der erſten Verſ. deutſcher und ausländiſcher Orien=
taliſten in Dresden, Leipzig 1845, 4°, S. 9; K. W. M. Montijn, de oorspronkelijke
schrijfwijze en beteekenis van den naam ܦܫܝܛ, Godg. Bijdragen 1882; J. P. N. Land,
nog iets over den naam Peschittho (ܦܫܝܛܬܐ) der oudste Syrische Bijbelvertaling, eben=
daselbst; Field, Origenis Hexaplorum quae supersunt, I. p. IX. Eb. Neſtle, Zum Namen
der ſyriſchen Bibelüberſetzung Peſchittâ. ZdmG 47. 157/9; Eb. König, Zum Namen
der ſyriſchen Bibelüberſetzung Peſchittâ ebenda 316/9; A. Mez, Die Bibel des Joſephus
1895 S. 4.

5. Umfang des AT.s. Das ſyr. AT. war weſentlich das der paläſtiniſchen Juden;
doch fehlte die Chronik im Kanon der Neſtorianer, und, wie es ſcheint, auch in dem der
Jakobiten, wird wenigſtens in ihren maſſoretiſchen Hdſſ. nicht berückſichtigt. Jeſudad er=
wähnt ſie ausdrücklich bei ſeiner Bemerkung, daß das AT. 22 Bücher zähle; ſie findet
ſich ſchon in Hdſſ. des 6. Jahrh., nicht bloß im Ambroſianus, ſondern auch in London
(Wright Nr. 25), in dieſer mit der in die gedruckten Ausgaben aufgenommenen Hal=
bierung bei II. Chr 6, 1.
  Auch Esra — Nehemia fehlt in den maſſ. Hdſſ., ebenſo Eſther in den neſtorianiſchen,
während in den jakobitiſchen dies Buch mit Judith, Ruth und Suſanna zuſammen das
Frauenbuch mit 4463 Stichen bildet. Eigenartig iſt auch, daß auf das Geſetz (ܐܘܪܝܬܐ)
als zweiter Hauptteil der liber sessionum, *βίβλος καθισμάτων*, ܟܬܒܐ ܕܡܘܬܒܐ
folgt, d. h. Job, Joſ, Ri, Sa, Kg, Pr, Si, Prd, Ruth, Ct (nicht: Suſanna). Bei
den Propheten ſteht hinter Jeſaja, der in einzelnen Hdſſ. bei 35, 2 abgeteilt wird, meiſt
das Zwölf=Propheten=Buch, dann Jer (hie und da bei 32, 6 abgeteilt), häufig mit
Ba I und II und Ep. Jer, Ez, Da. Vollſtändige, auch die Apokryphen umfaſſende
Hdſſ. heißen *καθολικαί* oder *πανδέκτης*, ܦܢܩܝܬܐ ܟܠܢܝܬܐ, ſo ſchon der berühmte
codex Ambroſianus, in welchem von den gewöhnlichen Büchern der griech. Bibel
nur die apokr. Esra und Tobit, ſowie Manaſſes Thränenlied fehlt, dagegen die Apo=
kalypſe des Baruch und IV Esra, ſowie als 4 und 5 Makk die Geſchichte von Samuna
und Joſephus de bello Judaico V uns erhalten iſt. (Manaſſes Lied, das einzige
noch nicht gedruckte Stück der ſyr. Bibel, hdſchriftl. in Paris Anc. Fonds 11, Rom B
Vat. Cat. II, nr. 7; von Tobit iſt bis 7, 11 die hexaplariſche Verſion des Paul von
Tella, von da bis zum Schluß nur ein noch ſpäterer Text erhalten [ſ. u.]). Genaue
Hdſſ. haben uns zu den einzelnen Büchern oder Gruppen genaue ſtichometriſche An=
gaben erhalten (in der Londoner Polyglotte aus einer Handſchr. fehlerhaft mitgeteilt),
am ſorgfältigſten zum Pſalter, dem Lieblingsbuch der ſyr. Kirche (ſ. Abbé Martin, In=
troduction p. 667; Gregory 3, 112, 1303; Studia Biblica; J. R. Harris, On the
Origin of the Ferrar Group, London 1893, 10. 26).
  6. Der Charakter der Überſetzung. Im großen ganzen darf dieſe Überſetzung
als eine ſorgfältige, gute, getreue, dem Text ſich anſchließende betrachtet werden. Doch
giebt es ziemlich große Unterſchiede unter den einzelnen Büchern.
  Der Pentateuch folgt eng dem hebr. Text und der jüdiſchen Exegeſe, Jeſaia und
die Zwölf enthalten vieles aus der Septuaginta, Ruth iſt paraphraſtiſch, Hiob Wort
für Wort übertragen, die Chronik iſt ganz targumartig; umgekehrt das Targum zu Pr
unſeren Syrer benutzt. Auf den Pſalter ſcheint die griechiſche Überſetzung eingewirkt zu
haben. Die Apokryphen wurden von Aphraates nicht benutzt, aber von Ephräm gekannt,
und die Handſchriften, die Lagarde für ſie benutzte, gehören z. T. ſchon dem 6. Jahr=
hundert an. Wichtig iſt der ſyriſche Sirach, da er nach Lagarde und Bickell (ZtTh
6, 330) aus dem Hebräiſchen, nicht aus dem Griechiſchen überſetzt iſt. Daß der Text
des Tobias bis 7, 11 der Überſetzung des Paul von Tella angehört und auf die ver=
lorne Hdſ. des Maſius zurückgeht, ſ. jetzt in Lagardes Bibliotheca syriaca S. 32ⁱ.
Von 1 Makk iſt im cod. Ambr. eine zweite Rezenſion erhalten. Trotz den vielen Ein=
zelunterſuchungen, die in neuerer Zeit über einzelne Teile der Peſchitto erſchienen,
fehlen noch viele Vorarbeiten zu ihrer richtigen Verwertung. Seit Bernſtein, ZdmG
3, 387—396 hat kaum jemand Beſſerungsvorſchläge zu ihrem Text zuſammengetragen

ober Kollationen veröffentlicht, doch s. Rahlfs. Vortreffliche Hdss. liegen namentlich in London, die älteste datierte vom Jahre 464. Von Cerianis photolithographischer Ausgabe des Codex Ambrosianus fehlen noch die Anmerkungen (s. ThLZ 1875, 13; 78, 10; 81, 1; 84, 2). Nachstehend die Litteratur 1. über die syrische Bibel im allgemeinen, 2. zu einzelnen Büchern des AT.s.

a) Abler, verss. s. u.; J. Fr. Bernd, schediasma de primariis versionis syriacae virtutibus, Halle 1732; J. A. Ebgren, The Peshito, Hebrew Student I, 1 (1882); J. C. Gerhard, Dissert. ad N. T. syriacum in Menthenii thes. II, 43; J. E. Gerhard et D. Scharf, exercitationum ad N. T. syriacum disputatio tertia, Wittenberg 1646; J. W. Gibbs, characteristics of the Peshito Syriac version of the N. T., Journ. of the Amer. Or. Soc. II (1851) 127/134; A. Müller, de syriacis libr. ss. versionibus und Symbolae syriacae, Berol. 1673, 4°, auch in Opuscula Orientalia Francof. ad Viadr. 1695, 4°; P. de Lagarde, de novo testamento ad versionum orientalium fidem edendo, Progr. des Kölnischen Real-Gymnasiums, Berlin 1857, 4, auch in desselben Gesammelte Abhandlungen, Leipzig 1866; Peshitto in Mc. Clintock & Strongs Cyclopaedia Vol. VII; Chr. B. Michaelis, tractatio critica de variis lectionibus Ni Ti caute colligendis et diiudicandis p. 29 sqq.; Th. Gll. Jahn, Observationes in vers. N. T. syr. Vit. 1756; J. Chph. Harenberg, de antiqua versione syriaca, Bibl. Brem. VII, 480; J. Prager, de Vie Ti versione Syriaca quam Peschittho vocant, quaestiones criticae, P. I, Gottingae 1875; M. H. Reinhard, de vers. Syr. N. T., Viteberg. 1728, 4°; J. J. Reuß, de vers. syr. N. T., Rostochi 1698, 4°; J. G. Reusch, syrus interpres cum fonte Ni Ti graeco collatus, Lips. 1742; G. C. Ribleh, de syriacarum Ni Ti versionum indole atque usu, London 1761, 4°, c. tab. abgedruckt mit einigen Anmerkungen von J. D. Michaelis von Semmler 1766 hinter seiner Ausgabe von Wetstenii libelli ad crisin Ni Ti (vgl. Or. u. Ex. Bibl. II [1772], 191]; G. Th. Storr, observationes super Ni Ti versionibus syriacis 1772 (Or. u. Ex. Bibl. IV [1773], 190/8); C. Roediger, in Ersch u. Gruber III, XVIII, 292/4; derselbe über Lees Ausgabe von 1823 in Hallische Lit.-Ztg. 32, 4; Schönfelder, Onkelos und Peschittho, München 1869; Fr. Uhlemann, de versionum N. T. Syriacarum critico usu, Berlin 1850, 4° (Progr. des Friedr.-Wilh.-Gymn.); G. Erdm. Voigt, de versione syriaca (N. T.), Jen. 1670; Mich. Weber, de usu vers. syr. hermeneutico, Lips. 1778; J. Wichelhaus, de N. T. versione ant. quam Pesch. vocant libri IV, Hal. 1850; G. B. Winer, de versionis Ni Ti syriacae usu critico caute instituendo, Erlang. 1823, 4°; H. F. Whish, Clavis Syriaca: a key to the ancient Syriac Version called „Peshito" of the four holy gospels, London 1883, IV, 588, 8°.

b) Dr. Alfr. Rahlfs, Beiträge zur Textkritik der Peschita. ZatW. 1889, 161—210; R. Gottheil, Zur Textkritik der Pesittā" Mitteilungen des akademischen orientalischen Vereins z. Berlin Nr. 2 1889, S. 21—28.

Zu einzelnen Teilen des AT.s: L. Hirzel, de Pentateuchi versionis syr. (peschito) indole commentatio crit.-exeget., Lips. 1815; S. D. Luzzatto, Philoxenus s. de Onkelosi chald. Pentateuchi versione. Acc. appendix de Syriasmis in chaldd. paraphrr. Vie Ti, Vind. 1830; J. M. Schönfelder, s. o.; Jos. Perles, Meletemata Peschitthoniana, Vratisl. 1860; F. Tuch, de Lipsiensi cod. Pentateuchi syr. ms. part. I, Lips. 1849, 4°;

c) Fr. Baethgen, Untersuchungen über die Psalmen nach der Peschita, erste Abtheilung, Kiel 1878, 4°; Forts. in „Der textkritische Werth der alten Übersetzungen zu den Psalmen, erster und zweiter Artikel", JpTh.VIII, 405/459, 593/667; Fr. Dietrich, commentatio de psalterii usu publico et divisione in ecclesia Syriaca, Marburg 1862, 4° (indices lectionum), Prager s. o.; Andr. Oliver, a translation of the Syriac Peshito Version of the Psalms of David; with notes critical and explanatory, Boston 1861; Berthold Oppenheim, Die syr. Uebersetzung des fünften Buches der Psalmen und ihr Verhältnis zu dem massoretischen Texte und den älteren Uebersetzungen, namentlich den LXXII. Targum, Leipzig 1891; J. Fred. Berg, the influence of the Septuagint upon the Pesittā Psalter. Diss. Columbia College, Newyork 1895, V, 160; zu Hiob: Edv. Steny, de syriaca libri Jobi interpretatione quae Peschita vocatur. Pars prior, Helsingforsiae 1887; Mandl, S. 110,5 (Th. Nölbeke) LCBl 93, 2).

d) Animadversiones criticae in versionem syriacam Peschitthonianam Librorum Kohelet et Ruth, Auctore Georgius [sic] Janichs, Vratislaviae 1871 (Dissert. inaug. Marb., Lips. 1869); Cl. A. Reg. Töttermann, קדמיתא דרב׳רמ׳ך סכורתא cum hebraicis collata, Helsingforsiae 1870; S. Fränkel, Die syrische Übersetzung zu den Büchern der Chronik, SprTh V (1879), 508/36, 720/59.

e) J. A. Dathe, de ratione consensus vers. chaldaicae et syriacae Proverbiorum Salomonis, Lips. 1764; S. Maybaum, Über die Sprache des Targum zu den Sprüchen und dessen Verhältnis zum Syrer: Merx, Archiv II, 1 (1871), 66/93; Th. Nölbeke, Das Targum zu den Sprüchen von der Peschita abhängig, ebenda II, 2 (1872), 246/9; Pinkuß S. 110,2.

Zu Deuterojesaja s. Weiß S. 167; zu Threni: Abclesz S. 170 oben; zu Ezechiel: Cornill, Das Buch des Propheten Ez, 1886 S. 137—156; dazu Pinkuß und Rahlfs.

B. Ryssel, Untersuchungen über die Textgestalt und die Echtheit des Buches Micha, 1887; Sebök (Schönberger) S. 167 u. vgl. B. Ryssel, ThLBl 1889, 28; Strack, LCBl 89, 4.

f) C. A. Credner, de prophetarum minorum versionis syriaca quam Peschito dicant indole, Diss. I [unica], Gott. 1827; J. J. Kneuder, Das Buch Baruch, Leipz. 1869 S. 190 8; Th. Nöldeke, Die Texte des Buches Tobit, Monatsberichte der Berliner Akademie 1879, 45/69; Trendelenburg, Primi libri Maccab. Graeci cum versione syriaca collatio in Repert. für bibl. und morgenl. Literatur 15, 58—153.

Zum NT.

1. Ueber den Curetonschen Syrer. Die Ausgabe von Cureton 1858; Rödiger 1872; Wright 1873; J. R. Crowfoot, Fragmenta evangelica, quae ex antiqua recensione versionis syriacae Nⁱ Tⁱ (Peshito dictae) a Gul. Curetono vulgata sunt, Graece reddita textuique syriaco editionis Schaafianae et Graeco Scholzianae fideliter collata, Cantabr. Pars prima 1870, pars altera 1872, 4°; derf., Observations on the Collation in Greek of Curetons Syriac fragments of the Gospels with Schaafs edition etc. 1872, 4°; Chr. Hermansen, disputatio de codice Evangeliorum Syriaco a Curetono typis descripto. Hauniae 1869, 4° (Akademische Einladungsschrift); Le Hir, étude sur une ancienne version syriaque des Evangiles, Paris 1859; G. Wildeboer, de waarde der Syrische Evangeliën. door Cureton ontdekt en uitgegeven. Eene Bijdrage tot de geschiedenis van het ontstaan der syrische Bijbelvertalingen, Leiden 1880; le Lagarde, Symmicta (1877), 86. 119; Ueber die Ueberschrift ܢܫ̈ܒܕܡ Mai, Script, Vet. N. Coll. X, II S. 25. 56; Gildemeister, ZbmG 13, 472; derf. in de evangeliis in Arabicum e Simplici syriaca translatis commentatio academica, Bonn 1865 S. 10; Hermansen S. 30; Cureton, preface p. VI; Journal of Sacred Literature, 3d series, vol. VIII (1859) p. 160 Land; 410 Tregelles; X, 154 f. W. W[right]; 377/8 B. H. C[owper]; Bernstein, per anni circulum dispositum; Ewald, Jahrbücher IX, 70ff. und irgendwo in den GgA, die bunte oder abweichende, variata, opp. simplex; Neueres f unten, und Zahn, Forschungen zur Geschichte des neutestamentlichen Kanons I, 105/8; Friedr. Baethgen, Evangelienfragmente. Der griechische Text des Curetonschen Syrers wiederhergestellt, Leipzig 1885; H. H. Harman, Cureton fragments of Syriac Gospels. Journ. of the Soc. of Bibl. Lit. and Exeg. 1885, June—Dec. 28—48. Angekündigt von der Cambridger Universitätspresse (Acad. 29 Sept. 94): The Curetonian Syriac Gospels, reedited together with the readings of the Sinaitic Codex, and a translation into English by F. C. Burkitt.

2. Litteratur zum Lewistext.
1. die Edd. Prr. a) The four Gospels, b) Some pages S. 228.
2. Uebersetzung: a) Agn. Smith Lewis a translation of the four Gospels from the Syriac of the Sinaitic Palimpsest, London, Macmillan 1894, XXXVI, 239, 8°.
b) In: Some pages und separat 4°.
3. Kollationen: a) Karl Holzhey, Der neuentdeckte Codex Syrus Sinaiticus untersucht. Mit einem vollständigen Verzeichnis der Varianten des Cod. Sinaiticus und Cod. Curetonianus, München 1896.
b) Alb. Bonus, Collatio codicis Lewisiani rescripti evangeliorum sacrorum syriacorum cum codice Curetoniano (Mus. Brit. Add. 14, 451) cui adiectae sunt lectiones a Peschitto desumptae. Oxonii, e prelo Clarendoniano 1896, 4°.
4. Berichte: a) Margaret Dunlop Gibson, how the Codex was found. a narrative of two visits to Sinai from Mrs. Lewis's Journals 1892—1893. Cambridge, Macmillan 1893.
b) Mrs. R. L. Bensly, Our Journey to Sinai a visit to the Convent of St. Catarina. With a chapter on the Sinai palimpsest. The Religious Tract Society 1896.
5. Mitteilungen: The Academy 6. Aug. 1892, 110ᵇ; The Athenaeum, eodem 196ᵇ; E. Nestle, Schwäbischer Merkur 11. April 1893 (nach einem Brief von Harris Ende 30. März 1893), vgl. auch ThLZ 93, Sp. 220, 244 (in diesem ersten Bericht blieben die Namen von Bensly und Burkitt unerwähnt, da jener Brief deren Mitarbeit als bekannt voraussetzend nur von „we" redete. Bensly starb leider 2 Tage nach Ankunft in Cambridge 23. April 1893). Christian World 20. April 1893. The Cambridge Chronicle 21. April 1893.
6. Anzeigen und Artikel: zu 1ᵃ) F. C. Burkitt, the Guardian Okt. 31 1894; J. Rendel Harris, the new Syriac Gospels. Contemporary Review, Nov. 94, 644—673; ThLZ 94, 25; Z[ahn], Das syrische Evangelium vom Sinai, ThLBl 1895, 1—3; G. H. Gwilliam, The Expository Times, Jan. 1895, 157ff.; The text of the Syriac Gospels the Church Quarterly Review, April 1895, 102—132. — F. C. Burkitt, auf dem Church Congress in Norwich, vgl. the Record, 11. Okt. 1895 u. Mrs. Bensly, Our Journey, p. 172—185.
1ᵇ ThLZ 1896, 12; v. D[obschütz] LCBl 96, 45, F. B. Badham, Academy 13. Juni 96.
zu 2ᵃ ThLZ 95, 4, A. L. Bull. crit. 15. Juni 95.
zu 3ᵃ ThLZ 96, 12, LCBl 21, Rev. Crit. 28; Bardenhewer, Lit. Rundschau 15. Juni 96.
3ᵇ ThLZ 96, 20.

zu 4b vgl. Mrs. Lewis: Cambridge Chronicle Okt. 9. 96. Cambridge Independent Press Okt. 23. 96.

Ueber einzelnes insbef. Mt 1, 17 („Josef zeugte Jesus") f. Academy 1894, Nov. 17. 24., Dec. 1. 8. 15. 22. 29. 1895, Jan. 5. 12, Einsendungen von F. C. Conybeare, F. P. Badham, C. A. Simcox, B. H. Charles, H. J. White, Agnes S. Lewis, E. Nestle, Willoughby C. Allen, Alfred Rahlfs, C. R. Conder, W. Sanday, F. W. Farrar; vgl. auch Grey Hubert Skipwith, the first chapter of St. Matthews Gospel in the light of recent research (Notthingham Tracts. III. London 1895). Außerdem Acad. 1895, Apr. 13, May 18, June 8. 29.

a) Die Evangelien.

Bis zum Jahre 1858 kannte man nur eine einzige alte Übersetzung des NT.s ins Syrische, diejenige, die Joh. Albert Widemanstadius von Nellingen im Ulmischen mit den von Johann Kraft aus Ellwangen geschnittenen Typen 1555 in Wien in trefflicher Weise herausgab. Man nannte sie die Königin der Übersetzungen und benutzte sie für die neutestamentliche Textkritik in der bisher besten Ausgabe von Leusden und Schaaf (Lugd. Bat. 1709, 4⁰), welcher Schaafs Lexicon syriacum concordantiale beigegeben ist. Einzelne der Fehler, mit welchen dieser Zeuge auch noch in den neusten Ausgaben des griechischen Testaments aufgeführt wird, hat Field im Otium Norvicense III. gebessert. Weitere Besserung ist zu hoffen, wenn Gwilliams oben erwähnte Ausgabe erschienen sein wird. Im genannten Jahr 1858 (nicht 1848: Gregory 3, 809), in welchem Jahr nach Scrivener¹ 14 allerdings der Text gedruckt wurde, veröffentlichte W. Cureton († 1863) aus den im Jahr 42 ins Brit. Museum gekommenen Hdss. des Syrerklosters der nitrischen Wüste Remains of a very ancient recension of the four Gospels in Syriac hitherto unknown in Europe (London, Murray 1858 XCV. 87 Seiten und unpaginierte Bogen; die Ausgabe ist trotz ihrer Schönheit ein Muster, wie man es es nicht machen soll). Zwei durch Brugsch (nicht: Sachau, Scrivener¹ 14) nach Berlin gekommene Blätter, welche Lc 15, 22 — 16, 12; 17, 1 — 23 u. Jo 7, 37 — 8, 19 boten, erkannte Lagarde, veröffentlichte E. Roediger (SBA 1872) u. W. Wright (1873). Cureton meinte in seinem Text das Original des Matthäusevangeliums gefunden zu haben. Davon konnte keine Rede sein; aber die Überschrift dieser Version oder Rezension ܕܡܦܪܫܐ ܐܘܢܓܠܝܘܢ und ihr Verhältnis zur gewöhnlichen Gestalt der syrischen Bibel blieb ein Rätsel, das auch durch die Preisaufgabe der Göttinger Universität (Lagarde, Symmicta [I] 86, 119) nicht gelöst wurde. Einiges Licht fiel auf die Überschrift durch ähnliche Überschriften syrischer Psalterien, vor allem aber durch den Kanon des Rabbulas (von 407—435 Bischof von Edessa): „Die Presbyter und Diakonen sollen dafür sorgen, daß in allen Kirchen ܐܘܢܓܠܝܘܢ ܕܡܦܪܫܐ sei und gelesen werde. Die Presbyter sollen wo möglich das Evangelium lesen und nicht die Diakonen". Außerdem aber glaubte man eine besondere Verwandtschaft mit Curetons Text in den Bibelcitaten des 336 und 345 schreibenden Aphraates zu finden, der zudem Jo 1, 1 als den Anfang „des Evangeliums" hervorhob. Aus dem allem schloß Th. Zahn, daß jene Überschrift „das Evangelium der Getrennten" d. h. die Einzelevangelien bedeute und im Gegensatz zur Evangelienharmonie des Tatian stehe, die ursprünglich syrisch gewesen sei und bis auf die Zeit Theodorets in der syrischen Kirche gebraucht worden war. Die Frage war nur, wie sich diese drei Zeugen, Tatian, Cureton und Peschittho zu einander verhalten, ob Tatian schon eine vollständige syrische Übersetzung der einzelnen Evangelien vorgefunden habe, oder ob seine syrische Harmonie an die Spitze zu stellen sei und Cureton und Peschittho von ihm abhängig seien.

In ein ganz neues Stadium traten diese Fragen als von Mrs. Lewis 1892 auf dem Sinai ein syrischer Evangelienpalimpsest gefunden und teilweise photographiert wurde, dessen Text Prof. Bensly als den Curetonschen verwandt erkannte. Von ihm, J. Rendel Harris und F. Crawford Burkitt, wurde die Handschrift im Januar und Februar 1893 fast ganz kopiert und erschien 1894. Auf einer dritten Reise ergänzte Mrs. Lewis die Arbeit der Triumvirn und legte das Ergebnis dieser Arbeit 1896 mit einer (revidierten) englischen Übersetzung vor (Some pages). Die Fragen, die sich an den Fund knüpfen, sind noch nicht gelöst, doch wollen dem Unterzeichneten Zahns Aufstellungen als die natürlichsten erscheinen. An der Spitze steht Tatians Evangelienharmonie, ein von Haus aus syrischer, nicht griechischer Text; von ihr sind die drei andern Gestalten, die man im kritischen Apparat des NT.s am einfachsten als Sl(ewis), Sc(ureton), Sp(ešitto), bezeichnen würde, abhängig, und zwar steht Sl der Tatianschen Harmonie (= St(atian)) am nächsten, Sp am entferntesten. Für alles Nähere muß auf die nachstehend verzeichnete Litteratur und weitere Untersuchungen verwiesen werden, aber nicht unerwähnt darf bleiben, daß der obengenannte Rabbulas laut seinem Biographen „durch die göttliche Weisheit, die in ihm war, das NT. aus dem Griechischen in das Syrische übersetzte wegen seiner Verschiedenheiten genau wie es ist" (ed. Overbeck S. 172) d. h. wohl eine Revision eines syrischen Textes nach irgend einer griechischen Hdf. vornahm; und daß nach Eusebius schon Hegesippus εκ τε του καθ Εβραιους ευαγγελιον και του Συριακου και ιδιως εκ της Εβραιδος διαλεκτον τινα τιθησιν. In der neuesten Auflage von Scrivener¹ (1894) vertritt der Herausgeber Edward Miller oder G. H. Gwilliam, der ihn in den betreffenden Abschnitten unterstützte, die Ansicht, daß Peschito viel älter, der Curetonsche Text eine sie korrigierende Privatarbeit sei, welche mit ihren Änderungen in Mt 1, 16. 19. 20. 24 the heresy of the Helvidians be= kämpfen wollte (2, 14—24).

b) Über dem Lewis=Text der Evangelien ist der übrige Teil des syrischen NT.s von der Forschung der Gegenwart ziemlich vernachlässigt worden. Nur die Frage, wie sich die syrische Übersetzung zur Textrezension verhalte, welche der cod. D der Evv. und AG bietet, hat namentlich in England einzelne bewegt (vgl. Chase, the Old Sy= riac Element in the text of Codex Bezae, London 1893; Hackmann, ThL3 94, 24). Daß Ephräm in der AG die D-Rezension befolge, während die Peschito im allgemeinen mit dem gewöhnlichen Text stimme, hat Harris in der zweiten lectures in four lectures on the western text of the New Testament gezeigt (London 1894, The Old Syriac Text of the Acts p. 14—34, Ephrem on the Acts 34—51); vgl. Corssen, GgA 1896. 6. 429. Über ein Kennzeichen, daß die Übersetzung der AG von anderer Hand herrührt als die der Evv., s. Nestle, Philologica sacra p. 10. So= dann ist es für die Geschichte des Kanons wichtig, daß bei den paulinischen Briefen von Anfang an der dritte Brief an die Korinther im syrischen NT. gestanden haben wird, s. PRE³ Bd 1, 669 Z. 12—43, während die Antilegomena fehlten. Die Briefe (2 und 3 Jo, 2 Ptr, Judä) wurden 1630 von Pocode, Apok 1627 von de Dieu erstmals herausgegeben; doch ist ihre handschriftliche Bezeugung ziemlich alt; vgl. John Gwynn, the older syriac version of the four minor Catholic epistles Hermathena nr. XVI (Vol. VII) 1890. 281—314. Von der Perikope Jo 7, 53—8, 13, die der Peschittho ursprünglich fremd ist, gab es seit Maras (um 520) wenigstens 3 verschie= dene Übersetzungen (Bernstein, ZdmG 8, 397); Gwynn, on a Syriac MS p. 20—24. Daß die Syrer sie meist zu can. 89 (nicht 86) rechnen d. h. hinter Jo 8, 20 setzen, ist beachtenswert. In vollständigen Hss. und in den nestorianischen Massora-Codices ist die gewöhnliche Ordnung Evv, Akt., 3 kath., 14 Paul., doch steht z. B. in der Londoner Nr. 63 (IX sc.) Paulus zwischen Evv. und Akt.; in anderen massor. Hdss. (Paris 64, London 7183. 12178) folgen sich Akt., 3 kath., 14 Paul., Evv. u. zwar zweimal in dieser Ordnung, zuerst nach dem Text von S, dann (ohne die kath. Briefe) nach dem des Thomas von Heraklea. Die Evv. stehen fast immer in der gewöhnlichen Ord= nung, auch im Lewis=Codex; in manchen Hdss., z. B. römischen aus den Jahren 598, 736, 956 führen sie die gemeinsame Überschrift ܝܘܢܝܐ, die Londoner 89, 96, 97 verbinden Mt und Jo, in Sc ist die Reihenfolge Mt, Mc, Jo, Lc (vgl. Zahn, For= schungen II, 273). In der doctrine of Addai werden S. 34 „das A. und NT. und das Diatessaron", S. 14 „das Gesetz, die Propheten, das Evangelium, die Briefe Pauli, welche Simon Peter aus Rom schickte, und die Thaten der 12 Apostel, welche Johannes aus Ephesus sandte", als diejenigen Bücher genannt, neben welchen man keine andern in der Kirche lesen dürfe. Daß die oben genannten Briefe dem syrischen Kanon fehlten, bezeugen auch Chrysostomus (MSG 56, 317) und Indicopleusta (88, 373), daß sie erst nachträglich entfernt worden seien, wie Hug und Hilgenfeld wollten, ist durchaus unannehmbar.

An Litteratur zum syrischen NT. sei noch angeführt:

The New Testament; or the book of the holy gospel of Our Lord and Our God Jesus Messiah: a litteral translation from the Peshito Version by James Murdock, New= York 1851, sixth ed. 1893; J. W. Etheridge, Horae Aramaicae.... with a translation of the Gospel according to St. Matthew and of the epistle to the Hebrews from the ancient Peshito Syriac, London 1843 12⁰; derselbe: Acts the apostolical; With the remaining epistles and the book of revelation; Translated from the Peshito and a later Syriac text with prolegomena and indices, London 1849; J. D. Michaelis, curae in vers. syr. Act. Apost. cum consectariis criticis de indole, cognationibus et usu versionis Sy= racae tabularum Novi Foederis, Göttingen 1755, 4⁰; G. L. E. Löhlein, Syrus Epistolae ad Ephesios interpres, in causa critica denuo examinatus, Erlangen 1835; J. H. Hall, the syriac Apocalypse in Journal of the Soc. of Bibl. Lit. and Exeg. 1882, June & Dec. 134/151.

Über das reiche Handschriftenmaterial, das einem künftigen Herausgeber der syr. Bibel, zumal des ATs. zur Verfügung steht, belehren die Kataloge von London, Paris Oxford, Florenz, Rom. Für das NT. s. Gwilliam und Gregory 3, 828 ff., und vgl. die nachstehende Litteratur.

Faksimiles: z.B. Adler, N¹ T¹ vers. syriacae 1789; Blanchini, Evangeliarium quadruplex, T. 1, vol. II ante p. DXLI; das illustrierte Ms. im Florenzer Katalog; Facsimiles of Orient. MSS (London) pl. 39 (AT. 464) 52 (Palimpsest), 66 (NT. 768*) von Curetons MS bei Kenyon Plate XV; ebenda Pl. VII die Londoner Handschrift von 464. Collationen: J. G. C. Adler, N¹ T¹ versiones syriacae Simplex, Philoxeniana et Hierosolymitana. Denuo examinatus et ad fidem codicum mss. bibliothecarum Vaticanae, Angelicae, Assemanianae, Mediceae, Regiae aliarumque novis observationibus atque tabulis aere incisis illustratae, Hafniae 1789, 4⁰ (auch im NT. von A. Birch 1788; noch nicht ersetzt, obwohl nicht genau genug); Bruns, Eine Collation des codex Guelpherbytanus des Matthäusevangeliums, Repertorium 15 (1782) 163 ff. [Fortsetzung scheint nicht erschienen]; Gutbir, Notae criticae in NT. Syr., quibus praecipua variae punctationis exempla alineque variantes lectiones ... inter se conferuntur, Hamburg 1667 (hinter seinem syr. NT.); J. H. Hall, discovery of a Syriac MS of the NT., The Academy, 18. Aug. 1877, col. 170, Amer. Or. Soc. Proceedings, Oct. 1877, XVII—XIX; derselbe, Notes on the Beirût Syriac codex, Journal of the Society of Biblical Litterature & Exegesis 1882, June & Dec. p. 3—26; R. Jones, textus sacrorum evangeliorum versionis simplicis syr. collatus cum duobus codd. mss. bibl. Bodleianae et cum cod. ms. commentarii Barhebraei, Oxon. 1805, 4⁰, 3 tabb.; G. D. Kypkii, recensio cod. ms. Syro-Arabici, Regiom. 1746; cod. Coloniensis von Land in Leiden wieder aufgefunden und beschrieben in catalog cod. orr. bibl. acad. Lugd. Bat. V, 64 nr. MMCCCXLIV, cod. 1198; Ueber die biblia regia und den dabei fürs Syr. NT. benutzten Codex s. de Gids, Aug. 1880, 238 vlg.; Lee, Remarks on the collation of Syriac MSS in „the Classical Journal" for March & June 1821, Vol. XXIII, 245/9, deutsch in Winers kritischem Journal I, 2, 249; J. H. Hall, on a ms. of the Peshitto NT. with the tradition of the Apostles. Am. Or. Soc. Proc. XIV. Oft. 1888. 59—85; J. H. Hall, on a ms. of the Peshitto Four Gospels. ibid. 51—59; J. H. Hall, a Syriac apostolos ms. in the Library of the A. B. C. F. M. at Boston. Journ. of the Soc. of Bibl. Litt. and Exeg. June & Dec. 1888, 1—13. In Hartford theological college 4 Fragmente von Lectionarien AO Soc. XIV, p. LXIX. — John Gwynn, On a Syriac MS in the Collection of Archbishop Ussher. Transact. of the R. Ir. Academy. Vol. 27, p. 269—316 (in Trinit. Libr. = Antilegomena); John Gwynn, On a Syriac ms. of the NT. belonging to the Earl of Crawford and Balcarres and on an unedited version of the Apocalypse therein contained. ibid. Vol. XXX Part X. Dubl. 1893. 347—418 Plate XXI.

Nach und neben der Kirchenbibel entstanden bei den Syrern noch eine ganze Reihe Übersetzungen.

1. Das griechische AT. übersetzte Paul von Tella im Auftrag des monophysitischen Patriarchen Athanasius in den Jahren 616/7 so wörtlich als möglich ins Syrische, und da er als Grundlage eine Kopie der Hexapla des Origenes benutzte, seine Arbeit auch in sehr alten Hdss. überliefert ist, verdanken wir ihm eines der wichtigsten Hilfsmittel für die Herstellung des origenistischen Septuagintatextes.

Nach einer Hdf., welche zweifellos der erste Band des jetzt in Mailand aufbewahrten Codex war, bearbeitete Andreas Du Maes (Masius) das Buch Josua: Josuae imperatoris historia illustrata atq. explicata. Antwerpiae, Plantin 1574 fol. (neuer Titel: 1609). Über den Inhalt der seither leider verschollenen Hdf. s. jetzt Rahlfs in Lagardes Bibliotheca Syriaca. Sie enthielt von Dt 15, 7 ab Jof, Ri (wahrscheinlich Ruth) Rg α—δ, 1. 2 Chr, Esr, Esth, Jud, Tob bis 7, 11. Der in die Ambrosiana gerettete Zwillingsband, der Pf, Job, Pr, Eccl, Cant, Sap, Eccli, XII. Proph, Jer, Ba, Threni, Epist. Jer, Da, Suf, Bel et Draco, Ez u. Jef enthält, ist nach den verschiedensten Anläufen 1874 als Tom. VII der Monumenta sacra et profana ex codd. praesertim bibliothecae Ambrosianae von Ceriani photolithographisch vervielfältigt worden. Alles übrige, was in 6 Handschr. des britischen Museums und einer Pariser von dieser Übersetzung erhalten ist und zum Teil schon von Mitteldorpf, Scat Rördam, Ceriani und Lagarde herausgegeben war, hat der letztere in mustergiltiger Weise im ersten Teil seiner Bibliotheca syriaca vereinigt (Veteris Testamenti Graeci in sermonem Syriacum versi fragmenta octo bis Seite 256:

Stücke von Gen, Ex, Nu, Ri, ʒ. d. Regn.). Sein Schüler Rahlfs hat dazu aus dem Peculium des Masius und dessen in der Amsterdamer Ausgabe der Critici sacri aufgenommenen Bemerkungen zu Dt 17 31 gesammelt, was sich daraus über die verschollene Hds. gewinnen ließ, und die Herausgabe des Werkes vollendet. Über die früheren Veröffentlichungen s. die Nummern 115—126 meiner litteratura syriaca. Welcher Gewinn aus dieser Übersetzung für das griechische AT. zu ziehen ist, hat Field im Otium Norvicense[1] sive tentamen de reliquiis Aquilae, Symmachi, Theodotionis e lingua syriaca in graecam convertendis (Oxonii 1864, 4°) und in seiner Bearbeitung der Hexapla 1875 gezeigt. Vgl. noch Lagarde, Mitteilungen 4 (1891) 205 208 die Stichometrie der syrisch-hexaplarischen Uebersetzung des alten Testaments. Über die Übersetzung des Pentateuchs und der Weisheit ins Arabische durch Hâreth ben Senân s. S. 154. Daß der Paul, dem eine der syr. Übersetzungen der pericope de adultera zugewiesen wird, eben der von Tella sein werde, vgl. Gwynn, Syr. MS of Archbish. Ussher p. 21.

2. In den Jahren 704 und 705 veranstaltete Jacob von Edessa (PRE² 6, 446 geb. 633) eine sorgfältige Revision der syrischen Übersetzung des AT.s auf Grund der Septuaginta und mit Beiziehung der anderen griechischen Uebersetzungsfragmente. Erhalten ist in Paris lückenhaft Pentateuch und Daniel, in London 1 Sa bis 1 Rg 2, 11 und Stücke aus Jesaia; s. Eichhorn, Allg. Bibl. 2, 270; 8, 571: de Sacy, Notice d'un manuscrit Syriaque du Pent. etc., wiederholt in Notices et extraits 4, 648—668; Reuß in der ALZ 1846 Nr. 204; Kamphausen ThStK 1869, 753; Ceriani, in Mon. sacra et profana V, 1, 1 und Le edizioni e i Manoscritti.

3. Schon vor ihnen hat nach den Angaben des Barhebräus (chron. eccl. ed. Abbeloos et Lamy 2, 89 - 91), Ebedjesu (BO III, 1, p. 75. 407) und Amru ben Mattai (BO 2, 412) der nestorianische Patriarch Mar Abbas († 552 ein sehr bedeutender Mann, mit den wechselvollsten Schicksalen) das Alte und das Neue Testament aus dem Griechischen „übersetzt und erklärt". Der doppelte Ausdruck ܦܫܩ u. ܬܪܓܡ erlaubt wohl nicht, nur an eine Erklärung zu denken; doch ist uns keine Spur dieser Übersetzung erhalten.

4. Die dem Abt Simeon zugeschriebene Psalmenübersetzung wird wohl nur eine Übersetzung der athanasianischen epistola ad Marcellum gewesen sein, die sich auch im cod. syro-hexapl. Ambr. vor dem Psalter findet (BO 2, 83; Ceriani, monum. 5, 1, p. 5, vgl. dazu Mosé di Aghel e Simeone Abbate. Note 2 del Ignazio Guidi, Rendiconti della R. Acad. dei Lincei. Sedute del 16 maggio e 20 giugno 1886, Roma 32 pp. 397—416. 545—557).

5. Derselbe Moses (BO 2, 81) erwähnt eine Übersetzung der Psalmen von Polykarp dem Übersetzer des NT.s, und da in der ambros. Hexaplahds. zu Jes 7, 9 eine anonyme Übersetzung angeführt ist, die nicht die Jakobs von Edessa sein kann, vermutet Ceriani a. a. O. p. 5, daß sie von Polykarp sein könnte.

6. Wer die Susanna (in Waltons Polygl. Bd 4) nach Theodotion frei übersetzt hat, wissen wir nicht; auch Fields Frage quis sit o Σύρος (Hex. I, p. LXXVII bis LXXXII), den Kirchenväter von Melito ab (zu Gen 22, 13, falls der Name sicher ist) c. 90mal zu verschiedenen Büchern des AT.s citieren, wartet noch immer auf definitive Entscheidung. Zu den von Field aufgezählten Vätern (Didymus, Diodor, Euseb.) füge noch Basilius, der zu Gen 1, 2 wenn nicht die Übersetzung, so doch die Erklärung, eines Σύρου ἀνδρός beibringt.

Wichtiger ist die syrisch-palästinische Übersetzung des A. und NT.s, doch soll diese wegen ihres abweichenden Dialekts erst nach den übrigen syrischen Übersetzungen des NT.s besprochen werden. Diese sind

1. die unter dem Namen des Philoxenus von Mabug bekannte und 2. die des Thomas von Charkel.

Wieder durch Moses von Aghel wissen wir, daß der Landbischof Polykarp für Xenaia (Philoxenus) von 488—518 Bischof von Mabug das NT. und den Psalter ins Syrische übersetzte. Dies bestätigen eine Reihe von Handschriften, die uns weiter belehren, daß dies im Jahr 819 Alexanders d. h. 508 geschehen sei und daß diese Arbeit von dem armen Thomas im Jahr 927 nach Alexander (= 616) Indiction 4 in Alexandrien im Kloster der Antonianer (beim σταυρ, neunten Meilenstein?) unter großer Sorgfalt mit 2 bezw. 3 genauen griechischen Handschriften verglichen worden sei. Erst seit dem Jahr 1730, als zwei Handschriften dieser Klasse nach England kamen, hat diese Arbeit die Aufmerksamkeit auf sich gezogen; es dauerte aber bis 1803, bis ihr Text

(vom Schluß des Hebräerbriefs und der in dieser Übersetzung bisher fehlenden Apo=
kalypse abgesehen) vollständig vorlag (über die Ausgabe s. Gregory 3, S. 823; Nestle,
Lit. Syr. n. 98—101. 110—114ᵇ). Aus der Handschrift, die einst Julius Mohl be=
saß (jetzt Cambr. Add. Or. 1700) und die durch die syrische Übersetzung der Clemens=
briefe bekannt ist, konnte Bensly das im Hebr. Brief bisher fehlende Stück 11, 28 bis
13, 28, ergänzen. H. Deane, der eine neue Ausgabe vorbereitete, untersuchte allein
in England 15 hierhergehörige Hdss. (s. die Liste bei Scrivener⁴ 2, 29). Die Übersetzung
ist die buchstäblichste, die vom NT. wohl je in eine Sprache gemacht wurde, daher für
die Textkritik äußerst bequem und doppelt wichtig, da die von Thomas 616 in Alexan=
drien verglichenen Hdss. die nächsten Verwandten des codex D sind. Schon darum
wäre eine neue Ausgabe sehr erwünscht, sodann wegen der Frage, ob wir nicht noch
die ursprüngliche Arbeit des Polykarp vom Jahr 508 von der späteren Revision durch
Thomas von 616 unterscheiden können. Bernstein glaubte die erstere für das Johannes=
Ev. in einer römischen Handschrift erhalten, die er 1853 bei seiner Ausgabe benutzte
(s. Bernstein, commentatio 1837, das heilige Ev. des Johannes syrisch 1853, com=
ment. ed. 2. 1854. ZdmG 10, 628). J. H. Hall ist geneigt die ursprüngliche Arbeit
Polykarps für die Evangelien in dem Beiruter Mstr. einer pre-Harclensian version zu
finden, das er 1884 beschrieb (s. o.), für die Antilegomena = Briefe in Pocockes Text von
1630 (s. Hall, William MS 1886); Gwynn hat letzteres so gut wie bewiesen und hat
zugleich in der Bibliothek des Earl of Crawford and Balcarres eine Hds. gefunden,
die darin einzig ist, daß sie nicht bloß das ganze NT. syrisch enthält, auch die Apo=
kalypse, sondern daß sie von dieser eine bis jetzt unbekannte Version erhalten hat, und
zwar hinter den Ev. vor der AG, die offenbar auch zur Arbeit des Polykarp gehört.
In prächtigster Ausstattung mit gründlichsten Untersuchungen ist dieser Text als erster
syrischer Druck der Dubliner Universitätspresse soeben erschienen: The Apocalypse of
St. John, in a Syriac version hitherto unknown; edited, (from a ms. in the
library of the Earl of Crawford and Balcarres), with critical notes on the
Syriac text, and an annotated reconstruction of the underlying Greek Text;
by John Gwynn, DD. To which is prefixed an introductory dissertation on
the Syriac Versions of the Apocalypse, by the Editor. Dublin 1897. 4°.

Nur noch eine syrische Übersetzung ist zu nennen, die sogenannte hierosoly=
mitanische oder palästinische, die zuletzt in Europa bekannt wurde durch den cod.
vat. 11 (später 19), den Steph. Euodius und Jos. Simonius Assemani 1758 im Kata=
log der Vaticana I, 2, 70—103 beschrieben, am genauesten J. G. Chr. Adler in seinen
Novi Testamenti Versiones Syriacae Simplex Philoxeniana et Hierosolymitana
behandelte (Hafniae 1789 S. 135—202), Graf Miniscalchi = Erizzo herausgab (im
Evangeliarium Hierosolymitanum Veronae 1861/64, 2 Bde), mit dessen getreuster
Wiederholung Lagarde seine Lebensarbeit abschloß (Bibliotheca syriaca 247—402).
Über den Dialekt s. Nöldeke ZdmG 22, 443 und Dalman (oben S. 163); ein arg über=
hastetes Idioticon des christlich = palästinischen Aramaeisch gab Fr. Schwally heraus
(Gießen 1893, G. Hoffmann ZdmG 1894, 361); über das isagogische Interesse dieses
Textes handelte Zahn (Forschungen 1, 329—350); Lagarde (Mitt. 1, 111—120; 4,
328—336. 340 f.). Was Lagarde aus ihm zu machen hoffte, s. in den Erinnerungen
von Anna de Lagarde S. 112 ff. Lagarde hat angenommen, daß das Evangeliar nicht
von einem andern abgeschrieben, sondern aus einer vollständigen Übersetzung der Evan=
gelien ausgezogen wurde. Seither sind nicht bloß 2 weitere Hdss. dieses Lektionars,
sondern eine ganze Reihe von Stücken gefunden worden, die zeigen, daß neben einer
anderweitigen kirchlichen Litteratur einst das ganze A. und NT. in diesem Dialekte
vorhanden gewesen sein wird.

Das bis 1875 Erreichbare veröffentlichte Land in Bd IV seiner Anecdota Sy=
riaca (Lugd. Bat. 4°) nämlich Stücke aus Dt, Ps, Hi, Evv, AG (ThLZ 1876, 26);
1890 bekamen wir durch Harris einige Stücke des Galaterbriefs, 1894 durch Gwilliam
Nu 4, 46 f. 49—5, 2. 3. 4. 6—8; Kol 4, 12—18; 1 Th 1, 1—3. 4, 3—15;
2 Ti 1, 10—2, 7; Tit 1, 11—2, 8. 1896 durch Gwilliam und Stenning Ex 28,
1—12ᵃ, Sap 9, 8ᵇ—10, 2, durch Stenning 3 Rg 2, 10ᵇ—15ᵃ 9, 4. 5ᵃ, durch Bur=
kitt Hi 12, 3ᵇ—12, durch G. Margoliouth Gen 2, 4—19; 2 Rg 2, 19—22; Am 9,
5—19; AG 16, 16—34, s. die Liturgy of the Nile in the Journal of the R.
Asiatic Society of Great Britain & Ireland. Okt. 1896. 677—731. Das oben
S. 228 angekündigte Lektionarium enthält, soweit gedruckt, Stücke aus Gen, Ex, Nu,
Dt, Jes, Joel, Sach, Hi, Ps, Pr, Rö, 2 Ko, Eph, Phil, Kol, 1 Thess, Hbr.

Faſſimiles der Sinaihſſ. ſ. Studia Sinaitica No. I, Pl. 4—6; von Dr. Gröte in der arab. Zeitſchrift el muqtattaf 1. März 1894. Über die wenigen Ortſchaften Paläſtinas, in denen noch Aramäiſch geſprochen wird, ſ. zuletzt Mrs. Gibſon, an Aramaic Village in the Antilibanon. The monthly Messenger and Gospel in China March 1896, p. 63—65.

Im Zuſammenhang mit den Bibelüberſetzungen müßten noch die Lektionarien beſprochen werden; leider iſt denſelben bis jetzt nur wenig Aufmerkſamkeit geſchenkt worden; doch ſiehe Gregory III, J. H. Hall, Journ. of the Am. Or. Soc. XI, 2. 1885; Scrivener[1] II, 413.

Die Versio montana oder Karkaphensis der Syrer, die in älteren bibliſchen Einleitungen figurierte, iſt keine Überſetzung, ſondern eine Art ſyriſcher Maſſora zum A. und NT., über die zuerſt J. P. Martin (Tradition Karkaphienne ou la Massore chez les Syriens. Journ. As. 1870), volles Licht verbreitete, ſ. Wright, Syr. Lit. p. 20—25. Auch dies zeigt, welchen Eifer die ſyriſche Kirche der Bibel zuwandte. Eine ganze Reihe Völker haben durch die Syrer die Schrift, Alphabet und hl. Schrift, empfangen; von den ſyriſchen Bibelhandſchriften unſerer Bibliotheken ſtammen die einen aus Ägypten, andere aus Malabar, einzelne aus China. (Unbekannt iſt, in welcher Sprache das halbverbrannte Evangelienbuch geſchrieben war, ob ſyriſch, griechiſch oder arabiſch, das bei den Chriſtenverfolgung in Negran c. 520 zum König von Aethiopien geflüchtet und von dieſem an den Kaiſer nach Konſtantinopel geſchickt wird, Nöldeke, Geſchichte der Perſer und Araber 1879, S. 188. Über die Möglichkeit, daß auch nach Äthiopien die Bibelüberſetzung durch ſyriſchen Einfluß kam, ſ. A. äthiop. Bibelüberſ. oben S. 149).   Eb. Neſtle.

24. Die Bibelüberſetzungen im Dienſte der Miſſion.

Litteratur: The Bible of every Land. London Bagſter, c. 1851. 4° (Mit vielen Illuſtr.); Reports of the British & Foreign Bible Society. Volume the first of the years 1805, to 1810, inclusive. Reprinted from the Original Reports. Vol. II for 1811, 12 & 13 (reprinted) etc. bis The Ninety-second Report 1896. [Die Berichte der nordamerikaniſchen Bibelgeſellſchaft ſind dem Unterzeichneten unzugänglich]; Rob. Reed Cuſt, Language as illustrated by Bible - Translation, London 1896; derſ., Remarks on the Geographical Distribution of Bible-Translations 1888. Three Lists of Bible Translations London 1890; C. Wallroth, Was hat die gegenwärtige Miſſion für die Sprachwiſſenſchaft geleiſtet? I. Die Bibelüberſetzungen ſeitens der Miſſionare: in Warnecks Allgemeiner Miſſionszeitſchrift 18. 1891. S. 321—339. 387—400. 449—465. 509—526. (II. Die andern ſprachwiſſenſchaftlichen Arbeiten der Miſſionare 20. 1893. 26. 74. 117. 222. 408). Katalog der Bibliothek d. dmG I, S. 197—207.

Schon Chryſoſtomus und Theodoret rühmen, daß es faſt keine Sprache gebe, in welche die hebräiſche Schrift nicht überſetzt worden ſei; doch blieben die Beſtrebungen in der alten Kirche und im Mittelalter in dieſer Richtung vereinzelt. Erſt mit dem Aufkommen des Pietismus und der Gründung der Miſſions- und Bibelgeſellſchaften vor 90—100 Jahren nimmt die Thätigkeit auf dieſem Gebiet einen Umfang an, der nicht einmal den Verſuch einer ſkizzierenden Überſicht an dieſer Stelle erlaubt; es muß auf die oben genannten Quellen verwieſen werden. Die ſehr fleißige Arbeit von Wallroth berechnet die Zahl der Sprachen, in denen bis 1892 Überſetzungen der Bibel und einzelner Teile verbreitet wurden, auf 306, in Bilderſchrift (China), Silbenſchrift (Nordamerika und Japan) und 36 Alphabeten (Afrika c. 75 Sprachen, Oceanien 42, Aſien 146, Amerika 43). Cuſt rechnete 1890 für dieſe 4 Weltteile 257, für Europa 80, zuſammen 337 in 38 Alphabeten. In ihrem erſten Jahresbericht bringt die Londoner Bibelgeſellſchaft einen Bericht von Prof. Drück in Stuttgart über die damals berühmteſte von Herzog Karl erworbene Lorckſche Bibelſammlung, in welchem er die Zahl der in ihr vertretenen Sprachen auf 41 berechnet; die Liſte der Bibeln, welche die engliſche Geſellſchaft in ihrem erſten Jahr erwarb oder geſchenkt erhielt, umfaßt ſchon 45 Sprachen von Arabiſch, Armeniſch bis Türkiſch und Welſch und der Index im erſten Band ihrer Reports (volume the first for the years 1805 to 1810 Reprinted from the Original Reports) nennt 35 Sprachen, in welchen die Geſellſchaft translations and new editions beſorgte; 1813 im Index des zweiten Bandes ſind es 54. In den ſtatiſtiſchen Überſichten iſt (bis 1862) die Zahl der Sprachen, in denen vor Gründung der Geſellſchaft Bibeln oder deren Teile vorhanden waren, auf 50, in den Berichten von 1862 ab auf 52 angenommen, von 71 ab begnügte ſich der Bericht mit der Angabe, daß mehr als vier Fünftel ſeit 1804 neu hinzugekommen ſeien. Der neueſte, 92. Jahresbericht (1896. XLIV. 300. 172. 164 Seiten) giebt S. 141—154 als Ergebnis der Historical table of Languages folgendes:

unmittelbar von der engl. Gesellschaft	mittelbar	im ganzen
268	65	333

Zur Vergleichung mögen einige Zahlen aus füheren Jahren beigefügt werden

	direkt	indirekt	zusammen	in different characters	neu
1859	107	50	157	187	137
1866	129	44	169	209	157
1876	158	53	211	297	mehr als ⅕
1886	213	64	277	364	

1887 wurden aus der Liste 6 entfernt, which did not represent distinct languages, ebenso 1888 24 Übersetzungen prepared by other societies, ähnlich noch 1890 (Nr. 284 Moskito) 1891 (Slave = Tinne) 1892 (Lappisch = Schwedisch = Lappisch), 1895 wurden auch die verschiedenen Revisionen gezählt und so die Zahl 403 erreicht; darf man annehmen, daß die jetzige Berechnung richtig ist, so müßten im folgenden 333 Sprachen namhaft gemacht werden, in denen es jetzt Bibeln und deren Teile giebt. In den letzten 5 Jahren 1892—96 kamen allein 42 (13 + 9 + 6 + 7 + 7) neu hinzu, mehr als je. Der Bibelkatalog des Britischen Museums zählt 1892 nach den hebräischen, griechischen, mehrsprachigen, lateinischen und englischen Bibeln nur 97 Sprachen auf, von Afra und Amharisch bis Welsch und Yoruba, in welchen im genannten Jahr complete Bibles im Britischen Museum vorhanden waren. Unter diesen complete Bibles sind übrigens Ausgaben genug, die nur auf dem Titel sich als Ausgaben der ganzen Bibel ausgeben, z. B. gleich die Guipuzkoa = Baskische des Prinzen Lucian Bonaparte, die nie über S. 127 d. h. die drei ersten Bücher der Bibel hinauskam. Das kleine Schriftchen der Londoner Bibelgesellschaft the Gospel in many languages, das Proben ihrer Ausgaben enthält (Jo 3, 16), gab 1875 133 Sprachproben, 1878 215, 1889: 296, 1895: 320, 1896: 333 (letzte deutsche Ausgabe von 1890 mit 296 Proben). Es ist hier nicht möglich auch nur die verdientesten Arbeiter aus alter und neuer Zeit aufzuzählen: Caren, Christaller, v. Dyck, Gutzlaff, Martyn, Benj. Schultze, Ziegenbalg; es sei auf Wallroth verwiesen. Auch die katholische Mission hat sich zumal in neuester Zeit auf diesem Gebiet angestrengt, die Jesuiten in Beirut, die Dominikaner in Mosul, die Mission in Uganda. Für die Judenmission hat Franz Delitzsch mit hingebender Liebe das NT. ins Hebräische übersetzt (vgl. seinen Bericht im Freund Israels V, 6. 1878 und s. oben S. 163), neben ihm Salkinson = Ginsburg (S. 163). Selbst für die Blinden giebt es z. B. eine Ausgabe paulinischer Briefe arabisch in erhabener Schrift. Das Neueste aus Deutschland ist Miango ma bwam ka ponda Mateo: Das Evangelium nach Matthäus in der Duala=Sprache (Kamerun). Neu übersetzt nach dem Griechischen [von E. Schuler]. Stuttgart. Privilegierte Württembergische Bibelanstalt 1896 (80 S., ebenso Jo 64 S., geb. je 20 Pf., beide in einem Band Mateo na Yohane 30 Pf.). Die Hingebung, die in diesen Arbeiten liegt, soll nicht verkannt werden; aber auch derjenige, der von den Einseitigkeiten absehen kann, die namentlich in England sich mit diesem Werk verbinden (Festhalten am textus receptus, bezw. der Authorized version, Ausschluß der Apokryphen, trinitarische Bibelgesellschaft u. s. w.) wird diese Massenproduktion nicht als lauter Siege echten Christentums betrachten können.   Eb. Nestle.

Verzeichnis von Abkürzungen.

1. Biblische Bücher.

Gen	= Genesis.	Pr	= Proverbien.	Ze	= Zephania.	Rö	= Römer.
Ex	= Exodus.	Prd	= Prediger.	Hag	= Haggai.	Ko	= Korinther.
Le	= Leviticus.	HL	= Hohes Lied.	Sach	= Sacharia.	Ga	= Galater.
Nu	= Numeri.	Jes	= Jesaias.	Ma	= Maleachi.	Eph	= Epheser.
Dt	= Deuteronomium.	Jer	= Jeremias.	Jud	= Judith.	Phi	= Philipper.
Jos	= Josua.	Ez	= Ezechiel.	Wei	= Weisheit.	Kol	= Kolosser.
Ri	= Richter.	Da	= Daniel.	To	= Tobia.	Th	= Thessalonicher.
Sa	= Samuelis.	Ho	= Hosea.	Si	= Sirach.	Ti	= Timotheus.
Kg	= Könige.	Joel	= Joel.	Ba	= Baruch.	Tit	= Titus.
Chr	= Chronika.	Am	= Amos.	Mak	= Makkabäer.	Phil	= Philemon.
Esr	= Esra.	Ob	= Obadja.	Mt	= Matthäus.	Hbr	= Hebräer.
Neh	= Nehemia.	Jon	= Jona.	Mc	= Marcus.	Ja	= Jakobus.
Est	= Esther.	Mi	= Micha.	Lc	= Lucas.	Pt	= Petrus.
Hi	= Hiob.	Na	= Nahum.	Jo	= Johannes.	Ju	= Judas.
Ps	= Psalmen.	Hab	= Habacuc.	AG	= Apostelgesch.	Apk	= Apokalypse.

2. Zeitschriften, Sammelwerke und dgl.

A. = Artikel.

ABA = Abhandlungen der Berliner Akademie.

AdB = Allgemeine deutsche Biographie.

AGG = Abhandlungen der Göttinger Gesellsch. der Wissenschaften.

ALKG = Archiv für Litteratur und Kirchengeschichte des Mittelalters.

AMA = Abhandlungen d. Münchener Akademie.

ASG = Abhandlungen der Sächsischen Gesellschaft der Wissenschaften.

AT = Altes Testament.

Bd = Band.

Bde = Bände.

CR = Corpus Reformatorum.

CSEL = Corpus scriptorum ecclesiast. lat.

FdG = Forschungen zur deutschen Geschichte.

GgA = Göttingische gelehrte Anzeigen.

HJG = Historisches Jahrbuch d. Görresgesellsch.

HZ = Historische Zeitschrift von v. Sybel.

JdTh = Jahrbücher für deutsche Theologie.

JprTh = Jahrbücher für protestant. Theologie.

KG = Kirchengeschichte.

LCB = Literarisches Centralblatt.

Mg = Magazin.

MG = Monumenta Germaniae historica.

MSG = Patrologia ed. Migne, series graeca.

MSL = Patrologia ed. Migne, series latina.

Mt = Mitteilungen. [Geschichtskunde.

NA = Neues Archiv für die ältere deutsche

NF = Neue Folge.

NJbTh = Neue Jahrbücher f. deutsche Theologie.

NKZ = Neue kirchliche Zeitschrift.

NT = Neues Testament.

PJ = Preußische Jahrbücher. [Potthast.

Potthast = Regesta pontificum Romanor. ed.

RQS = Römische Quartalschrift.

SBA = Sitzungsbericht d. Berliner Akademie.

SMA = " d. Münchener "

SWA = " d. Wiener "

ThJB = Theologischer Jahresbericht.

ThLB = Theologisches Literaturblatt.

ThLZ = Theologische Literaturzeitung.

ThQS = Theologische Quartalschrift.

ThStK = Theologische Studien und Kritiken.

TU = Texte und Untersuchungen herausgeg. von v. Gebhardt u. Harnack.

UB = Urkundenbuch.

WW = Werke. [schaft.

ZatW = Zeitschrift für alttestamentl. Wissen-

ZdA = " für deutsches Alterthum.

ZdmG = " d. deutsch. morgenl. Gesellsch.

ZdPV = " d. deutsch. Palästina Vereins.

ZhTh = " für historische Theologie.

ZKG = " für Kirchengeschichte.

ZkTh = " für katholische Theologie.

ZklWL = " für kirchl. Wissensch. u. Leben.

ZlThK = " für luther. Theologie u. Kirche.

ZPK = " für Protestantismus u. Kirche.

ZThK = " für Theologie und Kirche.

ZwTh = " für wissenschaftl. Theologie.